Alb

Histoire de la littérature française

Avant-propos de Michel Leymarie

CNRS ÉDITIONS
15, rue Malebranche – 75005 Paris

Ancien élève de Bergson et agent de liaison entre littérature, histoire et philosophie, Albert Thibaudet fut *le* critique littéraire de *La Nouvelle Revue française* dans l'entre-deux-guerres. Cet écrivain prolixe se fit observateur de la vie de son temps et analyste politique avec notamment *La République des professeurs* et *Les Idées politiques de la France*. Il est l'auteur d'une posthume *Histoire de la littérature française* dont la première édition date de 1936.

Agrégé de Lettres modernes et docteur (HDR) en histoire contemporaine, Michel Leymarie est l'auteur de deux biographies : *Albert Thibaudet, « l'outsider du dedans »* (Septentrion) et *La preuve par deux : Jérôme et Jean Tharaud* (CNRS éd.). Il a codirigé plusieurs ouvrages sur l'Action française et sur Maurice Barrès, préfacé la réédition de *La grande Pitié des églises de France* de Barrès (Septentrion) ainsi que de *La République des professeurs* (Hachette) et de l'inédit *Socrate* de Thibaudet (CNRS éd.)

Avertissement

Les précédentes éditions de cet ouvrage initialement intitulé *Histoire de la littérature française de 1789 à nos jours* présentaient des lacunes ou erreurs qui incombaient soit à Albert Thibaudet lui-même, soit aux exécuteurs testamentaires, soit aux éditeurs des diverses versions de ce texte. Ces erreurs ont été corrigées dans la présente édition.

ISBN : 978-2-271-14029-6
ISSN : 2119-2715

AVANT-PROPOS

L'histoire littéraire est de retour et, avec elle, revient en force un critique dont l'oubli était injustifié : Albert Thibaudet, *le* critique littéraire de l'entre-deux-guerres. À la floraison récente de rééditions de ses œuvres[1] manquait sa posthume *Histoire de la littérature française de 1789 à nos jours*, qui a été la Providence de bien des étudiants et demeure, aujourd'hui encore, une mine. L'édition de l'ouvrage a été établie, peu après la mort de Thibaudet survenue en avril 1936, par les deux exécuteurs testamentaires[2] : Léon Bopp, un

1. Albert Thibaudet, *La Campagne avec Thucydide*, in Thucydide, *La Guerre du Péloponnèse*, éd. établie par Jacqueline de Romilly, Paris, Robert Laffont, coll. « Bouquins », 1990. *Gustave Flaubert*, rééd. de l'édition définitive de 1935, Paris, Gallimard, coll. « Tel », 1992. *La Poésie de Stéphane Mallarmé*, avec un avant-propos de Jean-Yves Tadié, *ibid.*, 2006. *La République des professeurs*, suivi de *Les Princes lorrains*, préface de Michel Leymarie, Paris, Hachette Littératures, coll. « Pluriel Histoire », 2006. *Réflexions sur la littérature*, éd. établie par Antoine Compagnon et Christophe Pradeau, Paris, Gallimard, coll. « Quarto », 2007 ; *Réflexions sur la politique*, édition établie par Antoine Compagnon, Paris, Robert Laffont, coll. « Bouquins », 2007. Antoine Compagnon, « Le dernier critique heureux », in *Les Antimodernes, de Joseph de Maistre à Roland Barthes*, Paris, Gallimard, 2005. *Le débat*, n° 150, 2008/3 dossier : *Thibaudet, la réinvention d'un critique*. Articles de Robert Kopp, Antoine Compagnon, Michel Crépu, Michel Leymarie, Alain-Gérard Slama.

2. Albert Thibaudet, *Histoire de la littérature française de 1789 à nos jours* – désormais notée *HLF* –, Paris, Librairie Stock, Delamain et Boutelleau, 1936, Préface, p. VIII-XI. Léon Bopp et Jean Paulhan, *Notice*, introduction, p. VI. Le volume qui devait précéder celui-ci n'a jamais été publié.

ami suisse du critique, et Jean Paulhan, le directeur de *La Nouvelle Revue française*, pour qui « Thibaudet est le premier critique français qui ne tienne pas Baudelaire pour un extravagant, Mallarmé pour un fumiste et Lautréamont pour un simple fou[3] ».

Un agent de liaison

L'*Histoire de la littérature française de 1789 à nos jours* — comprenons jusqu'aux années qui suivent la Première Guerre mondiale — témoigne d'emblée de la grande culture de Thibaudet. Cet excellent helléniste et latiniste, formé aux humanités classiques, se montre fervent du symbolisme dès sa jeunesse et il est ouvert aux domaines étrangers, avec une prédilection pour la littérature anglaise. Familier de diverses langues et cultures, ancien élève de Bergson, il connaît aussi bien la philosophie que l'histoire — il réussit l'agrégation d'histoire en 1904, la même année que Marc Bloch. Il enseigne indifféremment chacune des matières dans le secondaire et ses *Réflexions* témoignent de l'ampleur de sa palette. Historien de la Grèce antique aussi bien que de la Troisième République, cet esprit encyclopédique, lecteur omnivore et *liseur* professionnel[4], a tout lu et tout retenu. « Thibaudet connaissait spécialement tout », rapporte Henri Bergson ; Paul Valéry s'étonne de son érudition et de son imagination, toutes deux prodigieuses : « on ne le trouvait jamais sans références, ni sans productions vives d'échanges entre les innombrables parties de son savoir[5]. »

Thibaudet dit de Hermann Keyserling, l'auteur de l'*Analyse spectrale de l'Europe*, qu'il a l'intuition des ensembles[6] ; il a, quant à lui, non seulement cette intuition, mais aussi une connaissance précise

---

3. Jean Paulhan, *Œuvres complètes*, t. IV, Paris, Cercle du Livre Précieux, 1969, p. 324.

4. Albert Thibaudet, *Le Liseur de romans*, Paris, Les Editions G. Crès et Cie, coll. « Essais et critiques », 1925.

5. Henri Bergson, « Thibaudet critique et philosophe », *NRF*, 1er juillet 1936, p. 8. Paul Valéry, *ibid.*, p. 5. Voir aussi *Socrate* d'Albert Thibaudet. Texte établi, présenté et annoté par Floyd Gray, avant-propos de Michel Leymarie, Paris, CNRS Éditions, 2008. Ce texte est demeuré inédit jusqu'en 2008 ; sa publication à été rendue possible grâce à la générosité de la Société des Amis des Sciences et des Arts de Tournus.

6. Albert Thibaudet, « Keyserling et la France », *NRF*, 1er juillet 1930, p. 86.

des ensembles qu'il évoque. Il domine une culture encyclopédique, hybride, qui lui permet de suivre dans le même temps plusieurs séquences — littéraires, philosophiques, historiques —, et des domaines divers que les spécialisations ont séparés. C'est un honnête homme, « un homme mêlé », au sens que donnait Montaigne. Il paraît être, selon le mot de Ramon Fernandez, « le critique de liaison par excellence » qui « expose les *concomitants* » d'une œuvre là où Taine en cherche les causes[7].

Mais s'il dépasse et déplace les frontières entre les différentes spécialités de l'édifice universitaire — et ce n'est pas là, aujourd'hui, le moindre intérêt de son œuvre —, il se révèle aussi un extraordinaire agent de liaison entre le passé et le présent : selon Ernst Robert Curtius, il « dominait l'étendue entière qui va d'Homère à notre époque[8] ». Son *Histoire de la littérature française* convoque Homère, Eschyle et Euripide, Shakespeare, Cervantès et Calderon, Rabelais et Montaigne, Scott ou Ibsen, fait référence à Spinoza, Schlegel ou Hegel, met en rapport Mommsen et Duruy, Vigny et Keats. Thibaudet, multipliant les classifications, trace ainsi un réseau de relations d'une œuvre à d'autres, antérieures ou contemporaines, relations qui permettent de mieux la définir par ressemblances ou dissemblances.

Un homme en marge

« Thibaudet le juste[9] », comme l'appelle Mauriac, figure donc une pointe extrême de la culture française. Cet homme écrit pleine page à *La Nouvelle Revue française*, revue d'une avant-garde désormais consacrée dont le rayonnement témoigne du déclin de la critique universitaire et de l'entrée dans l'âge éditorial[10]. Il y dialogue avec Gide, débat avec Proust, ferraille avec Benda, discute Halévy. Ce polygraphe peut se multiplier — il aura publié plus de vingt ouvrages ; en 1927, il

---

7. Ramon Fernandez, « La critique d'Albert Thibaudet », *NRF*, 1er juillet 1936, p. 52 et 54.

8. Ernst-Robert Curtius, « Albert Thibaudet, “classique” », *ibid.*, p. 65.

9. François Mauriac, « Défense d'Anatole et de quelques autres », *La Table Ronde*, novembre 1949, p. 1663.

10. Régis Debray, *Le Pouvoir intellectuel en France*, Paris, [1979] rééd. Folio Essais, 1986.

écrit jusqu'à une centaine de chroniques et d'articles dans divers périodiques politiques et littéraires. Mais il est un homme en marge.

Il est en marge de *La NRF*, bien que sa *chronique* y tienne une place centrale, parce qu'il n'exerce pas d'influence sur l'orientation de la revue et ne participe pas véritablement du milieu. En marge aussi parce qu'il est un universitaire *in partibus* : agrégé d'histoire mais pas docteur ès Lettres, il n'aura enseigné en France que dans des lycées de province. Seule l'Université de Genève l'accueille en 1924.

En marge, enfin, des institutions : indépendant d'esprit, peu ambitieux, il n'éprouve pas le besoin d'une reconnaissance sociale ou d'une légitimation par l'Académie française. Son point d'ancrage est à *La NRF*, qui devient la « rose des vents » de la culture française, selon l'expression de Mauriac[11]. Dans les périodiques, à l'Université ou dans les institutions, il demeure, en quelque sorte, un « *outsider* du dedans »[12].

Un critique bergsonien ?

Venu à la critique « par hasard », dit-il à Bergson[13], vite appelé par Gide à *La NRF*, il en devient un des piliers à partir de 1912. Il couvre tout le champ de la critique tant dans ses *Réflexions sur la littérature* — qui, en 1928, deviennent des *Réflexions* tout court — que dans les monographies qu'il consacre à quelques auteurs, de *La Poésie de Stéphane Mallarmé* à son posthume *Montaigne*. Dans *Physiologie de la critique*, Thibaudet distingue trois types de critique : la critique spontanée, parlée, celle des salons et des journalistes, attachée au « discernement du présent » ; la critique professionnelle, celle des professeurs, « préposée à l'inventaire du passé » ; la critique des écrivains. Chez Thibaudet pointe parfois l'ambition de réaliser une critique créatrice qui constituerait une partie de la littérature : dans les dernières pages de *Physiologie de la critique*, il parle même d'une

11. François Mauriac, « Notre raison d'être », *La Table Ronde*, août-septembre 1949, p. 1236.

12. Michel Leymarie, *Albert Thibaudet, « l'outsider du dedans »*, Villeneuve-d'Ascq, Presses universitaires du Septentrion, 2006.

13. Bibliothèque littéraire Jacques Doucet, BGN 859 V-BGN-2, Thibaudet à Bergson, Tournus 28 mai [1928].

« création continuée par la critique », une critique qui devient créatrice « dans la mesure où elle s'incorpore des puissances de sympathies »[14]. Quand il caractérise dans son *Histoire* les divers collaborateurs de *La NRF*, il dit représenter lui-même « une forme de critique qui n'a ni les qualités ni les défauts de l'impersonnalité, mais qui paraît plus tournée vers les œuvres que vers les personnes[15] ».

Il n'a jamais réuni de son vivant les *chroniques* qu'il livrait chaque mois à *La NRF*; c'est Paulhan qui s'est chargé de rassembler en volumes les diverses *Réflexions*, à l'exception de celles sur la politique aujourd'hui réunies. Mais le projet d'une synthèse effectuée par l'auteur lui-même est ancien. Dans la conclusion de son *Paul Valéry*, Thibaudet écrit que la fonction la plus éminente de la critique professionnelle consiste « à mobiliser en un seul tableau, à grouper en un même paysage, à penser en une Idée organique, un ensemble littéraire, et singulièrement une littérature nationale[16] ». Dans son *Flaubert*, il déclare : « Ce qu'il faut envisager, ce n'est pas une ligne avec des hauts et des bas, c'est un ensemble, un pays moral et littéraire dans sa durée et sa complexité[17] ».

Cette critique qui considère l'« idée dynamique qu'est la littérature française[18] » doit beaucoup à Bergson. On a souvent noté qu'elle emprunte son vocabulaire et fait une place prépondérante au sentiment de la durée et de la mobilité, voulant saisir l'élan créateur qui caractérise chaque écrivain, « le schème dynamique de chaque pièce[19] ». Mais la durée, chez lui, n'est pas celle de Bergson; elle est « plus extérieure, en même temps que plus déterminatrice, [...] un moyen, une loi, alors qu'elle est chez Bergson, l'élément constitutif

14. Albert Thibaudet, *Physiologie de la critique*, Paris, [1930], Nizet, 1971, p. 11, 204 et 200.

15. *Id.*, *HLF*, p. 522.

16. *Id.*, *Paul Valéry*, Paris, Grasset, coll. « Les Cahiers verts », 1923, p. 181.

17. *Id.*, *Gustave Flaubert*, *op. cit.*, p. 292.

18. *Id.*, *Paul Valéry*, *op. cit.*, p. 2.

19. *Id.*, *Trente ans de vie française. Le Bergsonisme*, Paris, *NRF* Gallimard, 1923, t. II, p. 95.

de l'élan vital[20] ». Thibaudet apparaît en définitive moins bergsonien que dualiste et Leo Spitzer montre que sa méthode reste statique[21].

« J'ai le sentiment d'habiter une littérature qui vit sous la loi du plusieurs ou du couple[22] » et dont l'élan « procède par oppositions[23] », affirme le critique ; son pluralisme, comme le note Jean Grenier, « s'arrête à un dualisme qui permet mieux les batailles rangées[24] ». Valéry juge que « presque tous nos chefs-d'œuvre ont un chef-d'œuvre pour réponse[25] » ; lui fait écho Thibaudet pour qui tout écrivain apparaît dans une chaîne : Montaigne, Pascal, Voltaire et Chateaubriand s'opposent ou se complètent, de même que Corneille et Racine, Bossuet et Fénelon, Voltaire et Rousseau, Lamartine et Hugo, Bourget et Zola. Entre les littératures ancienne et moderne, classique et romantique, celles du Nord et du Midi, s'institue, juge-t-il, « une comparaison, un dialogue critique[26] ».

Dans *Physiologie de la critique*, Thibaudet écrit que faire de l'histoire littéraire, « c'est enregistrer un ordre, celui du temps. Faire de la critique, en France du moins, c'est créer un ordre, ou plutôt des ordres[27] ». Dans *Paul Valéry*, il considère que ce travail technique

---

20. Bergson juge avoir « travaillé dans un espace à deux dimensions alors que le [sien] n'en avait qu'une », « Thibaudet critique et philosophe », *NRF*, 1er juillet 1936, p. 8-9. Voir F. Kurris, « Le bergsonisme d'A. Thibaudet », *Les Études bergsoniennes*, vol. VII, Paris, PUF, 1966, p. 175.

21. « Thibaudet stays on the dam, not within the flow of literature. [...] Quite to the contrary of the Bergsonian approach, in Thibaudet's writings the tide of history is stemmed, subjected to a system of references or coordinates which stands above the flow of history. » Leo Spitzer, « Patterns of Thought in the Style of Albert Thibaudet », *Modern Language Quarterly*, vol. 9, décembre 1948, p. 487. Voir Henryk Chudak, « Thibaudet, un ancêtre de la critique genevoise », in *La Critique littéraire suisse, Œuvres et critiques*, Gunter Narr, Tübingen, 2002, p. 76-90.

22. Albert Thibaudet, « Pour la géographie littéraire », *NRF*, 1er avril 1929, in *Réflexions sur la littérature* II, Paris, *NRF* Gallimard, 1941, p. 138.

23. *Id.*, *HLF*, p. 228.

24. Jean Grenier, « Thibaudet politique et moraliste », *NRF*, 1er juillet 1936, p. 43.

25. Paul Valéry, « Coup d'œil sur les lettres françaises » [1938], in *Regards sur le monde actuel*, *Œuvres*, tome II, Paris, *NRF* Gallimard, Bibliothèque de la Pléiade, 1960, p. 1115.

26. Albert Thibaudet, *HLF*, p. 92.

27. *Id.*, *Revue de Genève*, février 1927, p. 133, repris in *Physiologie de la critique*, *op. cit.*, p. 161.

consiste à « établir des “suites” d’écrivains », « composer des familles d’esprits » ; « la critique suppose, développe, révèle cet ordre[28] ». Dans l’*Histoire de la littérature*, il affirme que « la littérature c’est un ordre de ce qui dure[29] ».

La géographie littéraire d’un « interprète de la continuité française »

Historien de la littérature, Thibaudet physiologiste croit en « une existence organique » de celle-ci[30] dont il s’efforce de comprendre les diverses parties et le rythme, son « mouvement de systole et de diastole ». Venu à la critique par « la voie inhabituelle de l’histoire et de la géographie », il use fréquemment de métaphores empruntées à cette dernière discipline[31]. Pour lui comme pour Amiel, « la géographie bien plus que la philosophie fournit l’intuition des coexistences en lutte, des contraires résolus en complémentaires, des dissonances utiles à une symphonie[32] ». Il se plaît à établir les cartes d’une « géographie littéraire » où chaque œuvre a sa place et il a tendance à voir dans la littérature un empilement de couches géologiques.

Cette « géographie littéraire » atteste la centralité culturelle de Paris. Comme l’écrit Valéry, Paris est « à soi seul la capitale politique, littéraire, scientifique, commerciale, voluptuaire et somptuaire d’un grand pays », elle en absorbe et concentre « toute la substance pensante »[33]. Mais Thibaudet, enraciné dans sa Bourgogne natale, est, ainsi que l’affirme Brasillach, « probablement le seul critique français à avoir été un critique de la province[34] », lui qui souvent prend en

28. *Id.*, *Paul Valéry*, *op. cit.*, p. 1.

29. *Id.*, *HLF*, p. 588.

30. *Id.*, *Physiologie de la critique*, *op. cit.*, p. 89.

31. Bien qu’il se fût prétendu « médiocre géographe », *id.*, « Du Surréalisme », *NRF*, 1er mars 1925, p. 335.

32. *Id.*, *Amiel, ou la Part du rêve*, Paris, Hachette, 1929, p. 72.

33. Paul Valéry, « Fonction de Paris », 1927, in *Regards sur le monde actuel*, *Œuvres II*, éd. établie et annotée par Jean Hytier, Paris, *NRF* Gallimard, Bibliothèque de la Pléiade, 1960, p. 1008.

34. Robert Brasillach, « Devant les “Réflexions” d’Albert Thibaudet », *L’Action française*, 30 avril 1936, repris in *Les Quatre jeudis. Images d’avant-guerre*, Paris, [1944], *Œuvres complètes de Robert Brasillach*, tome VIII, Paris, Club de l’honnête homme, 1964, p. 259.

considération les origines régionales d'un auteur pour éclairer son itinéraire et ses œuvres et qui ne considère nullement la province comme une périphérie. L'idée, fréquemment émise dans les *Réflexions*, reprise dans *La République des professeurs*[35] est récurrente dans l'*Histoire de la littérature française* : en France, depuis Stendhal, le roman c'est la province et « la province apporte à Paris ses remontes d'énergie »; le roman de Proust figure sans doute le premier exemple d'un roman « qui soit purement parisien comme l'est en France le théâtre, et qui exclue rigoureusement la province[36] ». Plus que d'une opposition entre Paris et la province, définie négativement par un éloignement ou une marginalité, le critique parle d'une « circulation[37] » ou, pour employer un de ses mots favoris, d'une endosmose de la capitale et de ses régions. On voit ici combien « les comparaisons lui sont indispensables », ainsi que le montre Maurice Blanchot et qu'« elles sont pour lui aussi importantes que les métaphores pour le poète »[38].

Mais les comparaisons et les métaphores sont secondes par rapport au but premier de la critique qui est « de reconnaître et d'établir une tradition[39] ». Thibaudet a le sentiment très fort d'une unité de la littérature française du XVIe au XIXe siècle, qui « lui est comme une mer à l'intérieur de laquelle il s'est glissé et qui parle par ses profondeurs, ses marées, la mobilité et la résistance de ses eaux, l'étrange figure qu'elle compose en sa totalité », juge Maurice Blanchot[40]; il est habitué à penser historiquement littérature, philosophie ou politique, « dans leur succession et, comme disent les Allemands, dans leur devenir[41] ». Il est d'abord, selon le mot de Curtius, « un interprète de la continuité française[42] ».

---

35. Ainsi dans « Du Surréalisme », *NRF*, 1er mars 1925, p. 334-335, « Homo faber », *NRF*, 1er juin 1929, « Sur le beylisme », *NRF*, 1er mars 1931 ; *La République des professeurs*, *op. cit.* p. 43.

36. Albert Thibaudet, *HLF*, *op. cit.*, p. 236 et 560.

37. *Ibid.*, p. 265.

38. Maurice Blanchot, « La critique d'Albert Thibaudet », in *Faux-pas*, Paris, Gallimard *NRF* [1943], 1996, p. 326.

39. Albert Thibaudet, « Discussion sur le moderne », *NRF*, 1er mai 1920, in *Réflexions sur la littérature* I, Paris, *NRF* Gallimard, 1938, p. 104.

40. Maurice Blanchot, « La critique d'Albert Thibaudet », *loc. cit.*, p. 325.

41. *Id.*, *HLF*, *op. cit.*, p. 149.

42. Ernst-Robert Curtius, « Albert Thibaudet, "classique" », *loc. cit.*, p. 63.

Thibaudet et ses prédécesseurs

La conception de la littérature que développe Thibaudet implique une nouvelle méthode de classement. Pour « suivre de plus près la démarche de la nature », il remet en cause les grilles de lecture de ses devanciers : d'abord, celle, évolutionniste, qu'emploie Brunetière, des *Époques* littéraires datées par des événements ou des avènements littéraires. Puis le système de Nisard qui organise l'histoire selon « une idée supérieure qu'elle est appelée à réaliser » ; cet ordre qui privilégie le XVIIe siècle classique lui semble dogmatique et contestable par sa visée téléologique. Enfin, la division utilisée par Lanson, succession d'*Empires* « dont chacun est renversé par une guerre littéraire ou une révolution, et auquel un autre empire succède[43] ».

Mais les critiques formulées à l'encontre des divisions adoptées par ses prédécesseurs n'empêchent pas Thibaudet de reconnaître les mérites de ceux-ci. Ainsi, il estime Brunetière, « excitateur d'idées en matière d'histoire littéraire », « le seul critique, après Sainte-Beuve, dont on ait l'impression qu'il connaisse la littérature française par le dedans » et il affirme que la théorie de l'évolution des genres « reste une hypothèse d'usage et de travail »[44]. Certes, il relativise les deux formules de Taine : le déterminisme de la race, du milieu et du moment — « transgression arbitraire et naïve de la philosophie didactique dans l'ordre du sentiment [...], du complexe » — ainsi que le procédé, jugé artificiel, consistant à centrer un écrivain ou une œuvre sur une faculté maîtresse ; mais il souligne en revanche l'intérêt des *Origines de la France contemporaine*, « le grand livre de la réaction française », « livre de classe au sens social », mais aussi « de grande classe, au sens littéraire »[45]. S'il rappelle les critiques dont le lansonisme est l'objet, si histoire et histoire littéraire ne sont pas pour lui deux disciplines distinctes, il salue l'œuvre personnelle « considérable » de Lanson lui-même ; de fait, l'ambition sociologique de Thibaudet rejoint celle de son devancier qui se proposait d'étudier non seulement les écrivains mais aussi les lecteurs, de

43. Albert Thibaudet, *HLF*, préface.
44. *Ibid.*, p. 488 et 482.
45. *Ibid.*, p. 380-381.

« découvrir les conditions sociales de la production des œuvres » et de retracer « l'histoire de la foule obscure qui lisait aussi bien que des individus illustres qui écrivaient »[46].

Parmi ses prédécesseurs, c'est toutefois avec Sainte-Beuve qu'il se sent le plus d'affinités : ce « géographe » et « promeneur intelligent », « le grand causeur de notre littérature » qui, comme Montaigne, est « un homme-dialogue », lui paraît « le seul critique qui ait eu le sentiment profond et détaillé de ce qu'on appelait autrefois les mœurs, l'*ethos* littéraire » ; Thibaudet se reconnaît dans cette caractéristique : « plus que les esprits, lui importent les familles d'esprits, et plus que les familles d'esprits, l'esprit de la grande famille littéraire[47] ». Chez lui, aussi, « le critique littéraire et le critique politique se ressemblaient plus qu'on ne croit » ; comme son prédécesseur, « il fonde vraiment du solide avec les débris de sa vocation d'artiste[48] ». Thibaudet s'apparente donc à Sainte-Beuve, qui « circule dans les lettres françaises, comme le bourgeois dans sa ville » et « connaît toutes les maisons, tous les habitants, toutes les familles, chronique vivante de la société séculaire[49] ». Dès la première page de son *Histoire de la littérature française*, il livre de lui-même un portrait bien proche quand il se présente comme « citoyen, bourgeois, badaud de la République des Lettres, [...] faisant le matin sa tournée des œuvres nouvelles, en rapportant une sous le bras comme un melon bien choisi[50] ».

La notion de génération

Le nom de Thibaudet est attaché au système de la génération, méthode de classement qui établit des solidarités en fonction d'un événement fondateur. Certes, la notion est loin d'être nouvelle quand

---

46. Gustave Lanson, « La méthode de l'histoire littéraire », in *Essais de méthode, de critique et d'histoire littéraire*, rassemblés et présentés par Henri Peyre, Paris, Hachette, 1965, p. 35-36. *Id.*, *Études d'histoire littéraire*, Paris, Champion, 1930, p. 8.

47. Albert Thibaudet, *HLF*, II, chap. XVII. Voir Wolf Lepenies, *Sainte-Beuve. Au seuil de la modernité*, Paris, *NRF* Gallimard, Bibliothèque des Idées, 2002.

48. *Id.*, « Proudhon, Sainte-Beuve et nous », *NRF*, 1er juillet 1929, p. 91-92.

49. *Id.*, *HLF*, p. 315.

50. *Ibid*, p. 27, *HLF*, Préface, p. VII. L'image est déjà présente dans « États généraux », *NRF*, 1er janvier 1927, p. 107.

il s'en saisit[51]. Elle a été utilisée au XIXe siècle par Schlegel, Musset ou Stendhal, Comte, Cournot et Dilthey. Le tournant du siècle voit son emploi fréquent : pour ne prendre que quelques exemples, la « critique d'influences et de générations a été presque fondée par M. Paul Bourget[52] », reconnaît le critique. Léon Blum l'utilise dans *La Revue blanche*[53] ; René Doumic dresse « le bilan d'une génération » dans la *Revue des Deux Mondes* en 1900 ; Jules Romains parle de « la génération nouvelle »[54] ; Fernand Divoire note qu'« on appartient à la génération avec laquelle on marche ». Dans *Notre Jeunesse*, Charles Péguy estime être situé « juste entre les générations qui ont la mystique républicaine et celles qui ne l'ont pas, entre celles qui l'ont encore et celles qui ne l'ont plus[55] ». En 1913, dans *Les Jeunes gens d'aujourd'hui*, Agathon oppose la génération parvenue à l'âge d'homme vers 1890 à celle qui atteint ses vingt ans vers 1910. Après la guerre, l'expression « la génération du feu » fait florès.

Dès la reprise de *La NRF* en 1919, la question revient fréquemment sous la plume du critique : dans l'avertissement de *Trente ans de vie française*, il se propose d'étudier, avec Maurras, Barrès et le bergsonisme, la trentaine d'années qui va environ de 1890 à 1920 et qui forme « l'aire d'une génération aussi définie que la continuité indivisible du temps le rend possible[56] ».

Les cinq générations de l'*Histoire de la littérature française*

Thibaudet désigne par le terme de génération un groupe d'auteurs qui, débutant dans la vie littéraire, a subi vers vingt ans l'impact d'un

51. À l'occasion du compte rendu d'un livre de François Mentré, *id.*, « L'idée de génération », *NRF*, 1er mars 1921.

52. *Id.*, « Procès littéraires », *NRF*, 1er août 1923, p. 207.

53. Léon Blum, *La Revue blanche*, janvier 1894.

54. René Doumic, *Revue des Deux Mondes*, 15 janvier 1900, p. 434-445. Fernand Divoire, *Les Marges*, no 114, 15 décembre 1923, p. 280-281. Jules Romains, « La génération nouvelle et son unité », *NRF*, 1er août 1909, p. 30.

55. Charles Péguy, *Notre Jeunesse*, précédé par *De la raison*, préface et notes de Jean Bastaire, Paris, Folio Essais, 1993, p. 104 et 108.

56. Albert Thibaudet, *Trente ans de vie française. Les Idées de Charles Maurras*, Paris, Gallimard, 1919, p. 5.

même événement historique et possède quelques traits communs. De la Révolution à 1935, sont ainsi distinguées cinq générations d'une trentaine d'années environ — générations de 1789, 1820, 1850, 1885 et 1914. Dans ce classement, tel événement fait figure d'événement fondateur ou, de manière moins assurée, de « col » ou de « tremplin ». Si 1789, 1848, 1914 apparaissent bien comme des tournants, les dates de 1820, début du romantisme, et 1885, celui du symbolisme, sont moins évidentes. On notera que cette série n'est pas loin de coïncider parfois avec le classement par écoles littéraires.

La génération de 1789 est celle de Chateaubriand et de Mme de Staël, celle de 1820 « la première génération de la liberté littéraire ». La génération de 1850, « génération balzacienne », est marquée par l'échec de 1848 et disparaît avec Renan et Taine. La génération de 1885 est celle de l'affaire Dreyfus ; enfin, celle de 1914 est « la génération absente, mutilée ». Chacune de ces parties est de dimensions sensiblement égales, à l'exception de la dernière qui est la plus courte, sans doute parce que le présent est plus difficile à appréhender ; « faire le portrait de sa génération, voilà une belle ambition, et tout à fait irréalisable », écrit déjà Thibaudet en 1923[57].

La composition de l'*Histoire de la littérature française* est nette. Alors que, selon Brasillach, les *Réflexions* de *La NRF*, « fort mal organisées » et « mal composées », étaient « une libre conversation »[58], l'ouvrage posthume frappe au contraire d'emblée par son caractère structuré : dans chacune des cinq parties une introduction précède l'étude d'écrivains ou les chapitres consacrés aux différents genres. En effet, si Thibaudet met au cœur de l'ouvrage la notion de génération, il ne répudie pas le système éprouvé de division par genres ou par mouvements et il a aussi recours aux idées de tradition et de pays. Le roman, « le plus plastique des genres, le plus mobile,

57. *Id.*, « Une critique de jugements », *NRF*, 1er août 1923, in *Réflexions sur la critique*, Paris, *NRF* Gallimard, 1939, p. 137.

58. Robert Brasillach, « Devant les "Réflexions" d'Albert Thibaudet », *loc. cit.*, p. 260.

le plus industrieux, le plus inventif[59] », demeure l'objet premier de ses analyses.

Dans *La République des professeurs*, Thibaudet dit être « l'homme des balances » et, en critique, « se servir inhabilement du glaive »[60]. Ce qui est vrai des chroniques de *La NRF* l'est beaucoup moins de l'*Histoire de la littérature française* : ici, l'auteur hiérarchise et tranche. Ainsi *Adolphe* de Constant est-il « un petit livre de durée qui traverse les âges sans ride ni poussière » tandis qu'« il faut un effort pour lire jusqu'au bout » *Delphine* et *Corinne* de Mme de Staël[61]. On ne lit plus Augustin Thierry, l'*Histoire de la Révolution* de Thiers et celle de Mignet « sont aujourd'hui déclassées », l'œuvre historique d'Albert Sorel « a vieilli »[62]. *La Vie de Jésus*, « le livre le plus célèbre de Renan est devenu le plus démodé et le plus illisible[63] ». Il juge que *Les Rougon-Macquart*, « ce roman du Second Empire fut un peu à la *Comédie humaine* ce que la monarchie du neveu fut à l'empire de l'oncle[64] ».

Malgré la construction bien charpentée, le ton et l'état d'achèvement diffèrent d'un chapitre à l'autre. Le contraste est parfois frappant entre certaines études pour le moins elliptiques et d'autres qui forment d'admirables morceaux, où Thibaudet reprend visiblement la matière de ses cours à l'Université de Genève ou d'articles publiés dans *La NRF* ou dans d'autres revues[65]. Ainsi, l'étude des cinq romans de Stendhal est annoncée, mais sont oubliés en route *La Chartreuse de Parme* et *Lucien Leuwen*. Ou bien la fameuse boutade de Victor Hugo sur sa fin — « Enfin je vais désencombrer l'horizon » — est attribuée ici à Leconte de Lisle et là à son véritable auteur[66], Hugo lui-même. Les études sur Flaubert, Mallarmé ou Maurras, auxquels Thibaudet a

59. Albert Thibaudet, *HLF*, p. 558.

60. *Id.*, *La République des professeurs*, *op. cit.*, p. 49-50.

61. *Id.*, *HLF*, p. 89 et 83.

62. *Id.*, *HLF*, p. 298-299 et 313.

63. *Id.*, *HLF*, p. 385.

64. *Id.*, *HLF*, p. 402.

65. Par exemple, l'essentiel du chapitre sur Zola provient de *La NRF* du 1er décembre 1935.

66. *Id.*, *HLF*, p. 180 et 511.

consacré des livres spécifiques et de grande qualité, sont rapides. En revanche, sont achevées les pages sur Chateaubriand et Hugo, sur Balzac, « le plus grand créateur d'êtres vivants qui ait existé[67] », ou celles sur Sainte-Beuve qui, « prince incontesté » de la critique au XIXe siècle, possède le sens de la durée et « l'art du mouvement » et dont sont admirés *Port-Royal*, « le plus grand livre de l'histoire et de la critique littéraire », et les *Lundis*, le modèle de la critique professionnelle[68].

La génération de 1914. Une difficulté à appréhender la modernité littéraire

Dès les premières pages, l'*Histoire de la littérature française* formule une interrogation : « Des André Chénier sont-ils morts à Wattignies ou à Eylau ? Ce n'est probable que dans une mesure très inférieure à celle que comporte la guerre de 1914. Le massacre des élites qui a fauché la génération des *vingt ans en 1914* reste jusqu'à présent un fait unique dans l'histoire. » La résurgence de cette interrogation dans les dernières pages du livre — « Charleroi a dû nous coûter son Bergson et Verdun son Barrès »[69] — ne surprend pas chez un homme qui, appartenant à ce « parti des hommes de quarante ans » dont parlait Péguy, a été mobilisé en 1914 et qui revient de la Grande Guerre avec l'ébauche de *La Campagne avec Thucydide*, réflexion croisée sur la guerre du Péloponnèse et celle qu'il vient de vivre.

Dans l'hommage qu'il lui rend au lendemain de sa mort, Valéry observe que « personne n'était mieux doué que lui pour l'art de créer des perspectives dans l'énorme forêt des Lettres[70] ». À vrai dire, Thibaudet, toujours aussi aigu dans ses jugements sur les écrivains classés, classiques, se sent embarrassé devant la production contemporaine qu'il qualifie de « littérature non triée[71] », jugeant selon Paulhan

---

67. *Id.*, *HLF*, p. 250.

68. Le chapitre consacré à Sainte-Beuve a déjà été publié dans *la Revue universelle* du 15 novembre 1935 et reproduit dans *Commentaire* (nº 108, p. 1033-1041) ; il a pour origine l'édition de la *Correspondance* par Jean Bonnerot.

69. *Id.*, *HLF*, p. 36 et 549.

70. Paul Valéry, « Albert Thibaudet », *loc. cit.*, p. 5.

71. *HLF*, Notice.

qu'« un critique ne donne sa mesure que sur les auteurs anciens[72] » et se prononçant rarement sur la valeur des œuvres nouvelles. « La critique des vivants » lui semble la partie « la plus difficile du métier[73] » et, pas plus que Sainte-Beuve, il ne lui arrive « de précéder, d'appeler de loin l'opinion[74] ». De fait, Thibaudet comprend moins la jeune génération d'écrivains et peine à saisir le mouvement qui déplace les lignes : la phase qui suit la Grande Guerre lui paraît une période de « décompression[75] », malgré la place centrale qu'occupent alors Valéry, Gide et Claudel — qui ne seraient en somme que des symbolistes[76] —, malgré l'efflorescence brillante des lettres des années vingt, à laquelle il oppose le train ralenti des années trente dans lesquelles il voit une crise de la République des Lettres. Dans son *Histoire*, Colette n'a droit qu'à une mention incidente, Mauriac est effleuré, Malraux et Bernanos ne figurent pas, pas plus que Céline. Il passe à côté du *Voyage au bout de la nuit* qu'il classe parmi les « D.O.P. », les livres « dont on parle » : *La Garçonne* et *L'Amant de Lady Chatterley*[77]. « La littérature d'aujourd'hui manque de jeunesse », note-t-il. « Le recrutement littéraire est entré, comme le recrutement militaire, dans une période d'années creuses. [...] La corde littéraire est détendue. L'atmosphère est devenue plus molle[78]. »

72. Jean Paulhan, note introductive, in *Réflexions sur le Roman*, Paris, *NRF* Gallimard, 1938, p. 7. « *Le Berger de Bellone* ou l'École des Critiques », *Figaro littéraire*, 30 septembre 1950. « Il craignait de s'engager sur un nom nouveau, confirme Marcel Arland. Il voulait attendre que le temps eût exercé son action, exhaussant une œuvre, ramenant une renommée à de saines proportions. » « Le critique au "bâton ferré" », in *Le Promeneur*, Paris, Éditions du Pavois, 1944, p. 168.

73. Albert Thibaudet, *la Revue universelle*, 15 novembre 1935.

74. *Id.*, *HLF*, p. 310. Pour lui, « le passage dans le domaine public, cinquante ans après la mort de l'auteur, marque avec assez de justesse l'heure du véritable jugement », « Discussion sur le moderne », *NRF*, 1er mai 1920, in *Réflexions sur la littérature I*, *op. cit.*, p. 103.

75. *Ibid.*, p. 540-541.

76. *Id.*, « Épilogue à la *Poésie de Stéphane* Mallarmé », *NRF*, 1er novembre 1926, in *Réflexions sur la critique*, *op. cit.*, p. 183.

77. « qui ont conquis ce grade en raison de certaines audaces sexuelles », Albert Thibaudet, « De Magny à Drouant », *La Dépêche*, 24 janvier 1933, in Ferdinand Céline, *Critiques, 1932-1935*, éd. André Derval, Paris, 10/18, IMEC, 2005, p. 225-227.

78. Gabriel Marcel, *L'Europe nouvelle*, 29 février 1936, p. 227. Albert Thibaudet, « Attention à l'Unique », *NRF*, 1er avril 1936.

Il juge que les *cinquante ans en 1924* — les hommes qui arrivent au pouvoir avec le Cartel des Gauches — « en étaient restés à la température du milieu où s'était faite leur éducation politique, celle du ministère Combes ». Comme ces radicaux qu'il connaît si bien, Thibaudet, homme de la Troisième République, a gardé du temps de la formation de son capital culturel « sa température, ses enthousiasmes, ses limites, ses affirmations et ses négations[79] ». Plus qu'en histoire de la littérature, c'est en histoire politique, avec *La République des professeurs* ou *Les Idées politiques de la France*, que Thibaudet se révèle être un historien du temps présent, de son temps présent.

Les limites de la notion

Pour le disciple de Bergson, on l'a vu, tout problème du vivant est un problème d'élan vital et « les générations constituent le tissu même de la durée sociale[80] ». Mais « une génération ne commence pas et ne finit pas à un point précis, dit-il. Elle appartient à un continu. Penser le continu c'est le morceler par des divisions qui existent en nous, pour notre commodité, et non en lui[81] ». Autrement dit, la critique construit une abstraction, un objet qui ne lui préexiste pas ; le découpage par générations est *cosa mentale*. D'où les diverses versions de certains chapitres trouvées par Bopp et Paulhan dans les papiers du critique, où celui-ci fait varier la durée des générations de base et donc les recoupements. À l'intérieur de chaque génération, des divisions aussi profondes qu'entre deux générations distinctes existent parfois. Pour pallier les inconvénients et l'arbitraire de l'ordre qu'il adopte, Thibaudet introduit ici trois décades dans un ensemble de trente-trois années[82], divise ailleurs la génération de 1850 en deux demi-générations[83], ou bien encore, empruntant un terme suisse, distingue une *volée* d'une dizaine d'années du bloc que constitue une génération[84].

79. Albert Thibaudet, *HLF*, p. 302.
80. *Id.*, « L'idée de génération », *loc. cit.*, p. 125.
81. *Id.*, *Physiologie de la critique*, *op. cit.*, p. 176.
82. *Nouvelles littéraires*, 10 octobre 1931. Robert Brasillach, *Notre Avant-Guerre*, Paris, Plon, [1941], 1981, p. 105-106.
83. *Id.*, *HLF*, p. 329.
84. *Id.*, « Une volée », *NRF*, 1er novembre 1935.

En englobant dans une même génération des écrivains que plus de vingt ans séparent, en multipliant les subdivisions, il en vient à rendre parfois sa grille de lecture moins opératoire et à proposer des regroupements qui n'apparaissent pas toujours des plus convaincants, pas plus que dans *Intérieurs*, qui rapproche rapidement Baudelaire, Fromentin et Amiel. Les difficultés surgissent avec un auteur comme Stendhal, né en 1783, qui publie en 1827 son premier roman, *Armance*, et dont la notoriété est tardive. Dans la génération de 1850, le critique voit un groupe qui forme deux « demi-générations », dont la seconde exerce son influence plus tard ; aussi Mallarmé et Verlaine figurent-ils au chapitre de la génération de 1885. Une « inter-génération de 1860 » se dessine avec Daudet et Zola[85]. Cournot, né en 1801, et Renouvier, né en 1815, sont classés dans la génération de 1850[86]. France et Bourget appartiennent à une génération dite intercalaire tandis que Bergson et Barrès « sont de la génération en marche[87] » ! France et Gide sont audacieusement placés dans la même génération de 1885. Né en 1871, Proust publie en 1913 *Du côté de chez Swann* et figure dans la génération de 1914, comme Montherlant, son cadet de vingt-quatre ans !

La principale difficulté réside dans le passage de ce que le sens commun appelle génération, au sens familial du terme, à la génération historique, difficulté que n'ont pas manqué de relever les historiens : Marc Bloch, qui parle de générations longues ou courtes, juge que la notion, très souple, répond « à des réalités que nous sentons très concrètes » ; en revanche, Lucien Febvre l'estime confuse, « mal définie », « inutile », « parasite »[88]. De fait, l'ordre par générations n'explique pas tout et la clef générationnelle n'est pas un passe-partout. Ainsi l'affaire Dreyfus, « événement intellectuel » et « événement des intellectuels »[89], à laquelle est consacrée une dizaine de pages

85. *Id.*, *HLF*, p. 398.
86. *Ibid.*, p. 428-430.
87. *Ibid.*, p. 438.
88. Marc Bloch, *Apologie pour l'histoire ou métier d'historien*, Paris, Armand Colin, 1993, p. 184. Lucien Febvre, « Générations », Bulletin du Centre international de Synthèse, n° 7, juin 1928, p. 37-43.
89. Albert Thibaudet, *HLF*, p. 439.

intéressantes, ne peut être considérée comme un mouvement de jeunesse ou marquant un conflit de générations : les premiers et plus célèbres dreyfusards appartiennent à la génération des *Vingt ans en 1870*. Etiemble rappelle que Maurras, Benda, Gide, Claudel ont le même âge mais que leurs destinées sont bien divergentes[90]. La simple contemporanéité chronologique, la seule appartenance à une cohorte ne suffisent pas à déterminer ce que Karl Mannheim nomme une participation au destin commun. Pour pouvoir parler d'un *ensemble générationnel*, il faut que des contenus réels, sociaux et intellectuels établissent, « précisément dans cet espace de la déstabilisation et du renouvellement, un lien réel entre individus qui se trouvent dans la même situation de génération[91] ».

La notion de génération, nécessaire mais pas suffisante, permet de faire ressortir des traits communs partagés par un groupe d'hommes nés vers la même époque. Principe d'intelligibilité du *continuum* historique, elle ne saurait constituer un facteur explicatif unique. C'est une notion tendancielle qui, en établissant des liens synchroniques ou diachroniques, contribue à élaborer une construction du temps social. Thibaudet, bien conscient des difficultés que suscite l'emploi de ce critère, n'a jamais écrit la quatrième et dernière partie des *Trente ans de vie française* dont le titre annoncé était précisément « Une génération ». Il reconnaît dans *Physiologie du roman* « combien la vie multiforme d'une génération échappe aux figures auxquelles on est tenté de les limiter[92] » et, dans *Le Liseur de romans*, que « ce qu'on appelle une génération littéraire, c'est peut-être, tout simplement, une certaine manière commune de poser des problèmes, avec des manières très différentes de les résoudre, ou plutôt de ne pas les résoudre[93] ». Dans *La Campagne avec Thucydide*, commencé pendant la Grande Guerre, Thibaudet livre un jugement qui vaut aussi

90. Etiemble, « Critique littéraire », *Encyclopaedia Universalis*, vol. 13, E.U. France, 1990, p. 900.

91. Karl Mannheim, *Le Problème des générations*, [1928], éd. de Gérard Mauger, Paris, Nathan, 1990, p. 58-59.

92. Albert Thibaudet, *Physiologie de la critique*, *op. cit.*, p. 179.

93. *Id.*, « Le roman de l'énergie », *Le Liseur de romans*, *op. cit.*, p. 200.

pour son *Histoire de la littérature française* : « Toute histoire est incomplète et inexacte. Être historien, c'est découper des systèmes dans cette durée[94]. »

L'*Histoire de la littérature française* aujourd'hui

Mais l'essentiel est ailleurs : cette *Histoire* est bien plus que le manuel d'un « critique littéraire de profession[95] ». C'est le livre d'un passionné de littérature, d'un esprit original au style et au savoir allègre, à la langue vivante et imagée, savant sans jamais être pédant ; d'un homme qui parle des œuvres et dialogue avec elles, sait évoquer en quelques lignes un itinéraire, un style, des idées forces avec des bonheurs de formule : Michelet est un « Bossuet républicain » qui s'est voulu « l'instituteur du peuple » et « l'éducateur des républicains qui avaient vingt ans en 1870 », « La cellule-mère du roman, c'est la préposition *Si* »[96].

Son œuvre est neuve par l'attention qu'elle porte aux techniques matérielles, celles du roman et du style bien sûr, mais aussi celles de la librairie, de la presse et des périodiques[97], par l'intérêt qu'elle manifeste au fameux article que Sainte-Beuve consacre en septembre 1839 à la « littérature industrielle[98] ». Avec Thibaudet, note Georges Poulet, « la critique littéraire passe de l'analyse psychologique à la sociologie[99] ». Cette attitude également neuve de sociologue face aux œuvres est sensible quand il met par exemple en rapport les tirages de *La Vie de Jésus*, « succès foudroyant et mondial », et de *Madame Bovary*[100], ou quand il fait place à des auteurs jugés alors mineurs ou peu connus. Quand Lanson ne s'arrête

94. *Id.*, *La Campagne avec Thucydide*, *op. cit.*, p. 15.

95. « [...] qui circulait dans les vignes avec la bonne conscience et l'épicurisme actif d'un vigneron entre ses ceps, d'un dégustateur à tasse d'argent entre les tonneaux », *id.*, *Les Princes lorrains*, *op. cit.*, p. 214.

96. *Id.*, *HLF*, p. 301 et 235.

97. *Ibid.*, p. 138.

98. *Ibid.*, p. 272.

99. Georges Poulet, *La Conscience critique*, Paris, Librairie José Corti, 1971, p. 59.

100. Albert Thibaudet, *HLF*, p. 385.

qu'aux grands noms, il exhume des textes qui paraissent caractéristiques d'une époque et éclairent les mouvements, se penche sur des productions alors négligées, comme la littérature enfantine ou comme le roman populaire de Dumas ou de Sue, et intègre dans sa réflexion aussi bien la littérature religieuse, les œuvres philosophiques que les correspondances.

Il est sensible à la réception immédiate ou différée de certains auteurs, ou à l'effacement rapide d'autres, comme Anatole France. Il distingue des œuvres dynamiques, qui ont un effet politique et social, comme les *Provinciales* ou l'*Histoire des Girondins*[101]. Contrairement à Brunetière, il prête attention à des œuvres dont l'importance n'a pas été immédiatement éprouvée, mais qui ont exercé « une influence à retardement », comme les *Lettres* de Mme de Sévigné ou les *Mémoires* de Saint-Simon. « L'histoire de la littérature, note-t-il avec force, ne consiste pas seulement dans l'histoire des formes, mais dans l'histoire des idées formulées et agissantes[102] ».

Enfin, sans élaborer à proprement parler une théorie de la réception des œuvres, Thibaudet est attentif aux publics et appelle l'attention sur les lecteurs, les spectateurs dont il esquisse une typologie. Il montre que le romantisme ne se comprend pas sans la formation d'une société nouvelle ou que la production théâtrale du Second Empire libéral — l'opérette de Meilhac et Halévy par exemple — ne peut être abordée sans prendre en compte l'accroissement du public et son train de vie[103]. De façon symétrique, il note que la génération poétique de Baudelaire se ferme au grand public[104]. Il souligne qu'après la Grande Guerre, la littérature n'a jamais été « contrainte de déférer autant à la demande du public, de se soumettre aux conditions de son succès[105] ».

Historien du politique dans le cours même de son *Histoire de la littérature*, Thibaudet sait ouvrir des perspectives. Il excelle dans

101. *Ibid.*, p. 305.
102. *Ibid.*, p. 76.
103. *Ibid.*, p. 414.
104. *Ibid.*, p. 346.
105. *Ibid.*, p. 556.

l'art de mettre en lumière certains milieux, tel que celui de Mme de Staël et de la famille libérale qui a son berceau à Coppet chez les Necker, ou bien dans celui d'établir les filiations, les courants idéologiques et politiques qui traversent le XIXe siècle, comme celui de la famille jacobine des « classiques républicains », qui va des Idéologues à Alain. Il montre comment la séparation des Églises et de l'État fut suivie, de manière inattendue, d'« une renaissance religieuse qui se répandit sur le front de la littérature[106] ». Il peut voir en Homais le précurseur de la France de la Troisième République radicale et dans le *Traité de l'Inégalité des Races humaines* de Gobineau un livre qui « a fourni à l'Allemagne une des bases de l'idéologie raciste[107] » ; de même suggère-t-il une certaine filiation entre la philosophie du Barrès d'avant-guerre et l'antisémitisme du national-socialisme allemand[108].

Un des intérêts manifestes de l'ouvrage réside non seulement dans l'établissement de séquences et de concomitances mais aussi dans la mise en relation de la littérature et des institutions sociales — comme le fit en son temps Mme de Staël —, dans les liens tissés entre littérature, histoire et politique. Selon Maurice Blanchot, Thibaudet « sépare assez rarement l'œuvre du réseau des phénomènes extérieurs et intérieurs dont elle est le prix[109] ». Mais en matière littéraire, les faits d'ordre politique « fonctionnent et influent impondérablement[110] » car il y a une autonomie du littéraire et du culturel comme il y a une autonomie du politique.

S'il se montre attentif à la série et à la continuité, s'il est l'homme des généalogies et des classifications, Albert Thibaudet livre, dans sa

106. *Ibid.*, p. 495.

107. *Ibid.*, p. 410.

108. *Ibid.*, p. 502.

109. Maurice Blanchot, « La critique d'Albert Thibaudet », *loc. cit.*, p. 325.

110. Albert Thibaudet, *HLF*, *op. cit.*, p. 515. « La coïncidence des coupures politiques et des coupures littéraires ne s'explique pas par une action du politique sur le littéraire, mais par des dessous qui leur sont communs, un élan social profond auquel ils participent également, et qu'ils expriment en des langages plutôt discordants. » Cité par John C. Davies, *L'Œuvre critique d'Albert Thibaudet*, Lille-Genève, Droz-Giard, 1955, p. 182.

dernière *Réflexion* d'avril 1936, une analyse qui vaut d'être encore entendue : il faut aussi prêter « attention à l'Unique », au surgissement d'une œuvre singulière en littérature, à celui de l'événement en histoire. Et, dans la préface à son *Histoire de la littérature française* qui est aussi, qui est d'abord, une histoire de la France littéraire, il rappelle le mot de Sainte-Beuve selon lequel « le critique n'est qu'un homme qui sait lire, et qui apprend à lire aux autres ». Mais, ajoute-t-il, « d'abord qui aime à lire, et qui aime à faire lire ».

Michel LEYMARIE

Histoire de la littérature française de 1789 à nos jours

Albert Thibaudet ne se dissimulait pas, mais s'exagérait plutôt, les difficultés et la part d'arbitraire, que comporte un classement par générations : d'où vient, sans doute, qu'il n'a pas écrit moins de trois à quatre fois certains chapitres de cette *Histoire;* tantôt faisant varier la durée des générations de base, tantôt essayant, d'une génération à l'autre, de nouveaux recoupements ; et dans tous les cas, laissant mêlés dans ses papiers et confondus page à page les divers états d'un même chapitre.

La *Génération de 1914* a seule échappé à ces remaniements. Elle est aussi la partie la plus brève de l'ouvrage. « Je me sens gêné, nous disait Thibaudet, devant la période actuelle. C'est de la littérature non triée, la perspective change du tout au tout. Je vais me borner à un simple schéma. »

Il a fallu démêler le reste. Ce qui n'eût été qu'un jeu pour Albert Thibaudet nous a demandé une assez longue application. Du moins, les plans et les tables dressés par notre ami nous ont-ils permis de choisir avec sûreté entre les diverses rédactions. *L'Histoire* qu'on va lire est celle-là même qu'Albert Thibaudet se préparait à publier quand il a été arrêté par la mort.

LÉON BOPP, JEAN PAULHAN

PRÉFACE

« Le critique, dit Sainte-Beuve, n'est qu'un homme qui sait lire, et qui apprend à lire aux autres. » Mais d'abord qui aime à lire, et qui aime à faire lire. La critique est mort-née, au principe et au cours de laquelle ne soit présent l'amour des Lettres. Il y a un amour des Lettres pour elles-mêmes, et dans leur esprit et dans leur matérialité, hors duquel il n'y a pas de critique ni d'histoire littéraire vivantes, comme il y a un amour physique du théâtre hors duquel il n'y a pas de vraie littérature dramatique, comme il y a un amour de l'État sans lequel il n'y a pas, dans un homme politique, d'âme politique. On voudra bien prendre ce tableau de la littérature française comme on a pris autrefois le « Tableau de Paris » de Mercier : l'auteur l'a écrit d'abord comme citoyen, bourgeois, badaud de la République des Lettres, ayant sa place à la terrasse du café de leur commerce, emboîtant le pas à leurs musiques militaires, fier des monuments de sa ville et assidu aux séances de la société qui les conserve, faisant le matin sa tournée des œuvres nouvelles, en rapportant une sous le bras comme un melon bien choisi, abritant sous son parapluie la jolie idée qu'il aura suivie, comme dit à peu près Diderot, et se résignant d'ailleurs à ce que son idée ait déjà été plus ou moins suivie par Diderot ou un autre. Et je sais bien qu'il y a des formes plus héroïques et plus fulgurantes de l'amour des Lettres. Alors elles transcendent la critique. Elles n'appartiennent plus au bourgeois de la ville, mais au dominateur de la cité. Cette fonction de Périclès de la République des Lettres, qu'ambitionnait Brunetière, n'est pas de notre plan.

Un tel amour des Lettres n'est cependant la base de la critique que parce qu'il en est le plus bas degré. On pourrait dire des Lettres ce que le roi Édouard VII, à quelqu'un qui le buvait trop vite, disait d'un grand vin français : « Un vin comme celui-là, on le regarde, on le respire, on le goûte, on en boit, — et l'on en parle. » Les Lettres, il ne faut pas seulement apprendre à les aimer, à les goûter. Elles ne s'achèvent qu'au moment où, dans la hiérarchie protocolairement établie par le souverain expert de Grande-Bretagne, on en parle. Dès qu'on en parle, on passe des Lettres, dont on a le goût, à la Littérature qui a une durée d'histoire. Les Lettres sont une République, la Littérature est un État.

En parler, c'est les penser, les connaître et les dire en y mettant un ordre, en y suivant des changements, en y épousant une durée. Il y a un style de la littérature, qui répond à la définition de Buffon ; l'ordre et le mouvement qu'on met dans les pensées de cette littérature, qui sont les œuvres et les hommes.

Qu'on met... Il existe de l'arbitraire dans tout ordre et tout mouvement de cette nature ; ils appartiennent au monde que Montaigne appelle le Discours ; leur suite est une suite qu'on leur donne en suivant d'ailleurs les articulations ébauchées ou amorcées dans le réel. On a le choix entre plusieurs systèmes de discours et de suites.

Le type du *Discours* du parti le plus franc, le plus opposé par son parti-pris d'ordre à l'esprit de Montaigne, c'est le *Discours sur l'Histoire Universelle*. Il semble que les titres de ses trois divisions, les *Époques*, *La Suite de la Religion*, *Les Empires*, nous fournissent les types des trois systèmes d'ordre appliqués à une continuité vivante, et singulièrement à la durée d'une littérature.

La division par *Époques* est employée (et baptisée avec une satisfaction évidente d'un nom tiré de Bossuet) par Brunetière dans son *Manuel d'Histoire de la Littérature française*. Les *Époques* littéraires sont datées par des événements littéraires, mieux par des avènements littéraires, ceux des *Essais*, de l'*Astrée*, des *Précieuses Ridicules*, du *Génie du Christianisme*. Ce sont là autant de règnes nouveaux, avec un personnel, une action, une responsabilité. Les écrivains ont une importance et méritent une place en tant qu'ils font époque, ce qui est le cas d'Honoré d'Urfé et de Pierre Bayle. Et la logique du système exigeait et a obtenu que Brunetière ne parlât pas, dans ce *Manuel*, de Mme de Sévigné et de Saint-Simon, pour la raison que, les *Lettres* de l'une et les *Mémoires* de l'autre n'ayant paru qu'en 1725 et en 1834, « leur influence n'est point sensible dans l'histoire », et que donc Saint-Simon n'a pas plus droit à une époque que le duc de Bourgogne à un règne. Une influence à retardement n'entre pas dans le plan des *Époques*. À partir de 1850 Adolphe agit et influe infiniment plus que le *Génie du Christianisme*, et la fécondité d'influence de la marquise de Sévigné et du duc de Saint-Simon se justifie et s'affirme en Marcel Proust. Tant pis pour eux ! Il existe des époques de transition (et Brunetière leur fait grande place). Il n'y a pas d'époques de repêchage.

Le second système de *Discours*, soit une *Suite de la Religion*, consiste à organiser une histoire selon une raison éminente, une idée supérieure qu'elle est appelée à réaliser, avec un certain degré de liberté et certaines difficultés intérieures et extérieures, de sorte que tantôt elle réussit et tantôt elle échoue, tantôt veut le bien et tantôt cède au mal, sans que le droit du bien se prescrive jamais. Chacun de nos régimes politiques a eu ainsi et a encore une histoire officielle, qui aboutit à lui, et l'on sait les systèmes du second tiers du siècle qui ont fait de l'histoire de France une *Suite de la classe moyenne* ou une *Suite de la Révolution française*. À ce temps et à ce thème général appartient l'*Histoire de la Littérature française* de Nisard. Nisard établit sinon une définition, du moins une nature et un devoir de l'esprit français, qui se cherche, se trouve, se réalise, se trompe, s'égare, se repent, se connaît à travers la littérature. Cette suite a trouvé son institution dans le XVIIe siècle classique, comme la *Suite de la Religion* trouve la sienne dans le Christ et les apôtres. Un discours sur l'histoire littéraire maintiendra cette institution, en dégagera la perpétuité, en restaurera l'autorité, en dénoncera les hérésies, formera sur ce meilleur du passé les générations nouvelles, et Nisard, professeur et directeur de l'École Normale, pouvait passer pour le précepteur d'un dauphin à cent têtes, responsable du bien de la littérature comme l'éducateur du prince l'était du bien de l'État. Ces suites sont d'ailleurs des doctrines d'école, qui ont séduit pendant soixante ans les esprits les plus divers, et qui font corps avec l'esprit oratoire. On les retrouve dans la classification des systèmes due à Cousin. On les retrouve dans la doctrine de la race, du milieu et du moment, charpente de la *Littérature anglaise* de Taine, avec cette différence, fondamentale, d'ailleurs, que la suite de Taine est déterminée et déterminante, la suite de Nisard inspirée par une idée très décidée de la liberté humaine.

Dogmatisme, choix, esprit de gouvernement, ces tendances se sont, après Nisard et aussi après Brunetière, singulièrement affaiblies. S'il fallait donner un nom à la figure sous laquelle apparaît le plus naturellement et le plus ordinairement aujourd'hui l'ordre de la littérature française, nous emprunterions le titre de la dernière des divisions du *Discours sur l'Histoire Universelle*, *les Empires*. La littérature française apparaît comme une succession d'empires dont chacun est renversé par une guerre littéraire ou une révolution, et auquel un autre empire succède. Les quatre empires des Assyriens, des Perses, des Macédoniens et des Romains, on les verrait dans les quatre grands climats successifs du moyen âge chrétien, de l'humanisme, du classicisme et du romantisme, ces deux derniers, les Empires civilisateurs, continuant encore, dans un parallélisme qui rappelle les Grecs et les Romains de Plutarque, à former deux langues de l'esprit et des lettres, rivales et complémentaires. Les histoires de la littérature depuis trente ans, individuelles comme celle de Lanson, et surtout collectives, tendraient volontiers au syncrétisme que nous présentons ici *cum grano salis*. Dans les histoires collectives qui paraissent une nécessité d'aujourd'hui, laïques comme celle de l'atelier Bédier-Hazard, catholiques comme celle de l'atelier Calvet, chacun de ces empires est conduit par ses spécialistes à faire sa partie singulière : médiévistes pour le moyen âge, seizièmistes pour le XVIe siècle, ce sont là des noms courants, auxquels certains ajouteraient volontiers celui de dix-septièmiste, en attendant celui de vingtièmiste, les liaisons dans la durée et dans l'espace étant faites par les comparantes. Les histoires collectives ont placé la littérature française sous l'influence, ou, comme on dit, sous le signe de ces ateliers faits d'abord pour l'érudition. Ils répondent cependant à cette idée générale que nous avons exprimée sous les termes d'empires ou de climats. On peut distinguer dans l'ensemble des lettres françaises quatre grandes natures littéraires, seizième, dix-septième, dix-huitième, dix-neuvième siècles, entre lesquels il y a eu des révolutions du goût dans la durée, et dont chacune naît bien par une sorte de rupture et de commencement absolu. À l'ordre par époques d'un développement et à l'ordre par suite d'une idée, succéderait donc ici un ordre par remplacement d'ensembles, analogue à l'ordre de succession des systèmes philosophiques, à l'ordre de succession des quatre empires scolastique, cartésien, kantien, post-kantien, un ordre aussi par dialogue et conflit entre ces quatre ordres littéraires, dont aucun ne disparaît jamais entièrement, non plus que les philosophies, et qui se trouvent encore aujourd'hui présents dans les conflits de formes et d'idées.

Chacun de ces trois discours, *Époques*, *Suite*, *Empires* est un discours possible, répond à certaines articulations de la réalité littéraire, à certaines nécessités de l'histoire littéraire, explicatives, didactiques, organisatrices. Pour notre part, nous adopterons un ordre dont nous ne nous dissimulons pas les inconvénients et l'arbitraire, mais qui nous paraît avoir l'avantage de suivre de plus près la démarche de la nature, de coïncider plus fidèlement avec le changement imprévisible et la durée vivante, de mieux adapter aux dimensions ordinaires de la vie humaine la réalité et le produit d'une activité humaine : c'est l'ordre par générations.

Les composés, dit Leibnitz, symbolisent avec les simples. L'histoire d'une littérature symbolise avec le fait élémentaire de l'histoire d'une personne : fait tellement élémentaire qu'il pourrait être incorporé à l'état-civil et religieux comme la vie, la naissance, le mariage et la mort.

Albert THIBAUDET

PREMIÈRE PARTIE

LA GÉNÉRATION DE 1789

I

LA GÉNÉRATION DE 1789

La Génération de Napoléon. On s'est étonné de l'obstination avec laquelle Chateaubriand, né en 1768, se rajeunit toujours d'un an ; on a pensé uniquement qu'il s'agissait pour lui de faire partir d'une année de naissance commune, 1769, le parallélisme où il se complaît entre la carrière de Bonaparte et la sienne. Ce coup de pouce à l'aiguille des chiffres, retenons-le et adoptons-le comme une intention de créer cette réalité : *la génération de Napoléon.* Mme de Staël, Chateaubriand et Napoléon naissent en trois années, de 1766 à 1769 : la Genevoise, le Breton, le Corse, sont des *vingt ans en 1789,* Napoléon littéralement, Germaine et René approximativement. Nous tiendrons ce synchronisme pour un point de départ des temps nouveaux.

Ces trois noms vont faire, dans les premières années du XIXe siècle, presque le vide autour d'eux, ils serviront à la France de témoins officiels devant le monde. Ils forment charnière dans la suite des générations. Quand nous les comparons aux autres charnières de la suite française, un caractère singulier nous frappe.

Deux sont des étrangers. Et le troisième un éternel-émigré. Germaine Necker est la fille du contrôleur général, du technicien étranger, et elle incarnera, après Rousseau et son père, la troisième vague de cette conquête genevoise dont l'histoire ne finit pas avec elle. Bonaparte, un autre de nos conquérants, est un Italien, aussi vrai Italien malgré son état civil français que Mme de Staël est vraie Genevoise malgré son état civil suédois. Et si Chateaubriand est Breton, il inaugure une manière nouvelle d'être Breton. La Bretagne était entrée au XVIIIe siècle en pleine culture française : Duclos et Maupertuis sont des écrivains français dont nous savons, sans y attacher d'importance, qu'ils sont nés en Bretagne. Mais Chateaubriand, bien qu'il ait quitté de bonne heure et sans retour la Bretagne pour n'y revenir que dans un célèbre cercueil, est individuellement, tenacement Breton comme le seront après lui Lamennais et Renan. Breton comme Rousseau est Genevois, Bonaparte Corse, ce pur Français devient, par sa position d'émigré décoratif et stylisé, excentrique à son temps, une sorte d'étranger honoraire.

La chute de la République des Lettres. Ces trois présences d'abord extraordinaires de quasi-étrangers nous apparaissent plus ordinaires et presque nécessaires si nous y voyons la contre-partie d'une absence : l'absence de tout ce qui, dans cette génération des *vingt ans en 1789* a été empêché par la Révolution.

Empêché un peu, sans doute, pour des raisons démographiques. À peine cette génération est-elle entrée dans la vie que les guerres meurtrières commencent. Ont-elles apporté aux lettres un dommage égal ou supérieur à celui que leur a infligé le tribunal révolutionnaire ? Des André Chénier sont-ils morts à Wattignies ou à Eylau ? Ce n'est probable que dans une mesure très inférieure à celle que comporte la guerre de 1914. Le massacre des élites qui a fauché la génération des *vingt ans en 1914* reste jusqu'à présent un fait unique dans l'histoire, et d'ailleurs, de ces considérations glissantes sur le possible, nous ne pouvons rien tirer qui entre dans une chaîne des causes explicatives.

L'absence qui régna, pendant que cette génération atteint l'âge viril, ce n'est pas cette absence d'individus, dont nous ne pouvons rien savoir, c'est l'absence d'un état littéraire, d'un climat littéraire. La proclamation de la République Française coïncide en effet avec l'abolition de la République des Lettres.

La République des Lettres, cet état séculaire qui donnait à la littérature son atmosphère, ses habitudes, ses problèmes, ses rythmes, son statut social, ses relations extérieures, est détruite par cette Révolution qu'elle a préparée. Plus d'Académies, plus de Salons, plus de « Société ». Au principe de la Littérature d'une époque, d'une génération, il y a ordinairement chez un ou deux milliers de jeunes gens l'idée de se créer une vie intéressante en « faisant de la littérature » et chez cent mille personnes l'idée qu'il est intéressant, agréable, ou important qu'on « fasse de la littérature ». Cette idée s'oublie alors ou s'obscurcit, pendant quelques années. La génération qui a vécu cet oubli et cet obscurcissement en reste marquée et frappée.

Réussir dans la République des Lettres, c'était plaire aux honnêtes gens, comme réussir dans la République c'est plaire aux électeurs. Chateaubriand n'avait pas d'autre but quand, jeune officier, il écrivait pour l'*Almanach des Muses.* Et ce que c'était que plaire aux honnêtes gens, Germaine Necker l'avait appris sur son petit tabouret, dans le salon de sa mère. Si la Révolution a comporté des gens honnêtes, elle n'en détruit ou n'en disperse pas moins les honnêtes gens. Quel public, ou plutôt quels publics, pour cette génération, remplaceront celui-là ? Trois sont possibles et tous trois feront leurs parties dans une révolution littéraire.

Les nouveaux publics. 1° D'abord le public des non-honnêtes gens, la rue et les nouveaux riches, soit, dans l'un et dans l'autre cas, un public peuple. Mais ce public ce n'est pas sur les *Vingt ans en 1789* qu'il a agi. Ceux-ci arrivaient avec une formation déjà acquise, celle de l'ancien régime. Ils ne pouvaient la démentir. La Révolution a eu une littérature révolutionnaire ; elle n'a pas eu de révolution littéraire. Elle a été, au point de vue littéraire, plus conservatrice, plus écolière, plus *primaire* que n'importe quelle autre époque. Dans la poésie, au théâtre, la roue des genres anciens a continué à tourner mécaniquement. La génération qui fera une révolution littéraire, qui incorporera, au théâtre et dans le roman, les genres populaires à la littérature, ce ne sera pas la génération qui aura avalé, de gré ou de force, la Révolution Française, ce sera celle qui l'aura digérée, c'est-à-dire la génération suivante.

2° Mais si le public des honnêtes gens n'est plus à Paris, il peut se reformer ailleurs, et la littérature l'y accompagner. L'événement littéraire essentiel, pour cette génération, c'est l'émigration. La plupart des valeurs nouvelles se créent dans l'émigration, ou par elle, ou par la vie à l'étranger : Chateaubriand, Mme de Staël, de Maistre,

Bonald, Rivarol. La durée de cette émigration paraît avoir été proportionnée par un destin artiste, comme la crue du Nil, aux besoins de la littérature. Elle dure environ dix ans. Rentrée plus tôt, comme les émigrés l'espéraient en 1792, l'émigration n'aurait pas eu le temps de s'imprégner de l'étranger, de constituer sa table de comparaisons, d'assouplir, d'élargir et d'enrichir son capital d'idées et de sensations. Restée chez les étrangers pendant une génération et plus, comme l'émigration protestante du XVIIe siècle, elle s'y fût absorbée, elle eût enrichi leur littérature et non la française. La Révolution et l'émigration collaborent pour faire de la génération des *Vingt ans en 1789* une génération qui aura beaucoup vu, qui aura beaucoup vécu, en peu d'années, qui accumulera une somme d'expériences et de diversités bien plus grande que n'importe quelle époque depuis le XVIe siècle, et qui fournira à la génération suivante un public ouvert et curieux : ce seront les salons de l'ancienne émigration qui feront d'abord la fortune littéraire de Lamartine et de Victor Hugo. Tel est le second public possible d'une littérature entre 1792 et 1802, et, d'un autre point de vue, entre 1792 et 1815, — un retour du public traditionnel, en somme, de la République des Lettres.

3° Mais, surtout depuis Rousseau, les *Confessions* et les *Rêveries,* on en imagine volontiers un troisième : ce minimum absolu de public qu'est l'auteur lui-même, écrivant pour lui. En 1793, le meilleur de la production des vivants est manuscrit : ce sont les poésies de Chénier, c'est le coffre de papiers rapporté d'Amérique par Chateaubriand. Lorsque les presses seront rendues aux lettres, paraîtront les monologues de la solitude, *René, Obermann.*

Cette génération donnera à la vie intérieure un maître d'ailleurs ignoré de ses contemporains, Maine de Biran. L'émigration extérieure, patente, vers l'étranger, est équilibrée par une émigration intérieure, la tente nomade par les temples secrets. L'homme le moins qualifié pour cette vie, Condorcet, écrivant dans sa cachette, après le 2 juin, son *Tableau des Progrès,* en dit : « Cette contemplation est pour moi un tranquille asile où le souvenir de mes persécuteurs ne peut m'atteindre. » La Révolution jette bien des âmes dans ces asiles.

Ainsi la génération qui avait vingt ans en 1789 à été contrainte à un genre de vie et d'œuvres littéraires autres que ceux qu'elle aurait pratiqués si le cours des temps eût été normal. Elle s'est formée sans doute aux dépens d'un mouvement littéraire purement français qui eût été le produit direct, délicat, peut-être exténué du XVIIIe siècle finissant. Ce départ est plus ou moins contremandé par la Révolution. Dans les huit années qui précèdent, de 1782 à 1788, ont paru *Les Liaisons Dangereuses, Le Mariage de Figaro, Paul et Virginie.* Or il est remarquable que Laclos, Beaumarchais, Saint-Pierre, ces trois témoins de la génération précédente, bien que dans la force de l'âge, et ayant tous trois survécu à la Révolution, y ayant adhéré, ayant été employés par elle, ne survivent pas littérairement à l'Ancien Régime, ne produisent plus rien qui compte.

II

LA SECONDE ÉMIGRATION

Le départ des Élites. Qu'il soit centripète ou centrifuge, le caractère européen qu'a pris, à la fin du XVIIe et à la fin du XVIIIe siècle, la littérature française, est dans la dépendance de deux courants d'émigration, qui ont la même cause, le fanatisme unitaire, et qui aboutissent au même résultat, l'émigration d'une élite. En 1789, les Parisiens du faubourg Saint-Antoine ont démoli la Bastille avec le même enthousiasme que leurs grands-pères avaient employé à jeter bas le temple protestant de Charenton. Pareillement, comme l'a montré Albert Sorel, les légistes de la Révolution n'ont fait qu'appliquer aux émigrés et au clergé le droit que les légistes de Louis XIV avaient créé pour dépouiller les religionnaires et détruire leurs familles. Or l'émigration protestante avait produit, depuis Bayle, une littérature française à l'étranger, et même ce style qu'on a appelé « style réfugié ». La grande différence entre cette première émigration et la seconde, c'est que les émigrés de la Révolution sont rentrés, après un temps qui fut à peu près celui de la guerre de Troie, — qu'au terme de leur Odyssée il y a un Retour, — et que l'influence littéraire de l'émigration se manifeste moins à l'étranger par son séjour qu'en France par ce retour.

Quand, dans les cités antiques, le peuple entrait en lutte avec l'aristocratie, il trébuchait sur cette difficulté, que les familles nobles possédaient la clef du culte, des rites, des sacrifices, des auspices, et que s'il pouvait les supplanter dans l'exercice du pouvoir, il manquait non d'initiative mais d'initiation pour mettre la cité en rapport avec les dieux. En 1789, les diverses aristocraties possédaient, en ce qui regarde les lettres et les arts, ces habitudes, cette initiation, ce goût qui ne s'improvisent pas. Elles les emportèrent avec elles, mais les dépaysèrent et se dépaysèrent.

La Littérature émigrée. Un seul grand écrivain, mais ignoré alors n'a pas émigré : c'est André Chénier. Son frère Marie-Joseph peut passer pour le type et un chef de file des traînards qui continuent à répéter en France les gestes vides du XVIIIe siècle poétique. Mais pendant un quart de siècle, de 1793 à 1820, tous les écrivains qui comptent sont étrangers comme Mme de Staël, Constant, de Maistre, même, après tout, Bonaparte, ou émigrés comme Chateaubriand, Bonald, Senancour, Rivarol. Tout ce qui n'a pas subi l'épreuve ou le sacrement de la frontière, tout ce qui dit, avec Sieyès : « J'ai vécu ! », rampe. Quel que soit le jugement politique ou moral qu'on hasardera sur l'émigration, et qu'on répète ou non à son sujet un mot comme celui du P. Loriquet, dans son *Histoire de France* sur les protestants de la Révolution qui « ne rougirent pas de porter à l'étranger les secrets de notre industrie », elle a été littérairement bienfaisante. Elle a institué des expériences nouvelles. Elle a enrichi la sensibilité française. Elle a brassé des courants européens. Elle a apporté un contrepoids d'autonomie et de liberté au conformisme officiel sous lequel la Révolution et Napoléon risquaient d'écraser et de stériliser les lettres. Elle a préparé la société parisienne de la Restauration, les premiers feux du romantisme, les formes les plus délicates du libéralisme intellectuel et de l'intelligence esthétique, l'Europe paisible, concordante, tolérante et cultivée des années 1815-1848.

Les élites émigrées vivent tragiquement. Elles sont contraintes à une vie hasardeuse, solitaire, humiliée. Elles sont amenées par l'exil et l'épreuve à réviser leurs valeurs, et à en connaître ou à en créer d'autres. Les dieux qu'elles ont emportés prennent contact et font alliance avec les dieux étrangers. Sainte-Beuve indiquant que l'originalité de Chateaubriand lui vient de son déracinement, dit : « C'est à cela que servent du moins les révolutions ; elles triomphent en déracinant, elles rompent ce qui se suit de trop près, et recommencent le grand mélange. Il y a chance pour qu'au sortir de là il se produise quelque chose d'original et de nouveau. »

Il y a les émigrés qui perdent leur pays et ceux qui en découvrent d'autres. Il y a les émigrés qui n'ont plus de société et ceux qui s'en font une nouvelle, il y a les émigrés qui n'ont pas de jeunesse et ceux qui créent une jeunesse. Trois dissonances, qui produisent chacune leur étincelle de vie littéraire.

L'émigré qui perd son pays, qui n'a plus de société, qui n'a plus de jeunesse, représente au bilan le passif, la négation, la déficience. L'émigration est mortelle aux faibles. S'il vient de ce côté des faibles une voix littéraire, c'est une voix désespérée. Cette voix désespérée s'est exprimée précisément dans un des plus beaux livres de l'émigration, l'*Obermann* de Senancour. Chateaubriand a traversé cette phase avec *René*.

La Découverte de l'Europe. En perdant la France, d'autres émigrés, fils du XVIIIe siècle, découvrent mal leur moi, et la vie solitaire ne leur apparaît guère que dans l'aimable et humoristique dessin du *Voyage autour de ma Chambre* de Xavier de Maistre. En revanche ils découvrent l'Europe. Ils deviennent, selon le mot de Mallet du Pan, des cosmopolites malgré eux. L'aire de dispersion est vaste. Des trois Bourbons qui succéderont à Louis XVI, Louis XVIII habite la Russie, Charles X, l'Écosse et Louis-Philippe, qu'on trouve en Scandinavie, sous le cercle polaire, puis en Amérique, est un voyageur passionné. La bibliographie des livres de voyages dus aux émigrés, parus soit à l'étranger soit en France à leur retour, est considérable. Ils découvrent l'Angleterre, l'Allemagne, la Scandinavie, la Russie, l'Espagne, les États-Unis, non pas comme autrefois dans les voyages d'études, les missions diplomatiques, les séjours d'hommes de lettres parmi la bonne compagnie, mais dans la matérialité précise où les appliquent une vie difficile, le contact avec le peuple, les voyages à pied, les métiers dont il faut vivre, la langue qu'il faut apprendre. Leur émigration dure assez pour qu'ils apprennent l'étranger, pas assez pour qu'ils oublient la France.

L'accueil qui leur est fait par la société britannique prépare cette vie franco-anglaise de l'esprit littéraire et politique, qui prendra corps après 1815. C'est dans l'émigration lyonnaise que Walter Scott rencontre celle qui va être sa femme. C'est d'Angleterre que Chateaubriand rapporte, avec l'enthousiasme pour Milton, le sentiment du génie littéraire chrétien. En Allemagne, Hambourg et ses environs reçoivent la colonie la plus compacte et la plus brillante de l'émigration. Quarante mille émigrés l'habitent, qui ont leur théâtre, leur café et leurs journaux français, leur revue le *Spectateur du Nord,* et Rivarol, et Chênedollé, et Beaumarchais, et Delille, et Mmes de Genlis et de Flahaut-Souza et les constituants de 1789, en contact avec Klopstock, Voss, Jacobi, Niebuhr. Le libraire Fauche y confie à Rivarol la tâche de donner aux Allemands un *Dictionnaire de la langue française.* À Anspach, Chamisso et Suard sont les familiers du prince de Hardenberg. De la Genève de Mme de Staël à la Neuchâtel de Mme de Charrière, la Suisse française, devenue l'un des carrefours de l'émigration, se prépare à donner un centre vivant, un salon de l'Europe, au cosmopolitisme nouveau. Littérairement, à partir du Consulat, Coppet deviendra presque un Hambourg français.

L'Émigré. La vie littéraire de l'émigration n'ayant duré qu'une dizaine d'années, est un couloir, un passage. Nous en retrouverons donc dans d'autres chapitres les personnalités principales, ainsi que les œuvres spécifiques que sont les Mémoires, tous rédigés longtemps après. Il nous faut faire cependant une exception. Le seul roman important publié entre *Paul et Virginie* de 1787 et *Valérie* de 1803 non seulement est écrit par un émigré, mais s'appelle l'*Émigré* de Sénac de Meilhan, paru à Brunswick en 1797 sans trouver le moindre public. C'est un roman par « lettres écrites en 1793 » que Meilhan nous affirme réel, et qui en tout cas répond à une situation qui a dû fréquemment se reproduire : une jeune femme allemande mariée sans l'être beaucoup, et dans le château rhénan de qui est recueilli un jeune émigré blessé. Le roman d'amour de l'émigré, peint délibérément comme un type français, le soin spirituel avec lequel l'auteur a décrit des cœurs et des milieux allemands, donnent à l'*Émigré* une figure de roman cosmopolite moins décoratif, mais plus vivant, plus émouvant et plus vrai que *Corinne.* La différence de l'*Émigré* et de Corinne ressemble à celle d'*Obermann* et de *René.*

Les deux livres de Sénac et Senancour, absolument inaperçus de leur génération contemporaine, ont trouvé un public au fur et à mesure que les deux livres célèbres, citrons pressés, ne vivaient plus guère que pour l'histoire littéraire.

III

LA LITTÉRATURE RÉVOLUTIONNAIRE

La Révolution a écrasé, renversé ou dispersé la génération littéraire de 1789. Une invention et une création extraordinaires, dans l'ordre de l'action, ont pour rançon littéraire la disparition du goût, l'indigence des formes, la stérilité du théâtre et du livre.

Débauche de littérature populaire. Le XVIIIe siècle, tout en maintenant, et en perfectionnant sur bien des points, une littérature pour les gens de goût, pour les citoyens et les hôtes de la République des Lettres, avait créé ou suggéré une littérature populaire, même populiste, avec les romans de Restif de la Bretonne, le drame (et les théories) de Sébastien Mercier. En dévastant, exilant ou muselant la République des Lettres, la République Française ouvrit un cours plus large à cette littérature populaire. La République des Lettres devient une démocratie des lettres : le peuple chante, le peuple lit, le peuple écoute. Et cela aurait pu donner des résultats. Malheureusement les habitudes séculaires de la littérature française étaient prises, la transition manqua, et si le romantisme allait plus tard en bénéficier, le résultat, pendant la période révolutionnaire, fut nul.

Chant. Le peuple chante, et la vraie poésie révolutionnaire est en effet, ou aurait dû être, de la poésie chantée, telle que l'appelaient les fêtes populaires. Le *Chant du Départ,* de Marie-Joseph Chénier, pas trop indigne de la noble musique de Méhul, est le plus beau de ces hymnes révolutionnaires. Le vol sublime de la *Marseillaise* traîne malheureusement après lui des paroles ineptes. Ne parlons pas de la *Carmagnole* et du *Ça ira.*

Journaux. Le peuple lit. Il lit surtout des journaux. Les journaux sont assurément la partie la plus vivante de la littérature révolutionnaire. Ils le sont dès les États Généraux de 1789, qui se réunissaient déjà portés par une curieuse littérature spontanée, celle des *Cahiers,* rédigés, dans les petites villes et les campagnes, par des procureurs, des maîtres d'école, des curés, et où les accents pittoresques et singuliers, sincères et poignants, ne manquent pas. À ces cahiers des mandants, répondent parfois les comptes-rendus des mandataires, comme les *Lettres à mes Commettants* de Mirabeau, qui sont du vrai journalisme. Et surtout, à Paris, l'opinion à défendre, le parti à soutenir, le relâchement, puis la disparition de la police des écrits, font crépiter de tous côtés une mitraille de feuilles ardentes, souvent pamphlets périodiques, à un ou deux rédacteurs, qui paraissent irrégulièrement.

Le meilleur et en tout cas le plus célèbre des journaux de 1789 à 1791, ce sont les *Actes des Apôtres,* de Peltier, Rivarol, Champcenetz, Mirabeau le jeune, Suleau, pamphlet conservateur, qui s'adresse surtout à la bonne compagnie, ou à ce qui en reste : d'où une littérature plus fine. La lecture en est cependant devenue assez décevante. Nous comprenons mal tant de sous-entendus et d'allusions à des personnages oubliés. Nous entendons beaucoup mieux l'*Ami du Peuple* de Marat, qui commence à paraître en septembre 1789, et les *Révolutions de France et de Brabant* que Camille Desmoulins publie à partir de novembre 1789. Mais c'est en 1793 surtout, avec le *Vieux Cordelier,* que se révèle le puissant talent de Desmoulins. Les numéros qui précédèrent immédiatement sa mort passent avec raison pour le chef-d'œuvre du journalisme de la révolution, parce qu'alors il se bat dangereusement. C'est également à l'énergie de ses convictions, à la fièvre de ses haines, à son contact direct avec les passions de la rue, que l'*Ami du Peuple* doit la vie qui éclate encore dans celles de ses pages dont nous conservons le fil conducteur. Il voisine dans la littérature populaire avec le *Père Duchêne* d'Hébert. Hébert a un vrai tempérament de journaliste, il a créé un style populaire et puissant d'une verve et d'une verdeur singulières, que les Goncourt admiraient, et dont Jaurès, quand il publiait par livraisons son *Histoire Socialiste,* se plaisait à citer de longues pages pour amuser encore ses lecteurs populaires de 1900.

Éloquence. Enfin le peuple entend. La littérature auriculaire reste en somme la meilleure de la Révolution, bien qu'elle soit souvent écrite et lue, dans les trois assemblées. L'éloquence de la Constituante n'est pas une éloquence populaire. Chez Mirabeau, les célèbres apostrophes, adjurations, mouvements pathétiques, lave répandue, hure secouée, ne tiennent qu'une très petite place dans l'ensemble de ses discours, et même, comme dans le discours de la hideuse banqueroute, peuvent coïncider avec les vacances de son bon sens, dont il avait par ailleurs à revendre. Les discours de Mirabeau, de Barnave, de Cazalès, de Maury, de Robespierre constituant, sont généralement des discours d'idées et d'affaires, où le pathos n'est qu'une écume, et qui sont soutenus par l'acquis, la logique de l'expérience et de la culture. On ne retrouve pas les mêmes qualités chez les orateurs de la Législative, qui ont pris l'habitude de parler moins pour l'Assemblée que pour les tribunes, qui aiment l'éloquence pour elle-même, mais qui ont la poésie de la jeunesse, et qui offrent en un mouvement monumental, comme celui des Horaces dans le tableau de David, l'image d'une génération nouvelle dans son indivisible élan. C'est Vergniaud avec ce romanesque généreux et vaniteux où l'on croit sentir déjà les élans lyriques de son futur historien Lamartine ; c'est Isnard, le Provençal frénétique qui a dans quelques discours d'ailleurs laborieusement écrits, à la Législative et à la Convention, jeté peut-être les notes les plus aiguës sur le trépied le plus pythique qu'aient connu les Assemblées. La plupart de ces orateurs se retrouvent et grandissent à la Convention, où Robespierre de son côté ramène le ton plein, le labeur probe et serré de ses débuts à la Constituante. C'est sans doute Robespierre, qui avec Mirabeau, a laissé le plus de pages oratoires dignes d'être lues. Il demeure celui dont Mirabeau disait : « Cet homme ira loin car il croit tout ce qu'il dit ». La conviction profonde, enracinée par la méditation solitaire et par la haine de l'adversaire ; une volonté infatigable de faire passer, par la force d'une logique continue, claire et véhémente, ce qu'il croit dans toutes les oreilles qui l'écoutent ; et le but qui, à mesure que l'orateur va plus loin s'éloigne d'aussi loin, puisqu'il n'est rien d'autre que le règne de la vertu : tout cela donne à Robespierre ce qu'il reste seul à avoir possédé entièrement, un temps, sous la

Révolution : l'autorité. Autorité du définiteur, du guide, du politique, autorité de l'Incorruptible. S'il reste des discours de Robespierre, il ne reste de Danton que des mouvements, des phrases, des cris, du feu, les plus beaux de la Révolution. Il est probable que Saint-Just avait du génie, et de lui aussi on sait des mots étonnants. Mais ses discours mêmes sont filandreux, ennuyeux, et quand ses déductions enfilent le chemin de l'absurdité, le fanatisme délirant avec lequel il le suit jusqu'au bout ne paraît plus une force, mais une damnation de la nature.

Écrits. Ce n'est d'ailleurs pas seulement ni surtout à cause de leurs discours que les personnages révolutionnaires sont retenus par la littérature. Le meilleur de Mirabeau est dans d'autres écrits : moins son *Histoire secrète de la Cour de Berlin,* résultat hâtif et mal venu de sa mission diplomatique en Prusse que ses *Lettres* d'amour volcaniques à Sophie de Monnier, et moins ses lettres d'amour que ses lettres politiques, soit les notes secrètes écrites (pour de l'argent) à Louis XVI. Au-dessus de Mirabeau orateur, il y a Mirabeau ministre.

Je veux dire Mirabeau candidat au ministère, Mirabeau pensant et écrivant en ministre ; le Mirabeau plein d'idées qui gémit de voir l'État abandonné, par la nolonté (le mot est de lui) du roi, à la folle plèbe parisienne ou au lourd comptable genevois, et qui sait ce qu'il faut faire, et qui conscient de tous les dangers que court la monarchie, voudrait la sauver, et gémit des vices, des dettes, de toute la légende attachés à son lourd passé qui lui enlèvent toute activité pour le bien. Les États généraux de 1614 ont laissé en se retirant, sur le rivage de la cour, l'évêque de Luçon, le futur Richelieu. La monarchie des Bourbons eût été sauvée par un grand ministre qui eût consolidé et réglé monarchiquement les résultats des États de 1789. Mirabeau seul était alors ce ministre possible, mais repoussé par le roi, l'Assemblée, le Destin et le déclin d'une vie usée. Il en a laissé un témoignage, qui appartient aux lettres : la *Correspondance* entre Mirabeau et le comte de La Marck. Mais La Marck sert ici plutôt de prête-nom. Ces trois volumes publiés en 1851 sont un dialogue entre Mirabeau et la royauté ou un monologue de Mirabeau devant la royauté, et, pour employer le langage de Bossuet un *Avertissement politique.*

L'essentiel de cette *Correspondance,* et par le contenu, et par les correspondants et par les conséquences, ce sont les cinquante notes écrites par Mirabeau, depuis juin 1790 jusqu'à sa mort dix mois après. Un étranger sans vues, Necker, un coq sans cervelle qui tourne au clocher, La Fayette, sont les deux consuls de l'irrésolution et de la présomption, tiennent les commandes. Mirabeau, forcé de rester dans les coulisses offre, en attendant mieux, un plan. Ces cinquante notes sont écrites à la diable, avec plus de génie, parfois, que de bon sens. Elles méritent toujours d'être lues, surtout aux époques de crise, quand un régime penche et qu'il faut l'étayer, quand l'esprit de Révolution reparaît, quand les maux et les périls étant les mêmes, le remède est, dans ses grandes lignes le même : une synthèse énergique, active et non passive, des besoins nouveaux et de l'ordre ancien. Comme les écrits de Napoléon, ces notes entrent dans la littérature, parce qu'il y a là, non seulement des raisons et des vues, mais un tempérament, une nature, un homme, donc un style.

On a retenu un certain nombre de pensées puissantes de ce mystérieux Saint-Just, dont le poème libertin et plat d'*Organt,* les discours froids et fielleux des *Institutions Républicaines* d'où jaillissent des éclairs de génie et les éclats d'une grande âme, semblent appartenir à trois différents personnages. Hérault de Séchelles, vrai écrivain, appartient à la même équipe et à la même époque que Laclos. Mais c'est comme moraliste, non comme écrivain politique qu'on retient l'analyste ironique et intelligent du *Voyage à Montbard* et du *Discours sur l'ambition.* Les nombreux *Mémoires* sur l'époque révolutionnaire qui commencèrent à paraître après 1815 forment une littérature toute spéciale, dont nous parlerons à sa place. Il faut cependant dès maintenant en retenir d'abord les *Notes* du conventionnel Baudot, presque les seuls mémoires écrits à l'époque même, qui apportent sur les principaux auteurs de la Révolution des vues d'une pénétration singulière, et qui, utilisées par Quinet dans sa *Révolution* n'ont été publiées qu'à la fin du XIXe siècle. Ensuite les *Mémoires* que Mme Roland écrivit dans sa prison au moment où Condorcet écrivait dans sa cachette l'*Esquisse.* Ces deux livres de proscrits jetés l'un vers le passé, l'autre vers l'avenir, par la tempête contemporaine, suffiraient à sauver l'honneur de la littérature révolutionnaire.

Théâtre. Le dédoublement que nous avons signalé de la littérature révolutionnaire en une littérature selon la tradition, qui se porte mal, et une littérature populaire qui ne porte pas loin, nous le retrouvons au théâtre.

La tragédie piétine obstinément dans le dégel du XVIIIe siècle. Pour être républicaines, les tragédies de Marie-Joseph Chénier n'en deviennent ni meilleures ni pires. Elles tiennent la place la plus honorable dans le cortège funèbre du genre.

La comédie s'accommode mieux de la médiocrité. En 1790, le *Philinte de Molière* de Fabre d'Églantine présente, non sans habileté ni succès, Alceste sous la figure qui appartiendra plus tard au Jacobin vertueux, Philinte sous celle d'un monarchiste ou d'un aristocrate. C'est ainsi qu'en 1793 le *Guillaume Tell* de l'honnête Lemierre, tragédie vieille d'un quart de siècle, doit un nouveau triomphe à un sous-titre qui est une trouvaille : *Guillaume Tell* ou *les sans-culottes suisses.* Le *Philinte* s'était d'ailleurs trouvé encadré entre les deux succès de Gollin d'Harleville, l'*Optimiste* en 1788 et le *Vieux célibataire* en 1793 ; Fabre engagea une polémique contre l'*Optimiste* et l'optimisme, en lequel il dénonça une doctrine contre-révolutionnaire, et de la contre-révolution à la guillotine il n'y avait alors qu'un pas. De la Révolution aussi, puisque Fabre le franchit.

Logiquement l'heure n'était ni à la comédie, ni à la tragédie, mais au drame, celui de la scène comme celui de la rue. D'abord Diderot et Mercier l'avaient préparé, lui avaient créé un style trépidant et haché d'exclamations et de « mouvements de la nature ». Ensuite la Comédie-Française avait succombé : le 2 septembre 1793, ses vingt-huit acteurs avaient été mis en prison pour avoir représenté une *Paméla* inféodée à Pitt et Cobourg, et la voie se trouvait donc libre pour des auteurs et des acteurs républicains. Mais libre est une façon de parler : un *Jean sans Terre* ne peut être représenté au *Théâtre de la République,* parce que le bon sans-culotte Santerre s'en trouverait offensé. Et le censeur du Directoire n'admet pas que, dans une pièce d'Hoffmann, le nom de Louis soit donné à un personnage vertueux. Malgré tout, le peuple va au drame, le besoin finit par créer l'organe, et dès 1798 Guilbert de Pixérécourt donne son premier mélodrame : *Victor ou l'Enfant de la forêt.* L'autorité s'en émeut : « Le grand principe de ne pas ensanglanter la scène, dit un arrêté du département, est absolument mis en oubli, et elle ne cesse pas d'offrir le tableau hideux du vol et de l'assassinat. Il est à craindre que la jeunesse, habituée à de telles représentations, ne s'enhardisse à les réaliser, et ne se livre à des désordres qui causeraient et sa perte et le désespoir des familles. » Le théâtre donne toujours du mal au gouvernement. Cependant le gaufrier de la tragédie traverse intact la tourmente. Il suffira que Napoléon protège l'outil et que Talma vende les gaufres : voilà le genre en sursis pour une génération.

Roman. Le théâtre de la Révolution abondait au moins en quantité : un millier de pièces en dix ans. On n'en peut même dire autant du roman. Entre les *Liaisons dangereuses* et le début du XIXe siècle, l'interrègne littéraire est complet. Il est vrai que dans le monde infralittéraire abondent et triomphent Ducray-Duminil et Pigault-Lebrun. Et hors de France, il y aura un roman de l'émigration : le genre de l'avenir a passé la frontière, avec le meilleur de la littérature.

IV

NAPOLÉON

Thiers a dit — et Sainte-Beuve l'approuve — que Napoléon fut le premier écrivain de son temps, et l'on a soutenu ce paradoxe que sa vraie vocation était celle d'un homme de lettres. Il ne faut pas exagérer, mais certainement, et des points de vue les plus divers, sa personnalité domine la littérature de son temps. L'image de Victor Hugo, dans les *Orientales,* Napoléon à l'horizon du siècle comme le Vésuve à l'horizon de Naples, est aussi vraie pour le siècle littéraire que pour le siècle politique.

Comme Louis XIV, il a créé un climat, avec plus de volonté et moins de bonheur, le climat d'une littérature surveillée et contrôlée. Mais il ne faut pas rendre ce régime responsable de la médiocrité des lettres sous Napoléon. Il n'a tué que ceux qui ne pouvaient pas vivre ! Si l'Empire n'est qu'une période de transition littéraire, ce n'est que pour des raisons littéraires. En quoi les mauvais rapports de Chateaubriand et de Mme de Staël avec le maître ont-ils nui à leur œuvre ? Bien plutôt il semble que l'un et l'autre aient trouvé là un tonique, Chateaubriand l'occasion de son « Bonaparte et moi ».

L'Empire est le seul régime qui ait mis à la tête de l'Université un pur homme de lettres, Fontanes, lequel fut par ailleurs leur manière de délégué permanent auprès de Napoléon et servit souvent leur cause avec courage. La véritable influence sur les littéraires sera cependant une influence posthume, quand le romantisme vivra et écrira sous vingt formes une *Imitation de Napoléon.*

Son œuvre personnelle, comme littérature de souverain, est

unique. Très supérieure à celle de Frédéric II, elle ne pourrait se comparer qu'à ce qui nous reste des dictées de César. On remarquera que, pas plus que de Frédéric II, le français n'est la langue maternelle de Napoléon, mais la langue claire, précise, pragmatique du XVIIe siècle, celle de Montesquieu et de Voltaire, n'a jamais mieux exprimé son universalité, sa mission de formuler la pensée comme une algèbre de l'action, qu'en fournissant à ce Corse le style de leur génie et le génie de leur style.

Dans l'immense trace littéraire qu'a laissé le passage de son action, on distinguera des zones.

On notera d'abord pour mémoire une littérature personnelle de jeunesse, plus ou moins inspirée de Rousseau, et qui ressemble à celle que pouvait griffonner en garnison tout jeune officier. Entre les fragments retrouvés, le dialogue du *Souper de Beaucaire* en est le morceau le plus connu. Nous n'avons d'ailleurs pas la moindre idée de ce qu'aurait pu être un Bonaparte homme de lettres.

La véritable entrée de Bonaparte dans le monde des paroles qui sont écrites et restent, c'est la proclamation de Nice à l'armée d'Italie : « Soldats, vous êtes nus... » Elle inaugure ce qu'on pourrait appeler la rhétorique napoléonienne. Il n'y a d'ailleurs pas d'action oratoire sur les hommes sans rhétorique. Les proclamations, les exhortations, les appels, les discours de Napoléon peuvent, à distance, sonner le creux sous les poncifs. Ils ont réussi. Ils appartiennent à un ordre de mouvement militaire qui emporte la victoire sur les âmes et les foules. Ils franchissent les lieux communs comme des ponts. La force de cette littérature dynamique n'est pas encore épuisée. « La victoire marchera au pas de charge. L'aigle avec les couleurs nationales volera de clocher en clocher jusqu'aux tours de Notre Dame ». Cela doit se mesurer à son effet sur les « populations » et alors c'est grand comme cet espace de la carte de France que Michelet dans le *Tableau* voit se dérouler du haut du Jura.

Le 12 mars 1815, Ney, envoyé contre lui et qui s'est vanté (Napoléon le sait) de le ramener dans une cage de fer, reçoit cette lettre : « Mon Cousin, mon major général vous expédie l'ordre de marche Je ne doute pas qu'au moment où vous aurez appris mon arrivée à Lyon, vous n'ayez fait reprendre à vos troupes le drapeau tricolore.

Exécutez les ordres de Bertrand et venez me joindre à Chalon. Je vous recevrai comme le lendemain de la bataille de Moskowa. » Le premier mot de Ney est : « Jamais les Bourbons ne sauront parler comme ça. » Le lendemain des adieux de Fontainebleau, parlant à Briare de son discours à la vieille garde, lui-même dit : « Voilà comment il faut parler. » Qui a su, dans ce plein sens du mot, au XIXe siècle, parler aux Français ? Napoléon, Lamartine, Gambetta. Aucun des lieutenants de Napoléon ne le peut. En 1808, il écrit à Murat : « Votre ordre du jour aux soldats sur l'affaire de Barjos est misérable.... le Français a trop d'esprit pour ne pas se moquer de pareilles proclamations, vous n'avez point appris cela à mon école. »

Le monument de beaucoup le plus considérable en quantité de l'œuvre napoléonienne, ce sont les trente mille lettres jusqu'ici publiées de la *Correspondance.* Toujours dictées debout elles nous rendent comme un phonographe le ton, le commandement, les colères, l'intelligence active de l'Empereur. Elles appartiennent plus à l'ordre des propos enregistrés qu'à la littérature écrite. En campagne, Napoléon continue à gouverner, reçoit tous les jours les courriers des ministres, répond à tout en dictant, souvent à plusieurs secrétaires à la fois, qui le suivent difficilement. C'est le graphique d'un gouvernement, le graphique surtout du cerveau qui gouverne. La réponse est toujours pertinente, claire, directe. L'homme est là, gourmande, invective ou loue, dit sur tout son mot, qui est souvent un trait de feu.

À ces dictées directes de la *Correspondance,* il faut joindre les conversations rapportées par les témoins, Roederer, Molé, Metternich, surtout les compagnons de Sainte-Hélène. La force dominatrice est telle qu'ils ne peuvent pas ne pas écrire du Napoléon, que la parole remémorée modèle toujours le style écrit du témoin, phénomène qu'on ne peut comparer qu'au dialogue socratique ou aux entretiens de Pascal. Cependant les propos sténographiés sont quelquefois décevants : c'est le cas des séances du Conseil d'État où s'élaborait le Code Civil et auxquelles assistait souvent Bonaparte. Les interventions ont pu paraître aux jurisconsultes, comme aujourd'hui à nous, bizarres ou naïves. Mais ce maquis lui est moins familier que celui de son île, et en ces matières subtiles, s'il est le maître, il n'est pas un maître.

On attachera peu d'importance aux écrits historiques, qu'il a dictés à Sainte-Hélène expressément pour la postérité. Leur authenticité intégrale a d'ailleurs pu être discutée. C'est quand il raconte à distance les événements de son temps et de son règne qu'il est le moins croyable. Ce qu'il dit de ses intentions et de ses projets est fabriqué à Sainte-Hélène, et d'ordinaire démenti par les documents contemporains. Ses plaidoyers sont des plaidoyers que le jugement de l'histoire ne confirme pas très souvent. Il paraît d'ailleurs avoir toujours appelé vérité l'affirmation qui pouvait le mieux se convertir en action. Par imagination, par nécessité, par position de faiseur d'opinion, de faiseur de vérité, il a dû mentir beaucoup : c'est un pragmatiste, et il faut le lire comme tel.

Avec cela le *Mémorial de Sainte-Hélène,* ou plutôt les trois ouvrages de Las Cases, Montholon et Gourgaud, sont un des livres du siècle qui ont le plus agi sur les imaginations. D'abord comme récit. Et ensuite et surtout par tant de propos marqués de la griffe du lion. Bien des pages sont d'une beauté inépuisable. Telle interpellation à Chateaubriand, venue de Sainte-Hélène, vaut les plus belles pages des *Mémoires d'outre-tombe.*

Si la fortune politique de Bonaparte ne s'était pas fait jour, s'il avait couru une carrière d'homme de lettres, il est invraisemblable que de cette carrière ait pu sortir une œuvre littéraire égale à celle que nous a valu sa fortune césarienne.

V

CHATEAUBRIAND

L'Entre-deux-siècles. Chateaubriand comme Napoléon et Mme de Staël, est un homme du XVIIIe siècle, qui atteint sa majorité en 1789, et qui mûrit avec l'esprit du siècle nouveau. Il deviendra moins encore le père des poètes romantiques que leur classique. Une grande partie de son œuvre est entrée dans l'oubli. Mais le prestige de sa personne reste plus grand que ne semble le comporter la lecture qu'on fait de ce qui survit. Il faut le tenir moins pour un rayon de bibliothèque que pour un grand vivant. Des mouvements intimes, des déplacements rythmiques, des thèmes généraux de la vie et des lettres françaises passent par lui et s'expliquent par lui. Ils eussent été modifiés, et nous aussi, si Chateaubriand était né quelques années plus tôt ou plus tard, si, de cette balance égale des deux siècles et de deux génies, l'un des plateaux avait été chargé soit d'habitudes parisiennes de 1780, soit de romantisme, déversé soit vers Bernardin, soit vers Lamartine.

Avec le vœu obstiné de suggérer à la postérité un « Napoléon et lui », il éprouve une terreur d'inspirer un « Rousseau et lui ». Il fait ce qu'il peut pour nous en détourner. En vain. Après et comme Rousseau, il a imposé aux lettres françaises le type de ces vies publiques de grands écrivains, de l'œuvre aménagée en demeure historique, en demeure remplie du maître, comme le Versailles de Louis XIV, — d'une sensibilité et d'une atmosphère sorties de lui, qui exposent et imposent un règne, — d'une situation officielle de chef de climat. Et par là il rejoint, pour la postérité, en effet, Napoléon. Il léguera la consigne : « Être le Napoléon de quelque chose. » Le fils du général Hugo, adolescent, écrira sur un de ses cahiers : « Je veux être Chateaubriand ou rien ».

Les Vocations. On discute encore sur les immenses desseins de Napoléon. Ceux de son contemporain de lettres n'ont pas été davantage sans échecs ni mécomptes, encore moins sans impérialisme. Mais ils apparaissent avec une clarté suffisante. Il en eut trois, qui aidèrent à vivre ce Breton imaginatif et dont un seul est littéraire. Les deux autres nous aident à classer celui-ci et l'encadrent.

Le Fils de la Mer. Le premier grand dessein du Malouin fut, comme il convenait à sa race un dessein de marin. Il est fils de marin, même de corsaire, et la mer va entrer par lui dans la littérature. Il imaginera d'aller en Amérique, d'y découvrir le passage du Nord-Ouest, de devenir une manière de Magellan polaire qui en passant à travers les glaces réunirait dans sa navigation l'Atlantique au Pacifique. Idée de collégien. Le grand-père de sa belle-sœur est M. de Malesherbes. Il en obtient un paquet de cartes de la marine. Voilà l'enfant amoureux de cartes et d'estampes, à l'heure du poète, celle où le monde est grand à la clarté des lampes. Il ne découvre pas plus le passage du Nord-Ouest que Colomb n'avait découvert les Indes. Mais comme Colomb il découvre l'Amérique. Il en rapporte une idée du pittoresque, de même qu'un autre vicomte, un autre parent de M. de Malesherbes, M. de Tocqueville, en rapportera une idée de la démocratie. Le paquet de 2383 pages in-folio qui auront été, s'il faut l'en croire, son butin d'Amérique, voilà le grand dessein, qui, arrêté dès l'arrivée au Nouveau-Monde, a rejailli en écume littéraire. Ne croyons pas d'ailleurs que la littérature ait jamais été absente de ce dessein : « Tu devrais peindre tout cela », disait à René sa sœur Lucile quand ils s'exaltaient ensemble à Combourg devant l'étang, la lande et la forêt. En même temps que des cartes pour le grand dessein, il emporta en Amérique beaucoup de papier pour le raconter, et, à défaut du journal de l'homme qui le réalise, il écrira le journal de l'homme qui ne le réalise pas.

L'Homme de Lettres. Le deuxième grand dessein est purement littéraire. Mais que de traits de ressemblance avec le premier ! Sa vocation invincible est d'homme de lettres. Il faudra que sa conversion religieuse, comme son voyage d'Amérique, tourne immédiatement en littérature. Il avait été chercher en Amérique, rapporté d'Amérique, le *Génie* littéraire de l'Amérique. Jeté dans l'exil par la Révolution, il s'était précipité sur sa plume et avait écrit, dans l'*Essai* de 1797, un Génie des Révolutions. Sa conversion chrétienne n'ira pas sans une version littéraire de cette conversion, qui sera le *Génie du Christianisme,* lequel n'est que la première partie d'un grand dessein d'institution littéraire. La deuxième partie sera la preuve par le fait, la preuve de la supériorité littéraire du christianisme par l'épopée chrétienne des *Martyrs.* La troisième partie sera le voyage d'orient, cadre et décor de cette épopée.

Le Fidèle. *L'Essai sur les Révolutions* était plein de la philosophie du XVIIIe siècle, que l'émigration avait emportée avec elle. Surtout, pour un écrivain-né, voué à la carrière littéraire, cette philosophie restait la maison mère de la littérature. Pour Chateaubriand elle avait signifié l'émancipation, d'autre part ce Breton avait reçu avec le sang la vocation de la fidélité, qui fut chez lui aussi impérieuse que théâtrale. En juillet 1798, il apprend par sa sœur, Mme de Farcy, la mort de leur mère, peu après celle de cette sœur elle-même. Elles sont mortes, dit-il, de la misère endurée dans les cachots de la Révolution, et dans l'affliction des erreurs des Français. Que l'appel suprême de ces deux femmes l'ait finalement converti, il n'en faut pas douter. La phrase célèbre est typique : « Je n'ai point cédé, j'en conviens, à de grandes lumières surnaturelles, ma conviction est sortie du cœur ; j'ai pleuré, et j'ai cru ». Là est en effet la vraie religion de Chateaubriand. Il n'est pas théologien (ce qu'il y a de théologie dans le *Génie* est plaqué, et d'après autrui). Il n'a pas sa petite religion à lui ! Personne n'a moins dogmatisé que lui. Si on lui demandait ce qu'il croit, il dirait peut-être comme Brunetière : « Allez le demander à Rome. » Et si on lui demandait ce qu'il est, il répondrait : un simple fidèle.

Toute la Religion de Chateaubriand tient en effet dans ce mot : Fidélité. La fidélité aux femmes de sa famille l'a fait chrétien, comme la fidélité aux hommes de sa race l'a fait émigré et royaliste.

Qu'est-ce que le *Génie du Christianisme* ? Un système de fidélités, et la fidélité est le synonyme chevaleresque de la tradition.

La Religion de Chateaubriand. Ce n'est pas une religion très intérieure, et l'on conçoit que le théosophe Saint-Martin ait trouvé au moins autant à redire au *Génie* que le philosophe Ginguené. Mais c'est une religion sûre et une religion continue. Sans y appliquer fortement sa pensée, Chateaubriand reste chrétien, malgré tout, en somme assez facilement. Les prêtres, qui n'ont pas pris au sérieux le *Génie du Christianisme* comme apologie n'ont pas douté de la sincérité religieuse de son auteur. Ils connaissent professionnellement, et par la confession, ce genre de chrétien : ils n'ont aucune raison de ne pas admettre la bonne foi et la vraie foi de ces fidèles, alors qu'ils doutent volontiers de la sincérité religieuse de Lamartine et de Hugo. Le catholicisme de fidélité est incorporé à la tradition française : c'était celui de Montaigne. Il retient dans un minimum de religion la plus grande partie des chrétiens; et la réversibilité des mérites, les intentions des prières, la délégation des uns au salut des autres, dans le dogme catholique, sont autant d'indications qui plus ou moins tendraient à l'autoriser. Il est vrai d'ailleurs que, comme le remarquait Saint-Martin, le *Génie* paraît un *Génie du Catholicisme* bien plutôt qu'un *Génie du Christianisme.*

Sainte-Beuve a appelé Chateaubriand, en insistant volontiers sur cette définition, « un épicurien qui avait l'imagination catholique ». C'est le confondre un peu injustement avec l'auteur de *Volupté.* Il faut voir ou chercher plus haut.

Un bien mûri par une durée. On n'oubliera pas le gentilhomme breton. Certainement la noblesse a contribué beaucoup à la littérature française, mais principalement par ses mémoires, c'est-à-dire par de la littérature de famille, floraison, parfois miraculeuse comme chez Saint-Simon, poussée sur l'arbre généalogique. On voit en Chateaubriand un des rares écrivains — le seul grand écrivain français — qui ait uni à la vie traditionnelle de la noblesse, et même à un puritanisme de sa caste, une carrière, une pratique, des qualités et des défauts, d'homme de lettres.

Le Chateaubriand libertin, païen, était le Chateaubriand déraciné par l'émigration. Son christianisme coïncide pour lui avec sa rentrée dans son pays, dans son ordre, dans son genre de vie. Avant d'avoir l'imagination catholique, il a la tradition catholique. Son imagination de poète marque cette tradition comme les lignes de peupliers marquent la nappe d'eau souterraine. Le *Génie du Christianisme* c'est le génie de la tradition, de toutes les traditions, le sens d'une durée, la familiarité avec une durée. Un tel *Génie,* il n'appartenait pas à un prêtre de l'écrire, car le prêtre met l'accent sur la présence actuelle des dogmes, sur leur vérité intemporelle, sur leur nature de principes. Il y fallait un noble, entretenu dans le culte d'une valeur héréditaire, d'un bien mûri par une durée. Que l'on compare à cette nuance du *Génie* le sentiment de l'« antiquité » religieuse, la « défense de la tradition », la « suite de la religion » chez Bossuet. Évidemment nous retrouvons dans Bossuet des valeurs analogues et qui concordent avec celles du *Génie* pour expliquer les habitudes catholiques de la France. Mais la différence reste grande. La valeur de l'« antiquité » consiste pour Bossuet en la garantie qu'elle fournit contre le changement, en le maintien d'une présence intacte, d'une *chose qui reste.* Elle consiste pour Chateaubriand dans son pacte avec la vie, maintenant comme la vie une permanence sous le changement, comportant les nuances et les différences de l'heure : la majesté de la vieillesse après les grâces de l'enfance et la vigueur de la jeunesse, la *chose qui dure* comme l'arbre d'une famille.

Manque d'imagination religieuse. L'imagination ne vient qu'après, et mal. On remarquera que Chateaubriand n'a jamais réussi une œuvre d'imagination, qu'il n'y a de force créatrice dans aucune de ses fictions, qu'il manque à un degré singulier de cette imagination proprement catholique qui abonde chez un Pascal, un Bossuet, un Fénelon, et sous laquelle la lettre de l'Écriture ou du dogme produit, pour en nourrir la vie de l'âme, une fulguration incessante de symboles spirituels. Au *Génie du Christianisme* manque ce génie chrétien. Il prend sa revanche précisément du côté de la tradition, il met en œuvre ce qui a déjà été pensé, senti, digéré, par l'imagination chrétienne. Le *Génie,* qui fut un livre initiateur dans l'ordre de l'art, est, dans la suite de la religion, un livre successeur, un livre d'épigone.

Son titre primitif, quand il fut commencé à Londres en 1799, était d'ailleurs moins poétique, mais plus explicite : *des Beautés poétiques et morales de la Religion chrétienne et de sa supériorité sur tous les autres cultes de la terre.* Il en avait discuté le projet avec Fontanes, alors émigré, converti lui aussi, et qui, futur grand maître de l'Université, avait l'esprit d'institution. L'ouvrage est destiné moins à montrer, à exposer le christianisme, qu'à le servir, en dégageant de lui des richesses encore insoupçonnées. Et à servir l'auteur en lui démontrant à lui-même que sa conversion ne pouvait pas nuire à sa vocation des lettres, à la vocation des lettres, au contraire !

Ce qui, du *Génie*, est mort et ce qui est vivant. Des vingt-deux livres du *Génie du Chritianisme,* plus de la moitié sont des parties mortes. L'apologétique proprement dite, sans théologie, sans philosophie, faite d'émotions, d'impressions, d'allusions, s'en va en lambeaux. Les morceaux de bravoure sur les sacrements, la poésie des rogations ou des cloîtres, après leur éclat momentané, se sont dégonflés dans le bric-à-brac des lieux communs oratoires. Le *Génie* souffre du même mal que ce *Génie de l'Hellénisme* qu'était le *Télémaque.* Il s'est épuisé par l'imitation. Ce qui fut neuf en son temps est devenu cliché, et qu'on pense par exemple à l'effort qu'il faut et que bien peu font, pour nettoyer de ce noir du temps le songe d'Athalie !

Nous n'aurions plus guère devant le *Génie* que l'émotion historique qu'on éprouve devant une date, s'il n'y avait pas la troisième partie : *Beaux-Arts et Littérature,* où Chateaubriand a fondé une part de la critique moderne, et la meilleure. Pour retrouver des pages d'une vibration, d'une divination par l'intérieur, d'une sympathie recréatrice analogues à celles qu'il consacre à Homère, à Virgile, à Racine, il faut dans le passé remonter à Montaigne, dans le futur descendre au Sainte-Beuve d'après 1830. Le *Génie* amorce une sensibilité littéraire fraîche. Son papier de rhétorique somptueuse est convertible en l'or d'un goût sûr, éprouvé, authentique. Et il crée en partie, il popularise et anime trois valeurs qui renouvelleront au XIXe siècle le sens des œuvres et des hommes, et dont nous vivons encore.

D'abord il fait pour la durée ce que Rousseau avait fait pour l'espace. Rousseau avait ouvert les écluses de la nature. Le *Génie* ouvre celles de l'histoire. Avec lui la durée devient ce que les philosophes appellent une nature. Sous le pavillon chrétien, l'histoire fait son entrée dans le nouveau siècle avec un chargement de poésie.

Puis Chateaubriand donne, après La Harpe et mieux que lui, une voix, un style à un dialogue qui fera un des grands partis de l'intelligence au XIXe siècle : le dialogue du XVIIe et du XVIIIe siècles, avec les raisons et les sentiments pour lesquels Chateaubriand prend parti pour le XVIIe siècle, dialogue des deux siècles non plus dans leur continuité, telle qu'elle apparaissait chez Voltaire, mais dans leur contraste, dans leurs incompatibilités, dans l'exigence de choix qu'ils imposent, dans leur aptitude à déterminer des familles d'esprits, des courants d'idées, des partis religieux, philosophiques, politiques, littéraires. Ce dialogue ira loin : il nous gouverne encore.

Enfin, dans le style le plus conscient, le plus lumineux, le plus artiste, Chateaubriand a rendu ses droits à la matière en apparence la plus discordante et la plus opposée à ce style : les idées obscures. Dans la mesure, d'ailleurs discutable, où Voltaire serait un « chaos d'idées claires » il faudrait appeler Chateaubriand un ordre éclatant d'idées obscures. Il a rendu contre le XVIIe siècle, à la manière de Leibnitz et de Maine de Biran, un droit aux perceptions obscures. La poésie, dont elles sont l'élément nourricier, en a eu le bénéfice, la religion aussi, la religion surtout.

La religion, qui était pour Bossuet un ordre d'idées claires et pour Fénelon un ordre d'idées simples, avait rencontré et traversé le monde du sentiment pur avec Rousseau, elle était passée d'un état solide à un état fluide. Cet état fluide, le *Génie* le dore de prestiges, lui incorpore la dimension de la durée, l'accorde aux voix de l'histoire.

Le plus pénétrant des analystes, un homme du XVIIIe siècle rencontrant, dix-huit ans après le *Génie,* les idées obscures, les verra liées avec nécessité à toute la vie religieuse et poétique de l'homme : « Si l'on m'accusait ici, écrira vers 1820 Benjamin Constant, de ne pas définir d'une manière assez précise le sentiment religieux, je demanderai comment on définit avec précision cette partie vague et profonde de nos sensations morales, qui par sa nature même défie tous les efforts du langage. Comment définirez-vous l'impression d'une nuit obscure, d'une antique forêt, du vent qui gémit à travers des ruines ou sur des tombeaux, de l'océan qui se prolonge au-delà des regards ? Comment définirez-vous l'émotion que causent les chants d'Ossian, l'église de Saint-Pierre, la méditation de la mort, l'harmonie des sons ou celle des formes ? Comment définirez-vous la rêverie, ce frémissement intérieur de l'âme où viennent se rassembler et comme se perdre, dans une confusion mystérieuse, toutes les puissances des sens et de la pensée ? » Voilà la charte constitutionnelle octroyée aux idées obscures par l'analyste même, l'héritier libéral des philosophes : le *Génie* a passé par là.

L'Épopée de l'homme de la nature chez l'homme de lettres. Derrière le grand dessein vague du voyage américain, il y avait un grand dessein plus précis, qui était d'en tirer l'*épopée de l'homme de la nature.* Chateaubriand l'avait esquissée en Amérique, écrite à Londres, il la publiera seulement en 1826 ; ce sont les *Natchez,* curieux encore sous leur défroque épique plus télémachienne qu'odysséenne. Très fin, bien conseillé par des amis, il redouta de débuter épiquement sinon par une nouvelle *Pucelle,* du moins par de nouveaux *Incas,* et préféra tenter un *Paul et Virginie,* présenté d'ailleurs comme un épisode du *Génie* en préparation : ce fut en 1801 *Atala ou les Amours de deux sauvages dans le désert.* Atala et Chactas sont à peu près aussi « sauvages » que les personnages du *Télémaque* sont grecs. *Atala* réussit auprès du public, et fut tourné en ridicule par la critique. Cette querelle d'*Atala* en 1801 est extrêmement instructive comme signe des mouvements, sinon des révolutions, du goût. Le charme de ce roman indien est épuisé pour nous. Mais le brûlot frayait sa route au grand vaisseau du *Génie* et lui préparait le triomphe de 1802.

Le *Génie* pensait féconder également le roman et l'épopée. Ce livre type de la littérature retour d'émigration est gros à la fois d'un *Werther* et d'une *Messiade*.

René. *René* est à *Werther* ce qu'*Atala* est à *Paul et Virginie.* Car personne, en matière de genres, ou de gaufriers, n'est moins inventeur que Chateaubriand, qui ne renouvelle tout que par le style, le style d'une âme et le style d'une forme. *René,* publié dans le corps même du *Génie* de 1802, contribua à son triomphe. Placer le donateur au coin le plus lumineux de l'immense tableau d'autel (qui triomphait) dans l'église neuve du Concordat, quelle trouvaille ! Il s'agit d'illustrer et de faire vivre d'un mal « presque entièrement inconnu aux anciens, insuffisamment observé par les modernes » une *mélancolie,* attachée à l'existence, chez un jeune homme habité de passions puissantes et vagues, arrêté dans la certitude que la vie décevra toujours l'immensité de ses désirs. L'aventure intime, tragique, la destinée incestueuse de René et d'Amélie, imposait aux imaginations des femmes une figure inspirée et inspiratrice de l'auteur. Il y eut René comme il y avait Jean-Jacques. Pendant un demi-siècle *René* dégagea une fièvre poétique extraordinaire, qui tomba peu à peu après la mort de Chateaubriand, mais surtout parce qu'il était relayé et remplacé par les *Mémoires.*

Les Martyrs. Le *Werther* de Chateaubriand eut cependant — et il vit là une grande injustice — meilleure fortune que sa *Messiade.* Les *Martyrs* étaient non seulement le point culminant du second grand dessein, mais la plus grande pensée du règne. Ces grandes pensées finissent mal. Le meilleur des *Martyrs,* ce fut pour Chateaubriand cette pensée même, l'élaboration studieuse et ingénieuse de son poème, de cette preuve du *Génie,* et ce voyage de Grèce et de Jérusalem qu'il entreprit pour en animer les décors. Quand ils parurent ils ne furent pas un succès et ils l'ont été de moins en moins.

René, qui créait en France le court roman autobiographique, à prénom, était tourné, comme le genre du roman lui-même, vers l'avenir. Les *Martyrs* sont tournés, comme l'épopée elle-même, vers le passé. Ils sont un retour au XVIIe siècle, mais à un XVIIe siècle européen, franco-anglais (et voilà le résultat de l'émigration) où Milton aurait raison contre Boileau. Il semble qu'il y ait eu au XVIIe siècle un classicisme pur, brisé et dispersé dans l'espace en trois morceaux ou en trois langues : avec Claude Lorrain à Rome, avec Milton en Angleterre, avec Racine en France. Tout se passe comme si l'ambition de l'auteur du *Génie* et des *Martyrs* consistait à refaire dans une prose composite cette unité perdue, à fondre l'épopée chrétienne de Milton dans la poésie de Racine, et à les envelopper dans la lumière d'or du paysage romain.

Malheureusement le temps avait marché, et l'on ne pouvait plus biffer l'acquis scientifique du XVIIIe siècle. « Refaites donc un firmament, dit Sainte-Beuve, avec tout un échafaudage de *thrones* et de *dominations* quand vous êtes le contemporain de Laplace ! » Chateaubriand a monté ses machines épiques au moment où les vraies machines allaient transformer le globe. Trente ans après lui Lamartine introduira un aéronef dans la *Chute d'un Ange.* Et voilà la coupure.

Il est vrai que Chateaubriand publiait sa tragédie de *Moïse* un an après *Hernani* ! Sa fidélité an XVIIe siècle, c'est une fidélité à la branche aînée de la littérature. Des *Martyrs* cependant, quand ils ont subi une opération de nettoyage, sortent avec leurs coloris frais, d'admirables morceaux. Certes c'est une *Énéide* dont le grand dessein ne nous touche plus, où le pieux Eudore va rejoindre dans notre indifférence le pieux Énée, et dont nous subissons le décor épique et le protocole du merveilleux avec une torpeur morne. Mais nous sentons en de nombreuses pages que Chateaubriand, est, comme Virgile, un génie vivant, supérieur à sa corvée, un composé délicat d'antiquaire, d'artiste et de créateur. Le début des *Martyrs,* Eudore chez Lasthénès, est frais et simple comme le début de *Mireille* ; Eudore au camp sur le Rhin, le célèbre lever du soleil sur Naples, la Bataille des Francs, l'épisode de Velléda, sont très loin d'avoir épuisé leur poésie, et en 1809 cette poésie était d'une nouveauté admirable. Même ce combat éternel de l'enfer contre le ciel, cet Hiéroclès qui a des traits de Fouché, tout cela parlait singulièrement à ce public noble, qui avait laissé tant de parents aux échafauds, pour lequel écrivait Chateaubriand, et qui soutint comme il le put les *Martyrs* contre la critique.

Les écrits politiques. Le troisième des grands desseins qui ont distrait Chateaubriand du mal de René, c'est, à partir de 1815, et jusqu'en 1830, le dessein politique. Ministre, ambassadeur, publiciste, pamphlétaire, il a été certainement un de ceux qui ont eu le plus d'influence, en bien et en mal, sur les destinées de la Restauration. Au sujet de cette politique même, les opinions sont très divergentes. Ce que nous noterons, c'est l'importance et l'intérêt des écrits politiques, trop méconnus. *De Bonaparte et des Bourbons* était le pamphlet le plus fort et le plus prenant qu'on eût écrit depuis la *Satyre Ménippée :*

il éclata en 1814 comme un coup de tonnerre, mais comme le prestige de ce *Napoléon le Grand* eût gagné s'il eût été écrit trois ans plus tôt dans l'exil comme *Napoléon le Petit!* La *Monarchie selon la Charte* fait un mélange curieux d'ultracisme et de haute et prévoyante intelligence. Et que Chateaubriand se soit rendu, comme ministre, impossible à Louis XVIII, que dans sa bataille contre Villèle il soit difficile de prendre parti pour le fier écrivain, cela n'enlève rien à la force du style, à la magie des images, au jeu combiné de l'ironie et de l'éloquence qu'on peut admirer dans ses articles de journal. L'ambition politique fut peut-être la plus forte ambition de sa vie. Ses déceptions nourrirent sa verve.

Les écrits personnels. On dirait qu'il y a dans Chateaubriand écrivain deux natures qui du reste s'accordent fort bien : un Chateaubriand homme de lettres, et un Chateaubriand descendant de Montaigne, un Joubert à trois dimensions, qui écrit pour lui-même et sur lui-même. Non seulement ils s'accordent mais il se pénètrent constamment, puisque Eudore c'est souvent Chateaubriand, et que le Chateaubriand des *Mémoires* est un Chateaubriand stylisé. Il n'en reste pas moins que nous nous intéresserons ici à l'œuvre de Chateaubriand dans la mesure où elle est déversée dans la seconde direction.

Dans ses écrits personnels on distinguerait un groupe des *Essais* et un groupe monumental.

1° Essais. Nous entendrons par essais de Chateaubriand les livres, faits avec les notes de ses lectures, les dialogues de l'auteur avec lui-même et avec les livres, que sont l'*Essai sur les Révolutions,* les essais sur l'*Histoire de France* ou sur la *Littérature anglaise.* Ils valent souvent ce que valent les ouvrages de seconde main dont la lecture les a inspirés à l'auteur. Parfois besognes de librairie, il n'arrive presque jamais qu'on y lise trois pages sans tomber sur un raccourci, une maxime ou une image de génie illuminateur.

Le plus curieux reste le « pourâna » de jeunesse de Chateaubriand, écrit à Londres dans les années fiévreuses de l'émigration, qui s'appelle *Essai sur les Révolutions anciennes et modernes, considérées dans leurs rapports avec la Révolution Française.* On l'appellerait aussi bien un *Génie des Révolutions,* précurseur de l'autre *Génie.*

L'état révolutionnaire y est expliqué comme étant un état historique, chronique, dont les manifestations ne sont pas nouvelles, qui donnerait lieu à ce que nous appelons aujourd'hui l'étude des révolutions comparées. L'abbé de Vertot s'était déjà au XVIIIe siècle spécialisé (apparemment car les œuvres répondent peu aux titres) dans cette étude avec ses trois histoires des *Révolutions de la République Romaine,* des *Révolutions de Suède,* des *Révolutions du Portugal.* Le jeune Chateaubriand en tire profit, accumule en quelques mois des lectures énormes, les étale pêle-mêle en les transfigurant dans un bouillonnement d'invention, de fantaisie et de génie, fait en même temps des extraits de lectures et des réflexions pour lui : de là le décousu d'un livre qui ne tient pas encore compte du public, de là aussi l'intérêt qu'il offrit quand en 1826 il le réimprima dans ses *Œuvres* avec des notes où il s'interpelle, se contredit, se moque de lui ou se confirme. Tout cela est déjà dans l'esprit des *Mémoires d'outre-tombe :* journal intime de pensée, mais journal intime d'un styliste et d'un homme public, qui reste malaisément seul avec lui-même, et à qui il faut au moins ce délégué du public, qu'est un miroir.

2o Mémoires. En 1811 Chateaubriand commença ses *Mémoires.* Avec des intervalles il y travailla, les refondit, les éprouva pendant plus de trente ans. Il avait admiré le dessein de Chéops passant sa vie à faire élever sa pyramide. Il voulut, pour lui, de même, un tombeau monumental. La Muse de sa destinée le menait naturellement et noblement vers cette stylisation dont il accrut, en la voulant posthume, le caractère pharaonique.

Les *Mémoires d'outre-tombe* ne doivent pas se séparer d'un vaste ensemble autobiographique, dont une partie est publiée par Chateaubriand de son vivant. D'abord les récits de voyage qui eux-mêmes tiennent dans l'œuvre de Chateaubriand une place plus grande que ne l'indiqueraient les volumes qui leur sont expressément consacrés. Il a détaché une bonne partie des tableaux du voyage d'Amérique pour les placer dans l'*Essai sur les Révolutions,* les *Natchez, Atala, René,* le *Génie.* L'*Itinéraire* ne garde que les pages de son voyage qui n'ont pas été utilisées dans les *Martyrs.* De son voyage d'Italie, il a coupé le plus beau morceau pour en faire la *Lettre à Fontanes* sur la campagne de Rome. D'autres fragments ont passé dans les *Mémoires.* Inversement le *Voyage d'Italie* contient des lettres de voyage redemandées à Joubert. Il ne faut pas oublier que les procédés de composition de Chateaubriand étaient d'un mosaïste et d'un arrangeur. L'*Itinéraire* tel qu'il a été publié est un livre agréable, où il y a une cinquantaine de pages admirables, qui pourraient servir à définir le paysage historique moderne, et, surtout en ce qui concerne la Terre Sainte, du remplissage et du factice. Chateaubriand s'est ennuyé dans ce voyage, corvée littéraire pour son épopée et pour sa gloire, et qu'il avait hâte de terminer par la rencontre que la romanesque Mme de Mouchy lui avait fixée à Grenade. Il allait chercher dit-il « de la gloire pour se faire aimer ». Pour employer l'expression qu'il applique à un autre, il faisait au Saint-Sépulcre ses remontes de littérature et ses provisions d'amour. C'était bien, mais il s'en fit armer chevalier, en outre. Y avait-il de quoi? Pareillement son tableau de la plaine de Sparte est un des plus beaux de l'*Itinéraire.* Mais il croit devoir y pousser fortement le cri « Léonidas ! » auquel il admire que personne ne réponde. « C'est peut-être sublime, dit Jules Lemaitre. Mais si ce n'était pas sublime ? » Nous arrondissons ce point d'interrogation devant plusieurs visages de ce voyage stylisé.

On joindra pareillement aux *Mémoires d'outre-tombe* les très intéressants mémoires politiques qu'il en détacha sous un titre qui ne doit pas en éloigner les lecteurs : *Congrès de Vérone.* La plus grande partie des *Mémoires d'outre-tombe* est d'ailleurs politique. Ce n'est pas celle qui nous retient le plus. La lecture d'affilée de l'énorme monument est dure, et les justifications politiques d'un homme qui s'est trompé autant et plus que les autres, les portraits malveillants de ses adversaires, les longs récits d'intrigues dont les historiens seuls ont la clef, font que les derniers volumes, dans une bibliothèque de lecture, restent toujours moins froissés que les premiers.

Stylisations. Mais de nombreuses pages, et tous les souvenirs de jeunesse et d'émigration apportent un charme inépuisable. Chateaubriand ne se trompait pas. Quand la génération sur laquelle avait agi *René* disparut, les *Mémoires* rendirent à la postérité un René nouveau, le vrai René. Car par les *Mémoires,* Chateaubriand a introduit dans la littérature une réalité nouvelle, et qui a eu des suites : l'homme stylisé. Stylisé d'abord par le style lui-même. Le mot de Buffon en serait renversé, l'homme c'est le style. Il y a là un mécanisme, ou si l'on veut un dynamisme autonome du style. Chateaubriand ne pense vraiment que la plume à la main, entraîné par le mouvement de sa phrase docile, comme un Murat n'est lui-même qu'à cheval. Mais d'autre part sa vie a été stylisée par le même élan, la même nature, que ses phrases et ses livres. Molé s'étonnait que l'opinion conspirât avec tant de complaisance et de fidélité à lui maintenir son masque, à l'accepter dans la belle figure extérieure qu'il se créait, et même quand il portait, comme dit Courier, ce masque à la main, à lui dire : « Monsieur de Chateaubriand, couvrez-vous ! »

Le style de Chateaubriand tient aux entrailles de la belle prose française. C'est le style de Massillon, laïcisé et naturalisé par Rousseau, puis imagé et coloré par Bernardin, et auquel, en le portant à la perfection, Chateaubriand ajoute l'expression créée, la courbe finale et l'image détachée.

Il a stylisé sa vie selon cette image et ce même mouvement. Il l'a pensée (plutôt que vécue, car il était, dans la pratique de la vie, simple, charmant, et il ne pontifiait pas) il l'a pensée et écrite avec la préoccupation de la rendre expressive et signifiante, de lui faire dessiner une grande courbe lumineuse, d'en projeter les attitudes sur un horizon éternel. Songeant à la carrière d'Alexandre et à celle de Napoléon, il a écrit : « La destinée d'un grand homme est une Muse ». Les *Mémoires d'outre-tombe* figurent l'effort le plus puissant et en somme le mieux réussi qu'ait fait un familier des Muses pour en incorporer une à sa destinée. Le poète ici l'a atteinte et a triomphé, mieux que l'amoureux n'a possédé sa « sylphide ».

Nous tenons aujourd'hui, comme y ont tenu les contemporains, à maintenir dans le paysage de Chateaubriand cette fumée auguste d'autel antique. Cette volonté de décor, cette tension d'un dedans vers un dehors, ont réussi. Ils ont réussi parce que le dedans est authentique, et qu'avec certaine clef nous le sentons vivant. Et s'ils ont réussi auprès de nous, ils avaient réussi mieux encore auprès de ses héritiers.

Rayonnements. Chateaubriand a créé un style du génie romantique, comme Louis XIV a créé un style de la royauté. Et les deux styles se ressemblent. Avec Ferney, la monarchie d'un homme de lettres avait revêtu le corps d'une résidence à la Versailles. Restait à lui donner l'attitude, les mœurs et l'âme d'une royauté. Avec Voltaire, Chateaubriand, Lamartine et Hugo, ou, plus précisément, depuis l'installation de Voltaire à Ferney jusqu'aux funérailles de Victor Hugo, sont posés au cœur de la littérature française un problème, un décor, une destinée de la monarchie littéraire.

Si Voltaire lui a donné, comme Henri IV, son élan de bataille, son sang militant, son *pathos,* Chateaubriand lui a créé comme Louis XIV, son décor, son style, son *ethos.*

Et ce royaliste littéraire n'est pas impunément le contemporain de Napoléon. Il a rempli un rôle impérial. Son voyage d'Amérique, sinon son voyage d'Orient, a suffi pour annexer un nouveau monde aux lettres. Il a signé par le *Génie du Christianisme* le Concordat des deux antiquités. On peut sourire du parallélisme Napoléon-Chateaubriand maintenu impavidement tout le long des *Mémoires.* Reste qu'une des grandeurs du romantisme, c'est précisément cette référence à la destinée de Napoléon qu'on voit chez un Lamartine, un Balzac, un Hugo, cette ambition que met le poète à trouver sa Sainte-Hélène, au Grand Bey ou à Guernesey, cette inscription sous le Napoléon de Balzac : « Ce qu'il a tenté par l'épée, je le ferai par la plume » et les lettres romantiques faisant, comme atelier de destinées, concurrence à l'état civil d'Ajaccio.

Chateaubriand a reproché à Rousseau d'avoir déshonoré Mme de Warens pour prix de son hospitalité. Un bien grand mot ! Un des charmes, pour nous, des *Confessions,* c'est que les amours de Rousseau n'en sont pas absentes. Celles de Chateaubriand sont, au contraire, absentes des *Mémoires d'outre-tombe.* Les pages sur Mme de Beaumont sont bien belles, mais elles ne différeraient pas beaucoup, si Pauline et René ne s'étaient point aimés. Les trois quarts des *Mémoires,* des mémoires de la vie politique de Chateaubriand, sont plus ou moins des Mémoires des autres, quelquefois même, quand il se drape artificiellement, les mémoires d'un autre. Il nous manquerait les mémoires de son cœur sans les pages, publiées plus tard, sur l'Occitanienne, sans les allusions du livre extraordinaire qu'il écrivit à soixante-quinze ans sur la *Vie de Rancé*.

Cependant c'est d'un à côté de son œuvre plutôt que de son œuvre, (à sa magnifique *Correspondance* manquent à peu près toutes ses lettres d'amour) que nous vient l'image du Chateaubriand d'amour, revêtu par la figure officielle de l'éternel déçu, de l'éternel ennuyé.

Ne disons pas avec Jules Lemaitre que cet ennui incessamment proclamé n'est qu'affectation. L'accent ne trompe pas, et la mesure du bonheur d'un grand homme n'est pas donnée par ce qui de sa destinée comblerait un médiocre. L'ennui congénital est une diathèse, un don fatal, un commencement absolu dans la nature d'un être. Chateaubriand l'a apporté avec lui, et sa phrase : « La vie me fut infligée » sort bien de ses profondeurs. En 1797, avant sa conversion, il écrivait : « Mourons tout entiers, de peur de souffrir ailleurs. Cette vie doit corriger de la manie d'être. »

D'autre part Sainte-Beuve, surtout à travers les confidences d'Hortense Allart, jeune amie de René sexagénaire, le présente comme un grand luxurieux : « C'est l'*homme de désir*, au sens épicurien, le désir prolongé et toujours renouvelé d'une Ève terrestre. » Soit. Mais l'homme de désir cela ne veut pas dire, ce qui serait plus « épicurien », l'homme de la satisfaction. Encore moins cependant, l'homme des scrupules. Quand Sainte-Beuve appelle, vulgairement, Chateaubriand un homme à bonnes fortunes, Sainte-Beuve le voit à travers son propre désir. Le désir comme le style, comme l'ennui, doit être tenu en Chateaubriand pour une nature irréductible à toutes satisfactions possibles. La Sylphide n'est pas seulement la périphrase décente de son adolescence, mais la femme idéale, projection de son désir, qu'il a cherchée à travers toutes les femmes réelles.

Par ce désir montait son élan vers la vie, et sans cesse cet élan retombait sur ce sol qui était sa patrie : l'herbe épaisse où sont les morts. La vocation de son cœur était combattue par celle de son génie, et celle de son génie était de conclure un passé, de conduire un deuil, d'habiter un château d'idées, de sentiments, de formes dont il fût le dernier héritier. Le leitmotiv « je suis le dernier qui... » ou « j'aurai été le dernier qui... » court tout le long de son œuvre. Le *Dernier Abencerage*, récit bâti sur ses amours de Grenade avec

Mme de Mouchy, nous donne bien un de ses pseudonymes, et Lucile et René se retrouvent dans Bianco et dans Carlos : « Don Carlos, je sens que nous sommes les derniers de notre race, nous sortons trop de l'ordre commun pour que notre sang fleurisse après nous : le Cid fut notre aïeul, il sera notre postérité. » Il était naturel au vicomte et à sa noble amie de s'aimer sous un arbre généalogique. Ces amours de l'Abencerage serviront de mythe lumineux au génie nostalgique de Chateaubriand, à sa vocation de l'histoire, à sa convocation des *Génies,* à son invocation aux forces antiques de la durée, à son romanesque de la mort.

VI

L'ÉCOLE PROTESTANTE

La Rentrée littéraire des protestants. La persécution officielle contre les réformés n'ayant cessé, en somme, qu'à la fin du règne de Louis XVI, la première génération de protestants qui ait pu respirer librement l'air français est celle de Guizot, qui a deux ans en 1789. Encore, à six ans, eut-il l'occasion de regretter les troupes du roi qui logeaient des balles dans les jupes de sa grand-mère aux assemblées du Désert, puisque la Révolution guillotina son père, confisqua ses biens, et que sa mère dut l'emmener à Genève, où il fut élevé. Guizot fera donc à peine exception si nous disons que, Rousseau restant à part, la rentrée du protestantisme dans la vie spirituelle française, la révocation littéraire de la révocation de l'Édit de Nantes, commencent en Suisse romande, sont le fait de Genève et de Vaud, de la bande de culture protestante qui s'était conservée le long du Jura entre la France gallicane et la Savoie ultramontaine.

Lyon, Suisse romande et Savoie forment par ailleurs une grande région littéraire : culture provinciale et étrangère soustraite en partie à l'influence de Paris — patricienne, mais non parlementaire — et, malgré Ferney, conservatrice de cet esprit et de ces formes religieuses que Paris, l'Académie, la culture encyclopédiste et la langue analytique avaient à la fin du XVIIIe siècle momentanément déclassées.

Les Necker : Jacques Necker. À cette époque, en Suisse romande, une grande famille devient célèbre, celle des Necker. Necker était fils d'un Prussien devenu Genevois. Installé à Paris dès sa jeunesse comme banquier, ambassadeur, contrôleur général, tenant par sa femme le principal salon de la fin de la monarchie, Jacques Necker resta en France jusqu'à la soixantaine. Et pourtant il peut passer pour le premier en date des écrivains proprement genevois, avec les qualités et les défauts que comportent toutes les branches de cette famille littéraire : *Considérations* à la manière de sa fille (Essai sur l'*Importance des Opinions religieuses*) ; prêche de pasteur qui a appris le beau style dans Thomas (*Cours de Morale Religieuse*) ; humour un peu laborieux, mais agréable et fin comme celui de Töpffer et de Petit-Senn (*Le bonheur des Sots*). Il est enfin l'homme dont le Suisse Meister a dit que « dans les premières années de son séjour à Paris, il lui était arrivé cent fois de rester plus d'un quart d'heure dans son fiacre avant de parvenir à se décider sur la maison où il devait se faire conduire d'abord » et qui a écrit des centaines de pages intimes parfaitement amieliennes. Nous ne parlons pas de ses écrits de finance, d'administration et de politique : ils sont d'un patricien qui veut faire les affaires de l'État français, comme il a fait les affaires de sa banque, et comme il ferait, s'il y était resté, les affaires de sa petite république. Il manqua toujours aux Necker et à leur descendance de bien connaître les Français.

C'est le second des citoyens de Genève qui aient eu sur la France une immense influence. Des historiens ont fait de son ministère la cause principale de la chute de la monarchie. Laissons cela. Seuls les quinze volumes de ses *Œuvres* nous importent. Et surtout sa place de fondateur et de chef d'une grande famille littéraire, qui, par les Broglie et les d'Haussonville a duré jusqu'au XXe siècle.

Suzanne Necker. Si nous avons quinze volumes d'œuvres diverses de Necker, nous avons six volumes de *Mélanges* de sa femme, Suzanne Curchod. Fille de pasteur, sans autre fortune que la fraîcheur de sa beauté et de sa conversation, portant avec une grâce sérieuse ce qu'on appelait un esprit élevé, reine du pays de Vaud, elle avait, comme une bergère un roi, épousé le banquier genevois. La chanson rustique de noces qui avertit la jeune fille que sa royauté de mai finit avec le mariage, et que les charges de la vie et le travail d'une ferme à conduire commencent demain matin à quatre heures, ne fut pour aucune paysanne aussi vraie que pour Mme Necker, quand la fille du pasteur de Crassier dut brusquement, pour la fortune politique de son mari, tenir un salon d'encyclopédistes, de philosophes, de cyniques. Elle y parvint par un effort de volonté qui la vieillit vite. Le caractère sérieux de ses œuvres, toutes morales et moralisantes, s'en trouve à la fois alourdi et rendu plus touchant. Comme le berger de la fable, la bergère vaudoise a conservé dans son coffre le chapeau de fleurs pastorales. Elle écrit devant lui. Et le meilleur de son œuvre ce sont d'ailleurs les pages sur la vie, sur le mariage et sur la religion que lui inspira, après la retraite du contrôleur général à Coppet, la paix retrouvée de son pays, dont elle écrit ces mots où tient tout le calvinisme romand : « Il semble que l'Être suprême s'est occupé ici plus particulièrement de sa créature, et qu'il l'oblige sans cesse à élever sa pensée jusqu'à lui. »

Albertine Necker de Saussure. Le génie de leur fille Germaine fit éclater tous ces cadres, la propriété de famille devint le salon de l'Europe. Mais l'élan littéraire de ce sang vivace et puissant ne s'arrête pas à Mme de Staël. Les Genevois disent que le livre le plus genevois de leur littérature est l'*Éducation progressive* de sa cousine et biographe Albertine Necker de Saussure. Son expression pesante ne lui a pas permis une grande diffusion au-delà de Bellegarde. Mais au sujet d'aucun livre de la famille on ne redirait plus à propos le mot de Joubert : « Le style de M. Necker est une langue qu'il ne faut pas parler, mais qu'il faut s'appliquer à entendre, si l'on ne veut pas être privé de l'intelligence d'une multitude de pensées utiles, importantes, grandes et neuves ». L'*Éducation progressive* répond parfaitement à son sous-titre d'*Étude du cours de la vie.* Une éducation toute genevoise, celle des familles aisées, élues, à sentiments élevés, liée à l'histoire, à la campagne, à l'âme de cette patrie qui est une cité, sous l'empâtement d'un style épais, revit ici avec la fraîcheur d'un roman de Töpffer (et d'ailleurs, quand la question du livre le plus genevois se pose, plusieurs nomment, mais du même fonds que les autres, *Le Presbytère).* Pour se montrer raisonnable la psychologie de l'*Éducation progressive* n'en paraît pas moins neuve, attentive et fine, forte de l'expérience d'une société, celle de la rue des Granges, prêcheuse et pédagogique. La bourgeoise de Genève ne remue pas son lecteur ou sa lectrice comme le citoyen de Genève, mais l'instruit mieux.

Albertine de Broglie. Mme Necker de Saussure a tout d'une Necker, rien de la pointe aventureuse des Saussure. Pareillement, une grande famille française de lettres et de politique, les Broglie, restera peut-être autant et plus Necker que Staël et que Broglie. En 1816 le patricien libéral qu'est le duc Victor de Broglie, se mariait dans la maison mère du libéralisme franco-suisse, épousait la petite-fille de Necker, Albertine de Staël. L'œuvre posthume de la duchesse pourrait faire suite comme un septième volume aux *Mélanges* de sa grand-mère. C'est chez une mondaine, dans une troisième génération de salons illustres, la même spiritualité protestante, la même grande destinée conjugale, la même nature ardente, généreuse, la même rayonnante vertu. On ajouterait volontiers l'esprit, qui est aussi un esprit des Necker, si le journal mondain de Mme de Broglie, en grande partie inédit, nous était connu autrement que par les fragments un peu arrangés que le duc Victor en a extraits pour ses *Mémoires*.

Les enfants de Victor et d'Albertine de Broglie étant, non sans drames religieux, nés ou devenus catholiques, le protestantisme disparaît apparemment de la descendance de Mme de Staël. Mais, comme le janséniste Royer-Collard et le protestant Guizot, les Broglie-Staël, catholiques, incarneront toujours le libéralisme doctrinaire. Le 14 juillet 1789, les « vainqueurs de la Bastille » avaient porté les bustes de Necker et du duc d'Orléans. En juillet 1830, avec l'avènement de la monarchie d'Orléans, quand la doctrine devient un pouvoir spirituel politique, l'établissement de l'ordre nouveau prend la figure d'une sorte de retour de Necker, et l'expérience Guizot qui échoue en 1848 est une manière de continuation de l'expérience Necker. L'histoire de la littérature ne consiste pas seulement dans l'histoire des formes, mais dans l'histoire des idées formulées et agissantes : aussi faut-il voir d'un côté Mme de Staël dans cette famille de chair et d'esprit qui l'encadre, la dégage, la précède et la prolonge — et de l'autre côté dans le groupe de ses amis de Coppet. Elle existe moins comme productrice d'œuvres que comme le chef de chœur et la maîtresse de maison d'un immense dialogue.

VII

MADAME DE STAËL

L'École des Salons. La mère de Madame de Staël, Suzanne Curchod était réputée la jeune fille la plus accomplie du pays de Vaud, ce qui lui avait valu, comme à la bergère des contes, d'être épousée sans fortune par l'opulent banquier genevois qui la fit Mme Necker. Par volonté, réflexion, application et bon sens elle avait réussi, à peu de chose près, à devenir Parisienne, et à tenir, dans l'hôtel du banquier, près du contrôleur général, un salon fameux, le plus sérieux, le plus fréquenté par les gens de lettres. Institutrice, elle fit des Necker une famille pédagogique. Contre l'usage français, la petite Germaine se tenait assise sur un tabouret dans le salon du contrôleur général, et profitait. Elle vécut dès l'âge de dix ans dans le cercle des grands hommes et des grandes idées. Par exception, cela réussit. Y ayant débuté comme enfant de troupe, elle fut pendant un quart de siècle le général en chef ou le Napoléon de la vie des salons. Sur les leurs les dames du XVIIIe siècle avaient régné par l'esprit. La première, Mme de Staël régna sur le sien par le génie mais un génie qu'elle en tirait comme le ciel tire de la terre les pluies qu'il lui renvoie.

Tous les livres de Mme de Staël ont été causés avant d'être écrits. Personne plus qu'elle ne s'est inspiré d'autrui, et cependant le problème de ses « sources » ne se posera jamais, car elles sont remplacées par des filets innombrables, par une eau à fleur de terre, par le reflet des hommes et le passage de leurs propos.

La Révolution était dirigée contre la tyrannie, les classes supérieures, la vie de société. Or, des trois grandes personnalités de la génération révolutionnaire, la première, Napoléon, imposera à la France une tyrannie dont ses rois ne lui avaient pas encore donné même le pressentiment ; le second, Chateaubriand, est le premier exemple en France d'un homme de lettres aristocrate ; la troisième, Mme de Staël, le premier modèle d'une carrière de grand écrivain définie par les habitudes d'un salon.

La Critique. Ses livres de critique, on les appellerait plus justement des *manifestes.* Son intelligence est passionnée, et, pour éclore, il faut à ses idées la température de l'enthousiasme. Comme d'autre part elle parlait et faisait parler des événements et des idées du jour, qu'elle vivait dans l'actuel, que la fille de Jacques Necker aspira en France, tant qu'elle y fut, à un contrôle général des idées, que tout cela était chez elle gouverné par le génie, elle a pu écrire deux manifestes de grande portée, la *Littérature* et l'*Allemagne.*

Le titre complet du premier, *De la Littérature considérée dans ses rapports avec les Institutions Sociales,* marque déjà une date. Un tel titre, dont les promesses sont à peu près tenues, transporte dans l'histoire des lettres l'idée et la méthode de Montesquieu, prépare un *Esprit des Lois* de la littérature. Bien que le style en soit appuyé, engorgé et lourd, le contraire exactement du style de Montesquieu, on parvient aujourd'hui à la fin du livre de Mme de Staël avec bien moins de peine qu'à la fin de l'*Esprit des Lois.* Il reste soutenu par le mouvement d'une conversation. La première partie, qui concerne le passé, est souvent hasardée ou contestable, même absurde, Mme de Staël ayant peu de lecture et connaissant surtout les livres par ceux qui en parlaient. Mais la seconde partie nous introduit pour la première fois et en plein dans la conscience littéraire de cette génération de 1789, dans les problèmes qui se posent pour elle.

La littérature selon ce livre est fonction de la société : d'où la différence des littératures selon les climats — littératures du nord et du midi — et selon les régimes, — littératures des régimes d'autorité et des régimes de liberté. Mme de Staël affirme le progrès, — la supériorité des modernes — la venue et l'avenir d'une grande littérature nouvelle. Il n'est pas difficile de reconnaître dans cet ouvrage si riche d'idées les couches successives de ces idées, depuis celles qu'elle recueillait des philosophes, à dix ans, sur son tabouret, celles aussi de son père, celles surtout de ses amis du Directoire et du Consulat, et la liaison en somme du Salon de Mme Necker et du salon de sa fille rue du Bac, le tout vivifié par une intelligence ardente et illuminatrice.

La Politique. Le grand intérêt, encore actuel, de la *Littérature* consiste moins dans l'abondance des vues, anciennes ou neuves, que dans ce caractère de manifeste, qui est lié à l'élan prédicateur (bien genevois) de Mme de Staël et dans la liaison de ses idées avec la politique républicaine.

À partir de l'an VIII, c'est-à-dire de l'année même où le livre paraît, la France est entraînée dans l'orbite du génie de Bonaparte, et la République est finie. La croyance longtemps régnante d'après laquelle un coup d'État bienfaisant mit fin en brumaire à un gouvernement qui n'était absolument que corruption et ruine, les idées de Sorel selon lesquelles Napoléon est contraint à sa politique de conquêtes impériales et impérialistes par la nécessité des conquêtes républicaines à garder, ne nous paraissent pas aujourd'hui des conclusions inévitables. Une paix durable avec les puissances continentales, nanties de compensations, sur les principes de Bâle, était non seulement possible, mais prévue en Europe. L'inévitable intervention de l'armée, qu'elle vînt de Bernadotte, de Moreau ou de Bonaparte, n'était préparée et attendue que comme une intervention républicaine. On ne pensait à personne plus qu'à Washington. On écartait, dans la même mesure que le retour des Bourbons, le rétablissement de l'Église catholique et le retour massif des émigrés, c'est-à-dire les deux imprévus, dus à la personnalité de Bonaparte, qui ont si fortement agi sur la littérature, et qui ont amorcé le romantisme. Une société parisienne s'était reformée, dans les salons de laquelle était précisément discuté, même préparé, le nouvel ordre républicain. Ou plutôt deux sociétés : celle d'Auteuil où les idéologues, les membres de l'Institut, les héritiers directs du XVIIIe siècle et de la Convention, se réunissaient autour de la belle veuve de Condorcet, et celle du quartier Saint-Germain, dont le salon principal était, rue du Bac, celui de Mme de Staël. Dès 1794, avait commencé sa liaison avec Benjamin Constant. Dès 1796 sa littérature de manifeste politique, avec le livre *De l'Influence des Passions sur le bonheur des Individus et des Nations.* Son prestige et son entourage servaient de laboratoire à l'esprit d'un régime en formation, qui eût été libéral, égalitaire, déiste, pacifique, déjà « international », intellectuel, influencé et même représenté par les écrivains, une philosophie du XVIIIe siècle de retour de Genève, tout un règne des Lumières, dont elle eût naturellement été l'Égérie. Le groupe d'Auteuil, lui, considérait avec méfiance le déisme et les influences étrangères. Mais enfin ce dualisme de Paris et de Genève était un héritage du XVIIIe siècle, de l'opposition entre Voltaire et Rousseau. Telle qu'elle était, la société lettrée de la fin du Directoire et du début du Consulat reconstituait avec des habitudes républicaines et sur ce double registre un régime de l'esprit. Il y avait là une tentative d'alliance ou de fusion entre la République Française et la République des Lettres, sous l'égide des salons qui reparaissaient et de l'Institut qui remplaçait les Académies. Quand paraît, en l'an VIII, la *Littérature,* cette espérance d'une évolution régulière de la République dans la fraîche tradition républicaine vient de s'évanouir. Trois mois avant, Bonaparte avait fait éclater ses colères sur le salon de la rue du Bac, à l'occasion d'un discours de Benjamin Constant, inspiré, croyait-il, non sans raison, par Mme de Staël. Et le manifeste de la baronne tombait dans un monde, dans une politique, dans une société à qui il allait être interdit, pour quinze ans, de l'écouter.

L'air de la rue du Bac devenait dès lors irrespirable pour cette ardente et puissante poitrine. Déjà une partie de la *Littérature* avait été écrite à Coppet. À partir de 1803, il est défendu à l'auteur de s'approcher de Paris à moins de quarante lieues. Pendant dix ans, ayant Coppet pour port d'attache, instituant à Coppet le salon de l'Europe et regrettant toujours devant le lac désert le ruisseau de la rue du Bac, elle mène une vie de voyages, véhémente, inquiète, déçue. D'où, en 1810, le second et le plus retentissant de ses manifestes, *De l'Allemagne,* éclate ou plutôt éclaterait, si l'édition n'était pas détruite par Napoléon, et si Mme de Staël, pour éviter la prison, ne devait s'engager à ne point le publier sur le continent. Le manifeste ne parut qu'à Londres en 1813, se répandit partout et devint, jusqu'à la chute de Napoléon, le livre le plus célèbre de l'Europe.

La Cosmopolite. C'est le livre de son voyage d'Allemagne en 1804, de son séjour à Weimar, qu'elle ne dépassa pas, où l'Allemagne vint à elle, et enfin de son salon de Coppet, où Schlegel, revenu d'Allemagne avec elle, était passé maître de germanisme. La plus grande injustice qu'on pourrait commettre envers l'*Allemagne* ce serait de la juger en elle-même, de lui demander des vérités ou des beautés intrinsèques et durables. Il faut la juger (et c'est aussi de ce point de vue que l'a jugée Napoléon) comme manifeste, pour sa vertu excitatrice, et comme nous jugeons les *Lettres Anglaises* de Voltaire. Schiller disait qu'il y trouvait plus de lueurs que de clartés, et nous ajouterons que ce feu comporte plus encore de force motrice que de lueurs. Quelle est cette force motrice ?

On ne la trouvera point dans la première partie, *De l'Allemagne et des Mœurs des Allemands.* Les Allemands n'ont jamais aimé cette figure staëlienne conventionnelle de l'esprit allemand, ni les lieux communs qu'elle a engendrés. Mais les trois autres parties, *De la Littérature et des Arts, la Philosophie et la Morale, la Religion et l'Enthousiasme,* si les erreurs et les légèretés y abondent, ont créé ou mis en lumière, pour les Français, un pays du romantisme, ou un climat du romantisme. Cette Allemagne littéraire et philosophique restera l'Allemagne du romantisme littéraire et philosophique.

Du romantisme littéraire. Les jugements de Mme de Staël ne viennent pas tant de ses lectures que de ce qu'elle a entendu dire pendant quatre mois dans les cercles de Weimar. Or la grosse question littéraire y était à cette époque celle du théâtre. Il n'y a pas seulement une dramaturgie de Hambourg, mais une dramaturgie de Weimar. Et le grand dramaturge de l'Allemagne, c'est Schiller. Et les pièces les plus populaires sont celles de Werner. D'où leur place dans l'*Allemagne.* Le théâtre de Goethe est moins considéré. Sur *Faust,* paru en 1808, Mme de Staël qui lisait peu l'allemand, nous donne l'opinion moyenne qui s'est formée à Coppet. Goethe, qui avait une partie de son œuvre devant lui, n'avait pas encore pris la stature qui devait apparaître à la postérité. Schiller, servi par les échos du théâtre, avait acquis toute la sienne, et plus que de droit. Klopstock et Wieland étaient tenus pour les grands poètes de l'Allemagne. Tout ce qu'en dit Mme de Staël c'est de la bonne information actuelle qui ne dépasse pas son temps, qui sera acceptée jusqu'en 1830 et après, et qui fait sa partie dans les discussions passionnées sur la comparaison du théâtre français avec le théâtre de Shakespeare et de Schiller. Ce n'est pas de la force motrice perdue.

À cette importance, française et weimarienne, de la question du théâtre, répond naturellement l'importance staëlienne attachée à tout ce qui concerne la vie de société. Le parallèle entre la vie de société à Paris et en Allemagne, entre l'individualisme allemand et l'urbanisme ou l'urbanité de la civilisation française, cela devient, par Mme de Staël, un lieu commun qu'elle transportera d'ailleurs dans *Corinne,* où il s'agira du Français socialisé et de l'Italien spontané. Stendhal, qui aura l'occasion de confirmer ces observations, en fera un grand usage. *L'Allemagne* et *Corinne* (dans la mesure où *Corinne* est *l'Italie),* deviendront les œuvres mères du Cosmopolitisme français qui fleurira avec les écrivains voyageurs de la Restauration.

La troisième partie, sur la *Philosophie et la Morale,* est nécessairement superficielle, et Charles Villers présentait mieux Kant au lecteur français que la châtelaine de Coppet. Les Allemands se sont beaucoup moqués de sa conversation avec Fichte, à qui elle demanda de lui expliquer en un quart d'heure sa philosophie. Mme de Staël n'entendait pas bien l'allemand, le système de Fichte est pensé au cœur même de la langue allemande, et il dut l'exposer en français qu'il parlait péniblement. Cela n'empêcha pas qu'au bout de dix minutes elle ne s'écriât : « J'ai compris ! » Cette anecdote célèbre est controuvée, mais ne serait pas si ridicule. Après tout les résultats vitaux d'un système original devraient devenir intelligibles à un esprit cultivé en un temps qui va de un à trois quarts d'heure. Cela, Fichte aurait pu l'apprendre de Mme de Staël, comme Mme de Staël eût appris de Fichte la philosophie dialectique de la conscience. L'établissement d'un marché d'échanges européen de l'intelligence est à ce prix. Cette troisième partie a bien rempli une telle fonction de marché (grâce surtout à Schlegel). Sans se tromper ou être trompée beaucoup sur leur métaphysique, Mme de Staël a, en vraie Genevoise, compris et fait comprendre les philosophes allemands, du point de vue de leur contribution à la doctrine morale et à la vie religieuse ou aux substituts de la vie religieuse. Cette troisième partie va d'elle-même à la quatrième : La *Religion et l'Enthousiasme,* dont le dernier chapitre est sans doute le morceau le plus staëlien et peut-être le sommet de tout l'œuvre de Mme de Staël.

De l'Allemagne, une fois utilisée, a été de moins en moins lue. C'est le pont de bateaux sur le Rhin, qui se défait quand l'armée est passée. Jusqu'en 1806, Napoléon l'eût sans doute laissé publier. En 1810 il ne le pouvait plus. Moins parce que l'empereur n'y est pas nommé, et que les allusions désagréables ne manquent pas, que parce que l'*Allemagne* instituait l'Europe à l'état de bilingue, déléguant l'Allemagne à la place de tête de l'un des deux termes du bilingue, du dualisme classique et romantique, social et individuel. Le livre paraissait au moment de la plus grande transgression impérialiste. « Nous n'en sommes pas réduits, écrivit le ministre de la police, à chercher des modèles dans les peuples que vous admirez. Votre dernier ouvrage n'est pas français. » C'est d'ailleurs pourquoi l'Empire n'avait pas de littérature, et pourquoi Napoléon ne voulait pas que la littérature eût un empire.

La Romancière. Son empire, très réel alors sur les esprits, Mme de Staël l'exerçait d'ailleurs par ses romans plus que par ses livres d'idées. *Delphine* et *Corinne* eurent un succès, une popularité immenses. Il faut un effort sérieux, surtout une nécessité professionnelle, pour les lire aujourd'hui jusqu'au bout.

Delphine, qui paraît en 1802, appartient à la longue suite des grands romans par lettres, dérivés de *Clarisse Harlowe,* avec cette circonstance atténuante qu'elle est le dernier. Comme tous les livres de Mme de Staël, celui-ci est animé par un problème central qui fait corps avec la vie de l'auteur, avec ses tragédies intérieures ; les épreuves et les luttes que l'opinion impose à une femme qui aime hors la règle. C'est le thème que trente ans après George Sand tirera du même fonds, des mêmes intérêts de sexe. À ce titre *Delphine* inaugure toute une branche de la littérature féminine. L'origine de l'opinion c'est la société (au sens mondain) et *Delphine* est le premier roman de la société, écrit par une femme qui en habitait le centre. Lorsqu'on possède la clef du roman, *Delphine* peut encore ramener dans notre lecture les restes de l'intérêt qu'y prit le public de

1802. En revanche, si *Delphine* se passe de 1790 à 1792, au milieu des événements qui opposent déjà deux Frances, on n'y trouve qu'une peinture insignifiante des sentiments et des événements politiques. La longueur des lettres souvent languissantes, la confusion des personnages, celle des aventures, le style lourd et abstrait, rebutent. Il est d'ailleurs remarquable que les lettres même de Mme de Staël, dont sa cousine Saussure dit que pour le feu et la verve elles ne valaient pas sa conversation, sont de la forme précisément contraire aux lettres artificielles de *Delphine,* jetées avec spontanéité, désordre, véhémence, sincérité immédiate, tumulte et incorrection. La forme épistolaire, qui n'était pas naturelle à l'auteur, a certainement gâté *Delphine.*

D'une lecture aussi méritoire, *Corinne* est d'une facture mieux venue. Elle passa longtemps pour le grand livre de Mme de Staël, et, d'un certain point de vue décoratif, on peut maintenir cette opinion. Les routes de son génie s'y croisent, et ce sont celles-là même qui se croisent à Genève. De même qu'elle a écrit avec *Delphine* le premier roman qui pût s'appeler *Un Cœur de femme,* elle écrit avec *Corinne* la première *Cosmopolis,* le premier roman de cette vie cosmopolite qui est la sienne, et qui fait de Genève une étape d'Anglais et de Français sur la route d'Italie. Genève en est absente, mais l'esprit de Genève y est.

Deux sujets, mais parfaitement fondus : ce roman de la vie cosmopolite, et le roman de la femme de génie.

Évidemment la toile de fond, c'est l'Italie. Le voyage d'Italie de Mme de Staël produit son livre en 1807, comme le voyage d'Allemagne produit le sien en 1810. Les personnages y paraissent en délégués de leurs pays, ce qui est neuf. Les Italiens épisodiques sont bien représentés. Lord Nelvil figure l'aristocratie libérale d'Angleterre sous les traits idéaux qu'elle prenait facilement pour une Genevoise. Dans le Comte d'Erfeuil, l'auteur a voulu donner, d'une manière un peu lourde, mais souvent juste, un portrait de la frivole et charmante noblesse française. Les tableaux d'Italie et surtout ceux du Northumberland sont peints dans une assez belle manière. Du caractère italien, de la littérature italienne, personne encore n'avait parlé en France avec autant de sympathie éclairée. Et le grand thème de

Coppet, l'opposition littéraire du Nord et du Midi, du catholicisme et du protestantisme, prend sur cette terre classique toute son ampleur de dialogue éternel.

Quant à Corinne elle-même, ce n'est pas un caractère, c'est aussi un thème, ce sont des variations de Mme de Staël, sur sa destinée, sur ses amours, sur son génie. Corinne et Germaine peuvent porter la même devise : l'Enthousiasme improvisateur. Génie par sa place dans la poésie italienne, par son couronnement au Capitole, Corinne est raison par sa naissance et ses attaches anglaises. En donnant pour le testament moral du père de lord Nelvil un extrait des papiers de Necker, il semble que Mme de Staël ait voulu naturaliser anglaise sa sagesse genevoise. Et cela n'était point pour arranger ses affaires avec Napoléon qui refusait de venir à Genève sous prétexte qu'il ne savait pas l'anglais.

Corinne ou l'Italie serait aussi *Corinne ou la Poésie.* Malheureusement rien ne manque plus que la poésie au livre de Mme de Staël. Petite-fille de Brandebourgeois elle voyage en Italie pour s'instruire, « profiter » ; française de culture, elle y voyage pour en parler, et pour y parler. Mais elle ne voyage pas pour sentir : le sentiment de la nature et le goût des arts lui sont étrangers. Elle eût donné, dit-elle, la baie de Naples pour un quart d'heure de conversation. Mais précisément l'intérêt de ce site, c'est pour elle le quart d'heure de conversation écrite qu'il peut suggérer. Entre la courbe sensuelle dont la prose des *Martyrs* épouse les lignes mêmes du golfe, et la poésie napolitaine de Lamartine, Corinne n'étend qu'un désert d'idées. Mme de Staël a défini le génie, pour une femme, le deuil éclatant du bonheur. *Corinne* est d'une certaine manière le deuil intelligent de la poésie.

Et pourtant, cette poésie, nous pouvons la lui rendre ou la lui donner. Ce livre qui aujourd'hui nous paraît mort a été l'un des plus glorieux de son temps. Quand Lamartine, adolescent, le lut, il en fut bouleversé. Pour ce roman de l'Italie, la *Chartreuse de Parme* nous a rendus difficiles. Mais il y a fallu une et même deux générations. *Corinne* a créé le prestige de la vie cosmopolite et du dialogue international d'idées. Elle a ajouté à la civilisation de l'Europe. Corinne au cap Misène, inspirée par ce Platon au Cap Sunium qu'avait inventé l'Abbé Barthélemy, appartient pour nous à l'industrie de la pendule Empire. Mais pendant trente ans, autour de Chateaubriand, les amis de Mme Récamier se sont réunis sous ce tableau de Gérard ; une Germaine idéalisée, livrée au prophétique enthousiasme, personnifie sur cette génération romantique l'empire de l'esprit et des lettres, et l'on songe à ces tableaux d'autel, avec leurs deux registres, où le cercle terrestre est dominé par le cercle de la gloire. Toute la poésie de *Corinne* s'est peut-être retirée dans ce nom et cette présence. Mais elle y reste, elle y dure.

La mère de la Doctrine. Mme de Staël meurt à Paris en 1817 ayant à peine dépasse la cinquantaine, et, ce qui fait le tragique de cette fin, avant d'avoir touché une terre promise qui n'était plus éloignée et qui aurait été la voie glorieuse et comblée de sa soixantaine, et du triomphe de ses idées. Ses Mémoires réduits aux *Dix ans d'Exil* qui ne valent évidemment ni les *Mémoires d'outre-tombe* ni le *Mémorial* des deux rivaux restent inachevés. Elle travaillait alors à ses *Considérations sur les principaux événements de la Révolution Française,* qu'elle put laisser presque terminés.

C'est un de ses livres les plus importants, le testament de sa vie politique, et encore un manifeste : le manifeste de ce qui s'appellera dix ans plus tard l'école doctrinaire, de ce libéralisme royaliste avec une tradition genevoise et des sympathies anglaises, qui allait arriver au pouvoir en 1830, qui fit cette même année à Benjamin Constant ses grandes funérailles et qui en eût fait de plus grandioses encore à Mme de Staël, mère de la Doctrine, belle-mère du duc doctrinaire (le duc de Broglie). Tandis que Corinne sur son cap domine le cercle de Mme Récamier, l'esprit de Mme de Staël gouverne la France. Un jour que le jeune Guizot était passé par Coppet et qu'il récitait, au salon, de sa belle voix grave, une page de Chateaubriand, Mme de Staël lui prit le bras et lui dit : « Monsieur, il faut rester ici pour jouer la comédie avec nous ! » C'étaient ses comédies de salon, telles qu'elle en composait volontiers (sait-on que le dernier acte de *Sapho* est une des plus belles choses qu'elle ait écrites ?). Mais M. Guizot, élevé à Genève, et plus genevois encore que Mme de Staël, allait jouer sur la scène politique, à des risques et périls qui apparurent en 1848, le drame même des idées politiques staëliennes. Elle, tandis que Chateaubriand perpétue après sa mort, par sa solitude du Grand-Bey, une vieillesse et une vie d'éternel émigré, elle se survivra dans ses descendants, dans une famille de notables politiques et littéraires, singulièrement liée à l'histoire du XIXe siècle, les Broglie.

Il y a une disproportion singulière entre le peu de lecteurs que trouvent aujourd'hui les livres de Mme de Staël, qui ne se sont point gardés, comme son corps à Coppet, dans l'huile incorruptible du style, d'une part, et la place, le prestige, le rayonnement de son nom, d'autre part. De grandes valeurs restent groupées sur ce nom. Elle a été, plus qu'une étape, un principe de la conscience européenne en formation. Quand on lance aujourd'hui, à Genève même, les beaux mots de Société des Esprits ou de Société des Idées, on remarquera que cette société n'a eu jusqu'ici qu'un grand nom, qui est le sien, qu'une maison mère, qui est Coppet. L'Europe hégémonique de Napoléon a échoué. La grandeur du duel de Napoléon et de Mme de Staël tient à ceci : qu'à cette Europe était opposée, dans l'ordre de l'idée, une Europe de Mme de Staël, qui a réussi, en gros, de 1814 à 1914, et peut-être même de 1914 à 1930. Aujourd'hui la vie et la grandeur de la cause méritent qu'on fasse l'effort nécessaire pour en retrouver les précédents, les titres, dans une œuvre dont on ne peut dissimuler qu'elle est devenue pesante.

VIII

LE GROUPE DE COPPET

Les livres de Mme de Staël n'entrent plus dans la familiarité de personne. Mais elle reste une ligne monumentale. Sur son piédestal elle domine un entourage, un groupe. Elle ne se comprend pas sans cette société des esprits qui commence dans son salon, se prolonge dans le temps et dans l'espace autour de Coppet, crée sur le Léman un des climats intellectuels du monde. Si le puritanisme de la Vieille-Genève n'avait pas infligé à la fille de Necker une longue quarantaine, on imaginerait, sur la rive du lac, le monument un peu déclamatoire d'une femme emphatique et puissante, le front ceint de son turban, comme à la place de la Concorde une statue de Pradier, sous sa couronne de tours, et parmi les eaux jaillissantes qui se rafraîchiraient de dialogue et de vie, quatre figures qui, à des titres divers, représentent dans les lettres la compagnie (on l'entendrait presque aussi au sens militaire) de Mme de Staël : Constant, Sismondi, Bonstetten et Barante.

Benjamin Constant. L'un d'eux, à la gauche de la forte Germaine, a droit au seul prénom. C'est Benjamin. S'il ne fallait pas garder tout de même à une littérature le caractère d'un ordre, respecter des situations justement acquises, refuser de la livrer sans cadres à l'anarchie des goûts, on ferait à Benjamin Constant une place plus considérable qu'à son illustre amie. Il reste plus proche de nous, il est bien meilleur écrivain, et, surtout, plus qu'aucun auteur de son temps, plus peut-être que Chateaubriand, il est lu : il a écrit, comme Mme de

La Fayette et l'abbé Prévost, le petit livre de durée qui traverse les âges sans ride ni poussière. Il est le délégué ou le chef d'une famille d'esprits qui feuillettent toujours son *Journal intime,* son *Cahier rouge,* quand la famille staëlienne a cessé d'ouvrir les livres de sa mère spirituelle. Lecteurs, nous avons épuisé Mme de Staël, nous n'avons pas épuisé Constant.

Il a connu et nous fait connaître plus que personne, plus certainement que Barrès, qui le place à bon droit parmi ses « intercesseurs » d'*Un homme libre,* l'union, le relais et la fécondation mutuels d'une sensibilité poétique, d'une intelligence critique, d'une culture politique. Il est le père du roman d'analyse, créé sans mère, cela se voit. Et Mme de Staël et lui sont le père et la mère du libéralisme politique, ou plutôt les deux créateurs, la catégorie du sexe ne jouant pas ici d'une manière distincte.

Adolphe se présente aujourd'hui étayé par une littérature posthume, mémoires et correspondance, qui fait Benjamin plus grand encore qu'il n'a paru à ses contemporains. Le contraste entre Chateaubriand et lui est saisissant, et l'on n'imagine pas de coupure plus nette entre les analystes et les oratoires. Et nous sommes loin de Rousseau lui-même. Quand le Genevois avait étalé ses misères, c'était avec une grande éloquence d'auteur et des déformations ou des transformations de poète ; les *Confessions* et les *Rêveries* sont à l'origine des *Mémoires d'outre-tombe* beaucoup plus qu'à l'origine du *Cahier rouge.* D'ailleurs Jean-Jacques écrit pour le public, oratoirement, comme Chateaubriand, tandis que Benjamin n'écrit que pour lui. Le premier il a pratiqué cette clairvoyance sans méchanceté, bien plus impitoyable à lui-même qu'aux autres, il l'exprime à la pointe d'un style lucide, le grand style de l'analyse. Avant Amiel, et d'une manière bien plus française qu'Amiel, le grand Vaudois a amené à la lumière de l'écrit le complexe d'intelligence et d'impuissance qu'il contemplait désespérément en lui.

L'impuissance à organiser sa vie sentimentale et à s'encadrer dans la vie sociale n'implique pas chez Benjamin comme elle l'impliquera chez Amiel, l'impuissance à créer et à organiser littérairement. Il lui suffit de le vouloir pour écrire en quelques jours dans *Adolphe* le roman explicatif de cette vie passive et défaillante : roman d'une vie manquée, qui est si exactement le contraire d'un roman manqué, que, durant un demi-siècle, le roman psychologique en France a consisté à refaire, à étoffer, à varier, à moderniser ce récit tranquille et discret, où tout est dit, où sont éveillées des résonnances indéfinies.

Ce serait diminuer *Adolphe* que de le réduire à l'anecdote qui est à son origine : les amours de Benjamin et d'Anna Lindsay. *Adolphe* est cette aventure, Adolphe est Constant, mais, dans Ellenore, Constant convoque presque toutes les femmes avec qui il a été lié ou marié, et d'abord, bien entendu, la plus illustre, à incarner une nature féminine éternelle. Comme *Daphnis et Chloe* est le roman de l'appel et de l'accord des sexes, *Adolphe* est le roman de leur bataille, écrit par un compatriote de Jomini.

Et par un contemporain de Napoléon. Car *Adolphe* est aussi le roman d'un esclavage consenti, et l'analyse de cet esclavage par un homme qui a la vocation de la liberté. Dès son enfance il a préféré la liberté à tout. Comme Amiel ou Secrétan, il a compris la liberté dans sa profondeur et son essence. Ses passions et ses coups de tête, eux-mêmes, eux surtout, s'expliquent par un refus critique de se donner. C'est en écartant la grande chaîne d'or qui lie l'homme aux êtres et aux choses, qu'il en est venu à traîner derrière lui tous ces morceaux de chaînes brisées et lourdes, raccommodées et ridicules.

Du même fonds, la politique l'a occupé. Sa passion et ses problèmes de la liberté intérieure lui communiquaient la passion et lui apportaient les problèmes de la liberté politique. C'est ce Constant qu'a connu son époque, celui dont les écrits et les discours constituèrent une place forte du libéralisme. On a cessé de les lire, parce que ces problèmes politiques, en pleine activité en 1830, sont résorbés, assimilés, dépassés, que les régimes issus du suffrage universel ont imposé une langue politique nouvelle. Et aussi parce qu'il y a chez Constant plus d'intelligence clarificatrice que d'intelligence créatrice. Ce même courant créateur, celui des Chateaubriand et des Tocqueville, manque plus encore à son grand ouvrage sur la *Religion,* qui devait être l'œuvre de sa vie. Sous la Restauration il a été l'apôtre de la liberté de la presse, et c'est à cet apôtre que Paris a fait, quatre mois après la Révolution de juillet, des funérailles célèbres : mais ici encore il a laissé à Courier et à Royer-Collard le soin de prononcer les paroles décisives. Sur l'oubli dont la vague a recouvert cette œuvre, demeure plus éclatante et indestructible la pointe d'*Adolphe* et des écrits intimes.

On ne saurait mettre au rang de Constant les trois amis quasi-genevois de Mme de Staël dont les noms, avec celui de l'Allemand Schlegel, restent inséparables de l'atmosphère et de l'action de Coppet.

Sismondi, Bonstetten et Barante. C'est d'abord Sismondi, auquel on doit un rayon de bibliothèque historique probe et terne, mais surtout l'importante *Littérature du Midi de l'Europe* dont nous parlons ailleurs. C'est le Bernois Bonstetten, que l'attrait du salon de Coppet et le charme de la civilisation française fixèrent à Genève, où il contribua, par sa bonhomie et sa bonne humeur, à donner à la ville de Calvin ce rôle de salon de l'Europe qu'elle tint pendant la Restauration. Son livre sur *l'Homme du Nord et l'Homme du Midi,* est un témoin important du courant d'idées staëliennes, et son voyage archéologique du *Latium* a inauguré toute une littérature, d'Ampère à Boissier et à Bérard. Mais ayant commencé tard à écrire en français, sa langue est barbare et incorrecte. C'est enfin Prosper de Barante, le jeune fils de ce préfet du Mont-Blanc qui était chargé de la surveillance de Mme de Staël et qui, pour son honneur, se fit révoquer comme policier insuffisant. Prosper, qui devait faire dans la suite une brillante carrière d'historien pittoresque, publie en 1809, sous l'influence de Coppet, un *Tableau du* XVIIIᵉ siècle, intelligent, et très intéressant surtout en ce qu'il se compare et s'oppose au *Tableau de la Littérature française,* pour la même époque, de Marie-Joseph Chénier, paru l'année précédente. Né en 1782 Barante représente contre Chénier la génération nouvelle, celle qui laisse tomber les idéologues, celle qui assimile exactement et normalement les valeurs nouvelles apportées par Chateaubriand et Mme de Staël. Ce benjamin (sans majuscule) de la Mère de la Doctrine, fera chez les doctrinaires une décorative et confortable fortune.

IX

LA ROMANTIQUE

La carrière ouverte aux littératures. Le livre de Mme de Staël *de la Littérature* n'est peut-être pas un des monuments, mais il est un des témoins les plus importants de la critique et du mouvement des idées ; il pourrait mieux encore s'appeler *Des Littératures,* car il inaugure en France un problème du pluralisme littéraire.

De même que la littérature française comporte des familles d'esprits, que ses genres procèdent volontiers par couples de génies complémentaires ou par des séries d'oppositions (Corneille et Racine, Bossuet et Fénelon, Voltaire et Rousseau), ainsi il y a des familles et des oppositions de littératures, entre lesquelles s'institue une comparaison, un dialogue critique : littératures ancienne et moderne, littératures du Nord et du Midi, littératures classique et romantique.

Dès le Consulat, des discussions s'engagent à ce sujet ; des revues où une large part est faite à l'information européenne relayent sur le sol français le *Spectateur du Nord* et les périodiques de l'émigration. Ainsi paraissent le *Journal de Littérature étrangère,* la *Bibliothèque germanique,* les *Archives littéraires,* le *Magasin encyclopédique,* dont les titres sont des programmes. Dans un article des *Archives littéraires* de janvier 1804, *Des Communications littéraires et philosophiques entre les nations de l'Europe* Degérando marque, en les admettant l'une et l'autre, les deux directions possibles du goût et du jugement littéraires : « Il y a certaines beautés absolues dont le sentiment doit être universel, parce qu'elles ont leur principe dans un rapport nécessaire, quoique secret, avec les besoins de la nature humaine. C'est au témoignage unanime des hommes qu'il est donné de les consacrer, c'est par la comparaison des diverses littératures qu'on peut arriver à les reconnaître. Il y a aussi des beautés relatives qui n'en sont pas moins réelles pour être appropriées à certaines circonstances locales, pour être dans un rapport particulier avec les mœurs, les institutions, les penchants et les émotions habituelles d'un peuple. L'étude de ces beautés relatives n'est pas moins nécessaire. »

Rôle de Schlegel. Degérando était un philosophe : sa distinction de l'absolu et du relatif en matière de goût et de critique ne manquait ni de pertinence ni de fécondité. C'est aussi un philosophe, l'introducteur de Kant en France, l'émigré Charles de Villers, qui publie à Munster, en 1806, une *Érotique comparée,* soit *De la manière essentiellement différente dont les poètes allemands et français traitent l'amour.* Elle fut, malgré son titre, beaucoup moins lue que la célèbre Dissertation que G. Schlegel donne à Paris, en français, en 1807, *Comparaison entre la Phèdre de Racine et celle d'Euripide,* qui, attaquant violemment le théâtre français, provoque des réponses véhémentes dans le *Journal de l'Empire,* cependant qu'un vieux précurseur du romantisme, Sébastien Mercier, appuie Schlegel, l'année suivante, par ses *Satires contre Racine et Boileau.*

Définition de la Romantique. *Le romantique,* épithète vague qui flottait depuis Rousseau entre la nature et la littérature, se précise alors en un système littéraire qui est *la Romantique,* traduction de la *die Romantik* allemande. La romantique allemande, expliquée surtout par Schlegel, peut passer pour un *racisme* littéraire. Le monde moderne, selon la Romantique, procède de la conquête germaine et du christianisme. Dans leur pays originel, l'Allemagne, mais plus encore dans les pays romains où leur génie féconde et renforce des populations amollies, les vertus germaines, l'amour de la liberté et de la justice, le respect des femmes, aboutissent à l'institution de la Chevalerie. La chevalerie dégage une poésie, vouée à Dieu, à la valeur, aux dames, avec un décor autochtone de châteaux, de forêts, de sorciers, d'enchanteurs, poésie longtemps informe, qui eût à la longue tourné en une grande littérature romantique, qui y tourna réellement avec Dante, mais qui, sur la plus grande partie de son front fut arrêtée, refoulée, déviée, à partir de la Renaissance, par l'imitation des Grecs et des Latins. La France littéraire, l'Europe en tant qu'imitatrice des imitations françaises, furent victimes de cette déviation. L'Angleterre et l'Espagne, mieux défendues par la mer et les montagnes, ont mis au jour, dans le génie de Shakespeare et de Calderon, à la veille de l'invasion classique française, le meilleur de cette Romantique. Aux temps actuels de continuer cet effort. Aux Germains de se créer une littérature conforme à leur propre antiquité ! Aux peuples romans de reprendre contact avec les vertus, l'art, la poésie, les légendes de leur moyen âge ! La Romantique servira même la cause de l'hellénisme vrai, fera redécouvrir un Homère, un Eschyle, un Euripide originels et originaux par-delà les déformations utilitaires qu'ils ont subies chez leurs imitateurs classiques.

La Romantique schlegelienne, qui faisait ainsi de l'Allemagne, de l'Angleterre et de l'Espagne, les trois massifs de la vraie littérature moderne, et qui paraissait encercler agressivement le classicisme français, ne pouvait qu'exciter en France, à l'époque impériale, sous le règne du contrôle et de la police, les défiances et les foudres du pouvoir. Elle pénètre surtout par la trouée suisse et le cercle de Coppet. Albert Stapfer, en 1812, la présente sympathiquement aux Français dans sa préface à la traduction de l'*Histoire de la Littérature espagnole* de Bonterwerk. Ce Bernois y définit la romantique « un genre de poésie né du génie même des peuples modernes, ayant pour base la Bible, la légende, l'histoire héroïque et merveilleuse de nos aïeux, se nourrissant de l'esprit local et inhérent au terroir, et peignant les maux, les aventures, les hauts faits indigènes ».

Génie de la Romantique et Génie du Christianisme. Il s'agit là d'un autre *Génie du Christianisme,* dont l'influence relayera et secondera celle du *Génie* de Chateaubriand, mais dont l'esprit lui est fort opposé. Chateaubriand en effet, dans son inventaire et ses restaurations des valeurs du passé, reste un classique. Sa réaction contre le XVIIIe siècle se fait au nom du XVIIe de Corneille et de Racine, de Bossuet et de Fénelon. Lui-même dans les *Martyrs* s'affirme disciple de l'Homère classique, fénelonisé. Il fait la liaison entre le *Télémaque* et Anatole France, ce qui le met catégoriquement à l'antipode de la Romantique schlegelienne. Mais un *Génie de la Romantique,* ou plutôt deux parties de ce *Génie,* encadrent celui du *Christianisme :* c'est en 1800 la *Littérature,* et en 1810 l'*Allemagne.* Surtout, autour de Mme de Staël, le groupe de Coppet, avec ses éléments germaniques genevois et français représente pour la Romantique la place d'armes, ou la maison mère. À son retour de Weimar, Mme de Staël amène Schlegel à Coppet, où elle l'installe comme précepteur de ses enfants, et aussi comme son chef de chantier dans la construction de *l'Allemagne.*

En 1809, Benjamin Constant, qui a accompagné Mme de Staël dans son voyage d'Allemagne, publie (sur sa demande) une adaptation en vers de *Wallenstein* assez bizarre avec sa poétique pénible, l'unité de temps et de lieu étrangement imposée au drame de Schiller, et la suppression de trente-six personnages sur les quarante-huit de la trilogie, mais très importante et intéressante par sa préface, où Constant compare sagacement les deux systèmes dramatiques, et se prononce pour le romantique, qu'il a si peu suivi dans la conduite de son adaptation. La même année, le jeune Barante publie son *Tableau de la Littérature française au* XVIIIe siècle, qui est une œuvre de synthèse élevée, où le XVIIIe siècle, encore si vivant chez les contemporains de 1809, se trouve non déclasssé, mais classé comme une époque historique.

En 1813, la Romantique monte sur un horizon, dans la mesure même où Napoléon décline sur l'autre. Cette année où Mme de Staël est en fuite, Coppet fermé, est celle où l'esprit du groupe de Coppet se répand en France par trois œuvres qui font du bruit et qui auront de l'influence.

Les trois livres de 1813. D'abord, en mai et juin, les quatre volumes (littératures provençale, italienne, espagnole, portugaise) de Sismondi, *De la Littérature du Midi de l'Europe* que l'auteur pensait compléter par la *Littérature du Nord :* livre très genevois par son information européenne, son souci moral, son cosmopolitisme, sa lourdeur de style, et ce thème des littératures du Nord et du Midi, lieu commun de Coppet. Le point de vue de Schlegel sur la civilisation romantique du moyen âge est développé par Sismondi avec des restrictions conciliantes en faveur du classicisme français, et des réserves de calviniste genevois : il ne faut pas oublier en effet que Schlegel était catholique, et son esthétique aussi. L'espagnolisme intégral de Schlegel détonait dans la maison des Necker ; au contraire il favorisa la fusion avec Chateaubriand pendant la période catholique du romantisme.

Le livre de Sismondi est (avec les remaniements d'usage) un cours professé d'abord à l'Académie de Genève. Pareillement le *Cours de Littérature dramatique,* dont la traduction par Mme Necker de Saussure paraît la même année, avait été professé à Vienne et publié en allemand en 1808. On remarquera entre le *Lycée* de La Harpe et les cours de Guizot, Cousin et Villemain, en attendant le *Port-Royal,* l'importance de cette forme littéraire toute nouvelle : le cours publié.

C'est enfin en 1813 également que paraît à Londres *l'Allemagne* de Mme de Staël, dont l'édition de 1810 avait été détruite sauf deux exemplaires. Cette fois, 70.000 exemplaires se répandent en Europe en quelques semaines.

Influence de la Romantique. Ainsi, la Romantique est entrée en France, en grande partie, par ce qu'on a appelé l'échancrure de Genève et de Coppet. Elle implique le dualisme du Nord et du Midi, et leur synthèse créatrice et critique. Il y a un secteur du mouvement littéraire où tout se passe comme si *romantique* dérivait non de *romanesque* et de *roman,* mais de la langue *romane,* qui, prétend Sismondi, « était née du mélange du latin et de l'ancien allemand. De même les mœurs romantiques étaient composées des habitudes des peuples du Nord et des restes de la civilisation romaine ». Ni le substantif de la Romantique ni les idées qu'il représente n'ont été conservées. Mais on peut lui imputer tout le courant qui de 1814 à 1830 traverse la Restauration sous le nom de style troubadour. Dès 1813 paraît la *Gaule poétique* du futur procureur Marchangy, romancement du moyen âge dont l'influence sera très sensible vers 1820, jusqu'à ce que le médiévisme sentimental trouve un autre véhicule dans Walter Scott.

Le résultat le plus intéressant de ce mouvement intermédiaire entre le mouvement préromantique et le mouvement romantique, fut l'enthousiasme qu'il excita chez certains lettrés sinon pour la poésie primitive, du moins pour celle qu'anciennement dans le temps, ou lointainement dans l'espace, avaient exprimés les génies nationaux. La mode et l'influence d'Ossian sont en liaison étroite avec la Romantique. L'ouvrage de Sismondi, sur trente-neuf chapitres, n'en comporte que quatre qui concernent la littérature provençale. Il va de soi qu'ils sont superficiels. Mais il la nomme, lui fait une place, attire l'attention sur elle, de telle sorte que dès 1816 Raynouard publie son *Choix de Poésies* de langue d'oc et oriente ses recherches du côté d'où va sortir, grâce d'abord à lui, un *romanisme* scientifique. Il a, dit Gaston Paris « eu le premier l'idée, d'embrasser dans une grammaire et un lexique l'ensemble des langues romanes », d'où le « romanisme » des Universités germaniques. Ce que fait Raynouard pour la philologie, Fauriel, un des esprits les plus érudits, les plus cultivés, les plus riches de son temps, le fait plus aventureusement pour l'histoire et la poésie dans son *Histoire de la Gaule méridionale sous la domination des Conquérants germains,* et son *Histoire de la Poésie provençale.* La théorie de Fauriel, son super-romanisme qui voyait dans la poésie des troubadours la source de toute la poésie moderne, n'a pas résisté au temps. Mais son enseignement au Collège de France, son rayonnement, ses livres touffus, sont à l'origine du méridionalisme et de la Renaissance provençale qui aboutiront à Mistral. Tous les chemins mènent à Rome, le diable porte pierre, l'échancrure de Genève et de Coppet conduit à Maillane : conclusion bien inattendue d'un chapitre sur la Romantique schlegelienne.

X

IDÉOLOGUES, ATTIQUES ET CHRÉTIENS

Les Gelées de Mai. Les temps nouveaux commencent avec les *Vingt ans en 1789,* mais non la littérature de 1789, et du XIXe siècle. Il faut en effet incorporer à cette littérature la plupart des représentants de la dernière génération qui ont environ trente-cinq ans, et qui tiendront une place considérable dans la liaison, le dialogue, le débat entre les deux siècles. Qui aura vécu sa jeunesse sous Louis XVI, sa maturité sous la Révolution et l'Empire, sa vieillesse sous la Restauration, tiendra dans sa mémoire un des morceaux de durée les plus variés et les plus puissants que l'histoire ait permis.

Cette demi-génération qui est née entre 1753 et 1762 est marquée par le XVIIIe siècle, mais portée par un mouvement très vif vers les confins, les extrêmes. Elle tient Voltaire et Rousseau pour de grands génies, mais plus ou moins moyens et communs, hors desquels et contre lesquels il faut chercher, raffiner, saisir quelque chose de pur, de nu, d'absolu. Il s'agirait presque, ici, d'un romantisme de la qualité, le contraire absolument de ce pré-romantisme populaire, fait d'enthousiasme, d'incontinence et de débordement, qui se répandra avec la Révolution. Cette génération, ou cette demi-génération, de la qualité, sera plus ou moins blessée, rejetée, déviée par la Révolution. En tout cas elle n'a pu produire ses fruits qu'à travers des orages qui en ont détruit une partie, ont marqué le reste, ont donné au meilleur de ce reste une figure singulière de, paradoxe, d'inactualité et de perfection. On reconnaît, dans des directions très opposées, trois groupes : les idéologues, ou les analystes, — les attiques, ou les artistes, — les chrétiens, ou les « penseurs ».

Les Idéologues. Le XVIIIe siècle est un siècle d'idées, il a brassé les idées, il est pris dans une fulguration, une joie, et aussi une critique des idées. On trouvera dès lors naturel qu'il ait fini, sur un point, par une science des idées, que la clarté et la distinction, l'isolement et le maniement, l'individualité et la société des idées, soient devenus le plus haut exercice et la méthode la plus fructueuse de l'esprit. L'analyse des idées religieuses, politiques, morales, peut jouer dans la vie des sociétés, des États, des hommes, un rôle aussi précieux que l'analyse mathématique au principe des sciences. Condillac, le plus clair et le plus méthodique, sinon le plus vivant des esprits du XVIIIe siècle a ouvert la voie, créé une méthode et une école. Sa philosophie a préparé et affiné l'esprit critique et constructeur de la Révolution, dont il paraît naturel que ses disciples aient été des ouvriers de la première heure, sinon de la dernière.

Condorcet et Garat. Leur représentant le plus célèbre sous la Révolution est Condorcet, qui, né en 1743, académicien déjà sous Louis XV, vit dans la Révolution la suite logique de toute sa science et de sa philosophie, l'adopta comme une mécanique humaine aussi vraie pour lui que la mécanique céleste de Newton. Son œuvre de journaliste révolutionnaire manque d'intérêt littéraire, mais importe en ce qu'il essaye d'y donner à la Révolution une *doctrine.* L'*Esquisse des Progrès de l'Esprit humain* qu'il écrivit pendant la proscription des Girondins, dans une cachette, avant de se tuer, tire de cette circonstance un prestige sublime, et Auguste Comte, qui appelle Condorcet son père spirituel, a placé ce livre au principe du positivisme et de l'ère positive. On le lit aujourd'hui avec une désillusion complète : la naïveté du mathématicien dans les choses de la nature humaine s'y étale à plein ; la suite du progrès y est aussi arbitraire que la « suite de la religion » dans le *Discours sur l'Histoire universelle ;* on touche le niveau où l'élan d'un grand siècle se perd dans un désert nu, où le rocher de Sisyphe roule au bas d'une pente qu'il faudra remonter. Quant à l'idéologue Garat, qui se préparait aux séances de la Convention en relisant Condillac, et qui professa l'idéologie à l'École Normale, on retiendra seulement de lui les utiles *Mémoires sur Suard,* indispensables pour la connaissance de cette époque et de cette école.

Rôle et limites de l'idéologie. La génération active qui a maintenu au XIXe siècle l'idéologie est constituée par Destutt de Tracy, né en 1754, Laromiguière né en 1756, Cabanis né en 1757. Ce sont eux les idéologues contre lesquels s'excitait Napoléon. Nous n'en lisons plus rien, mais ils furent de grands agents de liaison, et leurs disciples maintinrent ou retrouvèrent l'esprit du XVIIIe siècle et de l'analyse à travers le romantisme. Tracy, qui mit de 1804 à 1815 l'idéologie en manuels clairs et élégants, a été lu avec enthousiasme par Stendhal, peut passer pour un de ses maîtres. Le médecin Cabanis, avec ses *Rapports du physique et du moral,* en 1802, a fourni un de ses bréviaires au matérialisme, et un de ses points de départ à la psychophysiologie. Laromiguière, professeur fin, clair et judicieux, qui attira le premier le grand public aux cours de philosophie de la Sorbonne, et que Cousin évinça du premier plan, eut son héritier, et presque son vengeur, dans Taine.

Ces idées, dont les idéologues font la science, et à qui ils tracent le programme d'une carrière qu'à elles seules elles ne peuvent remplir, sont des ombres. Elles glissent élégamment dans un monde à deux dimensions. Les noms des deux grands disciples des idéologues, Stendhal et Taine, suffisent à nous montrer qu'elles ne pouvaient prendre forme, voix, troisième dimension, qu'en buvant le sang noir, en s'incorporant un romantisme. L'idéologie a dû être mangée et digérée, non sans résistance, car le mouton comprend mal qu'on l'aime comme gigot. Quand Stendhal envoya l'*Amour* à son maître, « M. de Tracy, dit sa belle-fille, essaya de lire cet ouvrage, n'y comprit rien, et déclara à l'auteur qu'il était absurde. » Il en eût pensé peut-être autant de l'*Intelligence.*

Les Attiques. Avec l'idéologie le XVIIIe siècle, qui touche à sa fin, se clarifie dans la précision, se filtre dans le sable. En une autre direction, il s'amincit et se cisèle en une pointe fine de poésie pure. La fleur de la culture, à sa dernière période, tend vers un atticisme, ou plutôt elle retrouve, à travers un alexandrinisme inévitable, certains états plus ou moins purs d'atticisme. Ces attiques sont portés exactement par la même génération que les idéologues. Nous y verrons Rivarol, né en 1753, Joubert né en 1754, Fontanes né en 1757, André Chénier né en 1762.

Tous quatre sont des esprits pleinement intelligents, que la poésie touche, qui ont le goût de la perfection et le sens de la lumière, qui sont terriblement gênés par leur temps. Le seul qui peut donner toute sa mesure, Fontanes, est aussi le seul qui ait eu de grandes parties de médiocrité. Sous la Révolution, et le plus naturellement du monde, Rivarol représente l'émigration, Fontanes la proscription, Joubert la vie cachée en province, Chénier l'échafaud. Joubert, qui meurt le dernier, en 1824, emportera avec lui l'atticisme français.

Rivarol. La pointe de poésie qui fait corps avec l'atticisme permet bien de distinguer de l'esprit de Chamfort l'esprit de Rivarol. Rivarol, paresseux de génie qui mourut prématurément à l'époque où il allait rassembler dans une œuvre les étincelles de ce génie, nous est connu, à l'antique, plus par des paroles dites que par des paroles écrites. Il méprisait la plume « Cette triste accoucheuse de l'esprit, avec son long bec effilé et criard ». Avec un grand fonds de connaissances (« Qu'ai-je besoin, disait un grand seigneur, de souscrire à l'*Encyclopédie* ? Rivarol vient chez moi »). Il possède la formule brillante, la vue en profondeur et le don de l'image. Il est, dans l'ordre de l'intuition, ce que les idéologues sont dans l'ordre de la logique. Ou il l'aurait été si les graines que sont ses pensées éparses avaient germé. Plus encore que son célèbre *Discours sur l'Universalité de la Langue française,* morceau d'apparat, le *Discours Préliminaire* du *Dictionnaire* qu'il avait entrepris à Hambourg est d'un vrai philosophe du langage. L'entretien rapporté par Chênedollé et qui n'était d'ailleurs pas improvisé, la magnifique théorie de la poésie, cette pluie de jugements, comme des étoiles filantes, nous rendent ce qui peut subsister de sa conversation à travers le bec méprisé de la plume, et nous font pressentir ce qu'aurait été le grand livre de critique, la galerie d'écrivains français, à laquelle il comptait se mettre dès sa rentrée en France (prévenue par sa mort en 1801) : *Les Vivants morts et les Morts vivants.*

Joubert. Rivarol est un attique du discours, Joubert un attique de la pensée. Ami et guide de Chateaubriand, avec une vocation irrésistible vers le scrupule et le silence, il transporterait volontiers sur la presse à imprimer, laminoir de la pensée, le décri qui concerne chez

Rivarol le long bec de la plume. Craintif, froissé, valétudinaire et coquet, il ne publia pas une ligne. Les *Pensées* et la *Correspondance,* qu'après sa mort on tira de ses papiers ont, comme le *Journal* d'Amiel des fervents et des ennemis. Le vers de La Fontaine : « Les délicats sont malheureux », semble avoir été fait pour Joubert. Cette délicatesse est chez lui très compatible avec la précision de la forme et de la pensée, mais elle exclut les conditions normales et la matérialité de la vie. Elle est faite pour un pays des ombres heureuses, et merveilleusement adaptée à une existence posthume. Tout ce que Joubert écrit sur la poésie est incomparable. Il faudra pour retrouver cette familiarité avec la ligne serpentine de la pensée et avec son clair-obscur attendre Mallarmé et Valéry. Avec de l'attention et de la sympathie on trouverait toute une philosophie de la vie, et de sa vie, dans ses pages précieuses (aux deux sens du mot) sur la pudeur. Ses lettres marquent une pénétration singulière, affinée dans la société des femmes, et tel portrait secret qu'il fit de Chateaubriand n'a, dans sa spirituelle divination, jamais été dépassé.

Fontanes. Rivarol et Joubert, qui n'écrivirent pas de vers — ou si peu ! — sont les familiers des chambres secrètes de la poésie, de vrais précurseurs critiques du plus fin Sainte-Beuve. Mais Fontanes représente officiellement la poésie dans leur groupe. Officiellement... C'est un honnête homme, fort intelligent et fort adroit. Sainte-Beuve lui a constitué une place — également officielle — de dernier des classiques. Il le fut par son jugement et sa finesse, par la correction élégante de ses vers. Fréquenter Fontanes, dans la belle édition qu'en a donnée, avec une introduction plus belle encore, Sainte-Beuve, est aujourd'hui amusant au sens où les œnophiles parlent d'un vin amusant. On s'amuse à Fontanes, tandis qu'on s'amuse de Delille, lequel n'est pas, lui non plus, ennuyeux ; mais l'un est intelligent, l'autre ne l'est pas. Malheureusement ce poète n'a pas reçu le grain de poésie qui appartint aux prosateurs Rivarol et Joubert. Il fait de bons vers, mais être poète pour lui, c'est faire des vers. À Montaigne, qui demandait des gens : « Comment est-il mort ? » il faudrait donner de mauvaises nouvelles de Fontanes. Car il est mort en refusant audience aux *Méditations,* sous ce prétexte admirable, qui est le testament d'une époque, et que nous avons entendu répéter par Mendès après Victor Hugo, par Leconte de Lisle après lui-même : « Tous les vers sont faits. » L'œuvre la plus importante de Fontanes, c'est son influence sur l'œuvre de Chateaubriand, qui était très docile aux conseils, et qui ouvrit à ceux de son ami un crédit illimité. Malheureusement ce Chateaubriand-Fontanes est le Chateaubriand des trois quarts du *Génie,* et des *Martyrs,* celui que nous ne lisons plus. Quand Anatole France est mort, on s'est accordé à faire de lui cet éloge : « Il a maintenu ! » Fontanes qui avait reçu les consignes de La Harpe, a maintenu, et il a aidé, presque obligé le Vicomte à maintenir. Mais nous le pensons aujourd'hui avec plus de froideur que ne le pensait Sainte-Beuve.

De ces quatre attiques contemporains, Rivarol est l'esprit de la poésie, Joubert en est l'âme, la Psyché, Fontanes la matérialité, mais André Chénier le dernier-né et le premier mort, en est le génie.

André Chénier. Comme Rivarol et Joubert c'est un posthume ; des liasses de papiers qui ne s'imprimeront qu'au cours de la génération suivante, et plus tard encore. L'interrègne révolutionnaire de la littérature est ici patent, saisissant, comme un décrochement sur une carte géologique. Il n'émigra pas — malheureusement. Mais, du point de vue littéraire, on peut dire qu'il a son émigration derrière lui. Fils d'une mère grecque, il naît à Constantinople, voyage en Italie, reste trois ans à Londres. Il lit dans leur texte les poètes anglais et italiens. Mais surtout son contact avec la poésie grecque est probablement le plus intime qu'ait connu un homme moderne. Il est, bien mieux que Ronsard, notre grand poète philologue. Homère et les Bucoliques lui sont aussi familiers que Racine à Voltaire.

Sa Grèce n'a rien d'une retraite, d'un alibi, à la manière de ce qu'elle sera pour cet anti-Chénier, Leconte de Lisle. Il aime la vie, son siècle, les hommes de son temps, et, bien entendu, les femmes de son temps. Le matérialisme élégant du XVIIIe siècle se fond avec ce paganisme antique, qui fait chez lui figure de vocation héréditaire. Son idée de la poésie n'outrepasse pas plus le XVIIIe siècle, n'est pas plus romantique, que son idée politique ne dépasse la monarchie constitutionnelle, et n'est girondine ou jacobine.

Toutes les directions, toutes les possibilités se trouvent d'ailleurs dans ses papiers, de sorte qu'il est absolument vain de se demander de quel développement, de quelle richesse le jour exécrable du 7 thermidor (Chénier avait trente et un ans) a privé la poésie française. Ses grands projets c'étaient ses grands poèmes : l'*Hermès,* l'*Amérique,* l'*Invention.* Les larges morceaux qui en ont été exécutés ne se distinguent guère du reste de la poésie du XVIIIe siècle finissant. Comme cette poésie didactique allait demeurer en faveur sous Napoléon, que tout ce que nous savons d'André Chénier nous fait pressentir qu'il eût trouvé, autant et plus que Fontanes, un cadre et un milieu à souhait avec l'Empire, nous pouvons supposer qu'il eût fait, sans bénéfice majeur pour nous, une grande carrière dans les grands poèmes. La différence des deux Chénier aurait rappelé un peu moins que nous ne le croirions celle des deux Corneille.

Ses *Élégies* ne dépassent pas plus sensiblement Parny que ses poèmes ne dépassent Delille. Or les poèmes et les élégies c'est ce qui, dans les manuscrits de Chénier, lui paraissait sans doute le plus approcher de la qualité et de la dignité d'œuvres publiables. Le reste, c'était surtout des études, des cartons, des dessins, dont nous ne savons pas quelle aurait été la place, et si cette place aurait été considérable dans l'œuvre menée à bien d'André Chénier. L'immortel Chénier c'est Chénier étudiant ; le fruit eût-il passé la promesse de la fleur ? Étudiant de l'antiquité, étudiant de la nature, étudiant de la poésie.

Le poète étudiant. Étudiant de l'antiquité, disciple de Brunck, dont les *Analecta* sont un de ses livres de chevet, ce qu'ont été les *Odes anacréontiqaes* pour les poètes de la Pléiade. Ce qu'il fait passer du vers grec de Théocrite ou de l'*Anthologie* dans la structure du vers français est extrêmement délicat à doser, et ne va pas bien loin ; d'autant plus qu'il s'inspire et ne traduit pas, et qu'il ferait plutôt, quoi qu'il en ait dit, des vers nouveaux sur des sujets antiques. Mais, étant entendu qu'il ne saurait exister pour nous qu'une Grèce littéraire transposée dans les livres, et que nous devons la tenir pour un substitut non seulement nécessaire, mais bienfaisant, de la Grèce réelle qui nous est inconnue, la poésie de Chénier a transporté dans la poésie française ce que les livres nous font imaginer de plus grec, et même de plus athénien (n'exagérons pas son côté alexandrin) : la mesure, la grâce, la mélodie de la vie dans un bois d'oliviers, la musique des êtres, leur passage éternisé dans les stèles, la capture de mouvements, de figures, de scènes, d'humanité, par lesquelles la poésie devient rivale de la peinture — de sorte que l'image des carnets de croquis et des cartons d'études serre ici exactement la réalité. Shakespeare, Gessner, la nature vue directement, les sources des livres et celles de la terre se transposent chez André Chénier en une forme plastique et diaphane, qui devient une sorte de langage général de la poésie comme elle l'était chez Racine. Mais les chefs-d'œuvre sont naturellement les morceaux purement grecs, par le sujet et par l'allure : le *Malade,* la *Jeune Tarentine,* le *Mendiant, Néère, Hylas,* l'*Aveugle.* Il y a par eux un atelier de Chénier, comme il y a un atelier de David. La découverte de l'atelier de Chénier, en 1819, ressemble pour la génération romantique, à ce qu'avait été la découverte d'Herculanum pour la génération de Chénier lui-même : un monde de formes, arrêté et immobilisé par une catastrophe, rendu brusquement à la lumière, et qui devient école, ou qui plutôt le redevient.

Étudiant de la nature. Autant la nature est stylisée dans l'œuvre didactique de Chénier, autant elle est rendue fraîchement dans ses cahiers d'études. Il a aimé, goûté, évoqué la campagne, par des vers jaillis de l'intérieur, comme La Fontaine. Lamartine verra la Grèce dans ses collines du Mâconnais, Mistral dans ses rochers et sa mer de Provence, ainsi Chénier sait et sent une nature éternelle, une Grèce qui est partout : l'Île de France, Versailles, la Normandie, lui suggèrent les mêmes cartons poétiques qu'un texte de Théocrite ou de Properce. Il retrouve par là le classicisme de la greffe parfaite entre la nature et le livre, celui de Ronsard et de La Fontaine.

Étudiant de poésie. L'oreille poétique de Chénier est toujours aussi insatisfaite, aussi chercheuse que le crayon de David : sensuelle comme une main de peintre. Il a fouillé consciemment dans les musiques cachées du vers français, il en a cherché, exploité patiemment les ressources. Le beau vers n'est point chez lui un passage fulgurant, comme chez Lamartine et Hugo, mais un arrêt, une possession, et, comme chez Mallarmé, une chose en quoi toutes choses se terminent.

Le toit s'égaie et rit de mille odeurs divines

passait en 1850 pour une énigme, comme, en 1900 :

Trompettes, tout haut d'or pâmé sur le vélin.

Il a peu innové dans la structure du vers, que Delille et Roucher ont rompu par les mêmes hardiesses que lui : coupes ternaires, dislocations, rejets, — et le Racine des *Plaideurs* était déjà là. Mais il a créé une certaine cime de poésie pure, qui est le vers gratuit, le vers d'ambroisie, élément et aliment des dieux, en rupture avec les significations de la prose, tel qu'il passera dans Vigny, dans Hugo, dans Mallarmé, dans Valéry. Il y a à ce sujet un texte capital de Chénier. C'est son commentaire sur les *Larmes de Saint-Pierre,* le poème de jeunesse de Malherbe, le poème d'un étudiant, poème que plus tard le poète établi, réformateur et formateur, devait désavouer, avec raison sans doute, puisqu'un avenir était à ce prix. Mais Chénier sent qu'après cet immense détour le moment est venu pour la poésie de reviser ce procès, de prendre un baptême aux vers admirables et oubliés des *Larmes.* Toute proportion gardée, on reconnaît la prise de contact du romantisme avec Ronsard par le *Tableau* de Sainte-Beuve, et Chénier présage le romantisme dans l'exacte mesure où ce *Commentaire* amorce le *Tableau.*

Les quatre mois et demi de prison qu'il passa à Saint-Lazare firent monter plus haut encore la poésie de Chénier. À cette poésie voluptueuse et gracieuse que couronne la *Jeune Captive,* il manquait le cri, la corde d'airain. Les fragments des *Iambes* les lui donnèrent. Dans un rythme uniforme et puissant, créé par Chénier, c'est une fusion unique d'élan, d'invective et de ciselure. Ces quelques distiques, que Barbier n'a fait qu'imiter, suffisent à faire de Chénier le plus grand des poètes de combat entre d'Aubigné et Victor Hugo.

On déplorera qu'il n'ait pas émigré, comme Delille. Non seulement il eût sauvé sa tête ; mais la vie et les milieux de l'émigration, le séjour de Londres ou de Hambourg, la fréquentation des étrangers, des philologues, des écrivains d'Allemagne, lui eussent fourni le dépaysement et le renouvellement qui lui convenaient mieux qu'à personne. La Révolution a déclenché contre elle un mouvement d'idées. Elle n'a pas déclenché de mouvement poétique. Ses *Tragiques* et ses *Châtiments* sont restés au carquois. Les *Iambes* nous font sentir quelle nuée de flèches d'or Chénier pouvait précipiter sur elle. Sa foudre tombe, comme celle de Hugo, du parvis des dieux. Le mouvement :

Diamant ceint d'azur, Paros, œil de la Grèce !

c'est le mouvement de la pièce des *Châtiments, A Juvénal* et surtout de *Stella.* Entre Ronsard et Victor Hugo, en passant par Racine et La Fontaine, il semble que les meilleurs des fragments de Chénier disséminent leurs essais, comme une grenaille ou une semence d'or pour couvrir le champ entier de notre poésie.

Les Chrétiens. Le *Génie du Christianisme* a été un livre heureux. Mais la renaissance chrétienne en réaction contre la philosophie ne l'avait pas attendu. Son christianisme d'imagination et de beauté couronne une sensibilité et confirme une raison chrétiennes, qui avait pris forme et vie après Rousseau. Le fort mouvement mystique de la fin du XVIIIe siècle n'a malheureusement pas eu d'expression littéraire, si ce n'est peut-être chez Saint-Martin, le philosophe inconnu, le Boehme français dont le style est malaisé, mais qui fut plus qu'une grande âme — une âme, et qui dans le *Livre de Désir* a écrit un des beaux livres de la vie intérieure. Mais l'ébranlement révolutionnaire donne l'être, le style, un public, à deux hommes qui atteignent la quarantaine en même temps en 1794, et qui, en grands écrivains, se firent les témoins et les juges chrétiens de la Révolution, les prophètes de la Restauration, le vicomte de Bonald et le comte de Maistre.

Bonald. Bonald appartient à l'une des formations les plus solides, à une formation de base de l'ancienne France, ou plutôt de l'ancienne Europe : les familles de petite noblesse, habituées au service militaire, à la discipline, au commandement sur leur terre, à la fidélité au roi, — la formation des Vigny et des Lamartine. Émigré à quarante ans, retiré dans la studieuse Heidelberg, où il élève ses fils, ce gentilhomme rouergat, réfléchi, tenace, très apte à de pesantes déductions logiques, prend le chemin des philosophes, mais contre les philosophes dont la doctrine a ruiné l'autorité et amené l'anarchie révolutionnaire. Il est d'une race où la vie a besoin de bases. Il se fait le philosophe des bases.

On l'appelle généralement un théocrate, et ce n'est pas inexact. Mais Dieu lui est extérieur. Le fondement vivant et vécu de sa doctrine c'est la réalité de la famille, le magistère du père de famille, et particulièrement, et même seulement, du père de famille propriétaire et agriculteur. Bonald pense en *paterfamilias* romain. Il nourrit pour le luxe, l'élégance, l'individualité de l'esprit, la même méfiance que Caton à l'égard des Grecs. Il considère l'individu, ainsi que le fera plus tard Comte, comme une abstraction dangereuse de la société. La réalité sociale, c'est la famille. Le pouvoir vrai et juste est délégué par Dieu qui est lui-même roi et père, au roi dans la société et au père dans la famille. Est mauvais et pernicieux tout ce qui ne s'adapte pas au cadre de cette philosophie agrarienne.

Mais on est étonné de voir tout ce qu'y fait rentrer d'inattendu la dialectique obstinée et inventive de Bonald. Il est un des premiers à avoir mis en lumière la nature de la société, comme d'un vivant qui transcende les individus, qui est créé directement par Dieu, qui a pour organe le pouvoir. Sa doctrine célèbre du langage don direct de Dieu est d'une belle audace rectiligne. Peu d'opuscules sont plus remplis de vues que sa comparaison de la famille agricole et de la famille industrielle.

Il a beaucoup écrit. Il est fort de bâtisse, mais son style de gentilhomme campagnard (bien qu'il vécût le plus souvent à Paris) manque d'attraits. Cependant il coule admirablement la maxime, la phrase frappée et frappante, qui reste, circule, se cite. On lit peu M. de Bonald, mais on écrit beaucoup : « Comme dit M. de Bonald ».

Cet homme d'autorité est une autorité. C'est lui en somme, bien plus que Joseph de Maistre, qui a donné une philosophie à ce complexe politique et social français, si tenace, qu'on appelle la *réaction*. La nouvelle école réactionnaire, qui, dans le second tiers du XIXe siècle, est née de Le Play et Taine, a révéré Bonald comme un de ses pères, Bourget et Maurras l'ont beaucoup cité. C'est, pour leurs disciples, une lecture un peu rude, du pain d'Auvergne, savoureux et sain. On trouverait d'ailleurs l'exagération, la caricature de Bonald dans un curieux gentilhomme auvergnat, son contemporain, qui eut un grain de folie, mais aussi son pittoresque d'écrivain, son heure de célébrité, M. de Montlosier.

Joseph de Maistre. Cependant le couple Bonald-de Maistre est bien plus considérable et plus instructif que le couple Bonald-Montlosier. Ce sont deux dialectes de la réaction, deux catholiques, deux émigrés, dont la différence, et même l'opposition, sont commandées par celles de leur pays et de leur destinée.

Joseph de Maistre n'est pas plus un Français que Rousseau. Comme Rousseau le citoyen de Genève, il est le sujet fidèle et le magistrat du roi de Sardaigne. Jusqu'à l'âge de quarante ans, il ne songe nullement à publier : heureux de ses fonctions au Sénat de Savoie, de sa vie de famille, de lectures, de conversations, car c'est un admirable causeur. Comme Bonald, la Révolution française, en le déracinant, en mettant du tragique dans sa vie, dans ses idées, dans la société, l'oblige à s'interroger, à penser, à écrire.

Bien mieux que Bonald, il est un écrivain de race. Il écrit une des meilleures langues de son temps, infiniment supérieure à celle de sa voisine et ennemie Mme de Staël, mais tenant, comme la sienne, à la conversation, et pure, verveuse, pleine de mouvement, de mordant, d'images.

La Savoie vivait sous un gouvernement assez paternel. L'entrée des armées de la Révolution y amena d'abord l'anarchie, la violence, et pour les de Maistre, la ruine. Le contraste entre ces deux états, ce passage de l'ordre au désordre, de la vie florissante à l'exil, de Maistre les incorpore à une théorie générale de l'ordre et du désordre. Sa pensée avait pris depuis longtemps d'ailleurs une tournure mystique. Chrétien convaincu, il s'était fait initier dans la franc-maçonnerie. Il était lecteur et disciple fervent de Saint-Martin. Surtout, l'éducation maternelle, qui avait entièrement formé son cœur, l'avait habitué à voir Dieu partout. Et il ne faut pas oublier qu'il a été l'élève, et qu'il restera toujours le disciple et l'ami des Jésuites. La Révolution c'est, pour lui, le fait immense qui doit éclairer aux yeux de sa génération, le fond de la nature humaine et sociale. Elle l'éclaire en y montrant la présence et la volonté de Dieu. Quand Bossuet faisait appel à la Providence pour expliquer la Révolution d'Angleterre, il diminuait peut-être la portée de cette vue en désignant le salut de la reine Henriette comme la fin de l'intention divine. De Maistre, dès les *Considérations sur la France* qu'il publie en 1796, à Neuchâtel, élève cette doctrine de la Providence visible à une ampleur, à une force, à une ingéniosité verveuse et presque virtuose qui frappèrent les imaginations, d'autant plus que Bonald, esprit par ailleurs si différent de celui de Joseph de Maistre, publiait la même année, à Constance, la *Théorie du pouvoir,* et que de Maistre était fondé à lui écrire plus tard : « Est-il possible que la nature se soit amusée à tendre deux cordes si parfaitement d'accord que votre esprit et le mien ? C'est l'unisson rigoureux. C'est un phénomène unique. »

La Providence est visible, pour lui, dans la disproportion entre l'immensité de l'événement révolutionnaire et la médiocrité misérable des hommes par lesquels il est arrivé. De Maistre tient la Révolution pour un châtiment purificateur : d'où une théorie flamboyante dû Châtiment, une théorie éloquente de la purification, qu'il reprendra en termes plus éclatants encore dans les *Soirées de Saint-Pétersbourg.*

Mais Joseph de Maistre, bien que fidèle serviteur de son roi, n'est nullement gallophobe. Bien au contraire, le Savoyard tient la France pour la première nation du monde, la nation chef. La Révolution Française, cet événement universel sans commune mesure avec la Révolution insulaire des Anglais, la frappe d'autant plus fort qu'elle était appelée, choisie de Dieu, pour une mission plus grande. Fille aînée de l'Église, elle a trahi sa mère par des péchés publics. Entre les péchés publics et politiques de la France, de Maistre dénonce les ultramontains et les disciples des jésuites, le gallicanisme et le jansénisme. Le livre *Du Pape,* publié en 1819, son supplément sur l'*Église Gallicane,* sont déjà contenus en principe dans les *Considérations,* de même que le principal des *Soirées.* Cette fulguration d'idées qui fait un des grands charmes de la lecture de Joseph de Maistre, part de quelques principes simples, de la présence et de l'action de Dieu, et d'une théorie du démon, c'est-à-dire du mal, et singulièrement de l'orgueil, tel que l'incarne la philosophie.

Il faut se garder de considérer le comte savoyard comme un écrivain aussi excentrique à la France que l'était le duché alpin gouverné par Turin. Joseph de Maistre est le grand élève des Jésuites. Par lui, et par lui seul, la doctrine de ceux qui ont exercé une si grande influence sur la jeunesse française est entrée dans la grande littérature française, a pris une expression littéraire originale, authentique. Professée avec sa fantaisie et presque sa poésie personnelle, par un laïque qui n'engageait que lui, sa pointe de paradoxe permet — tour d'ailleurs toujours excellent en sociétés — de désavouer le caustique gentilhomme comme un extrême et un ultra. Toutes proportions gardées, de Maistre serait presque à la compagnie militante de Jésus ce que Pascal (qui n'est pas de Port-Royal) est à Port-Royal. Les laïques sans mandat, intermédiaires libres, délégués à la littérature, dans les rapports entre l'Église et le grand public, font fonction non de polémistes (les clercs font eux-mêmes leur polémique, Arnauld, Daniel ou Barruel) mais de journalistes des grands partis religieux. Les qualités de Joseph de Maistre sont précisément celles d'un grand journaliste ; la clarté, la verve, les idées les plus communes exprimées dans les formes du paradoxe, l'interpellation, la raillerie, le mouvement, l'action, et une bonhomie qui appelle la confiance. Aucune des réponses pertinentes qui au XVIIe siècle furent faites aux *Provinciales* ne réussit devant le public, non que Pascal eût raison, mais il était journaliste (il a inventé le journalisme plus sûrement que la brouette) et ses adversaires ne l'étaient pas. Et lisez le pamphlet de Maistre sur le Jansénisme. C'est injuste, volontiers absurde, riche d'ignorance, mais quel élan, quel esprit, quels mots à l'emporte-pièce, qui vont chercher l'humain, le ridicule, sous le convenu et l'hagiographie ! Quel jeu de massacre allant et gaillard ! C'est en reprenant la tradition, et dans une certaine mesure la manière et le style de Joseph de Maistre, que Veuillot créera le grand journalisme catholique.

Le journalisme sans journal qu'a pratiqué de Maistre est un journalisme offensif, avec un élan, une force, une efficace, un panache même de saine folie, qui s'opposent au journalisme des sages, au journalisme défensif des *Actes des Apôtres* de Rivarol, à celui de Peltier, — ou du Genevois Mallet du Pan. Son intransigeance, son intégralisme, font sa force, au moins littéraire. Rivarol et Mallet sont des libéraux : au XIXe siècle ils eussent écrit aux *Débats*. De Maistre, lui est de taille à assumer fièrement pour son compte la flétrissure que Mirabeau infligeait au duc de Savoie son maître : « mauvais voisin de toute liberté. » Liberté d'examen à Genève, liberté de l'Église gallicane en Bugey ou en Dauphiné, liberté de la République Française, liberté des philosophes, et même, dans le passé, Athènes comme civilisation de liberté, il a épuisé son encre à batailler contre tout cela. Il a créé, pour le XIXe siècle, le style du combat contre la liberté.

Il reste un des prosateurs de son temps qu'on relit avec le plus d'intérêt et même d'amusement. Il n'est jamais ennuyeux. Mais il manque de sécurité. Il vit sur une instruction solide, sur d'abondantes lectures anciennes qu'il renouvelle peu. Ses erreurs de fait sont nombreuses, et d'ailleurs le sentiment de la vérité scientifique manque complètement à ce pur humaniste et à ce disciple de Saint-Martin qui ne croit qu'aux vérités de sentiments. Déduire, inventer, tirer ses feux d'artifices, tout ce métier d'écrire qu'il a découvert à quarante ans, l'amuse. Mais le prend-il toujours au sérieux ? Élevé par les Jésuites italiens, ne donne-t-il pas carrière en lui au virtuose ou au ténor de la théocratie ? Le sérieux vrai de sa vie c'était pour lui le devoir, la conscience, le service de son roi, les soins et les affections de sa famille, lesquels, heureusement, marquent leur présence dans son œuvre par une abondante correspondance politique et domestique, intelligente, nuancée, spirituelle, qui ne contredit pas son œuvre dogmatique, mais la met au point en la classant (et peut-être aussi en la déclassant) parmi les valeurs de la vie.

Sans cette *Correspondance* manquerait dans la littérature française le témoin d'un genre de vie qui eût mérité d'en laisser d'autres : un gentilhomme de situation à la fois locale et européenne, dont rien cependant ne passe par Paris. De Maistre ne connut Paris que par un séjour de quelques semaines en 1817, à son retour de Russie (il avait soixante-cinq ans) et il y fit figure d'oncle de province. Il a pensé non seulement hors de Paris, mais contre Paris. Ainsi par lui, par ses ennemis calvinistes de Genève et de Vaud, existe, dans la première moitié du XIXe siècle un précieux coin autonome et anti-parisien de littérature française.

XI

NAISSANCE DE LA CRITIQUE LITTÉRAIRE

XIXe siècle et Critique. Le XIXe siècle restera peut-être dans l'histoire le grand siècle, le siècle unique, de la critique littéraire. Au XVIIIe siècle elle se réduisait, même chez Voltaire, à une poussière de sentiments, de goûts, de discussions, de formules, qui firent briller plus d'intelligence qu'ils ne laissèrent d'œuvres originales et durables. Quant au XXe il est loin d'avoir encore remplacé suffisamment les grands critiques morts dans ses premières années.

Le XIXe siècle doit en partie cet avantage à la formation d'une classe bourgeoise, d'une société nouvelle, où se multiplient l'aisance et les loisirs favorables à la lecture et aux exercices de l'esprit, — à la révolution de la presse, à la création d'une presse littéraire, journaux et revues (ainsi l'histoire de la critique dramatique a tourné pendant près d'un siècle autour du feuilleton des *Débats,* et, du *Globe* de 1824 au *Temps* de 1868, en passant par les deux *Revues* de 1830, et la carrière critique de Sainte-Beuve a été commandée par une vie de journaliste), — aux habitudes de la nouvelle Université, de la Faculté des Lettres, de l'École Normale, par qui se crée une critique de la chaire, rivale pas toujours cordiale de la critique des journaux, — aux oppositions d'idées et de formes littéraires contraires, classiques et romantiques, idéalistes et réalistes, dont les drapeaux sont tenus et les batailles livrées par la critique, — au phénomène, presque nouveau, des goûts littéraires renouvelés par la mode des générations littéraires hostiles qui opposent, tous les trente ou quarante ans, comme en musique, le goût des pères et le goût des fils, et qui, en s'éprouvant comme un sentiment, s'efforcent de s'expliquer par des raisons.

Qu'on y ajoute, pour les premières années du XIXe siècle, les années de Napoléon, ceci que, pour les journaux, la critique littéraire est à peu près le seul genre de critique, la seule matière à réflexions dogmatiques, qui puisse être pratiquée librement. Le théâtre n'est pas libre, mais la critique technique du théâtre reste libre. Et tandis que le théâtre de ce temps rampe au-dessous de rien, voici, qu'avec Geoffroy se fonde la critique dramatique, dont il eut jusqu'en 1814 l'hégémonie.

Geoffroy. Geoffroy, né en 1743, avait été Jésuite. Après la suppression des Jésuites, il avait professé la rhétorique dans les collèges de l'Université jusqu'à la Révolution. Avec cela journaliste anti-voltairien à l'*Année Littéraire* de Fréron, puis anti-révolutionnaire à l'*Ami du Roi.* Il avait pu se cacher pendant la Révolution. Très instruit, courageux, batailleur, à la fois pédant et mordant, c'est peut-être le premier représentant de la critique de professeur. Au 18 brumaire il ne rentre pas dans l'enseignement, et à soixante ans débute comme critique dramatique aux *Débats.* Les articles qu'il y écrivit pendant quatorze ans sont réunis dans le *Cours de Littérature dramatique.* La Harpe, alors, bien que converti et ennemi des philosophes, faisait des tragédies de Voltaire le sommet du théâtre français, les mettait bien au-dessus de celles de Corneille, et ses jugements sur l'art dramatique, popularisés par le *Lycée,* devenaient dangereux pour le goût public. Geoffroy le premier ramena à sa juste valeur le mérite de *Zaïre* et de *Tancrède.* Le disciple de Fréron l'emporta ici rapidement et justement sur le disciple de Voltaire. Que maintenant il ait écrit sur Shakespeare autant d'absurdités que La Harpe, c'était l'esprit du XVIIIe siècle qui voulait cela. Mais il avait le sens du XVIIe siècle, celui de la littérature classique, celui du théâtre, celui de la franchise, même celui du style. Il ne fut guère remplacé, de 1814 à 1830, par le faible Duviquet, ni, de 1830 à 1874, par Jules Janin, car le succès de Janin, qui valut à celui-ci le nom de prince des critiques, ce principat de quarante-quatre ans aux *Débats,* dû à un humour bavard et brillant qui dissimulait le néant, devait corrompre la critique dramatique pendant un demi-siècle. Elle est à la fois la plus difficile et la plus facile des critiques. Sur le registre de sa facilité, il appartient à tout le monde d'en faire. Sur le registre de sa difficulté, de sa nature vraie, Geoffroy n'a guère eu d'autre successeur, qu'un autre professeur, Sarcey.

La Harpe. Geoffroy régentait au théâtre comme au collège. S'il est un professeur devenu critique, La Harpe est un critique, un journaliste, un polygraphe devenu professeur, et grand professeur.

Hôte de Ferney, admirateur du maître, Voltaire l'avait désigné pour son disciple, avait donné l'investiture à ses jugements. Mais, auteur dramatique sifflé, rédacteur du *Mercure,* la prestance et l'autorité avaient fait défaut à ce nain très instruit, intelligent, jaloux, pugnace, péremptoire et coléreux, dont la figure, selon Piron, appelait les soufflets, et qui, disait un de ses confrères, arrivait toujours à l'Académie l'oreille déchirée. Cependant, en 1786, au coin de la rue Saint-Honoré et de la rue de Valois, avait été fondé le premier institut de conférences mondaines. Elles eurent bientôt autant de succès chez les dames que les prédicateurs de Louis XIV en avaient eu chez leurs grands-mères. La Harpe y commença un cours général de littérature grecque, latine et surtout française qui dura, (avec une interruption de trois ans à la fin de la Révolution) de 1786 à 1798. En ces neuf ans, La Harpe a fondé l'histoire de la littérature française, telle qu'elle allait être pratiquée pendant tout le XIXe siècle.

Pour la première fois elle fut l'objet d'un récit suivi et vivant, où les œuvres viennent s'encadrer, où elles sont analysées, jugées, moins d'après un code de règles préexistantes que d'après l'expérience littéraire des honnêtes gens. Comme, dans une telle histoire, il s'agit surtout d'œuvres qui sont restées, la critique des beautés (pour employer une expression de Chateaubriand qui appliquera ce principe dans le *Génie*) tient plus de place que la critique des défauts. Othenin d'Haussonville a appelé Sainte-Beuve notre Thomas d'Aquin. Mais vraiment c'est le *Lycée* qui, pendant un demi-siècle et plus, a fait figure de *Somme* de la littérature française.

Somme à laquelle on ne ménagera pas les soustractions. L'introduction gréco-latine ne compte pas, le moyen âge est présenté ridiculement; La Harpe n'a rien lu du XVIe, ce qui ne l'empêche pas d'en dire ce qu'il peut : des sottises. Corneille est pour lui le grand poète archaïque, plein de fautes, du *Commentaire* de Voltaire : « Vieux monuments, sublimes dans quelques parties et insignifiants dans l'ensemble, qui appartiennent à la naissance des arts » (il s'agit *d'Horace* et de *Cinna* !) Racine est présenté et éclairé judicieusement. Quant aux tragédies de Voltaire, auxquelles La Harpe ne consacre pas moins de deux volumes, elles sont l'œuvre du « plus grand tragique du monde entier ! ». Complète ignorance du XVIIe siècle en tant que siècle religieux. Le tableau du XVIIIe siècle, qui comprend plus de la moitié de l'ouvrage est vivant, parce que les contemporains sont expliqués par leur contemporain, avec l'optique et les partis pris d'usage, et qu'il nous donne, par sa masse désuète, un avant-goût de ce que seront pour la postérité nos histoires de la littérature française sous la Troisième République.

Mais dans ce curieux XVIIIe siècle de La Harpe, il y a autre chose. La Harpe, enfant chéri, journaliste et délégué des philosophes, de qui Voltaire écrivait à Marmontel : « Il sera l'un des piliers de notre Église », a trouvé pendant la Révolution un chemin de Damas. Il y venait de loin. En 1792 et 1793, il avait rédigé un *Mercure* jacobin, et le 3 décembre 1792 avait fait son cours en bonnet rouge. Cette mascarade ne l'empêcha pas plus que les autres de faire connaissance avec la prison de Luxembourg, observatoire d'où les Jacobins et leurs pères lui parurent des monstres, et où une lecture de l'*Imitation* le convertit, très sincèrement croit-on. Reprenant sa chaire après le 18 brumaire, il en fit alors une place d'armes contre la philosophie du XVIIIe siècle, couvrit d'injures Diderot, Rousseau, Helvétius, et revit tout son cours pour le publier dans un esprit nouveau, en 1799, trois ans avant le *Génie du Christianisme,* sur lequel l'influence du *Lycée* et de l'attitude de La Harpe est certaine. Presque toute la critique de la chaire, au XIXe siècle, critique de droite par position, sera du XVIIe contre le XVIIIe, leur opposition jouant en littérature aussi profondément que l'opposition droite et gauche en politique. Cela descendra de la conversion de La Harpe, et se terminera, chose curieuse, par une autre conversion, celle de Brunetière.

Critique de la chaire, disons-nous. Elle est fondée avant Geoffroy par le conférencier du *Lycée.* Les fils et les filles de ses auditrices se presseront trente ans après aux cours de Cousin, de Villemain, de Guizot, qui réussiront par les mêmes qualités d'orateur que La Harpe. Car ce petit homme, que l'épigramme de Le Brun nous peint trottant burlesquement au bas du Pinde, dès qu'il était en chaire donnait ses leçons et lisait ses citations en acteur, évoquait le débit de Lekain et de Clairon, imposait la littérature à ses auditeurs, comme une puissance physique. Le fanatisme anti-révolutionnaire et anti-philosophique nourrit encore cette éloquence. La critique est ici à la source d'un fleuve oratoire qui se terminera en Brunetière.

La lecture suivie du *Lycée* est aujourd'hui impossible. Mais il a sa place — avec les jolies reliures dont on s'habillait au début du XIXe siècle — sur un rayon de bibliothèque d'où l'on en tire parfois un volume : un des premiers volumes pour s'amuser, et pour dire avec Flaubert : « Était-ce couenne, l'antiquité de ces gens-là ! », — ou un volume sur Racine ou même sur Voltaire, qui nous aide à comprendre excellemment et minutieusement ce qu'était la tragédie, un peu pour ceux qui l'avaient créée, mais surtout pour ceux qui en fabriquaient, et pour le public qui en écoutait inlassablement ; — ou un des volumes sur le XVIIIe siècle, de préférence sur les petits auteurs, qui nous évoquent avec précision, comme Bachaumont ou Grimm, les lois, les idées, les mœurs littéraires d'un temps que nous ne voyons plus que par masses lointaines et à travers une durée interposée.

Les vrais Créateurs. Les autres critiques du Consulat et de l'Empire, dont l'un au moins, Hoffmann, est très estimable, doivent être négligés ici. Mais il faut rappeler que les deux livres capitaux qui inaugurent le siècle, en 1800 la *Littérature* de Mme de Staël, en 1802, le *Génie du Christianisme,* renouvellent non le métier vulgaire de la critique, comme Geoffroy, mais ses idées générales, ses tables de valeurs, de comparaisons. Ils lui ajoutent une dimension de plus. Ils condensent avec génie ce qui est diffus et incertain dans l'opinion et les conversations. Ils ramènent dans leurs filets tout un capital d'idées européennes et historiques qui sont entièrement étrangères à Geoffroy et à La Harpe. Mme de Staël dans la critique d'idées, Chateaubriand dans la critique de goût, ce sont les deux livres créateurs avec cette « partie divine » de la critique, qui manque totalement aux deux autres.

XII

COURIER ET BÉRANGER

Les écrivains de gauche. En dix ans, de 1772 à 1783, naissent Courier, Béranger et Stendhal. C'est à eux, à leur œuvre, à leur fortune littéraire qu'il faudrait penser quand on recherche les racines de ce mot de Barrés : « La France est radicale. » Un homme politique radical a lancé, en 1924, le mot de Français moyen. Avec eux une vieille vigne française donne à la fin du XVIIIe siècle le fruit que la révolution va mûrir, un type « Français moyen » du XIXe siècle, qui a pour adversaires le roi, les prêtres et les nobles, qui enregistre et assimile la Révolution, qui se taille son indépendance dans un morceau de bien national, que les régimes politiques devront connaître, tourner, utiliser, servir, qui arrivera au pouvoir avec la troisième République.

Il y a une grande littérature de la Contre-Révolution. Il y a une misérable littérature de la Révolution officielle et déclamatoire. Mais il y a par Courier, Béranger, Stendhal, une littérature vraie de la Révolution réelle. Entendons le mot au sens juridique : de la révolution dans les choses, dans les biens, de la révolution en profondeur, de la Révolution apprise et vécue à vingt ans par le jeune Courier dans les libres propos de militaires, par le petit Béranger dans la campagne picarde ou la rue Montorgueil, par Henri Beyle enfant de gauche, dans sa bataille quotidienne de la rue des Vieux-Jésuites contre ceux qu'il appelle ses ennemis naturels : ses parents et ses maîtres. En 1816 Molé, essayant de proposer une liste commune libérale, en Seine-et-Oise, aux gros cultivateurs qui ont acheté des biens nationaux et qui sont électeurs, en reçoit cette réponse obstinée :

« Vous êtes noble, et nous ne le sommes pas. Nous avons des biens nationaux, et vous n'en avez pas. » Et il écrit : « Voilà toute la France, elle se trouve tout entière dans ces paroles de mes laboureurs. » Évidemment Courier est un héritier d'avant la Révolution, Béranger un citadin de Paris, et Beyle n'eut jamais à lui une motte de terre. Mais ils expliquent et accompagnent cette France, découverte aux élections de 1816 par le regard clairvoyant et distant du descendant de Mathieu Molé.

Courier l'Helléniste. Qualifié un jour par Renouard d'éminent helléniste, Courier lui répondit : « Si j'entends bien ce mot, qui, je vous l'avoue, m'est nouveau, vous dites un *helléniste* comme on dit un *dentiste,* un *droguiste,* un *ébéniste,* et suivant cette analogie, un *helléniste* serait un homme qui étale du grec, qui en vit, qui en vend au public, aux libraires, au gouvernement. Il y a loin de là à ce que je fais. Vous n'ignorez pas, Monsieur, que je m'occupe de ces études uniquement par goût, ou, pour mieux dire, par boutades, et quand je n'ai point d'autre fantaisie, que je n'y attache nulle importance et n'en tire nul profit, que jamais on n'a vu mon nom en tête d'aucun livre. »

Ce grand bourgeois sera toujours un M. Jourdain de l'indépendance. Disons donc qu'il se connaît fort bien en grec, car il n'en donne pas pour de l'argent, et qu'il n'y a que les mauvaises langues qui l'appellent helléniste.

Soyons cependant de ces langues. Et cet écrivain, qui s'est voulu attique, appelons-le un atticiste. L'atticiste c'est l'attique, plus l'huile de sa lampe. Paul-Louis a contribué à fonder cet hellénisme du style savant, cette bonhomie artificielle pour laquelle il ne faut pas être sévère, d'abord parce qu'on pourrait en dire, comme Courier le dit de Chateaubriand, qu'elle porte son masque à la main, et ne nous trompe plus, — ensuite parce que, bien que de gauche, elle appartient précisément à la même veine que l'hellénisme de droite de Chateaubriand, du *Génie* et des *Martyrs* ; et puis parce que, descendant eux-mêmes, tous deux, du *Télémaque* et de l'abbé Barthélémy, ils aboutissent à Anatole France, la Chavonnière et la Béchellerie de ces deux Parisiens se répondant trait pour trait dans les paysages littéraires, politiques et tourangeaux, — enfin et surtout parce que cet atticiste se lit toujours, que s'il nous amuse trop volontairement de ses victimes réactionnaires il nous amuse très involontairement de lui-même, que l'intérêt de l'homme atteint et dépasse l'intérêt du style, que son œuvre a un contenu, qu'elle apporte autant de lumière sur les idées politiques de la France, sur la vie politique de la France (choisissons un terme de comparaison qui eût plu à Courier) que les poésies de Théognis sur la vie intérieure des cités grecques de son temps.

Les deux Courier. Pour qui regarde l'œuvre, il y a deux Courier. D'abord celui de la Révolution et de l'Empire, l'officier helléniste, le canonnier à cheval dont la vie militaire consista surtout à traduire le *Commandant de Cavalerie* de Xénophon, le bourgeois sensuel, le paillard à la hussarde qui eut la bonne fortune d'éditer et de traduire *Daphnis et Chloé* en revisant et en complétant Amyot. — Ensuite le Courier de la Restauration, le propriétaire jaloux de son droit, en embuscade contre le noble et le curé, le maître des redoutables brûlots, que la cour d'assises n'éteignait pas, au contraire.

Le premier nous est connu par ses *Mémoires,* c'est-à-dire par un livre que vous chercherez vainement dans sa bibliographie, vu qu'il les a écrits, comme Pline le Jeune, sous forme de lettres, ces lettres publiées en 1829, soit dix à vingt ans après qu'elles sont censées avoir été écrites, et qui ont été tantôt refaites, tantôt fabriquées entièrement. Il y a une différence complète entre les vraies lettres de Courier, les lettres de cabinets d'autographes, généralement assez sèches, et ces lettres artificielles et artificieuses, où il pastiche Mme de Sévigné, morceaux d'anthologie, évidemment, mais faits pour en être, et qui sentent justement l'huile de ce mot grec : anthologie... Le second Courier est celui des *Pamphlets.* Mais lettres et pamphlets sont du même style, ce style est celui du même homme.

Le Grognard. Un homme qui aime le grec et le style, mais qui a des histoires avec tout le monde, nourrit des rancunes solides contre tous les régimes, et décharge contre le premier régime qui lui permet plus ou moins de les écrire celles qu'il a accumulées sous les régimes où il ne pouvait rien dire. Le canonnier à cheval Courier est un grognard. Napoléon a fait, avec un astucieux génie, de ce mot, le synonyme de soldat ou de brave. Et la postérité n'a que peu ou point su que le grognard grognait réellement, et que grogner cela consistait à n'être pas content, quand on n'avait d'ailleurs aucune raison de l'être. Le soldat de l'Empire n'a pas eu la parole officielle, ou ne l'a eue qu'à condition de conniver au décor et au convenu. On a cru que grogner c'était poser pour le bon grognard de Béranger, de Thiers, du bourgeois qui mettait des pantoufles tricolores pour lire *Victoire et Conquête des Français ;* mais grogner c'était parler, c'était dire fortement, simplement, précisément, son mécontentement, et que les bulletins de la grande armée étaient les bulletins du grand mensonge, et que Plutarque mentait.

Cette parole, sous l'Empire, n'avait pas d'expression écrite, et se dissipait avec la fumée des bivouacs. La littérature vivait sous le régime du dessus de pendule. L'Empire est l'âge d'or de ce genre horloger. Même le mot-clef du grognement militaire, ou l'a monté après Waterloo en dessus de pendule ; il passa sublime.

Or la carrière militaire de Courier est celle d'un grognard clairvoyant et débrouillard. Il grogne littérairement dans ses lettres. Son expérience d'officier, il la résume ainsi dans une lettre à Silvestre de Sacy : « J'ai enfin quitté mon vilain métier, un peu tard, c'est mon regret. Je n'y ai pourtant pas perdu tout mon temps. J'ai vu des choses dont les livres parlent à tort et à travers. Plutarque à présent me fait crever de rire : je ne crois plus aux grands hommes. »

À plus forte raison ne croira-t-il ni à l'auguste maison des Bourbons, ni aux curés, ni aux ministres, ni à M. le Maire. Il est douteux que la Restauration fournisse aux Français autant de motifs de grogner que le Moloch impérial, mais elle leur apporte le droit de grogner. Courier en use et comme d'un besoin permanent de l'être, et comme d'un droit (son droit) nouveau de l'homme, et comme d'un penchant naturel du Français, et comme d'une défense éternelle du propriétaire, et comme d'un privilège de celui qui a appris des Grecs à écrire, et comme d'un plaisir délicat d'humaniste érudit.

L'Héritier. Chez l'auteur des *Pamphlets,* le Français, le propriétaire et l'humaniste collaborent en un style unique. C'est un style d'héritier. Héritier jaloux d'une belle fortune, Courier est l'héritier non moins jaloux d'un patrimoine littéraire, où il occupe deux domaines, les oliviers d'Attique et les jardins de Touraine ; plus précisément, il entend continuer, représenter la double tradition de Xénophon et de Lysias, du Pascal des *Petites Lettres* et de Mme de Sévigné. Il ne produit pas, mais il hérite : c'est un Grimod de la Reynière ou un Brillat-Savarin du style. Il ne cherche pas dans l'héritage littéraire le grand, le poétique, l'universel, comme cet autre maître du style héritier, M. de Chateaubriand, mais le rare et l'exquis. Styliste, il se comporte en jardinier et en vigneron français.

Le style d'héritier il l'applique à la défense de son héritage, je veux dire de l'héritage de sa classe, bourgeoisie moyenne. Propriétaire moyen, il se retourne dans son lit pour haïr sur l'un de ses flancs le grand propriétaire noble, sur l'autre flanc le braconnier. Vis-à-vis de ses voisins et de ses domestiques, Courier se comporte en mauvais « gros » (et cela c'est sa vie privée, qui ne laisse pas de trace dans sa littérature). Mais vis-à-vis des « gros » officiels, cet électeur censitaire prend le masque du vigneron de la Chavonnière, c'est-à-dire d'un faux « petit », et même du vigneron de la vigne de Naboth. Sa littérature politique, bien plus que celle de Chateaubriand, s'avance sous un masque. *Larvatas prodeo.*

Le Bouilleur de Cru. L'auteur du *Pamphlet des Pamphlets* se réclame des *Provinciales,* et son dialogue avec M. Arthur Bertrand imite même assez laborieusement celui de Pascal avec le bon Père. Il y a cependant une différence, autre que celle de l'originalité ; c'est que les *Provinciales* traitent d'immenses intérêts spirituels, tandis que les *Pamphlets* ne traitent même pas d'intérêts politiques moyens, de ceux-là dont s'occupaient à la Chambre Royer-Collard ou dans la presse Constant. Courier a le secret de prendre toutes les questions par leur bout le plus exigu : c'est bien la France vue de Véretz, les affaires de Courier avec le maire et le curé, les villageois qui dansent ou ne dansent pas. Et Flaubert n'aurait même pas osé mettre dans la bouche d'Homais les propos sous-pharmaceutiques et sous-vétérinaires du discours de Chambord sur les lubricités royales et les méfaits de la bande noire. Courier a mérité son monument sur la place de Véretz, le plus près possible du café du Commerce.

Mais par un autre biais ce localisme tourangeau fait vivre pour nous une cellule politique française. Ce qui se passe et ce qu'on pense à Véretz ressemble à ce qui se passe et se fait dans des milliers de communes de France. Vigneron de la Chavonnière, ce titre est un présage ! La vigne deviendra radicale, et elle fait à Véretz du radicalisme en puissance. Les *Pamphlets* exposent moins des raisons politiques qu'ils ne traduisent les états de sensibilité qui empêchent la majorité de la bourgeoisie d'avoir un langage commun avec les Bourbons et avec l'ordre qu'ils représentent. Courier admirait le duc d'Orléans, un prince qui faisait élever ses fils au collège, il le souhaitait sur le trône, et sans doute la royauté de juillet l'eût comblé. Mais le couriérisme dépasse Courier, le couriérisme n'est pas orléaniste, le couriérisme c'est la troisième République, au moins celle d'hier, anticléricale, radicale.

Il ne s'agit pas d'un radicalisme du gouvernement, mais du radicalisme de l'individu, du contrôleur en défiance contre l'autorité, du citoyen contre les pouvoirs. « Dans un État bien fait, la nation, dit Courier, ferait marcher le gouvernement comme un cocher qu'on paie, et qui doit nous mener non où il veut, comme il veut, mais où nous prétendons aller et par le chemin qui nous convient. » L'helléniste Courier précède ici le professeur Alain ; les *Pamphlets,* ainsi que plus tard les *Éléments d'une Doctrine radicale,* peuvent être traités comme des classiques républicains, leurs auteurs comme des républicains classiques. Avec cette différence que la philosophie politique de Courier est une philosophie de propriétaire plutôt que de militant (un braconnier électeur eût été aussi insupportable à ce censitaire que le roi de droit divin), de solitaire plutôt que de solidaire. Procéder de Courier intégralement c'est en procéder électoralement, selon la formule de 1902, être contre le gouvernement des curés et pour le privilège des bouilleurs de cru.

Aussi lira-t-on de préférence Paul-Louis en période électorale, où il trouve mille échos. Cependant il est bon en toute saison. Il tient en deux volumes, s'étant donné beaucoup de mal pour ne guère écrire que de l'exquis. Des traductions de Xénophon et d'Hérodote se marient à ses morceaux courts, comme des marbres grecs rapportés d'Italie dans une maison blanche de Touraine. Le parfait pamphlet, ce genre passager, ne se trouve que là, comme les vraies rillettes à

Vouvray même. Après 1830, la presse le tue. On est journaliste, on n'est plus pamphlétaire. Un hobereau, M. de Cormenin, un rural, Claude Tillier, s'y essaieront sans fruit durable. Courier n'eût d'ailleurs jamais consenti aux cadres, à la discipline, à la périodicité d'un journal ; seul convient au grognard, au solitaire, à l'homme qui vit contre, ce pamphlet, qu'il écrit quand cela lui chante, cette brochure où il est chez lui, ce verre qui n'est pas grand, mais où il boit le vin de sa vigne et le cru qu'il a bouilli.

Béranger. Le Primaire. Le poète-citoyen fut élevé dans les écoles de la Révolution, plus précisément dans l'*École Primaire* (le nom date de l'époque) fondée à Péronne, selon les maximes de Rousseau, par un instituteur qui fut député à la Législative. Les enfants portaient un uniforme, fêtaient les victoires, faisaient des discours, écrivaient aux représentants, formaient en somme un club de jacobinets, dont le petit Béranger était l'orateur. Les études devenaient ce qu'elles pouvaient. Mais l'important est que Béranger, et comme esprit et comme tendances, et surtout comme poésie, peut passer pour le premier primaire officiel de notre littérature, en employant ce mot sans le moindre sens malveillant.

À un mélange de rationalisme court, de politique simple, de bon sens vulgaire, de littérature prédicatrice et prosaïque, Béranger donna exactement et heureusement le cadre qui lui convenait, la chanson de société.

Le Chansonnier bourgeois. La gloire de Béranger s'explique en partie par le bonheur, la réussite avec lesquels il devint le chef de file d'une classe, la petite bourgeoisie voltairienne, frondeuse, cocardière, égrillarde, qui forme, à partir de 1814, une part notable de l'opinion parisienne. Littérairement, le bourgeois de 1830 est un homme qui est abonné au *Constitutionnel,* achète le Voltaire du libraire Touquet, chante Béranger au dessert et verse un demi-louis à la souscription nationale, qui paie en 1828 l'amende de dix mille francs à laquelle est condamné le chansonnier également national.

Le genre de la chanson de table et de société, de la romance sentimentale, était florissant dans cette bourgeoisie depuis le XVIIIe siècle où Collé, Panard, la société du Caveau lui avaient dû une joyeuse célébrité. Mais la chanson du XVIIIe siècle est à celle de Béranger ce que les gazettes à la main des nouvellistes sont à la presse d'après 1815.

La chanson de Béranger est portée par le même courant que la presse. Elle est, comme la presse, un produit de la Charte de 1814, ainsi que la caricature sortira de la Charte de 1830. La chanson est du journalisme poétique, alors infiniment plus efficace et plus diffusé que l'autre, et qui, sur les ailes des refrains, circule partout. Journalisme politique et religieux, ou plutôt anti-religieux. Aucune production de l'esprit n'a plus contribué que la chanson de Béranger à ruiner le gouvernement des Bourbons. Très peu ont plus efficacement servi à entretenir la légende napoléonienne, l'image d'Épinal de la Grande-Armée.

Le Retraité. L'œuvre de Béranger est à peu près terminée en 1830. Il comprit que sa popularité, à laquelle il tenait si fort, exigeait son silence. En s'obstinant à produire, il fût devenu, sous la grande vague qui battait et ridiculisait la bourgeoisie, un poète démodé. Il fut simplement un poète retraité, et le retraité est, comme le bouilleur de cru, un personnage éminemment français. On admira le glorieux survivant; il passa dix-huit ans dans une gloire confortable, paisible, que ne discutaient pas les romantiques les plus hirsutes, faisant avec ses amis Chateaubriand et Lamennais (plus ou moins retraités, eux aussi), une belle trinité de vieux lutteurs et s'acheminant en douceur vers une apothéose : car les funérailles nationales de Béranger en 1857 tinrent dans les fastes du Second Empire la place du Retour des Cendres dans ceux du règne précédent, et de l'enterrement de Victor Hugo dans ceux du régime qui suivit.

Il a disparu de la littérature vivante autant que Jean-Baptiste Rousseau. L'article terrible que Renan lui consacra après sa mort est devenu un lieu commun de l'opinion. En cessant de le chanter, on a cessé de le lire, si tant est qu'on l'ait jamais lu autrement que comme un souvenir ou une promesse du chant, du refrain repris autour de l'oie aux marrons de M. Poirier. La platitude de la langue, la platitude du vers, la platitude des sentiments s'étalent de pair dans cette chanson aujourd'hui désaffectée; 1857, l'année de ses obsèques nationales, est celle de *Madame Bovary,* celle où Homais vient de recevoir la Légion d'Honneur. Et dans le paysage des idées et des noms, Homais et Béranger se confondent. On ne le lit et on ne le lira plus. Mais, de même que la chanson de Béranger était soutenue, créée même, par sa musique et son refrain, de même elle se maintient encore par un secours étranger : illustré par Johannot et par Henry Monnier, son recueil se feuillette comme une évocation de musée, un album de 1830; ce monde bourgeois prend dimension et vie. Ni le théâtre de Scribe, ni le roman de Paul de Kock ne sont classés monuments historiques. La chanson de Béranger, elle, est classée. Elle se visite, si elle ne se lit ni ne s'habite plus. Elle est la colonne de juillet de la poésie française : une suite de tableautins sentimentaux, libertins, patriotiques, anticléricaux, le long desquels montent, l'un pinçant l'autre, le calicot et la grisette, vers un génie prétentieux qui est lui-même sujet de chanson, vers une plate-forme d'où s'étale à la vue tout un quartier d'histoire populaire, celui de juillet 1789 et de juillet 1830.

XIII

LES ÉCONOMISTES : SAINT-SIMON ET FOURIER

La quasi-littérature. La vraie génération de 1789 se tient en marge de la littérature. Elle semble déléguée à la plus puissante explosion de vie qu'il y ait eu dans la suite des générations françaises. Génération de Napoléon, de même qu'il y a un Siècle de Louis XIV. Mais elle n'a pas reçu sa forme littéraire. Quand elle a un style, c'est qu'elle l'a demandé au passé avec Chénier et Chateaubriand, et une Genevoise sans style peut prendre la tête de la littérature de son temps. Le génie habite alors un monde de quasi-littérature, au sens du quasi-contrat des légistes. Les autres générations françaises sont des générations de littérature au comptant. Celle-ci est une génération de littérature à terme. Le terme vient à la génération suivante, celle du romantisme, et la signature est alors magnifiquement honorée, capital et intérêts.

Nous aurions hésité, en un autre endroit, devant ces métaphores de matérialisme financier. Mais il s'agit ici de ces deux contemporains de Napoléon, de Chateaubriand et de Mme de Staël, qui sont Saint-Simon, né en 1760 et Fourier né en 1772 soit, en 1789, l'un moins de trente ans, l'autre moins de vingt ans. Ce n'est pas surtout comme chef d'école, ou même de religion, à cause des termes de saint-simoniens et de fouriéristes légués à la langue française, qu'ils nous importent ici, mais d'abord comme sources d'idées révolutionnaires, prises dans l'élan et incorporées à l'être de la Révolution.

Henri de Saint-Simon. On sait que les Saint-Simon prétendaient descendre de Charlemagne. « Pendant une nuit de ma détention au Luxembourg (1793) raconte Saint-Simon, Charlemagne m'est apparu et m'a dit : Depuis que le monde existe, aucune famille n'a joui de l'honneur de produire un héros et un philosophe de première ligne. Cet honneur était réservé à ma maison, mon fils : tes succès comme philosophe égaleront ceux que j'ai obtenus comme militaire et comme politique. » « Charlemagne, notre auguste prédécesseur... », écrira Napoléon au pape. Retenons que cette génération est impériale. Mais de ces deux carolingismes, il y en a un qui a échoué, celui de Napoléon, et un qui a réussi, celui de Saint-Simon.

À vrai dire, ce n'est pas le philosophe Saint-Simon qui a obtenu le succès de Charlemagne, c'est sa philosophie, le saint-simonisme, celle dont son disciple Enfantin disait « Le monde se partagera nos dépouilles ».

Première idée saint-simonienne. Saint-Simon a été habité par deux idées. D'abord qu'avec sa génération ce n'était pas une révolution politique française qui avait commencé, mais une révolution économique et industrielle planétaire, soit l'exploitation de la planète par l'homme. Saint-Simon est le visionnaire et le prophète de ce qu'on appellera après Marx le capitalisme, et que les Saint-Simoniens appellent d'un terme plus exact l'industrialisme. De même qu'il n'y a pas d'industrie sans plan de l'industriel, de même il ne peut y avoir d'industrialisme sans planisme. Ce mot récent est celui qui convient le mieux à la doctrine de Saint-Simon, débauche de plans, mais de plans qui sont commandés par une vue géniale de la société et de la planète au XIXe siècle et qui, au contraire de ceux de notre temps, ne sont pas des plans d'économie dirigée.

Deuxième idée saint-simonienne. Non seulement des plans de ce qui est à faire, mais, au sens statique, un plan particulièrement nécessaire, un plan dont la société industrielle ne peut se passer, le plan spirituel. L'idée du nouveau pouvoir spirituel nécessaire à l'humanité dans la vie nouvelle où la Révolution la pousse, voilà la création propre de Saint-Simon, transmise par lui à Auguste Comte et Renan. L'idée du nouveau pouvoir, et naturellement la critique des anciens et des actuels pouvoirs, — de l'un qui est à remplacer avec reconnaissance pour les services rendus, celui de la religion accordé jusqu'ici sur un système périmé du monde, — de l'autre, qui est à détester et à supprimer sous toutes ses formes, celui que s'arrogent les légistes, bénéficiaires de la Révolution comme ils l'étaient de la monarchie, et contre lesquels le comte de Saint-Simon retrouve toutes les colères de son grand cousin le duc et pair. La maison de Saint-Simon peut passer pour un quartier général de l'anti-légisme. Industriels désintéressés du profit, ou savants, ou artistes, ou philosophes, Saint-Simon n'a jamais été fixé exactement au sujet des cadres du nouveau pouvoir spirituel. Il a eu l'idée du spirituel social plus que la vision précise des spirituels sociaux.

L'organe de Saint-Simon s'appelait le *Producteur* : il témoignait ainsi que la production matérielle ne pouvait se passer d'un gouvernement spirituel de la production. Pour mettre en contact ces deux mondes hostiles de la matière et de l'esprit, Saint-Simon a écrit une vingtaine d'ouvrages désordonnés, fumeux, tantôt en pleine folie, tantôt en plein génie, jamais malheureusement génie d'écrivain, sinon dans quelques pages comme la célèbre parabole, mais intéressants par le courant qui porte vers l'avenir le *Nouveau Christianisme* et surtout le mémoire de 1814 sur la *Réorganisation de la Société Européenne*. Les derniers discours de Saint-Simon sur son lit de mort, transmis par ses disciples y ajoutent une page sublime.

Les Saint-Simoniens. C'est par ces disciples plus que par son œuvre qu'il a vécu. L'*Exposition de la Doctrine* (1829-1831) est un travail collectif de Rozand, Enfantin, Olinde Rodrigues, Carnot. Elle a une valeur historique capitale, mais cette doctrine résolument collectiviste n'est plus celle de Saint-Simon lui-même. Et malheureusement, les Saint-Simoniens n'ont jamais pris contact avec les Lettres. Ils n'ont écrit que du fatras, dont on exceptera peut-être les *Lettres sur l'Amérique* de Michel Chevalier. Sainte-Beuve fut un sympathisant pendant quelques mois : il prétend s'être approché du lard, ne pas être entré dans la ratière. Faute peut-être d'avocats littéraires, la prophétie d'Isaac Péreire dans le *Globe* de 1831 : « Le nom de Saint-Simon retentira bientôt sur toute la surface de la terre », ne s'est pas réalisée. Mais la surface de la terre aujourd'hui ne s'explique pas sans une référence à un saint-simonisme latent. C'est dans l'industrie, dans les entreprises égyptiennes, (le canal de Suez est une idée saint-simonienne), dans l'économie politique, dans la banque que le saint-simonisme a porté ses fruits. Et l'on notera comme un fait qui importe aux lettres ceci : le saint-simonisne est le premier mouvement intellectuel auquel participent activement les Juifs autochtones, que la Révolution venait de faire entrer dans la communauté française. Les deux frères Rodrigues furent les disciples les plus dévoués de Saint-Simon. Également de son entourage vinrent les Péreire, qui restèrent toujours, qui sont encore, comme on dit, des personnalités saint-simoniennes. Le positivisme, qui n'est originellement qu'une dissidence, ou une sorte, de saint-simonisme, et qui en conserve l'essentiel, a gardé plus rigoureusement que lui le contact avec les formes pures de l'intelligence. Mais tout cela ne peut guère s'exprimer que sur le plan religieux et le plan économique, très peu sur le plan littéraire.

Fourier. Le plan littéraire est apparemment aussi étranger au génie de Fourier ; c'était un employé de commerce très instruit, et qui avait même la vocation de l'épicerie, commerce décrié par le romantisme bien à tort, car il exige (ou exigeait alors) des qualités de méthode, de classement, d'ingéniosité, de psychologie, qu'un Balzac savait apprécier. Héritier de quarante mille livres, Fourier allait devenir un grand épicier quand la Révolution le ruina, faillit le guillotiner et l'obligea (il avait vingt ans en 1792) à deux ans de service comme chasseur à cheval. Il avait toujours aimé écrire, et comme Joseph Prudhomme n'admirait rien tant que la lettre moulée. Le génie qu'il avait cultivé dans l'épicerie était celui de la psychologie du commerce ou de l'échange. Se voyant compter en 1798 quatorze sous dans un restaurant une pomme qu'on vendait deux liards dans la rue, il en tira une psychologie et une critique du mercantilisme telle, qu'il y eut (pour lui du moins) la pomme de Fourier comme il y avait eu la pomme de Newton. Chargé par son patron, à Marseille, en 1799, de détruire une cargaison de riz pour maintenir les prix en hausse, il se promet de découvrir une organisation capable de mettre fin à l'impératif catégorique du profit.

Cette organisation est exposée dans un certain nombre d'ouvrages qui se répètent sous des formes différentes, et dont le plus complet est la *Théorie de l'Unité Universelle,* déjà contenue dans un *Traité de l'Association domestique* de 1822 : tableau minutieux nous dirions aujourd'hui chronométré ou taylorisé, d'une société ou plutôt de petites sociétés, de cellules ou phalanstères, où chacun travaillerait dans la joie, selon ses aptitudes et ses passions. Toutes les passions selon Fourier, donnent un rendement social quand on sait les utiliser. Une partie de l'intérêt de ses livres vient de l'ingéniosité, de l'humour, de la cocasserie avec lesquels le subtil épicier met en scène (car il a un vrai sens de la marionnette et du théâtre) ce monde des passions humaines, idéalisé, pomponné, fleuri, comme dans le *Supplément au Voyage de Bougainville* ou dans les descriptions suisses de Rousseau, les vrais précurseurs de Fourier. L'expérience de Fourier est une expérience de Français égrillard, voluptueux, le futur buveur d'apéritifs du Café du Commerce, soudure du petit bourgeois et de l'utopiste le plus effréné qui fut jamais (qu'est le *Plein Ciel* de Victor Hugo à côté de la mer transformée en limonade par le miracle de l'attraction passionnelle, et de cette naissance spontanée du troisième œil derrière la tête, dont le caricaturiste Cham a fait la queue fouriériste avec un œil au bout ?), et soudure *réelle,* en accord avec tout un romantisme populaire français du XIXe siècle, lequel réunit Paul de Kock et Raspail. Si le saint-simonien est volontiers un grand Juif, mystique et banquier, le fouriériste est un Français moyen, ou plutôt « petit ». L'*Harmonie,* c'est le paradis sensuel du « petit », du Français jardinier ou pépiniériste : il ne faut pas oublier dans l'œuvre de Fourier cette extraordinaire *Hiérarchie du Cocuage* publiée longtemps après sa mort, où le régiment de la *Coupe enchantée,* du colonel au simple soldat, reçoit de la main du sergent-major un livret avec son titre, son emploi : toute l'expérience que peut avoir acquise au faubourg du Battant de Besançon (le pays de Fourier comme de cet autre petit bourgeois qu'est Proudhon) l'épicier du quartier qui donne bon poids, bon cœur, et crédit, contre déduit. Ce curieux communisme petit-bourgeois est le communisme d'un compatriote et d'un contemporain de Béranger. D'autre part Restif de la Bretonne a pu préparer un public populaire au style para-littéraire, aux néologismes, au bariolage d'illettré génial qui donne leur ton unique aux livres de Fourier. Quand Zola fait dans *Travail* une revue des grands utopistes, des constructeurs de l'avenir, c'est devant Fourier qu'il s'arrête avec le plus de sympathie, c'est en somme en faveur de Fourier que conclut le bourgeois naturaliste.

Say. La situation extra-littéraire, extra-rationnelle même, qu'occupent les génies de Saint-Simon et de Fourier nous aide à classer les plus éminents de leurs adversaires et de leurs contempteurs, les tenants et les théoriciens de l'économie politique classique et libérale, les disciples d'Adam Smith, les mercantilistes du *Laissez faire, laissez passer.* Le plus considérable est Jean-Baptiste Say, qui publie en 1803 son *Traité d'Économie Politique,* littérairement comme réellement le contraire des deux prophètes : une élégance et une clarté d'exposition qui n'ont jamais été dépassées, une vie lumineuse et un bon sens étrangers à tout romantisme, et où se reconnaît un disciple des idéologues, même un contemporain de Stendhal.

DEUXIÈME PARTIE

LA GÉNÉRATION DE 1820

I

LA GÉNÉRATION DE 1820

Les Enfants du Siècle. La génération qui a environ vingt ans en 1820 compte plus ou moins ses années avec le siècle. Alfred de Musset, né en 1810, mais qui débute à dix-neuf ans et qui est célèbre à vingt, en fait encore partie : c'est même lui qui a popularisé le nom des *Enfants du Siècle.* Lamartine, aussi, qui a trente ans en 1820, et par qui cette année est l'année des *Méditations.* L'appel d'air qui soulève alors une France littéraire nouvelle est pris entre les trente ans de Lamartine et les vingt ans de Musset.

Mais ces deux noms, et un certain dialogue Lamartine-Musset, ont créé une équivoque, donné même l'occasion d'un contresens. *L'Enfant du Siècle* a plus ou moins symbolisé le jeune homme malade de corps et d'âme, malade du *mal du siècle* : le *Poète mourant* de Lamartine, le *Joseph Delorme* phtisique de Sainte-Beuve, le *Rolla* suicide de Musset, les gémissements de poètes obscurs qui ne se résignent pas au rôle de *minores.* Or ce ne fut là qu'une mode passagère, une maladie de croissance de la poésie. Cette mode ne fait qu'effleurer Lamartine, ne touche point Hugo, ni le Sainte-Beuve critique.

Bien au contraire, voici la génération de beaucoup la plus puissante, la plus chargée de vie et d'œuvres qu'il y ait dans les quinze générations littéraires des cinq siècles, la plus douée de forces créatrices et de génie. À la charnière des deux siècles, dans les quatre ans qui vont de 1799 à 1803, naît une portée de géants rabelaisiens, Balzac, Hugo, Dumas. Cette portée de géants, avec Lamartine, son précurseur de quelques années, et George Sand, la *mère* de ces compagnons, va donner le ton, de 1820 à 1850, aux trente ans que dure le zénith de la grande génération (à la manière dont on a dit le grand siècle en parlant du XVIIe, le grand homme en parlant de Napoléon). Victor Hugo, ne sachant où placer le *Satyre* dans la *Légende des Siècles,* se décida au dernier moment à lui donner ce titre de hasard *Seizième Siècle, Renaissance.* Il eût été plus juste de l'appeler *Dix-neuvième Siècle, Romantisme.*

Il est certain qu'une partie de ces forces ont été gaspillées et déviées, comme au XVIe siècle, et à toutes les époques de dynamisme effervescent. Ce qui nous importe, c'est la présence de cette énorme et exceptionnelle énergie, et de la génération littéraire la plus pleine succédant à la génération littéraire la plus creuse.

Pères et Enfants. La génération précédente avait été creusée, vidée par les révolutions, les guerres, l'instabilité, un statut tout militaire qui avait pesé un quart de siècle sur la France et sur l'Europe. La génération de 1820 est appelée à la vie de l'esprit par la paix. Ce n'est pas, littéralement, une génération d'héritiers, puisque ce quart de siècle lui a transmis non un monde fait, mais un monde à faire, et ne lui a pas laissé de modèles. Les deux protagonistes de cette génération précédente, l'auteur des *Martyrs* et l'auteur de *l'Allemagne,* en préparant un esprit nouveau avaient été en effet détournés, par une sage providence, de rien écrire qui pût devenir objet exprès d'imitation littéraire. Et pourtant c'est bien une génération qui entre dans la vie avec un héritage, à la manière dont les enfants du laboureur possédaient un trésor dans leur champ : l'héritage d'une énergie, l'énergie que les pères ont employée dans l'action, et que les fils vont transporter dans la pensée. Le symbole et le souvenir de Napoléon donneront à la génération romantique un professeur d'énergie littéraire. La date de la mort de Napoléon, 1821, c'est l'année de la majorité du pur Enfant du siècle, né avec lui. Ce mort saisit ce vif.

Une génération de guerre saisit de son énergie une génération de paix. La génération de 1820 est la dernière génération de la monarchie traditionnelle, elle occupera exactement les trente années de paix solide, constructive, florissante, qui ont coïncidé avec le règne des deux branches de la maison de Bourbon. La génération de la sécurité a succédé à celle de l'insécurité. Les grandes carrières de lettres, cette abondance pleine, puissante et régulière d'œuvres qui caractérise la littérature, cette facilité dans la production, cet appel d'air du public, ce dynamisme général d'une société qui se refait : toute la littérature est prise dans l'entrain de rythmes constructifs.

L'appel du public. On est frappé de la fraîcheur allègre avec laquelle l'opinion, le public, se précipitent vers les lettres après la chute du régime militaire. Il y eut alors un phénomène de décompression, comme Thermidor.

Non que le public littéraire de 1820 soit très nombreux, les écrivains les plus célèbres n'atteindront que de modestes tirages. Mais il est de qualité, attentif, enthousiaste, abondant en femmes d'esprit et de goût. Le succès qu'il a fait en 1820 à une plaquette de vers lyriques, les *Méditations,* reste à peu près unique dans l'histoire littéraire. La cour, les salons, les journaux, témoignent également de cette attention donnée aux lettres. On dirait que les lettres vont prendre pour la génération de 1820 la place qu'occupaient, pour la génération de 1661, la théologie et la religion, et ce sont les auditoires de Bourdaloue que rappellent à la Sorbonne ceux de Villemain et de Cousin. À la génération sacrifiée de la Révolution et de l'Empire, succède, dans les lettres, une génération couronnée.

Sécurité et Liberté. Génération de la sécurité, c'est aussi la première génération de la liberté littéraire. Aucune génération n'en avait été plus privée que celle de la Révolution et de l'Empire. On a vu les conséquences : pendant vingt-cinq ans, presque toute la République des lettres reste dans l'émigration ou dans l'opposition muette, ce qui était littérature officielle et approuvée ne décollant pas des bas-fonds. La Restauration rend ses libertés à la République des Lettres. En bonne partie, cette République est d'opposition, opposition politique, opposition religieuse, opposition sociale, non-conformismes de toute nature, balancés, d'ailleurs, par des conformismes aussi vigoureux et aussi paradoxaux. Les mœurs de la liberté littéraire étaient à moitié étrangères à l'ancienne monarchie, l'étaient tout à fait à la Révolution et à l'Empire. Dans la suite l'habitude les a émoussées et banalisées, et il a fallu, pour nous en faire sentir récemment la présence, qu'elles disparussent d'une grande partie de l'Europe. Mais de 1825 à 1848, cette comparaison que nous faisons dans l'espace se fait dans le temps, et cette liberté est encore assez mesurée, parfois assez bridée pour qu'on ait besoin d'employer quelque art à s'en servir, quelque souplesse à en tourner les obstacles. C'est d'ailleurs presque une loi en littérature que la première génération qui jouit d'un bienfait en tire le meilleur parti et en épuise la substance originale : aux débutants les mains pleines.

La Révolution technique. Nulle part peut-être ces mains comblées et cette faveur de la prélibation n'apparaissent mieux que dans la position privilégiée de cette génération au regard des techniques.

Deux sortes de techniques importent à la littérature ; les techniques proprement littéraires, et les techniques matérielles qui servent à la propulsion et à l'expansion de la littérature.

La révolution des techniques littéraires entre 1820 et 1840 ne peut-être comparée qu'à celles du XVIe siècle. Bien que les amis de Victor Hugo lui aient offert un exemplaire de Ronsard in-folio avec cette inscription : « Au plus grand inventeur de rythmes que la poésie française ait eu depuis Ronsard », c'est moins dans l'invention de techniques nouvelles que dans une manière extraordinaire et hors de pair de se servir des techniques anciennes (auxquelles il y avait peu de chose à ajouter) que consiste la supériorité créatrice de la poésie lyrique romantique. Pour ce qui concerne le roman, cette génération en a créé ; au contraire, de toutes pièces les techniques, avec Balzac, Dumas, George Sand, Mérimée, à un point tel que c'est par la déficience ou le refus des techniques et de la construction, non par leur impossible perfectionnement, que le roman cherchera dans la suite à varier ou à progresser. Si cette génération n'a pas trouvé pleine réussite au théâtre, elle l'a trouvée au moins dans la construction théâtrale dont Scribe est en France, avec Corneille, le plus grand technicien. Les techniques de la prose égalent en originalité créatrice celles de la poésie, et Chateaubriand toujours grand, docile et habile disciple, ne dédaigne pas de se mettre à l'école de la prose des auteurs de 1830 pour porter à son point de perfection celle des

Mémoires d'outre-tombe. Quand la génération des Parnassiens, de Dumas fils et de Flaubert arborera le drapeau de la technique, ce sera précisément dans cette technique qu'elle apparaîtra le mieux comme une génération d'épigones.

Les techniques matérielles sont celles de la librairie, de la presse, et des périodiques. On verra dans une autre partie de ce travail, quelles dates capitales ont été pour elles 1815, 1830-1834, comment la littérature a été orientée et modifiée par l'ampleur brusque donnée à ces moyens de diffusion. On ne trouverait l'équivalent de cette révolution des techniques matérielles que dans l'histoire de deux autres générations littéraires : celle de 1515, la première qui ait été labourée et façonnée par les habitudes et les conséquences de l'imprimerie ; celle de 1914, destinée à être marquée par le cinéma. Évidemment tout n'est pas produit net pour la littérature dans cette révolution technique, et Balzac a fait dans les *Illusions perdues* un tableau terrible, et d'ailleurs exagéré, des ravages produits par le journal déjà parmi les jeunes auteurs de la Restauration.

Mystique de la Révolution. Le mot qui est le plus souvent prononce et écrit dans la littérature de cette époque, c'est le mot de Révolution. Non que cette génération soit révolutionnaire en bloc, ou même en majorité. On est aussi bien contre-révolutionnaire que révolutionnaire. On peut être révolutionnaire en littérature, conservateur en politique, ou réciproquement. Mais qu'elle soit imputée à Dieu ou au diable, l'idée de Révolution s'aperçoit au bout de toutes les avenues de la pensée.

On y pense et on en parle d'autant mieux qu'on n'a pas connu personnellement la Révolution Française, qu'on ne la connaît que par ses parents, et qu'entre les parents et les enfants cette différence contribue déjà à établir un fossé plus large qu'à n'importe quelle époque antérieure. Un contemporain a fait remarquer que durant les quelques mois qui précèdent la Révolution de 1830, dans l'opposition contre Polignac, le *Globe* et le *National,* journaux et équipes de jeunes qui n'ont pas vu la Révolution, prennent une position anti-dynastique, dont le *Journal des Débats,* organe de MM. Bertin qui avaient vingt ans en 1789, se trouve gardé par leur expérience de jeunesse, laquelle leur défend « d'aborder avec une sorte de familiarité irréfléchie ces terribles questions qui touchent à l'existence même des peuples et des rois ». C'est cette familiarité qui conduira la génération des enfants du siècle à la Révolution de 1848, les fera jouer, avant 1848, à la Révolution Française, comme ils avaient joué avant 1830 à la Révolution, encore plus éloignée dans le temps, d'Angleterre.

La familiarité de cette génération avec l'idée de révolution politique nous importe ici moins que sa familiarité avec les idées de révolution littéraire. Poésie, théâtre, roman, philosophie, histoire, entre 1820 et 1830, entrent dans la carrière avec un programme plus ou moins révolutionnaire, en rupture avec quelque tradition. L'analogie entre le romantisme en littérature et la Révolution en politique est un lieu commun d'alors, et les deux mouvements, les deux décrochements, déterminent des coupures analogues dans la suite française.

La trouée au centre. L'appel d'air de la politique à la littérature est en effet, de toute cette génération, un caractère unique. Deux fois, en 1830 et en 1840, il se fait sentir au point de compromettre et de découronner la littérature.

La monarchie de 1830 fut d'un certain point de vue la monarchie des professeurs. Non des professeurs dans leur chaire, mais des professeurs hors de leur chaire. C'est de leur chaire que les trois orateurs de la Sorbonne, Guizot, Villemain, Cousin, s'élancent les premiers vers la tribune et les grands bureaux. La place restait ainsi libre pour un Sainte-Beuve, simple journaliste, et cependant personne n'a plus déploré que lui « la retraite brusque et en masse de toute la portion la plus distinguée et la plus solide des générations déjà mûries, des chefs de l'école critique, qui ont déserté la littérature pour la politique et les affaires. Les services que ces hommes éclairés ont rendus en politique peuvent être reconnus, mais sont incontestablement moindres que ceux qu'ils auraient rendus à la société en restant maîtres du poste des idées... Leur retraite pour tout dire, a fait *trouée au centre* ».

Les poètes, heureusement, étaient restés. De 1830 à 1840, la production de la poésie lyrique et épique dépasse, par la qualité et l'importance, en ces dix seules années, celle de la littérature française dans les deux siècles et demi qui les ont précédées. Déjà cependant

Lamartine à la Chambre, Victor Hugo dans sa poésie sociale, se désignaient un horizon supérieur au livre et à la lyre. Mais à partir de 1840, la trouée au centre apparaît dans la poésie, à son tour, aux yeux de tous, comme dix ans avant dans la critique aux yeux de Sainte-Beuve ; Lamartine a publié son dernier livre de vers, Hugo aussi, son dernier avant l'exil. En 1843 il va quitter le théâtre, et s'il écrit le roman des *Misères,* il le gardera en portefeuille. C'est que Lamartine fait de la « grande opposition », que Hugo est pair de France comme Cousin et Villemain, et comme le Chateaubriand de la Restauration. La trouée au centre, due à la course vers la tribune et le pouvoir, est d'ailleurs accompagnée d'un fléchissement aux ailes. Vigny cesse de publier, Musset bientôt n'écrit presque plus de vers.

La littérature d'idées en 1830, la poésie après 1840 perdent donc ceux qu'on était habitué à tenir pour les chefs de file. Mais il n'en va pas de même du roman. Jamais les romanciers n'ont été plus féconds, et d'abord les chefs de file, Balzac, George Sand et Dumas. Avec Eugène Sue, éclate la révolution du feuilleton. Ce que Sainte-Beuve appelle le poste des idées tombe partiellement entre les mains de ces romanciers, car c'est la grande époque du roman philosophique, idéologique et social ; entre les mains des entrepreneurs de presse, Girardin et Véron ; entre les mains des théoriciens sociaux. La trouée au centre, l'émigration des élites vers la politique, appellent à la place de ces élites une cavalerie légère d'idées, ou une cavalerie d'idées légères, qui ne laisse pas de produire de 1840 à 1848 une littérature intéressante, mais qui, comparée à celle de la décade précédente, manque de ce qui s'appelle la classe. Jamais peut-être la critique sérieuse n'a plus parlé de décadence. Elle a même — et c'est un de ses produits nets — analysé profondément l'idée de décadence. Les articles que Sainte-Beuve donne alors à la *Revue des Deux-Mondes* reviennent sans cesse là-dessus. C'est l'époque où Nisard écrit son *Histoire de la Littérature Française.* En poésie, le frêle renouveau classique de 1843 doit être tenu pour la conscience de ce malaise ou de cette carence, autant et plus que pour une réalité positive.

Les trois décades. De sorte que la génération des enfants du siècle a passé par trois décades nettement articulées : de 1820 à 1830, elle essaie, définit, défend ses idées par les armes et sur le champ propre de l'intelligence et des lettres : le livre, le journal, la chaire. De 1830 à 1840, elle exploite triomphalement la révolution, ou plutôt les deux révolutions qu'elle a faites : la révolution politique libérale, la révolution littéraire romantique ; la chaire conquiert le pouvoir, la poésie conquiert le théâtre, le roman conquiert le public. De 1840 à 1850, c'est toute la ligne littéraire qui se porte, avec le pouvoir temporel et spirituel pour point de direction, à la hauteur de la chaire, de la critique, et des régents devenus dirigeants. La poésie est en reflux, les idées en agitation, les ambitions en croissance. Sainte-Beuve qui, après 1830, déplorait la carence de la critique et de l'intelligence nanties, a signalé dès 1838 le danger de la littérature industrielle, à la fois triomphe et perte de l'écrivain. Non seulement littérature industrielle, mais littérature politique, et politique de littérateurs, et voilà la Révolution. La génération de 1820 était entrée dans les lettres, avec les *Méditations,* derrière Lamartine. Trente ans après, c'est-à-dire à la date climatérique dans l'ordre des générations, le même Lamartine clôt sur une révolution politique, sa Révolution, la vie active des enfants du siècle, le règne des *Vingt ans en 1820.*

Bilatéralisme. À travers ces trois décades, on doit remarquer l'opposition entre les deux parties de cette génération, la naissance d'un bilatéralisme littéraire, comparable à ce bilatéralisme politique de la gauche et de là droite qui naît avec la Restauration : tous deux nous commandent encore aujourd'hui.

Qu'avait été la génération de 1789, la génération Napoléon-Chateaubriand-Staël, sinon celle de la Révolution ? La génération de 1820, littéraire, politique, civile, sociale, économique, elle, n'a pas à digérer l'Empire : l'Empire tombé n'est qu'une aventure et un hasard éclatant qui ne recommencera pas, que nul, sauf les demi-soldes et les agités ne songe à recommencer ; elle a à digérer la Révolution, la Révolution dans les classes et les cadres, la Révolution dans les biens, la Révolution dans les personnes, la Révolution dans les esprits. Le roman de Balzac n'est-il pas le procès-verbal, la description physiologique de cette digestion ? Et la carrière de Lamartine ? Et la vie de Victor Hugo ?

C'était la génération de 1789 qui avait légué au XIXe siècle littéraire ce problème, cette tragédie de la Révolution. De même que la génération de 1636, celle de Corneille, avait imposé pour un siècle et demi au centre de la civilisation française le point de vue du roi, la pensée centrée sinon par le roi du moins sur le roi, pareillement la génération de 1789 place sur les grands chemins des lettres, Sphinx sur la route de Thèbes, le fait de la Révolution. Bonaparte, Chateaubriand, Mme de Staël, avaient vécu la Révolution, vécu dans la Révolution, étant portés et commandés par elle comme par une *nature.* Un seul était artiste, tenait les clefs des écluses, Chateaubriand. Il y personnifiait, et seul, la littérature, la grande nature littéraire. Avec lui c'était la littérature qui était partie pour l'Amérique en 1791, sur le thème d'un « Lafayette et moi », qui en 1800 était revenue d'émigration avec la « Révolution et moi » de l'*Essai* et du *Génie,* et qui, depuis le jour de 1811 où il commencera ses mémoires, réglera sa vie passée sur un « Bonaparte et moi ». Déjà donc le principe de Révolution est incorporé aux lettres comme le principe d'autorité le fut après 1635. Mais enfin, avec Chateaubriand et Mme de Staël, cette génération, tout en ayant vécu la Révolution du dedans, l'avait pensée et mesurée du dehors. Elle était tombée dans la Révolution. Elle n'y était pas née. La génération suivante d'écrivains sera la première génération née dans ou après la Révolution. La révolution littéraire ayant suivi d'une génération la révolution politique prendra cette révolution politique comme une sorte d'Ancien Testament qui symbolisera la Révolution de l'esprit, la révolution des lettres, la révolution du goût.

C'est en 1830 que vient au premier plan ce sentiment profond d'une liaison entre la révolution littéraire et la révolution politique. Évidemment l'idée de ce parallélisme était ancienne. Elle remplissait en 1800 la *Littérature* de Mme de Staël, qui se trouvait d'accord avec Bonald pour voir dans la littérature « l'expression de la société ». Mais sous la Restauration le romantisme, révolutionnaire par sa forme, était conservateur par les idées de ses poètes, par leurs traditions de famille, l'accueil des salons, la bienveillance du pouvoir, le prestige de M. de Chateaubriand qui le maintenait comme on dit, à droite. D'autre part les libéraux et ce que Mme de Girardin appellera la jeunesse Touquet (du nom du libraire qui lançait les éditions populaires de Voltaire) restent attachés à la forme et aux idées de leurs maîtres du XVIIIe siècle, à l'esprit des idéologues ; 1830 mettra fin à ces contradictions de surface, fondra dans le métal de la Révolution à majuscule ces trois révolutions, si différentes par leurs origines et leur personnel, la Révolution française, la Révolution de juillet, la Révolution du romantisme.

L'ode de Lamartine sur les Révolutions mettrait à ce tournant la grande marque décorative. La poésie de Victor Hugo en vivra. Il est remarquable qu'au retour de Lausanne, ce soit dans cette langue et ces métaphores de la Révolution que Sainte-Beuve exprime sa rupture avec l'ennemi, la Montagne, fasse son discours-programme de modérantisme classique. Cette mode de la référence révolutionnaire, qui correspond à un mode de penser et de vivre la littérature, se terminera à peu près avec la vie de Chateaubriand (1848), qui en aura fourni curieusement la mesure. Sa fin coïncidera déjà un peu avec la fin du romantisme littéraire, révolutionnaire après 1843, et ensuite et surtout avec la fin de la Révolution politique « jouée », qui a pour premier acte l'*Histoire des Girondins,* pour deuxième acte la Révolution de février, pour troisième acte les trois mois au pouvoir de Lamartine, pour quatrième acte la présidence du Prince, et pour catastrophe du cinquième acte le coup d'État. La mythologie littéraire de la Révolution disparaît en 1851. Aussi, quand Victor Hugo écrit à Jersey, en 1854, la *Réponse à un Acte d'Accusation* et *Quelques mots à un autre,* où cette mythologie s'extravase dans une sorte de création hindoue, l'antidate-t-il ingénieusement de vingt ans, de Paris, de 1834, de la pleine bataille romantique, dont elle figure en effet la synthèse.

Sainte-Beuve portera la mélancolie de sa victoire. La génération des enfants du siècle trouve dans l'année médiane du siècle en 1850 son chemin creux d'Ohain. Ils ont passé sur les corps de leurs camarades et les survivants restent affaiblis, désorganisés. Dans la génération bilatérale de 1820, l'un des deux partis est le parti vaincu, le parti romantique ; s'il est vaincu il n'est d'ailleurs pas détruit. Le parti du XVIIIe, blessé lui aussi, se maintient mieux, fournit même une partie de son armature à la génération succédante. Le recul seul, la comparaison entre les générations qui l'ont précédée et celles qui l'ont suivie, a permis depuis de classer, de juger et de mesurer cette génération des enfants du siècle. Elle mériterait qu'on l'appelât la grande génération, comme ont dit le grand siècle.

II

LE ROMANTISME

Définition. Les termes de *classique* et de *romantique* ont mené dans la langue, jusqu'au début du XIXe siècle, une vie obscure et intermittente. *Classique,* qu'on trouve déjà au XVIe siècle, a deux sens : l'un ancien, conforme au sens latin de *classicus,* soit, appliqué à un auteur, écrivain de la première classe, ou, comme nous dirions, « de classe », grand cru classé de la littérature, — un autre plutôt péjoratif, auteur bon pour les classes des collèges. C'est au premier sens que La Harpe parle des « auteurs classiques » et au second que Beaumarchais, dans l'*Essai* qui sert de préface à son drame d'*Eugénie,* en fait un synonyme de pédant. *Romantique* est plus récent. On en a trouvé un emploi obscur, au sens de romanesque avec la désinence alors péjorative, comme celle de fantastique, dès 1675. Il ne devient d'usage que dans le dernier quart du XVIIIe siècle, Rousseau l'ayant appliqué au lac de Bienne (et en effet les lacs vont être avec lui et Lamartine les berceaux de la poésie romantique). Il est introduit dans le *Dictionnaire de l'Académie* en 1798, avec cette définition : « Il se dit ordinairement des lieux, des paysages qui rappellent à l'imagination les descriptions des poèmes et des romans. » En quelques années il en vient à désigner, à l'inverse, les poèmes, les romans, les œuvres d'art qui rappellent à l'imagination des paysages solitaires, des lieux privilégiés, des présences plus intimes de la nature. D'ailleurs dès 1793, la *Chronique de Paris* écrivait : « La musique du citoyen Méhul est romantique. » Mieux encore l'est évidemment en 1800 la musique autochtone des montagnes pour Senancour, qui donne comme titre à un morceau d'*Obermann : de l'expression romantique et du ranz des vaches.*

Mais les deux termes ne parviennent à la grande existence littéraire que le jour où il deviennent adversaires. Ils se posent en s'opposant. Cette opposition est un « message » de l'Allemagne, du réveil allemand. En 1814, Adolphe de Custine écrit d'Allemagne à sa mère : « Les dénominations de romantiques et de classiques, que les Allemands ont créées depuis plusieurs années, servent à désigner deux partis qui bientôt diviseront le genre humain, comme jadis les Guelfes et les Gibelins. »

Résistance et mouvement. Les définitions du romantique sont naturellement, dans le premier tiers du XIXe siècle, plus nombreuses et plus complètes que celles du classique. Le *Globe,* excellent témoin de l'intelligence de cette époque, en propose successivement, sous la plume de ses rédacteurs, une douzaine. La plus simple, la plus modérée, la plus vraie et la plus souple est probablement celle que développe Stendhal quand il voit, dans le romantisme contemporain le droit et le devoir littéraires d'une génération d'exprimer une sensibilité nouvelle par une forme d'art nouvelle, et dans le classique un ensemble de consignes qui entendent imposer à la sensibilité actuelle des formes d'art dictées par la sensibilité de générations anciennes. La politique nommera ces deux tendances en 1830, quand elle opposera le parti de la résistance et le parti du mouvement. Le romantisme aussi est un parti du mouvement. Il y a un dynamisme romantique, il n'y a pas un dynamisme classique. L'art classique, au théâtre et dans la poésie, c'est-à-dire dans les genres qui dépendent de la sensibilité d'une époque, conserve, reproduit, ne crée plus ou crée au compte-gouttes et avec une mauvaise conscience. Il occupe des positions héritées. Il est défendeur. Il allègue comme Jean Lapin la coutume et l'usage. Le romantique est demandeur, entend le déloger, et le déloge. D'abord par l'effet d'une force naturelle, parce que le romantisme est la jeunesse, — ensuite parce qu'il est allié aux trois ennemis naturels du classique, du classique français, du classique des « genres communs », du classique de la bonne compagnie, soit 1. l'étranger (les littératures du Nord et du Midi encadrent et aident le romantisme comme les littératures de Rome et du XVIIe siècle encadraient les classiques) ; 2. le solitaire (l'isolement est la première attitude du poète romantique comme l'*Isolement* est la première pièce des *Méditations*) ; 3. le populaire, (les références au théâtre et à la poésie populaire, l'appel au peuple comme source et public, le genre populaire du roman donnant au romantisme ses forces d'expansion).

Le bilan du Romantisme. Historiquement, et dans le panorama littéraire du siècle, le mouvement romantique, le romantisme du mouvement, couplé d'ailleurs avec une littérature de la résistance, laisse, comme Custine le prévoyait, mêlés à la vie de l'esprit et des lettres, des éléments durables encore actuels. Lesquels ?

1° Les partis. Tout d'abord, le romantisme a introduit dans notre vie littéraire une seconde dimension. Il nous a habitués à penser la vie littéraire sous la forme d'une opposition, d'un contraste entre deux mondes qui furent autrefois le classique et le romantique, et qui ont pu changer de nom sans changer de rôle et de direction. Plus précisément, il a créé des partis.

La République des lettres a pris une figure analogue à la figure de la République tout court, soit de l'État, de la vie politique. Depuis la Restauration il y a eu en général, dans nos villes et nos villages une division en partis politiques, en clans rivaux, qui n'existait pas dans la France d'avant 1789. On a été blanc, ou bleu, ou rouge. On a été de droite ou de gauche. On était en 1830 du parti de la résistance ou du parti du mouvement. Bref, les partis se sont formés. Des idées qui n'étaient pas courantes autrefois, celle de Révolution, celle de la Restauration, sont devenues des façons habituelles de penser la vie politique. Or il en a été de même de la vie littéraire. La lutte du classique et du romantique a pris le même caractère. Il y a aujourd'hui des antagonismes, des différences, des camps adverses, des natures ennemies là où il n'y en avait pas autrefois. Un certain goût commun, formé par les disciplines classiques, a disparu. Un goût romantique commun ne lui a jamais succédé. Le monde littéraire a gagné en variété. Il n'y a plus seulement un public, il y a des publics. Cette diversité de goûts qui règne aujourd'hui, cette netteté et cette vivacité des partis littéraires, c'est au romantisme qu'il faut en faire remonter l'origine.

Nous ayant habitués à un pluralisme contemporain d'idées et de tendances esthétiques, il nous a accoutumés à un pluralisme analogue dans l'espace et dans la durée.

2° Le Pluralisme. Dans l'espace, on ne saurait dire qu'il nous a fait connaître les littératures étrangères, étant donné que d'abord nous ne les connaissons encore qu'assez exceptionnellement, et qu'ensuite, au XVIIe et au XVIIIe siècle, l'influence de la littérature italienne, espagnole, anglaise, avait été au moins aussi forte qu'a pu l'être, au temps du romantisme, et après lui, l'influence des littératures allemande ou russe. Mais ces littératures étrangères, il nous a habitués, à tort ou à raison, à les mettre sur un pied d'égalité non seulement avec la nôtre, mais avec les littératures anciennes, dont le classicisme faisait des modèles inégalés. C'est ainsi qu'on a parlé au XXe siècle d'humanités modernes, et donc qu'on a admis, depuis les réformes scolaires de 1902, que les littératures étrangères de l'Europe moderne avaient, pour la formation de l'esprit et du goût, une valeur égale à celle des littératures anciennes. Or c'est là un héritage du romantisme, c'est-à-dire de la première génération littéraire française qui ait mis Shakespeare au-dessus de tout.

Dans la durée, dans la révélation et l'exploration de la durée, l'influence du romantisme n'a pas été moins grande. Le sens de l'histoire, la révélation du passé comme d'une troisième dimension, sont entrés dans nos manières de penser et d'écrire. Il ne s'agit pas seulement ici de l'effort plus ou moins réussi par lequel le roman historique, le drame historique, Alexandre Dumas ou Victor Hugo, ont habitué le public à s'intéresser d'une manière pittoresque et vivante aux choses du passé. Nous faisons bon marché de ce côté du romantisme. Il s'agit bien plutôt de la manière dont, depuis une centaine d'années, nous avons contracté une certaine habitude de penser historiquement, de voir les choses de la littérature, de l'art, de la politique, de la science, de la philosophie, dans leur succession et, comme disent les Allemands, dans leur devenir. On a admis de plus en plus, avec plus ou moins d'excès ou de raison, que les grandes idées, les grands thèmes de l'art et de la politique, les programmes des écoles, les plateformes des partis, n'ont de valeur que pour un temps, pour une ou deux générations, qu'ils sont bientôt déclassés, qu'ils deviennent des obstacles au progrès et le ralentissent après l'avoir déclenché. Les vers de Lamartine :

Marchez, l'humanité ne vit pas d'une idée,
Elle éteint chaque soir celle qui l'a guidée,
Elle en allume une autre à l'immortel flambeau,

expriment cet élan de l'esprit romantique. Le romantisme a mis du mouvement dans le monde de l'esprit, au moment même où la découverte des nouveaux moyens de transport mettaient les signes du mouvement sur notre monde matériel.

3° Auteurs et public. Le romantisme a modifié profondément les rapports entre l'auteur et le lecteur. On demande aujourd'hui à un livre beaucoup plus qu'on ne lui demandait à l'époque classique, à savoir une communication directe du lecteur avec la personne de l'auteur. On sait de quoi se compose aujourd'hui le courrier d'un auteur à la mode, d'un poète célèbre, ces confidences de lecteurs et de lectrices, d'admirateurs et d'admiratrices, ces conseils moraux ou sentimentaux qui lui sont demandés, ces amitiés lointaines, ces contacts entre deux sensibilités. On ne trouvait rien de tel dans la littérature classique, avant Rousseau. C'est la *Nouvelle Héloïse* qui a déterminé pour la première fois autour d'un grand écrivain à la mode cet appel d'air. À cette demande a correspondu une offre abondante ; cette familiarité a flatté les auteurs, les poètes, les romanciers, ils s'y sont prêtés volontiers. Un Lamartine, un Hugo, un Musset, un Balzac ont été pour les lecteurs et les lectrices l'objet d'amours et de haines, l'objet de préférences exclusives et violentes, qui paraissaient jusqu'alors appartenir plutôt au domaine des relations passionnelles qu'à celui de la littérature.

4° Générations. Cela tient en partie à ce que, dans le monde des lecteurs, les jeunes gens ont joué un rôle, conquis une indépendance, exercé une action grandissante. Le romantisme a été une révolution faite par les jeunes. Nous parlons aujourd'hui couramment des jeunes, de la place et du rôle des jeunes, du droit et du devoir des jeunes en ce qui concerne le renouvellement des valeurs littéraires. Or, cette coupure entre la génération qui monte et la génération en place, entre le goût d'hier et le goût de demain, n'existait presque pas dans la littérature classique. On ne la voit paraître qu'exceptionnellement, au temps de ce qu'on appelle la génération de 1661. Depuis le romantisme elle est liée profondément au rythme de la vie littéraire. Les jeunes gens ont leurs auteurs, parfois inintelligibles à la génération précédente, comme il arrivait, selon des missionnaires, dans ces langues de l'Amérique indienne, dont l'évolution était si rapide que les vieillards ne comprenaient plus ce que disaient les jeunes gens.

5° Le Roman. Considérons ensuite que dans romantisme il y a roman, que l'avènement du romantisme a coïncidé avec la prédominance extraordinaire d'un genre qui a semblé parfois devoir absorber les autres. Le romantisme, c'est la révolution littéraire moins par le lyrisme et par le théâtre que par le roman. Il n'y a pas de grand écrivain, de grand poète romantique qui ne se soit cru obligé de sacrifier à la divinité nouvelle, qui n'ait voulu obtenir par elle les grands succès de public. Vigny, Hugo, Musset, Lamartine ont écrit des romans, sans en avoir la vocation profonde et parce que l'élan même de l'époque romantique l'exigeait. Pour le romantisme le succès n'a été complet, la voie n'a été libre que dans deux genres littéraires, la poésie lyrique et le roman. Le public des romantiques s'est d'ailleurs habitué à demander au roman le même genre d'émotion et d'indi-cations qu'à la poésie lyrique, c'est-à-dire à le comprendre et à le sentir comme une confession personnelle de l'auteur : c'est le cas de la *Confession d'un Enfant du Siècle,* de *Volupté,* de *Stello, de Raphaël.* Ce roman-confession du romantisme remonte visiblement à Rousseau et l'on sait quelle nombreuse postérité il conserve aujourd'hui.

6° Littérature personnelle. Enfin, c'est un lieu commun que de reconnaître dans le romantisme, issu de Rousseau, le règne de la littérature personnelle. On pourrait en signaler les inconvénients. Mais nous les voyons tous les jours largement compensés par le renouvellement incessant qu'elle engendre. Nous admettons aujourd'hui que l'individualité propre de chaque homme, de chaque femme, puisse devenir un élément de valeur et d'intérêt littéraire. La confession d'une nature originale, l'expression d'une personnalité sincère, sont même reconnus comme la valeur essentielle de la littérature. Au contraire, lorsqu'il s'agissait surtout pour un écrivain de se conformer à un modèle, de se soumettre aux lois d'un genre, le moment arrivait rapidement où l'on ne pouvait plus que répéter ce qu'avaient trouvé et fait les premiers arrivés. À ce point de vue la comparaison est instructive entre les deux genres que l'on rapproche souvent pour leur caractère dominateur : la tragédie au XVIIIe siècle et le roman au XIXe.

Chaque débutant, dit-on souvent, fait aujourd'hui son roman, comme au XVIIIe siècle il faisait sa tragédie. Mais il y a cette différence que le moule tragique, l'idéal tragique, la personnalité de Corneille et de Racine écrasaient l'auteur, le réduisaient au rôle de copiste. Au contraire, le genre romanesque, beaucoup plus souple, permet de produire authentiquement une personnalité sincère et vive. Depuis cent ans que la production du roman se succède chez nous, avec une puissance et une continuité d'élément, nous ne remarquons nullement en elle cet épuisement rapide et ce formalisme vide qui ont caractérisé la tragédie du XVIIIe siècle.

Voilà quelques-unes des marques qu'a laissées le romantisme dans notre vie littéraire d'aujourd'hui. Il a été la grande révolution littéraire moderne. On a parlé souvent de réactions contre le romantisme. On a donné ce nom à des mouvements comme le Parnasse, le réalisme, le naturalisme, le symbolisme, le néo-classicisme. Mais il ne serait pas difficile de montrer qu'ils sont bien plutôt des décompositions ou des transformations du romantisme. Une dernière réaction sera-t-elle la vraie ? Il y aurait lieu de craindre alors qu'en détruisant le romantisme elle ne détruisît simplement la littérature, qu'en emportant le mal, elle emportât le malade.

III

LAMARTINE

Lamartine ne publia les *Méditations* qu'à trente ans. Mais précisément leur poids et leur qualité sont faits d'une durée vraie, lente, régulière, de saisons qu'elles ont derrière elles. Ou mieux, de deux durées qui se croisent et qui s'accordent.

La tradition poétique. D'abord la durée d'une poésie. Lamartine a commence par la poésie du XVIIIe siècle, et il ne l'a jamais entièrement quittée. Il aura toujours dans l'oreille le vers de Voltaire et de Parny. Sa poésie y retombera dans ses moments de facilité. L'élégie lamartinienne continue la plaintive élégie, en longs habits de deuil, et il y a une suite Parny-Lamartine que double une suite Éléonore-Elvire. Le lecteur et la lectrice de 1820 restent ainsi dans une famille et un climat connus. Et pourtant, devant les *Méditations,* ces préludes ne comptent plus. Une longue poésie chrysalide aboutit à une poésie ailée. Cela même que le génie de la Restauration éveillait dans la société, cette fleur de jeunesse héritière, cette première poésie de la tradition que vulgarisera, en la desséchant, le soleil de juillet, la poésie des *Méditations* la déposait, l'idéalisait à l'état pur.

La tradition personnelle. D'autre part, la durée d'un poète, d'un poète dans sa province, c'est-à-dire dans le monde où l'on dure. Des écoles, des nostalgies — et aussi de nobles sentiments, des principes, tout un « Comment un jeune homme doit être » pour les dames — et un grand amour, qui, au temps préfix, laboure tout cela, y sème les dents surnaturelles du dragon, fait sortir du sillon héréditaire la moisson miraculeuse. Il y eut vraiment, dans la poésie française, avec les *Méditations,* une découverte de l'amour, pareille à celle que font le jeune homme et la jeune fille, puisque les seuls beaux vers du lyrisme amoureux, ceux de Ronsard ou de Maynard, dataient de trois siècles, étaient oubliés.

Les Méditations. À cette durée de 1820, une durée séculaire a-t-elle, depuis, répondu exactement ? Les *Méditations* peuvent-elles rester pour nous ce qu'elles étaient pour les contemporains ? Rappelons d'abord qu'il faut entendre par *Méditations* non le recueil arbitrairement bouleversé, et grossi de médiocrités et de fonds de tiroir, que Lamartine a dans la suite fourni aux libraires, et dont on réimprime toujours le dernier état, mais les vingt-quatre pièces du volume primitif. Dans un exemplaire des *Méditations* où il avait intercalé des fiches, et qu'on put lire à sa vente, Paul Souday donne des notes et des appréciations sur ces vingt-quatre pièces. La moitié sont exécutées par la guillotine de ce mot péremptoire : *barbe!* Le verdict de l'aristarque coïncide ici avec le sentiment moyen du lecteur parisien d'aujourd'hui. Mais le goût moyen n'est pas tout à fait le goût.

Reconnaissons d'abord que sur les vingt-quatre pièces il n'en est que quatre qui réalisent encore pour nous, avec une pureté intacte, cette note de poésie pure, ce son, comme écrit Lamartine lui-même dans une lettre intime, « pur comme l'art, triste comme la mort, doux comme le velours » qui lie le sens lamartinien de *Méditations* à un sens musical (celui du mot dans les programmes de concert) et qu'évoque, dès qu'on le prononce, dans le souvenir de tous, le titre célèbre : ce sont l'*Isolement,* le *Vallon,* le *Lac de B....* (devenu plus tard le *Lac* tout court) et l'*Automne,* quatre thèmes en stances pour l'amour et la solitude. C'est la fine pointe sous laquelle une poésie moins pure fait poids et nombre. Lamartine, qui a généralement été un juge de sa poésie plutôt partial contre lui, a toujours distingué dans son œuvre poétique la qualité exquise et la quantité nécessaire. Il a toujours tenu la poésie vraie, la « poésie même » comme un état précaire de grâce qu'il est téméraire de consolider en habitude.

Du côté inverse, rejetons les pièces insignifiantes sur lesquelles on est tenté de laisser le signe brutal de Souday ; le *Soir,* le *Souvenir,* la

Gloire, la *Prière,* l'*Invocation,* le *Golfe de Baïa,* les *Chants Lyriques de Saül,* l'*Hymne au Soleil.* Restent une douzaine de poèmes considérables qu'on peut appeler les *Méditations* moyennes, qui sont encore très supérieures à toute poésie publiée depuis 1700, qui nous mettent exactement dans la meilleure atmosphère de 1820, et qui ont compté pour la part principale dans le triomphe de Lamartine.

Ce sont des discours religieux, et précisément les discours religieux qu'on attendait, ceux d'un *Génie du Christianisme* dans la langue des beaux vers. D'une part la forme voltairienne de l'épître et du discours en vers, d'autre part la poésie sentimentale et spiritualiste du *Génie,* tous deux amenés à une fusion transfiguratrice, à la poésie d'une restauration, à la restauration d'une poésie, dans la double aurore historique de la Restauration et du Romantisme. Sans l'espérance, disait Heraclite, vous ne trouverez pas l'inespéré. La poésie inespérée des *Méditations,* sans effort et d'un mouvement indivisé, conclut une grande espérance.

Le Byron des salons. Voltaire, Chateaubriand, et au confluent de l'un et de l'autre, une manière de Lyon lamartinien. Mais en 1820, un autre nom est monté au zénith de la poésie. Il y avait en France un « Passage de poète », ce poète c'était Byron. Quelques mois avaient suffi pour faire de sa poésie celle dont tout le monde parlait. On avait publié à Paris, en 1818, ses *Œuvres complètes* en anglais ; et en 1819 et 1820 on les traduisit. Quatre articles dans les *Débats* de septembre et octobre 1818 avaient fait figure d'articles d'initiation. Un des enfants du siècle les plus intelligents et les plus aimables, Charles de Rémusat, trouva le mot : « C'est le Bonaparte de la poésie. Et en effet on parlait du jeune poète dans les salons comme vingt ans plus tôt on y parlait du jeune Bonaparte. Un même frémissement parcourait la jeunesse. C'est sa mère, l'auteur des *Mémoires sur Napoléon,* Mme de Rémusat, qui écrit à Charles : « J'ai vu lord Byron ; il me charme. Je voudrais être jeune et belle, sans liens ; je crois que j'irais chercher cet homme pour tenter de le ramener au bonheur et à la vérité. » Et voilà le thème de la deuxième des *Méditations,* l'*Épître à lord Byron,* et le thème aussi d'*Eloa,* deux poèmes que les jeunes Lamartine et Vigny (ils épousèrent tous deux des Anglaises) n'ont eu qu'à cueillir comme des fruits mûrs dans les salons de la Restauration. Byron restera remarquablement étranger à Hugo. Mais les *Méditations* de 1820 ne se comprennent pas plus sans le Byron de 1820, dieu des salons, des femmes et des jeunes gens, que le théâtre romantique sans Shakespeare.

La voix du temps, la voix des femmes, la voix des salons disaient : « Il nous faut un *Génie du Christianisme* en poésie ». Elles disaient aussi : « Ah ! si Byron était chrétien ! il nous faudrait un Byron chrétien. » L'ordre des *Méditations* a été très soigneusement établi. Ce n'est pas un hasard si l'*Homme,* soit l'Épître à lord Byron, y succède immédiatement à l'*Isolement,* à la grande vue solitaire d'horizon. Lamartine imagine dans l'*Homme* ce Byron français, repenti et chrétien appelé par les Salons. On sait que le vrai Byron en sourit.

Autant que les *Harmonies,* les *Méditations poétiques* auraient pu porter l'épithète *et religieuses.* Elles vont à un public religieux, et elles contiennent toutes les directions religieuses du lyrisme et de l'épopée lamartiniennes. C'est le thème de l'ange tombé qui anime toute la pièce *A Byron.* Dans les grands discours de l'*Immortalité,* la *Foi,* la *Prière,* le *Temple, Dieu,* Lamartine (qui avait perdu depuis longtemps la foi positive) paraît écrire pour un public autant que pour lui, et l'on ne s'étonnera pas que la *Poésie Sacrée,* la dernière Méditation, dithyrambe à M. Eugène Genoude, soit froideur et pensum. La note religieuse vivante et précise des *Méditations* n'est nulle part mieux donnée que dans le beau poème de la *Semaine Sainte,* où l'on ne trouve rien de l'émotion rituelle et chrétienne d'une semaine sainte, mais un tableau délicat et très vrai de ces retraites où M. de Rohan, le futur cardinal, conviait les jeunes conservateurs de sa génération, dans son château de la Roche-Guyon, et où l'exquise chapelle dans la grotte paraît l'oratoire fait sur mesure pour le *Génie du Christianisme* et les dévotes de M. de Chateaubriand.

La Mort de Socrate. On dirait qu'avec la *Mort de Socrate* Lamartine a installé dans la prison du philosophe un oratoire à la manière de celui de la Roche-Guyon, les mollesses du style jésuite autour d'un Socrate ténor italien. Voyons-y le premier exemple de ces poèmes en laisses séparées par des points, où Lamartine imite (comme le dit la préface attribuée à son éditeur) le récit lyrique et coupé de Byron. La *Mort de Socrate* est, un très curieux poème, d'abord en ce qu'elle nous montre à plein combien Lamartine, que Jules Lemaitre appelle un grand Hindou, était étranger à l'art grec — ensuite parce qu'inspirée de la traduction que Cousin venait de donner du *Phédon* elle prend place dans ce mouvement spiritualiste qui soulève la société de la Restauration ; — enfin parce que l'élan oratoire en est souvent magnifique, que ces flots de ténèbre bleue, d'encens et de musique, ce mythe de Psyché, cette prophétie de Socrate, s'ils nous paraissent bien étrangers à la Grèce, transposent en poésie l'art de Prudhon, Clunysois comme les ancêtres de Lamartine. Et pourquoi, chez Lamartine, le jeune Phédon nous rappelle-t-il la Sainte Thérèse de Bernin ? Peut-être parce que, depuis 1820, Lamartine vivait la plupart du temps en Italie. Un italianisme emphatique, opulent, harmonieux et mol va circuler jusqu'en 1830 dans son lyrisme.

Les Nouvelles Méditations. Et d'abord dans les *Nouvelles Méditations,* qui paraissent en même temps que la *Mort de Socrate.* Évidemment moins neuves que les premières, elles sont plus riches. Le poète gagne, s'épanouit. Le *Lac* des *Nouvelles Méditations* c'est la baie de Naples : *Ischia,* la douceur vaporeuse d'une nuit méditerranéenne, un peu mandoline et sorbet, mais la strophe divine, la musique pure. Le *Poète mourant* dépasse d'un fort coup d'aile son titre désuet et pleurard. *Bonaparte* est la première de ces grandes odes solides dont chaque strophe, comme une victoire, avance d'un pas ailé, pose la sonore sandale d'airain, et qui formeront après 1830 le plus beau chœur du lyrisme lamartinien. Mais les *Étoiles* sont déjà une *Harmonie,* une harmonie de la nuit. Ce nocturne de Lamartine a la mollesse de l'écharpe lactée sur la terre et les eaux, il est une vision déroulée dans une moiteur élyséenne et tendre, la sensation de la poussière cosmique où nous flottons, de l'espace vivant où vogue la planète. Les *Préludes,* eux, montent en gerbe, en triomphe de virtuosité pure. La muse s'y met nue par un beau jour de Toscane, dans l'orgueilleux éclat de sa beauté : « Sonate de poésie » dit Lamartine ; écrite à Florence, bien entendu. Le poète chante pour chanter. Une inépuisable nature, debout à son côté, lui fournit motifs et tableaux. Il cristallise une de ces heures de santé, de richesse, où la vie remplit le poète jusqu'aux bords, le fait bouillonner dans l'ivresse de se répandre. Moins le son de la lyre, que la lyre même, qui nous est tendue pour que nous la touchions et caressions. À l'extrémité opposée, le chef-d'œuvre des *Nouvelles Méditations :* le *Crucifix.* Bien plus vaguement religieux que précisément chrétien, Lamartine a cependant atteint ici le point suprême de la poésie chrétienne, il l'a atteint devant la Croix et par la Croix. Cela va très loin au-delà de l'*Immortalité* et de la *Mort de Socrate.* Le Crucifix qui passe d'un mourant à un autre, tradition du Christ à l'humanité, le crucifix de la mort d'Elvire, crucifix futur de la mort du poète, passage du cœur au cœur qui est la vie des âmes comme le passage du germe au germe est la vie des corps, le *Crucifix* monte en bulle de musique pure ; fait de rien, il contient tout.

Le Dernier Chant du Pèlerinage d'Harold. Le *Crucifix,* pendant chrétien du *Lac,* est ici un rappel des premières *Méditations.* Mais le climat italien de la poésie lamartinienne, qui s'étale dans les *Préludes* comporte en général une force, une vitalité, un désir de vie active, où continue naturellement à prendre place cette destinée de Byron, qui hantait Lamartine (un des derniers ouvrages de sa vieillesse fut une *Vie de Byron*) et que ce poète de la famille maintient toujours dans ses lointains et ses possibilités. En vacances à Saint-Point, avant de retourner en Toscane, il écrit le *Dernier Chant du Pèlerinage d'Harold,* hommage à Byron par un candidat à sa succession lyrique et historique. Du *Chant du Sacre* (celui de Charles X à Reims en 1826) d'ailleurs curieux, Lamartine dira que c'est son Poème de Fontenoy. Le *Dernier Chant* serait un peu sa Henriade, éloquente et artificielle. Mais ces poèmes prennent sur sa route une valeur singulière d'indicateurs : le *Dernier Chant* marque déjà son idée d'une carrière européenne de poète prophète et de lyre dictatrice, le *Chant du Sacre* le brouille avec le futur Louis-Philippe dont il insulte, en ce poème officiel, la famille avec une légèreté aussi insouciante qu'il insultait dans le *Dernier Chant* l'Italie où il représentait son roi. Après les ennuis que leur avait causés le vicomte de

Chateaubriand, le poète son émule ne présageait rien de bon aux Bourbons de l'une ou de l'autre branche.

Les Harmonies. Le grand livre lamartinien de ces années-là, les *Harmonies poétiques et religieuses* sont à la fois le chef-d'œuvre de l'inspiration italienne de Lamartine et le chef-d'œuvre de la poésie religieuse propre à la Restauration.

Lamartine confesse dans une lettre à Virieu que sur cinquante pièces il n'y en a que quinze à lire. Mais même le remplissage contribue ici à nous donner le sentiment de la nappe de poésie, de la présence diffuse et divine à laquelle il fait allusion quand il dit des *Harmonies* : « J'en ai écrit quelques-unes en vers, d'autres en prose, des milliers d'autres n'ont jamais retenti que dans mon sein. » Celles qui sont écrites dans les quatre livres de 1829 sont des îles, des îles dans une abondance, une liquidité et une lumière italiennes. L'*Invocation* du début, écrite à Santa-Croce, met sur tout le volume ce sceau d'une église d'Italie. L'*Hymne de la Nuit,* l'*Hymne du Matin* paraissent *Nuit* du Guide, *Aurore* de l'Albane. Avec l'*Hymne du Soir dans les Temples,* dédié à la princesse Borghèse, le poète monte à de grandes orgues, fait rouler dans les voûtes un chant plein et vain. Non les voûtes gothiques : « La Cathédrale (gothique), dira plus tard le commentaire de la pièce, n'est qu'un vaste sépulcre, tout y est tombe, tout y gémit, rien n'y chante. Les voûtes sonores des églises d'Italie chantent d'elles-mêmes, ce sont les temples de la Résurrection. » Le *Paysage dans le Golfe de Gênes,* l'*Infini dans les Cieux, Désir,* le *Premier Regret* étalent avec une volupté noble ou une mélodieuse mélancolie le pli et la lumière de la nature italienne. Mais les îles c'est bien cette quinzaine de poèmes dont Lamartine a fixé le nombre, et que nous retrouvons sans peine.

La *Bénédiction de Dieu dans la Solitude,* écrite à Saint-Point, est peut-être la poésie la plus pleine, la plus ubéreuse de Lamartine, du propriétaire, du chef de famille et du poète, et dont on touche les profondeurs de santé et de tradition : de grosses racines humaines sous un feuillage qui vibre avec la présence des siècles, le simple tableau d'une journée patriarcale à la campagne, l'acte de vivre solennisé longuement par une musique sans fin, et l'épaisseur ici bien sentie des milliers d'*Harmonies* non écrites sous l'*Harmonie* chantée. — L'*Occident,* strophes de bronze et d'or, paix du jour sur la terre et dans l'âme, — l'*Hymne à la Douleur,* chef-d'œuvre de la poésie morale et des beaux vers gnomiques, — *Jehovah ou l'Idée de Dieu,* oratorio qui s'émeut lentement jusqu'à l'épanouissement d'une fin spendide. — Le *Chêne* où la poésie suit la vie végétative, cachée, lente et longue de l'arbre, — l'*Humanité* morceau de grande peinture bolonaise, avec son merveilleux portrait de vierge, ses vers suaves et caressés, l'hymne à la Vierge-Mère d'où naît l'homme-esprit, — l'*Idée de Dieu* et son finale de lumière et de foi, le *Souvenir d'enfance ou la Vie cachée,* confidence abondante et pleine comme l'eau qui coule, apogée, dans toute la poésie française, de l'épître familière, poésie d'arrière-saison qui est notre *Vieillard du Galèse* et où tient toute cette poésie des racines terriennes, cette gentilhomie (comme on dit prudhomie) de campagne, qui repassera dans Mistral et aussi dans Barrès, *Éternité de la Nature, Brièveté de l'homme,* ode pure qui n'est surpassée en France par aucune autre, roseau pensant de Pascal agrandi par le lyrisme jusqu'à l'ampleur du chêne et de l'olivier. — *Milly ou la Terre natale,* encore une de ces épîtres où Lamartine est le maître, et le seul (il avait publié un volume d'*Épîtres* plus tard fondu dans les poésies et on en a tiré encore de ses papiers tout un paquet inédit adressé à son beau-père Montherot), abondance de terre agricole qui prend naturellement avec ses vers nombreux la forme des sillons pressés et parallèles, — le *Cri de l'âme,* sincère et véhément, qui répond à son titre : il semble que dans la volupté de l'été toscan (presque toutes les *Harmonies* sont écrites l'été et l'automne) un amour, inoccupé de femmes, se tourne en ivresse mystique, se développe dans la vision de Dieu et fuse dans un panache de clarté, — le *Tombeau d'une Mère,* poignant comme le *Crucifix,* — *Pourquoi mon âme est-elle triste ?* méditation lyrique dont la force est faite non de sa matière, qui est pauvre avec une langue et une poésie indigentes, mais de son mouvement oratoire, l'esprit banal ayant rencontré un des grands courants de l'âme humaine, et le suivant à pleines voiles. — *Novissima Verba,* écrits à Montculot, le sermon de Bossuet transposé sur le mode lyrique, une réflexion de l'homme sur lui-même, grave, régulière, et qui coule comme un fleuve précipité et grossi pendant une nuit d'hiver, pas de sentiments rares ou neufs, mais la route royale du cœur humain, — l'interpellation *à l'Esprit Saint,* dont la fin hors d'haleine est faible, mais où il semble qu'en achevant les *Harmonies,* en les publiant l'été de 1830, le poète demande pour le prophète politique de demain l'investiture et le sacrement.

Les deux volumes des *Harmonies* sont dans l'œuvre de Lamartine ce que sont les deux volumes des *Contemplations* dans l'œuvre de Hugo, son été, son testament poétique, son long et plein dialogue avec la vie, les hommes et Dieu, et aussi une somme lyrique par laquelle le poète se débarrasse d'une partie de lui-même pour entrer dans l'ordre de la grande maturité, monter à l'Acropole homérique, s'achever dans l'épopée, dans une *Odyssée* de l'âme et des destinées humaines.

Le poète épique. Mais au contraire de Hugo, à qui son dessein épique fut suggéré par les voix de Jersey et de Guernesey, le projet d'une épopée était ancien chez Lamartine. Avant 1820, son rêve de grande poésie ne consistait pas dans les *Méditations,* mais dans un poème épique de *Clovis,* l'*Africa* de ce Pétrarque. (Il en donne un fragment dans les *Nouvelles Méditations*). Au cours de ses années d'Italie, un autre projet épique succède à celui-là, le poème des *Visions,* dont il publiera plus tard le plan détaillé et quelques fragments exécutés, une série d'épisodes où, à travers des tableaux historiques l'homme, ange tombé, serait progressivement restauré par le sacrifice. Après 1830, il laisse sommeiller ce projet pour écrire une épopée familière, populaire, celle du curé de campagne, dont son ami l'abbé Dumont, curé de Bussières, lui fournit le type. C'est le premier *Josselin,* qu'il laisse inachevé en 1832 quand il part pour l'Orient. Le contact avec l'Orient le ramène à ses premiers projets d'une grande épopée religieuse. À son retour, le *Josselin* très simple, en quatre chants, se transforme donc en un vaste poème dont les échos philosophiques et religieux vont loin, et que suit deux ans après la *Chute d'un Ange,* principe et premier tableau du poème cyclique définitif. Il projette d'en exécuter ensuite d'autres épisodes, et d'abord celui des *Pêcheurs,* en tout soixante mille vers, pense-t-il, si Dieu lui laisse vie, « et nous aurons aussi, écrit-il à Virieu, nos poèmes indiens, infinis comme la nature dont tout poème doit être la vaste et profonde et vivante réflexion ». Mais les occupations de la vie politique étaient là : le dessein des *Pêcheurs* ne sera exécuté qu'en prose, dix ans après, et ce sera *Graziella. Jocelyn* et *la Chute d'un Ange* suffisent d'ailleurs à faire de Lamartine la tête en somme la plus épique de notre poésie.

Jocelyn. Avec *Jocelyn,* Lamartine retrouve le triomphe des *Méditations,* un succès de cœur et de larmes qui rappelle (et qui cherchait peut-être) celui de *Paul et Virginie.* Depuis, *Jocelyn* s'est démodé, comme tout récit en vers, à cause aussi de la rapidité et de la négligence de la rédaction, surtout dans la seconde partie, celle qui est écrite après 1834. L'idéalisme en a paru fade. Et pourtant il lui suffit pour être sauvé, qu'il maintienne constamment le mot d'ordre de l'épigraphe qu'y a mise Lamartine : ψυχηv. Il a l'âme. Il est l'âme. En convoquant tous les sens individuels et sociaux de ce mot, il reste le poème de l'âme.

Lamartine a eu beau le transporter et l'idéaliser dans les Alpes qui flottaient par dessus la Bresse à ses yeux de Mâconnais, *Jocelyn* qui a pour origine un épisode révolutionnaire de l'histoire de Milly, pour héros Dumont, curé de M. de Lamartine (et qui, non plus que lui, ne l'oublions pas, n'avait la foi) *Jocelyn* reste le poème de cette épaisseur même de tradition locale, chrétienne, sur laquelle est porté le génie de Lamartine (et dans laquelle il descend de vastes racines.) Le poème de l'âme devient poétiquement humain parce qu'il est ici le poème de l'homme de l'âme, sous sa forme la plus élémentaire, ordinaire et simple, le préposé à l'âme dans chaque village, le curé de campagne, tel qu'il existe idéalement, — et l'âme en acte consiste dans la croyance en une existence idéale. Mais l'âme n'est pas donnée, portée par une facilité. L'âme se crée par le sacrifice, par l'effort qui remonte une pente, cette pente même selon laquelle elle est tombée. L'épopée lamartinienne a pour thème la lutte contre cette même facilité dont Lamartine a passé pour le héros et la victime. L'âme en tant qu'elle se souvient des cieux, l'étincelle divine qui retourne au foyer, c'est Jocelyn prêtre, moins par la vocation de la foi que par la vocation du sacrifice, sacrifice au bonheur de sa sœur, puis existence menée en sacrifice et en expiation pour Laurence, amour militant qui traverse l'amour souffrant pour aller à l'amour triomphant. Mais l'âme a un double sens et vit sur un double registre. Il y a l'âme individuelle de l'homme et l'âme collective de l'humanité, et cette âme collective de l'humanité pour le chrétien s'appelle l'Église. De ce point de vue, la scène centrale de *Jocelyn* serait la scène de la prison, la transmission du clerc au clerc, de l'âme à l'âme (thème du *Crucifix*), et, par un sacrifice nouveau, l'âme individuelle qui rallie l'âme de l'Église, de l'humanité, de la remontée collective vers Dieu ; seulement toute cette grandeur symbolique, cette matière épique et mystique de *Jocelyn,* elle n'est guère plus extérieurement visible dans le poème que l'âme dans le corps. Le poète n'émeut, ne veut émouvoir que par des corps individuels, vivants, par les êtres qu'il peint, l'anecdote qu'il raconte, la tragédie à laquelle il participe. *Jocelyn,* dans une lettre à sa sœur, se compare assez maladroitement à Faust. Le passage est manqué, mais l'idée subsiste. Le poème de *Jocelyn,* que Lamartine a conçu comme la conclusion et le dernier épisode de l'épopée cyclique, contient bien une spéculation faustienne sur la nature et les destinées de l'homme. Mais rien de cette spéculation faustienne ne trangresse le cadre, le corps, l'émotion, l'intimité d'un *Hermann et Dorothée* français. Lamartine a réalisé cet équilibre sans qu'il y ait rien d'apparent dans le dessein, de tendu dans l'effort. « Je ne pense jamais, disait-il, mes idées pensent pour moi. » Dans *Jocelyn* il a senti pour une idée, et une idée a pensé pour lui.

La Chute d'un Ange. *Jocelyn* devait conclure l'épopée humaine, la *Chute d'un Ange* la commencera. Le sort de ce poème a été singulier. C'est le seul échec complet que la poésie de Lamartine ait rencontré parmi ses contemporains, une roche Tarpéienne deux ans après le Capitole de *Jocelyn.* Lui-même, qui avait été le premier à prôner *Jocelyn* (souvenons-nous de sa visite à Mme Récamier racontée par Sainte-Beuve), proclamait sa *Chute d'un Ange* exécrable, s'excusait en disant qu'elle était nécessaire aux épisodes suivants, avec lesquels on verrait ce qu'on verrait. Ensuite le poème trouva des admirateurs, qui presque le découvrirent, et d'abord le chef même de la réaction anti-lamartinienne, Leconte de Lisle, qui y voit le chef-d'œuvre du poète. Et peu s'en faut que ne soient de cet avis aujourd'hui ceux qu'on pourrait appeler les lamartiniens d'extrême-gauche. Des lecteurs considérables préfèrent la *Chute* à *Jocelyn* et son reclassement par la critique, depuis 1890, reste un fait acquis.

Il faut admirer la grandeur du mythe, la force et le poids des idées. Cédar, l'ange tombé par amour, mais qui pourrait dire comme le théologien : « Mon amour c'est mon poids » réalise une idée de l'homme, celle qui circule à travers la poésie et la vie de Lamartine, et qu'il lui importait d'exprimer une fois dans sa totalité. Cette idée il ne l'a pensée religieusement que pendant son voyage dans la terre mère des religions. Devant les pierres de Balbek, il y a ajouté la vision d'une humanité matérialiste, maîtresse des forces de la nature et qui ne s'en sert que pour opprimer et jouir. Quelques salutaires persécutés, gardiens des fragments d'un livre révélé, maintiennent dans l'ombre un royaume de Dieu. Ces fragments du *Livre primitif* sont un chef-d'œuvre de poésie gnomique, forte, simple, classique, d'une pureté et d'un poids, d'une perfection de style inégalés ailleurs par Lamartine. Mais le chœur célèbre des Cèdres du Liban n'est qu'une *Harmonie,* inférieure à d'autres.

La *Chute* et non les *Martyrs,* voilà l'épopée exactement préparée et annoncée par le *Génie du Christianisme.* Le thème est celui de la religiosité romantique, la lutte contre l'esprit du XVIIIe siècle, sous sa double apparence : l'Encyclopédie et la sensualité. L'Encyclopédie : la domination de la nature par l'homme sans maîtrise correspondante de l'homme sur sa nature ne peut qu'engendrer une culture monstrueuse, et le mythe de la *Chute* a posé dès 1838 les problèmes angoissants devant lesquels l'Europe s'interroge aujourd'hui. La sensualité : on s'est étonné du tableau factice, naïf et tératologique que fait Lamartine de la vie luxurieuse de ces maîtres de la nature. Il l'a prise simplement dans le Cloaque Maxime où aboutit le sensualisme du XVIIIe siècle, chez le marquis de Sade lui-même dont les œuvres, lues à vingt ans chez son ami Guichard de Bienassis, terrifièrent les deux jeunes gens.

Évidemment, il ne faut pas demander à la *Chute d'un Ange* ce qu'on trouve en *Jocelyn,* de l'humanité actuelle et des caractères. Les êtres n'y vivent que symboliquement. Mais le style poétique est généralement, quoiqu'on en dise, d'une fermeté plus constante que celui de *Jocelyn.* C'est un style de poète orateur. Depuis quatre ans Lamartine s'est rendu à la Chambre maître de l'art de la parole. Cela se reconnaît dans sa poésie.

Les Recueillements et les Psaumes. Et non seulement dans l'épopée, que malheureusement il arrête là, mais dans une poésie lyrique qui, plus rare qu'autrefois, gagne en nombre, en poumons, en poids et qui enfle sa houle dans les poèmes des *Recueillements,* écrits après 1830. Le *Cantique sur la mort de la duchesse de Broglie* donne au tombeau d'Albertine de Staël les mêmes consécrations que Bossuet apportait à celui d'Henriette d'Angleterre. Les odes à Wasp, à Guillemardet, l'hommage *À l'Académie de Marseille, Gethsémani* ouvrent aux nappes politiques la maison idéalisée de la famille et des parents. Les chefs-d'œuvre lyriques de Lamartine ce sont alors les grandes odes politiques. *À Némésis,* le *Toast des Gallois et des Bretons, Utopie, les Révolutions, La Marseillaise de la Paix :* drapeau en plein ciel de son éloquence de tribune.

La poésie lyrique avait toujours répondu chez Lamartine à un état de grâce précaire. Il songea longtemps qu'après les *Méditations,* œuvre de son printemps, les *Harmonies,* œuvre de son été, il trouverait les sources lyriques de son automne dans des *Psaumes,* soit dialogues de l'âme et de Dieu, plus près de la Bible que ceux que Victor Hugo entretiendra plusieurs années à Guernesey, mais, comme ceux-ci, testament d'une pensée qui fut toujours religieuse. Les travaux forcés de la copie, l'automatisme de la prose, l'en empêchèrent, sauf un jour de ses vendanges de Milly, en 1857, où devant la maison de son enfance, inhabitée depuis des années, il écrivit la *Vigne et la Maison, Psaumes de l'Âme,* la dernière grappe tiède et dorée, à la treille défeuillée. Aucun poète n'a écrit de pareils vers à soixante-sept ans. Ils valent le *Crucifix.* Il suffit d'ailleurs d'ouvrir au hasard les vingt-huit volumes du *Cours familier de Littérature* pour sentir que si la nappe poétique ne jaillit plus, elle subsiste sous terre. Deux ans après, le Quarantième Entretien, en donnant à *Mireille* l'investiture du poète de *Jocelyn,* marque une date d'or dans l'histoire du génie poétique.

Les destinées de la poésie. Telle a été en effet la fonction de Lamartine depuis 1820 : maintenir en France la poésie comme une nature et comme un climat. Il est moins une force de la nature qu'une présence de la nature ; moins une date qu'une saison. En 1820, ramenant la poésie perdue, il l'a fait régner sur un cœur, sur des cœurs, et ensuite sur tout le reste, sur la politique, sur l'histoire, sur la critique. Cet ennemi de Napoléon a été le Napoléon d'un impérialisme poétique. Comme l'Empire de 1811, la poésie du Lamartine de 1847 et 1848 pousse une transgression politique démesurée, qui appelle inévitablement la réaction. Elle commence dès l'automne de 1848, elle durera quarante ans et cessera à la fin du XIXe siècle.

Mais le terme de poésie a un autre sens que celui d'une *nature,* à savoir le sens d'un *art,* d'une technique. Ce sens il le prend quand nous parlons de Malherbe, de Racine, de Baudelaire, du Parnasse, de Valéry. Dès lors tout un hémisphère de la poésie doit se former, se connaître, s'éprouver, se fortifier contre Lamartine. Dans la Société des esprits que forme la poésie française, on ne peut séparer Lamartine de la réaction anti-lamartinienne qui fera la poésie originale du Second Empire. Il faut accepter le poète avec ses impossibilités et ses ennemis. Il fut un temps où il triomphait dans l'unanimité. Il fut un temps où il était universellement démodé. Triomphe et refus de Lamartine appartiennent aujourd'hui non plus à des générations qui se succèdent et se contredisent, mais à des catégories coexistantes et nécessaires de la complexe poésie, la catégorie de l'inspiration et la catégorie de la technique.

IV

ALFRED DE VIGNY

Situation d'Alfred de Vigny. Il y eut deux époques où Vigny passa, auprès d'une élite, pour le plus grand des poètes romantiques. Ce fut d'abord vers 1826 : il produisait alors, avant trente ans, des chefs-d'œuvre glorieux, auxquels, de son vivant, ne s'ajouta de lui aucun autre livre de vers. Ce beau, fier et discret officier avait repris la révolution poétique où l'avait laissée André Chénier, rompant à la fois avec l'ode et le discours en vers du XVIIIe siècle, où sont encore prises les premières œuvres de Lamartine et de Victor Hugo — ajoutant, et le premier, à l'inspiration antique l'inspiration biblique, — recréant, après *l'Aveugle* et le *Malade,* « le poème », y enfermant ce qui manque à Chénier, le symbole et l'idée, atteignant presque du premier coup, comme Keats, à une poésie intellectuelle par son dessein, sensuelle par la substance de son vers, — évoquant de sa personne, pour les imaginations poétiques des jeunes hommes et des jeunes femmes, la figure des cygnes et des anges qu'il chantait, premier et plus bel amour de la Muse blonde, la jeune Delphine Gay, prince charmant du romantisme entre Lamartine et Musset. — Ce fut ensuite à la fin du XIXe siècle, trente ans après sa mort, quand Lamartine n'émergeait encore que péniblement de l'oubli, que Hugo restait pris dans les vulgarités de l'apothéose officielle, que les délicats trouvaient, selon le mot de Jules Lemaître, que le premier faisait trop gnan-gnan et le second boum-boum, que Sully-Prudhomme, quelque peu héritier de Vigny, devenait le poète de la « jeunesse pensive » et bachelière : alors l'auteur d'*Eloa,* et surtout du livre posthume des

Destinées apparaît comme le poète de la qualité, de la densité, de l'esprit, de l'analyse, de l'idéalisme, le poète qui pense, qui a des idées, qui est soutenu par un *Journal Intime* de la valeur de ceux de Maine de Biran et d'Amiel ; qui a découvert sous une forme classique, avec une âme romantique, le principe de ce qu'on appelle alors le symbolisme ; — le poète pur de toute gangue oratoire, en qui s'allient la vie poétique et la vie intérieure, sous un double rayon, celui de la lampe de Psyché, et celui qui, phare solitaire de la *Bouteille à la Mer* et de l'*Esprit pur,* balaie l'espace et le temps. Plus tard, la forte lumière qui est revenue sur ses émules de 1830 a diminué cette situation de veilleur et de penseur, les *Fleurs du Mal* ont tendu à remplacer, comme volume de vers uniques, les poésies de Vigny, l'admiration s'est parfois tempérée en considération : mais il reste très grand, son action sur les âmes n'est nullement épuisée. Deux sommets de la poésie portent son nom : un Brocken aimable, celui de la ballade, — et le pic le plus haut, celui du mythe.

Le poète de la ballade. Avant 1830, la ballade romantique fut quelque temps à la mode. On imite les Allemands comme Chénier les Grecs. Le genre troubadour trouve dans la ballade sa pointe et ses ailes. Avec Émile Deschamps, cela ne va pas bien loin. Dans les *Ballades,* Victor Hugo s'amuse en grand virtuose, mais la *Fiancée du Timbalier,* est devenue une guitare et la *Chasse du Burgrave* a toujours été une amusette. Ce romantisme en belle humeur finit dans la *Ballade à la Lune.* Vigny seul a eu le bonheur de toucher ici une corde sérieuse. De ce moyen âge en ballades romantiques il reste la *Neige* et surtout le *Cor.* Évidemment la forme de ces stances n'a rien de celle des ballades. D'autre part, il semble que les rimes plates conviennent mal au groupe de quatre alexandrins, Vigny presque seul ayant usé de ce rythme. Et pourtant c'est par ces rimes plates, ce faux distique, cette naïveté apparente, qu'est introduit le moyen de faire coïncider le ton du récit ordinaire avec la stance imposée par le génie lyrique de la ballade. La *Neige* et le *Cor* sont des impressions, celles même qu'évoquent leur titre, leurs premières strophes, et ces impressions s'épanouissent d'un seul mouvement en récits. La ballade n'est pas fabriquée à l'atelier comme dans Hugo, elle se crée dans une nature et d'une nature, sous les yeux du lecteur ; les vers pleins de prestige entrent d'un vol dans la mémoire, à la manière des plus beaux de La Fontaine, de Racine ou de Chénier. C'est peut-être parce que Vigny a transposé dans le lyrisme français, avec la substance et l'ivoire de ses vers, le cor enchanté du romantisme allemand, que, mille ans après la bataille de Roncevaux, Victor Hugo l'a fait sonner dans la bataille d'*Hernani.*

Le poète du mythe. Mais ce qui importe bien plus encore dans la poésie de Vigny, c'est qu'on doit faire dater d'elle, dans l'histoire, la découverte des mythes. Le mythe, introduit dans l'art par Platon, comme l'épopée par Homère, c'est une idée portée par un récit, une idée qui est une âme, un récit qui est un corps, et l'un de l'autre inséparables. La poésie de nos classiques l'a ignoré : elle l'a laissé confondu avec la fable, que d'ailleurs les Grecs en distinguaient mal, n'ayant qu'un mot pour les désigner tous deux : et le Socrate de Platon qui mettait les fables d'Esope en vers dans sa prison, n'entend bien, dans les mythes du *Phédon,* raconter que des fables. Mais ces fables étaient philosophiques, et ce mot de philosophique fait pour nous la définition du mythe. Le sens esthétique du mythe a été découvert, en somme, pour la première fois depuis les Grecs, par Goethe. On remarquera que dans l'article qu'elle consacre à *Faust* dans l'*Allemagne,* Mme de Staël juge le poème d'après les règles et le goût du XVIIIe siècle, et ne paraît rien entendre à son caractère de mythe. De la *Psyché* de La Fontaine à l'utilisation allégorique du mythe de Psyché par Lamartine dans la *Mort de Socrate,* et bien que cette dernière soit très faible, on sent le passage d'une poésie sans mythe à une poésie fécondée par le mythe. Mais ces remarques ne nous font que mieux saisir la forte originalité, la puissance créatrice, le rayonnement indestructible de *Moïse* et d'*Eloa,* le droit qu'avait Vigny d'écrire en 1829 : « Le seul mérite qu'on n'ait jamais disputé à ces compositions, c'est d'avoir devancé en France toutes celles de ce genre, dans lesquelles presque toujours une pensée philosophique est mise en scène, sous une forme épique ou dramatique. » Leurs chefs-d'œuvre, la *Chute d'un ange* et le *Satyre,* devaient naître plus tard.

Moïse est le mythe du génie. Écrit peut-être dans les Pyrénées, il dit l'homme en méditation sur la montagne, et l'on remarquera l'intention de le placer en tête des *Poèmes Antiques et Modernes,* comme l'*Isolement* était placé en tête des *Méditations.* Deux *Solitudes,* celle de Lamartine une solitude sentimentale, celle de Vigny la solitude du génie, celle de Lamartine sous le rayon direct du lyrisme, celle de Vigny sous le rayon réfléchi du mythe. Si tout est dépeuplé autour de la première, c'est qu'un seul être lui manque. Si un être, si un autre cœur, manque à la seconde, c'est qu'elle est environnée d'un peuple, que le génie est marqué de solitude pour le service et la lumière de ce peuple. Aucun choix n'était plus heureux pour incarner le mythe du génie, pour fondre en or le sceau de la cléricature, que celui de Moïse, le prophète de la terre promise, qui n'y entre pas, parce qu'il doit vivre, comme le sage de Platon, non dans les réalités, mais dans leurs idées.

Eloa est le mythe du mal. D'une larme du Christ, un ange-femme est née. La vocation de la pitié lui fait aimer l'ange du mal, qui la séduit et par ses mensonges, et par sa vérité, et par lui, et par elle, et qui l'entraîne. Le couple est, en principe, purement humain : thème éternel de l'innocente et du séducteur, Marguerite et Faust, et Vigny étale dans *Eloa* son jeune poème, comme Musset le sien dans *Rolla,* thème classique de là plus humble romance. Mais par la multiplication poétique, par l'espace où il s'accroît en progression géométrique, le thème devient mythe. Née de la pitié du Christ, non de sa colère, ou de sa justice, ou de son sacrifice, Eloa ne connaît devant le mal du monde que le sentiment du Christ devant le mal humain, la pitié. Le mal n'est pas un froid absolu, c'est un climat. Il a ses fleurs, celles que chantera Baudelaire, celles qu'évoque Satan :

Les voluptés des soirs et les biens du mystère

Il est fait d'un complexe, les replis, les charmes et la perfidie du serpent. Vigny a renoncé à donner une suite à *Eloa,* le *Satan sauvé* qu'il projetait. Hugo l'a fait à sa place dans la *Fin de Satan.*

Les sentiments et les idées : La Condition humaine. La poésie de Vigny est gouvernée par une idée, que confirme le *Journal d'un Poète* : la rupture entre l'homme et le créateur, le refus d'admettre le monde, la nature, Dieu même, comme ils sont. *Eloa* peu paraître d'abord un conte inspiré des *Amours des Anges* de Moore, et dont la célébrité viendrait de la richesse de sa poésie, de la beauté des comparaisons, de l'attaque et de la suite des tirades, de la fluidité et de la spiritualité de quelques vers immortels. Mais par-delà ces biens poétiques, il y a autre chose : à savoir que la poésie de Vigny est du parti d'Eloa, que cette poésie est une éternelle Eloa. Le *Déluge,* la *Fille de Jephté,* disent le même sacrifice de l'innocence. Surtout les poèmes des *Destinées,* publiés en partie en 1843 et 1844, reprennent, avec une maturité, une concentration, un éclat et un poids encore plus forts le thème éternel. Les tercets des *Destinées,* la *Maison du Berger,* la *Mort du Loup,* le *Mont des Oliviers* sont un quadruple refus de la nécessité, de la nature, de la plainte et de Dieu.

Ils sont devenus les poèmes les plus durablement lumineux, les étoiles fixes de notre poésie. Ils ne le doivent pas à la pureté de leur langue, souvent incertaine, mais bien d'abord à celle des vers extraordinaires, qui pendent çà et là en grappes de Chanaan. Ensuite à leurs profondes racines dans un cœur d'homme : les deux apologies pour le silence, la *Mort du Loup* et le *Mont des Oliviers,* sont vraiment un testament du poète, qui a su lui-même se taire, maintenir derrière les barrages de granit la vie intérieure attestée par le *Journal.* Enfin, à leur passage de l'homme à l'homme par la voie royale, celle du mythe et du symbole.

La *Maison du Berger,* dont les strophes s'épaississent comme une futaie, n'est pas seulement un symbole, mais une architecture de symboles. Ses trois parties suscitent trois couples d'oppositions : le chemin de fer social et la maison du berger de l'individu — la politique et la poésie — la nature et la femme. Devant la société, la politique et la nature, le silence. Mais aux êtres, à la poésie, à la femme, la tendresse. La machine banalise l'esprit, la politique abêtit l'homme, la nature ignore le cœur ; le poète, devant elles, est le Loup, garde le silence par lequel dans le *Mont des Oliviers,* il répondait au silence de Dieu. Mais la Maison du Berger c'est la liberté, la poésie c'est la pensée en sa perle, la femme c'est la pitié d'Eloa, dont Eva a gardé la meilleure part, celle-là même que lui rend le poète quand il se détourne de l'inhumaine et trop divine nature :

Plus que tout votre règne et que ses splendeurs vaines
J'aime la majesté des souffrances humaines

Mais d'admirer cette architecture de symboles peut faire méconnaître la plus pure beauté du poème : çà et là et surtout dans les dernières strophes une gratuité toute pure, une présence non de l'éternel féminin, mais au contraire du féminin dans son passage, de l'instant à aimer parce qu'on ne le verra pas deux fois, de l'amour taciturne et toujours menacé. — Cette gratuité impondérable qui deviendra plus tard la valeur suprême de la poésie, et précisément en liaison avec un symbolisme, Vigny paraît bien le seul avec Nerval à la suspendre en contrebande le long de la poésie oratoire romantique.

Le monde de Vigny est un monde sans Dieu, la conscience de Vigny est la conscience tragique d'un monde sans Dieu. Elle le mène à un désespoir, mais à un désespoir actif, chez ce silencieux le désespoir même du Taciturne : on n'a pas besoin d'espérer pour entreprendre. L'entreprise subsiste hors de l'espoir, et une partie des *Destinées* met en symboles l'entreprise humaine.

L'Entreprise humaine. Les poèmes de l'entreprise sont la *Sauvage*, la *Flûte*, la *Bouteille à la Mer,* et l'*Esprit pur.* La *Sauvage,* qui manque un peu de résonance, ne fait pas hors-d'œuvre chez Vigny. Seul des romantiques, il hait la nature sous toutes ses formes. Dans toute lutte de l'homme contre la nature, il est pour l'homme. Il est pour l'homme contre Dieu. Quand le problème de Rousseau se pose, il est contre Rousseau ; il est pour l'homme civilisé contre l'homme naturel, pour l'homme blanc contre le sauvage. Il fallait qu'un de ses poèmes fût consacré à la civilisation, à l'effort, l'effort qui vaut pour lui-même, même si, comme dans la *Flûte* il n'aboutit pas.

La *Bouteille à la Mer* et *l'Esprit pur* reprennent cette strophe de sept vers de la *Maison du Berger* qui fait la plus belle et l'originale réussite lyrique de Vigny. La *Bouteille à la Mer* est le poème de l'entreprise humaine en tant qu'elle s'attache à ce qu'il y a de plus immatériel et qu'elle vit et meurt pour les idées. L'idéalisme de Vigny, ne prenons pas cela pour un mot conventionnel. Il ne ressemble pas à celui des poètes, mais à celui du philosophe. La vingt-sixième et dernière strophe de la *Bouteille à la Mer* commence par ce vers :

Le vrai Dieu, le Dieu fort est le Dieu des idées

Le recueil des Poésies, l'œuvre et la vie d'Alfred de Vigny sont tendus par la dialectique héroïque grâce à laquelle cet ennemi d'un Dieu donné, d'un Dieu non cherché, ni voulu, parvient à la notion platonicienne d'un Dieu vrai et fort, lieu des idées, comme l'espace est le lieu des corps. Le Poëte de *l'Esprit pur* est l'homme des idées et mieux encore le Chevalier des idées. Les idées de Vigny gardent la marque de l'outil intérieur et de la tension triste qui les créèrent. Mais sa vocation était de les créer en poète, de porter des mythes comme le « fablier » La Fontaine portait des fables. Il en a ébauché encore beaucoup d'admirables dans le *Journal d'un Poète,* qui contient tout un carton de dessins, de poèmes. Malheureusement ce qu'on nomme l'inspiration était chez lui précaire, l'ardeur juvénile à fondre un morceau en un seul jet s'affaiblit de bonne heure. Les circonstances de la vie et le goût du silence firent le reste.

Les Amants du Théâtre. Dès sa jeunesse Vigny étonnait les romantiques par ses réticences et ses pudeurs. Personne, disait Dumas, ne l'avait jamais vu à table. On conçoit donc que, seul, il n'ait pas écrit de vers directement intimes ; qu'il n'ait pas chanté comme les autres ses amours, ses haines, ses peines et ses joies (ou du moins qu'il n'en ait rien publié) et qu'il ait tout stylisé. La *Colère de Samson* ne fait pas exception. C'est une imprécation contre la femme, aussi célèbre et aussi belle que l'adoration d'*Eva.* Rien de plus transparent que ce poème biblique, dont le début est d'une étonnante couleur orientale — sur la trahison de Marie Dorval. Ce séraphin de l'ombre, ce prince du silence et de la tour d'ivoire, la femme publique l'a jeté avec ses plus chers secrets sur la place publique, l'a divulgué presque nu à ceux et à celles qui l'ont remplacé près d'elle. Vigny ne répond pas, cette fois, par le silence, mais par le pilori. On songe à l'Archiloque des *Iambes* et au Hugo des *Châtiments.* La stylisation et l'habitude du mythe risquent de nous faire imputer à la femme ce qui s'applique ici à une femme. Il faut prendre la *Colère de Samson* aussi et surtout pour la physiologie d'un certain amour et des Amants du Théâtre, comme il y eut en même temps, avec les mêmes orages, les *Amants de Venise,* et le *Honte à toi, femme à l'œil sombre* de Musset à George Sand.

Le Père La Pensée. Depuis la publication des *Destinées,* qui rappelèrent l'attention sur lui après sa mort, la gloire de Vigny n'a pas connu les hauts et les bas de celle de Lamartine et de Victor Hugo. Elle est restée égale et pure. De ses grands poèmes les grammairiens ont pu discuter la langue, mais de leur poésie rien n'a vieilli. Ce poète stoïcien, ce constructeur de mythes autour des idées, en même temps qu'il a été le romantique le mieux délégué à la poésie pure, a tenu la place, rendu les services, conservé le bienfait d'un moraliste. Sa sensibilité orgueilleuse, douloureuse n'a nui en rien à une raison active qui fait de lui le Père La Pensée de la poésie romantique. Elle a donné au contraire à cette pensée plus de vibration humaine, à cette paternité plus d'efficace.

V

VICTOR HUGO

Victor Hugo appartient par son père à une famille de paysans lorrains (canton de Baudricourt), que son grand-père, artisan adroit et commerçant habile, menuisier et forestier, amène à l'aisance, son père et ses deux oncles, tous trois soldats de la Révolution et officiers de l'Empire, à l'honneur et à l'éclat ; — par sa mère Sophie Trébuchet il descend de bourgeois et d'armateurs nantais. Né à Besançon le 26 février 1802, le dernier de trois garçons, son enfance nomade suivit les garnisons de son père : Corse, Île d'Elbe, Naples. Deux séjours ont de l'importance : celui des enfants Hugo à Paris dans le grand jardin des Feuillantines pendant trois ans (1808-1811), les deux années d'Espagne, 1811 et 1812, où le général Hugo a suivi le roi Joseph. À Paris de 1812 à 1818, les trois enfants firent de bonnes études, mais surtout de la littérature. À seize ans, Victor Hugo a écrit une tragédie, a obtenu une mention de l'Académie pour une ode, a fait couronner des poésies aux Jeux Floraux de Toulouse, et il fonde à dix-sept ans la première en date des jeunes revues le *Conservateur littéraire* (1819-1821) mis habilement dans le sillage du *Conservateur* politique de Chateaubriand. Les dissentiments de ses parents, qui vivent séparés depuis 1812, lui ont imposé une adolescence pénible, donné le besoin et la volonté de se faire une situation par la littérature, seul métier dont il entend vivre (il le pratiqua toujours avec une extrême probité, mais un sens des affaires très avisé). Une femme et des enfants (il avait fait à vingt ans, venant de perdre sa mère, un mariage d'amour, avec une amie d'enfance, Adèle Foucher)

— la position politique de sa famille (sa mère s'était déclarée royaliste en 1814 par haine du général, puis le général s'était rallié à Louis XVIII), — l'exemple des deux grands aînés, — Chateaubriand et Lamartine, — sont à l'origine de son royalisme juvénile, royalisme de carrière et de raison qui ne s'empara pas plus du cœur de Victor que du cœur de la France. Dès 1822, les *Odes* le présentent comme le poète officiel et sérieux de la dynastie. Mais aussi il veut, avec fermeté et persévérance, un grand état d'homme de lettres complet, fournissant tout, saisissant le filon du jour, réussissant en tout, supérieur dans tout : le roman avec *Bug-Jargal* et *Han d'Islande,* le théâtre avec *Amy Robsart* et *Cromwell,* la critique créatrice avec les préfaces, la poésie classique avec les *Odes,* la poésie romantique avec les *Ballades.* À vingt-huit ans c'est un chef d'école ou, plus précisément un chef : il publie à la fois les *Orientales* et le *Dernier Jour d'un Condamné,* et remet à la Comédie-Française *Marion Delorme,* dont le gouvernement interdit la représentation. 1830-1831 montrent à nouveau la même ambition triple, avec *Hernani, Notre Dame de Paris* et les *Feuilles d'Automne* : grande année, grand tournant.

La bataille d'*Hernani* passe pour l'Austerlitz du romantisme. *Notre-Dame de Paris* deviendra par son pittoresque une des œuvres les plus populaires de Hugo, et les *Feuilles d'Automne* marquent son entrée dans la Grande poésie personnelle philosophique, politique. En même temps, ses vrais sentiments politiques se manifestent. Ils tournent autour de Napoléon. L'*Ode à la Colonne,* en avait été l'acte de naissance, le IVe acte d'*Hernani* est l'acte de l'idée impériale. En 1831, dans une lettre au roi Joseph, il s'offre au service du duc de Reichstadt. La mort de Napoléon II le met en état de disponibilité politique, le rejette dans un napoléonisme idéal (comme Chateaubriand est resté émigré dans un légitimisme décoratif), le laisse pour plusieurs années très hostile à Louis-Philippe, qui lui rend le service d'interdire en 1832 le déplorable *Roi s'amuse,* et qu'il insulte dans des vers qui restent secrets. Mais à partir de 1834 il se rapproche du jeune duc d'Orléans, surtout, en 1837, de la duchesse d'Orléans, qui le fera nommer pair de France en 1845 et en faveur de qui il parlera courageusement, monté sur une borne, pendant les journées révolutionnaires de 1848.

De 1831 à 1840 sa vie littéraire est dominée par les quatre recueils des *Feuilles d'Automne,* des *Chants du Crépuscule* (1835) des *Voix intérieures* (1837) des *Rayons et les Ombres* (1840) qui correspondant au quasi-silence lyrique de Lamartine et de Vigny, à l'échec poétique de Sainte-Beuve, le constituent prince du lyrisme de son temps. Sa vie théâtrale est moins heureuse : le grand projet d'un théâtre à lui, de l'histoire de France mise abondamment en drames pour le peuple par un nouveau Shakespeare, n'aboutit pas. Si *Lucrèce Borgia* (1833) réussit, *Marie Tudor* (1833) et *Angelo* (1835) échouent, les grands triomphes sont pour Vigny et *Chatterton,* Dumas et la *Tour de Nesle. Ruy Blas* joué à la Renaissance en 1838, connaît cependant un grand succès, reste en somme le seul drame en vers de Hugo qui ait réussi. Sa vie sentimentale enfin n'avait pas échappé aux révolutions de la trentaine : le plus intime de ses amis Sainte-Beuve avait rompu avec lui après une aventure célèbre, un drame de foyer conjugal, où presque tous les torts étaient du côté du critique. Dans son ménage, le malaise, même la mésentente sexuelle avec une femme qui lui a déjà donné ses quatre enfants, est une des causes de sa liaison, qui débute en 1833, avec l'ancienne maîtresse et modèle de Pradier, Juliette Drouet. Du relèvement, de l'éducation, de la création d'une femme par l'amour et le génie, cette liaison, qui durera jusqu'à la vieillesse et la mort, reste d'ailleurs un émouvant modèle et un magnifique monument.

En 1838, Hugo fait son premier voyage en Allemagne. Ses préoccupations politiques, dont *Ruy Blas* est le mythe, auront pour manifeste en 1841 le discours de réception à l'Académie, en 1842 le *Rhin,* en 1843 les *Burgraves,* la seconde pièce impériale de Hugo après *Hernani,* soleil couchant plus beau que le soleil levant, mais Waterloo dramatique treize ans après Austerlitz. La vie de Hugo, la quarantaine venue, atteint elle-même un rayonnement impérial. Sa maison de la place des Vosges est une capitale littéraire. Son masque de marbre contracte une ampleur césarienne. Il voit loin et fort. En 1842, la mort du duc d'Orléans laisse entrevoir à brève échéance une minorité, une régence. La réussite parlementaire de Lamartine, à qui on offre portefeuille et ambassades et qui se réserve pour mieux que cela, le souvenir de Chateaubriand, indiquent à Victor Hugo les voies possibles d'un poète vers les sommets. Il se tient en disponibilité sept ans. Il cesse de publier. Il sentait que les *Burgraves* l'avaient diminué devant la foule, qui n'aime pas les échecs. 1843 était en outre l'année terrible pour une autre raison qu'un échec au théâtre : nouvelle mariée, la plus aimée de ses enfants, la plus fille de son père (*Cette Léopoldine est fille de Césars,* dit Sainte-Beuve dans *Lyre d'Amour*) Léopoldine Vacquerie, se noie à Villequier pendant que son père voyage dans les Pyrénées avec Juliette. Ce fut la plus grande douleur de son existence. Deux ans après, le jour anniversaire, en 1845, de la mort du duc d'Orléans, et sur la prière de la duchesse, Louis-Philippe, d'ailleurs malgré lui, nomme Hugo pair de France. Mais la destinée s'acharne : Hugo comptait faire au Luxembourg des débuts et une carrière éclatante, quand un scandale — flagrant délit d'adultère avec Mme Biard — le condamne au silence pendant deux ans, et il ne monta enfin à la tribune que pour démontrer qu'il ne serait jamais orateur. Cependant s'il ne publie pas, il écrit en hâte les manuscrits, amorce avec *Pauca Meæ* les *Contemplations,* avec *Aymerillot* et le *Mariage de Roland* la *Légende des siècles,* avec les *Misères* les *Misérables.*

La Révolution de 1848 l'atterre. Mais le gouvernement de Lamartine, l'établissement du suffrage universel, donnèrent d'abord à cette Révolution figure de romantisme au pouvoir. Les électeurs de Paris envoyèrent Hugo à l'Assemblée Constituante, puis à la Nationale, il y siégea à droite, soutint de son journal l'*Événement,* et de son vote, la candidature de Louis-Napoléon, défendit la politique du Prince-Président à l'Assemblée, d'ailleurs maladroitement (Hugo était le contraire d'un parlementaire). Tout son passé le portait en effet à devenir l'un des hommes représentatifs du futur Empire : l'amour sincère du peuple, la philanthropie autoritaire, la politique mondiale d'utopiste et de rêveur, étaient autant de traits communs au vicomte Hugo et au Prince Président. Dans son ministère Louis-Bonaparte aurait donné volontiers un portefeuille au poète. Son entourage l'en dissuada. Frappé immensément dans un immense orgueil et une immense ambition, Victor Hugo se précipita avec une sombre fureur, dans le seul parti qu'il ne se fût pas aliéné, l'extrême-gauche, et, éloquent pour la première fois, engagea à la tribune une lutte sans merci contre le gouvernement.

Le récit du coup d'État qu'il écrivit en 1852 et ne publia que vingt ans après, l'*Histoire d'un crime,* n'est qu'un roman de propagande. Il est d'ailleurs exact qu'il se conduisit avec courage au 2 décembre. Il partit pour Bruxelles, déguisé en ouvrier, Morny l'ayant laissé évader d'un cœur léger, l'aimant mieux dehors que dedans.

L'état de détresse et de colère dans lequel il arriva à Bruxelles s'exprima dans le pamphlet de *Napoléon le Petit* et dans les premières pièces des *Châtiments* qu'il acheva à Jersey où il s'établit en 1852, pour passer en 1856 à Guernesey. Dans cette solitude des îles, où sa famille et Juliette Drouet l'avaient accompagné, où la production régulière, six heures de travail chaque matin, était devenue la vraie substance de sa vie, où la méditation de la mer et de Dieu, de la vie et de la mort, l'occupaient puissamment, il atteignit une force surhumaine d'expression et de création. S'étant apparemment purgé de ses rages dans l'explosion volcanique des *Châtiments,* installé dans l'exil, il ajouta aux pièces lyriques qu'il avait en portefeuille de quoi faire les *Contemplations* (1856). Il écrivit sa *Chute d'un Ange* avec la *Fin de Satan* et *Dieu,* il devint le poète épique de la *Légende des Siècles,* reprit les *Misères* pour en tirer les dix volumes des *Misérables,* se divertit dans les *Chansons des Rues et des Bois* en répandant parmi les étoiles les gaillardises de Béranger, écrivit le roman de l'Océan avec les *Travailleurs de la Mer,* le conte fantastique démesuré de l'*Homme qui rit,* se fit une vie puissante, prestigieuse, de prophète dans une île où se mêlaient les images de Patmos, de Sainte-Hélène, du Grand Bey. Un sculpteur divin avait pris sous son ciseau la pierre de sa destinée.

Il s'était fermé courageusement par un vers des *Châtiments* le chemin du retour. Il revint à Paris le surlendemain de la proclamation de la République, porta pendant le siège, et même après le siège, le képi de garde national, fut élu député de Paris, à l'Assemblée nationale, entre Louis Blanc et Garibaldi, démissionna bientôt, n'ayant guère de langage commun avec l'Assemblée de Bordeaux, pas plus d'ailleurs qu'avec la Commune et les partis qui se formèrent et s'affrontèrent dans la République. Elu sénateur de la Seine, il parla peu au Luxembourg. Il y représenta deux idées : l'amnistie, qu'il réclama inlassablement pour les condamnés de la Commune, et l'anticléricalisme, qui lui donna une figure d'ancêtre dans les guerres religieuses de la République.

Il écrivit encore après 1871 l'*Année Terrible,* l'*Art d'être Grand-Père, Quatre-vingt-treize, Religion et Religions,* plusieurs belles pièces de la *Légende* comme le *Groupe des idylles,* le *Cimetière d'Eylau.* Mais ce sont là des exceptions : presque tout ce qu'il publia était tiré des manuscrits de l'inépuisable exil, surtout des années cinquante. Lui-même régla par testament la publication des œuvres posthumes, laquelle devait s'échelonner jusqu'en 1902, époque de ses cent ans, mais n'est pas encore terminée.

Les deuils s'étaient acharnés sur lui. En 1871 et 1873 moururent ses deux fils, compagnons de son exil. Sa dernière fille, qui lui survécut, Adèle, était folle depuis l'exil, enfermée, comme son oncle Eugène. Juliette Drouet l'accompagna presque jusqu'au tombeau. Mais les deux enfants de son fils, Georges et Jeanne, fleurissaient sa vieillesse. Tout le monde littéraire et républicain passait par son petit hôtel de l'avenue d'Eylau, où il tenait à peu près, comme il le fit toute sa vie, table ouverte, avec une bonne grâce de gentilhomme. Paris l'enveloppait d'une gloire immense, monumentale.

Il mourut à quatre-vingt-trois ans, comme Voltaire et Goethe. Ses obsèques civiles appartiennent aux pompes et au culte républicain, où elles créèrent le même éclat que la fête de l'Être Suprême sous la Convention. Il est de ces hommes étranges, qui, selon sa propre expression, enivrent l'histoire. Le demi-siècle qui s'est écoulé depuis sa mort a été aussi riche que le temps de sa vie en débats passionnés sur sa personne, sa place et sa gloire. « Enfin, disait en 1885, le poète qui allait lui succéder à l'Académie, il a désencombré l'horizon ! » Leconte de Lisle ne s'est jamais plus solidement trompé que ce jour-là.

Situation de Hugo. Dans le monde des grands poètes, il semble que l'équation personnelle de Victor Hugo, ce soit, sinon une disproportion, du moins un écart entre son génie et sa personne, une certaine impossibilité à suspendre entre eux un beau pont. On se rendra mieux compte de cet écart en comparant la situation de Hugo à celle de Lamartine. L'œuvre littéraire de Hugo est restée presque en bloc, comme une Péninsule Ibérique. Au contraire, celle de Lamartine s'est effondrée en grande partie : Archipel, Cyclades, Sporades, sur l'emplacement d'une Égéide abîmée. Tout bien pesé, l'œuvre de Hugo est plus grande, mieux accommodée à la mesure des siècles, que celle de Lamartine. Il y a une *situation* de Hugo supérieure à la situation de Lamartine. D'autre part, il y a une *présence* de Lamartine plus considérable que la présence de Hugo, une présence du génie, une familiarité, une amitié, une atmosphère, un recours et un secours quotidiens. Lamartine offre à la France du XXe siècle un génie du lieu, Hugo un lieu du génie. Peut-être serions-nous conduit à faire la même distinction entre la situation de Balzac et la présence de Stendhal, ou ce qui fut longtemps la situation de Musset et la présence de Baudelaire.

Un romancier comme Balzac, un poète dramatique comme Shakespeare ou Molière, Corneille ou Racine, s'accommodent parfaitement d'un maximum de situation et d'un minimum de présence. Leurs personnages sont présents pour eux. La personne de Balzac laisse souvent (sans doute à tort) les délicats aussi froids que la personne de Victor Hugo. Mais ce qui nous importe chez lui, c'est le père Goriot, c'est Madame de Mortsauf, ce n'est pas M. Honoré. Au contraire, Hugo est un lyrique personnel, le plus grand des lyriques personnels, à la personne de qui, à tort ou à raison (plutôt à tort) on ne parvient pas généralement à s'intéresser, et il n'arrive jamais de rêver.

Destinée de Hugo. Un singulier hasard a fait que cet empereur du style a manqué d'un style de vie, sauf dans l'ordre de l'amour. Il a eu un style de destinée, ce qui n'est pas la même chose : le style d'une destinée d'ailleurs tardive, qu'il a reçue en 1851, et à laquelle ont collaboré, dans la suite, des hasards heureux : isolement insulaire, chute de l'Empire, triomphe de la République après le 16 mai. Le 2 décembre lui a valu un Sinaï, le 16 mai lui a donné l'apothéose de 1885. Mais, comme elle n'était pas portée et produite par un style de vie, cette destinée était trop grande pour lui. Il arrive qu'aujourd'hui elle lui nuise plutôt que de le servir. Elle est captive de la cérémonie. Il y a un culte lamartinien : il n'y a pas de culte hugolien, mais une pompe hugolienne. De pompe les malintentionnés n'ont nul peine à composer le substantif d'usage, et toute cette partie factice de la destinée de Hugo a pris la figure que voyait Corbière, quand il l'appelait un garde national épique.

Une personnalité théâtrocratique. Au mot épique nous substituerons seulement ici le mot : théâtral. Grand poète épique, Hugo n'a pas été une victime, mais un triomphateur de l'épopée. Au contraire, on peut voir en lui une victime du théâtre. Ce n'est pas seulement, ce n'est pas surtout parce qu'il n'a pas très bien réussi comme auteur dramatique : les vers d'*Hernani* et des *Burgraves* lui valent assez de circonstances atténuantes pour que nous n'insistions pas. Mais il y a ceci, qui importe davantage. Ce grand poète lyrique est entré au théâtre moins pour donner des rôles que pour jouer un rôle : le rôle d'un conquérant, quand le romantisme avait le théâtre à conquérir. Il ne fallait pas que sa première pièce se présentât sans un manifeste, qui fut la préface de *Cromwell :* un manifeste, c'est une proclamation, et une proclamation, cela se fait sur une estrade et on ne monte pas sur l'estrade sans s'être assuré d'une musique. Sainte-Beuve porta toute sa vie l'humiliation, la rage d'avoir dû faire alors la parade et d'en avoir été repris caustiquement par Henri Heine. Précisément parce que le théâtre est un haut-parleur, que la soirée d'*Hernani* fit plus pour la gloire de Victor Hugo que son plus pur lyrisme, Hugo vit dans le théâtre un moyen de « parler » plus haut, le champ naturel et nécessaire de sa gloire poétique, le champ d'entraînement, la carrière de son génie politique. La chute des *Burgraves* n'arrêta pas sa théâtromanie : elle l'amplifia en la dérivant sur la tribune. Et alors le refus d'un ministère par Louis-Napoléon, ou plutôt par l'entourage du prince, fut pour lui l'équivalent, le pendant, la suite de ce qu'avait été sept ans plut tôt la chute des *Burgraves,* qui l'avait exilé du théâtre. Aussi injustement peut-être. Les *Burgraves* sont une grande œuvre originale, et la République, qui avait eu en Lamartine un grand ministre des Affaires étrangères, pouvait et devait faire l'essai de Victor Hugo à l'Instruction publique. Mais enfin Hugo eût été un ministre théâtral, ainsi qu'il avait été un pair et un député théâtral. Comme on faisait du bruit pendant un de ses discours, un de ses collègues dit : « Laissez-le jouer sa pièce ! » Telle était bien l'impression commune.

Pièce n'est pourtant pas très exact. Le théâtre consiste dans le dialogue. Et Hugo, au théâtre comme à la ville, est l'homme du monologue, de la tirade, de l'interpellation, de la fusée lyrique où l'on est seul, où l'autre est muet, ou se borne au *Mais..,* vite écrasé, du mort au whist. Les apostrophes de Milton, de Saint-Vallier, de Ruy Blas, le monologue de Charles-Quint, les Quatre Jours d'Elciis, le Satyre devant l'assemblée des Dieux, ou l'Homme qui Rit devant celle des pairs d'Angleterre, voilà l'attitude à laquelle le ramène invinciblement son mouvement naturel. C'est le Delmar de l'*Éducation sentimentale.* « Brasseur anglais, il invectivait Charles Ier ; étudiant de Salamanque maudissait Philippe II ; ou, père sensible, s'indignait contre la Pompadour, c'était le plus beau ! Les gamins, pour le voir, l'attendaient à la porte des coulisses... On disait : Notre Delmar. Il avait une mission, il devenait Christ. »

Le génie trouve évidemment à devenir dieu plus de difficulté que le cabot. Hugo y est presque arrivé, cependant, en 1885, et, comme disait Royer-Collard de M. Pasquier quand il fut fait duc, cela ne le diminue pas.

Le monologue d'Olympio. La vocation et la contrainte du monologue donnent déjà à un homme, donnent au poète, figure d'exilé et d'insulaire. En le condamnant à un monologue de dix-huit ans dans une île, Napoléon III accomplit cette vocation, conféra à Victor Hugo un majorat d'une autre portée que celui que son oncle Joseph avait donné à Léopold Hugo en le faisant comte de Siguenza. Il éleva à la deuxième puissance son génie poétique : le monologue qui n'était que comte devint duc, prince, burgrave, empereur, que sais-je ? Les quatre jours d'Elciis tonnèrent et étonnèrent comme des jours de la création. Grandeur et limite.

Quand Lamartine demandait que le tombeau de Napoléon portât ces trois mots : *À Napoléon seul !* il marquait la différence qu'il y a entre un génie qui est seul et un génie qui n'est pas seul. Il n'existe pas plus de Lamartine seul que de Louis XIV seul. Mais il y a Hugo seul. Il y a Hugo qui parle seul, et devant lequel une partie de la postérité est prise de la même inquiétude ironique qui entoure dans la rue le passant qui se parle haut à lui-même. Quand Hugo va à l'absurde, c'est par le chemin où nous y allons tous quand nous parlons seuls, quand nous sommes seuls, quand cessent de fonctionner nos réducteurs et nos accommodateurs sociaux. Son monologue parmi les vivants ressemble alors à son monologue parmi les morts quand parlent pour lui, quand parlent en lui, les tables tournantes de Jersey. Cette souveraineté du monologue est d'autant plus frappante qu'elle est juxtaposée sans s'y mêler à une personnalité commune et dialoguante, celle d'un homme d'esprit, d'un homme du monde parfait, d'un causeur charmant, d'un ami attentif et généreux, d'un fils admirable, d'un père affectueux, d'un amant aussi délicat que tendre. D'autant plus frappante aussi, et plus originale, que le monologue hugolien, qui est bien le monologue du théâtre, c'est le monologue pour autrui, le monologue qui suppose autour du parleur l'élément, l'aliment et l'aimant d'une foule, des foules, des peuples, des êtres, des vivants et des morts, de Dieu. Alors, quand Hugo écrit *Choses vues* pour lui seul, non pour un théâtre, et sans l'interposition d'Olympio, quand il est Hugo seul pour, lui et non Hugo seul pour les autres, quand donc son monologue est pur, nous le voyons aussi lucide, aussi clairvoyant, aussi fin que lorsqu'il cause en 1830 avec Sainte-Beuve, à l'Académie avec Cousin ou Royer-Collard, à Guernesey avec le jeune Stapfer. Ceci c'est l'homme qu'il est, ce n'est pas le génie qui l'habite, Olympio, le génie tantôt supérieur, tantôt inférieur à l'homme, qui ne relève pas des mêmes mesures, et qui s'arrange de lui comme il peut.

Or aucune littérature n'est plus sociable, plus sociale, que la littérature française, n'a mieux qu'elle lié partie avec l'esprit de société, n'admet moins le monologue dans la rue, dans le livre, au théâtre. Le même paradoxe qui a fait de Napoléon un empereur français a fait se tenir en français le monologue hugolien, a préposé Napoléon et Hugo à la plus grande extension, à la plus grande transgression d'une force française. Ils nous ont été donnés bien plus que nous ne les avons produits : durs à absorber, à digérer. C'est cette difficulté de digestion que Lamartine, dans le discours sur le *Retour des Cendres,* indiquait en prophète au Français moyen du Juste Milieu. Le *Retour des Cendres* avait lieu vingt-cinq ans après le départ du vivant et huit ans avant le retour de l'héritier. Il posait comme l'indiquait Lamartine, une présence redoutable de Napoléon. Mais s'il y avait en 1840 en France un napoléonisme latent et couvé, y avait-il, y aura-t-il jamais un hugolisme littéraire français ? Hugo dès 1843, n'avait-il pas été, littérairement, installé dans une fonction de Hugo seul ? À partir de 1852 l'exil ne l'avait-il pas entouré de la nuée visible de cette solitude, et des signes éclatants du monologue ? Ne l'avait-il pas diminué en tant que présence, en donnant un piédestal à sa situation ? La fin de l'influence, la tension et la permanence du monologue, les scrupules de cette sociabilité qui forme le secret séculaire et le liant de la littérature française, ont donc diminué de plus en plus la présence. La situation reste indestructible, monumentale.

Le Poète monumental. Monumental à la manière du monument propre de Napoléon : l'Arc de Triomphe. L'Arc est un monument artificiellement tendu, sans précédent dans la tradition architecturale de la France, sans rapport avec la taille, la réalité de l'homme, et contre lequel Viollet-le-Duc a écrit une page impitoyable. Et pourtant il existe, il est un ancêtre, il est incorporé à Paris, aussi bien que la Notre-Dame à laquelle l'immole Viollet-le-Duc. Victor Hugo s'est fait son poète dès l'ode de 1823, avec l'épigraphe prophétique *Non déficit alter,* puis par celle de 1837. Il a fini par s'imposer à lui après lui avoir imposé le nom de son père, par passer près de lui les dernières années de sa vie, sous lui la première nuit de son éternité. Son œuvre tient la même place, humaine dans son détail et sa signification, inhumaine dans ses proportions, dans sa voix, dans son napoléonisme, dans son monologue, dans son inquiétant et redoutable *Victor Hugo seul.* Le monologue hugolien est une immense porte de la poésie, comme l'Arc une immense porte de l'Histoire. Mais le monument, sans proportions humaines, gagne à être seul de son ordre dans Paris, à ne point désaxer l'architecture humaine d'une capitale. Paris le supporte, l'admet, l'incorpore, le digère. Mais une ville, une perspective moindres ? Pareillement le monologue hugolien eût aspiré et désaxé une littérature moins séculaire et moins vigoureuse, moins munie de contre-partie et de contrepoids. Qu'est ce que ce monologue ?

Les jeunes années. Le Poète sans message. Il s'est formé lentement, favorisé en grande partie par les événements, et le poète des premières années l'eût mal fait pressentir.

De 1822 à 1830, la poésie du romantisme, ce sont trois grands poètes, Lamartine, Vigny, Hugo, classés assez manifestement par l'opinion à part et au-dessus des autres. La précocité de Hugo est telle qu'il est à peine besoin de tenir compte de sa différence d'âge, de douze ans avec le premier, de cinq ans avec le second. Or, si nous comparons l'auteur des *Odes et Ballades* et des *Orientales* avec l'auteur des *Méditations* et celui des *Poèmes antiques et modernes,* nous sommes frappés de ceci, que des trois, il est le seul qui n'apporte pas ce que nous devons appeler, parce qu'il n'y a pas de mot pour remplacer cet apport anglais, un message. Une âme neuve et profonde s'insinue, pour les pénétrer, les amollir, les rendre fusibles, conquérir les jeunes gens et les femmes, dans les vers de Lamartine et de Vigny. À côté de leurs poèmes sentis et confiés, ceux de Hugo paraissent voulus et proclamés, sont d'un jeune homme studieux, probe, ambitieux, précocement mûri et pondéré, qui a une carrière à faire, et qui la fera, car il a d'excellents principes, comme on disait alors : principes politiques et religieux, mêmes principes poétiques. Rien de plus raisonnable, de plus sage, que son idée de l'ode, et son ambition, qui est d'un grand disciple : « Il a pensé que si l'on plaçait le mouvement de l'ode dans les idées plutôt que dans les mots, si, de plus, on en asseyait la composition sur une idée fondamentale quelconque qui fût appropriée au sujet, et dont le développement s'appuyât dans toutes ses parties sur le développement de l'événement qu'elle raconterait, en substituant aux couleurs usées et fausses de la mythologie païenne les couleurs neuves et vraies de la théogonie chrétienne, on pourrait jeter dans l'ode quelque chose de l'intérêt du drame, et lui faire parler en outre ce langage austère, consolant et religieux dont a besoin une vieille société qui sort encore toute chancelante des saturnales de l'athéisme et de l'anarchie. »

Ces lignes de la préface de 1822 sont parfaitement lucides. Il s'agit de faire plutôt que de dire quelque chose de nouveau, de donner un modèle de l'ode animée par une seule « idée », de développer, de transporter dans des vers la matière et l'esprit du *Génie du Chris-*

tianisme, d'adresser à la société de la Restauration non ce que le poète a besoin de dire, comme Lamartine et Vigny, mais ce que cette société a besoin d'entendre ou plutôt désir d'entendre, ce qu'elle demandera au théâtre et à la tribune, et ce que l'ode, en attendant le théâtre et la tribune qui conviendraient mal au débutant de vingt ans, s'efforcera, avec ses moyens propres fort intelligemment compris, de lui donner. Déjà, situation d'une poésie plus que présence d'un poète.

Le maître des techniques. Si, de la part de cette poésie, message il y a, c'est message technique. Dire à la société de la Restauration — la bonne société bien entendu — ce qu'elle veut qu'on lui dise, c'est lui demander et lui renvoyer son message, ce n'est pas lui en apporter un. Mais si ce jeune poète pauvre, qui doit faire vivre de sa plume et de sa pension un foyer précocement et courageusement fondé, travaille sur des thèmes, il n'ignore pas qu'en matière de technique il est l'égal ou plutôt le supérieur de n'importe lequel de ses émules. À vingt-deux ans il connaît sa langue, il a le sens commun et profond du vers, beaucoup mieux que Lamartine et Vigny ne les posséderont jamais. L'ode *À Lamartine*, l'ode de *Mon enfance* sont d'un métier que la poésie lyrique n'avait pas connu depuis Malherbe. Ce que Hugo appelle l'idée y anime et y remplit sans l'outrepasser ni l'agiter, un corps bien proportionné. C'est de la grande et saine rhétorique. Hugo est déjà l'homme qui peut parler de la poésie comme Léonard parlait de la peinture au duc de Milan : « En peinture, je puis faire n'importe quoi aussi bien que n'importe qui. »

De là les *Ballades* et les *Orientales,* le dépaysement dans le temps et le dépaysement dans l'espace, qui sont moins d'un poète conquérant que d'un technicien en disponibilité. Elles font, dirait-on presque, avec *Cromwell* qu'elles précèdent et suivent, une sorte de trilogie, la trilogie de l'essai, du métier, de la technique. *Cromwell* est célèbre par sa préface : mais toute la production hugolienne jusqu'en 1829 a l'apparence d'une préface, d'une introduction poétique à la poésie, d'une introduction dramatique au drame, d'une ouverture. L'entrée lyrique du vrai Hugo date des *Feuilles d'Automne.* Et alors les quatre recueils des *Feuilles d'Automne,* des *Chants du Crépuscule,* des *Voix intérieures,* des *Rayons et les Ombres,* de 1831 à 1840, vont former une *Histoire de dix ans* poétique, un tout, une coupole sur quatre piliers, le premier massif du vrai monologue hugolien, du monologue d'Olympio parmi les vivants.

Les grandes natures de 1830. Il y a dans les *Feuilles d'Automne* une seconde ode à Lamartine, écrite en juin 1830 pour saluer les *Harmonies,* qui est aussi belle que la première, et qui, issue d'un sentiment généreux de déférence et d'admiration, nous indique lumineusement ce que Hugo pouvait envier à Lamartine. La poésie lamartinienne, expose Hugo, est un grand navire, entre les deux immensités de la mer et du ciel, qui s'avance dans l'acclamation, vit dans la ferveur de la foule, a trouvé comme Colomb son monde, a éveillé un univers. Mais le navire de Hugo, dit-il, lutte en pleine tempête, solitaire. Le monde qu'il cherche le fuit. Rien de fécond dans cet élément qu'il laboure jour et nuit. L'un est le vaisseau de Colomb, l'autre celui de La Pérouse. Et je veux bien qu'il y ait là un thème surtout lyrique et décoratif. Mais je remarque qu'un quart de siècle après, écrivant de l'exil à Alexandre Dumas, pour le remercier de la dédicace de l'un de ses drames, il recourait à la même image, rappelait les amis qui en 1852 étaient venus l'accompagner au quai d'Anvers, à son départ pour Jersey, le geste d'adieu de Dumas pendant que le navire s'éloignait, et Dumas rentrant dans son dialogue éblouissant et lui dans le monologue habituel d'Olympio, « dans l'unité sinistre de la nuit ».

Or Lamartine et Dumas sont (avec Balzac quand il écrivit les *Misères,* puis les *Misérables*) les seuls rivaux auxquels Hugo ait pensé pour considérer leur secret, pour établir entre eux et lui une ligne de comparaison, pour leur reconnaître, sur un point, une supériorité à laquelle il ne pouvait pas atteindre. Il ne paraît jamais avoir éprouvé ce sentiment à l'égard de Sainte-Beuve, il n'a pas eu devant son intelligence l'idée d'une valeur qu'il eût à envier, aussi bien au critique qu'au poète. Il a pu s'inspirer de *Joseph Delorme* dans les *Feuilles d'Automne,* comme il s'inspirera de Leconte de Lisle dans la *Légende des siècles,* ou des *Émaux et Camées* dans les *Chansons des Rues et des Bois,* avec l'allure de quelqu'un qui reprend son bien, qui aurait pu inventer cela tout aussi bien qu'eux, et qui en tout cas l'exécute mieux. Peut-être, après tout, l'auteur des *Misérables* a-t-il pensé de même (à tort) au sujet de Balzac. Mais le poète et l'orateur ne l'ont pas pensé au sujet de Lamartine, l'homme de théâtre ne l'a pas pensé au sujet de Dumas. Il a vu en eux de grands pays, dont il était séparé par des frontières naturelles, par une nature de frontière qu'il sentait en lui ; il se définissait en les reconnaissant.

Qu'à vingt-cinq ans de distance, la même image soit imposée, soit tirée de l'inconscient de Hugo pour lui servir, de son côté, de borne frontière marquée de ses armes, c'est au moins un renseignement considérable. Si nous relisons encore cette ode de 1830 et ce court poème de 1854, nous y reconnaissons une confrontation de ceux qu'on peut appeler deux princes du dialogue avec un prince du monologue.

La vocation au monologue. Du dialogue avec la foule. Entre Lamartine et la foule, entre le vaisseau de Colomb qui entre au port et le peuple qui se presse sur les quais, le pacte est fait. Le poète a, avec cette foule, un langage commun, qui n'est pas toujours divin, mais dont les parties vulgaires sont soulevées et animées par la partie divine. Il est lyrique et orateur, dans la plénitude des deux natures, dans le plain-pied de ces deux natures avec la nature humaine. Il y a à ce sujet un curieux dialogue de Sainte-Beuve avec Ballanche : « Comment, demandait Ballanche, M. de Lamartine est-il si populaire en même temps qu'il est si élevé ? — C'est, répondit Sainte-Beuve (ou Sainte-Beuve dit en 1845 qu'il répondit...) que M. de Lamartine part toujours d'un sentiment commun, moral, et d'une morale dont tous ont le germe au cœur, et presque l'expression sur les lèvres. D'autres s'élèvent aussi haut, mais ne le font pas dans la même ligne d'idées et de sentiments communs à tous. Il est comme un cygne s'enlevant du milieu de la foule qui l'a vu et aimé, pendant qu'il marchait et nageait à côté d'elle : elle le suit jusque dans le ciel où il plane, comme l'un des siens ayant de plus le don du chant et des ailes, tandis que d'autres sont plutôt des cygnes sauvages, des aigles inabordables, qui prennent leur essor aussi sublime du haut des forêts désertes et des cimes infréquentées. La foule les voit de loin, mais sans trop comprendre d'où ils sont partis, et ne les suit pas avec le même intérêt sympathique et intelligent. »

D'autres, c'est l'Autre, en 1845. Mais l'image de Sainte-Beuve se superpose à peu près à celle par laquelle Hugo lui-même rendait la même opposition dans l'ode des *Feuilles d'Automne.* Laissons les vaisseaux et les cygnes. À côté de la vocation de Lamartine au dialogue, voilà la vocation de Hugo au monologue. Vocation d'autant plus singulière qu'il possède tous les dons qui le conduiraient à ce dialogue, si un mouvement irrésistible et absolu comme celui de la mer ne les déversait incessamment du côté du monologue.

S'agirait-il en effet du monologue par obscurité, difficulté de s'exprimer complètement, de celui auquel étaient contraints, ou Ballanche, ou ce Quinet dont Cousin disait : « Il est de ceux à qui Dieu a dit : Tu ne te dégageras jamais ! » Bien au contraire ! De tous les écrivains français Hugo nous paraît à la fois l'auteur le plus clair dans l'expression et le rhéteur le plus puissant dans l'accumulation. Il n'est pas seulement clair, il redonde, et accable de clarté.

S'agirait-il du monologue par isolement, particularité extrême, nature de « pas comme les autres » à la manière de Gérard de Nerval ou de Baudelaire ? Pas du tout ! Autant que Lamartine, et plus que Vigny, Hugo a trouvé ses thèmes poétiques dans les émotions, les sentiments, les idées les plus communes, dans le pain quotidien de la vie humaine : l'amour, la famille, les enfants, la patrie, et les grands intérêts politiques et religieux sont proclamés chez lui par un haut-parleur qui ne fait qu'amplifier, recouvrir d'inépuisables images ce que pense l'homme moyen, transformer en cygnes sauvages et en aigles inabordables les oiseaux de la rue.

S'agirait-il du monologue par distraction, par oubli d'autrui, par égocentrisme monstrueux ? Encore moins. Hugo est dans la vie un homme courtois, poli, spirituel, prudent, très curieux de ses intérêts littéraires et financiers, et très habile dans leur gouvernement, exempt de cet illusionnisme des biens de fortune où vécurent Lamartine et Dumas, fin observateur, connaisseur en tout, et d'une forte attention à la vie.

S'agirait-il, à la table de travail, du monologue par abandon à la phrase, à la pente de la parole intérieure et aux chevaux de la pensée ? Absolument pas. Hugo est resté l'ouvrier poète. Cousin disait de lui à Sainte-Beuve : « Hugo dérange toutes les idées qu'on se fait du poète lyrique. On est accoutumé à définir le poète lyrique une *chose légère.* Au lieu de cela on a dans Hugo une pensée calculée, compliquée, qui manœuvre en toute chose. » Et Sainte-Beuve lui répondait : « Oui, il fait une ode comme on ferait une serrure ! une serrure savante, mais c'est de la mécanique. » Le vert de gris, et d'Institut, mis à part, ces propos ne manquent pas de pertinence. Hugo est un grand *homo faber,* et l'*homo faber* est toujours tiré plus ou moins hors de lui par l'appel et l'exigence de la matière à ouvrer. En dehors de la littérature, Lamartine ne possédait qu'une technique, qu'il avait d'ailleurs apprise : celle de la diplomatie, technique morale et politique. Les techniques extra-littéraires de Hugo étaient au contraire des techniques de la main, celles même de son grand-père de Nancy, le dessin et la menuiserie. Cousin et Sainte-Beuve nous représentent deux natures d'intellectuels qui s'étonnent devant une nature d'ouvrier. Et, précisément, chez le Hugo de 1820 à 1830, la nature ouvrière, technicienne, dominait tout. Qu'est-ce que cette nature ouvrière, sinon la soumission à la matière, l'esprit lesté, guidé par la matière, en dialogue avec elle, en attention à elle ? Sainte-Beuve estimait dans les *Ballades* un art de verrier. « Ce sont des vitraux gothiques... On voit sur la phrase poétique la brisure du rythme comme celle de la vitre sur la peinture, et il n'y a pas de mal à ce qu'on la voie. » Les *Odes* et les *Orientales* ouvrent un atelier de peintre décorateur. Ce grand ouvrier, ce patron des ateliers romantique et du Parnasse, ne perd jamais le contact avec la matérialité et la précision : le contraste reste entier avec l'immatérialisme et l'imprécision lamartiniennes.

Voilà donc bien des conditions qui éloigneraient Hugo du monologue, et qui en effet l'en éloignèrent plus ou moins jusqu'en 1830. Mais, de plus en plus, à partir de 1830, il est conduit, contraint, condamné au monologue, comme penseur — le Penseur.

Le Penseur. À quelqu'un qui l'arrêtait dans la rue en lui disant : « Toujours à penser ! » Lamartine répondit : « Mais je ne pense jamais : mes idées pensent pour moi. » C'était très juste : elles lui fournissaient, comme une fontaine par quatre bouches, la pensée, le rythme, l'aisance, l'éloquence. De Victor Hugo, on dirait aussi bien que les mots écrivent pour lui. Mais ses idées ne pensent pas pour lui. C'est lui qui les pense ; et surtout, c'est lui qui pense. Il n'y a aucune raison de railler ce nom qu'il se donne à lui-même : le Penseur. Non au sens de Maine de Biran ou d'Amiel, évidemment, mais en un sens réel, et puissant. Le Hugo de Rodin naguère au Palais-Royal, et même l'homme qui était nu devant le Panthéon, réalité hugolienne qui semblait montée de la crypte pour témoigner du Poète, le commentent et l'exposent plus clairement que ceux des critiques qui ont vu de leur fenêtre à guillotine que Hugo n'a pas d'idées. Par ce mot et cette fonction de penseur, Hugo, avec une juste expérience du réel, entend la force de la vie intérieure telle qu'il l'éprouvait en lui, à la manière d'un élément : vie intérieure aussi extraordinaire, sur le registre de l'*homo sapiens,* que la technique de Hugo sur le registre de l'*homo faber.* Son monologue est fait de cette vie intérieure, et, d'ailleurs, un monologue qui a du style ne peut pas être fait d'autre chose.

On remarquera, entre parenthèses, que la légende qui fait de Victor Hugo un verbal qui ne pense pas est due à des hommes qui sont eux-mêmes mangés par la copie, comme Faguet, ou par la vie de relations, et à l'intérieur de qui il ne reste à peu près rien. « Le voilà seul avec lui-même, disait Capus d'un de ceux-là, c'est-à-dire vraiment seul ! » Le contraire même de la solitude monstrueusement peuplée de Hugo. Aussi bien, aucun philosophe n'a-t-il, au sujet de Victor Hugo, donné dans ce lieu commun de publiciste.

Ce climat propre de sa vie intérieure, ce monologue qui fait la condition de son génie, Hugo l'a peint dans un morceau extraordinaire, qui tient presque dans son œuvre, comme formule de son secret, la place de la *Nuit de décembre* dans Musset et celle de là *Vigne et la Maison* dans Lamartine, l'une et l'autre expériences réelles, comme on sait, et non fictions. C'est la *Tempête sous un crâne* des *Misérables.* On dirait qu'il y a en effet des climats sous son crâne, comme chez Pantagruel et chez le *Satyre.* Musset et Lamartine rendent leur solitude par un dialogue entre eux et leur âme de poète, Hugo l'expose en un monologue. On y trouverait presque le procès-verbal authentique de la naissance du monologue hugolien : Jean Valjean cédait « à cette puissance mystérieuse qui lui disait : *Pense!*

comme elle disait il y a deux mille ans à un autre condamné : Marche !... Il est certain qu'on se parle à soi-même ; il n'est pas un être pensant qui ne l'ait éprouvé. On peut dire même que le Verbe n'est jamais un plus magnifique Mystère que lorsqu'il va, dans l'intérieur d'un homme, de la pensée à la conscience et qu'il retourne de la conscience à la pensée. C'est dans ce sens seulement qu'il faut entendre les mots souvent employés dans ce chapitre, *il dit, il s'écria.* On se dit, on se parle, on s'écrie en soi-même, sans que le silence extérieur soit rompu. Il y a un grand tumulte, tout parle en nous, excepté la bouche. Les réalités de l'âme, pour n'être point visibles et palpables, n'en sont pas moins des réalités ». Réalités... Il existe une réalité intérieure de Victor Hugo, comme il existe une situation extérieure de Victor Hugo. Ce sont deux puissants dieux.

Les quatre Recueils des années trente : *Feuilles d'Automne*. C'est cette réalité intérieure de Victor Hugo qui met tant de distance entre les *Feuilles d'Automne* et la poésie antérieure. Tout le poète futur, celui d'un demi-siècle, tient déjà dans les quarante poèmes du frêle recueil qui porte pour sa première épigraphe *Data fata secutus,* et qui va en effet les suivre jusqu'au bout.

Parmi ces destins, il y a précisément cette teinte sérieuse d'un arbre qui, à vingt-huit ans, sent déjà son automne à ses responsabilités, à ce poids intérieur que révèle la pièce liminaire, que précisent le second poème, *À Louis Boulanger,* et tant d'autres, la *Rêverie d'un Passant à propos d'un Roi, Ce qu'on entend sur la montagne.* Beaucoup des pièces du recueil sont adressées à quelqu'un, Boulanger, Sainte-Beuve, un neveu, un ami, la femme ou la fille du poète. Mais on remarquera combien elles semblent les concerner peu, passer au-dessus de leur tête, ne leur demander que l'occasion d'un monologue, manquer de cette interpellation et de cette prise directe qui chez Lamartine vont vraiment de l'homme à l'homme et maintiennent sur un poème les esprits d'un dialogue ; les deux morceaux les plus caractéristiques de ce monologue sont la *Pente de la Rêverie,* et la *Prière pour Tous.*

La *Pente de la Rêverie* a la même valeur de procès-verbal que la *Tempête sous un crâne* : procès-verbal, le 28 mai 1830, d'une vision totalitaire du monde, d'une hallucination de la plénitude, où l'histoire humaine est vue et sentie à la manière d'une cathédrale gothique, à la fois dans son ensemble et dans le détail indéfini de ses pierres sculptées. Par cette *Pente de la Rêverie,* on entre à l'intérieur du poète comme on chemine dans les membres et dans la tête d'un colosse de bronze. Hugo y trouve pour la première fois son thème éternel. Trois moments, un jour de pluie, au printemps, dans cet appartement de la rue Jean-Goujon où il est allé chercher la campagne et la verdure. Ses enfants, Léopoldine et Charles, jouent dans le jardin, les oiseaux chantent, la Seine, Paris, le dôme des Invalides s'étalent. Voilà le premier plan, la première vie, le premier Hugo, familier. Puis ce plan s'efface. Un second lui succède : les amis, amis littéraires, amis peintres — soit l'école où il règne, le monde des lettres, des idées, de la gloire, cette famille selon l'esprit dans laquelle se fond la famille selon la chair. Tels sont les deux premiers Hugo, nature normale de poète, et qui se retrouveraient à peu près chez tout poète normal, qui ne sont pas du *Hugo seul,* qui en seraient même à peu près le contraire. Puis, brusquement, à une dénivellation, comme au sommet d'un col une face nouvelle de la terre, s'étale le troisième Hugo, le Hugo visionnaire, sans commune mesure avec les précédents, Hugo l'unique, Hugo seul, ou mieux Hugo peuple, Hugo peuplé, Hugo élément, un Hugo dans lequel les barrières physiques cèdent, l'écrou du corps et du cerveau se desserre, la représentation n'est plus obstruée par l'attention au fait, toute la mémoire d'un passé humain, présente derrière l'écrou, comme l'eau derrière la vanne, se répand, inonde, coïncide avec les siècles, les générations, les Solymes, les Tyrs, les Carthages, les Romes, et l'histoire humaine et la durée cosmique boivent comme une goutte d'eau la vie d'un homme. Ce thème du plan impersonnel qui succède au plan personnel reparaîtra dans la dernière pièce des *Contemplations.* Il est alors devenu, dans la solitude de l'exil la vocation quotidienne de Hugo. Mais cette vocation propre de Guernesey est présente dès les *Feuilles d'Automne,* que Hugo a écrites de vingt-six à vingt-neuf ans, et où le prophète, le visionnaire débute.

La *Prière pour tous,* banalisée pour avoir traîné ses fragments dans les recueils enfantins, s'allonge vers le même orient que la *Pente de la Rêverie.* Si l'on compare aux odes des années vingt ce poème de 1830, et précisément parce qu'il semble appartenir à la même famille de sujets, on reconnaîtra le changement de climat, — les thèmes de *Magnitudo Parvi,* Léopoldine, celle que Sainte-Beuve appelait la fille des Césars, prenant déjà, comme si elle était de l'autre côté de la tombe, figure d'intercesseur et d'ange entre son père pensif et la foule des vivants et des morts.

Et sur quelle pièce, datée de novembre 1831, se terminent les *Feuilles d'Automne* ? Vingt ans avant le coup d'État, sur la première pièce des *Châtiments,* la carte d'Europe animée, flamboyante, ruisselante de noms de villes devenus diamants pour la monture de la rime, peuples vengés, rois au pilori, marqués, armoriés à l'épaule, carcans, et le dernier vers notifiant la naissance de cette Muse.

Et j'ajoute à ma lyre une corde d'airain!

La dernière pièce des *Voix intérieures* achèvera sur le même profil le recueil de 1837. À la nouvelle Muse, à la Jeune Parque, qui sent son destin et qui veut sortir, aller, le doigt du poète dit : Reste encore, il n'est pas temps.

Aie au milieu de tous l'attitude élevée
D'une lente déesse, à punir réservée,
Qui, recueillant la force ainsi qu'un saint trésor,
Pourrait depuis longtemps et ne veut pas encor!

Les Chants du Crépuscule. Les *Feuilles d'automne* ont infléchi la courbe nouvelle, la ligne se continue unique et droite dans les trois autres recueils, les *Chants du Crépuscule,* les *Voix intérieures,* les *Rayons et les Ombres.* Ce sont les quatre parties d'un même poème, les quatre articulations d'une même vie.

Dans les *Chants du Crépuscule,* tonnent sur Paris, à travers les tours ajourées de l'ode, les cloches civiques, nationales, humaines. Aucun autre recueil de Hugo, si ce n'est les *Châtiments,* n'a plus la figure d'un recueil politique. Les premières pièces d'amour à Juliette y mêlent leur cloche d'argent, mais le futur pair, émule de Lamartine, le poète proclamateur et prophète a pris toute sa stature.

Les Voix intérieures. Ce Poète proclamateur et prophète, à partir des *Voix intérieures,* il reçoit un nom nouveau, il s'appelle Olympio. C'est dès 1835 que Victor Hugo conçoit l'idée d'un grand livre de vers qui s'appellerait les *Contemplations d'Olympio,* et dont l'acte de naissance s'étale dans le dialogue du 15 octobre 1835, qui s'appelle *À Olympio,* placé exactement dans le recueil des *Voix intérieures* (tous les recueils de Hugo ont des titres magnifiques, mais très justes) parce qu'il est fait, comme la *Vigne et la Maison,* de deux voix intérieures alternées, celle du poète homme et du poète prophète, du poète actuel de Paris et du poète futur de Guernesey.

Voix pareille à la sienne et plus haute pourtant,
Comme la grande mer qui parlerait au fleuve.

Comme la *Pente de la Rêverie,* c'est là, dans les quatre recueils des années trente, un poème cardinal, un poème-gond, sur lequel roule lentement la porte de la destinée hugolienne, et que paraphrase, par ailleurs, la préface du dernier recueil, de celui dont une pièce a popularisé le nom d'Olympio, dont le titre lui aussi indique un thème de dialogue inégal entre le passé et l'avenir : les *Rayons et les Ombres.* Ce portrait du poète idéal, tracé dans cette préface, le 28 avril 1840, c'est déjà le portrait même de l'auteur des *Contemplations,* le portrait du poète de Guernesey.

« Il aurait le culte de la conscience comme Juvénal, lequel sentait jour et nuit un témoin en lui-même, le culte de la pensée comme Dante qui nomme les damnés ceux qui ne pensent plus, le culte de la pensée comme Saint-Augustin, qui, sans crainte d'être appelé panthéiste, appelle le ciel "une créature intelligente". » Juvénal et Dante sont de ces pré-Hugo qui se réincarneront dans l'exil de 1851, et dans *William Shakespeare.* Saint-Augustin est désigné ici comme un génie précurseur du théologien de la *Bouche d'Ombre* et de *Dieu.* Ce poète composé de Juvénal, de Dante et de Saint-Augustin, quelle sera sa mission poétique ? La trilogie épique de Guernesey. « Ce que ferait ainsi dans l'ensemble de son œuvre, avec tous ses drames, avec toutes ses poésies, avec toutes ses pensées amoncelées, ce poète, ce philosophe, cet esprit, ce serait, disons-le ici, la grande épopée mystérieuse dont nous avons tous un chant en nous-mêmes, dont Milton a écrit le prologue et Byron l'épilogue : le Poème de l'Homme. »

Les Rayons et les Ombres. Les *Rayons et les Ombres* donnent leur ouverture musicale à ces *Contemplations d'Olympio,* dont le destin alors inconnu exigeait la complicité de la solitude et de l'exil. La pièce liminaire des *Rayons, Fonction du Poète,* ce sont les *Mages* moins la joaillerie des noms propres, la deuxième, le *Sept août 1829,* c'est le dialogue éternel des deux majestés, le roi et le poète. Même dans la troisième, *Regard jeté dans une Mansarde,* le poème populaire et sentimental monte sur le trépied : voilà la guerre de Hugo à Voltaire, du siècle prophète au siècle critique, de l'homme de Dieu à l'homme du diable. Il y a par ailleurs un peu de remplissage, préposé au rôle d'*Ombres,* et même les fameuses *Guitares,* mais tel qu'il est et dans sa variété même, le recueil paraît celui des quatre qui, plus près des *Contemplations,* leur ressemble le plus, fait le mieux sentir l'unité profonde du poète, telle qu'il l'exprime encore dans la décisive préface : « Rien de plus divers en apparence que ses poèmes, au fond rien de plus un et de plus cohérent. Son œuvre, prise dans sa synthèse, ressemblerait à la terre ; des productions de toutes sortes, une idée première pour toutes les conceptions, des fleurs de toutes espèces, une même sève pour toutes les racines. »

L'Interrègne poétique. On sait comment la sève parut tarir entre 1843 et 1851. La chute des *Burgraves,* la mort de Léopoldine, l'option pour une carrière politique, raréfient la veine lyrique pendant huit ans, au cours desquels il n'y a guère qu'une reprise poétique, l'automne de 1846, où le poète écrit les pièces de *Pauca Meæ,* ainsi qu'*Aymerillot* et le *Mariage de Roland.*

En novembre 1849, sortant d'une séance de l'Assemblée, c'est sous le titre et dans le tutoiement *A Olympio* qu'il note :

Parmi ces hommes fous et vainement sonores,
Grave, triste, et rempli de l'avenir lointain,
Tu caches ou tu dis les choses du destin ;
Car le ciel rayonnant te fit naître, ô poète,
De l'Apollon chanteur et de l'Isis muette.

Admirables personnifications, comme celle de Proserpine dans les *Contemplations* ! Entre cet Apollon du poète et cette Isis du penseur, auxquels l'exil donnera leur structure et leur profondeur, il y a un hiatus, il y a l'absence d'un médiateur, d'un liant, d'un troisième terme, de ce qui eût fait à l'Assemblée l'orateur, dans le lyrisme familier le Lamartine, au théâtre le Dumas : l'absence de la Vénus charmeuse et du Mercure insinuant. Mais quel Apollon que celui de la *Légende,* quelle Isis que celle de *Dieu !*

Les Contemplations. Les dix mille vers des *Contemplations* équilibrent dans l'œuvre lyrique de Hugo les dix mille vers des quatre recueils 1830-1840. C'est à elles qu'on accorde généralement le haut du pavé, mais cette supériorité pourrait se discuter, et la tétrade des années trente, après tout, les vaut poétiquement. Leur place unique vient de leur fonction de *Journal* ou de *Mémoires* poétiques, répartis sur près d'un quart de siècle. Sous leur forme brisée, elles correspondent à des *Mémoires d'outre-tombe* ou à des *Confidences.* Les pièces d'*Autrefois* ne sont antidatées que pour combler des vides, pour restituer par la mémoire imaginative certains moments du passé, et aussi pour arranger ces moments de manière à répandre sur la vie politique de l'exilé de Guernesey une unité qu'elle ne comportait pas. De là des poèmes de critique littéraire comme la *Réponse à un acte d'accusation,* et surtout politique comme l'*Écrit en 1846* de 1854, des vers d'amour qui sont des bouquets envoyés de Jersey à des beautés d'autrefois, et puis le poète qui devient le prophète, Jérusalem qui devient Patmos.

Si j'appelle Rouen, Villequier, Caudebec,
Toute l'ombre me crie : Horeb, Cédron, Balbeck.

Le poème à deux tours, la Notre-Dame de l'exil, qui s'achève par *Ce que dit la Bouche d'Ombre* et *À celle qui est restée en France,* apporterait en somme le même message que le poème à quatre tours des années trente, si tout de même deux éléments nouveaux, inattendus, excentriques, non donnés dans les destinées de 1840, n'étaient intervenus à Jersey, pour lever cette poésie au-dessus d'elle-même, la situer, dans la vie même, sur un seuil surhumain analogue à celui que Hugo, avec les *Burgraves,* avait cru trouver dans la scène : la mer et les morts.

La mer et les morts. À cinquante ans, Hugo passe du climat de terre au climat marin. Il vivra dix-huit ans dans deux îles. Révolution physiologique, d'abord. Jusqu'alors c'est un urbain, un Parisien pur, et on ferait volontiers de Boileau, de Baudelaire et de lui les trois grands poètes de Paris. Tout ce qu'il écrit est écrit à Paris. Pendant ses courtes vacances à la campagne il se repose. Le contraire de Lamartine qui n'écrit à peu près rien à Paris, et à qui toute son œuvre poétique est dictée par les automnes de Bourgogne, ou les étés de la mer toscane. Brusquement la santé, la vie, la poésie et la pensée de Hugo épousent, d'un consentement profond, le climat du sel et de l'iode, de l'espace et de la tempête.

Devant l'élément avec lequel il va cohabiter dix-huit ans, le poète prend conscience et possession de son monde intérieur comme d'un élément aussi. Cette pente de la rêverie qu'il avait suivie vingt ans auparavant aux Champs-Élysées, elle quitte sa nature de pente sur la terre pour devenir un lit sans bornes sous la mer. Du visionnaire par accident la solitude fait un visionnaire ordinaire. L'état mystique de la *Pente de la Rêverie* s'amplifie, s'approfondit, touche aux enfers et au ciel avec *Ce que dit la Bouche d'Ombre.* Et Coré qui devient Proserpine, symbole de cette poésie transfigurée, c'est une pièce des *Contemplations.*

Hugo sent son élément intérieur assez puissant pour tenir tête à l'autre élément, dialoguer avec lui, l'écouter, lui répondre, l'interpeller. La mer, en fortifiant sa cage thoracique, lui donne l'habitude de ce dialogue rugissant. On se moque souvent du poème *Ibo,* de la prétendue contradiction entre l'idée et le rythme, du délire prophétique qui y roule. Bien à tort! Écrit au dolmen de Rozel, *Ibo* est encore un poème-gond, le poème d'une transfiguration, et dans l'énergie ramassée de sa courte strophe, le moment même où la figure de Hugo passe de David d'Angers à Rodin :

J'irai lire la grande bible,
J'entrerai nu
Jusqu'au tabernacle terrible
De l'inconnu,

Jusqu'au seuil de l'ombre et du vide,
Gouffres ouverts
Que garde la meule livide
Des noirs éclairs,

Jusqu'aux portes visionnaires
Du ciel sacré,
Et si vous aboyez, tonnerres,
Je rugirai.

Chez l'auteur des *Châtiments* ce n'est pas une gasconnade, puisque les *Châtiments* ont fait entrer le rugissement dans la poésie, et que ce rugissement de Jersey a pour basse et pour contrepoids le rugissement de la mer. Quelques pièces des *Châtiments* ont été écrites à Bruxelles. Mais leur torrent prophétique et leur tempête, leur nature physique, le volume de leur cri n'existeraient pas sans le dialogue et la lutte de la voix humaine et de la mer, pareils au dialogue et à la lutte de Jacob avec l'ange. L'exil a fait un Hugo plus ou moins manichéen, a imposé à l'auteur de la *Bouche d'Ombre*, de la *Fin de Satan,* des *Misérables,* la présence du mal comme celle de la mer, ainsi que d'un élément encore, d'un élément qu'incarnent pour l'exilé le régime de décembre, la force au service du crime politique, le règne de Bonaparte, et devant les cris duquel l'exile se sent les poumons assez forts pour rugir le bien. Le thème cosmique et métaphysique d'*Ibo* élève au carré le thème politique des *Châtiments,* la force du rugissement qui répond à la clameur aboyante.

Avec la mer, les morts. En 1853, quand Hugo vient de terminer les *Châtiments,* Delphine de Girardin, en visite à Jersey, initie la famille Hugo aux tables tournantes. La première voix d'outre-tombe qui leur parle est celle de Léopoldine. Les morts de l'histoire suivent et mènent pendant des mois leur dialogue, en milliers de vers hugoliens, avec Hugo. La conscience de Hugo faisait les questions, son inconscient, télépathiquement, par l'intermédiaire de Charles et des siens, répondait. Cette explication naturelle, la vraie, paraîtra aussi surhumaine que l'explication surnaturelle. Les poèmes du sous-produit hugolien, attribués par Hugo aux tables, sont un phénomène unique dans l'histoire de la poésie, même de l'humanité. Hugo, lui, ne s'est jamais arrêté à une explication naturelle. S'il a mis fin aux séances et aux dictées, crainte de révolutions intérieures trop violentes (peut-être songeait-il à son frère mort fou, et à ses enfants ; seule, une folle, la filleule de Sainte-Beuve, devait lui survivre), il n'a jamais douté que les morts, que les voix de Dieu, que Dieu lui-même, ne lui eussent parlé. Il a écrit lui-même sur des photographies extatiques de lui : *Victor Hugo causant avec Dieu.* D'où les échos de ces causeries dans ses poèmes, le second tome des *Contemplations,* de *Pauca Meae* à *Au Bord de l'Infini,* livre de la mort et des morts. Le poète visionnaire est maintenant un poète habité, un poète-monde. Ses poèmes comme ses romans prendront, à son image, figure de mondes. Sa triple épopée et les *Misérables* seront des mondes. Comme la dernière pièce des *Feuilles d'Automne* posait, prenant date, le premier jalon de la poésie satirique, les *Burgraves,* les poèmes épiques de 1845 avaient bien posé les premiers jalons de la poésie épique. Mais comment croire qu'elle eût percé, cette poésie, après 1853, tant de routes dans l'espace sans ce renfort, sans cette découverte et cette présence de la mer et des morts ?

Les années géantes de la Poésie. D'où les années extraordinaires de Jersey et de Guernesey, jusqu'en 1860 environ. À ce moment, toute la génération du siècle est morte, comme Balzac, s'est tue comme Vigny, ou bien, comme la plupart des autres, dans un monde qui n'est plus le sien, se survit par une production périmée avec Michelet, entasse de la copie avec Lamartine. Alors, de cet aliment des géants qui fut le partage de la génération romantique, de la génération unique, il semble que tout l'héritage aille à Hugo, comme les héritages de l'Europe allèrent à Charles-Quint, et que Guernesey devienne le lieu d'une monarchie universelle (contre laquelle n'ont pas manqué de jouer les vieilles réactions françaises), — qu'en quittant en 1850 la tombe de Balzac sur laquelle il avait prononcé un magnifique discours, Hugo ait emporté pour l'ajouter à la sienne la part cosmique de ce génie.

La production poétique de Hugo pendant ces neuf ans représente à peu près le double de celle qui avait précédé et qui suivra : les *Châtiments,* les *Années funestes,* la plus grande partie des *Contemplations,* la *Fin de Satan, Dieu,* la *Légende des Siècles,* les *Quatre Vents de l'Esprit,* la plus grande partie de *Toute la Lyre* et d'*Océan.*

Il faut y ajouter les *Chansons des Rues et des Bois* publiées en 1865, mais presque toutes écrites en 1859, l'année de cet *Orphée aux Enfers,* qui va donner leur style aux dix dernières années de l'empire, le style où l'on s'amuse, où les dieux de l'Olympe s'amusent. Hugo a toujours été extrêmement attentif aux courants littéraires, et le poète de l'exil et du rocher, si la politique eût tourné autrement, quel poète de la présence il eût fourni à Paris ! De l'œuvre de l'exil, on peut dire que, tandis que le pourâna épique se rattache au mysticisme de 1848, la poésie proprement Second Empire ce sont les *Châtiments* de l'absence, les *Chansons* de la présence. Parmi l'œuvre poétique de Hugo, Alphonse Daudet, qui est resté jusqu'au bout l'ancien secrétaire de Morny, le délégué des *Vingt ans en 1860,* n'admettait et n'aimait que ces deux livres, ces deux versants de la poésie impériale.

Au carrefour de quatre mondes. Mais au regard du massif et de la substance de Hugo, les *Chansons* ne sont qu'une excursion, moitié voyage à Cythère, moitié voyage à Paris, les deux voyages, au temps de la *Belle Hélène* et de la *Vie parisienne,* n'en faisant d'ailleurs qu'un. Le Hugo de l'exil, le Hugo rivé à la solitude, à la prophétie, aux mers, aux morts, aux mots, on le verrait pris dans l'image des quatre vents de l'esprit, des quatre chevaux du soleil, au carrefour de quatre mondes qui répondent également à son idée d'une monarchie universelle et d'un rayonnement illimité : le monde des mots, nourri de lyrisme ; le monde des visions, matière épique ; le monde philosophique, lieu dramatique d'une lutte entre la lumière et les ténèbres ; le monde politique qu'a étrangement labouré en lui le génie satirique.

Le monde des mots. La royauté des mots, nul ennemi ne la lui conteste. Hugo en France est aux mots ce que Descartes est à la raison ou Voltaire à l'esprit, ce qu'ailleurs Michel-Ange est au marbre, ou Rembrandt à la lumière. Il en obtient pour sa pensée tout ce qu'il veut, et ils en obtiennent pour leur beauté tout ce qu'ils veulent. Jamais cette souveraineté des mots n'est plus absolue, moins limitée que dans ces années cinquante. On pense à Louis XIV après Nimègue, à Napoléon en 1811. Le lyrisme de *Stella,* des *Mages,* d'*À celle qui est restée en France* est brasillant de mots comme d'étoiles un ciel d'été. Le poème de *Dieu,* qui a marqué sans doute le point maximum du gigantisme hugolien, en devient effrayant. Si les triangles avaient un Dieu, dit Montesquieu, ce serait un Dieu triangle. On voit littéralement dans ce poème le maître des mots faire Dieu avec les mots :

Car le mot c'est le Verbe, et le Verbe c'est Dieu.

Le verbe de saint Jean, c'est le Logos, non le mot. Mais Hugo seul avait droit à ce contre sens et à ce calembour. Il lui donne l'être, comme le Christ à *Petrus petram.*

Celui des visions. Et cela n'irait pas bien loin si l'auteur de ce calembour n'était celui de la *Pente de la Rêverie,* si le maître des mots n'était le maître des visions, si la *Vision d'où est sortie ce livre* qui ouvre la *Légende des Siècles* n'était une vision vraie, si la vie poétique proprement hugolienne, ce n'était le mariage, l'exogamie inattendue, de ce *Verbe* et de la *Chose vue.* Hugo n'a pas créé la vision épique, mais il a créé l'épopée visionnaire. Le *Sacre de la Femme,* le *Petit Roi de Galice, Eviradnus,* le *Satyre,* la *Rose de l'Infante,* autant d'équilibres entre deux forces, la force inépuisable des mots et la force sans défaillance et sans artifice de la vision évocatrice. À la science innée des tours, des raffinements, des doublets, des étymologies, d'une langue à son zénith de puissance virile, Hugo unit la vision nue, la vision des prophètes bibliques. De Jérémie et d'Ezéchiel à Saint-Jean, l'épopée de Guernesey ne comporte pour Hugo qu'un précèdent, la Bible. C'est pourquoi la *Légende des Siècles* ne doit être prise que pour un volet d'un triptyque, dont les deux autres, qui lui sont antérieurs, relèvent directement des prophètes : la *Fin de Satan* et *Dieu.* Le *Jésus-Christ* de la *Fin de Satan* aura été mis très haut quand on aura dit qu'il reste en français la seule transposition supportable, et belle, de l'Évangile. Mais Hugo a-t-il gagné la gageure qu'est *Dieu* ? A-t-il rendu sensible au lecteur ce qui était certainement et profondément sensible à lui-même ? Il semble qu'ici, entre les mots et la vision, l'équilibre, maintenu ailleurs, soit rompu en faveur des mots, que les mots « ce corps aéré de la voix », accumulent tragiquement et passionnément leurs corps pour exprimer l'incorporel.

Il y a dix ans que Hugo a renoncé au théâtre, renoncé à projeter ses visions sur la scène qui n'a pu porter la vision des *Burgraves.* Mais, dans les îles, c'est lui-même qui devient un théâtre, c'est son monde intérieur qui devient un monde dramatique. Comme le dernier mot de Napoléon avait été *Armée,* Hugo eut dans son agonie de mai 1885 pour dernier vers :

C'est ici le combat du jour et de la nuit.

Celui de la pensée. Ce combat dramatique, ce dialogue manichéen, cet effort de Dieu contre la matière, de l'âme contre le poids, du bien contre le mal, de la vie contre la mort, ce *Noir et blanc* proprement hugolien, cela devient à Guernesey la pensée de Hugo, la pensée du penseur : c'est la conscience de ce combat qui lui compose une philosophie. Le bien et le mal ne sont pas des idées claires, les points d'interrogation abondent dans la conscience de Hugo, ce monde intérieur et poétique ne vit, n'obtient sa troisième dimension que par le clair-obscur. Mais si la réalité est esprit, si Dieu ne se réalise ou ne réalise ses fins qu'avec difficulté, si le problème du mal existe, si la matérialité est un poids à soulever, si les religions, de l'Orient à l'Occident, et si les philosophies, d'Anaximandre à Bergson, ont en effet senti et pensé qu'il en est ainsi, s'il y a là un résultat de l'expérience interne de l'humanité, comme les lois physiques sont un résultat de son expérience externe, si Hugo a vécu dans la méditation et dans l'expression de ces vérités, s'il leur a donné un langage, un poids, un corps glorieux, si, évidentes ou probables qu'elles sont pour les philosophes, il les a rendues sensibles à ceux qui ne sont pas philosophes, si les philosophes les ont avouées et admirées chez lui, comment méconnaître dans son dialogue solitaire, dans ces tempêtes ou dans cette mer sous un crâne, dans cette présentation de Dieu et du monde, la réalité de la pensée et la dignité du penseur ?

Celui de la cité. Enfin l'exilé de décembre, l'auteur des *Châtiments,* prend sa définitive stature politique. Le premier Empire avait fait son père général et comte, la restauration lui avait donné l'investiture officielle, Louis-Philippe l'avait élevé à la pairie. L'ingratitude même de Louis-Napoléon envers le poète de Napoléon mit Hugo plus haut encore. Un portefeuille refusé sépara de l'ingrat le vindicatif, de Lycambe Archiloque. Ce n'est pas grand, mais c'est humain. Et à cet humain succéda immédiatement le surhumain qui était dans la nature poétique de Hugo et qu'il transporta dans ses proclamations politiques. Sa poésie en bénéficia quand c'était en vers. La gloire de Hugo n'en souffrit que quand c'était en prose.

Les années inutiles. Les années miraculeuses sont à peu près terminées en 1860. Le quart de siècle qui reste à vivre à Victor Hugo compte pour son prestige, pour sa gloire, pour la fortune de son nom plutôt que dans son œuvre. Il compte, et aussi il pèse. Si Hugo était mort vers 1860, en exil, laissant en somme derrière lui presque toute son œuvre poétique actuelle, si les obsèques de 1885 avaient été un retour des Cendres en 1870, Hugo rentrant mort, avec la République, à l'heure même où il est rentré vivant, et la tombe tenant le serment de Jersey, aurait-il aujourd'hui des ennemis ? Pareillement, si l'un des fusils braqués sur lui avait abattu Lamartine en 1848, sur les marches de l'Hôtel de Ville, pendant le discours pour le drapeau, quelle fabuleuse mémoire il eût laissée ! Pour l'un et l'autre la soixantaine fut sinon le cap périlleux, tout au moins le cap inutile.

Que te sert, ô Priam, d'avoir vécu si vieux ?

Les œuvres poétiques d'après 1860, l'*Année Terrible,* l'*Art d'être grand-père* ont fait à Hugo une gloire, dans le Paris des années soixante-dix : elles n'ajoutent à sa poésie qu'une digne vieillesse, comme le feraient les quelques pièces de la *Légende* qui sont de cette époque, s'il n'y avait pas le *Cimetière d'Eylau* et les *Sept Merveilles du Monde*.

Il est puéril de se demander si Hugo est ou non le plus grand poète de la langue. Mais on peut bien l'appeler, dans tous les sens du mot, le plus grand phénomène de notre littérature. Sa situation présente reste probablement, avec celle de Balzac (et pour les mêmes raisons, leur qualité de porteurs de mondes, leur figure d'atlantes, de pâtres promontoires au chapeau de nuées) la plus haute et la plus solide du XIXe siècle. Son avenir sera en partie commandé par le morceau de paysage littéraire que le XXe siècle, quand il se sera écoulé, aura ajouté au massif du XIXe siècle et des précédents, quand auront pris figure les modifications du rivage, les nouveaux promontoires et leurs nouveaux chapeaux. Ronsard a été déclassé au XVIIe siècle non seulement à cause de l'évolution de la langue, mais parce que le XVIIe siècle avait la force de faire autre chose, de le faire aussi bien, et que la méconnaissance, la perte de Ronsard, comme il y a la perte du Rhône, étaient une condition de cette réussite : un demi-siècle après la mort de Ronsard, se levait le *Cid*. Mais rien depuis un demi-siècle n'a menacé Hugo de ce bienheureux déclassement. Rien n'en menace le XIXe siècle. André Gide a mis beaucoup de sens et de bon sens, dans le « Victor Hugo, hélas ! » par lequel il répondait à une enquête sur le plus grand poète français. Opinion nuancée, juste et sincère d'un écrivain de la génération à laquelle il incombait d'obscurcir Hugo, comme la génération de Corneille avait obscurci Ronsard, et dont, en 1935, nous devons reconnaître, elle doit reconnaître, qu'elle ne l'a, hélas ! pas obscurci.

VI

CÉNACLES. ATELIERS. ARTISTES.

Les cénacles. Deschamps, Nodier, Hugo. Un mouvement littéraire nouveau a souvent besoin de milieux fermés ou il s'essaie en vase clos, trouve des mots d'ordre, un centre de ralliement, des camaraderies : salons, cafés, brasseries, selon la mode de l'époque. Le romantisme, lui, eut ses cénacles et ses ateliers.

Le cénacle, c'est un nom ésotérique qui désigne simplement l'entourage d'un poète qui reçoit. Le premier cénacle fut celui de la *Muse Française,* recueil de vers et de prose qui dura un an, de juillet 1823 à juin 1824, et qui eut pour rédacteurs principaux les deux frères Deschamps, Émile et Antony, poètes estimables, qui n'ont pas donné à leur revue un nom qui convînt à leurs poésies, puisque leurs vers ne sont guère que des traductions de l'espagnol, de l'italien et de l'allemand. La *Muse* était un recueil très éclectique. Les derniers classiques y écrivaient, Brifaut et Baour-Lormian. On n'y trouvait pas Casimir Delavigne, dont la gloire, en 1820, équilibrait, avec les *Messéniennes,* celle de Lamartine, mais bien trois Languedociens, Soumet, Guiraud, Jules de Rességuier, nés avant 1790, poètes de Jeux Floraux. Hugo, Vigny, y écrivaient aussi. Et surtout on se rencontrait chez les Deschamps.

Quand la *Muse* cessa de paraître, en juillet 1824, il y avait quelques semaines que le cénacle Deschamps était devenu moins utile. Charles Nodier, Bisontin singulier, érudit, imaginatif, auteur d'aimables contes, venait d'être nommé bibliothécaire de l'Arsenal. Il y ouvrit un salon où régnèrent avec bonne grâce Mme Nodier et surtout Marie Nodier, sa fille. Les soirées de l'Arsenal devinrent pendant dix ans le rendez-vous de toute la littérature romantique, et surtout de la jeunesse. Poètes, peintres, amateurs, étrangers, s'y pressèrent, y discutèrent, y dansèrent. Ce monde ouvert et libre faisait pendant et contraste au monde des salons fermés ; Musset en fut l'enfant gâté, le prince charmant. Mais on ne peut pas dire que ces rencontres dans ce milieu de passage aient eu une influence littéraire.

Le vrai cénacle romantique se tint dans le salon rouge de Victor Hugo, rue Notre-Dame-des-Champs. C'est de là qu'est sortie la littérature doctrinale du romantisme de 1827, tel qu'il s'exprime dans les manifestes et les préfaces — celle de *Cromwell* surtout. Sainte-Beuve, Vigny, Dumas, Musset, Balzac, les Deschamps, Tarquety, Boulay-Paty, des artistes, Delacroix, Devéria, Boulanger, David d'Angers, sont assidus, et la société n'a rien d'un groupe fermé : tout poète, surtout tout admirateur, y est le bienvenu. Les séances importantes du Cénacle consistent dans les lectures d'œuvres nouvelles. En juillet 1829, Victor Hugo lit chez lui *Marion Delorme,* et huit jours après Vigny convoque les poètes pour une lecture de son *Othello.* Le 30 septembre 1829, a lieu la célèbre lecture d'*Hernani,* devant une soixantaine d'amis, effectif ordinaire de ces réunions. Un littérateur remuant, aigri et pointilleux, Henri de Latouche, publia alors en octobre dans la *Revue de Paris,* l'article, qui fit du bruit, sur la *Camaraderie littéraire,* où il dénonçait le péril du cercle fermé et de l'encensoir mutuel. Des polémiques s'ensuivirent. Et après 1830 les amitiés se défirent. Les brouilles mutuelles de Hugo, Vigny, Sainte-Beuve, les ironies de Musset, les rivalités de théâtre, les dissentiments politiques, désorganisèrent le Cénacle ; le romantisme brilla plus que jamais, mais ce ne fut plus, au sens précis et technique du mot, une école.

Peintres et poètes. Sur un point cependant, ce mot d'école, la *scola,* garde un sens qui importe. Le romantisme est en France la première révolution littéraire qu'il soit impossible de séparer d'une révolution dans les arts plastiques. Il y a une école mixte, un esprit et un art communs à une génération de poètes et de peintres romantiques.

Le *Radeau de la Méduse* au salon de 1819 et les *Massacres de Scio* au salon de 1824 avaient révélé dans un grand éclat une peinture nouvelle. Mais c'est le salon de 1827 qui, la même année que la préface de *Cromwell,* met à l'ordre du jour la question du romantisme en peinture, la liaison et l'identité des deux romantismes plastique et poétique, moins encore par le *Christ au Jardin des Oliviers* et le *Marina Faliero* de Delacroix que par deux toiles aujourd'hui déclassées, qui excitèrent un immense enthousiasme chez les poètes, la *Naissance de Henri IV* par Eugène Devéria, et le *Mazeppa* de Louis Boulanger, jeune peintre de vingt-et-un ans. Le Cénacle s'ouvre aux artistes et Boulanger devient une manière de peintre officiel de Victor Hugo. Bientôt, quelques jeunes gens créent la vignette, la gravure et la lithographie romantique : Alfred et Tony Johannot, Jean Gigoux, et surtout Célestin Nanteuil. Et Hugo lui-même ne sera pas l'un des moindres dessinateurs du romantisme.

La rue du Doyenné. Un dernier cénacle symbolise alors et consacre cette union de l'art et de la poésie. À la différence des précédents ce n'est pas un lieu de passage, de confrontation et de rencontres. C'est un atelier commun, avec une unité, une ardeur, une doctrine, lesquelles survivront au romantisme lui-même. Il s'agit du groupe de la rue du Doyenné, autour de Théophile Gautier et de Gérard de Nerval et du drapeau de ce qu'on appellera plus tard la doctrine de l'art pour l'art.

La vieille rue du Doyenné, sur l'emplacement de la place du Carrousel actuel, sert ici de point de repère, parce que Gautier, Gérard et leurs amis y habitent ensemble, que c'est à peu près là que prirent forme et tradition la vie et les habitudes d'artistes libres, excessifs, truculents, ce qu'on a appelé la première bohème : les poètes et les peintres y sont mélangés et le genre *rapin* y domine ; — le bourgeois y devient le monstre, y prend une figure puissante et fantomatique de tête de Turc comme l'infâme pour Voltaire, Pitt et Cobourg pour la Révolution. Cette façade provocante du romantisme, cet appel aux fenêtres, n'ont rien de commun, rien que de contraire, au grand salonnier qu'est M. de Lamartine, à l'homme du monde qu'est le comte de Vigny, au père de famille irréprochable qu'est Victor Hugo, au dandy des cafés à la mode qu'est Alfred de Musset, à l'intellectuel pauvre qu'est Joseph Delorme. Mais les ateliers et le Doyenné ont fourni le bataillon sacré de la première d'*Hernani*. Ils tiennent plus ou moins dans le romantisme la place des vainqueurs de la Bastille parmi les patriotes de la Révolution, ils fournissent au romantisme ces excentriques et ces ratés sans lesquels il n'y aura désormais pas d'école littéraire vivante.

Pétrus et Philothée. Pétrus Borel a incarné les attitudes et les défis de ce romantisme intégral, moins dans sa personne (autour de laquelle les anecdotes manquent un peu, et ces gloires-là ne sont relevées que par des anecdotes) que dans une certaine situation de romantique-drapeau, en vue de laquelle il s'était trouvé le nom heureux de lycanthrope, et dans une œuvre écrite avec le dessein délibéré de faire de la truculence, la célèbre truculence tarte à la crème de la rue du Doyenné. Les *Rhapsodies, Champavert, Madame Putiphar* sont incontestablement truculents, même succulents. Ce qui a fait du tort à Pétrus, c'est que chaque génération a eu ses propres Pétrus, et que le premier, le fondateur du genre, a été oublié, recouvert. Mais qui se plaît à Lautréamont et à Jarry doit avoir une pensée, une heure de lecture pour Pétrus. *Feu et Flamme* de Philothée O'Neddy (Théophile Dondey), s'il n'était resté d'un ton au-dessous du creux et de la rhétorique à flancs battus, nous donnerait l'idée de ce qu'aurait pu être la grande œuvre poétique de l'école truculente, avec un satanisme qui fait penser à Baudelaire, et des vocables rares qui présagent le symbolisme.

Mais les vrais maîtres de la rue du Doyenné furent Théophile Gautier et Gérard de Nerval — G. G. comme ils signèrent quand ils collaboraient.

Théophile Gautier. Comme Pétrus, Gautier avait hésité entre la poésie et la peinture, et il a transporté dans l'atelier littéraire le plus possible des mœurs, des idées et du style de la peinture.

Les mœurs : n'entendons par là rien d'excessif. Gautier fut toute sa vie un bon tâcheron littéraire, très rangé, très dévoué à une famille qu'il dut faire vivre de très bonne heure, plutôt malchanceux et dupe de son bon cœur et de sa bonne foi. Dans ces limites de prudence et de sécurité, c'était un grand rapin. « Le rapin, dit-il, dominait en nous le poète, et les intérêts de la couleur nous préoccupaient fort. » Dans le temps comme en dignités on ne lui enviera pas le titre de premier rapin des lettres françaises ; ce n'est pas rien.

Il l'est par ses paradoxes. Du paradoxe évidemment un peu conventionnel et domestique, mais enfin qui a un style, une continuité, et qui est excitant, surtout quand on le recueille dans les propos de Gautier plutôt que dans ses livres, et dans ses articles, où il écrit sous l'œil du directeur et de l'abonné. Imprimé ou oral, il y a un *Galtierana* qui est encore cité, discuté, vivant. En matière de métier artistique et littéraire, il y a toujours un « Gautier disait que » qui excelle à accrocher une discussion, et en lequel subsiste peut-être le plus connu de l'artiste qui écrivit la valeur de cent volumes.

Il l'est par sa bonne humeur, la manière si française dont il accorde l'enthousiasme et le scepticisme. Cette sympathie ironique avec laquelle nous parlons de l'école du Doyenné, c'est lui qui en a créé le style, dans *Les Jeune France,* tableau savoureux, amical et clairvoyant de la vie des jeunes romantiques d'extrême gauche, procès-verbal aussi de la liquidation du groupe. Avec le Daniel Jovard, des *Jeune France,* Gautier a créé un type littéraire plus solide et plus substantiel que les ombres découpées ironiquement et du dehors par Musset, les Dupont et Durand, Dupuis et Cotonet : vraie peinture, chez Gautier, avec la troisième dimension et le modèle.

Il l'est par les idées. Gautier est le délégué du romantisme aux idées d'artiste. L'art se suffit, comme au temps de Malherbe. En 1830, à dix-neuf ans, Gautier publie son premier volume de vers, qui sont les vers d'un album d'artiste, impressions nettes, colorées, où rien n'outrepasse le cadre voulu, et qui tournent absolument, délibérément le dos à ce romantisme d'idées, à ce romantisme politique qui va déborder dans la grande transgression de Lamartine, de Hugo, de Vigny, même de Sainte-Beuve (ce Sainte-Beuve qui, lui, devient à ce moment Saint-Simonien et entre dans les sociétés secrètes). En plein soleil de juillet, c'était chez Gautier un beau paradoxe que d'écrire : « Aux utilitaires utopistes, économistes, Saint-Simonistes et autres qui lui demanderont à quoi cela rime il répondra : le premier vers rime avec le second, quand la rime n'est pas mauvaise, et ainsi de suite. — À quoi cela sert-il ? Cela sert à être beau. N'est-ce pas assez ? » Un système de vie, où la raison d'être de certains hommes, de certaines vocations, soit la beauté pour elle-même et par elle seule, Gautier l'a formulé dans deux romans, dont le premier fut célèbre et a eu des suites littéraires importantes : *Mademoiselle de Maupin* et l'*Eldorado* ou *Fortunio.* Comme le hobereau qui appelait Dieu le gentilhomme de là-haut, et au contraire en somme de Hugo pour qui le poète est Dieu, Gautier écrira : « Dieu n'est peut-être que le premier poète du monde. »

Il l'est par le style enfin. C'est un lieu commun que d'appeler le style de Gautier un style de peintre. Mais il y a là une limite aussi bien qu'une qualité. Gautier passe à bon droit pour l'écrivain romantique qui, après Victor Hugo, connaît le mieux la langue, en use avec la plus impeccable sûreté. Mais cette sûreté peut aussi bien s'appeler de la facilité, et une facilité dont il abuse quand il entre dans la description, dans une reproduction qui n'est pas créatrice, dans une fonction, comme il dit, de bon daguerréotype littéraire. Styliste, poète, romancier, voyageur, c'est toujours du côté de la création qu'il rencontre ses limites.

Ajoutons que ce romantique peintre tente d'être aussi, comme ses contemporains, un romantique oratoire. Ses deux grands morceaux de poésie romantique, *Albertus* et la *Comédie de la Mort,* restent des monuments distingués, d'abondance souvent vaine, et d'éloquence refroidie. Dans le poème court, au contraire, Gautier excelle, par le pittoresque, la mise en valeur lumineuse et bien poussée moins des beaux mots que des mots justes, des qualités classiques à la Boileau. On ne s'étonnera pas que les peintres l'inspirent heureusement, que ses *Terze Rime,* son *Ribeira* et le *Triomphe de Pétrarque* soient de somptueux chefs-d'œuvre, que les vers rapportés d'Espagne, *España,* soient des morceaux fortement copiés de nature espagnole. Les *Émaux et Camées,* petites pièces agréables et grêles, ont été longtemps l'objet de malentendus, et louées pour des qualités de plastique parnassienne qu'elles ne possèdent pas : simples cartes de visite bien gravées, cornées de temps en temps chez la Muse par un poète qui ne veut pas cesser les relations, il ne faut pas leur sacrifier le plein, le vif, l'aventureux de la vraie poésie de Gautier, celle de sa jeunesse.

Gautier est grand et fort, mais en vers comme en prose, on en a vite fait le tour. Le peintre manque de musique et d'au-delà. Ce cercle d'idées limité aux lettres, à l'art, au noir sur le blanc, à la ligne et à la couleur, ne va pas sans automatisme, sans monotonie, sans tout-fait et sans prévu. Gautier est un bourgeois de la République des Lettres, le buveur d'apéritifs et le Homais du Landerneau littéraire. Nous le disons avec une conscience d'autant meilleure que nous voudrions qu'on entendit tout cela en termes d'éloge et de sympathie. À qui manquent le sens de Gautier, et de l'amitié pour Gautier, manque un certain quartier de bourgeoisie, de familiarité, d'habitude, de républicanisme municipal dans la République des Lettres.

Gérard de Nerval. Cela dit, on constatera sans regret excessif que la place de Gérard de Nerval l'emporte aujourd'hui sur celle de Théophile Gautier. L'esprit de Gérard est celui de la musique plus que de la peinture, du mystère plus que de l'expression, de la poésie intérieure plus que de l'extérieure. Mais surtout, au contraire de Gautier, c'est un être et un maître complexe, chez qui on fait toujours des découvertes, qui abonde en tournants brusques et en percées sur l'infini. Romancier si peu balzacien, Gérard de Nerval paraît vraiment un personnage balzacien, Gautier pas du tout et plutôt un personnage de Flaubert ou des Goncourt. Si Gautier est le bourgeois de la République des Lettres, Nerval en est le voyageur divin.

Il y a d'abord chez Nerval l'homme du Doyenné, l'ami de Gautier, le pur artiste et le conteur parfait. Personne en 1832 ne racontait avec plus de bonne grâce que l'auteur de la *Main enchantée,* mélange de sorcellerie et de bouffonnerie historiques exactement dans la ligne du style des *Jeune France.* Dix ans après, Nerval devient fou, d'une folie illuminée, mystique et tendre qui laisse subsister en lui l'artiste, et si bien que le roman de cette folie, les *Filles du Feu,* soit surtout *Angélique* et *Sylvie,* est un des chefs-d'œuvre du récit français. L'évocation du Valois dans *Sylvie* et dans *Angélique* a créé littérairement la poésie de l'Île-de-France. *Sylvie* est restée à la féerie ce que *Paul et Virginie* fut à l'exotisme. *Angélique* et *Aurélia* sont touchées de plus près encore par les esprits de l'illusion et de la folie. Le monde extérieur devient pour Gérard une projection du monde intérieur, la vie est submergée et transfigurée par le rêve, et la transmutation des créatures de chair en créatures de rêve devient l'alchimie propre à cette nature de poète, doucement et divinement déréglée.

Les créatures de chair, c'était une créature, une actrice, Jenny Colon, dont la liaison avec Gérard est restée assez mystérieuse pour que sa réalité soit remplacée pièce à pièce par les substitutions du rêve. Le rêveur alors devient l'initié. Toute une partie de l'œuvre de Gérard, *Aurélia,* le *Voyage en Orient, les Illuminés,* ressemble à une représentation, à un déroulement de mystères d'Eleusis, soit les aventures de l'âme sur la terre, à travers des symboles qui sont beaux et qui regardent l'homme avec des regards non seulement familiers, mais bienveillants. La folie de Nerval a eu des moments atroces, et finalement celui de son suicide. Mais seuls les intervalles ou les moments lucides et doux de cette folie ont mis au poète la plume à la main, sont passés dans ses livres, se sont vêtus de cette prose fine, délicate et tempérée. Il est le seul écrivain chez qui la folie, ou plutôt le souvenir et l'ombre de la folie, se soient présentés sous la figure d'une Muse, d'une inspiratrice et d'une amie.

Et voici enfin dans le poète de l'Ile-de-France le cor enchanté de la forêt germanique. Ce frère de Novalis est le seul romantique qui ait bien connu et senti l'Allemagne, dans sa langue, dans sa légende et dans sa musique. Il s'est connu chez lui dans *Faust.* Il en a écrit la meilleure traduction, qu'admira Goethe. Il a eu le sens du *lied* et de la ballade allemande, très différente de la ballade d'artiste à la Victor Hugo. Toute une nature du Nord, qui va de Paris à Vienne, et qui a le Rhin pour axe, peut tenir Nerval pour son poète.

Ce pays il l'a parcouru, et de ses récits de voyage sur le Rhin et en Autriche la bonhomie fine et poétique peut faire suite à ses tableaux de l'Île-de-France. Mais par-delà l'Allemagne, le visionnaire, l'initié était appelé par l'Orient. Le *Voyage en Orient* n'est pas une suite de notes authentiques : il est en partie imaginé, refait, fabriqué, à la manière qui sera celle de Barrès, mais tout cela par un artiste intelligent et impeccable. L'Orient de Nerval est resté frais, musical, féerique, Orient de poète plus encore qu'Orient de voyageur, Orient qu'il a vu comme il l'a rêvé.

Enfin, quand la folie toucha Nerval, le toucha avec délicatesse et caprice, mit sur sa pensée des demi-teintes et du crépuscule, la fondit, à des intervalles, dans l'état fluide de la mentalité primitive et de l'extase mystique, il écrivit les douze sonnets des *Chimères* qui sont sans commune mesure avec le reste de ses vers, et même avec sa littérature, et en qui se lève, à la main d'un initié antique, l'épi éleusinien de la poésie française. Ils ont exactement le genre d'obscurité et le style de clarté de ces guides d'outre-tombe, par les prairies et les fontaines symboliques, qu'on a retrouvés, gravés sur des plaques d'or, dans les sépultures pythagoriciennes. On n'en épuise pas la musique, et un curieux miracle a voulu que cette musique radiante fût enfermée, comme chez Mallarmé, dans la forme stricte et plastique du sonnet. Les *Chimères* montrent, en plein romantisme, la route au symbolisme et à la poésie pure, comme elles montraient à Nerval, dans l'outre-tombe, la route des initiés.

Bertrand. Ce n'est guère que dans ce groupe des purs artistes, des grands malchanceux chimériques et aussi des précurseurs qu'on peut ranger Aloysius Bertrand, Dijonnais au moins d'adoption, dont les poèmes en prose de *Gaspard de la Nuit,* d'une forme précieuse et souvent parfaite, n'ont pu être publiés par ses amis qu'après sa mort. Il a, lui aussi, montré un chemin, une terre promise, le poème en prose de Baudelaire et de Mallarmé. On dirait que le génie immanent de la poésie française, qui veut empêcher certaine immatérialité paradoxale d'y entrer avant l'heure, a écarté Gérard et Bertrand avec la même brutalité disciplinaire que, plus tard, ces autres trop tôt venus, Verlaine, Lautréamont, Rimbaud, Corbière.

VII

LE THÉÂTRE ROMANTIQUE

Révolution et théâtre. L'essentiel de la révolution romantique, c'était de s'emparer du théâtre comme la révolution politique avait eu à s'emparer d'abord du pouvoir exécutif. Il y avait en effet un siècle et plus que les débuts littéraires avaient lieu dans la tragédie, que la tragédie était la femme du monde que la jeunesse ambitionnait de posséder pour faire son chemin dans la vie, les vers, la prose, le succès. La Révolution avait empêché Chateaubriand et Mme de Staël de jeter la gourme tragique nécessaire. Leurs tragédies en cinq actes et en vers ne furent que différées, et il fallut qu'ils les écrivissent plus tard. Dans la première décade du siècle, un poète tragique, dont les pièces ne sont pas plus mauvaises que d'autres, mais ont été tournées en ridicule par la critique, va se tuer, de désespoir, près de Belley où il a un neveu en pension. C'est Lyon des Roys, le frère de Mme de Lamartine. Quand celle-ci trouvera des actes tragiques dans les tiroirs de son fils, qu'il partira pour Paris avec un *Saül* en vers pour le lire à Talma, on juge des transes de la pauvre femme. Heureusement les *Méditations* et la diplomatie le détourneront de la scène, à laquelle il ne reviendra que la cinquantaine passée, comme Chateaubriand avec *Moïse*, et, sans lendemain, avec *Toussaint Louverture*, tragédie nègre.

La révolution romantique n'est pas une révolution sans doctrines. Depuis la *Littérature* de Mme de Staël, et sans compter le préromantisme, dont on ne sait pas jusqu'où il remonte, elle a été préparée par un quart de siècle de manifestes. Or manifestes, littérature dogmatique, critique, polémique, concernent pour les trois quarts le théâtre. On sait l'importance du *Cours de Littérature Dramatique* de Schlegel, traduit par une cousine de Mme de Staël en 1814. L'opinion littéraire est pour ou contre Shakespeare, pour ou contre le théâtre espagnol et allemand, pour ou contre la tragédie, pour ou contre les unités. Bientôt le libraire Ladvocat commence la traduction des *Chefs-d'œuvre des théâtres étrangers,* qui deviendra pour les romantiques une véritable *Somme* dramatique. Le mot théâtre avait eu en France jusqu'en 1815 un sens français ; il s'y entend, à partir de 1815, avec un sens européen. Le romantisme débute dans ce sens élargi, dans cet appel d'air.

Les débuts du théâtre romantique. Pas plus que de ce crédit dans l'espace, il ne manque d'un acquis dans la durée. Il y a toute une histoire des essais divers faits par Lemercier, Raynouard, Delavigne, pour desserrer le carcan tragique. Le *Racine et Shakespeare* de Stendhal, écho des conversations d'alors, prédisait facilement en 1825 un théâtre historique extrait des chroniques. Le maître du mélodrame, Guilbert de Pixérécourt a dans les trente premières années du siècle habitué les spectateurs populaires aux héros ténébreux, aux brigands, aux cadavres, aux émotions fortes. « Malheur au théâtre français, s'écriait Geoffroy, quand un homme de quelque talent et connaissant les effets de la scène, s'avisera de faire des mélodrames. » Mais la Comédie-Française, alors très avancée et allante, sut flairer le vent théâtral mieux que l'Académie le vent poétique. Elle jouait le 11 février 1829 *Henri III et sa Cour,* drame en prose, coupé hâtivement, avec un sens extraordinaire de la scène, dans l'histoire d'Anquetil, qu'Alexandre Dumas venait de découvrir. Le 24 Octobre de la même année, elle représentait un *Othello,* en vers, d'Alfred de Vigny, qui était du vrai Shakespeare assez exactement adapté, et quelques semaines après elle ouvrait l'année 1830 avec *Une Fête de Néron,* de Soumet et Belmontet, où un dernier acte à grand spectacle, un Néron matricide, jouant malgré lui le rôle d'Oreste comme Saint Genest le rôle d'Adrien (le monde est petit) triomphe avec cent représentations. Il semblait déjà que le drame romantique eût son *Britannicus,* et Victor Hugo n'avait pas encore donné. Au théâtre du moins. Car depuis plusieurs années le livre, le théâtre publié servait de fourrier alerte à la scène.

Le Théâtre du Livre. Une bonne partie du théâtre romantique est alors un théâtre historique, en prose, dont on sentait depuis longtemps la possibilité et même la nécessité. Dès 1747 le président Hénault ne s'était-il pas demandé pourquoi notre histoire n'avait pas été fixée à la manière des drames historiques de Shakespeare ? L'*Henri VI* du poète anglais lui donnait l'idée d'un *François II* en prose, tentative sans lendemain jusqu'à la Restauration. À ce moment naît de toute part un curieux théâtre de scènes historiques écrites, jouées parfois dans les châteaux (comme celles du comte Rœderer) : théâtre du livre et des amateurs qui voisine et cousine avec les *Proverbes* de Carmontelle et Leclercq. Il témoigne du goût général de cette époque pour l'histoire, déclenché par Chateaubriand, et nourri par les grandes collections de mémoires, documents, travaux de librairie, romans de Walter Scott, surtout, qui parurent à partir de 1820. Quand Stendhal écrit : « La nation a soif de sa tragédie historique », il exprime les idées du salon Delescluze, d'où sortent plus ou moins, de 1820 à 1827, l'*Insurrection de Saint-Domingue* de Charles de Rémusat, un *Cromwell* de Mérimée (non publié), le *Théâtre de Clara Gazul* de Mérimée en 1825, les *Barricades* de Vitet en 1826, Les *Soirées de Neuilly* de Dittmer et Cavé en 1827, les *Scènes contemporaines* de Loève-Veimars et Rumier la même année. Le *Cromwell* de Hugo en 1827 appartient à ce théâtre du livre comme le *Spectacle dans un fauteuil* d'Alfred de Musset en 1832. Alexandre Dumas dira avec justice et une modestie inaccoutumée, de *Henri III et sa Cour* : « Je ne me déclarerai pas fondateur d'un genre, parce qu'effectivement je n'ai rien fondé. MM. Victor Hugo, Mérimée, Vitet, Loève-Veimars, Cavé et Dittmer, ont fondé avant moi, et mieux que moi. Je les en remercie : ils m'ont fait ce que je suis. »

Cromwell. Pourquoi la date de l'une de ces pièces, écrite en 1827, *Cromwell,* importe-t-elle tant dans l'histoire du romantisme ? Pour trois raisons. À cause de sa valeur : ce drame de trois mille vers, qui ne peut se jouer, est curieux, amusant, bien écrit, tient encore à la lecture — À cause de son sujet : ce sujet est dans l'air ; dans l'air politique, où le précédent des révolutions d'Angleterre, à la veille de 1830, intéresse et inquiète ; dans l'air littéraire, où les traductions des *Mémoires sur la Révolution d'Angleterre* par Guizot l'ont lancé, où Balzac et Mérimée l'ont déjà pris pour le sujet de leur première pièce. — À cause de sa préface qu'on tient pour ce qu'elle n'est pas, une introduction au drame romantique, et qui contient des idées toutes particulières à l'optique de Victor Hugo, comme sa théorie singulière du grotesque. Elle eut l'importance d'un manifeste tout simplement parce qu'on en attendait un et que Hugo l'attendait de Hugo. Restait pour celui-ci à débuter sur le vrai théâtre, ce qu'il eût fait en 1829 avec *Marion Delorme* si la censure ne l'eût interdite parce qu'il y introduisait un Louis XIII peu avantageux. C'était dommage : la pièce Louis XIII eût été cornélienne comme *Une Fête sous Néron* était racinienne et comme *Othello* équilibrait *Zaïre.* Joignez que la courtisane amoureuse, et réhabilitée, c'était alors une idée audacieuse et neuve, et qui faisait corps avec le *Dernier Jour d'un Condamné* que le jeune auteur venait de publier contre la peine de mort. Fantine et Jean Valjean allaient-ils sortir du boulevard du Crime ? Pas encore. Mais pour remplacer *Marion,* Hugo écrivit en un mois le drame le plus hardi, le plus étonnant, le plus fou, le plus beau, réalisa de pied en cap la prophétie de Geoffroy : ce furent *Hernani* et sa bataille le 25 février 1830.

La Bataille d'Hernani. *Hernani* fut une bataille, une dispute où tout le monde parla et prit parti. Ce ne fut pas une victoire. L'événement dramatique d'*Hernani* consista dans la rafale de poésie et de lyrisme qu'il déchaînait sur le théâtre, nullement dans une révolution dramatique dont Hugo se croyait peut-être le héros, mais dont il n'était que le héraut, et qui ne vint que peu ou point. Hugo, qui a été en Espagne, et qui se dit même vicomte espagnol, mêle en ce drame extraordinaire la poésie des *Orientales* (qui sont en partie, des *Hispaniques),* les fantômes de l'Empire, le prophétisme politique, les *Brigands* de Schiller, le cor enchanté du Harz, les souvenirs du fiancé et du « vendangeur ivre » que Lamartine voyait en lui le soir de ses noces, la référence à Corneille, au *Cid,* senti comme pièce d'institution d'une forme dramatique nouvelle par un poète — j'allais dire un

Premier Consul — de moins de trente ans. Le flot d'or du lyrisme gratuit, le sang de feu d'une invincible jeunesse, le clairon d'une génération qui se lève, ont fait durer dans la littérature cette soirée d'*Hernani* comme une *Marseillaise.* C'était la poésie du théâtre, ce n'était pas la réalité du théâtre. La réalité du théâtre romantique amorcée par *Henri III et sa Cour* triompha avec *Antony* à la Porte Saint-Martin, le 3 mai 1831, jour de victoire, comme *Hernani* avait été un jour de bataille.

La victoire d'Antony. Le bonheur de Dumas dans *Antony* est un bonheur fabuleux. Le public du théâtre est fait de femmes pour beaucoup plus de la moitié, et Dumas crée dans *Antony* le ténébreux et fatal héros romantique dont les femmes sont folles. Si *Hernani* jette une rafale de poésie sur le théâtre, *Antony* précipite sur la scène ce torrent de mouvement dramatique qui tient captifs et haletants sous le lustre tous les spectateurs, et non pas seulement cette minorité qui sent et vit la poésie. *Hernani* s'est dissipé comme une nuée d'or qui laisse le spectateur étonné, *Antony* s'est concentré sur son dernier mot « Elle me résistait, je l'ai assassinée », dont le spectateur et surtout la spectatrice emportent la flèche dans leur chair. Le théâtre romantique vivait alors d'antithèses. L'antithèse du banditisme et de l'honneur dans *Hernani* reste verbale et vide devant cette antithèse du « monde tel qu'il est » et de la passion, antithèse que le romantisme installe dans la littérature pour un quart du siècle, que liquidera *Madame Bovary,* et qui est la raison de la nouveauté et du triomphe d'*Antony.*

Triomphe de la Tour de Nesle. La *Tour de Nesle* (1832) suit presque *Antony.* Peut-être le théâtre romantique est-il alors à la pointe de son élan créateur. À vrai dire, Dumas ne crée pas avec la *Tour* le drame de cape et d'épée, qui avait conquis la scène du Théâtre Français avec *Hernani.* Mais tout se passera désormais comme si le drame, et même le roman, de cape et d'épée, consistaient à refaire la *Tour de Nesle* et à la fondre dans l'anonyme sous les clichés et les redites. Cependant elle a résisté. En 1934, elle a attiré encore tous les publics. Le drame de cape et d'épée, auquel avait pensé Corneille (*Le Cid* est le mouvement d'une épée, et *Don Sanche* évoque déjà

Hernani, correspond peut-être au plan où le théâtre romantique trouvait la voie la plus libre, celle d'un mouvement dramatique pur). Aristote eût admiré plus qu'*Œdipe roi* et *Iphigénie en Tauride* ces cascades de reconnaissances, d'incestes, de parricides, d'infanticides. Et le Corneille de *Rodogune* eût salué en Dumas le sorcier du métier.

Si Dumas faisait mal le vers, il fit dans la *Tour de Nesle* supérieurement la prose. Weiss a eu le courage de dire que dans la *Tour de Nesle* il y a un style, « un style trouvé ». Il faudrait modifier la définition de Buffon. Le style de théâtre est ici le mouvement que les actes mettent dans les paroles et les paroles dans les actes. Il a l'éclat, le mouvement, la rapidité de l'épée. Il lui est arrivé ce qui est arrivé au songe d'Athalie ou au récit de Théramène, mangés par le cliché et la parodie, dont il faut les nettoyer pour les admirer. Un connaisseur de style encore supérieur à Weiss ne s'y est pas trompé. C'est Victor Hugo. La *Tour de Nesle* a appris à Hugo qu'on pouvait faire du drame en une prose qui valait les vers, et la *Tour de Nesle* de 1832 lui inspira *Lucrèce Borgia* de 1833, sans compter *Marie Tudor,* autre très grande dame.

La Création romantique. Ce qu'a créé, dans *Hernani* et *Marion Delorme,* Victor Hugo, c'est le drame et la comédie poétiques, que répéteront les Vacquerie, les Banville, les Coppée, les Mendès, les Richepin, les Rostand, et qui restera, jusqu'en 1914, pour le public de Paris l'équivalent officiel de ce qu'était autrefois la tragédie classique. Ils sont morts, la postérité de la *Tour de Nesle* aussi, tandis que la postérité d'*Antony* reste vivante.

Antony a créé en effet cette réalité dramatique simple et souple qui s'appelle la pièce, la pièce moderne en prose, qui deviendra vingt ans après, avec la génération qui succédera, la langue moyenne et définitive du théâtre. *Antony* pourrait s'appeler la pièce des deux Dumas, et c'est dans le théâtre du fils bien plus que dans celui du père qu'elle s'est continuée. D'ailleurs Dumas n'en présente pas seulement dans son drame la pratique, mais aussi la théorie. Il a osé avec succès, dans le IVe acte, lier, comme Molière dans le *Misanthrope,* des scènes de discussion littéraire à l'action, les faire comme Molière contribuer à l'action. Si le génie dramatique, le sens de l'avenir dramatique, suffisaient pour faire un chef-d'œuvre dramatique, la place d'*Antony* serait à côté du *Cid,* d'*Andromaque,* de l'*École des Femmes.* Or *Antony* ne se joue plus, ne se lit plus, ne vit plus. Car une création dramatique ne vit que si par un hasard aussi exceptionnel que la naissance de jumeaux, elle est accompagnée d'une création correspondante et égale de style.

Le Couple Dumas-Hugo. Ce style, ces styles, en dehors de la réussite de la *Tour de Nesle,* exception qui confirmerait la règle, manquent chez Dumas. En 1831, l'année même d'*Antony,* une facture solide et des idées pittoresques n'empêchent pas *Charles VII chez ses grands Vassaux,* pièce en vers où il voulait faire ses preuves dans le grand art, de traîner dans le déjà vu, dans les souvenirs d'*Hernani,* d'*Andromaque,* d'*Horace.* Le drame romantique a ce malheur que ces deux seules grandes natures, Hugo et Dumas, représentent chacun une moitié de son génie : Dumas son génie théâtral, Hugo son génie de style. « Ah ! disait Dumas, si je faisais des vers comme Victor ou si Victor faisait le drame comme moi. » Le contraire de la tragédie classique, où ils étaient aussi deux, mais où chacun des deux régnait également dans les deux domaines.

Comme Dumas essaye d'hugoliser dans *Charles VII,* Hugo essaiera dans ses drames en prose de dépasser Dumas sur son terrain. En vain. Le *Je suis ta mère, Gennaro !* de *Lucrèce Borgia,* c'est le même explosif *Elle me résistait...* avec cette différence que dans *Lucrèce Borgia* la poudre est mouillée. Tous deux s'acharneront, Hugo cherchera à avoir un théâtre à lui, et en 1848 Dumas réalisera ce rêve avec son Théâtre Historique. Il est certain qu'il y avait dans les dix-huit ans de la Monarchie de juillet la place d'un Shakespeare français, romantique et moderne, lequel, en tombant du vraisemblable dans le vrai et du possible dans le réel s'est cassé en morceaux.

Le Roi s'amuse semble écrit exprès pour le briser sur le pavé. Mais *Ruy Blas* (1838) qui fut et qui est encore le principal succès dramatique de Victor Hugo, et les *Burgraves* (1843) en restent deux morceaux considérables, et les plus éclatants. Les invraisemblances de *Ruy Blas* ne l'empêchent pas d'être plein de mouvement et d'idées dramatiques, et son IVe acte a créé pour un demi-siècle tout un style de la comédie en vers. Les *Burgraves* sont comme *Hernani* une grande date : celle où le public, qui attend depuis quinze ans le Shakespeare promis, prend acte de son absence sous cette armure surhumaine d'airain, de pierre, d'antiquité qui descendit, à grand bruit de vers éclatants, sur la scène du Théâtre-Français en février 1843, comme celle d'Eviradnus, mais qui ne vainquit pas, laissa le trône à une sagesse pratique et vulgaire, et rentra, comme Barberousse, aux solitudes. Le torrent de la poésie déchaîné dans *Hernani* s'agrandit ici à la mesure du Rhin, le son du cor devient celui d'une immense ballade germanique qui se résout en figures sans commune mesure avec la nature du théâtre. Les *Burgraves,* qu'on n'a jamais pu ranimer sur la scène, fût-ce celle d'Orange, tiennent dans le monde du Théâtre-Français une place monumentale. C'est un cénotaphe à la ressemblance des tombeaux de Charlemagne et de Napoléon, la cuve de porphyre où il n'y a rien que cette idée possible d'un Shakespeare romantique français, l'un de ces autels de pierre que fit élever Alexandre quand il fallut reculer et que la conquête de l'Inde lui fut refusée par ses soldats, c'est le Moscou de la grande armée du drame, l'acte enfin de démesure napoléonienne le plus authentique de Victor Hugo. Un peu plus, et l'on penserait au Nemrod de la *Fin de Satan.*

Les morceaux du Shakespeare brisé ne sont pas du tout épuisés avec Dumas et Hugo. Vigny et Musset y ont leur part.

Vigny. Vigny avait été par le *More de Venise* (1829) l'introducteur du vrai Shakespeare sur la scène française. Ayant écrit un roman sur Louis XIII, il donne en 1831 un drame en prose sur la même époque, alors à la mode, la *Maréchale d'Ancre,* qui reste à la suite, et ne réussit pas. Mais *Chatterton* en 1835 fut un triomphe, Vigny y réunissait avec un bonheur presque égal à celui de son *Moïse* tout le vif du romantisme au théâtre : le grand sujet romantique, la destinée du poète, le mystère du poète, les revendications du poète, une situation pathétique, une héroïne touchante qui éveillait dans tous les cœurs féminins le sentiment de la maternité amoureuse, l'accord unique d'un « drame de la pensée » et d'une immense émotion. Si *Antony* et *Chatterton* furent les deux plus grands succès du théâtre romantique, c'est que ces succès sont faits par la même femme du siècle, la femme de trente ans, au moment où elle trouve son romancier dans Balzac ; ils offrent le plus romantiquement possible à cette femme, l'un le type de l'homme fort qui défend la femme, dans son amour et dans son honneur, l'autre le type de l'homme enfant dont la femme défend le don, la grâce, le génie. *Chatterton* appelle la femme au combat contre la Société, *Antony* au combat contre le « monde ». C'étaient presque, au même théâtre, les deux versants de la même pièce.

Musset. Mais des grands poètes romantiques, celui à propos duquel a été prononcé le plus souvent le nom de Shakespeare est Alfred de Musset. Le théâtre de Dumas, de Hugo, de Vigny, était destiné à des spectateurs, Musset dont on avait sifflé un acte insignifiant, la *Nuit Vénitienne,* en 1831, n'écrivit plus de théâtre que pour la lecture, comme Byron, comme Mérimée, comme Hugo après 1843. Venu du livre, le Théâtre romantique retourne au livre : de *Clara Gazul* au *Théâtre en liberté.* Musset publia toutes ses pièces dans la *Revue des Deux Mondes.* Quand Buloz devint directeur de la Comédie-Française, il tint à essayer sur le public le théâtre qui avait réussi auprès de ses lecteurs. Il y fut aidé par Mme Allan-Despréaux, qui voulut jouer *Un Caprice* parce qu'elle l'avait vu représenter avec succès, en Russie. Ce léger marivaudage plut beaucoup. La plupart des autres pièces suivirent. Trois ou quatre se sont maintenues au répertoire comme du meilleur Marivaux. Une opinion courante fait de Musset le seul poète romantique qui ait réussi son théâtre. Cela peut se soutenir. Mais ce théâtre il l'a fait pour lui, comme ses poésies et ses récits, et le raccord avec la scène et le public fût demeuré précaire partout ailleurs qu'à la Comédie-Française et devant des personnes de la « société ».

Le théâtre en vers de Musset n'a aucune importance dramatique. Il y a dans *À quoi rêvent les jeunes filles* quelques-uns des plus beaux vers qu'il ait écrits. Mais on ne peut tenir ces deux actes que pour une sonate de poésie. La *Coupe et les Lèvres* mène pendant cinq actes un superbe poème oratoire dont certains cris sont demeurés fameux. Comme celui d'*Hernani,* l'élan de la *Coupe* part des inévitables

Brigands. Le héros aventurier Frank a le malheur de laisser planter par une courtisane le premier clou de la débauche sous sa mamelle gauche. On serait tenté de voir dans la *Coupe* un anti-*Marion Delorme,* et l'on remarque que la réhabilitation de la courtisane est tentée par le chaste poète de 1829 et sa condamnation prononcée par le poète débauché de 1832. Mais cela, dans Musset, se passe aussi loin du théâtre que *Rolla.* Et nous ne disons rien de sa troisième comédie en vers, *Louison,* écrite beaucoup plus tard, et insignifiante.

Mais enfin, tout bien pesé, *Lorenzaccio* reste le plus shakespearien des drames romantiques. Il l'est trop, et l'on sent bien qu'il n'existerait pas si Shakespeare n'avait écrit *Hamlet.* Mais il existerait encore moins si le poète n'avait mis dans Lorenzo, grand cœur frappé comme Frank par la débauche, quelque chose de cette amertume et de ce remords de dieu tombé qui va faire le style de sa vie. Et surtout il y a la vie du style.

Musset a créé dans *On ne badine pas avec l'Amour* et dans cet *On ne badine pas avec ses masques* qu'est *Lorenzaccio,* comme Dumas et Hugo dans la *Tour de Nesle* et *Lucrèce Borgia,* une prose du drame romantique, qui d'ailleurs ne survivra guère aux années trente, une prose qui prend tous les tons, tantôt dense, fulgurante et nue comme une lame, tantôt riche, résonnante, indéfinie comme des bois de musique. Qu'elle ait si peu duré, qu'elle ne se soit pas maintenue contre la souveraineté du vers, cela est remarquable. Hugo n'a plus donné de drame en prose après *Angelo,* qui n'est pas bon, Dumas, qui occupera le théâtre jusqu'à sa mort, cessera de bonne heure après *Kean* d'apporter ses soins au style. Et *Lorenzaccio* n'a pas de suite dans l'œuvre de Musset.

Lorenzaccio ne fut d'ailleurs jamais mis à la scène avant la fin du XIXe siècle et, malgré les adaptations et les coupures, y échoua. Au contraire *On ne badine pas avec l'Amour* et les *Caprices de Marianne,* parce qu'ils n'ont que deux actes, que les parties de comédie en sont exquises, que le sujet tient au cœur de l'art et de l'homme, sont restés deux joyaux de la Comédie-Française. Ces deux pièces romantiques ont occupé au théâtre la place d'un classique. Elles y rendent exactement et purement le son de ce que les classiques appelaient le cœur humain. La meilleure pièce que Victor Hugo ait faite après sa retraite, la seule qu'il détachera de son *Théâtre en liberté* pour la publier de son vivant, ce sont les *Deux Trouvailles de Gallus* où il paraît avoir voulu refaire *On ne badine pas avec l'Amour.* Or malgré toute la poésie, l'éclat et l'esprit dont elles débordent, les *Deux Trouvailles* ont complètement échoué quand la Comédie-Française a voulu les représenter. La comparaison des pièces de Hugo et de Musset, dont aucune n'était faite pour la scène, et de leurs deux fortunes sur la scène, nous instruit excellemment de ce qui est viable ou non au théâtre.

Le Juste-Milieu. Hugo, Dumas, Vigny et Musset ne partagent pas avec un cinquième nom l'honneur d'avoir tenté la grande aventure shakespearienne du romantisme. Aventure, il faut garder tout le sel et la substance de ce mot pour honorer l'audace et l'extrémisme d'*Hernani,* de la *Tour de Nesle,* de *Chatterton* et de *Lorenzaccio.* Mais il n'y a pas non plus d'époques dramatiques sans faiseurs de pièces honorables et intelligents, qui ont la vocation du juste-milieu comme d'autres ont celles de l'aventure, et il eût été particulièrement inique que le Juste-Milieu de juillet en eût été privé.

Le Juste-Milieu au théâtre s'appelle Casimir Delavigne. Il touche à tous les genres, sinon avec invention, du moins avec adresse, avec le flair des sujets et des moyens. *Louis XI* (1832) et les *Enfants d'Édouard* (1833) furent deux triomphes qui s'expliquent, le premier par l'existence d'un caractère et d'un rôle, le second par le thème des *Deux Orphelins,* et la réunion de ce fonds de mélodrame à un bon fond historique. Delavigne n'est pas un sot, et il sait, quand il le faut, apporter quelques scènes maîtresses, quelques répliques qui font battre quatre mille mains, au secours de son ordinaire qui est la convention tenace, la langue délavée et la versification mitée.

Fin du rêve d'un grand empire. Il en va donc du drame romantique comme de la cathédrale idéale qui devait avoir disait-on, les clochers de Chartres, la façade de Reims, la nef d'Amiens et le chœur de Beauvais. Ici le vers de Hugo, la facture de Dumas, l'humanité de Musset et la philosophie de Vigny. Mais les quatre vents du drame soufflèrent en des sens plutôt divers. La chute des *Burgraves* en 1843, c'est la fin du rêve d'un grand Empire. Cependant le succès de la *Lucrèce* de Ponsard, la même année, n'a pas plus de signification et de conséquence que de raison, et la fin du drame n'implique pas le retour de la tragédie. Le génie de Rachel a ramené l'attention sur Racine, mais n'a eu aucun effet sur la production contemporaine. D'autre part l'échec du grand Empire ne met pas fin au drame romantique, qui vécut plus ou moins sous diverses formes jusqu'au début du XXe siècle. Tout le bénéfice fut pour la comédie, la pièce en prose, la demi-tragédie bourgeoise, qui à partir de 1850 vont régner sur le théâtre comme des classes moyennes de la scène, et qui d'ailleurs au temps du Juste-Milieu politique, avaient déjà connu une fortune presque égale à celle du drame.

VIII

STENDHAL

Isolement littéraire de Stendhal. Avoir juste vingt ans quand le Génie *du Christianisme* vient de paraître, et que *Delphine* est dans sa fleur et son prestige, cela met un jeune écrivain dans une génération qui compte, dans une sensibilité qui se forme, dans l'armée romantique qu'éveille la diane. Mais l'élan de la littérature française procède par oppositions. Ce qui est aussi important et aussi beau c'est, à vingt ans, de tenir le *Génie* pour de l'hébreu, les productions de Germaine Necker pour du suisse, de jouer sa vie et son goût sur un tout autre tableau, de maintenir avec une indépendance révolutionnaire la sensibilité du XVIIIe siècle, de dire non aux phrases et oui à l'analyse. Et ce rôle est alors ingrat. La phrase, en ce matin du siècle, monte à l'horizon, la phrase écrite avec Chateaubriand, la phrase parlée avec Mme de Staël. Elle contient la poésie comme les mers la vie, et le romantisme poète va naître du romantisme éloquent. Le public se raréfie pour l'analyste anti-phraseur, anti-phrasiste qui n'a pour lui ni la jeunesse ni les femmes. Telle est la destinée de Stendhal. « S'il entre, je sors » disait à l'Académie, Royer-Collard au sujet d'un mot qu'il ne voulait pas admettre dans le dictionnaire. « Quand la phrase sortira, j'entrerai », a pensé Stendhal, sachant bien qu'elle mettrait longtemps à s'en aller — vers 1885, croyait-il. Elle n'est jamais partie, mais Stendhal est entré. La phrase et l'analyse, ces deux puissants dieux, ont fini par être également servis et parfois par les mêmes fidèles, comme Taine et ses disciples.

Son refus de l'une des deux natures de la prose. Stendhal est peut-être le seul exemple qui existe dans notre littérature d'une disproportion aussi abrupte, aussi radicale entre les deux versants de la vie littéraire, celui qui est exposé au soleil des vivants et celui qui reçoit le soleil des morts. Géographie précieuse ! ces pentes et ces expositions sont intelligibles, pleines d'enseignements, propres éminemment à faire saisir le relief et le climat du pays littéraire français, cette coexistence et cette alternance de la phrase synthétique et intuitive d'une part, du mot analytique et critique d'autre part, de Bossuet et de Voltaire ; tout cela aussi lié au génie français que l'existence en France d'un Nord et d'un Midi.

Son malentendu avec la société de son temps. Chateaubriand, vieux Breton dans la vieille France du vieux monde apporte de nouveau ceci, de savoir qu'il l'est et de savoir le faire savoir, Stendhal, lui, est un homme nouveau, bien nouveau et qui veut l'être, qui a dix sept ans lors du siècle nouveau, — qui, à dix ans, a voté, à part lui dans sa famille royaliste, la mort de Louis XVI ? — qui entre dans la vie sans rien abdiquer de la nature de sa classe, la bourgeoisie, n'est chargé d'aucune idée préconçue, d'aucune vénération héréditaire, — élève des premières Écoles centrales de la Révolution, — esprit sec, mobile, alerte sur une table rase, impatient de vivre, d'aimer, de sentir, de goûter ; l'homme de société pour une société nouvelle, cette société sans nobles, ni prêtres, ni vraies femmes du monde, qui tenta de se former sous le Directoire, et qui ne réussit pas, qui fut un civet sans lièvre ; Beyle, qui était son homme, la chercha toute sa vie, la trouva par fragments, écrivit pour elle — c'est-à-dire pour une ombre, tandis que Chateaubriand et Lamartine écrivaient pour une société vraie, pour une société de chair et d'âme, de conventions qui réussissaient. Stendhal est l'expression de son temps, mais non de la « société de son temps ». L'échec de Stendhal auprès de ses contemporains paraît naturel, nécessaire, dans un pays où il y a l'Académie, où ces termes, la société et le monde, ont un sens de salon, où la littérature est une catégorie de cette société. Il eût réussi à Weimar ou à Milan : aussi se naturalisait-il Milanais.

Le disciple de Napoléon. Et voici où l'on verrait peut-être, entre tant de paradoxes, le plus curieux. Beyle, qui, si l'Empire avait duré, n'aurait probablement rien publié et aurait été découvert tout entier comme Saint-Simon, dans des papiers posthumes, est le seul écrivain strictement et littérairement co-équipier de Napoléon, ou plutôt de Bonaparte. De quinze ans plus jeune, il personnifie par son âge la génération qui le suit, ne demande qu'à être formée par lui, — la situation de ceux qui viennent à quinze ans de distance, celle de Sainte-Beuve ou de Musset vis-à-vis de Lamartine, ou de Banville à l'égard de Hugo. — Il est comme le général Bonaparte une table rase, sans préjugé héréditaire, ni confessionnel, ni politique, et prêt pour l'ordre nouveau. Ce descendant des Guadagni se reconnaissait une nature franco-italienne, comme Napoléon. Napoléon faisait de la phrase, quand il en fallait pour le peuple, mais son vrai style est celui de sa correspondance, et aucun n'est plus étranger à la phrase. Il ne dit que ce qu'il dit, et ne veut dire que ce qui est, comme celui de Stendhal. Quand Stendhal s'entraînait par la lecture du Code Civil, il se retrempait dans une des maisons-types du style napoléonien. Ses vues, ses idées, ses routes françaises, la carrière ouverte aux talents, son civilisme d'ancien militaire qui n'a aucune illusion sur les militaires, lui sont communs avec Napoléon. Pour lui Napoléon c'est Napoléon tout court, et non comme pour Chateaubriand « Napoléon et moi ». Il est le disciple littéraire de Napoléon.

L'attitude des romantiques qui consiste à être le Napoléon de quelque chose devant la glace, rien qui soit plus opposé à Stendhal ni qui attire davantage ses nasardes. Il existe un plan où Stendhal fournirait au Premier Consul ce contemporain de lettres que Racine donne à Louis XIV. De *Racine et Shakespeare* à la *Chartreuse de Parme,* l'œuvre de Stendhal est une sorte de retour au zéro, au point d'un départ manqué ou dévié en 1800, à la netteté, à la précision et à la franchise d'une génération militaire. Mais de 1809 à 1815 les Stendhals éventuels étaient aux armées : la littérature fut la chose de l'émigration, de l'arrière, de la Restauration et des femmes.

Italianisme. Aussi Stendhal n'y entre-t-il que tard et par hasard, par des compilations sur la peinture et la musique, et, en 1817, par son premier livre personnel, *Rome, Naples et Florence,* plus ou moins extrait de son journal : des impressions sur la société italienne, notées au début d'un séjour de sept ans en Italie, surtout à Milan : pays pour lui de la franchise et de la passion dans les conversations et dans les amours, qu'il oppose constamment au sang-froid et à la vanité des Français, pays aussi d'une chasse au bonheur plus frémissante et plus pittoresque qu'en France. L'Italie de Stendhal est la plus vivante et surtout la plus vécue des Italies romantiques. Il se disait Milanais et se serait peut-être installé pour toujours à Milan si la police autrichienne ne l'eût rendu de force à sa patrie en 1821.

Stendhal devant les lettres et la musique de son temps. Il avait commencé à vivre à Paris au lendemain du *Génie du Christianisme.* Il y revient au lendemain des *Méditations* : un genre de chance qui est spécial à cet anti-romantique. Il y trouve cependant sa vie, et dans le romantisme même, dans ce qu'on appelle à cette époque le *romanticisme,* ce préromantisme ou ce para-romantisme de 1824 à 1828, qui rappelle plus l'éphémère société du Consulat qu'il n'évoque celle de 1830, qui est clairvoyant et même idéologue, qui excelle dans la curiosité et l'intelligence des littératures étrangères, qui mesure et acclimate Shakespeare, qui trouve sa place naturelle dans les salons et sa fonction ordinaire dans la critique, qui débouchera à la fois dans Nodier, dans Mérimée, dans le groupe du *Globe,* et auquel Stendhal donne peut-être son manifeste le plus juste avec *Racine et Shakespeare.*

Entre les deux parties de *Racine et Shakespeare* Stendhal avait publié, en 1825, une piquante et brillante *Vie de Rossini* qu'on ne peut pas séparer de ses deux brochures critiques. Sa passion pour la musique italienne, ses conversations dans les loges de la *Scala* et les salons de Milan, l'avaient rendu sensible au renouvellement constant du goût musical, qui change à chaque génération, et qui, sur le devant de la même loge, n'est pas le même chez la grand-mère, la mère et la fille. Il avait vu la conquête si rapide de toute une génération par la musique de Rossini. Il revit ce mouvement dans les lettres et transporta ces vues sur la littérature parisienne. Le romanticisme lui parut le goût des hommes de son temps, le classicisme le goût de leurs arrière-grands-pères. Il réussit dans ses deux brochures ce même sujet qui fera le titre d'un livre manqué de Doudan : *Les Révolutions du Goût.*

Le théoricien de l'Amour. De 1821 à 1830 les salons et les plaisirs de Paris ont succédé à ceux de Milan ; Stendhal y reste l'éternel passionné, presque toujours déçu, du bonheur et de l'amour : un homme pour qui la vie ce sont surtout les femmes, la musique, la conversation, mais qui a reçu une vocation à la Montaigne, celle de se connaître, de se décrire, de tenir registre de lui. De là son livre, *de l'Amour,* qui est un ou plusieurs de ces registres, trop grossi de pages insignifiantes, qui font nombre, et qu'il ne faut lire entièrement qu'une fois, afin d'y marquer quarante pages à relire éternellement.

Promeneur et romancier. En dehors d'un cercle d'amis, parfois ironiques, aucune de ses œuvres n'a de succès. Stendhal est trop éloigné de la grande voie où le romantisme va précipiter son cours et sa poésie torrentielle. Ces réflexions critiques humoristiques, ces pages extraites de ses journaux se continueront avec les *Promenades dans Rome* de 1829 et ces *Promenades en France* si vivantes que Stendhal a intitulées *Mémoires d'un Touriste,* en 1838. Elles se continueront surtout par trente volumes d'œuvres posthumes, de notes intimes, de souvenirs, de journaux, qui auraient à peine élargi ce cercle, ou qui seraient restés enfouis dans un éternel manuscrit, si d'une manière inattendue, à quarante-quatre ans, un romancier ne s'était découvert en Stendhal.

Les romans d'une expérience. Tout roman implique une expérience. Mais on dirait que les cinq romans de Stendhal sont des expérimentations, c'est-à-dire des manières de varier, la plume à la main, son expérience personnelle. Au centre de chacun de ces romans, il y a un jeune homme qui ressemble plus ou moins à Stendhal, mais qui se développe dans un autre milieu, suit une autre ligne de circonstances, fait une autre fortune. Stendhal obtient ce personnage en deux temps. D'abord il transforme une des qualités secondes de sa nature en faculté maîtresse. Ensuite il suppose un changement de conditions, naissance au-dessous de la sienne, dans la classe pauvre, comme Julien, ou au contraire au-dessus de la sienne, dans la classe riche comme Lucien Leuwen. Autour de ce personnage central, de ce Beyle fractionnaire, ou de ce Beyle recomposé, il groupe un certain nombre de figures vivantes, dont beaucoup de traits sont empruntés à son expérience des hommes, mais sans jamais les copier sur la réalité, non plus qu'il ne se copie lui-même (exception faite, bien entendu, pour l'autobiographie d'Henri Brulard, qui n'est pas un roman, mais des mémoires authentiques, précieux point de repère, pour mesurer le romancement des expériences stendhaliennes). Enfin il fait du roman une *Chronique,* au sens élevé du mot, c'est-à-dire le tableau d'une époque : *Chronique de 1830,* est le sous-titre donné au *Rouge et Noir.* Mais *Lucien Leuwen* est une *Chronique du Juste-Milieu, Armance* a pour sous-titre *Quelques Scènes d'un salon de Paris en 1827,* soit *Chronique des salons parisiens,* et qu'est-ce que la *Chartreuse de Parme,* sinon la plus large et la plus complète de ces *Chroniques italiennes* dont Stendhal a écrit par ailleurs deux volumes ?

De sorte qu'on dirait volontiers en empruntant ses expressions ou ses cadres au plus grand des disciples de Stendhal, Taine, que le roman stendhalien a pour ses trois dimensions la race sociale de son héros, le milieu humain dans lequel il vit, et le moment, soit la *Chronique,* dans laquelle il est pris.

Armance. *Armance,* le premier roman de Stendhal, est écrit sans maladresse de débutant (il avait d'ailleurs quarante-quatre ans). C'est un récit élégant, pénétrant, et fin, et même trop fin. Son véritable titre serait plutôt *Octave,* du nom de son héros, Octave de Malivert. Comme Stendhal, Octave a préparé l'École Polytechnique, a lu Condillac, est très cultivé, sent avec délicatesse, s'analyse en mathématicien, a beaucoup d'intelligence et de cœur. Mais, à la différence de Stendhal, il a été reçu à Polytechnique, il est Parisien, appartient à une grande famille du faubourg Saint-Germain, est pris dans le point d'honneur et les traditions de cette famille sans partager ses idées. D'autre part on reconnaît en lui un *fin de race,* et Stendhal a voulu faire deviner au lecteur (qui a trouvé cela trop difficile et a préféré ne pas comprendre), qu'Octave était physiquement incapable de perpétuer cette race, qu'amoureux, et même époux, il ne pouvait trouver d'issue à son état que dans le suicide. Tout Stendhal est déjà dans *Armance* : un jeune héros intéressant, et des portraits de femmes assez amoureusement et fort longuement dessinés, la femme d'Octave, Armance, et la personne dans le salon de qui se passent les « quelques scènes », Mme de Bonnivet.

Le Rouge et le Noir. *Le Rouge et le Noir,* roman central de Stendhal, porte un titre qui symboliserait presque la table de jeu de toute son œuvre romanesque. Certes lui-même nous dit que par *Rouge* et *Noir,* il entend la carrière militaire et la carrière ecclésiastique, qui font l'une et l'autre leur partie dans la destinée de Julien Sorel. Cependant le titre a un double fond, et l'un de ces fonds, celui du dessous, est évidemment un tableau de jeu. Or une vie comporte toujours un jeu, et, comme disait Pascal, un pari. Notre caractère, notre individualité unique et intemporelle, notre racine élémentaire étant donnée, nous avons le sentiment qu'elle pouvait être jouée sur les tableaux bonheur ou malheur, richesse ou pauvreté, bonne éducation ou mauvaise éducation, exploitation de nos dons ou négligence de nos dons, qu'à bien des moments dont nous nous souvenons il a dépendu de très peu de chose qu'elle ne fût autre, que notre rouge ou notre noir ont été une affaire de hasard ou de chance. Une fois une couleur amenée, il n'est plus temps de revenir en arrière, à moins que nous ne soyons romancier, et que nous ne déléguions un personnage imaginaire, ou plutôt demi-imaginaire, à revivre notre destin manqué, contrarié ou évité. C'est précisément le cas de Stendhal romancier. Par exemple, Stendhal ayant préparé à Grenoble l'École Polytechnique, s'en va à dix-sept ans passer l'examen à Paris où il arrive le lendemain du 18 brumaire. Or il ne se présente pas, nous ne savons pourquoi, probablement parce qu'il est à Paris pour la première fois, et qu'il ne songe qu'à le découvrir. Il sait que toute sa vie aurait été changée s'il avait eu, ce brumaire de l'an VIII, l'énergie d'aller répondre à l'appel de son nom, passer son examen, entrer à l'école. Qu'à cela ne tienne ! Ses héros y entreront pour lui. Ceux de trois sur quatre de ses romans français (la *Chartreuse* est italienne), Octave d'*Armance,* Lucien Leuwen, et le Fedor de *Lamiel* sont polytechniciens. Et ils sont nobles et riches, en outre. Stendhal entre à l'École en rêve, tire le bon numéro en rêve. Sa vie devient la vie. Et voilà comment on devient romancier. La cellule mère du roman, c'est la préposition *Si.*

Mais le *si* de « Si je m'étais présenté à Polytechnique », « Si j'étais riche » c'est, pour un homme qui a ses vingt ans sous le Consulat, soit sous le régime de la carrière ouverte aux talents, un *si* superficiel, un *si* commandé lui-même par un *si* plus profond, celui-ci : Si je voulais vraiment, si j'avais eu, si j'avais de l'énergie ! La présence, le degré ou l'absence de l'énergie, voilà ce qui fait une destinée. Le jeu comporte une direction, ou un dessous des cartes, qui est l'énergie. Et voilà pourquoi Stendhal devait naturellement trouver son grand sujet et sa grande œuvre dans le roman de l'énergie, le *Rouge et le Noir.*

Il y a, pour Stendhal, un journal officiel de l'énergie, qui est la *Gazette des Tribunaux.* Pendant toute une génération, depuis le *Rouge et le Noir* jusqu'aux *Misérables,* en passant par le *Vautrin* de Balzac, les tribunaux, les prisons, les bagnes, les échafauds offriront aux romanciers des exemples de l'énergie humaine. En lisant la *Gazette,* Stendhal a été frappé par l'histoire d'un de ses compatriotes dauphinois, le séminariste Berthet, condamné à mort et exécuté pour avoir tiré un coup de pistolet sur une dame de la haute bourgeoisie, dans la maison de qui il avait été précepteur. Il lui a paru que Berthet exprimait admirablement l'énergie d'un jeune homme ardent, exigeant et pauvre dans la société de la Restauration, en ces années explosives de 1829 et de 1830. Stendhal venait d'écrire avec *Armance* le roman de l'absence d'énergie, et d'abord de l'énergie virile, chez un descendant délicat et fin des grandes familles, un épigone, un héritier. Le *Rouge et le Noir,* la peinture de l'énergie, le caractère de Julien, voilà le pendant et l'antithèse d'*Armance.* Le *Blanc et le Bleu* (bleu au sens des guerres républicaines) ferait un titre commun aux deux romans. Et nous dirions aujourd'hui l'héritier et le boursier.

Seulement, le sous-titre d'*Armance,* c'était : *Quelques Scènes d'un salon en 1827,* c'est-à-dire un petit monde cantonné et précaire, tandis que le sous-titre du *Rouge, Chronique de 1830,* cela signifie la France, toute la France de 1830. Et les promesses de ce sous-titre sont tenues, ce qui fait qu'*Armance* est infiniment dépassée par le *Rouge,* roman-clef d'une époque, d'un pays.

La France de 1830, province et Paris ! C'est une idée familière à Stendhal que la province apporte à Paris ses remontes d'énergie. La première partie du *Rouge* est un tableau de la société et des milieux provinciaux ; la seconde, un tableau parisien, que Stendhal réussit d'ailleurs moins bien : l'accent reste sur la province. Julien Sorel est le délégué à l'énergie provinciale, à l'énergie d'un montagnard, le délégué du talent à la carrière, des classes pauvres à la conquête du monde. Double conquête.

D'abord la conquête des places, de la fortune, du pouvoir. Sous Napoléon, Julien Sorel eût été du *Rouge,* c'est-à-dire soldat, colonel à trente ans, et, à quarante, général comte Sorel, s'il n'eût pas été tué. Sous la Restauration il ne peut arriver que par l'Église, par le *Noir.* Il sera séminariste.

Puis la conquête des femmes, la conquête par les femmes. Les deux maîtresses de Julien, Mme de Rênal et Mathilde de la Mole sont aussi vivantes et aussi célèbres que Julien. Mais Stendhal les a voulues solidaires de la fortune de Julien, existant par lui et pour lui.

À cette même fortune, à ce même élan, est liée dans le roman la peinture de la société sous la Restauration : société de province, avec M. de Rênal et Valenod ; — monde de l'Église avec les abbés du séminaire, l'évêque d'Agde, Frilair : le *Rouge et le Noir* est le premier grand roman de psychologie non religieuse (Stendhal est tout à fait étranger au sentiment religieux) mais cléricale, qui ait été écrit, et on ne lui trouverait peut-être de précurseur que dans ce remarquable *Rouge et Noir* du XVIIe siècle qu'est le *Paysan parvenu* de Marivaux ; — société mondaine et politique de Paris, où Stendhal est moins heureux, et laisse davantage à faire à ses successeurs.

Lamiel. L'énergie de Julien ne va pas sans une violence de tempérament, une intensité de chauffe, qui le conduit à l'échafaud. Dans le roman ébauché et inachevé de *Lamiel,* Stendhal s'est amusé (car c'est un amusement, et il y a là des parties de roman gai, à la Paul de Kock) à imaginer une sorte de Julien Sorel femme, populaire, décidée, énergique elle aussi, qui ne monte pas sur l'échafaud, mais qui ne peut trouver que dans un forçat un amant selon sa nature. *Lamiel* tient, de l'autre côté du *Rouge,* une place inverse et symétrique de celle d'*Armance :* Octave de Malivert, ou le défaut d'énergie, qui féminise un homme, — Lamiel, ou l'excès d'énergie, qui masculinise une femme. On comprend d'ailleurs qu'entre ces paradoxes d'un romancier intelligent, la réussite ait été, dans le triptyque, pour le volet du milieu, pour cette peinture pleine, puissante, normale, de l'énergie d'un homme, d'un pays, d'une époque, qu'est le *Rouge et le Noir,* l'œuvre immense que son temps ne comprit pas, qui ne trouva son public et ses échos que vingt ans après, et dont la vivante influence n'est pas encore épuisée.

IX

MÉRIMÉE

L'héritier du XVIIIe siècle. Ceux et celles qui ont connu Mérimée nous en ont laissé des portraits multiples et fort contradictoires. Entre beaucoup de traits que nous y pourrions choisir, retenons qu'ils sont deux, Stendhal et lui, malgré les différences d'âge, de genre de vie, d'extérieur, malgré la différence du pur Parisien et du provincial à Paris, qui forment couple pour personnifier l'homme du XVIIIe siècle qui fait séjour et qui a ses habitudes dans le XIXe siècle romantique. Il y a cependant une différence. On rappellera Stendhal à propos de Mérimée parce que Mérimée en a besoin. On ne rappellera pas Mérimée à propos de Stendhal parce que cela n'augmente pas l'importance de Stendhal. Et voilà une optique du XXe siècle qui eût fort étonné l'auteur de la plaquette *H. B. par un des quarante*. C'est H. B. qui dirait à son tour, en 1934, de ce Quarante : « quelqu'un de ma suite ! » D'autre part Mérimée eut de son vivant, à peu près ce que Stendhal aurait voulu avoir : la vie libre, intelligente, voluptueuse, — et les sécurités, et le plain-pied dans ce Paris de juillet, d'où Beyle ne put tirer qu'un *exil* à Civita-Vecchia, — et une littérature savante, solide, approuvée et recrutée par l'Institut, et une littérature tout court qui trouvait, sans pathos, avec un style net, le triomphe immédiat, et qui le méritait.

Le Parisien. Qui le méritait dans un pays où, si le génie ne réussit parfois qu'à terme, le travail bien fait réussit toujours au comptant. Parisien, fils de grands bourgeois artistes, Mérimée eut dès le début le don de facture d'un artiste de Paris, le don qu'un Marivaux, un Beaumarchais ou un Scribe ont porté au théâtre. Il débute d'ailleurs à vingt-deux ans, en 1825, par un livre fort réussi de théâtre écrit, celui de *Clara Gazul,* et par un *Cromwell* sec qui n'a pas été conservé, et qui plut à Stendhal. Mais cette réserve lucide et ironique qui fut dès son adolescence le trait profond de Mérimée lui défendait de se livrer à une foule, de l'épouser pour la posséder, ainsi qu'il est nécessaire au théâtre. C'est ailleurs qu'il employa sa nature d'artiste intelligent et d'impeccable fabricateur.

Le voyageur. Il voyagea. Tout le romantisme a été labouré, retourné par le voyage et le dépaysement. Mérimée a fait rendre au voyage ce qu'il comportait d'intérêt et de cadres, d'esprit et de créations.

Ce n'est pas qu'il ait tellement parcouru la planète, ni même l'Europe. Quelques tournées rapides en Angleterre, en Espagne, en Italie, en Grèce, rien des longs voyages et de la grande enquête de Custine, d'Ampère ou de Xavier Marmier. Mais il exerça un métier qui l'attacha au voyage continu et créateur en France : celui d'inspecteur des Monuments Historiques, service que plus que personne il mit debout quand tout y était à créer, où il fut un très grand fonctionnaire, couplé ici avec Viollet-le-Duc comme il l'est ailleurs avec Stendhal, doué d'un flair d'archéologue incomparable, un des chefs de file de ce grand mouvement d'inventaires français qui marque le règne de Louis-Philippe. D'autre part il fut un grand cosmopolite en esprit. Il avait le don des langues, lisait le russe comme l'espagnol, se débrouillait dans tous les idiomes, portait dans sa riche mémoire un extraordinaire atlas européen. Il n'hésitait pas à fabriquer dans la *Guzla,* de faux chants populaires ; mais c'est d'abord qu'il était curieux, qu'il aimait voir vivre un pays avec ses mœurs originales ou bizarres, ses costumes, ses façons particulières de se nourrir, de sentir l'honneur, ou d'aimer. Enfin le voyage dans l'espace se doublait pour lui du voyage dans la durée. L'archéologie est à la croisée des deux chemins. Il écrivit des livres d'érudition sur l'histoire romaine et sur l'histoire russe, plutôt en vue de ses ambitions académiques que par vocation historique, car c'est la partie la plus médiocre de son œuvre, et sa collaboration ne porta pas bonheur à la *Vie de César* de Napoléon III. Il n'en trouve pas moins dans l'histoire la troisième dimension de son style du voyage.

La naissance de la Nouvelle. De cette nature d'artiste voyageur, de ce contact entre une sûre intelligence classique et une curiosité pour toutes les voies romantiques, est né un genre littéraire qui n'existait pas avant Mérimée, qu'il a poussé à sa perfection, et pour lequel il ne saurait être couplé (une troisième fois) qu'avec Maupassant : la nouvelle.

Mérimée a écrit un roman à la manière de Walter Scott, *Chronique du Règne de Charles IX,* et un autre livre à dimension de roman, *Colomba.* Or plutôt qu'un roman *Colomba* est une nouvelle longue, composée à la manière de la nouvelle mériméenne, dont l'auteur avait déjà, cette année 1840, écrit les principaux chefs-d'œuvre. Et de la *Chronique* à *Colomba* on est bien passé, en quinze ans, d'un monde du récit dans un autre, on a vu naître de Mérimée la nouvelle, très loin du conte du XVIIIe siècle, sauf de certains contes de Diderot. L'optique de la nouvelle comporte généralement, comme mise au point, la présence ou le passage d'un voyageur, d'un témoin qui raconte, d'un curieux qui observe, d'un artiste qui peint. Dans le roman, même s'il n'est pas roman-fleuve, le romancier se jette à la nage, épouse un courant, dérive sur un bateau ivre ou lance un bateau-pont. L'auteur de nouvelles, lui, reste sur le rivage, avec son chevalet et sa toile, ou s'il le quitte, ce n'est que jusqu'aux saules de Galatée, et *se cupit ante videri.* Les nouvelles de Mérimée sont bien moins une *Comédie* ou une *Tragédie* ou une *Idylle humaine* que des Scènes de la vie cosmopolite, l'album d'un voyageur qui, comme Baudelaire, aurait vu partout le spectacle ennuyeux de l'immortel péché, si d'abord ce spectacle n'était retenu par Mérimée pour son divertissement et celui du lecteur, si ensuite Mérimée agnostique, que ses parents n'avaient même pas fait baptiser, ne restait étranger à toute idée du péché, qu'il arrive même, par un tour de force, ironique et volontaire, à éliminer complètement de sa nouvelle espagnole des *Ames du Purgatoire.*

La philosophie de la nouvelle de Mérimée reste celle du conte de

Voltaire : les hommes sont des mécaniques tristes ou des pantins comiques ; idées, morale, sentiments sont relatifs au climat, à l'époque, aux usages, et les pages de Montaigne sur la diversité des coutumes fourniraient la graine de nouvelles à la manière de Mérimée. Le négrier Ledoux de *Tamango,* le lieutenant Roger de la *Partie de Trictrac,* les Corses de *Mateo Falcone* et de *Colomba,* le José de *Carmen,* ont leur honneur et leur morale à eux comme le drapier de la rue Saint-Denis et le garde national. Des goûts et des couleurs.... Or les goûts et les couleurs ce sont des manières de monuments historiques. Si on est inspecteur des monuments historiques et artiste, on en fera un admirable musée, et les nouvelles de Mérimée sont en effet un musée des passions humaines.

Les passions c'est d'abord l'amour. Il ne semble pas que Mérimée ait eu beaucoup à se plaindre de l'amour. Mais il paraît bien que dans ses nouvelles il cherche à se venger de lui. Quelque figure qu'il prenne sous les climats divers, il ruine et tue l'homme. La nouvelle de Mérimée épouse presque toujours, comme celle de Maupassant, la pente d'une humanité qui se détruit, ou plutôt qui se détruirait si l'inspecteur des monuments, le conservateur du musée n'était là pour la recueillir, l'éclairer et vous en faire les honneurs. La société, les lecteurs et, dans ses quinze dernières années, la cour impériale, curieux de ces honneurs, abondèrent autour de Mérimée. Il eut la gloire, il réussit sa vie comme il réussissait son œuvre.

Ses nouvelles n'ont pas bougé, leur prose, à la fois sans style et sans absence de style, a traversé, d'un élan sûr, la durée. Beaucoup plus que le roman de Balzac, elles ont arrêté un genre à un point de perfection, l'ont proposé à l'imitation. Mais c'est qu'il s'agit d'un genre plus court et plus tôt arrivé que le roman, d'un genre qui n'est pas un monde, et qui coïncide non avec un élargissement et une découverte du monde, mais avec une réduction, un classement et une utilisation du monde.

Colomba. Une seule fois Mérimée a dépassé les cadres de la nouvelle brève ou longue. *Colomba* parut en 1840. Elle connut un des plus grands succès de qualité qu'ait obtenu un roman. Le roman et le romantisme, car on continuait à classer l'auteur de *Clara Gazul* parmi les romantiques. Et *Colomba* est un chef-d'œuvre de narration, de technique, de conquête absolue du lecteur sans moyens excessifs. Sans moyens excessifs ! En 1840 ! Trois ans avant *Lucrèce* déjà, on pressentait le classique qui revenait. *Colomba* était le roman d'une île, comme *Paul et Virginie.* Et le roman de l'île de Napoléon, l'année du retour des Cendres. Une histoire d'Anglais en voyage lui donnait le cadre d'ironie qui contribuait le mieux à la retenir le plus en deçà possible de l'emphase romantique. On avait affaire à un auteur bien élevé, qui, au contraire de Balzac et de Stendhal, savait éviter au lecteur le moindre moment d'ennui.

À *Colomba* nous ne connaissons aujourd'hui qu'un défaut, un beau défaut : c'est d'avoir duré. On a contesté la vérité du détail et des mœurs. Mais ce n'est point de ne pas ressembler à la vraie Corse, dont il ne nous soucie pas, que nous lui faisons grief. C'est de trop ressembler à la Corse de *Colomba,* vraie ou fausse, en tout cas devenue lieu commun. Nous y voyons le type des livres trop parfaits, devenus exemplaires, dont l'interprétation et l'éclairage ne se renouvellent plus : le contraire même de la *Chartreuse de Parme,* qui un an auparavant n'avait pas eu de succès.

Nous retrouvons ici la distance entre Stendhal et Mérimée. Stendhal a, moins que Mérimée, travaillé dans la perfection. Mais d'abord il a fait des romans, et il y a, du roman à la nouvelle, la différence de ce qui est un monde à ce qui est dans le monde. Et puis il règne, tandis que Mérimée est resté sur les marches du trône. On est stendhalien : c'est une nationalité reconnue, et qui figure sur les passeports. On n'est pas mériméen. Mérimée nous contraint à l'admirer, mais nous invite à le classer. L'exilé de Guernesey a joué au courtisan de Compiègne le mauvais tour de refaire l'*Enlèvement de la Redoute* dans le *Cimetière d'Eylau.* Il l'a écrasé sous la charge des quatre-vingts escadrons. Que voulez-vous que nous y fassions ? Il y a la prose, mais il y a la poésie. *Colomba* c'est l'île incomparable, mais prenons le bateau et nous arrivons à la *Chartreuse de Parme* et la *Chartreuse* c'est le continent et le continent c'est l'Italie. Le nom de Mérimée nous évoque en même temps la rare qualité du contenu et la proche présence des limites.

X

ALFRED DE MUSSET

Le dialogue passionné que le premier tiers du XIXe siècle a institué entre l'esprit du XVIIIe et le romantisme s'est exprimé surtout dans la prose. Mais la poésie n'y a pas échappé. Alfred de Musset y est pris tout entier.

Comme Mérimée il est né dans la grande bourgeoisie parisienne. Son cœur et ses sens seront souvent dupes des femmes, son esprit ne sera jamais dupe des hommes. Il a les dons d'analyse et de lucidité.

Prince de la Jeunesse. De précocité aussi. Collégien brillant, ayant tout vu ou tout deviné dans le salon de ses parents, dans l'entourage de l'homme de lettres qu'était son père, il s'élance à vingt ans dans la poésie par les *Contes d'Espagne et d'Italie,* dont il ne faut pas médire même aujourd'hui. C'était, dans un temps de printemps sacré poétique, de la jeunesse qui allait à la jeunesse. Aucun livre ne répond mieux à l'idée d'un vin nouveau de la poésie, dans une année de la Comète, et d'un Bacchus nu dans la cuve. L'Espagne et l'Italie, du soleil, des mantilles, des yeux brûlants, des duègnes, des juges, de nobles têtes de vieillards, du sang sur le pré, des amants dans les lits, cette Espagne et cette Italie sont convoquées pour donner du degré à ce vin, faire voir ce qu'on va voir et boire ce qu'on va boire. Le bric-à-brac, les imitations, le négligé, les jeux de dislocation et d'enjambement, valurent à l'auteur les railleries de la critique. Mais du jour au lendemain les jeunes gens surent par cœur une demi-douzaine d'apostrophes, de tirades de feu, de tableaux truculents, de portraits de femmes à posséder — et à en mourir. Danseur de bals masqués en costume de page de la Renaissance, Musset tint pendant quelques mois l'emploi de prince de la jeunesse romantique, ou de la jeunesse tout court.

Il le tint, mais ne s'y tint pas, et il n'y tenait pas. Il est le seul des romantiques qui ne se soit jamais soucié de garder et d'embellir une attitude, ce qui paraîtra d'autant plus singulier qu'il possède autant qu'aucun le don oratoire. D'abord c'était un homme du monde, à qui le genre du cénacle, les naïvetés et le bousingotisme des milieux romantiques déplaisaient. Il leur préférait la société de jeunes viveurs amoureux et riches, la poésie des anciens, Régnier, Molière, même Voltaire. Tel Byron. Lui qui ne se souciait pas de ressembler à Byron est le seul poète français dont la manière et la vie en suggéreraient quelque idée. Dès juillet 1830, dans les *Secrètes Pensées de Rafaël,* il se débarbouillait du romantisme et de la lie de vin de ce cortège bachique qu'il avait mené.

Non lui, qui écrit par caprice et qui est tout en tournants, mais son génie immanent paraît vouloir que ce poète parisien, le seul Parisien authentique et traditionnel du romantisme avec Mérimée (qui a des parties d'un Musset sage et buveur d'eau) devienne pour un demi-siècle le poète de Paris. Et Paris ce sont les femmes, et c'est le théâtre. Mais un autre génie, un malin génie brouille les cartes.

Son Théâtre. Le théâtre est une discipline. Musset n'aime pas les disciplines, à commencer par celle de la rime, qu'il traite en ennemie personnelle. En 1830 il a transporté un conte d'Italie, la *Nuit Vénitienne,* à l'Odéon. Elle a été sifflée. Dieu le garde de se laisser désormais juger par des cuistres sous un lustre et des calicots dans un amphithéâtre ! Le théâtre, comme Byron, il ne l'animera que pour lui, et le spectacle sera dans un fauteuil. De là en 1832 le drame de la *Coupe et les Lèvres* et la comédie romanesque *À quoi rêvent les jeunes filles,* poèmes de la jeunesse et des femmes, en vers éclatants, qu'achève dans le *Spectacle* le poème de *Namouna,* avec les stances célèbres où Don Juan, porte-parole et symbole de Musset, idéalise cet homme à la poursuite des femmes, que Paris tire à des milliers d'exemplaires. Drame tyrolien et comédie italienne, imitation de

Schiller et souffle shakespearien, courtisane sans cœur et vierge délaissée, débauche sous la mamelle gauche et fleurissante idylle, l'antithèse des deux amours ne quittera plus la poésie de Musset. Le problème de la jeunesse sensuelle, décomposé en antithèse de la jeunesse et des sens, restera son problème bien après qu'il aura perdu toute raison de le vivre.

Rolla. Aussi *Rolla,* que la *Revue des Deux Mondes* publia le 15 avril 1833, procura-t-il, durant un demi-siècle aux garçons de dix-huit ans, le coup aux sens, au cœur, à l'âme. Paris, comme toute capitale, ne va pas sans une immense prostitution, et *Rolla,* histoire d'une fille de quinze ans, Marie, vendue par sa mère à un libertin, est un poème de la prostitution. Le libertin Rolla nous paraît aujourd'hui un être factice, recueilli et hospitalisé par la pire rhétorique. Et justement le poème alla aux nues, tant qu'il y eut une classe de rhétorique, et qu'il y fut lu derrière les pupitres.

Une Révolution dans l'amour. L'année 1834 marque une révolution dans l'amour romantique. Un seul poète du groupe était jusqu'alors connu et considéré pour ses amours, jugées illustres : Ulric Guttinger, comme en témoigne une apostrophe célèbre de Musset

Ulric, nul œil des mers n'a mesuré l'abîme...

Mais brusquement les chefs romantiques se mettent à faire comme Ulric. C'est autour de 1834 que Victor Hugo devient l'amant de Juliette Drouet, Vigny de Marie Dorval, Musset de George Sand. Comme au temps des *Méditations,* ces amours ont de grandes conséquences littéraires, et aucun n'eut de conséquences plus célèbres que les amours de *Lui et Elle.*

Le voyage d'amour en Italie, l'infidélité de George, les réconciliations et les ruptures, sont à l'origine des quatre *Nuits,* soit trois dialogues du Poète et de la Muse dans les nuits de Mai, d'avril et d'octobre et, dans celle de décembre, dialogue du poète avec son double. Musset est resté longtemps « le poète des *Nuits* ». Il ne semble pas qu'il y ait lieu de reviser ce jugement. Si on a gardé (mais tous ne l'ont pas gardé) un sens pour l'oratoire, pour le développement, pour le vers parlé, clair et pressé comme la prose, illuminé de poésie à son faîte, comme la houle sous le soleil, on mettra les *Nuits* très haut. Si on veut suivre le conseil de Verlaine et tordre le cou à l'éloquence, il faudra étrangler les quatre cygnes sublimes.

Classique ou romantique ? Ceux qui n'en auront pas le courage se feront sans remords la main sur *L'Espoir en Dieu* et la *Lettre à Lamartine,* morceaux longtemps célèbres dont la sincérité discrète, indéniable, comme celle de toute la poésie lyrique de Musset, est bousculée, submergée, recouverte par l'oratoire. Le fond du génie de Musset, sa vocation vraie en d'autres temps, c'était le genre dramatique, et son vers nombreux exige souvent le ton de la tirade. Le public aura longtemps une oreille pour ce genre de vers, qui sera par exemple celui de la comédie en vers d'Augier. À partir de Baudelaire, il a été blessé et déclassé par des exigences de poésie pure. Quand Musset entra à l'Académie, Nisard, non sans quelque pédantisme, et évidemment contre quelqu'un, le déclara, en le recevant, le plus classique des poètes romantiques, et même un vrai classique. Il y a eu toute une doctrine du classicisme de Musset. Et on peut en garder après tout quelque chose. D'abord, en tant que poète de l'amour malheureux, auteur des vers d'amour les plus sincères, les plus discrets, les plus nus, les plus désespérés de son temps, dans le *Souvenir,* dans les *Nuits,* dans tant de courtes pièces des *Poésies nouvelles,* il tient parmi les romantiques une place de témoin du cœur humain analogue à celle de Racine parmi les poètes classiques. Ensuite il n'a que peu ou point participé à l'illusionnisme romantique, il a bien été l'enfant du siècle, non son géant ou son prophète, il n'a pas comme George Sand ou Hugo mis ses transports au compte de la cause de Dieu. Il a connu en lui la faiblesse et le mal comme de la faiblesse et du mal : le poète a été homme uniment, ordinairement, classiquement. Enfin il n'a eu ni politique, ni philosophie, il a été homme de lettres, poète à l'ancienne mode, comme Malherbe et Boileau, avec son franc-parler non sur l'État et sur Dieu, mais sur les mœurs et les lettres. Il fut un jeune-bourgeois, avec le trait d'union pour indiquer qu'il ne s'agit pas seulement de l'âge, mais des idées et de la condition. Tout de même, plus tard, et aux générations qui suivent, il paraît plus bourgeois que jeune. La génération du Second Empire, Baudelaire, Flaubert, se construisit en partie contre lui. À qui demanderait quel est le plus démodé des quatre grands poètes romantiques, on répondrait généralement Musset. Mais si cette épithète est justifiée, elle ne va pas sans compensations. Retiré plus ou moins de la mode et du courant, Musset a été reporté, comme un classique, vers un centre-gauche éternel de la littérature française. Il a perdu, réellement, des lecteurs et des cœurs. Il n'a pas perdu, littérairement, une place, une situation. Entre l'esprit du XVIIIe siècle et le romantisme il a établi une liaison, une société, on dirait presque un juste-milieu : il est moins l'enfant du siècle que l'enfant de juillet, le petit Parisien qui court avec ses pistolets devant la *Liberté* de Delacroix, ici liberté littéraire. Cet enfant de juillet, il est le seul grand poète du XIXe siècle que rien, absolument rien, ne permette d'appeler un grand homme et qui, non plus qu'un Regnard ou un Piron, n'ait rien laissé, absolument rien, d'un témoignage, ou, comme on dit, d'un message ; et non, hélas ! faute de l'avoir voulu.

XI

BALZAC

La Nature sociale. « La nature sociale, qui est une nature dans la nature » écrit Balzac dans *Modeste Mignon.* Cette phrase contient la découverte, le génie, le roman et la clef de Balzac.

Comme l'expose la lumineuse préface de 1842 à la *Comédie Humaine,* la matière de cette *Comédie,* soit la nature sociale, c'est la nature animale, plus quelque chose. « L'État Social a des hasards que ne se permet pas la Nature, car il est la Nature, plus la Société. » La dualité des sexes ne joue que peu ou point en histoire naturelle, elle joue profondément en matière sociale. La nature sociale comporte en triple réalité des hommes, des femmes et des choses, soit de l'outillage, meubles, maisons, villes, modifications de la planète par l'homme. Les historiens, dit Balzac, ne nous ont que peu ou point représenté cette nature sociale. Balzac cite comme exemples, et comme ses précurseurs, ce qu'a fait l'abbé Barthélémy pour les Grecs, et ce qu'a fait Alexis Monteil dans son *Histoire des Français des divers États.* Walter Scott incorpora au roman une histoire des Écossais des divers États, et, dit Balzac, élevant le roman à la valeur philosophique de l'histoire, y a réuni à la fois « le drame, le dialogue, le portrait, le paysage, la description, le merveilleux et le vrai, ces éléments de l'épopée ». Dans l'ordre du roman, c'est le roman de Walter Scott qui a appelé à l'être le roman de Balzac. Balzac en effet ne devient lui-même, ne naît au Balzacisme, qu'après avoir mis en roman à la Scott le sujet le plus scottien de l'histoire de France, la guerre de l'Ouest sous la Révolution, avec le *Dernier Chouan,* qu'il s'en va écrire à Fougères même, dans son décor, en 1827, et qui lui met la palette et le ciseau en main, l'assure de sa technique, l'établit dans la peinture des milieux et dans la concurrence à l'état civil.

Entrée de l'état civil et des femmes. Scott était un romancier historique. Ils agissait maintenant d'appliquer la technique et la chronique de Scott au roman contemporain, de substituer, dans la concurrence du romancier à l'état civil, le registre ouvert des naissances au registre fermé des décès. Et d'introduire le registre des mariages ou des femmes. « Obligé de se conformer aux idées d'un pays essentiellement hypocrite, Walter Scott a été faux, relativement à l'humanité, dans la peinture de la femme. » Il manque à son roman, avec la femme, la peinture des passions. Lacune que Balzac impute au protestantisme qui ne laisse rien de possible pour la femme après la faute. La floraison du roman anglais au XIXe siècle nous conduit à nous douter que la cause est plus complexe. Il n'en demeure pas moins que d'un certain point de vue le roman de Balzac c'est l'entrée des femmes, et l'entrée vers les femmes.

Qu'il y ait eu au XVIIe siècle liaison entre le roman et les femmes-auteurs, — qu'au XVIIIe la *Nouvelle Héloïse* ait déclenché au cœur des femmes un enthousiasme et un attendrissement torrentiels, que l'amour partagé des sexes ait fourni le pain ordinaire du roman, rien de tout cela ne diminue l'originalité avec laquelle Balzac a introduit dans le roman le monde autonome des femmes, et dans le monde des femmes, le roman. Sainte-Beuve l'a constaté, et, en partie parce que *Volupté* avait laissé les femmes indifférentes, il ne l'a pas pardonné à Balzac.

Les romantiques lisaient des dictionnaires. Trois femmes bien plus *âgées* que Balzac et qui étaient la mémoire vivante, imaginative aussi, de la Révolution, et de l'Empire, Mme de Berny et Laure d'Abrantès, plus tard Mme de Castries ont été pour lui les dictionnaires vivants, intelligents, tendres, perspicaces de leur temps. Sa recherche du temps perdu, sa présentation du temps actuel, l'exploration de la nature humaine se sont faites avec de nécessaires collaborations féminines. Comme la nature de Goethe, la *Comédie Humaine* a ses « mères ». Mais surtout elle a un Père.

Une mystique de la Paternité. Le plus grand créateur d'être vivants qui ait existé, Balzac, a regardé en face et sondé dans ses profondeurs le mystère de la création. On sait la place éminente que tiennent chez lui les « natures faustiennes », les délégués à l'alchimie, à la découverte, à l'œuvre, les Claës et les d'Arthez. Mais la forme *naturelle* de la création, c'est celle qui fournit des inscriptions à l'état civil. C'est la paternité. Dans l'œuvre de tout écrivain de génie il y en a toujours une qui fait fonction de message profond, et qui se comporte comme une cellule mère. Tout se passe comme si, chez Balzac, cette fonction était tenue par le *Père Goriot.*

Non seulement parce que le *Père Goriot* contient déjà la plupart des personnages-clefs de Balzac, Vautrin, Rastignac, Bianchon, le ménage Nucingen, mais parce que le *Père Goriot,* c'est d'abord le personnage du titre, et le mystère de la paternité. Montaigne disait qu'il aimait mieux avoir un enfant de l'accointance des Muses que de celle de sa femme. Mais la seconde des deux accointances est le Symbole charnel de la première, comme la tradition fait symboliser par le couple du *Cantique des Cantiques* l'union de Dieu et de son Église. Le *Père Goriot* ne pouvait être créé que par le père du Père Goriot, le « Christ de la paternité » par le génie de la paternité et la paternité du génie. « Quand j'ai été père, dit Goriot, j'ai compris Dieu. » Voilà un mot extraordinaire qui nous met aux sources de la création balzacienne. La présence de Dieu, le consentement à Dieu sont aussi évidents, aussi nécessaires, aussi absolus dans l'œuvre de Balzac, pleine comme un jour de la création, que l'absence, l'inexistence de Dieu dans l'œuvre de Proust, procès-verbal d'un monde qui se détruit. Concurrence à l'état civil est le terme extérieur et conventionnel qui implique, dans l'intérieur et dans le réel, la collaboration avec le Créateur, et cette *Imitation de Dieu le Père* latente dans la *Comédie Humaine.*

Goriot est un vaincu de la paternité, parce que père selon la chair, père selon les individus, père selon l'égoïsme. Le terme de « Christ de la paternité », s'entend de sa passion, de ce que lui font souffrir les deux filles pour lesquelles il s'est fait victime holocauste. Il a aimé ses filles totalement, puissamment, esclave de leurs volontés et de leurs passions, et c'est pourquoi il meurt désespéré, détruit. Balzac écrit à Mme Hanska de *Massimilla Doni,* de *Louis Lambert* et du *Chef-d'Œuvre inconnu,* qu'ils représentent « l'œuvre et l'exécution tuées par la trop grande abondance du principe créateur ». Et l'insistance avec laquelle il a repris ce thème montre à quel point il éprouvait là un danger de sa propre nature. Pareillement chez Goriot la fonction humaine et morale de la paternité est tuée, elle aussi, par l'abondance de ce principe créateur, qui est pour l'homme un don terrible si une discipline n'intervient pour le réduire, le tenir et l'utiliser. Si la production de Balzac n'a pas mal tourné comme a fait celle de Goriot, si le principe créateur a fait vivre l'œuvre et l'exécution au lieu de les tuer, cela tient à ce qu'elles ont été sauvées par deux dons aussi extraordinaires chez lui que celui de la création : l'œuvre, sauvée par le don de spécialité, l'exécution sauvée par le don de volonté.

La « spécialité ». Le terme de *spécialité* est employé par Balzac à peu près au rebours de son sens courant, mais en son vrai sens étymologique et philosophique. Le don de spécialité, c'est le don de voir, à travers les choses, les espèces, les Idées, qui sont à leur principe, soit, depuis Platon, le don du philosophe. Mais ici le don du romancier. Le don de spécialité est dans le *Père Goriot* quelque chose d'aussi surhumain que le style de la paternité l'est chez Goriot. Par la spécialité, Balzac voit et exprime en Goriot une *mystique* de la paternité, une paternité qui trouve ses références, en haut, dans la pensée et la création divines, et, plus bas, dans la nature sociale, dans tout ce qu'attestent pendant son agonie, les cris du Père : « Envoyez-les chercher par la gendarmerie, de force. La justice est pour moi, tout est pour moi, la nature, le code civil. Je proteste. La patrie périra si les pères sont foulés aux pieds. Cela est clair. La société, le monde, roulent sur la paternité, tout croule si les enfants n'aiment pas leurs pères. »

La pension Vauquer n'a pas été seulement décrite et construite par Balzac comme un nœud d'humanité, mais comme un nœud ou un carrefour dans l'ordre de la spécialité. Vautrin et Rastignac y sont attirés, imposés par le même appel d'air que Goriot. Si on voit dans la paternité de Goriot un symbole de la paternité créatrice du génie, on en verra dans Vautrin l'énorme parodie satanique. Les substructions de la *Comédie Humaine* sont des substructions chrétiennes, celles d'un monde où le diable existe, où l'enfer existe. Entre les visions qui apparaissent avec Balzac dans l'univers littéraire il y a l'enfer social, les bas-fonds des capitales, les bas-fonds de la nature humaine, les bagnes. Le bagne a son héros comme l'enfer de Milton l'avait en Satan. Au moment de l'arrestation de Vautrin-Collin « le bagne avec ses mœurs et son langage, avec ses brusques transitions du plaisant à l'horrible, son épouvantable grandeur, sa familiarité, sa bassesse, fut tout à coup représenté dans cette interpellation et par cet homme, qui ne fut plus un homme, mais le type de toute une nation dégénérée, d'un peuple sauvage et logique, brutal et souple. En un moment, Collin devint un poème infernal où se peignirent tous les sentiments humains, moins un seul, celui du repentir. Son regard était celui de l'archange déchu qui veut toujours la guerre ». Nous voilà dans le laboratoire de la spécialité. On aurait une vue profonde sur le système de la *Comédie Humaine* si l'on mettait bout à bout, dans un *Répertoire des Thèmes balzaciens* tous ceux où paraissent des images ou des réalités d'ange, depuis le poème angélique de *Séraphîta* jusqu'à *César Birotteau,* où le parfumeur est désigné, bizarrement, semble-t-il, comme un « ange », l'ange de la probité commerciale, comme Goriot est le Christ de la paternité. Être un ange, pur ou déchu, c'est être un archétype. Le don de spécialité se confond, de loin, avec le don de penser angéliquement.

La volonté. Lors d'une reprise de *Vautrin,* en 1917, Souday écrivait que dans Vautrin il y a Balzac lui-même dans le bagne de son labeur et qui « ne participait guère aux plaisirs et à l'éclat de cette vie qu'il n'aimait tant que par l'intermédiaire de ses héros de roman ». Comme Rastignac et Rubempré sont pour Vautrin ce que sont Anastasie et Delphine pour Goriot, on en dirait tout autant en ce qui concerne l'analogie de Balzac et de Goriot. Mais peut-être le délégué de Balzac serait-il aussi bien Rastignac lui-même, qui est exactement le contemporain de Balzac puisque le *Père Goriot* se passe en 1820, et que Rastignac a vingt et un ans, né en 1799 comme Balzac. *À nous deux!* est le défi de Balzac lui-même à Paris. Sans parler de Louis

Lambert, qui est autobiographique, César Birotteau, Balthazar Claës sont d'autres figures ou plutôt d'autres parties de Balzac. D'une manière générale un personnage de la *Comédie Humaine* est balzacien, dans ce sens personnel, lorsqu'il y figure comme témoin d'une volonté créatrice.

Le premier ouvrage écrit par Balzac, c'est, à l'âge de quatorze ans, un *Traité de la Volonté* qu'un de ses professeurs confisqua et détruisit. Il est remarquable que, chez les deux grands fondateurs et instituteurs de la littérature française, celui du théâtre et celui du roman, Corneille et Balzac, la critique reste en arrêt et en méditation devant un mystère et une mystique de la Volonté. Mais chez Corneille nous ne constatons qu'un résultat, une pointe éclatante dont la base et les origines demeurent dans l'ombre, tandis que chez Balzac, comme à l'intérieur d'une statue colossale, nous circulons du haut en bas d'une nature.

D'abord la nature du romancier, Balzac manquait absolument de facilité et d'improvisation, portait ses œuvres dans sa tête pendant des années, les écrivait avec des efforts et une tension prodigieuses, accumulant les plans, les essais, les brouillons, les épreuves refondues. Si la volonté tient une telle place dans son monde, c'est d'abord qu'elle en occupait une dans sa fabrication de ce monde. Il a tout vu dans cette volonté dont il était si riche comme les mystiques voient tout en Dieu, dont il sont pleins.

Ensuite et par conséquent la nature de l'œuvre. Dans le *Médecin de Campagne,* quand Genestas rencontre Benassis, il le regarde « habitué par les rapports qu'ils avait eus avec les hommes d'énergie que recherchait Napoléon, à distinguer les traits des personnes destinées aux grandes choses ». Voilà une notation extraordinaire, qui pourrait être de Stendhal parlant de Napoléon, mais il est bien plus beau qu'elle soit de Balzac reproduisant Napoléon et fidèle à la devise qu'il avait inscrite sur la statuette de l'empereur : « Ce qu'il a commencé par l'épée, je l'achèverai par la plume. » Comme Napoléon, Balzac a reconnu, recherché les êtres d'énergie destinés comme lui aux grandes choses. Il en a fait la grande Armée du roman.

Les personnages de Balzac ou tout au moins la plus notable partie d'entre eux, semblent faits avec des concentrations, des défaillances, des oppositions, des équilibres, de la volonté, comme les tableaux d'un grand coloriste avec le langage des couleurs, ou comme l'œuvre de Michel Ange avec le langage des mouvements. C'est en fonction de leur force de volonté que les gens de lettres sont conçus et groupés dans ce roman de la littérature que sont les *Illusions perdues,* entre d'Arthez, le héros de la volonté d'une part, et d'autre part le journaliste Lousteau, ou le poète facile et féminin qu'est Rubempré, dont sa sœur Eve dit : « Dans un poète il y a une jolie femme de la pire espèce ». Cette jolie femme, Balzac l'a reconnue dans le Canalis, c'est-à-dire le Lamartine, de *Modeste Mignon,* à cette réserve près que cette fois elle est de la grande espèce. Comment une volonté peut être brisée, c'est l'histoire du *Colonel Chabert.* L'équilibre mystérieux d'une volonté ordonnée et « d'arthézienne » d'artiste, d'une volonté dévoyée de reître, portées par le même arbre généalogique, ce sont les deux frères Bridau. Le niveau des volontés chez les trois Tourangeaux subalternes et honnêtes que sont les trois frères Birotteau, le militaire, l'ecclésiastique et le commerçant, montre trois épreuves du même être, de la même volonté, encadrée et disciplinée, modifiée de trois manières par des milieux différents (Birotteau I eût été sans doute un des héros de la première des *Scènes de la vie militaire,* les *Soldats de la République*). La déchéance de l'homme féminisé et dissous, Lucien de Rubempré, qui ne vit plus que par la volonté d'un autre, Vautrin, — lequel a pour fonction et mission d'avoir de la volonté pour deux — ne se comprend pleinement que comme un des épisodes centraux de cette épopée de la volonté.

Le Roman positif. Cette part éminente de la volonté dans Balzac il faut la voir en liaison, et presque en synonymie, avec le roman d'un monde qui se construit, de quelque chose qui se fait, d'une pente qui se remonte, un roman *positif* dans un sens encore plus fort et plus plein que le plus fort et le plus plein qui ait été attaché au mot, le sens d'Auguste Comte. Par là Balzac s'opposerait presque à tous les autres romanciers français du XIXe siècle, aux réalistes et aux naturalistes d'après 1850 chez qui le roman est la phosphorescence d'une décomposition, la conscience de ce qui se défait.

Les réalistes ont d'ailleurs un représentant dans la génération de

Balzac : Henry Monnier. Pour saisir dans son acte flagrant cette opposition des deux natures, d'une énergie que la volonté concentre et d'une énergie que la caricature dissout ou dégrade, il faudrait suivre la manière dont Balzac a pu reprendre et refondre en les virant du négatif au positif des sujets de Monnier. En voici deux exemples instructifs sur lesquels nous insisterons parce qu'ils nous mettent au cœur du laboratoire où la nature a institué l'expérience balzacienne.

De son expérience d'employé de ministère, Henry Monnier a tiré les caricatures et les types de ses *Employés.* Il a créé ce comique administratif français que devait reprendre Courteline. Quand en 1877 Balzac reprend ce sujet des *Employés,* il fait la part large à l'invention de Monnier, et introduit dans son roman Monnier lui-même sous le nom de Bixiou. Par lui et d'autres le comique administratif, d'ailleurs un peu lourd et engorgé, coule à pleins bords dans *Les Employés*. Mais jamais Balzac n'eût pris la plume pour écrire sur un ministère un roman d'humour gratuit et de démolition comique. Un ministère, une administration, sont des constructions. Balzac est, dans sa partie, un constructeur de la race des Golbert et des Napoléon. Il écrira un roman de constructeur. Le sujet des *Employés* c'est l'histoire du plan Rabourdin, et cent ans après les *Employés,* les principaux articles du plan Rabourdin figurent encore en première place dans tous les projets de réforme administrative, dans le *Video meliora* des professionnels de la chose publique. Balzac a donné la vie au plan Rabourdin, en le liant à l'histoire du ménage Rabourdin. Il a fait détruire la création de Rabourdin par les infiniment petits de ministère et par le monde d'Henry Monnier. Mais le roman d'un ministère ne pouvait être pour le romancier constructeur que le roman d'un intérêt d'État, et le personnage central une incarnation des intérêts de l'État. Le roman des employés, pourrait aussi bien s'appeler les *Bourgeois,* les petits bourgeois du quartier Saint-Paul, le milieu où se recrutent les employés. Que l'on compare aux bourgeois de Monnier, les « tarets » de Balzac. Les tarets qui rongent les digues de Hollande sont des figures à peu de chose près semblables à celles des sieurs Gigonnet, Mitral Baudoyer, Saillard, Gaudron, Godard et compagnie, tarets qui d'ailleurs ont montré leur puissance dans la trentième année de ce siècle. Il ne s'agit même plus d'Henry

Monnier ; le bourgeois de Flaubert lui-même n'est plus qu'une silhouette à côté des trois dimensions et de la pleine pâte du bourgeois balzacien, à côté surtout de sa *force* telle qu'elle éclate dans sa révolution à lui, celle de 1830 ; Balzac s'est trouvé à point pour capter cette force non à l'origine mais au moment de sa plus puissante et de sa plus originale explosion. Le bourgeois de Balzac c'est le bourgeois de Monnier, plus un certain nombre de choses, au premier rang desquelles est justement la puissance. Notons que *Madame Bovary*, roman de la dégradation de l'énergie, finit juste au moment où le sujet deviendrait proprement balzacien, quand Homais fait une clientèle d'enfer, et vient de recevoir la Légion d'Honneur. La vraie légion d'honneur, pour le bourgeois, est la légion de la *Comédie Humaine*.

Le *dignus intrare* du bourgeois dans la *Comédie Humaine* peut être lié à une dimension morale comme il l'est ordinairement à une dimension sociale. Après avoir roulé des années dans sa tête le sujet de *César Birotteau* sans se décider à entreprendre l'histoire d'un boutiquier médiocre où il ne voyait encore qu'un sujet pour Henry Monnier, Balzac déboucha brusquement dans la vérité balzacienne, tint *César Birotteau*, le jour où il en eût découvert l'idée maîtresse, celle d'un martyr de la probité commerciale comme Goriot est un Christ de la paternité. Cela veut dire que le sujet de *César Birotteau* ne devient balzacien que le jour où il passe du négatif au positif, de la silhouette ironique au modelé substantiel, avec les mêmes repoussoirs et les mêmes contre-parties que *Goriot*. Birotteau et Pillerault impliquaient de l'autre côté de la moralité commerciale Nucingen et du Tillet : « Nucingen et Birotteau, écrit Balzac, sont deux œuvres jumelles. » Il s'agit d'ailleurs ici de la *Maison Nucingen* écrite tout de suite après *Birotteau* pour pousser et achever la contre-partie.

Henry Monnier a créé Joseph Prudhomme. Dans une bien curieuse lettre à Mme Hanska, Balzac juge que Monnier n'en a pas tiré un parti suffisant, que Prudhomme c'est tout le siècle, et il esquisse le plan de la pièce qu'il veut en tirer, de son Prudhomme à lui : car il le voit non dans le roman, mais sur le théâtre, où quinze ans après, en 1852, allait le mettre et le jouer Monnier lui-même. La comparaison entre le Prudhomme de Balzac et le Prudhomme de Monnier implique exactement les mêmes mesures et les mêmes contrastes que la comparaison entre leurs *Employés.* Il y a d'ailleurs dans le plan de Balzac quelque chose dont on demeure stupide. L'histoire de la famille Prudhomme y est à peu près celle de la famille Thiers. Rien n'y manque : les mines d'Anzin, les amours avec la belle-mère, et le garçon à marier s'appelle Adolphe. Or en 1830 le jeune et brillant ministre, l'élève et le favori de Talleyrand, n'a pas du tout ni dans son physique, ni dans son moral, cette figure de petit et grand Prudhomme que prendra pour la critique M. Thiers après 1871. Avec ses bottes de sept lieues on dirait que Balzac l'anticipe de quarante ans, comme il a d'ailleurs tout anticipé ; hyperbole du génie constructeur.

Les natures-mères de la *Comédie Humaine* planent au-dessus de la région où se forment les types littéraires et où Monnier crée Joseph Prudhomme. Balzac a pourtant créé un type, un seul : Gaudissart. Le nom de Gaudissart s'applique aujourd'hui moins encore au commis voyageur qu'au genre commis voyageur, hilare et farceur, devenu aussi rare d'ailleurs que celui de Tartarin chez les Méridionaux. Or il semble que, pour faire de Gaudissart un type, l'opinion ait dû le réduire à la dimension de la caricature selon Monnier. Le vrai Gaudissart, celui de *Birotteau* et de *l'Illustre Gaudissart* est bien un personnage balzacien : un créateur, une force de la nature sociale, l'inventeur de la publicité moderne, et qui, s'il a pu être mystifié par les Tourangeaux comme Balzac lui-même l'a été par Monnier, reste un « as », il fait partie, comme les autres, de ce jeu d'as que Balzac tient dans sa main.

La vision de la « faculté maîtresse » que le roman de Balzac a suggérée à la critique de Taine, cet investissement d'un caractère par une passion unique, l'avarice chez Grandet, la mystique de l'argent chez Gobseck, la paternité chez Goriot, la luxure chez Hulot, l'envie dans la cousine Bette, la collection chez le cousin Pons, ce sont autant de concentrations d'énergie qui, à un moment privilégié, s'expriment et se libèrent en volonté. Toutes ces natures passionnées sont des natures constructrices et, notons-le, tout autant que Vautrin et Claës des natures solitaires. La construction suprême est pour eux une construction dans la solitude, comme le monument le plus démesuré des hommes est une pyramide dans un désert. Solitude criminelle ou solitude angélique, également solitude d'une volonté gratuite, qui, sous la figure d'une passion, se prend elle-même, comme chez Corneille, pour son objet. Et peut-être ce parallélisme tient-il à ce que les deux fondateurs habitent la même solitude. Il y a certes les amours de Balzac, les vingt mille lettres de lectrices reçues par Balzac, la torrentielle conversation de Balzac, la canne de Balzac, exactement le contraire du *Larvatus prodeo* que Corneille aurait pu emprunter à Descartes. Mais, comme c'était peut-être le cas chez Corneille, les passions solitaires des héros balzaciens symbolisent avec une solitude de Balzac, avec la solitude nocturne de Balzac dans son atelier de vie, son centre de « spécialité », sa forge cyclopéenne. Dans les substructions de la *Comédie Humaine* il y a une crypte : *Comédie Individuelle,* volonté autonome, énergie pure, don gratuit du génie.

Retenons le dialogue de Gobseck et de Derville dans *Gobseck :* « Nous sommes, dans Paris, une douzaine ainsi, tous rois silencieux et inconnus, les arbitres de vos destinées. » Gobseck ou l'usurier, aussi riche et aussi dur que Grandet, parisien en outre : « On ne va chez l'usurier que quand on ne peut aller ailleurs ». C'est pourquoi la quintessence de Paris se retrouve au café Thémis, près du Pont-Neuf : les usuriers s'y réunissent, « image fantastique où se personnifiait le pouvoir de l'or ». Le génie créateur et intuitif de Balzac dépasse tout, transcende l'état civil, quand il fait de Gobseck, né en 1740 (quatre-vingts ans en 1820, burgrave de Paris) le fils d'une Juive et d'un Hollandais, et qui a été marin et corsaire vingt ans ; corsaire sur le globe passé, par une promotion qui est une alchimie, corsaire sur Paris, père, dans ce monde alchimique, de la courtisane Esther Gobseck par la même nécessité qui fait d'Eugénie Grandet la page blanche d'un autre registre de l'or, la fille du Saumurois formé par une autre avarice, l'avarice de la province française, dont la langue est aussi différente de celle de Gobseck que la langue du juif Nucingen l'est de celle du Tourangeau Birotteau, — la poésie et le symbole de la *Peau de Chagrin* et des *Études philosophiques* abandonnant à regret Gobseck aux *Scènes de la vie privée* — et puis ce nombre des douze rois silencieux et inconnus de Paris... le treizième revient, c'est encore le premier, et c'est le seul : c'est Balzac.

Quand Balzac a écrit le roman de la paternité, le *Père Goriot* dont il dit qu'il est « si véritable que chacun peut en reconnaître les éléments chez soi, dans son cœur peut-être » le romancier n'a été si grand et n'est descendu si profond que parce qu'il avait vu la paternité à travers la « spécialité », c'est-à-dire qu'il l'avait placée dans le monde des essences, fait coïncider avec Dieu créateur, avec la « patrie », qui appartient à la même espèce que la paternité et qui vivra ou mourra avec elle. Les éléments du *Père Goriot* que Balzac pouvait reconnaître dans son propre cœur, c'était la paternité qui le liait à la *Comédie Humaine,* c'est cette « bonté » dans laquelle Lamartine voyait le principal trait de sa physionomie, une bonté créatrice, au sens ancien du mot bon ; « il n'y a rien d'égoïste dans ma vie, écrivait-il à Mme Hanska, il faut que je rapporte mes pensées, mes efforts, tous mes sentiments, à un être qui ne soit pas moi, sans cela je n'ai point de force ». Comme il lui fournit l'essence de la paternité, on ne comprendrait guère que le don de spécialité ne fournit pas à Balzac l'essence de la maternité. C'est le *Lys dans la Vallée.*

La *Comédie Humaine* impliquait la collaboration des femmes, une maternité du génie. Elle a l'une de ses origines en Mme de Berny, la Dilecta. Mme de Mortsauf ne ressemble pas précisément à Mme de Berny, mais elle incarne la maternité spirituelle de Mme de Berny. S'il eût été de la dignité d'Auguste Comte de lire des romans, on imagine que le *Lys* eût été pour lui un des grands livres de la religion de l'Humanité, le livre de la maternité spirituelle. Sainte-Beuve s'imaginait que le seul but de Balzac avait été de refaire *Volupté.* Nous ne dirons tout de même pas que le Lys soit à *Volupté* ce que les *Employés* sont aux bureaux et aux bourgeois d'Henry Monnier, mais enfin c'est dans la même voie qu'il faudrait chercher entre eux des rapports de hiérarchie. Le roman de *Volupté* appartient à la famille d'*Obermann* ; il exploite admirablement une aventure personnelle, mais comme l'œuvre d'Henry Monnier, il ne dépasse pas le cercle d'une intelligence critique. Le *Lys dans la Vallée* y ajoute la dimension créatrice qui est une manière de dimension héroïque.

Une philosophie mystique. En lisant le *Lys dans la Vallée,* comme le *Père Goriot,* on sent que les *Études philosophiques* font une partie nécessaire de la *Comédie Humaine* et comme son acropole. Balzac est le seul des grands écrivains romanciers dont le roman soit commandé par une philosophie positive, par une conception du monde. Il ne la tient pas de la tradition philosophique, mais de la tradition mystique. Peu de créatures, peu de styles, peu de vocations, nous donnent moins l'impression d'un mystique que la personne, le roman de Balzac et c'est d'une manière tout opposée, comme un matérialiste, et une tête, la grosse tête de la « littérature brutale », que deux générations de critiques, Sainte-Beuve et Weiss, et, après tout, Taine, l'ont caractérisé, décrit, admiré. Mais chez un Balzac, l'énorme poids de la matière est là pour équilibrer une quantité égale d'esprit, d'amour, de spécialité. Et si l'on compare l'un des mystiques qui sont à l'origine de la conception du monde balzacien, le Tourangeau Saint-Martin, ou le Suédois Swedenborg, à des philosophes, on voit que la supériorité du mystique, pour l'imagination, consiste à donner à la pensée sinon un corps du moins un support, et combien son réalisme divin s'oppose au divin réalisme des philosophes. De la *Peau de Chagrin* à *Séraphîta,* en passant par la *Recherche de l'Absolu,* les *Études philosophiques* forment une spirale qui va de la terre au ciel, qui a pour base la matérialité fiévreuse de Paris, et qui s'achève sur le poème angélique du fjord. Cette épopée romanesque est plus riche, plus complexe et plus obscure que les deux épopées philosophiques de Lamartine et de Victor Hugo. Mais elle vient de la même source et va dans la même direction.

C'est la source mystique et c'est la direction du « christianisme » nouveau. On a beaucoup discuté la déclaration de Balzac dans la préface de la *Comédie Humaine* : « J'écris à la lueur de deux vérités éternelles : la Religion, la Monarchie. » Il est exact que sous des influences familiales et féminines autant que par conviction, Balzac était à la fois légitimiste et (un peu comme successeur) admirateur de Napoléon, et qu'il pense la France monarchiquement. Mais, plus encore, bien qu'il n'ait pas la foi, il pense la *Comédie Humaine,* comme a été pensée la *Divine Comédie,* catholiquement. Balzac, pas plus que Saint-Martin, ne ressent le catholicisme à l'état d'ombre, de dilution, de parfum d'un vase vide. Il est ici à l'opposé d'un Chateaubriand et d'un Renan. Sa direction est au contraire celle d'un hyper-catholicisme, d'un catholicisme immodéré. Dans la préface de la *Comédie,* il renvoie le lecteur à la lettre de Louis Lambert « où le jeune philosophe mystique explique, à propos de la doctrine de Swedenborg comme il n'y a jamais eu qu'une même religion depuis l'origine du monde », et il appelle *Séraphîta* « la doctrine en action du Bouddha chrétien ». La *Comédie* n'adopte pas ce christianisme moyen mis en faveur à la fois par Chateaubriand, par des « prêtres éclairés » et par l'éclectisme, mais au contraire un christianisme éternel, plus intense, un foyer brûlant, mystique et paradoxal des religions, centre d'où les aperçoit, les reconnaît et les classe le don de spécialité. Balzac ne dirait pas comme le vers de Voltaire *que chacun dans sa foi cherche en paix la lumière,* mais : que chacun dans sa foi jouisse de l'intégrale lumière. Dans sa foi et aussi dans son métier. Pour le maître en sciences sociales que se déclarait Balzac « le christianisme, et surtout le catholicisme, étant, comme je l'ai dit dans le *Médecin de Campagne,* un système complet de répression des tendances dépravées de l'homme, est le plus grand élément d'Ordre social ».

L'ordre social ne fait qu'un avec l'ordre du monde, Balzac ne tient la religion pour une police que parce qu'il la tient d'abord pour une mystique. La Comédie Humaine est, elle aussi, et d'abord, une *Divine Comédie.* Balzac est plein de Dieu, avec bonne humeur et santé, spontanément, j'allais dire effrontément, parce qu'il est plein d'être. Il se connaît comme un passage de Dieu, dans son énergie créatrice, à travers une matière rebelle, non seulement à travers les passions, mais à travers une Passion. Balzac conviendrait avec Descartes que Dieu est d'abord Volonté, avec Bergson que Dieu n'agit pas facilement, que la vie, la pensée, la création, sont des pentes à remonter. Il n'y a pas de point de vue d'où la comédie humaine nous apparaisse plus intelligible que du point de vue de Dieu.

Aussi est-ce un grand contresens en matière de balzacisme que de prendre la *Comédie Humaine* par l'autre bout, celui de sa matérialité. Balzac le dit, et même l'excuse : « En me voyant amasser tant de faits et les peindre on a imaginé, bien à tort, que j'appartenais à l'école sensualiste et matérialiste, deux faces du même fait, le panthéisme. Mais peut-être pouvait-on, devait-on s'y tromper. »

Deux générations de critiques s'y sont en effet trompées. Le matérialisme de Balzac c'est un lieu commun de Sainte-Beuve, et le roman de bonne compagnie s'est épuisé à lui donner une contrepartie « idéaliste » ; la génération de 1850 a fait de Balzac le chef de file de la littérature sensualiste et « brutale » avec réprobation chez Weiss, avec admiration chez Taine. Les manuels de littérature ont gardé cette consigne. C'est un point de vue complètement épuisé. Brunetière déjà dans la seconde phase de ses opinions sur Balzac l'avait déclassé. On n'en trouverait aucun reste dans la critique contemporaine, de Curtius à Bellessort.

C'est que le monde de la *Comédie* est le plus vaste que l'art ait créé, et qu'il est difficile de tenir sous un seul regard, de comprendre sous nos idées du jour et de la nuit cet empire sur lequel le soleil ne se couche pas. Une fois reconnues les idées mères, celles qu'explique le don de spécialité, l'image la moins incomplète qu'on puisse donner de ce monde consisterait à regarder la vocation de Balzac comme une tentative de la nature, à moitié manquée comme toutes les tentatives de la nature, pour incarner en France un siècle, le XIXe. Comédie Humaine, oui, mais qui se manifeste dans les limites d'une Comédie Française et d'une Comédie Séculaire.

Le musée d'un siècle. Le père de Balzac qui avait tout d'un personnage des romans de son fils, avait toujours pensé qu'il vivrait un siècle, ce qui devait le faire millionnaire comme survivant de la tontine Lafarge. Il ne se trompait que modérément car il mourut après quatre-vingt-sept ans, en parfaite santé, des suites d'un accident.

De cette vocation séculaire hérita Balzac. Un de ses romans de jeunesse, le *Centenaire,* est déposé en lui par ce génie de sa famille. L'héritier de ce centenaire, c'est le vieil antiquaire de la *Peau de Chagrin.* Et la *Peau de Chagrin* matérialise le dilemme de sa destinée : longue vie équilibrée et calme, ou courte vie consumée par la passion et le génie. Mais tout se passe comme si le dilemme avait été tourné : la courte vie d'un demi-siècle fut celle de Balzac, la vie d'un siècle, les trésors de l'antiquaire, l'héritage de la Tontine, appartinrent à la *Comédie Humaine.*

La Comédie Humaine est le témoignage et le musée vivant d'un siècle français. Et à vrai dire elle contient plus que ce siècle : elle a ses racines dans la génération de 1789, dans la Révolution française, et particulièrement dans la révolution économique, dans le transfert des propriétés. Elle raconte particulièrement l'histoire de la génération de Balzac, de celle qui, née avec le millésime du siècle, a vingt ans en 1820, et rencontre sa grande coupure en 1850, l'année où meurt Balzac. Mais coupure pour les hommes, non pour les choses, pour Balzac et non pour l'histoire ou la comédie de son siècle. On a remarqué plusieurs fois que la Comédie Humaine prévoit et préforme la société du Second Empire. La génération de 1850 est une génération balzacienne. Et Balzac continue à faire comprendre, à pénétrer, à aimanter la France de la génération de 1885. Le monde balzacien et le XIXe siècle, qui ont commencé en 1789, finissent en 1914. Avec la génération de 1914, la Comédie Humaine prend figure de roman ou de cycle historique.

Personnages saillants. *La Comédie Humaine* peut concerner le siècle, précisément parce que la génération de Balzac a été l'arbre de couche de ce siècle. Son dessein était d'exprimer cette génération, de la transporter dans un livre : ambition dont tous les romanciers ont plus ou moins hérité, et que Balzac est le premier à avoir sentie. « Une génération, écrit-il à Hippolyte Castille, est un drame à quatre ou cinq mille personnages saillants. Ce drame, c'est mon livre. » Il a réduit ce nombre à peu près à un millier, mais un millier d'êtres représentatifs, plus précisément encore saillants. Ou plutôt rendus saillants ou typiques par l'art du romancier, qui fait du saillant comme Rembrandt en tant qu'alchimiste d'une lumière.

Pas plus que Rembrandt, Balzac ne prend le saillant ou le typique tout faits, tels qu'ils sont exposés à la lumière. Pour Saint-Simon (le plus balzacien des écrivains français avant Balzac, comme Proust sera le plus balzacien après Balzac) les personnages saillants de sa Comédie de Versailles sont ceux dont la saillie est constituée officiellement par l'ordre politique qui gravite autour du roi, les saillants sont les importants. Entre le duc de Saint-Simon et Balzac, tout se passe comme s'il y avait une transition dans la génération antérieure à Balzac : celle du prophète de la société nouvelle, le comte de Saint-

Simon. La parabole qui valut à Saint-Simon un an de prison au moment où Balzac écrivait ses premiers livres annule l'ordre de cour dans lequel vivait son ancien cousin pour lui substituer un ordre représentatif de la nation en travail. Les mille réformateurs de Saint-Simon qui sont des chefs, mènent aux mille de Balzac qui sont des types.

Il faut à cette évocation ce que Balzac appelle dans cette même lettre les ressources du conte arabe, les secours des titans ensevelis. Il s'agit là des personnages souterrains, géants, qui sont dans le bon et le mal comme les personnages d'un tableau dans l'ombre et la lumière. Plus loin que la parabole de Saint-Simon, la parabole de Balzac va chercher ceux qui réunissent et serrent des nœuds de force dans les ténèbres, êtres d'argent, de passion et d'action : les Vautrin, les Grandet, les Gobseck, les Nucingen. Puis ceux qui s'élèvent à ciel ouvert, les Marsay, les Rastignac qui, dans les *Scènes de la Vie politique* devaient faire partie d'un des derniers ministères de Louis-Philippe, le premier comme président du Conseil, le second, ayant épousé Mlle de Nucingen, comme sous-secrétaire d'État. Ils auront leur belle fortune sous le Second Empire. Puis les types de la vie et des passions, la montée et la descente des hommes et des femmes, l'opposition des natures complémentaires, cet inventaire des situations humaines qui semble fait par un homme de loi attaché à l'inventaire des fortunes. Mais toujours ce contraste des titans ensevelis et des dieux lumineux, des obscurs et des radieux, qui, les premiers portant les seconds, gouverne toute la *Comédie* et dont le type serait fourni par des couples tels que l'antiquaire et Raphaël de la *Peau de Chagrin*, ou Vautrin et Lucien de Rubempré, ou Goriot et ses filles ; et tout se passe comme si le vrai et pur titan enseveli était Balzac dans sa nuit de travail.

Géographie balzacienne. Nous possédons dans le *Répertoire* de Christophe et Cerfberr une nomenclature géographique de la *Comédie*. Mais une nomenclature n'est pas une géographie. Toute la science complexe et explicative que nous appelons aujourd'hui géographie physique, politique, humaine, pourrait être appliquée au pays, à la nature dans la nature, qu'est la *Comédie* balzacienne.

Quand Balzac dit dans la préface de la *Comédie :* « J'ai tâché de donner une idée des différentes contrées de notre beau pays », le contenu pittoresque de la phrase reste au dernier rang. Ce qui importe c'est ce que la suite éclaire : « Mon ouvrage a sa géographie comme il a sa généalogie, et ses familles, ses lieux et ses choses, ses personnes et ses faits comme il a son armorial, ses nobles et ses bourgeois, ses artisans, et ses paysans, ses politiques et ses dandies, son armée, tout son monde enfin ! »

Comme celle de la France elle-même, cette géographie a ses pôles, la vie privée et la vie publique, la vie de province et la vie parisienne, la vie matérielle et la vie mystique. Entre ces pôles, des routes qui sont les romans, dans leur histoire et leur durée. La *Comédie* comporte toute une géographie routière : les routes en hauteur, qui sont celles de l'ascension et de la dégradation sociales, les routes en longueur et en largeur, qui sont celles des provinces à la capitale.

La géographie routière en hauteur (qui va jusqu'à la mystique de Dante, puisque pour l'auteur de *Séraphîta* les destinées sont des épurations) ne pourra être faite que sur le terrain, ou plutôt dans l'air, avec des observations de détail. En voici un exemple : on sait que Balzac a voulu faire de Mme de Beauséant le type de la grande dame. Il ne paraît pas à la majorité des lecteurs du *Père Goriot* qu'il y ait réussi. La lourdeur et la pédanterie de ses conseils à Rastignac lors de ses débuts dans le monde, son « Nous autres femmes... », entre pour beaucoup dans le reproche que la critique académique fait à Balzac de « ne pas savoir faire parler les duchesses ». L'ascension de Rastignac paraît commencer à l'aide d'une poulie mal en point. Mais tout cela redevient vrai et singulièrement émouvant quand on songe que Balzac n'a pas inventé ce ton, que ce sont là les leçons, que c'est là le style des leçons qu'il a reçues de Mme de Berny, et qu'il a dû redemander à d'autres. La géographie, routière en hauteur de Balzac est faite de son expérience d'une vie, de l'expérience de sa vie, toujours sous pression d'une immense ambition. Pareillement sa géographie routière dans les autres dimensions. Stendhal l'avait peut-être précédé dans son intuition et du couple et de la circulation Paris-province. Mais il ne l'a pas précédé dans sa matérialité, sa géologie, son écriture aussi bien de la province française que de Paris.

La province de Balzac, le Paris de Balzac, de quel poids ces mots restent-ils substantiels aujourd'hui !

La Comédie Humaine est un jugement. Cette présentation de la *Comédie Humaine* comme d'une expression d'un pays et d'un siècle reste d'ailleurs partielle. L'essentiel de cette œuvre est d'être *humaine,* de représenter, comme le dit Taine « avec Shakespeare et Saint-Simon le plus grand magasin de documents que nous ayons sur la nature humaine ». Mais on se tromperait encore beaucoup si l'on ne voyait dans la *Comédie Humaine* que document humain. Comme la *Divine Comédie* elle est un jugement. Elle a comme la *Divine Comédie* son *Enfer,* son *Purgatoire* et son *Paradis,* soit les passions matérielles, l'épuration morale, la spécialité spirituelle. Il y a peu de personnages de Balzac qu'on ne puisse ranger dans l'un de ces trois étages.

Ainsi *Pierrette* et les *Illusions perdues* sont en partie des romans sur la formation des cadres. Ils servent au moins autant que Z. *Marcas* (qui semblait à Gambetta et à ses amis prophétiser les « nouvelles couches » du discours de Grenoble) à éclairer la formation de ce personnel des intérêts, des légistes, des « tarets » triomphants, qui se trouvera à pied d'œuvre après 1830 pour Cointet, des *Illusions,* futur ministre du commerce, et pour Petit-Claud, d'Angoulême, qui deviendra « le rival du fameux Vinet de Provins et de Perrette ». La fortune de Vinet qui s'est élevée sur le martyre de l'orpheline Pierrette, prend dans Balzac une force extraordinaire de symbole, et le mot qui termine *Pierrette* n'est pas une clause de style ou une conclusion banale : « Convenons entre nous que la Légalité serait, pour les friponneries sociales, une belle chose si Dieu n'existait pas. » On ne peut pas dire que, malgré les refontes successives de *Louis Lambert,* le *Livre Mystique* soit une des parties les plus réussies de la *Comédie* ; mais il est peu de titres qui y aient été exigés plus impérieusement que celui-là. Au risque d'une redite, ne terminons pas ce regard sur la *Comédie* sans en indiquer la flèche.

Restent les questions techniques, technique du roman, technique du style.

Balzac n'était pas toujours libre de donner à ses romans les dimensions qu'il voulait : les contrats avaient leurs exigences. C'est pourquoi la *Comédie* abonde en parties de remplissage. Mais il faut regarder les ensembles. Le fond de la technique de Balzac est la technique de Walter Scott qui, par les romantiques et lui, a régné sur le roman français jusqu'en 1850 : peinture solide et lente des milieux, expositions longues, intrigues fortement nouées, tantôt ralenties, tantôt précipitées, dialogue naturel et aussi littéraire, plus de puissance que de verve, et les qualités du conteur le cédant généralement à celles du romancier. Les *Contes drolatiques* n'étaient pas seulement une gymnastique de la langue, mais une gymnastique du récit qui n'a pas donné à Balzac tous les résultats espérés.

On sait quelles mailles le style de Balzac eut à partir avec les puristes. Le « Balzac écrit mal » n'est pas seulement une tenace tradition universitaire, mais aussi un point de départ de la réaction de Flaubert et de l'écriture artiste. Cette question ne se pose plus guère. Le style de Flaubert a eu aussi ses ennemis et l'écriture artiste son déchet. Le style de Balzac est un style de travail et de mouvement, qui est accordé au travail et au mouvement de son atelier de romans. Il tourne le dos à l'analyse et à la narration de Stendhal et de Mérimée, il appartient à la tradition oratoire et synthétique. Quand Balzac écrit à son amie qu'il a voulu écrire le *Lys dans la Vallée* dans le style de Massillon, ce qui lui a donné une peine inouïe, nous comprenons fort bien ce qu'il veut dire et la famille de style français dont il se réclame. Une force de la nature prend nécessairement un style de flux, un style de marche. La marche de Balzac dans son style est moins onduleuse que celle de Massillon, moins impeccable que celle de Rousseau, moins savante que celle de Chateaubriand, moins glissante que celle de Lamartine dans sa prose (le vrai successeur de Massillon celui-là !). Il s'avance dans un piétinement de chevaux et d'hommes en marche, puissant et non musical. Et l'oreille elle-même finit par reconnaître que c'est la Grande Armée qui passe.

XII

GEORGE SAND

La fille de Rousseau. Quand on lit Rousseau sur le grand chemin de la littérature française, et bien que l'auteur de la *Nouvelle Héloïse* ne soit guère romancier, et un peu parce qu'il ne l'est guère, on sent à quel point la révolution dont il est l'initiateur allait au roman. C'est lui qui a apporté la plus importante révélation littéraire des temps modernes, à savoir que tout homme — et mieux encore toute femme — a son roman dans le ventre, est gros ou grosse d'un roman.

Son roman... L'unité n'a pas ici un sens limitatif. Un aimable hasard a fait que Rousseau devînt ici le patron de la petite fille de sa patronne Mme Dupin. Fille spirituelle de Rousseau, justification posthume de Rousseau, Aurore Dupin, quand elle eut produit les deux romans d'autobiographie transposée, ou idéale, ou chimérique, dont elle était naturellement grosse, *Lélia* et *Indiana* (à la manière de la *Nouvelle Héloïse*), partit pour une vocation de romancière indéfinie, toucha et occupa la Terre promise, avec ses raisins énormes de Chanaan (mais les plus gros raisins ne font pas le meilleur vin), dont Rousseau avait eu sur la montagne le spectacle, l'illusion ou le désir.

La personne et l'œuvre. George Sand déclarait elle-même qu'elle était « une bête ». Ce qu'elle dit, il ne faut jamais le prendre trop à la lettre. Mais le fait est que, douée d'une manière extraordinaire pour refléter, pour produire, pour mettre la vie en éloquence, en personnages et en histoires, elle manque d'esprit personnel, elle ne provoque pas le lecteur, surtout celui d'aujourd'hui, vers ses sources, son monde intérieur ; elle sonne le creux. Si la valeur d'un grand artiste se mesure au monde original qu'il ajoute en supplément au monde réel ou qu'il met en concurrence avec lui, nous avons bientôt fait le tour du monde sandien. Elle n'a pas laissé de « message » et nous ne rêvons pas sur elle.

Le document romantique. Et pourtant peu de romanciers ont jeté dans leur œuvre plus d'autobiographie étalée ou transposée. Toutes ses amours se sont achevées par des romans, c'est-à-dire ont levé en littérature. Non une littérature factice. *Lélia, Indiana,* peuvent à vrai dire passer pour les substituts écrits, la chaleur littéraire, d'un tempérament froid (fortune qui n'est pas rare en littérature). Mais, sous cette réserve, ou avec cet achèvement, on y sent toujours le feu de passion qui a soulevé, fait couler ces laves en une prose régulière, harmonieuse et intarissable. Elle a exagéré, et nulle part mieux que dans le roman d'amour ne se vérifie le mot de Talleyrand : « Ce qui est exagéré ne compte pas. » Nous avons laissé pour compte au romantisme l'exagération de ces premiers romans. Quand elle écrit (comme Gautier ses *Jeunes-France*) un roman-parodie de l'amour romantique, avec *Cora,* cela pourrait être curieux. Malheureusement George Sand manque d'esprit : elle est sérieuse, tragique, ou elle n'est pas.

Mais de tous les grands romanciers de ce temps, elle est celle qui ressemble le plus aux grands poètes romantiques. La puissance poétique d'*Indiana* éclate comme la puissance poétique de *Notre-Dame de Paris.* Le roman n'est pas seulement tropical par l'évocation des pays où il s'achève, tropical par l'excès de la passion éperdue qui y coule, il est tropical par la température de sa poésie. Il ne faut pas oublier à quel point les années 1830 à 1840 sont chargées de lyrisme : les romans de George Sand font leur partie, aussi bien que l'*Ahasvérus* de Quinet par exemple, dans ce paysage de végétation poétique exubérante.

Le don technique. George Sand ne fait pas seulement couler la poésie dans le roman, elle bâtit en vrais et solides romans son inspiration de poète, son ardeur de femme insatisfaite, ses déclamations contre le lien conjugal, ses interpellations à la société. Tout ce qu'Ovide pensait devenait vers, tout ce que George Sand pense prend sans effort la forme de romans qui, sans qu'il y ait jamais un plan préconçu, entrepris toujours dans l'*A Dieu vat !* de l'inspiration et du bon hasard, sont des romans ingénieux, intéressants, d'une facture toujours variée, d'un intérêt maintenu selon les bonnes recettes (elle est née rôtisseuse et elle est devenue tout de suite cordon bleu), avec des lenteurs, des longueurs, un crédit de patience ouvert chez le lecteur, mais pas plus que dans Balzac et bien moins que dans Dumas. Dumas a-t-il écrit un roman plus verveux, d'une intrigue menée plus souplement, que les *Beaux Messieurs de Bois-Doré ? Mauprat,* le *Marquis de Villemer* n'ont pas été lus avec tant d'enthousiasme pour leur prédication sur le mariage, pour leur thèse, mais pour leur technique, qu'aujourd'hui encore on peut admirer, comme la charpente de châtaignier, la forêt des combles, dans un château abandonné.

Un roman abandonné. Abandonné... le roman s'est affaissé à cause du factice des personnages et surtout à cause du convenu des idées. Les personnages factices, dans George Sand, ce sont surtout les hommes. Les héros de ses romans ont encore moins de chance avec elle que ses amants. Quelquefois d'ailleurs ce sont les mêmes, par exemple dans les romans autobiographiques de *Lucrezia-Floriant* et d'*Elle et lui,* ou Karol est Chopin et Laurent Musset. Mais l'historien n'en retiendra guère l'un ni l'autre dans une biographie psychologique du musicien et du poète. Les femmes sont plus vivantes, et l'on trouvera par exemple dans *Pauline* un portrait féminin d'une grande finesse.

Lamartine disait : « Mes idées pensent pour moi. » George Sand pourrait dire que ses romans pensent pour elle. Mais quand ses romans pensent, ils oublient de vivre. Les romans socialistes comme le *Compagnon du Tour de France* et le *Péché de M. Antoine* ne sont plus supportables. Elle n'écrit plus alors ses romans dans l'atmosphère tropicale de l'exubérante poésie romantique, mais sur un sol ingrat, dans des corons d'idées pauvres, habités par Michel de Bourges et Ledru-Rollin. Pour échapper à cette fadeur, il lui faut émigrer; le mysticisme historique, l'idéalisme wilhelm-meistérien de *Consuelo* et de la *Comtesse de Rudolstadt* révèlent encore toute la puissance de cette imagination romancière, et de bons juges, qui les ont ouverts par hasard, les lisent encore aujourd'hui avec admiration.

La Dame de Nohant. Les œuvres les plus célèbres de George Sand, celles a qui on a longtemps promis l'immortalité c'est la trilogie rustique de la *Mare au Diable,* de la *Petite Fadette* et de *François le Champi* écrits de 1846 à 1849. Bien qu'un peu démodés, il n'y a pas lieu de revenir trop fort sur ce jugement. La *Mare au Diable* est un chef-d'œuvre de délicatesse et de narration, mais diffuse : Maupassant et Paul Arène en eussent fait une nouvelle, plus parfaite, de trente pages peut-être. Nous ne reprocherons pas à George Sand plus qu'à Mistral d'avoir idéalisé ses paysans, mais bien de leur faire parler une langue factice, comme la langue de théâtre dans les pièces trop bien écrites. On y voit trop que la bonne dame de Nohant est une dame.

Un style. Le style de George Sand a passé longtemps pour le meilleur style de roman. Comme la plus grande partie de la prose romantique, il est de nature oratoire, d'un mouvement fluvial, lent, puissant, qui porte admirablement la narration, beaucoup plus mal le dialogue (on sait que les nombreux essais dramatiques de George Sand n'ont pas réussi, ou n'ont réussi qu'avec la collaboration d'un homme du métier). Ce dialogue manque de griffe, de traits, ne mord pas le papier. George était la facilité, la régularité même, ne se relisait presque pas, mettait le point final à un roman et, s'il lui restait une heure de travail, en commençait un autre. Si Balzac était une force de la nature, George Sand en représente le don facile et généreux. Il ne faut pas oublier que, si George Eliot et Colette sont venues après elle, elle est la première femme qui ait fait consubstantielle à une nature de femme une nature, une carrière, une œuvre ubéreuse et multiple de romancière. Avec les mêmes limites et les mêmes faiblesses, elle a exercé pour des êtres cette transposition de maternité que Mme de Staël a employée aux idées. Comme initiatrice de la grande littérature féminine en Occident, elle va de pair avec la prophétique Germaine. Leurs sœurs littéraires ont-elles tant que cela élargi le cercle dont ces deux femmes de génie avaient tracé les deux moitiés ?

XIII

LE ROMAN POPULAIRE

Le roman-feuilleton. L'article de Sainte-Beuve, en 1838, sur la *Littérature industrielle* est demeuré célèbre. Il dénonçait l'entrée des pratiques industrielles dans la littérature, et l'article lui-même d'ailleurs ne va pas sans desseins industriels puisqu'il fut écrit pour la *Revue des Deux-Mondes,* dans les intérêts de Buloz, et contre ses ennemis, en particulier Balzac. Il y a une industrie de la revue et une industrie du théâtre, et les intérêts de la littérature s'accommodent en somme des intérêts de ces industries. La monarchie de juillet a connu l'industrie du roman-feuilleton, qui a été diversement appréciée.

Elle est même née de l'industrie de la revue, dont l'initiateur fut le Docteur Véron, fondateur de la *Revue de Paris,* en 1829. Véron eut le premier l'idée de donner à ses lecteurs des romans qui paraissaient par morceaux dans des numéros successifs, et la formule « la suite au prochain numéro » ou « à la prochaine livraison » est de son invention. Buloz bien entendu, l'imita. Ils publiaient d'ailleurs des romans de valeur littéraire, en particulier ceux de Balzac. Ce que faisaient les revues de quinzaine en quinzaine, Émile de Girardin le fit quotidiennement quand il lança la *Presse,* en 1836. Le succès fut tel que les principaux journaux l'imitèrent. Un tableau du roman-feuilleton déborderait notre cadre. Nous ne retiendrons que les trois noms caractéristiques de Dumas, de Sue et de Soulié.

Dumas-Maquet. L'immense production romanesque d'Alexandre Dumas, plus de cinq cents volumes, paraît d'ailleurs, comme celle de Balzac, aussi bien d'abord sous la forme du livre que sous celle du feuilleton. Jusqu'en 1839, Dumas était surtout un dramaturge, et il n'avait écrit que dix romans minces, médiocres et oubliés. À ce moment commence sa collaboration avec Auguste Maquet, qui lui apporte un roman sur la conspiration de Cellamare, que Dumas quadruple d'étendue et dont il fait le *Chevalier d'Harmental.* C'est son premier grand succès de romancier. La collaboration entre Dumas et Maquet durera douze ans. Elle est elle-même tout un roman et finit par un procès.

Sauf pour *Monte-Cristo*, l'idée du roman, le plan et la rédaction de premier jet sont de Maquet. Sur la maquette Dumas travaille, brode, s'amuse, jette la vie. Ainsi furent écrits la *Reine Margot,* le *Chevalier de Maison-Rouge, Joseph Balsamo,* le *Collier de la Reine,* la *Dame de Monsoreau, Ange Pitou,* les *Quarante-Cinq,* le *Vicomte de Bragelonne.* C'est Maquet qui découvre dans les *Mémoires de d'Artagnan* le sujet des *Trois Mousquetaires* et les esquisse. Mais c'est Dumas qui a l'idée de *Monte-Cristo,* et le rédige d'abord sans parvenir à sortir des impressions de voyage, qui étaient le genre favori de son génie. Il faut que Maquet intervienne, soustraie *Monte-Cristo* au démon museur et fabrique une charpente. Quand ils se sont séparés, en 1852, Maquet ne produit plus que d'honnêtes feuilletons, et Dumas que du fatras. Cette date médiane du siècle, où meurent Balzac, Sue, Soulié, est aussi celle de la mort de Dumas-Maquet, qui forment comme Erckmann-Chatrian un romancier indivisible.

Brunetière voyait dans Dumas un romancier bon nègre qui s'en donnait à cœur joie de mystifier les blancs. Quoi qu'il en soit de cette histoire des deux nègres, aussi vaudevillesque que celle des deux sourds, on peut voir dans Dumas-Maquet le maître de la plus vieille et de la plus universelle conception du conte, celle qui est destinée à faire oublier la vie réelle pour des histoires inventées. Balzac voulait écrire les *Mille et une Nuits* de l'Occident. Mais c'est Dumas et Maquet qui les ont contées, et il y fallait une goutte de sang africain. Le génie du récit dans les *Trois Mousquetaires* vaut le génie de l'action dans la *Tour de Nesle.* Et il y a un génie qui, chez Dumas, les soutient l'un et l'autre : c'est le génie de la vie, cette flamme et ce mouvement qui dans le couple Dumas-Maquet appartiennent bien à l'auteur des *Mémoires* et des *Impressions de Voyage.*

Eugène Sue. Eugène Sue, qui avait été médecin de la marine, rapporta de ses voyages le roman maritime, qu'il créa (*Atar-Gull* est peut-être son chef-d'œuvre, dédié à Cooper, qu'il imita) et transmit à Edouard Corbière, père de Tristan. Son expérience de la vie lui a suggéré un bon roman, *Mathilde,* histoire intéressante et quasi-balzacienne d'une jeune femme. Des besoins d'argent lui firent écrire un roman-feuilleton, à titre d'essai et avec la gageure des plus étranges absurdités. Ce furent les *Mystères de Paris* dont la publication dans le *Constitutionnel* altéra toute la France d'une soif pantagruélique de suite au prochain numéro. Eugène Sue y adaptait *Notre-Dame de Paris,* avec ses tableaux truculents, ses anges et ses monstres, ses reconnaissances de mélodrame, au Paris moderne, de sorte que Hugo ne fera que reprendre son bien dans les *Misérables.* À ce moment se propageait l'agitation contre les jésuites. « Hommes noirs, d'où sortez-vous ? — Nous sortons de dessous terre », et Cousin avait dit à la tribune de la Chambre des Pairs : « Je me déclare l'adversaire de cette corporation : il m'en arrivera ce qui pourra ! » Eugène Sue écrivit dans le *Juif Errant* le roman de ce que pouvaient les jésuites, et qui était, comme on disait en 1830, ogival et catapultueux. Ce fut d'ailleurs le journal de la bourgeoisie éclairée, le *Journal des Débats,* qui publia en feuilleton le *Juif Errant.* Il est évident d'autre part qu'Eugène Sue savait fabriquer un roman, et que le génie de la suite au prochain numéro n'a jamais été poussé aussi loin depuis Schéhérazade. Mais si, dans Dumas-Maquet, nous continuons à être amusés par ce qu'ils écrivent, avec Eugène Sue nous ne nous amusons plus guère que de celui qui a écrit et de ceux qui, de numéro en numéro, l'ont suivi. Le Second Empire supprime en fait le roman-feuilleton, en établissant une taxe de cinq centimes par exemplaire sur tout journal qui en publie ; il reprend sous la Troisième République, où il occupe, toujours florissant, les bas-fonds de la littérature. Dumas et Sue ont marqué au moins dans la littérature en créant des types comme d'Artagnan et Gorenflot, Pipelet et Rodin, et l'influence des types de Sue sur ceux des *Misérables* est certaine.

Autres romanciers populaires. Frédéric Soulié a mis dans *Si jeunesse savait* et dans *Confession générale* un génie de l'intrigue égal à celui de Dumas et de Sue. Malheureusement aucun de ses personnages n'est resté, et c'est en un tel legs, pourtant, que consiste la demi-immortalité des romanciers qu'on ne lit plus : voyez Henry Monnier.

Mieux encore, il y a un romancier qui est devenu lui-même un type : c'est Paul de Kock, qui a créé le roman gai, en a jeté par centaines à un public avide, qui a encore des lecteurs, puisqu'on le réimprime toujours. Certain comique bourgeois, modérément égrillard, quand il apparaît dans la réalité, nous fait toujours dire : « C'est du Paul de Kock. »

Il y a deux disciples de Balzac à qui on reconnaîtra une véritable valeur : Léon Gozlan, dont le *Notaire de Chantilly* eut un succès non immérité, et Charles de Bernard, dont l'œuvre la plus célèbre est *Gerfaut,* mais la meilleure, les scènes de la vie de province du *Gentilhomme campagnard.* Appellera-t-on disciple de Dumas, ou son émule, l'étonnant improvisateur marseillais Méry ? Il a introduit dans la littérature parisienne Marseille et son humour, et il devrait rester de lui au moins la nouvelle de la *Chasse au Chastre* prototype de Tartarin.

Les « Physiologies ». On remarquera que de cette immense littérature a public populaire, le vrai peuple est à peu près absent, ou n'y figure que sous des traits conventionnels ou stylisés. On trouvera du peuple un crayon plus fidèle dans un genre de publications para-romanesques qui furent en grande vogue vers 1840 : les *Physiologies,* au nombre d'un cent et demi environ, où s'essayèrent presque tous les romanciers et journalistes, et qu'illustrèrent Daumier, Gavarni. Les neuf volumes des *Français peints par eux-mêmes,* qui furent entrepris par l'éditeur Curmer pour donner un inventaire genre *Comédie Humaine* de la société française, sont eux-mêmes des recueils de *Physiologies.*

La littérature enfantine. Cette génération de romanciers nés avec le siècle, cette époque de production 1830-1850 déborde de verve créatrice, et entoure d'une véritable Comédie romanesque le monument de la *Comédie Humaine.* Elle appelle même à l'être une nouvelle section du roman : la littérature enfantine, encouragée par le

Journal des Enfants que crée en 1833 Loève-Veimars, et qui commence dès ses premiers numéros une des œuvres les plus populaires du genre : *Jean-Paul Choppart,* de Louis Desnoyers, suivi bientôt de *Robert-Robert.* C'est pour les enfants que Jules Sandeau écrira la *Roche aux Mouettes,* et Alexandre Dumas la délicieuse *Histoire d'un casse-noisette.* À partir de cette époque, chaque génération d'adultes aura sa littérature pour enfants et adolescents, qui marquera sur la génération suivante. La génération de 1820 a Desnoyers, celle de 1850 aura Assolant, la comtesse de Ségur, celle de 1885 la même comtesse et Jules Verne.

De sorte qu'on ne peut comparer l'institution du roman par cette génération de 1820, que relaie la génération de 1850, qu'à l'institution du théâtre par les générations de Corneille, Molière et Racine. Il s'agit d'un genre dominateur, absorbant, qui crée un besoin, s'impose aux acteurs et au public, auquel se croiront obligés de sacrifier jusqu'à Taine, Renan et Renouvier, et qui inaugure dans la création littéraire presque un nouveau règne.

sont. Mais *Notre-Dame de Paris,* qui est de 1831, réalise un des modèles du genre, dans les limites du genre, et avec ses lacunes.

Les limites, les lacunes du roman historique, ce sont le défaut d'humanité, les attitudes conventionnelles des personnages, prétextes à récits bien faits, à costumes exacts, à décors éclatants. Les personnages de *Notre-Dame,* Esmeralda, Frollo, Quasimodo, Phœbus, Louis XI, ont exactement le même genre de réalité costumière que les personnages d'*Ivanhoe.* Mais d'autre part *Notre-Dame,* contemporaine de Delacroix, est peut-être le chef-d'œuvre littéraire de la peinture historique. La cathédrale de Paris, le Paris du XVe siècle, la Cour des Miracles, le Palais, cela déploie, dans la prodigalité de la toute-puissance, les moyens illimités de la peinture, du dessin, de l'eau-forte. De nombreuses *Notre-Dame,* illustrées par les meilleurs artistes romantiques et successeurs, ont paru du vivant de Hugo. Aucun de ses illustrateurs n'arrive même à approcher l'étonnant album du poète. Chef-d'œuvre de peinture des milieux, *Notre-Dame* est un chef-d'œuvre de style, une des créations de la prose française, et souvent un chef-d'œuvre de l'art du récit. Avec ses présences et ses absences, elle est restée le roman-type du romantisme.

Alfred de Vigny. Il y avait d'ailleurs une raison, qui était qu'elle suivait à trois ans de distance le *Cinq-Mars* d'Alfred de Vigny ; que si, dans le roman historique de Vigny, la peinture est terne, en revanche l'art du récit, la fabrication du roman, y rivalisent de maîtrise avec le modèle, qui est Walter Scott ; que Vigny était venu le premier, que son roman avait eu un magnifique succès, et que Victor Hugo eut toujours à un très haut degré le génie de l'émulation : faire, mieux que les autres, comme les autres avaient fait.

Les deux poètes ont pareillement réussi dans le roman et un certain parallélisme de leurs carrières se poursuivra. Ayant l'un et l'autre connu le succès d'un grand et beau roman historique, n'abandonnant ni l'un ni l'autre le roman historique, puisqu'en fin de carrière Hugo écrira *Quatre-vingt-treize* et que Vigny laissera derrière lui le beau roman inachevé et posthume de *Daphné,* ils ont suivi par ailleurs la marche de leur temps vers le roman moderne et vivant, témoignage de l'auteur sur lui-même, sur son époque, les problèmes et les hommes de cette époque. Ils l'ont suivie, ou plutôt ont voulu et pensé la guider en poètes. De là, pour ces poètes, les romans de leur destinée avec Alfred de Vigny, les romans de leur temps avec Victor Hugo.

Soldat et poète avec un orgueil et une sensibilité qui le rendaient infiniment vulnérable à tous les froissements qu'on risque dans ces deux carrières, Vigny a écrit avec *Servitude et Grandeur militaires* le roman de l'officier, avec *Stello* le roman du poète. À vrai dire *Cinq-Mars* rentrait lui aussi dans cet ordre de témoignages de l'auteur sur lui-même, puisque le comte Alfred de Vigny, qui avait la conscience et la fierté de sa noblesse dans tous les sens du mot, avait voulu y écrire le roman de la défaite de la noblesse par le dur génie de Richelieu et par les serviteurs de l'institution monarchique. Officier de l'ancienne armée royale, méconnu par ses chefs, frappé par la malchance, réfugié dans l'honneur solitaire, obligé moralement enfin à démissionner après la Révolution de 1830, qui achevait de le déclasser, il écrit dans les trois épisodes de *Servitude et Grandeur militaires* l'histoire d'officiers pareillement sacrifiés, héros malheureux de l'obéissance passive. Le capitaine Renaud est, à l'opposé du Philippe Bridau de Balzac, un des rares types militaires qui soient restés, le seul en tout cas dont on puisse dire qu'il a ajouté au moral de la carrière militaire. Il était dans la destinée de Vigny de susciter ces enthousiasmes et ces ferveurs, et *Stello* donna aux poètes un état non civil, mais poétique et idéal, analogue. *Stello,* soit le drame du Poète, le mystère du Poète, sous trois formes de gouvernement qui le méprisent et le sacrifient également, Chatterton dans l'État constitutionnel, Gilbert dans l'État monarchique, André Chénier dans l'État démocratique. *Stello,* soit aussi trois nouvelles historiques à thèse, a beaucoup plus vieilli que le roman contemporain de *Servitude et Grandeur.* L'histoire romancée, les caractères historiques célèbres du XVIIIe siècle et de la Révolution, également romancés, nous y paraissent terriblement faux. Mais de *Stello* Vigny, en portant au théâtre le premier épisode sous le nom de *Chatterton,* a tiré le plus grand triomphe public de sa vie, la gloire aussi d'avoir figuré pour sa génération le proclamateur des droits du Poète et le témoin de ses fatalités.

Vigny n'a guère cessé de se romancer lui-même, et l'auteur du *Journal d'un Poète* prendrait place dans la descendance, marquée plus haut, de la *Nouvelle Héloïse* et de *René*. Hugo s'est fort peu romancé lui-même : quelques pages à peine du *Dernier Jour d'un Condamné* et des *Misérables* sur ses jeunes amours, Walter Scott l'ayant inspiré jusqu'à *Notre-Dame*. Après 1843, quand il abandonne le théâtre, ou plutôt que le théâtre l'abandonne, Balzac, Sand, Soulié, succèdent à Scott, et Hugo décide d'écrire un roman balzacien sur son époque : ce sont les *Misères*, dont il avait conçu l'idée en 1830, qu'il rédige de 1845 à 1848 qui restent dans le tiroir jusqu'à 1862, date où il les reprend, les étoffe, y consolide l'élément balzacien, y ajoute habilement pour le gros public encore du sel, qui ne manquait d'ailleurs pas déjà dans les *Misères*. Cela devient les *Misérables*.

Le triomphe des *Misérables* fut immense, immédiat et il dure encore. C'est par les *Misérables* que le poète est resté en contact avec les foules, qui les retrouvent avec enthousiasme au cinéma. Ils le méritent. Hugo y a fondu à une forge de cyclope le roman de Paris, le roman d'aventures, le roman policier, le roman de la pitié humaine, le roman héroïque. Certes les *Misérables* n'eussent pas plus existé sans la production romanesque de la Monarchie de juillet que *Notre-Dame* sans Walter Scott. C'est que Hugo est porté par le siècle. Mais ses créations ne ressemblent aux créations de personne, pas même à celles de la nature. Que ses personnages soient tout d'une pièce, que Javert soit le policier en soi, Thénardier le malhonnête homme en soi, Marius et Cosette la jeunesse en soi, nous n'en sommes pas choqués : leur vie hors le temps est une vie. Et c'est en partie grâce à ce procédé que Hugo a obtenu cette réussite unique dans le roman : créer un saint, Mgr Myriel. Il a incorporé dans le roman ce thème que Lamartine avait confié à l'épopée : l'ascension d'une âme, la libé-ration de l'homme forçat par l'étincelle de la bonté, du sacrifice, et vraiment les *Misérables* tournent le dos aux héros de roman pour devenir presque un roman des héros. Autre paradoxe : les romans ce sont les femmes, le succès des romans est fait par les femmes. Or les *Misérables* sont un roman sans femmes : je veux dire sans amours autres qu'épisodiques et conventionnelles, comme celles de Marius et de Cosette. Le génie mâle de Hugo pense ici du roman ce que

Corneille pensait du théâtre. Le roman héroïque est un roman viril. Et pourtant Hugo, grand amoureux, a écrit par milliers les plus belles lettres d'amour du monde.

L'amour a plus de place dans les *Travailleurs de la Mer.* Mais les *Travailleurs,* comme l'*Homme qui Rit* et *Quatre-vingt-treize* ce sont encore des romans de l'héroïsme : roman du sacrifice de Gilliatt, roman d'un Jean Valjean de conte fantastique, Gwynplaine, où *Han d'Islande* vient recouper les *Misérables,* roman du combat de grandeur entre le vieux chouan Lantenac et le jeune républicain Gauvain. Et toujours, dans les épisodes ou les descriptions célèbres, la couleur et l'eau-forte d'un style qui atteint la limite des forces de la langue, comme Valjean atteint celle des forces physiques quand il soulève la charrette, celle des forces morales quand après la tempête sous le crâne, il se dénonce.

Musset et Gautier. Des grands poètes du romantisme, Musset est avec Lamartine celui qui tient le moins de place dans le roman, malgré la *Confession d'un Enfant du Siècle,* laquelle ne confesse rien de rare, et le fait en style déclamatoire. Des nouvelles, agréables sans plus, restent pareillement fort inférieures à son théâtre.

On n'en dira pas autant de Gautier, romancier curieux, varié, en qui s'est incarné le romantisme flamboyant et court de l'école de 1830. Dans un genre tout à fait apposé, son roman fait pendant à celui de Vigny ; Vigny est le romancier du destin et des droits du poète, Gautier, avec plus de bonhomie et de scepticisme, le romancier du destin et des droits de l'artiste. Le mot artiste a pris avec lui un sens qu'il n'a plus quitté. Les *Jeunes-France* (1833) sont la confession d'un enfant non du siècle, mais de l'année, l'année 1830, enfant qui a « cru à Pétrus » et qui s'en débarbouille dans une cure d'ironie. Avec *Mademoiselle de Maupin* (1835) Gautier écrit le roman de l'artiste qui sacrifie sans peine, avec truculence et défi, la morale à la beauté, et dans l'*Eldorado,* qui devient ensuite *Forlunio,* le roman d'un rêve de fortune, de volupté et de beauté — le dernier de ses livres, dit-il, où il ait pu rester libre et ne pas se soumettre, pour le pain, au *cant.* Tout cela est assez oublié et on ne lit plus guère — et encore... — que le *Capitaine Fracasse* parce qu'il est sauvé par le style, par cette prose saine et succulente de Gautier, et aussi parce que c'est le bon roman picaresque d'un poète qui a compris fraternellement les poètes de ce temps de Louis XIII, où se passe *Fracasse.*

Ainsi donc tous les poètes romantiques se sont posé la question du roman, ont écrit des romans importants. Les précurseurs et les poètes du Parnasse, eux, ou n'y ont pas touché, comme Baudelaire et Leconte de Lisle, ou en ont fabriqué sans conviction comme Banville, qui au moins n'en fit qu'un, *Marcelle Rabbe,* Mendès qui en offrit tout un rayon, mais commercial, et Coppée, qui racontait en prose comme en vers tout ce qu'on lui demandait.

Le vrai roman parnassien, c'est le roman antique qui dérive plus ou moins de ce Tétrarque honoraire que fit Flaubert. Anatole France est aussi parnassien lorsqu'il écrit *Thaïs* que lorsqu'il compose d'après Goethe son drame antique en vers, les *Noces corinthiennes.* L'œuvre la plus populaire, la seule populaire, du roman parnassien fut *Aphrodite,* écrite par un héritier du Parnasse, qui ne dépassa jamais son héritage, Pierre Louÿs, si ce n'est comme tirage en librairie ; cela ne va pas loin. Salué chef-d'œuvre par Coppée, il l'est resté pour les midinettes, ce qui lui a composé en somme une destinée assez logique.

XV

LAMENNAIS ET LA LITTÉRATURE RELIGIEUSE

Le problème de la Littérature religieuse. L'échec religieux de la Révolution, le Concordat, le *Génie du Christianisme,* surtout, posaient au début du siècle le problème d'une littérature catholique. La défense de la foi, la reconstitution de la société sur des bases chrétiennes, la réaction contre la philosophie du XVIIIe siècle, la contre-Révolution, seraient-elles portées, aidées, propagées, rendues vivantes et actives pour le cœur et la raison, par un puissant mouvement intellectuel et littéraire ? Le clergé reprendrait-il dans les lettres chrétiennes cette place d'avant-garde qu'il occupait avec les grands hommes d'Église du XVIIe siècle ? Ou bien le génie du christianisme resterait-il, comme il l'était avec Chateaubriand, un génie laïque ? S'adresserait-il aux sens ou à la raison ? La pensée chrétienne chercherait-elle à conquérir le pouvoir par la contre-Révolution, comme les idées philosophiques l'avaient conquis par la Révolution ? Des réponses ardentes et contradictoires concernèrent ces questions. On remarquera qu'il y a eu en France trois grandes époques de littérature catholique originale, la première qui remplit le XVIIe siècle, va de Saint-François de Sales à Massillon, la deuxième va de la Révolution à 1870, la dernière commencera à la séparation de l'Église et de l'État et dure encore.

C'est la survivance d'un vaincu et de deux orateurs. Lamennais, Montalembert et Lacordaire qui nous fait prolonger cette deuxième période jusque sous le Second Empire. Mais littérairement sa sève, son originalité, sont à peu près épuisées dès 1833, après la condamnation de l'*Avenir.*

Contre l'Indifférence. Deux livres ont fait, à deux époques, la gloire de Lamennais : l'*Essai sur l'Indifférence* en 1817, les *Paroles d'un Croyant* en 1834. Dans leurs deux titres il y a tout Lamennais. L'indifférence soit la tiédeur, l'esprit vacant et disponible, pour lui c'est le mal et le désespoir. Il l'a dénoncée avec horreur dans la société parce que c'était son impossibilité personnelle. Et sa vocation véhémente à la croyance prend une figure d'autant plus tragique que l'objet de cette croyance se transforme, se renverse et vacille davantage.

C'est un Breton, vivant parmi des croyants, pour qui la croyance fournit le seul air respirable, et qui, après une jeunesse sombre et labourée de doutes, fait sa première communion à vingt-deux ans, écrit tout de suite des livres de polémique chrétienne en collaboration avec son frère qui est prêtre, se trouve précipité dans le sacerdoce par l'exemple de ce frère et l'influence d'un militant chrétien, héros de l'émigration, l'abbé Carron. Il a voulu désespérément la foi, en a toujours été séparé par un intervalle tantôt imperceptible, tantôt béant. En ce cas Pascal disait : « Faites dire des messes et prenez de l'eau bénite. » Lamennais plus audacieux, plus romantique en somme, a voulu dire les messes et bénir l'eau, en vue du même but. Il dit sa première messe en 1815, à trente-quatre ans, livide et tremblant. Il écrit ensuite à son frère : « Je suis et ne puis qu'être désormais extraordinairement malheureux. » Il y eut trois visages successifs de ce malheur et de ces tourments.

La certitude volontaire. C'est un grand moyen pour renforcer sa foi que de tourner le dos à ses doutes, à soi-même, et de combattre pour elle. Lamennais se fit le soldat de l'Église contre le siècle, et particulièrement contre le libéralisme, discernant dans la tolérance une faiblesse de la volonté, une indifférence entre les opinions, une déficience de la vie. L'*Essai sur l'Indifférence en matière de religion* éclata en 1817 comme une manière de *Génie du Christianisme* de la Restauration. Le grain serré du style, la rigueur du développement, les prestiges de l'éloquence, enlevèrent tous les suffrages. On salua un nouveau Bossuet.

L'Apologétique. Le Premier volume faisait la place libre et propice pour une apologétique qu'amorça deux ans après le second volume, et qui n'eut pas le même succès. Elle était cependant aussi personnelle. Cet individualiste haïssait l'individualisme : donner à la religion la base du consentement universel, plier le doute et l'orgueil de l'opinion individuelle devant l'opinion de tous, substituer à la tradition dans la durée une sorte de bloc œcuménique dans l'espace et dans le temps, tel était le plan d'une apologétique aussi différente de celle que développaient alors les conférences de Frayssinous que de celle de Chateaubriand ; elle déçut et n'agit pas.

La Domination. Agir sur des hommes, sur des âmes, c'était le tout de la volonté et de la passion de Lamennais, et agir en chef, en directeur non seulement spirituel, mais intellectuel. Le chef proche, personnel, l'évêque, est l'ennemi. L'écrivain ne se réclame que du chef lointain impersonnel, le pape. Ultramontaniste contre la hiérarchie, ligueur (au sens du XVIe siècle) contre le pouvoir civil, clérical contre les clercs, royaliste contre le roi, il inaugure sous la Restauration la série de ses procès, mais aussi son action intense sur une admirable jeunesse.

Un exemple l'anime : celui de la réforme religieuse du XVIIe siècle. Il n'est pas janséniste, loin de là. Mais la première lecture d'enfance qui l'ait révélé à lui-même est celle des *Essais* de Nicole. Il a hérité d'une grande bibliothèque janséniste. Il admire Saint-Cyran ; Port-Royal n'est-il pas une création chrétienne, un édifice d'âmes, persécuté par le clergé et par l'État ?

Le souvenir le plus émouvant qu'il a laissé est celui du Port-Royal breton qu'il installa dans son domaine familial de la Chesnaie, sur les bords de la Rance, où passa une jeunesse fervente : Maurice de Guérin, La Morvonnais, Gerbet, Salinis, Lacordaire, Montalembert. Une partie du jeune clergé se tourne vers lui. Après 1830, les brochures et le Port-Royal breton ne suffisent plus à lui et à ses disciples. L'*Avenir* donne un organe à une doctrine nouvelle. Le salut de l'Église sera dans son alliance avec la liberté, surtout avec la liberté d'enseignement. Naguère à droite de Charles X, Lamennais se place maintenant à l'extrême gauche de Louis-Philippe. Il ne désespère pas d'y placer l'Église et le pape.

On a cessé de lire Lamennais, dont les écrits sont trop liés à leur temps. Mais son nom, son souvenir, restent vivants parce qu'il a fondé les théories et fixé les attitudes de la démocratie chrétienne. La suspension de son journal en 1831, puis la condamnation de sa doctrine par le pape en 1832 sont suivis en 1834 des *Paroles d'un Croyant.*

Le Prophète. Les *Paroles d'un Croyant* sont inspirées en partie du *Livre des Pèlerins Polonais* de Mickievicz (l'*Avenir* avait soutenu avec feu la cause polonaise). Cette copie de la forme des Évangiles et de l'*Apocalypse,* ces versets bibliques d'un prophète parisien, ces anathèmes aux rois et aux prêtres, nous paraissent aujourd'hui assez froids et nous laissent parfaitement indifférents. Mais en plein romantisme, et l'année d'*Ahasvérus,* l'effet fut immense : les typographes pleuraient en les composant. Rome fulmina la bulle *Singulari nos* contre Lamennais, contre toute son œuvre depuis l'*Essai.* Et lui, il fulmina de son côté la séparation de Lamennais et de l'Église.

La séparation aussi de Lamennais et de ses amis. Aucun de ses disciples ne le suivit. Tous les rédacteurs de l'*Avenir* avaient fait leur soumission. Lamennais se jeta entièrement du côté du peuple, devint républicain, connut les amendes et la prison, fut loué de bouche dans son nouveau parti mais n'y suscita nul enthousiasme, y resta le *Sacerdos in æternum,* n'obtint pour les nombreux ouvrages qui suivirent que des succès d'estime, fut élu membre de l'Assemblée Nationale, où il passa obscurément, disparut dans l'ombre après 1851, et son corps fut mis, selon son vœu désespéré, dans la fosse commune en 1854.

Sacerdos in æternum. En 1826, lors de sa de sa première condamnation — une amende de quelques francs pour ses attaques contre la Déclaration de 1682 — il s'était écrié : « Je leur apprendrai ce que c'est qu'un prêtre ! » On songe au mot de Saint-Cyran : « Voilà six pieds de terre où l'on ne craint ni M. le Chancelier ni personne. » Et dans un certain sens puissant, redoutable et solitaire, il y a en effet deux hommes en France qui ont montré ce que c'était qu'un prêtre, Saint-Cyran et Lamennais. Lamennais l'a montré en 1817 contre la société, en 1826 contre les évêques, en 1834 contre le pape. Il a fait voir ce qu'est un prêtre seul, un prêtre séparé, un prêtre sans Église. Et le plus grand service que lui doive l'Église, c'est précisément celui-ci, qu'il lui rendit pendant vingt ans, et que son exemple lui rend encore après sa mort : « Tremblez, disait Bossuet, au seul mot de séparation. »

L'Influence. Quand Lamennais, Lacordaire et Montalembert se retrouvèrent ensemble sur les bancs des assemblées de la République, on vit cependant que les idées de l'*Avenir* avaient fructifié, et aujourd'hui encore la liberté d'enseignement reste sa conquête. Mais ce qui nous importe ici ce n'est pas la trace politique, c'est la trace littéraire qu'a pu laisser Lamennais.

Il en reste un souvenir, celui de la jeune et pure école de la Chesnaie. Il en reste surtout ceci, que de 1830 à 1835 la grande influence qui s'exerce sur la religion des romantiques est celle de Lamennais. Il entendit en confession Victor Hugo et, probablement, à Juilly, Sainte-Beuve qu'il voulait emmener à Rome avec lui. *Volupté* est écrit dans l'ombre de Lamennais, comme le *Centaure* dans l'ombre de *Volupté,* et dans cette ombre pousse aussi la première idée de *Port-Royal.* L'influence de Lamennais sur Lamartine est très vive à l'époque de *Jocelyn,* et après 1830 la religion de Lamartine ressemble en somme, dans le style jésuite, à ce qu'est dans un style sévère celle de Lamennais. Hugo pensera encore beaucoup à lui dans les *Misérables.* Leur évolution vers la gauche à tous, leur mort à gauche, sont celles de Lamennais. C'est peut-être en souvenir de son ancien confesseur et de son testament : « Je veux être enterré au milieu des pauvres et comme le sont les pauvres » que Victor Hugo a voulu son triomphe funéraire dans le corbillard des pauvres. Le prophétisme des *Paroles d'un Croyant* avait préfiguré les *Châtiments.* George Sand a écrit sinon sur Lamennais du moins autour de lui le roman de *Spiridion,* qui fit une forte impression sur Renan. Nous touchons à l'autre clerc breton.

Les deux plus grands écrivains qu'ait fournis au XIXe siècle la formation cléricale, Lamennais et Renan, ne sont pas demeurés dans l'Église. Les grands journalistes catholiques ont été des laïques. Il est resté aux clercs l'éloquence, laquelle agit fortement, mais se défend mal contre l'oubli.

Lacordaire. Deux noms cependant ont mérité de survivre littérairement : un dominicain, Lacordaire, et un évêque, Dupanloup, soit un romantique et un classique.

Au contraire de Lamennais, Lacordaire ne devint grand qu'après sa soumission. On se rend compte en le lisant qu'il eût peu donné en dehors de la chaire chrétienne, de la conférence chrétienne, du dogme chrétien ; il reste le type de ces âmes qui ne peuvent vivre en dehors des certitudes puissantes, illuminées, décoratives et définitives. Il ne pouvait venir à la foi, et à la foi militante, et y rester, que par l'exigence intérieure d'une autorité infaillible qu'il subit, et à laquelle il participe. C'est un converti d'après la vingtième année. La formule de sa conversion, telle qu'il la donne en 1824, est capitale, et son raisonnement aura bien des suites : « La Société est nécessaire. Donc la religion chrétienne est divine, car elle est le seul moyen d'amener la société à sa perfection. » Mais son don oratoire de Bourguignon est équilibré et nourri par une vie intérieure, vivace et ardente. Né en 1802 il connaît de cœur le mal du siècle romantique, il en reste le délégué dans l'Église. Il institue le dialogue entre l'Église éternelle et ce mal.

Le dialogue, c'est ce qu'on appelait autrefois la conférence. « L'incomparable auteur de l'art de conférer », dit Pascal de Montaigne. Lacordaire, maître de la conférence, plutôt que du sermon, a rendu, semble-t-il, à ce terme tout son sens ancien, autant qu'il peut être rendu par un monologue et au nom d'une autorité. Il a *conféré* l'Église au siècle. Ce sont les auditeurs qui font les prédicateurs, a dit Bossuet. Les auditeurs de la Monarchie de juillet, les romantiques, ont fait leur prédicateur, qui s'est adressé non à l'homme, ni au dévot, ni à la dévote, confessionnels et conventionnels, mais à l'homme de son temps tel qu'il était, tel qu'il l'avait senti en lui, tel qu'il l'avait combattu ou aidé en lui. Dans le métal de cette éloquence, il y a bien des éléments discutables, démodés, artificiels, mais il y a aussi la présence de cet or : les fragments épars de confessions, dont les exigences du genre oratoire n'éloignent qu'à regret Lacordaire.

Tout cela n'est pas une raison pour le relire beaucoup, trop lié à son temps et aux nécessités urgentes de l'action oratoire. Ses oraisons funèbres, ses hagiographies factices de Saint-Dominique et de

Sainte-Madeleine, nous désignent, hélas ! les conventions comme le pôle opposé aux confessions, et qui les équilibre trop. Mais il a un don : celui des formules. Il est peu d'orateurs dont on puisse citer autant de phrases frappées en médaille, d'antithèses saisissantes et de définitions lumineuses.

Dupanloup. Depuis ses catéchismes de la Madeleine vers 1840, jusqu'à sa présence et sa prestance sur la brèche au temps du Seize Mai, Dupanloup est resté la plus grande figure du clergé français et, digne d'être peint par Rigaud, le Bossuet du XIXe siècle. Mais jusqu'au génie littéraire exclusivement. Son œuvre n'est indispensable qu'à l'historien de l'Église. On fera exception peut-être pour ses trois volumes sur l'éducation, qui tiennent une place éminente dans la riche littérature de la psychologie catholique, mais surtout pour les fragments publiés de son *Journal intime.* Ce *Journal,* dont il faut souhaiter la publication intégrale, cet entretien quotidien d'un grand homme d'action avec lui-même et avec Dieu, est un livre unique dans la littérature cléricale : une grande intelligence et une grande vie d'action y prennent leur source dans une fontaine secrète, qui est à la mesure d'un visage humain.

XVI

LES RÉGENTS

Dans le monde des Professeurs. Les régents intellectuels de notre âge : c'est un non que Sainte-Beuve aimait à donner aux trois professeurs de Sorbonne, Guizot, Villemain et Cousin, soit la Doctrine, l'Académie, l'École. Nés presque en même temps, Guizot en 1787, Villemain en 1790, Cousin en 1792, contemporains de Lamartine, ces trois brillants élèves, ces trois précoces lauréats, furent à la fois les représentants et les professeurs de leurs camarades d'âge. Nous disons les professeurs et non les maîtres. Une génération trouve parfois ses maîtres chez elle-même, mais toujours dans la génération précédente les professeurs par lesquels et contre lesquels elle se fait. Le cas de la génération qui, en 1820, tire d'elle-même ses grands et jeunes professeurs paraît unique.

Unique, mais explicable. La Révolution avait à peu près aboli pour quinze ans les études littéraires. La République politique avait interrompu cette République des Universités et des collèges qui, en France, a toujours tenu une place à côté de la République des Lettres, qui incarne une sorte de Conseil d'État dans l'institution parlementaire de l'esprit, et encadre cent mille enfants et jeunes gens dans un service civil ou une garde nationale de l'humanisme. Le rétablissement avait été lent ; il fut l'œuvre de l'Université impériale. Dès 1808 on recommença à faire, dans les lycées de Paris, d'excellente rhétorique. Le recrutement des classes moyennes de l'esprit, la conscription des bacheliers reprirent avec régularité. Mais l'influence des années creuses se fit sentir. Les maîtres qu'elles eussent formés firent défaut en 1820. Comme la Révolution ses généraux, déjà l'Empire, puis la Restauration, demandèrent leurs professeurs à la jeunesse. Il en alla des professeurs comme des écrivains. On repartait à neuf avec des cadres frais. Le besoin créa l'organe : une jeunesse sortie des écoles occupa beaucoup de postes de commande de l'esprit.

Elle les occupa avec dogmatisme. D'abord parce que la jeunesse est un âge dogmatique. Ensuite parce que le romantisme qui commande plus ou moins les courants de cette époque est pris de tous côtés dans un mouvement torrentiel et passionné. Enfin parce que cette jeunesse, comme c'est sa fonction, réagit de toutes parts contre l'époque précédente, contre l'esprit du XVIIIe siècle, contre un âge et une génération analytiques et critiques.

D'ailleurs, un genre nouveau était né à la fin du XVIIIe siècle : l'éloquence de la chaire professorale, inaugurée en 1786, par l'ouverture et le succès du *Lycée,* et qui avait retrouvé faveur sous le Directoire et le Consulat. Elle a ses lois. Des qualités d'acteur, une atmosphère d'allusions contemporaines, le don de savoir sans l'air d'avoir appris, celui d'apprendre bien aux autres ce qu'on vient d'apprendre soi-même bien ou mal, l'aisance dans la surface, une éloquence intermédiaire entre l'éloquence parlementaire et l'éloquence religieuse, y procurèrent de rapides et éclatants succès.

Le Père des Régents. Si la chaire professorale fut la mère des Régents, ils eurent un père éminent, Royer-Collard. Descendant et disciple des meilleurs jansénistes du XVIIIe siècle, secrétaire de la Commune de Paris jusqu'au 10 août, proscrit du 2 juin, membre du Comité royaliste et correspondant de Louis XVIII sous le Directoire et le Consulat, professeur d'histoire de la philosophie à la Sorbonne en 1811 où son enseignement détermina toute la carrière de Cousin et où il fit appeler Guizot à la chaire d'histoire, grand et courageux citoyen, Royer peut se définir en tous les domaines un dogmatique libéral, sans que son libéralisme atténue un angle de son dogmatisme, sans que son dogmatisme l'ait fait manquer au moindre des appels du libéralisme en péril. À partir de la Charte de 1814, ce dogmatisme libéral (philosophie du sens commun, système des droits acquis, électorat-fonction du régime censitaire, droit éminent du Roi qui ne règne pas seulement, mais gouverne) s'incarne dans le parti des *doctrinaires,* dont Royer-Collard est le chef et l'orateur. Le duc de Broglie apporte à la Doctrine l'appui du libéralisme staélien et de l'esprit de Coppet. Guizot, qui a occupé dès 1814 une situation politique importante, et qui a suivi le roi à Gand, en est le publiciste et l'espoir. La Doctrine, ses principes, ses hommes arriveront au pouvoir en 1830, heure de ceux que M. Molé appelait les pédants et que Sainte-Beuve appelle les Régents.

Le dogmatisme libéral donnera, dans les domaines de l'histoire, de la philosophie et de la littérature, leur marque commune à l'esprit et à l'influence des régents. Cet esprit, cette influence, se transmettent par l'éloquence. Les trois régents sont des hommes éloquents. Dès 1816, la parole sous toutes ses formes prenait à Paris un admirable éclat qui rappelait les grandes années du XVIIe siècle. Salons brillants, neuve éloquence parlementaire, il était naturel qu'à défaut de la chaire chrétienne qui n'avait plus de grands orateurs, la chaire universitaire convoquât, charmât, gouvernât un public de toute classe et de tout âge. La chaire fut le moyen de propagande de la Doctrine. En 1830, elle parut ensevelie dans son triomphe, puisque les trois régents entrèrent dans les grandes fonctions et cessèrent de professer. Mais leur gouvernement fut une suite de leur professorat, et l'éloquence écrite continua l'éloquence parlée. De ce gouvernement et de cette éloquence nous n'avons à retenir que ce qui importe particulièrement aux lettres, et ce que l'histoire, la philosophie et la critique tiennent de Guizot, Cousin et Villemain.

Les Inventaires. Poursuivant des desseins déjà commencés au XVIIIe siècle, les premières années du XIXe siècle et l'Empire ont été une période d'inventaires. Toute une littérature descriptive, illustrée parfois avec opulence (il y a dès 1798 une clientèle pour des publications de Didot qui engagent des frais énormes) procède à un inventaire du passé et du présent de la France. Que fait le *Génie du Christianisme,* sinon donner un drapeau et une mystique à cet esprit de panorama et de synthèse ? Un éditeur intelligent, qui ne s'y trompe pas, propose à Chateaubriand d'écrire une sorte de *Génie de la France* incarné dans ses provinces. Le projet n'aboutit point, et c'est bien dommage. Quel livre mieux que ce *Tableau de la France,* ce *Génie de la France* eût convenu en 1803 à Chateaubriand ? Certainement ce nouveau *Génie* ne se fût pas démodé comme les *Martyrs* et même l'*Itinéraire.* Le sens historique et descriptif de Chateaubriand, son mouvement propre, à phrases matérielles et à considérations aérées, y eût trouvé son champ. À défaut du grand architecte, des praticiens plus modestes se mettent à l'œuvre. Millin part en 1804 pour une tournée de ce genre. Le *Voyage dans les Départements du Midi de la France* dont les cinq volumes commencent à paraître en 1807, tient encore une place honorable dans une bonne bibliothèque. Du *Musée des Monuments français* que Lenoir, non content de le réunir à Paris, fait connaître par des livres somptueux, Michelet dira : « C'est là et nulle autre part que j'ai reçu d'abord la vive impression de l'histoire. »

Histoire-discours et Histoire-chronique. C'est en effet sous la forme de l'histoire que cet esprit et cette entreprise de l'inventaire français entrent dans la littérature. Avant de porter les œuvres célèbres de la génération de 1820, ils sont préparés avec intelligence par les historiens des vingt premières années du siècle. Avec eux s'amorcent deux carrières de l'histoire.

D'abord, devant les changements extraordinaires qui en quinze ans ont bouleversé la France, le public exige une explication, une liaison, et, pour employer le mot alors en usage, des *Considérations.* Comme la guerre de 1914, la Révolution est suivie immédiatement, et dès son origine la littérature de l'émigration l'accompagnait déjà, d'une vue historique. En 1801 Lacretelle aîné, qui enseignera l'histoire à la Sorbonne, commence un *Précis historique de la Révolution.* La liaison de la monarchie de Richelieu et de Louis XIV à la centralisation jacobine et napoléonienne est faite judicieusement en 1818 par Lemontey dans l'*Essai sur l'établissement monarchique de Louis XIV.*

En second lieu, la renaissance du Moyen âge, qui rappelle alors la renaissance de l'antiquité au XVIe siècle, a naturellement son contrecoup sur l'histoire autant et plus que sur la poésie. De Genève et de Coppet, soit de la maison mère, vient en 1809, l'*Histoire des Répu-*

bliques Italiennes du sagace, mais peu évocateur Sismondi. Et en 1811 Michaud publie l'*Histoire des Croisades,* écrite avec ferveur, mais conscience, d'après les sources dont il publie une partie dans la *Bibliothèque des Croisades,* et d'après les lieux qu'il a visités et agréablement décrits dans les sept volumes de la *Correspondance d'Orient*; Michaud était d'ailleurs poète et, manière de cèdre de la Vallée aux Loups, ses *Croisades* poussent très exactement dans l'ombre du chevalier du Saint-Sépulcre, François René de Chateaubriand.

Ainsi se forment une histoire-discours et une histoire-chronique. Sous la Restauration apparaît en Guizot un véritable chef de l'histoire-discours, en Barante un chef de l'histoire-chronique, en Augustin Thierry un grand agent de liaison de ces deux histoires.

Guizot. Calviniste nîmois, chassé de France à six ans par la Révolution qui a guillotiné son père, Guizot fit toutes ses études dans la ville du refuge, Genève. Écrivain dès l'adolescence (il devait vivre, et l'on vécut dans sa famille la plume aux doigts) il portait dès 1808 dans la littérature le pur esprit de Mme de Staël, et il était parti pour une carrière staëlienne de critique littéraire européen, quand, en 1812, Royer-Collard lui proposa de lui faire donner par Fontanes la suppléance de Lacretelle dans la chaire d'histoire de la Sorbonne. « Mais je ne sais pas l'histoire, dit le jeune homme. — Justement, répondit M. Royer, vous l'apprendrez en l'enseignant ». C'est ce qu'il fit, et on le vit bien. Ce fut de l'histoire, comme on le remarquait encore en 1828, « sans faits, sans dates, sans noms ». Et Royer-Collard qui contrôla toujours avec une clairvoyance terrible les disciples qu'il avait émancipés, disait plus tard du ministre ce qui était déjà vrai de l'historien : « Ce qu'il a appris le matin, il semble le savoir de toute éternité. »

Seulement, il ne faut pas oublier que Guizot se levait très matin, et qu'il savait beaucoup. Il n'apprit pas seulement l'histoire en l'enseignant, mais en lisant un nombre considérable de textes historiques, et surtout de mémoires, en dirigeant chez les libraires les grandes collections où ces textes étaient publiés et traduits. C'est appuyé sur des fondements solides que, par ses deux séries de cours, ceux de 1820 et ceux de 1828, il installe dans l'histoire une date, un acte, une œuvre.

Une date. Il a fait descendre dans l'histoire générale cet art et ce système staëliens des *Considérations,* qui ne sont autre chose que le principe de l'intelligibilité des faits, des catégories de l'esprit appliquées au divers de la durée historique. Ainsi faisait en Allemagne, à la même époque, Hegel, avec plus de génie créateur, mais avec un moindre sens du réel. L'*Histoire du système représentatif,* les *Essais sur l'Histoire de France,* l'*Histoire de la Civilisation en Europe,* ce n'est pas, comme la *Philosophie de l'Histoire* de Hegel, l'histoire de l'Idée, mais c'est l'animation et le classement de l'histoire par quelques grandes idées, celle de la féodalité, celle du gouvernement représentatif, celle de la classe moyenne, celle de l'équilibre entre les poussées de l'association et de la liberté. Il y a encore, à l'Académie des Sciences Morales, une *Section de l'Histoire Générale et Philosophique.* Nous ne savons plus guère ce que c'est. Mais si Guizot, dans cette chaire de la Sorbonne qu'il occupe, avec des interruptions dues à la politique, de 1812 à 1830, n'a pas créé le mot, il a donné l'exemple de la chose, il l'a établie avec une véritable puissance d'institution.

Un acte. Homme politique, Guizot n'a pas séparé l'histoire du passé qu'on expose, et l'histoire à vivre, à faire, à continuer. Il a demandé à l'histoire des instructions pour le présent. Comme il y avait la Doctrine du trône et de l'autel, il y eut pour lui la doctrine de la chaire et du pouvoir. Quand la chaire lui manqua, le divan des doctrinaires le suppléa, Royer-Collard au milieu, Guizot et les Broglie à côté de lui. Les Doctrinaires ont une doctrine de gouvernement fondée sur une certaine conception très sérieuse de la nature humaine, où le jansénisme de Royer s'accorde avec le calvinisme de Guizot et la religiosité de Necker, — sur une certaine idée de l'histoire de France, conçue comme une marche vers un libéralisme éclairé, surveillé, — sur une sympathie admirative pour les institutions anglaises, une fidélité genevoise à une sorte de doublet anglo-français de la sagesse politique. La révolution de juillet, conçue strictement comme un 1688 français, fournira le couronnement, la confirmation puis la maison mère de ces vues. La Révolution de 1848, comme en 1877 le 16 mai, révéleront un malentendu entre ce groupe et le pays, rendront sensible dans ces idées une part étrangère, moitié d'outre-Jura et moitié d'outre-Manche, et que le Français moyen n'assimile pas.

Une œuvre. Si les *Leçons* du grand doctrinaire ont vieilli, c'est qu'elles ont été absorbées, assimilées dans ce qu'elles avaient d'assimilable. Mais il peut rester de lui cette grande *Histoire de la Révolution d'Angleterre* commencée en 1827, quand l'actualité lui désignait le mieux ce sujet (qu'il préparait d'ailleurs depuis plusieurs années par les traductions des *Mémoires* anglais de cette époque) et qu'il n'acheva qu'après 1848. D'une belle intelligence politique, elle abonde en narrations fortement déroulées, en grandes scènes à la manière classique. De Thou s'y trouverait de plain-pied.

L'Histoire pittoresque. C'est qu'entre-temps Augustin Thierry et Prosper de Barante avaient fait lire et applaudir une histoire qui était au livre à la mode, le roman, ce que l'histoire oratoire et philosophique était à la chaire. Marchangy et le genre troubadour avaient mis les récits du moyen âge à la mode. Entre ces récits romancés et l'histoire critique, Barante et Thierry créèrent l'histoire pittoresque par tableaux, narrations, portraits, qui n'était pas romancée puisque les chroniques en fournissaient tous les éléments, et qui offrait, par un style évocateur, au lecteur et surtout à la lectrice, un agrément sans fiction, égal à celui qu'on trouvait dans la lecture de Walter Scott.

Barante. Dans l'*Histoire des Ducs de Bourgogne* dont le premier volume parut en 1814, le dernier en 1826, Barante avait trouvé un sujet privilégié. C'est une riche et pittoresque époque que celle des quatre ducs de la maison de Valois, et presque toute leur histoire tient dans quatre chroniqueurs, Froissart, Chastelain, Monstrelet, Commines, qu'il a suffi à Barante d'arranger en beau français. L'œuvre se lit encore avec plaisir, et l'on n'y trouve guère d'erreurs qui ne soient déjà dans les chroniqueurs. Son principal inconvénient c'est qu'insuffisant pour remplacer une histoire des Ducs écrite d'une manière critique d'après les monographies et les documents, le mérite de celle de Barante ait été suffisant pour empêcher cette histoire de naître.

Augustin Thierry. L'historien le plus célèbre de son temps a été Augustin Thierry. Il a mérité cette célébrité par la solidité et l'éclat de son style, qui sont d'un disciple de Chateaubriand, par l'intérêt dramatique de sa narration, qui est d'un rival de Walter Scott, par son idée philosophique de l'histoire moderne, qui est d'un contemporain de Guizot, par une pitié populaire généreuse et pathétique pour les souffrants, qui est d'un précurseur de Michelet. Et ce sont là beaucoup de grands noms, après chacun desquels il n'est que le second. Second aussi dans le temps après Barante, puisque la *Conquête de l'Angleterre* commence en 1825, un an après les *Ducs de Bourgogne.* Thierry est resté longtemps populaire dans l'enseignement comme maître d'une narration historique décorative dont on trouve encore l'influence dans *Salammbô.* Mais on ne le lit plus et on n'a pas tort. L'*Histoire de la Conquête de l'Angleterre par les Normands* a été ruinée de la base au faîte par les progrès de la critique. La base c'est l'explication de l'histoire moderne par la guerre des races, par l'assujettissement séculaire d'une race par une autre, les révolutions locales et générales qui affranchissent la race esclave, tout ce roman de Boulainvilliers auquel croyait encore Guizot, et auquel Fustel de Coulanges a mis fin. Le faîte, ce sont ces beaux frontons ou métopes narratifs qu'on peut extraire de cette ruine pour les musées de style que sont les morceaux choisis : le mythe de l'*Histoire de Jacques Bonhomme,* l'*Histoire de la commune de Vézelay,* les *Récits des Temps Mérovingiens.*

L'Histoire de la Révolution. Il est un point par où se ressemblent ces trois historiens : leur attention reste fixée sur le présent : l'histoire du passé est ou sera une introduction utilitaire, et utilisée, à l'histoire qu'ils sont appelés à vivre comme hommes d'État ou comme réformateurs. Les cours historiques de Guizot sont une introduction à l'ordre nouveau institué par la Révolution Française, sa *Révolution d'Angleterre* une introduction au régime de 1830. Ce n'est pas le cas de l'*Histoire des Ducs,* mais Barante, homme d'État doctrinaire, achèvera sa carrière d'historien par une *Histoire de la Convention* et une *Histoire du Directoire,* médiocres produits de vieillesse. Le saint-simonien Thierry a été amené à se faire l'historien de races opprimées par le même élan qui le poussait vers les réformateurs sociaux. Le niveau de base de l'histoire, à cette époque, c'est la Révolution Française, comme c'était pour Hérodote l'histoire de la guerre des Grecs et des Barbares. À cette histoire, la génération de 1820 est déléguée de manière particulière. C'est le cas de Mignet, de Thiers et de Michelet, l'historien d'Institut, l'historien homme d'État, l'historien professeur et prophète.

Mignet et Thiers. Les deux amis d'Aix, Mignet et Thiers, était venus à la conquête de Paris sans autre idée préconçue que la volonté d'arriver. Avant la trentaine ils avaient écrit chacun une *Histoire de la Révolution* et toutes deux eurent du succès parce qu'ils la racontaient sans parti-pris, ce qui leur valut d'être traités de fatalistes, et parce que l'une des deux, celle de Mignet, resta pendant vingt ans le précis le meilleur et le plus sûr. Toutes deux sont aujourd'hui déclassées.

Il n'en va pas de même de *l'Histoire du Consulat et de l'Empire* que Thiers, éloigné du pouvoir, commença à publier en 1840, et qu'il mit près de vingt ans à écrire. Elle fut pendant un demi-siècle l'œuvre historique la plus célèbre de la France, le rayon indispensable de toute bibliothèque sérieuse, l'école des hommes d'État. Un soldat de Napoléon, le général de Pelleport, rédigeant au début du second Empire ses mémoires, écrivait : « L'un des grands regrets que je puisse éprouver aujourd'hui, c'est de penser qu'il me faudra peut-être mourir sans avoir lu dans Thiers l'histoire de notre immortelle campagne de Russie. Seul en effet, l'historien véritable et sérieux des armées de la Révolution et de l'Empire saura rapporter d'une manière complète et impartiale, et sans tomber dans le roman, cette grande phase de nos victoires et de nos revers. Que pouvons-nous raconter, nous autres acteurs partiels de ce long drame ? »

Quand Thiers entra, en 1833, au corps législatif comme député de l'opposition, le message de l'Empereur aux Chambres le salua comme « notre grand historien national ». Et après 1870 une partie de son prestige souverain lui vint de sa grande œuvre historique. Cette gloire ne s'est pas maintenue. On l'a décrété ennuyeux et poncif. Des études de détail l'ont ruiné sur bien des points. Et l'on a épuisé sur son style sans éclat ni ligne le vocabulaire du mépris.

Ce décri est injuste. Comme tableau d'un règne, l'histoire de Thiers n'a pas été remplacée. Ni surtout comme histoire de l'État par un homme d'État. Thiers avait dix-huit ans en 1815. Il a connu familièrement les hommes du premier Empire. Une partie de ces hommes formaient les cadres, dont il était, de la Monarchie de juillet. Il a eu l'accès d'une immense documentation écrite et orale. Il a abusé des récits de bataille, mais ce sont les civils qui se moquent de ses récits et non les militaires. En ce qui concerne le gouvernement et la politique de l'Empereur, Thiers n'est pas un historien en chambre : il sait ce que sont les affaires, la diplomatie, l'administration, les bureaux. La clarté qu'il répand sur son sujet ressemble à la clarté que répandaient ses discours, et si c'est une clarté destinée aux ignorants, ce n'est pas une clarté d'ignorant. On peut sourire des gens qui aujourd'hui diraient n'avoir rien à apprendre dans Thiers. L'*Histoire du Consulat et de l'Empire* a vieilli en somme dans la même mesure que l'ouvrage de Sorel : c'est un vieillissement historique normal, qui ne saurait en détourner le lecteur intelligent. Quand on pense que l'œuvre napoléonienne de Frédéric Masson avait détrôné de son rayon de bibliothèque l'histoire de Thiers pour les générations d'avant-guerre, on n'est plus tellement fier de leur appartenir.

Thiers tout de même a manqué remarquablement de génie. Dans cette équipe des trois historiens nés, les deux Aixois en 1796 et 1797, le Parisien en 1798, tout le génie est allé à ce dernier, Michelet.

Michelet. Il y a une mission particulière à cette époque, tant en France qu'en Allemagne, et dont Michelet semble particulièrement le délégué : elle consiste à penser l'histoire comme un absolu, à sentir et à exprimer une mystique de l'histoire. C'est en cela que Vico, mieux que Hegel, lui servit de révélateur. Michelet s'était d'abord connu la vocation philosophique, et toujours il se connut et on le reconnut comme un artiste. Un art de ressusciter le passé, une philosophie de l'humanité en tant qu'elle dure, une mystique des peuples qui se créent et qui créent, c'est avec ces forces, ces divinités à lui, que la personne de Michelet a coïncidé et vibré. Quand on parle d'une page de Michelet, on lui donne généralement l'épithète d'émouvante. Nous l'accorderons sans discuter à celles qu'il a écrites sur les archives dont il était fonctionnaire, et qui auraient selon lui nourri son histoire de France. Mais il est fâcheux que cette histoire commence ainsi par une illusion de Michelet sur lui-même et sur l'objet de l'histoire, cette mystique par une mystification. Le bon sens nous indique en effet que toute histoire de France générale suppose des monographies de détail, et qu'elle ne s'écrit que de seconde main. Une histoire de France écrite convenablement d'après les sources demanderait une centaine de vies d'hommes. Ce mystique vit comme tous les mystiques dans le monde des intuitions. En matière d'histoire le terme d'intuition semblerait avoir été créé et mis au monde pour lui. L'*Histoire de France* et l'*Histoire de la Révolution Française* n'ont presque rien d'un récit tenu, contenu, continent, maître de lui et qui travaille à éclairer le lecteur. Ils supposent connue l'histoire qu'ils racontent. Alors se succèdent en paragraphes brefs, en sensations fortes, en indignations, en enthousiasmes, en images, en lignes de feu, en gerbes d'étoiles, les visions et les réflexions de Michelet. Quoiqu'il en ait dit, son histoire n'est pas une résurrection : c'est un paysage sous une fulguration d'éclairs. Ce climat ne convient pas à tous les nerfs.

Guizot n'a évidemment pas le génie de Michelet. Mais qui ne connaît rien de l'histoire des Révolutions anglaise et française sortira de la lecture de Guizot avec des idées nettes et des données précises sur la première, de la lecture de Michelet avec un intérêt passionné pour la seconde, des clartés confuses, et le désir d'en chercher l'histoire ailleurs.

Un Bossuet républicain. Professeur à l'École Normale, à la Sorbonne, au Collège de France, professeur aussi des petites-filles de Charles X et des filles de Louis-Philippe, Michelet s'est voulu quelque chose de plus : l'instituteur du peuple. Ce général en chef de l'Université aspirait à la médaille militaire. Il l'a obtenue. On peut comparer cette carrière à celle de l'homme qui, dans le siècle le plus détesté de Michelet, a le plus exactement réalisé l'antithèse de Michelet : Bossuet. Michelet est du peuple aussi volontairement que Bossuet est d'Église. Le plan du monument historique de Michelet ressemble au plan du monument historique de Bossuet : une histoire universelle écrite en bien des fragments et à bien des époques (soit la *Bible de l'Humanité,* qui est un *Discours* anti-Bossuet, l'*Histoire Romaine,* l'*Histoire de France* et les *Précis*) généralement à la suite d'un enseignement et dans l'esprit d'un enseignement, puis, branche transversale du monument, l'*Histoire de la Révolution* et les livres connexes, qui sont, comme l'*Histoire des Variations* de Bossuet, le livre de bataille, le livre de la défense d'une foi, le livre d'histoire propagande. Les deux hommes qui, à tort ou à raison, sont considérés non comme nos plus grands historiens, mais comme nos plus grands artistes classiques de l'histoire, sont amenés à bâtir dissemblablement sur un semblable dessein. La métaphore de distribution de prix selon laquelle chaque petit Français, dauphin du suffrage universel, est, dans une République, l'objet des mêmes soins d'éducation que l'héritier de la couronne au temps de Bossuet ne va évidemment pas sans comique. Mais on la prendra au sérieux dans la mesure où Michelet est là, dans la mesure où ce fils d'imprimeur, ce Parisien qui se voulut du peuple, qui fut peuple de tête et de cœur plutôt que de fait, a institué une histoire dont les peuples sont les héros, a agi sur des milliers de sensibilités, a eu non seulement des auditeurs, augustes ou non, comme en avait Bossuet, mais des disciples, a créé un courant, subsistant encore, de foi et d'enthousiasme. À la différence de Guizot, de Macaulay, de Tocqueville et de Renan, Michelet n'est que peu ou point entré dans leur République européenne des esprits. Il n'en a que plus d'importance dans leur République française, même dans la République française tout court. On ne comprend pas l'histoire du radicalisme, c'est-à-dire du seul parti républicain permanent, ni la mystique de la marche à gauche, sans une référence constante à Michelet ; il a été l'éducateur des républicains qui avaient vingt ans en 1870, et qui, durant toute l'entre-deux guerres, ont gardé sa température, ses enthousiasmes, ses limites, ses affirmations, et ses négations.

Un artiste romantique. C'est moins à la nature de sa mystique qu'à ses qualités extraordinaires d'artiste que Michelet doit son rayonnement. Son histoire naît et se développe en même temps que cette grande peinture romantique d'histoire qui disparaît à peu près dès la fin du XIXe siècle. Taine l'a comparé à Gustave Doré. Et il est vrai que, comme Doré les grands livres de l'humanité, il en a illustré romantiquement les annales. Mais Doré fut un météore sans lendemain. Le style, la phrase et l'art de Michelet eurent, comme sa prédication historique, de grands lendemains. Au XIXe siècle l'existence, l'action d'un Péguy justifient encore Michelet.

Il n'est pas seulement le grand animateur de l'histoire. Il en est le grand vivant. On ne connaîtra vraiment ce grand vivant, avec ses dessous ardents, sa géologie charnelle, que le jour où son immense *Journal* sortira des archives et du secret. La personne de Michelet apparaîtra. Mais pour le moment il reste celui qui, ayant écrit : « La France est une personne », a réalisé mystiquement ce mot.

Il l'a pensée et vécue comme une personne dans son corps, dans sa durée et dans son âme. Dans son corps : c'est le *Tableau* géographique qui sert d'introduction au deuxième volume. Dans sa durée : c'est l'histoire de France. Dans son âme : c'est le Michelet messianique. D'aucun écrivain moins que de Michelet, on ne dirait qu'il a laissé l'idée et l'être de la France tels qu'il les a trouvés.

Le Tableau de la France. Le *Tableau de la France* répond a la définition baconienne de l'art : l'homme ajouté à la nature. Le *Tableau,* c'est la France conçue comme une œuvre d'art, et exprimée par une œuvre d'art. Pour comprendre à quel point Michelet vient ici le premier, il suffit de comparer le *Tableau* de 1833 aux divers « Éloges de la France », plus ou moins inspirés de l'Éloge de l'Italie, des *Géorgiques.* Rien entre l'un et l'autre.

Le *Tableau* a créé une habitude et un style de liaisons entre l'homme de génie et la terre qui l'a produit. Évidemment, rien n'est plus discutable que tant de rapprochements hâtifs et forcés qui y abondent et, dans un voyage à travers la France, Michelet ne laisse pas de rencontrer, comme son ennemi l'Anglais, la rousse acariâtre qui le fait généraliser sur une province. Voyez : « Même esprit critique en Franche-Comté ; ainsi Guillaume de Saint-Amour, l'adversaire du mysticisme des ordres Mendiants, le grammairien d'Olivet, etc… Si nous voulions citer quelques-uns des plus distingués de nos contemporains, nous pourrions nommer MM. Charles Nodier,

Jouffroy et Droz. » Mais ces hypothèses, ces fantaisies, donnent le branle. Supposer de l'ordre, un ordre, entre des choses qui ne se précèdent ni ne se suivent naturellement, c'est souvent préparer les voies d'une science.

Cependant ce n'est pas à une science que le *Tableau* prépare les voies, c'est à des « vérités littéraires, c'est-à-dire vagues » (le mot est de Taine lui-même), celles dont Taine fera une des armatures de sa critique. Laissant le « moment » à l'Histoire, le *Tableau* crée une composition de la « race » et du « milieu ».

Le tableau de la Champagne, dans *La Fontaine et ses Fables,* l'un des morceaux les plus brillants et les plus lus qu'ait écrits Taine, sorte d'introduction littéraire à sa méthode, vient authentiquement de l'école de Michelet. Pareillement le *Tableau,* par l'intermédiaire de la *Champagne* de Taine, a engendré plus ou moins la *Lorraine* de Barrès. Quand Lavisse mettait très haut les pages sur la Lorraine, dans *Un Homme libre,* et y voyait un grand morceau de psychologie historique, c'était un peu parce que Lavisse reconnaissait ici la graine de Michelet, la progéniture de ce *Tableau* dont lui aussi avait subi si fort le rayonnement. Cela même qui, avec Lavisse avait passé dans l'œuvre des professeurs, produit, par Barrès, une immense postérité, toute littéraire, dont nous sommes.

Un tableau de l'œuvre de Michelet devrait être écrit comme le *Tableau de la France* lui-même, avec la même vue de complexité, le même voyage à la découverte dans une œuvre immense où il peut y avoir des parties irritantes, ou absurdes, mais où, pas plus que dans l'œuvre de Victor Hugo, il n'y a de parties mortes. La *Bible de l'Humanité* ne nous donne-t-elle pas l'idée d'une immense *critique* humaine, à la fois littéraire et historique, qui eût été à celle de Sainte-Beuve ce que la chaîne des Alpes est à la ligne de coteaux modérés ? Ou lit peu ce que Michelet a commencé de l'*Histoire du* XIXe *siècle.* Et pourtant quel livre révélateur que les *Origines des Bonaparte* ! Au-dessus il y a ces *Origines du Droit Français* qui sont comme le Mont-Beuvray de l'Histoire de France. Il existe certes un Michelet délirant, celui des *Jésuites,* de la *Sorcière,* de la *Femme.* Mais la tétralogie de la *Mer,* de la *Montagne,* de l'*Oiseau* et de l'*Insecte* abonde en pages miraculeuses. Il importe qu'elle ait été écrite par un historien, que la liaison de l'histoire, de la nature et de l'histoire de l'homme ait été faite et sentie par un tel poète. Comme celle de Hugo et de Balzac, l'œuvre de Michelet reste un climat, un élément et un aliment, où l'on voyage moins qu'on n'y va pour se renouveler ou s'imprégner, comme à la montagne ou à la mer.

Quinet. Né cinq ans après Michelet, Edgar Quinet a fait, à partir de 1840, équipe avec lui, et l'on vit en eux les deux champions de la lutte laïque contre ce qu'on appela alors les Jésuites après l'avoir appelé quinze ans plus tôt la Congrégation. Au contraire de Michelet, Quinet ne trouva jamais la forme dans laquelle il pût faire durer les idées généreuses, neuves, créatrices, qui abondaient en lui. Bien que l'épopée en prose dialoguée d'*Ahasvérus,* symbole de l'humanité en marche, ait été son œuvre la plus célèbre, il y a échoué autant que dans ses épopées en vers. Son grand ouvrage sur la *Révolution* — philosophie plutôt qu'histoire —, exerça une grande influence sur les fondateurs de la Troisième République. Mieux que dans l'œuvre de Michelet, on a pu trouver chez lui tous les éléments d'une philosophie républicaine. Ses idées sont passées dans les faits : c'est la plus honorable des raisons pour lesquelles on ne lit plus ses livres.

1848. À la veille de la Révolution de 1848, les *Histoires de la Révolution Française* sont réclamées et dévorées par tout un public. C'est pourquoi Michelet interrompt son *Histoire de France* après Louis XI pour commencer à publier celle de la *Révolution* dont le premier volume paraît en 1847. Mais la même année, et d'un seul coup, sortent les huit volumes de l'*Histoire des Girondins* de Lamartine. Aucun autre livre d'histoire n'a connu ce succès immédiat, en coup de tonnerre. Il y a deux manières de juger l'*Histoire des Girondins.* Comme livre d'histoire, et alors son existence égale rigoureusement zéro. Ou bien comme intelligence et réalité de la Révolution qui continue, ou qui recommence. Et alors elle reste un livre considérable. Tocqueville, en 1848, était frappé de voir le peuple et les personnages politiques jouer les scènes de la Révolution comme des acteurs jouent la tragédie qu'ils ont apprise. L'*Histoire des Girondins* ce sont les rôles, la « brochure » comme on dit au théâtre, de cette tragédie. À ce point de vue, elle fut « dynamique » comme les

Provinciales. Si peu d'illusions que nous ayons sur sa valeur historique, elle reste un livre entraînant, elle appartient à ce flot infini d'éloquence que Lamartine avait laissé couler de la tribune. Dans ce foisonnement de formules, d'images et de portraits, aussi fréquemment que dans Michelet, on tombe sur des phrases ou des pages qu'à éclairées le passage du génie : « Je ne pense pas, mes idées pensent pour moi. » À ses risques et périls elles ont aussi raconté l'histoire pour lui, en attendant de la faire avec lui, et quoique aucun des deux métiers ne fût le leur.

La même année 1847, commençait à paraître la troisième des *Histoires* qui appelaient si impérieusement une nouvelle révolution, celle de Louis Blanc, auteur déjà du long pamphlet qu'était l'*Histoire de dix ans*. L'*Histoire des Girondins* n'est pas girondine, mais l'*Histoire de la Révolution* de Blanc est absolument montagnarde : elle avance comme une marche à la montagne, d'une ardente conviction, d'un grand style, mais déclamatoire et démodé. De cette histoire, et de toute une littérature de gauche et d'extrême gauche, parmi laquelle il faudrait citer le *Napoléon* anti-bonapartiste de Lanfrey, sortent plus ou moins en filets souterrains, des sources pérennes d'idéalisme et de mystique républicains, qui reparaîtront à la lumière vingt ans après 1848, donneront sa mystique au radicalisme de la Troisième République.

XVII

SAINTE-BEUVE

Les trois grands noms du siècle. Il n'est pas exagéré de penser que Sainte-Beuve a passé dans la critique comme Victor Hugo dans la poésie, et comme Balzac dans le roman, qu'il y occupe la même place éminente, qu'il a apporté dans son secteur littéraire une révélation du même ordre. On remarquera que Hugo, Balzac, Sainte-Beuve, sont au XIXe siècle, les trois rayons de bibliothèque qui tiennent en masse, forment bloc, en files, dont le temps n'a encore que peu abattu. On s'en étonnera d'autant plus, en ce qui concerne Sainte-Beuve, que les quatre cinquièmes de son œuvre sont de la copie de journaliste, soit le plus momentané et le plus fragile des genres ; seul de tous les journalistes, il a duré.

C'est qu'il n'est journaliste que comme Molière était acteur, — mais critique comme Molière était auteur. Il a rempli une moitié du champ de la critique, comme Molière a rempli une moitié du champ du théâtre. De cette moitié il a possédé toute la technique. Il l'a vécue dans son relief, ses problèmes — et comme les autres parties de la critique, critique des vivants, critique dramatique, n'ont pas eu leur Sainte-Beuve, il est resté le prince incontesté de son genre. La critique littéraire est devenue le jardin de Sainte-Beuve, comme le Théâtre Français est la Maison de Molière.

Formation romantique. Son pacte avec la durée commence de bonne heure. Il appartient à la puissante génération où la précocité est ordinaire. Il a fait sous les meilleurs maîtres de Paris des études françaises, latines et grecques singulièrement solides. À vingt-trois ans il publie un livre de critique qui est d'un maître, où il fixe des valeurs qui n'ont pas bougé : le *Tableau de la Poésie au* XVIe *siècle.* D'autre part, quand il meurt, à soixante-quatre ans, il est demeuré un étudiant, il vient de prendre sa dernière leçon, et d'expliquer de l'Homère avec son professeur de grec, l'Epirote Pantassidés. Il emploie toujours à chacun de ses articles six jours pleins de travail pour satisfaire un autre maître plus exigeant, qui est lui-même. Clemenceau, débutant comme premier ministre, fut un jour interrompu à la Chambre par un imbécile qui lui dit : « Nous ne sommes pas à l'école — Je suis toujours à l'école, répondit le vieillard : j'y étais hier encore en écoutant mon adversaire, M. Jaurès. » Sainte-Beuve était de cette race. Et pourtant, comme M. Jourdain, à l'école, il regrettait de n'y avoir pas encore assez été. Dans les beaux articles où il transmet ses pouvoirs à la « jeune critique » — c'est Taine qu'il désigne par là — il l'envie d'avoir pu se donner un fond épais de connaissances philosophiques et scientifiques, dans un couvent laïque, à l'âge où lui, vivant dans le monde, courait, faisait l'article.

Ce qu'il a acquis ces années-là, est pourtant bien plus fécond, plus vivant, mieux doué de vitamines, que cet acquis des grands normaliens. Il fait campagne, vers 1830, dans une jeune école, parmi les généraux de vingt-cinq ans de cette armée de la Révolution romantique : campagne dans la poésie, campagne dans le roman, campagne dans l'amour. Les amours de Sainte-Beuve et d'Adèle Hugo l'ont marqué, et ont marqué dans la littérature, presque aussi fortement que les amours de Venise qu'a connues Musset, ou celles de Balzac et de Mme de Berny.

Plus loin, elles ont marqué dans la critique, dans le génie et dans les dessous de l'esprit critique en France. De Hugo à lui, Sainte-Beuve a senti ce que c'est que l'inégalité entre les êtres, quelle est la différence du lion au renard, et ce que le *Connais-toi!* de l'esprit critique lui commandait d'abdiquer, et quelles compensations, quels bonheurs furtifs l'intelligence lui réservait, et le dualisme éternel des natures littéraires, le débat de Neptune et de Minerve au fronton de l'éternel Parthénon.

Le Barrés de l'*Homme libre* parlait avec colère de ceux qui veulent sacrifier la jeunesse de Sainte-Beuve à la maturité du lundiste. Sainte-Beuve l'eût approuvé. Il se résigna mal à la vocation et à la gloire solide dans lesquelles il fut précipité par une fortune qui ne l'avait pas consulté. Il souffrit de n'être que le délégué du public auprès des maîtres, de ne pas se sentir maître et créateur. Il éprouva assez peu par le dedans la portée et la force de sa critique créatrice. Il connut plutôt cette faculté critique à l'état de refoulements : refoulements d'un poète, d'un romancier, d'un moraliste.

Trois refoulements. D'un poète. Il avait senti et trouvé comme poète une des notes les plus originales du mouvement de 1830 : la poésie intime et populaire, le journal des émotions d'un jeune plébéien délicat, souffreteux et humilié, moins « Werther carabin et jacobin » comme disait Guizot, que Julien Sorel lettré qui allait bientôt chercher en Mme Victor Hugo une Mme de Rênal : chronique de 1830 ! Les *Poésies de Joseph Delorme,* auxquelles sont jointes des *Pensées* en prose d'une merveilleuse finesse, méritent de rester chères à une certaine jeunesse, donnent raison à Barrès. Le *Livre d'Amour,* autre journal, celui de son amour pour Adèle Hugo, va plus loin encore que *Joseph Delorme.* Mais dans les *Consolations* et les *Pensées d'août,* le style en copeaux et rocaille de son vers martelé sans harmonie rebuta décidément. Sainte-Beuve parlait mal la langue poétique de son temps, manquait d'oreille ; Lamartine, Hugo, Musset le condamnaient automatiquement à l'échec.

D'un romancier. *Volupté* est le roman d'un Obermann cultivé et parisien, et surtout d'un critique, d'un témoin, d'un frôleur, d'un voluptueux d'épiderme, qui rôde indéfiniment autour des demeures, des amours, des énergies, de l'action et de la vie où il n'entrera pas. Son poids de vie intérieure vaudra toujours à ce livre, dans chaque génération, quelques douzaines de fervents (le côté d'Amiel). Le style est d'une harmonie composite et travaillée, de même que celui des vers de Sainte-Beuve, mais en prose il trouve la voie libre, et neuve. Nous ne nous étonnons pas qu'Amaury se fasse prêtre en 1830, comme il serait entré à Port-Royal en 1650. Sainte-Beuve serait le plus « clérical » des grands écrivains du XIXe siècle, si Renan n'existait pas. Il entre chez les auteurs comme il a pu pénétrer dans le cœur des femmes, par son génie de confesseur.

Plus que de poète et de romancier, sa vocation, à laquelle la critique le ramène par un détour, est d'un moraliste. Il se connaît lui-même de la substance dont sont faits les grands moralistes français, de Montaigne à Chamfort. La grandeur de sa critique, moins qu'au poète mort jeune, tient à cette tradition du moraliste venu de loin, et qui va loin. Voilà le sel antique, autochtone, qui a fait incorruptible cette critique hebdomadaire, et qu'on trouve à l'état natif dans les blocs de tant de *Pensées,* depuis celles de Joseph Delorme jusqu'à celles des *Cahiers.* Autant et plus qu'une vue sur la littérature, qu'une enquête sur les auteurs, la critique de Sainte-Beuve doit être tenue pour une enquête sur l'homme et sur les femmes, et sur lui-même, et sur les autres, et sur les natures d'esprits, et sur l'esprit de la nature humaine. Tout le contenu humain des lettres françaises aboutit à cet humanisme, comme le monde des sons, des mots et des rythmes aboutit à Victor Hugo. Le moraliste en Sainte-Beuve est encore supérieur au critique : celui-ci s'est souvent trompé, celui-là non.

La critique des vivants. Plus encore que les auteurs il a connu les hommes, plus encore que les hommes, l'homme. Mais lui ? Sans doute, et surtout dans son roman, mais en somme guère plus que ne le permet la nature humaine moyenne, qui nous constitue comme avocat et rarement comme juge de nous-mêmes. Il a eu des juges, et de son vivant, et durs. La postérité a été souvent plus dure. Il a mis sous le masque de jugements, des haines. Qu'il ait été méchant, envieux, hypocrite, c'est certain. Cependant s'il a écrit parfois sur ses contemporains, sur ses confrères de l'Académie surtout, dans sa littérature secrète, le contraire de ce qu'il écrivait dans sa littérature publique, demandons-nous d'abord si nous voudrions que cette littérature secrète fût supprimée, et posons-nous ensuite le problème délicat de la critique des vivants, qui n'était pas plus résolu au temps de Sainte-Beuve qu'il ne l'est aujourd'hui.

De la critique des vivants, lui-même a dit, quand il était jeune, que c'était la partie la plus difficile et la plus noble du métier. Une partie, aussi, dans le sens de jeu. Comment a-t-il joué cette partie ?

Laissons de côté la littérature dramatique, dont il ne s'est pas occupé, sinon pour étudier en moraliste les classiques du XVIIe siècle.

Il sentait dans ce monde joué un monde différent du monde de l'écrit, et qui relevait d'une autre optique, il refusait les servitudes sans grandeurs du métier que pratiquait Janin. Et puis le théâtre en tant que théâtre ne l'intéressait pas, bien qu'il y allât une fois par semaine. Il eût été, au XVIIe siècle, pour Nicole contre Racine, pour Bossuet contre Molière.

Mais la critique des poètes ? Lui-même est poète original, son *Tableau de la Poésie au* XVIe *siècle* représente une somme considérable de découvertes et d'intuitions poétiques. Cependant, en 1842, dans l'article dépourvu d'urgence sur *Mademoiselle Bertin,* il s'efforce de classer les poètes de son temps. Il distingue : 1. Le groupe hors ligne ; 2. le groupe de ceux « qui n'ont pas été au bout de leurs promesses et qu'aussi la gloire publique n'a pas consacrés » ; 3. Le vulgaire. Or, de la première classe, il n'y en a que trois : Lamartine, Hugo et Béranger. Musset n'appartient qu'à la deuxième, et Vigny n'est pas nommé, à plus forte raison Gautier. Gautier se confessait un jour : « Dire que j'ai cru à Pétrus ! » Il était excellent d'avoir cru quelques années à Pétrus Borel : il est bien grave d'avoir cru toute sa vie à Béranger. Sainte-Beuve n'a jamais, dans toute son œuvre, cité le nom de Gérard de Nerval qu'une fois, en écrivant le verbe *ronsardiser* ; et en ajoutant : « Comme disait l'aimable Gérard de Nerval. » Il a salué les débuts de Banville, mais il a refusé d'écrire un article sur Baudelaire. Il a rendu justice à Marceline Desbordes-Valmore, mais d'abord parmi des Tastu et des Blanchecotte.

Il est encore plus grave qu'il ait passé à travers le roman, qu'il ait vu de très haut Balzac et Stendhal, comme des fabricants qui ne sont pas de son monde littéraire. Il a mieux parlé de Flaubert et de Fromentin. Mais enfin il ne lui est jamais arrivé de précéder, d'appeler de loin l'opinion. Ajoutons qu'il est de l'Académie en 1844, cinq ans avant les *Lundis.* Or l'Académie est une place déplorable pour la critique des contemporains. La règle de la maison l'oblige à ne parler de ses confrères qu'avec componction : il loue la poésie de Pierre Lebrun qui a son article dans les *Lundis,* descend à Viennet. Et qu'on lise dans les *Lundis* l'article triste ou plutôt le triste article sur la *Poésie et les poètes en 1852...*

Mais il ne faut pas surfaire la gravité de ces erreurs, limites ou petitesses. Même quand il est injuste envers les hommes ou qu'il se trompe sur les valeurs, Sainte-Beuve reste un grand critique, moins d'idées que de pensées : « Où classer, écrit-il, un écrivain chez qui on est sûr de ne rencontrer jamais ni la pensée *élevée,* ni la pensée *délicate,* ni la pensée *judicieuse ?* » Il est le critique des auteurs qui sont parce qu'ils pensent. En dire du mal, dans le pays de Descartes, porterait malheur. Il n'est pas souvent de mauvaise foi, et s'il se trompe il ne cherche guère à tromper. C'est tout de même gagner dans la connaissance de Hugo, de Lamartine, de Balzac, que de savoir comment et pourquoi ils sont antipathiques, pour une partie de leur génie, à de grandes natures littéraires. Même quand elle n'est ni juste ni judicieuse, il est rare que la critique de Sainte-Beuve sur ses contemporains manque d'un certain pouvoir éclairant. Quelle critique d'ailleurs si étroite, si inique soit-elle, qui ne pousse d'un côté ou d'un autre sa pointe de vérité, lorsqu'elle est aiguisée par la malveillance ? N'oublions pas non plus à quel point il avait souffert d'avoir pratiqué, étant jeune, la critique contraire, cette « critique des beautés » qui était devenue, autour de Hugo, une critique publicitaire. La page de Heine sur le sultan du Darfour et son crieur l'avait cruellement blessé. Il avait cette marque à effacer comme Vautrin, même au vitriol.

Les limites du jugement de Sainte-Beuve sont des limites naturelles et elles circonscrivent, comme celles de la France, un pays harmonieux. Le cas de Baudelaire, qui aurait dû être son poète, et à qui l'homme arrivé refusa son audience, reste exceptionnel. Le tragique, pour Sainte-Beuve, pour ce moraliste, cet analyste, ce grand classique, fut de vivre parmi des natures d'écrivains qui personnifiaient ses impossibilités. D'abord ceux qu'il appelait les forts de la halle, Hugo, Balzac, Dumas. « J'admire aussi très volontiers la puissance, mais il faut pour cela que je sente avoir affaire à la véritable puissance de l'esprit, et non à je ne sais quelle force purement robuste de santé et de tempérament. Lequel a plus de valeur, Gengis-Khan traînant à sa suite toutes les hordes de l'Asie, ou M. de Turenne à la tête de trente mille hommes ? » Ensuite les auteurs à cœur innombrable, les natures de sentiment, d'illusions et de charlatanerie, fils et filles de la femme, les impossibilités de l'intellectuel, Lamartine « le plus sublime et le plus charmant des sots », George Sand « un écho qui double la voix », Michelet « nature de cuistre qui fait le pimpant ». — Enfin les décoratifs et les oratoires, la surface sociale, la croûte littéraire, l'autorité officielle, les « régents » de 1830, Villemain, Guizot, Cousin. Deux natures d'esprit étaient de sa famille, celle des moralistes et du XVIIIe siècle : Stendhal, d'abord. Mais le sens de la province et celui du cosmopolitisme manquaient complètement à Sainte-Beuve, et cet académicien choisissait ses relations. Stendhal par son ton impertinent lui déplaisait autant que lui déplaisait Gautier par le souvenir du gilet rouge. Ensuite Mérimée, mais avec celui-ci il eût donné plus qu'il n'eût reçu : « Mérimée se retient trop : il est trop exempt par système, il l'est à la longue devenu par nature. » Sainte-Beuve reste, dans la société des esprits, un célibataire soupçonneux.

On peut maintenir qu'exception faite de coups de pouce volontaires et forcés qu'on retrouvera jusque dans les *Lundis* (par exemple avec l'article sur *Fanny*) Sainte-Beuve exprime avec justesse et finesse son goût, et le goût moyen des honnêtes gens, et d'eux seuls, au cours d'une et même de deux générations sur lesquelles il n'est ni très sensiblement en avance ni manifestement en retard. Il s'est rendu compte de bonne heure que la température tropicale du romantisme ne lui permettait pas de jouer auprès des chefs de file le rôle d'un Boileau. Mais dès le début il s'était entièrement abstenu devant les manifestations romantiques à la fois les plus éclatantes et les plus discutables : celles du théâtre. Le théâtre de Hugo et de Dumas, a été pour lui comme s'il n'était pas, et la bataille d'*Hernani* s'est livrée en dehors de son horizon. De la poésie romantique il n'a pas été un critique-prophète, mais un critique éclairé. Il a contribué à attirer Marceline Desbordes-Valmore au rang qu'elle devait occuper. Il a sonné la diane du romantisme avec le XVIe *siècle*. Il a sonné sa retraite en 1843 avec la *Fontaine de Boileau*. Dans la mesure où le romantisme peut se comparer à la révolution politique de 1830, il en a été le Guizot.

Cette génération a été la dernière qui, malgré des émeutes momentanées comme celles des ateliers et des Jeunes-France, ait comporté des ordres réguliers et solides, où le ton ait continué à être donné par la masse moyenne des honnêtes gens, ces honnêtes gens auxquels s'agrègent les romantiques quand leur entrée à l'Académie indique que l'école est assimilée. Sainte-Beuve se tient obstinément dans la littérature classée, dans ce quartier des gens bien chez qui il laisse, comme carte de visite d'une hospitalité de château, cette *Fontaine de Boileau.* Le salon de Mme Récamier a pour lui plus d'importance que les cénacles, et le portera à l'Académie à quarante ans. De là un gauchissement très prononcé de sa critique. Non seulement le théâtre en est exclu, car le théâtre commande une pratique spéciale, où l'on doit prendre le tout venant et parler de tout le monde, où l'on ne choisit ni les auteurs, qui vous sont imposés, ni la salle, dont il faut comprendre l'optique. Mais encore une question considérable se pose après 1830, un Sphinx devant lequel Sainte-Beuve ne s'est point senti l'esprit, les forces et l'audace d'un Œdipe, le roman, qui bouleverse les hiérarchies consacrées, se pousse au premier plan, questionne et inquiète les honnêtes gens autant que les honnêtes femmes. Du côté du roman, ce suffrage universel de la littérature, Sainte-Beuve a trouvé ses limites comme Guizot du côté du peuple. Il n'a pas compris la révolution. Il n'a pas suivi. Il a dit de ce tiers état, avec méfiance : « Qu'est-ce que c'est ? » La critique des contemporains, chez Sainte-Beuve, c'est, en tout temps, la critique sans Balzac, et à partir de 1837, la critique sans Victor Hugo : horrible et large plaie que l'on fait à la pauvre haie. Mais qu'importe qu'elle soit sans Balzac, si elle est d'un autre Balzac, si elle est une *Comédie Littéraire* de la France ?

Une Comédie littéraire. Sainte-Beuve est le seul critique qui ait eu le sentiment profond, et détaillé de ce qu'on appelait autrefois les mœurs, *l'ethos* littéraire. Il sait ce que c'est qu'un homme de lettres réussi, un homme de lettres manqué, et les grandeurs, et les misères de la littérature, et la société générale des lettres, et leurs sociétés particulières. Il a été le Montesquieu de leur République, et de cette *Comédie littéraire* que sont les *Lundis,* on tirerait un *Esprit des Lettres* plus souple et non moins riche que l'*Esprit des Lois.* Certes il a poussé plus loin que personne l'art du portrait littéraire. Mais au-dessus de cet art du portrait il y a l'art du mouvement entre ces portraits, et il y a la nature commune, opulente et pressée qui produit incessamment leurs modèles. Plus que les esprits, lui importent les familles d'esprits, et plus que les familles d'esprits, l'esprit de la grande famille littéraire. Un Sainte-Beuve ne peut naître que dans un pays de littérature sociale, où non seulement la littérature est l'expression de la société, mais où elle forme une société spirituelle autonome, qui a sa perpétuité et ses lois.

Cette perpétuité et ces lois, un Nisard, un Taine, un Brunetière en ont le sentiment comme Sainte-Beuve. Mais Nisard les voit sous forme de canons, Taine de physiologie, Brunetière d'architecture, Sainte-Beuve de géographie.

Une géographie, c'est-à-dire un donné où la raison certes travaille, mais où l'expérience, la découverte, ont leur part, où rien n'était prévisible, où la nature n'a jamais agi logiquement, où elle propose ses hasards à l'homme qui y ajoute, qui les fixe ou qui s'y fixe. La critique consiste à épouser cette géographie, à la suivre, à la refléter en y collaborant. À vingt-cinq ans le Sainte-Beuve des *Pensées de Joseph Delorme* prévoyait et dessinait, dans une page où le cours de la critique est comparé au cours d'un fleuve, le Sainte-Beuve des *Lundis.*

Un géographe et un promeneur intelligent. En 1830 triomphait une critique de la chaire. Ce jeune bourgeois de Paris, ce célibataire du Quartier Latin, lui substitue peu à peu une *critiqua pedestris,* qui circule dans les lettres françaises comme le bourgeois dans sa ville, comme le poète Delorme dans cette banlieue qu'il découvre et dépeint par petites touches. Il peut avoir ses préjugés, ses manies, ses envies, ses haines prudentes (celles de quelqu'un qui se bat sous le parapluie, qu'il n'oublie pas plus que le roi Louis-Philippe) mais il connaît toutes les maisons, tous les habitants, toutes les familles, chronique vivante de la cité séculaire.

Tel était déjà le caractère de son premier ouvrage, celui de son âge de vingt-trois ans, le *Tableau historique et critique de la poésie française au* XVIe *siècle :* livre aussi considérable en son genre que la *Défense et illustration* que Du Bellay publiait au même âge. Car Sainte-Beuve y découvre Du Bellay et Ronsard ignorés ou méconnus, comme Du Bellay et Ronsard avaient découvert Pindare, et il fait de cette découverte un point de perspective sur toute la littérature, puisque le romantisme, selon lui, reprend leur tradition. Le jeune critique étendait les dimensions de la grande poésie dans le temps, en amont jusqu'à Ronsard, en aval jusqu'à Hugo.

Dix ans de critique contemporaine suivirent. Ce n'était plus affaire de géographe ni de promeneur entre les maisons. Il fallait y rentrer, prendre parti. Non seulement entrer dans les maisons, mais comme le dit l'auteur de *Volupté,* dans les gynécées. Temps des *Portraits...* Le peintre Harpignies disait que la peinture de paysage était bien plus agréable que la peinture de portrait, parce que « le paysage ça ne rouspète pas ». En tout cas le paysage c'est l'affaire du peintre géographe ou géophile, et promeneur. C'est à Lausanne que Sainte-Beuve deviendra décidément le grand paysagiste littéraire. L'hégire au Léman, de 1837, marque le grand tournant.

La géographie de la littérature française, Sainte-Beuve l'a vue comme Michelet, dans le *Tableau,* voit la France du haut de la Dôle ; il y reconnaît comme Élie de Beaumont et Dufrénoy dans leur *Explication de la carte géologique,* un pôle de divergence et un pôle de convergence.

Port-Royal. Il lui a cherché et bâti un Massif central, *Port-Royal. Port-Royal* est le plus grand livre de l'histoire et de la critique littéraires. Certes il ne manque pas d'artifice. Il va de soi que l'auteur force beaucoup pour centrer tout le XVIIe siècle sur l'illustre abbaye, et si les portraits sont la grande séduction de *Port-Royal,* ils peuvent être refaits dans un sens très différent, comme n'y a pas manqué l'abbé Bremond. Mais le XVIIe siècle étant le siècle capital, cherchez de ce siècle une autre capitale littéraire que Port-Royal, vous n'en trouverez pas. Et une capitale, une fois choisie, agit par son attrait et ses commodités. Elle se peuple. Sainte-Beuve l'a peuplée ; Montaigne, Balzac, Descartes, Corneille, Racine, Boileau, Molière, Malebranche, Bossuet y deviennent naturellement, par le liant du génie de Sainte-Beuve, allié au génie du lieu, les *Conscripti* des deux grandes familles de *Patres* autochtones, les Arnauld et les Pascal. À Port-Royal la littérature française contracte son poids de sérieux, elle concerne les problèmes fondamentaux et dramatiques de la nature humaine, elle porte dans ses plateaux de balance les grands enjeux religieux et moraux. Inversement la religion entre en liaison avec les intérêts de la langue et de la littérature. De Port-Royal, la littérature française apparaît comme un champ de bataille d'idées sur la nature humaine, ce qu'elle est restée au XVIIIe siècle, ce qui se voit encore dans le romantisme, cela même que la nature de moraliste de Sainte-Beuve y a incessamment cherché, en a incessamment dégagé. Il suffit d'ailleurs de suivre son histoire intérieure de 1830 à 1840 pour le sentir porté vers Port-Royal, et pour connaître que l'auteur de *Volupté* avait son problème de Port-Royal en lui.

Au retour de Lausanne il s'établit dans le siècle. La bibliothèque Mazarine dont il est nommé conservateur, lui fournit un canonicat dans les livres. Les deux premiers volumes de *Port-Royal* et l'amitié de Mme Récamier le font entrer à l'Académie. En achevant le *Port-Royal* et en écrivant un second *Port-Royal* sur une autre période littéraire, s'il s'en trouvait une qui fût digne d'équilibrer celle-là, Sainte-Beuve n'allait-il pas réaliser avec sagesse et maturité le double monument de l'histoire littéraire française, son Massif Central et son Bassin Parisien ?

Les Lundis. Nous oserons à peine dire que les révolutions en disposèrent autrement. Simplement elles l'obligèrent à un détour.

Onze ans après l'hégire à Lausanne, la Révolution de 1848 provoque, ou Sainte-Beuve croit qu'elle doit provoquer, l'hégire à Liège. Peu s'en est fallu que son cours de 1848-1849 à Liège ne lui donnât, comme celui de 1837, l'occasion d'un grand tableau de la vie littéraire de la France, cette fois au temps de Chateaubriand, de 1800 à 1848, soit l'histoire des générations préromantique et romantique, reprise, revécue, expliquée des *templa serena* de l'étranger par un homme qui en avait connu longuement les acteurs et les œuvres, un *Port-Royal* du XIXe siècle et du romantisme. Il n'en sortit apparemment que l'amorce inachevée de *Chateaubriand et son groupe littéraire.* Mais les morceaux du cours de l'ouvrage se retrouvèrent plus ou moins, comme Sainte-Beuve lui-même l'a dit, dans les *Lundis.*

La Révolution et le Second Empire confirmèrent son dessein, son programme. Elles firent de 1850 une coupure médiane du siècle, de la vie littéraire et de toute la vie française ; 1800-1850, l'entre-deux-coups d'État, du retour de Chateaubriand au départ de Victor Hugo, cela fit une figure de la durée française circonscrite, finie, et, pour Sainte-Beuve, une manière de littérature faite, comme celle du XVIIe siècle, une littérature faite que Sainte-Beuve associa à toute l'autre littérature faite depuis Malherbe.

Ainsi, sur une suggestion de Véron, directeur du *Constitutionnel* en 1849, naquirent les *Lundis,* commença et continua pendant dix-neuf ans (sauf une interruption quand Sainte-Beuve enseigna à l'École Normale) cette discipline forte, voulue et constante, le long article hebdomadaire, unique préoccupation de la semaine, fait de six jours d'exploration assidue dans un auteur.

La méthode, la présentation des *Lundis* ne rompaient d'ailleurs pas avec celles des *Portraits* ni même avec celles de *Port-Royal* et de *Chateaubriand. Port-Royal* était, surtout en ses parties restées les plus célèbres, fait de morceaux, de percées sur le XVIIe siècle, de portraits d'écrivains de premier ou de second ordre, le tout libre, discontinu, d'une forme déjà très *lundiste* ; et d'édition en édition, en l'accroissant de notes, de réflexions, de hors-d'œuvre, Sainte-Beuve *lundisera* de plus en plus. Pareillement le *Chateaubriand et son groupe littéraire,* autre tableau de groupe arbitraire et souple, où pouvaient entrer non seulement les amis, mais les contemporains de Chateaubriand, nous rend le grand paysage de sources où se forme et d'où coule le cours des *Lundis.* Si Sainte-Beuve le laisse inachevé, c'est, dit-il, que la suite en est dans les *Lundis,* avec d'autres cours d'eau, et qu'au fleuve unique a succédé le bassin. Voyez-la, cette suite, dès le 18 mars 1850, avec l'article sur les *Mémoires d'outre-tombe,* et même déjà dès le deuxième *Lundi,* celui du 8 octobre 1849, avec l'article sur les *Confidences* de Lamartine. Dans la préface de septembre 1849, qu'il rédigeait pour le *Chateaubriand* à un moment où il avait déjà traité avec Véron pour entamer les *Lundis* à la rentrée d'octobre, Sainte-Beuve écrivait : « Dégagé de tout rôle et presque de tout lien, observant de près depuis bientôt vingt-cinq ans les choses et les personnages littéraires, n'ayant aucun intérêt à ne pas les voir tels qu'ils sont, je puis dire que je regorge de vérités. » Ce sont ces « vérités » sur la génération de 1820 qu'il va servir, après 1849, aux lecteurs du *Constitutionnel.*

Laissons de côté la question de l'envie, le péché capital dont on accuse généralement Sainte-Beuve. Mais en 1849 les grands poètes romantiques, qui avaient tous à peu près cessé de produire, pouvaient donner l'impression d'un groupe en liquidation. Il était même heureux qu'ils la donnassent, puisque cela ne pouvait qu'encourager la génération qui avait vingt ans en 1848, et lui permettre de tabler sur du neuf, de faire du neuf. Et les poètes romantiques ayant, comme leur père Chateaubriand, prétendu être des guides politiques, il apparaissait avec évidence en 1849 que cette ambition avait échoué, avait été une des causes de la Révolution de 1848. Cette Révolution « catastrophe immense dont nous faisons tous partie et dont nous sommes tous les naufragés » écrivait Sainte-Beuve en 1850, les esprits justes la considéraient maintenant comme un malheur, et l'infanterie, ou la garde nationale bourgeoise de ces esprits justes était faite précisément des lecteurs du *Constitutionnel.* L'impopularité de Lamartine avait commencé. Il y avait un monde, un public, pour lequel le terme de poète était devenu dérisoire. Sainte-Beuve ne pouvait tomber jusque-là, mais l'investiture de Véron, les vingt-cinq ans qui l'avaient fait regorger non seulement de vérités, mais de rancunes, le mouvement public qui le portait, cela même qu'on attendait de lui, allaient faire plus ou moins du Sainte-Beuve des *Lundis* un chef de réaction anti-romantique.

Et, ce qui est plus grave, de réaction anti-poétique. Évidemment, dans tout le cours des *Lundis,* Sainte-Beuve s'acquittera du nécessaire envers les poètes, les introduira avec bienveillance, surtout s'ils sont de second ordre et s'ils peuvent être introduits contre quelqu'un. Il découvrira même Théophile Gautier quand il s'agira de soutenir la candidature académique d'un romantique rallié, lui, à l'Empire... Mais sa malveillance contre Lamartine et Vigny ne désarmera pas. On sait son malaise et sa réticence devant Baudelaire. Et nous résumerons tout en l'irréparable de ces deux points : d'abord l'absence de Victor Hugo, exilé, pour les raisons qu'on sait, des *Lundis* ; et puis, dans l'article du 28 janvier 1850 sur Alfred de Musset, cette prévision : « Que restera-t-il des poètes de ce temps-ci ?... Un des poètes dont il restera le plus : Béranger... » Deux mois après, les *Mémoires d'outre-tombe* sont complètement sacrifiés à *René.* Il y avait chez

Sainte-Beuve un bourgeois qui devait se sentir chez lui au *Constitutionnel.* Et l'auteur de *Port-Royal* finit quelque peu dans la peau de Béranger, ce que nous ne lui reprocherons pas trop, vu que ce fut presque le cas de Renan lui-même.

Sauf ces réserves, et d'autres (et il n'y a pas de *beuvien* sans réserves) les *Lundis* sont l'œuvre du plus sûr liseur qui ait existé. Dans les auteurs des trois siècles, de Rabelais à Lamartine, on peut être certain que la citation qu'il choisit est la meilleure, le trait qu'il retient le plus typique, et il faut avoir passé dans un sujet après lui pour voir qu'à la manière des anciens, il s'est levé le plus matin, a cueilli les plus beaux fruits. Et puis, il ne faut pas que le terme des *Lundis* nous fasse oublier celui des *Causeries.*

La plume à la main, Sainte-Beuve est en effet le grand causeur de notre littérature, aussi agréable que Voltaire, aussi fort que Diderot. Il le savait bien quand, se débarrassant, le vieux serpent, de ses peaux successives, romantisme, catholicisme, sentimentalisme, mysticisme, il se découvre pour sa forme dernière et plus vraie l'esprit analytique et la sensibilité du XVIIIe siècle.

Qu'importent alors les « théories » qu'on lui a prêtées ou par lesquelles il a caractérisé un moment ou une coupe de son éternelle mobilité ? Physiologie, histoire naturelle des esprits : ne laissons pas ces étiquettes se coller sur lui ; magicien et non théoricien ; réfléchissant, et non pensant ; promeneur et non professeur ; douteur et non docteur ; fils de Montaigne, le plus authentique du XIXe siècle. Mais, sous la causerie et l'esprit, toujours, le sérieux et le substantiel : jamais, comme dans Montaigne ou Diderot, de la pensée pour l'amusement, ni un jeu gratuit.

Ses erreurs, comme les leurs, nous instruisent. Ses lacunes ne nous gênent pas, puisqu'elles sont comblées par ses successeurs. Par lui, et par lui seul, la critique est devenue la dixième Muse, il y fallait d'ailleurs un poète, le passage du poète.

Descendant le plus authentique de Montaigne, Sainte-Beuve est comme lui un homme-dialogue. Dialogue de Montaigne et de Port-Royal, dialogue du XVIIIe et du XIXe siècle, de la raison classique et des liaisons romantiques. Un dialogue avec des partis pris et des affirmations, des amours et des haines, mais toujours maintenu à l'état de

« causerie » non seulement avec le lecteur, mais avec soi-même, d'interrogation devant des problèmes sans cesse renouvelés. De ce point de vue, les *Nouveaux Lundis* ne paraissent pas si inférieurs aux premiers. Sainte-Beuve ne fut peut-être pas tout à fait le sénateur des *Lundis,* mais enfin les *Nouveaux Lundis* sont bien des *Lundis* de sénateur. L'histoire, la politique, en tirent des lumières nouvelles, la pensée du critique littéraire mûrit en pensée de critique social. Il est beau qu'il ait terminé sa vie d'écrivain, à peu près, avec un livre sur Proudhon, sur un dernier dialogue, d'une singulière élévation entre le bourgeois lettré, héritier de lettres, et l'écrivain peuple.

Une Somme des Sages Lettres. Tout bien pesé, de même que les *Essais* forment une somme de la sagesse lettrée, les *Lundis,* ou plutôt ce rayon de bibliothèque dont les *Lundis* forment le centre, nous ont donné une *Somme* des sages lettres. Deux sommes qui continuent les bonnes lettres anciennes et modernes, unissant le sens socratique du doute, le sens humaniste de la raison libérale, le sens constructif de la civilisation acquise. On fait honneur à Anatole France d'avoir appelé Sainte-Beuve notre Thomas d'Aquin. Le mot est du comte d'Haussonville, dans son livre sur Sainte-Beuve, de 1873, auquel l'auteur de la *Vie Littéraire* l'a emprunté sans le dire, et il n'en vaut pas moins. Mais plutôt nous mettrons les cinquante volumes de cette *Somme* sous l'enseigne des deux Saint Thomas, Thomas l'Apôtre qui sait douter, Thomas le docteur, qui sait construire, et, simplement, qui sait. Ce sont les deux « chemins qui marchent » de la critique, de cette critique dont Sainte-Beuve a construit la capitale à leur confluent.

TROISIÈME PARTIE

LA GÉNÉRATION DE 1850

I

LA GÉNÉRATION DE 1850

Lendemains d'Empire. Aucune génération littéraire n'aurait moins de raison que celle qui a vingt à trente ans vers 1850, de s'appeler une génération sans maîtres. Les hommes de cinquante ans lui en fournissent à foison. La poésie, le roman, le théâtre, la pensée, l'histoire ont été labourés et retournés par des charrues gigantesques, les jeunes gens avaient été enfants au temps où les gestes des semeurs s'agrandissaient jusqu'aux étoiles. Ils avaient grandi devant une assemblée des maîtres, au sens homérique de l'assemblée des dieux, au temps des Napoléons littéraires, comme ces Napoléons littéraires avaient eux-mêmes grandi de 1800 à 1815 sous le Consul ou l'Empereur.

Mais l'analogie peut se poursuivre. Le grand empire romantique avait connu, lui aussi, le destin de l'cmpire aux cent trente départements. Au théâtre, si *Ruy Blas* avait été Ligny, le Waterloo des *Burgraves* avait suivi. Le romantisme politique s'effondrait avec la République de Lamartine. On peut comparer au cimetière de Saint-Médard le Collège de France de Michelet, Quinet et Mickiewicz ; et il est inévitable que les jansénistes convulsionnaires fassent la fortune de Voltaire. Le silence lyrique de Lamartine, de Hugo, de Vigny, de Gautier, même de Musset, depuis 1840, creusait déjà un vide. Un malaise semblait réduire sur une ligne importante le romantisme à la défensive : on songe à ces années difficiles, à ce palier qui pour Napoléon commence à Essling et à Wagram. Talleyrand et Fouché, c'est-à-dire Sainte-Beuve et Mérimée, sentent la fin, l'heure préparée pour eux. 1850 fut un 1815 littéraire : Balzac meurt, Lamartine est annulé, et la nature avait préparé pour Victor Hugo une Sainte-Hélène confortable, en vue des côtes de France. Hugo allait remplir pendant vingt ans ce rôle d'émigré décoratif et de témoin, qu'avait tenu Chateaubriand sous la Monarchie de Juillet.

Comme Napoléon, cette génération était tombée par des fautes évidentes, énormes, des fautes de génie, et des ambitions surhumaines. Avec Balzac lui-même elle avait consommé ardemment la peau de chagrin. Il était naturel qu'elle fût, de la part de ses successeurs, l'objet d'un jugement. Jamais peut-être depuis 1815 on n'a vu une génération littéraire en réaction si claire et si consciente à l'égard de la génération précédente.

Réaction de l'intelligence contre le génie, soit ce qu'avaient été les dialogues Talleyrand-Napoléon, Sainte-Beuve-Hugo. Donc réaction critique. Obligée à un effort critique général contre ses prédécesseurs, il semble qu'elle ait placé tous les courants de la production littéraire sous le contrôle de la critique

Génération de critique. C'est par là que ses deux grands poètes, Leconte de Lisle et Baudelaire, se distinguent du romantisme, et des disciples du romantisme comme l'est leur prédécesseur Banville. Au contraire de celle de la *Légende des Siècles,* la poésie évocatrice, antique et « barbare » de Leconte de Lisle est passée par une vue critique (relativement critique, bien entendu, mais en est-il d'autres ?) de l'histoire. Et la poésie de Baudelaire se distingue de la poésie romantique en ce qu'elle n'est pas une effusion, mais une critique du cœur humain. Si elle se reconnaît un ancêtre dans la génération antérieure, c'est Joseph Delorme, Sainte-Beuve donc, et la critique. Aujourd'hui encore, aujourd'hui surtout, nous opposons Hugo et Baudelaire comme deux *natures* de la poésie, et il y a des baudelairiens qui méritent le suffixe des hugolâtres. C'est le génie et l'intelligence, c'est l'effusion et la critique qui s'affrontent.

Au théâtre, avec la naissance de la pièce à thèse, la critique des mœurs se substitue à la peinture des mœurs et à leur utilisation scénique. Le cas le plus typique est peut-être celui du roman. Le roman réaliste s'attache à l'observation critique, tandis que chez Balzac ou

George Sand, l'observateur était absorbé, noyé dans un courant créateur. Quand Flaubert succède à Balzac, c'est un critique qui succède à un poète. « Je tourne beaucoup à la critique, dit Flaubert dans une lettre de 1854. Le roman que j'écris *(Madame Bovary)* m'aiguise cette faculté. »

Mais surtout l'esprit critique occupe la critique proprement dite, lui donne une valeur, une portée et une fécondité hors de pair. On est frappé et instruit par le contraste, sous le Second Empire, entre l'absence, à la Chateaubriand, de Victor Hugo sur ce qu'il appelle son rocher, et la présence de son contemporain Sainte-Beuve, du jardin de Sainte-Beuve, qui dès 1850 est devenu le Sainte-Beuve des Lundis. Il acquiert cet apanage, cette souveraineté incontestée d'un genre, qui est si rare dans l'histoire littéraire. Et ses successeurs croissent sous ses yeux : c'est Renan et c'est Taine.

Génération de technique. Les grands hommes nés autour de 1800 avaient jailli en explosion extraordinaire de génie. On ne peut pas dire que le génie ait manqué à la génération des *Vingt ans en 1850,* mais elle l'a porté ou cherché avec discrétion, et ce qu'elle a mis au plus haut prix ce sont les talents, c'est la technique : techniques poétiques avec les maîtres et les épigones du Parnasse, techniques raffinées du roman et « affres » du style avec Flaubert et les Goncourt, révolutions techniques au théâtre avec Dumas, Labiche, Crémieux, Offenbach, raffinements techniques, dus à la nécessité de tourner la censure, dans l'article de journal. Il en est de l'art de cette époque comme de ses meubles : à cause de l'attention donnée à la technique plutôt qu'au caractère, il a perdu sa chaleur et s'est démodé bien plus vite que l'art romantique.

Les grands scolaires. La grande rhétorique du romantisme, des mouvements philosophiques ou historiques connexes au romantisme, est déclassée. Déjà, en janvier 1848, six mois avant la Révolution, Sainte-Beuve, dans ses notes, qualifiait Cousin de « sublime farceur » et écrivait (pour lui-même bien entendu) : « Les hommes comme Guizot, les doctrinaires et leurs disciples, et en général les phraseurs et les philosophes de tribune, perdent la France. » Sainte-Beuve, qu'ils avaient relégué au second plan, prend, sous le Second

Empire, une revanche d'observateur critique et de naturaliste des esprits, contre ces phraseurs et philosophes de tribune. Surtout il fait école auprès des jeunes gens qui réagissent contre la phrase et la tribune, les Taine et les Renan.

Mais cette réaction contre l'équipe des professeurs est œuvre de nouveaux scolaires et nullement d'anti-scolaires. La génération qui a vingt ans en 1850 sort des mains de ces professeurs. Elle a fait de bien meilleures études que la génération romantique, laquelle avait reçu, dans les premières années du Consulat et de l'Empire, une éducation de pièces et de morceaux, « confus mélange, dit Sainte-Beuve, où les restes des anciennes connaissances s'amalgamaient à des fragments de préceptes, débris incohérents de tous les naufrages ; on faisait la liaison tant bien que mal, moyennant une veine de phraséologie philosophique et philantropique à l'ordre du jour ». Avant de former des élèves il avait fallu que l'Université de Fontanes formât des maîtres. C'est seulement à partir de 1825 que les collèges, les séminaires aussi (réorganisés par l'Église en même temps que l'Université par l'État) donnent à l'ensemble de la jeunesse une forte formation humaniste, meilleure encore qu'avant la Révolution, et qui durera tout le XIXe siècle.

La génération qui en bénéficie est dès lors celle qui naît vers 1830 et qui a vingt ans en 1850. Elle ne ressemble pas à la génération des grands autodidactes romantiques. Elle a eu non des maîtres de hasard, mais des équipes de maîtres. La monarchie des professeurs, le régiment de Cousin, ont élevé des remplaçants et des adversaires. Quand la révolution naturelle des âges et la révolution politique coïncident pour amener à la lumière, vers 1850, la nouvelle génération active, il est naturel que de fortes et vivantes parties de cette génération se trouvent dans les rangs de la jeunesse normalienne. L'École Normale n'était-elle pas la fille aînée de l'Église laïque des Régents, le séminaire de la cléricature cousinienne ? L'importance de la grande, de l'unique génération normalienne de 1848-1850 vient de là. C'est la grande génération des élèves qui passe, comme sur un pont sur la génération des grands professeurs.

Ces normaliens sont des jeunes gens qui savent beaucoup et le premier d'entre eux, Taine, passe pour tout savoir. Ils sont ambitieux, ils désirent et ils connaîtront la vie. Ce n'est pas un hasard si l'un d'entre eux, Planat, fonde la *Vie Parisienne.* Laissant tomber l'oratoire et le transcendant du romantisme, ils sont d'autre part la première génération intellectuelle qui découvre Stendhal et Balzac, qui les digère comme système de vie et d'expérience des hommes. La cloche du réveil, rue d'Ulm, dit à ces jeunes bourgeois ce que le domestique du comte de Saint-Simon avait ordre de dire chaque matin à son maître : « Levez-vous, Monsieur le Comte, vous avez de grandes choses à accomplir. » Les consignés du jeudi et du dimanche ont droit à un livre de Balzac qui leur est offert par les camarades libres. Leur Julien Sorel c'est Paradol, qui publie en 1851, son premier livre : *Conseil à un jeune homme, du Choix d'un parti,* sous le pseudonyme de Lucien Sorel, et qui écrit alors : « Je ne reculerai devant aucune crainte pour sortir de ma médiocrité, et pour entrer dans le monde, qu'il faut prendre d'assaut. » Taine écrira sur Balzac et Stendhal les deux articles qui indiquent qu'ils ont doublé le cap et trouvé leur public. Le désarroi de Sainte-Beuve devant ces articles suffit à indiquer qu'il est de l'autre temps.

La brisure de 1871. On remarque que dans chacune des générations de 1789 et de 1820, il y a un moment intermédiaire, en principe un col, qu'elle franchit, et qui l'introduit sur un nouveau plan. Ou, si l'on veut, un tremplin sur lequel elle rebondit. Elle pourrait, de ce point de vue, se diviser en deux demi-générations. C'est la rentrée des émigrés en 1802, pour la première, et c'est pour la seconde l'entrée en masse des poètes, des professeurs, des publicistes dans les places en vue, en 1832 environ, ce que Sainte-Beuve appelait la trouée au centre. La génération de 1850, qui normalement finit entre 1880 et 1890, comporte un moment médian analogue, mais ce n'est ni un col, ni un tremplin, ni une trouée ; c'est au contraire un cassis, un trou, un chemin creux d'Ohain d'où elle sort sinon brisée, du moins déviée : 1871.

En 1871 les Renan, les Taine, les Flaubert, les Goncourt, les Dumas, tous ceux dont la jeunesse a commencé avec la retraite de Louis-Philippe, ont dépassé de peu la quarantaine : l'épreuve que la guerre et la Commune imposent à cette génération encore jeune est probablement la plus terrible qu'ait subie en bloc une équipe littéraire depuis le XVIe siècle. Au contraire des romantiques, elle avait été conduite, sauf chez les amuseurs professionnels du théâtre, à des conceptions pessimistes du monde. La philosophie, le roman, la poésie, dans leur représentation de la vie, paraissaient suivre la pente d'une réalité qui se défait. C'est avec une forte tendance à l'affirmative qu'elle se posait la question de Renan : « Qui sait si la vérité n'est pas triste ? » 1870 et 1871 lui donnèrent raison, la rechargèrent encore de sérieux, d'angoisses, de responsabilités.

De sérieux. Elle est la seule génération qui ait eu pour chefs non des héros de l'imagination, mais des hommes de philosophie et de science, Renan, Taine, Berthelot. La carence des pouvoirs temporels et religieux après 1870 les investit sous la République d'un pouvoir spirituel, sans commune mesure avec ce qu'il représentait sous l'Empire, ni avec les professeurs conformistes, tendancieux et officiels de la monarchie de Juillet.

D'angoisses. Taine y vécut, si Renan se précautionna contre elles avec une sagesse de chanoine. Le pessimisme de Schopenhauer trouve un terrain préparé. Les épigones de cette génération, poètes parnassiens et romanciers naturalistes, sont unanimement et profondément pessimistes. C'est avec une « épopée pessimiste de la nature humaine » que Zola s'efforce de succéder à Balzac.

De responsabilités. Là encore, le contraste avec la génération précédente est visible. En 1852, dans le célèbre article des *Regrets,* Sainte-Beuve remarquait que les chefs de la génération qui avait compromis et perdu, en 1848, la cause de la liberté politique, se croyaient simplement victimes du mal et des méchants. Critiquant ce qui se passait alors dans l'enseignement, et comme on lui faisait quelques observations. Cousin s'indigna : « Je crois à la vérité absolue, s'écria-t-il en rompant la conversation, je crois au bien. » Et Sainte-Beuve ajoute : « Il appelait apparemment le bien ce qu'il avait fait, le mal, c'était ce que faisaient les autres. » La génération que 1871 avait démontée crut, elle, à ses responsabilités. Elle a abondé en examens de conscience, écrits en vers et en prose. C'est elle-même, c'est cette génération justiciable des *Essais de Psychologie contemporaine,* qui s'est posé d'abord et qui a amené ses héritiers à lui poser la question de Bourget dans le *Disciple.*

C'est le bilatéralisme de la Révolution — au sens global que le mot prendra en 1830 — et de l'esprit du XVIIIe siècle. D'un côté l'enthousiasme, la poésie, le courant créateur des mondes. De l'autre côté l'analyse, la clairvoyance, la pratique de ce que les classiques nommaient le cœur humain. Ce serait trop peu de dire que la génération des enfants du siècle comporte deux familles d'esprits. Il faudrait parler de deux nations d'esprits. D'un côté les enfants du génie, les Lamartine, les Balzac, les Hugo, les Dumas, les Sand. De l'autre les enfants de la pensée, les Sainte-Beuve, les Mérimée, les Tocqueville. Entre les deux, les natures mixtes, les Gautier, les Nerval, les Musset. Entre les deux, surtout, ces rapports normaux de deux nations que sont les dialogues, les guerres, les mariages, les voyages, et un Coppet idéal, lieu de rencontre et de confrontation. 1850 posant la défaite de la nation du génie et la victoire de la nation de l'esprit. Mais le problème reste posé, le bilatéralisme subsiste, et les deux partis ne tardent pas à porter de nouveaux noms.

L'appel aux clercs. Les événements de 1870 ont de cette manière, pour un temps, rehaussé singulièrement l'autorité des lettres, le prestige des grands écrivains. Il fut généralement admis que la cause de cette catastrophe était une cause morale, que la France était malade, que la maladie requérait des médecins. Ceux-ci ne manquèrent pas ! On pourrait presque dire qu'une bonne partie de la littérature d'après-guerre est une littérature de consultations. Flaubert lui-même, fils de médecin, disait devant les ruines des Tuileries : « Dire que cela ne serait pas arrivé si on avait compris l'*Éducation sentimentale* ! »

Renan et Taine quittèrent leur chantier scientifique pour se faire, le second définitivement par les *Origines de la France contemporaine,* les médecins de la France. Dumas fils qui était déjà un directeur de consciences féminines, mit la comédie en thèse et le théâtre en tribune. À plus forte raison les philosophes, qui pouvaient voir là plus raisonnablement leur métier propre : le plan républicain de Renouvier s'oppose nettement au plan conservateur de Taine. Ces consultations s'affirmèrent et se heurtèrent d'autant plus que la France n'était pas encore fixée sur son régime politique, ni à plus forte raison, sur son parti religieux, que politiques et clercs la sommèrent de choisir dans leur sens, sous peine de déchéance éternelle.

Dans cette période républicaine de la génération de 1850, une place et une fonction hors de pair furent reconnues à Renan et à Taine, comme héritiers de Sainte-Beuve, délégués de l'esprit critique et de l'intelligence dans le monde des Lettres. À ce titre encore, cette génération qui sort de la vie à la fin du XIXe siècle, peut passer pour le type des générations à maîtres. Elle en fournit, comme elle en a reçu. La mort de Renan en 1893 fut suivie immédiatement d'une réaction contre lui, la réaction contre Taine fut différée un peu davantage. Mais il n'y a pas d'influence de ce genre contre laquelle une réaction, une contradiction, une tentative de remplacement, ne se produisent un jour. C'est le jeu nécessaire et normal des générations. Un maître est autant une influence contre laquelle on se construit qu'une action par laquelle on est construit. Il appartient ensuite aux petits-fils de voir et de juger si les fils ont remplacé avantageusement les pères, et de départager les deux générations antérieures. Il semble que le jugement des petits-fils, après 1914, ait été favorable à la génération de Taine et de Renan, et qu'il aient envié à leurs grands-pères des maîtres de cette envergure.

Les Cadets. On remarquera que, plus que les deux générations précédentes, cette génération comporte un groupe considérable de cadets, qui ont vingt ans entre 1860 et 1870 et qui formeront l'équipe propre de la Troisième République dans ses trente premières années. Ce sont les poètes parnassiens Coppée, Sully-Prudhomme, et aussi Verlaine et Mallarmé. Ce sont les romanciers de l'école des Goncourt et de Flaubert : Daudet, Zola, Maupassant. Sauf une exception capitale, et qui confirme la règle (celle des précurseurs du symbolisme, Verlaine à Mallarmé), on est frappé de voir comme ils se rattachent plus à la génération de 1850, d'où ils viennent, qu'à celle de 1885, vers laquelle ils vont. Les Parnassiens n'ont que peu ou point dévié des leçons de leurs Tétrarques.

Alphonse Daudet reste singulièrement marqué par l'esprit et les mœurs du Second Empire et le temps de M. de Morny. Zola, qui a écrit : « La République sera naturaliste ou ne sera pas », aurait été volontiers et a été dans une certaine mesure le romancier de la Troisième République. Mais d'une part il est né disciple, disciple de Flaubert et de Taine, d'autre part il s'est lui-même condamné à ne peindre dans les *Rougon-Macquart* que la société et les mœurs du Second Empire. La génération de 1885 a entendu réagir contre lui au même titre que contre Renan, les confondant bien dans une même génération. Et ces cadets, tous morts assez prématurément, disparaissent vers 1900 en même temps que leurs aînés : Coppée ne survit guère plus à Leconte de Lisle que Daudet à Goncourt et Zola à Dumas.

À la retraite de Victor Hugo et de Lamartine après 1851, il faut associer la retraite des régents, Guizot, Villemain, Cousin, retraite d'ailleurs académique, confortable, et rien moins que stérile en livres, rien moins surtout que stérile en regrets, pour reprendre ici le mot par lequel l'article célèbre de Sainte-Beuve enregistra leur démission. L'essentiel est ceci, que leur temps est passé, et que leur influence sur les esprits tombe à zéro. Ces hommes éloquents, ces hommes à principes, ces doctrinaires, ces dogmatiques, ces établis deviennent des ancêtres : contre eux, même pas de réaction — l'indifférence.

Le signal de cette indifférence est donné de manière frappante par cette École Normale qu'ils ont créée, la fille aînée des Régents. Pour la première fois l'École Normale, avec les grandes promotions de 1848-1850, fournit à la vie littéraire, à la vie de la pensée, un contingent capital. Or l'École Normale est tout l'opposé d'une école de créateurs (termes d'ailleurs contradictoires). C'est une école de l'esprit critique. Elle fournit à la génération de 1850, les cadres d'une équipe critique, destinée à relever la faction et la fonction de Sainte-Beuve : critique des idées avec Taine, critique politique avec Prévost-Paradol, critique des mœurs avec About, critique littéraire avec Weiss et Sarcey, critique historique avec Fustel de Coulanges. On remarquera que dans la même génération les deux autres grandes écoles délèguent à la même tâche deux autres maîtres de la critique : le séminaire de Saint-Sulpice Renan, l'École polytechnique le fondateur du criticisme philosophique, Renouvier.

Voilà un magnifique départ, et une tâche pleine de promesses.

Mais nous avons parlé du chemin creux d'Ohain rencontré par l'élan romantique. Faut-il croire que chaque génération littéraire, à mi-course, trouve le sien ?

Quand elle s'en va de 1880 à 1893, de la mort de Flaubert à la mort de Renan, il semble que la génération de 1850 ait fini par remonter une pente. Elle ne laisse pas du tout, comme d'autres, l'impression d'une faillite, d'une liquidation. Au moment où les successeurs se préparent à la remplacer, ses maîtres restent des maîtres, Renan et Taine comptent fortement. Les techniques du roman ne bougent guère. Celles du théâtre sont mal remplacées. Celles de la poésie ne sont pas ébranlées sans peine. Et une illusion générale fait que l'ère des révolutions paraît close. La génération de 1885, sera en effet depuis un siècle la seule qui ne connaîtra pas de révolution politique, de changements de régime, et qui devra tirer d'elle-même, comme lors de l'affaire Dreyfus, les angoisses et les tragédies que le dehors lui aura refusées.

II

L'HISTOIRE

La suit du mouvement de 1820. Le mouvement de 1820 avait créé un genre important et majestueux : l'histoire à considérations générales. Dans l'Académie des Sciences Morales et Politiques, cinquième Académie, celle que l'Institut de France doit à la monarchie de Juillet, et qui fut composée de sections, il y eut une section de l'*Histoire Générale et Philosophique.* Ce nom, aujourd'hui archaïque, constitue un témoin très exact de la température où vit et se développe l'histoire sous la monarchie de Juillet. Il ressemble à un portrait de M. Guizot. Il convient d'ailleurs à tous les historiens notoires de l'époque, à Michelet autant et plus qu'à un autre.

Cette histoire générale et philosophique était d'ailleurs une histoire informée. Précisément sous l'impulsion de Guizot, d'immenses publications de textes historiques avaient été entreprises, les *Documents inédits sur l'histoire de France,* auxquels l'initiative privée ajoute les publications de la *Société de l'Histoire de France.* Et beaucoup d'autres. Plus que toute autre discipline et toute autre littérature, l'histoire est un atelier, une coopération, une industrie intellectuelle, qui s'est organisée à cette époque. Son évolution ne ressemble pas à celle des autres genres littéraires. Les générations se succèdent moins rapidement, procèdent davantage par continuité, moins par contradictions, polémiques et remplacements.

Aussi la génération de 1850 a-t-elle a peu près continué en histoire la génération de 1820. Comme l'histoire est, au contraire de la poésie et du théâtre, un genre propre à la maturité des ans, et que l'historien, qui apprend continuellement, est moins affaibli qu'enrichi par l'âge, on ne s'étonnera pas que l'histoire du Second Empire, représentée encore en partie par les historiens de l'époque précédente, n'ait nullement marqué une réaction à l'égard de la génération ancienne. On chercherait en vain une telle réaction chez les deux grands écrivains qui ont bâti une partie de leur œuvre sur le terrain historique, Renan et Taine. Renan est un historien artiste comme Michelet. Autant Taine philosophe rejette et déclasse Cousin, autant il se déclare admirateur et disciple de Guizot, dont il continue dans les *Origines* l'histoire anti-révolutionnaire, conservatrice, libérale aussi, de type anglophile et oratoire, en outre. La production des *Histoires de France* à la Michelet, écrites superficiellement par un seul homme, des temps les plus reculés jusqu'à nos jours, se continue avec Dareste et le populaire Henri Martin. Guizot lui-même réalise, dans les loisirs de sa retraite politique, une de ses vieilles idées en écrivant une grande *Histoire de France racontée à mes petits-enfants,* et aussi une *Histoire d'Angleterre,* destinée au même public, fort dignes d'estime et de lecture, dans les limites de leur titre.

Ces réserves faites, il va sans dire que, dans des disciplines aussi florissantes que celles de l'histoire, une génération apporte toujours quelque chose de nouveau, et que celle de 1850 ne fait pas exception.

La Psychologie dans l'Histoire. Au titre d'« histoire générale et philosophique » qui désignait le premier ordre des historiens, soit ceux de l'Institut, la génération de 1820 aurait pu ajouter, comme troisième épithète, « pittoresque ». Celle de 1850 ajouterait plutôt : psychologique. Tout au moins en ce qui concerne ses deux grands noms, Renan et Taine. La psychologie religieuse, chez le premier, la psychologie révolutionnaire, la psychologie de Napoléon et même la psychologie de l'État français chez le second, voilà de grandes nouveautés, et si leurs résultats ne nous paraissent pas toujours durables, leur idée et leur méthode le sont. Saint-Sulpice doit être tenu en France pour une maison-mère de la connaissance des âmes, et la greffe de la philologie sur cette psychologie cléricale contribue à produire le fruit de l'histoire renanienne. Pareillement, si Taine philosophe est prédestiné pour l'histoire à considérations, il ne faut pas oublier qu'il est par ailleurs un admirateur de Balzac et un disciple de Stendhal. De là le caractère balzacien de la psychologie du Jacobin, le caractère stendhalien des brochettes de petits faits.

Les chères études. L'histoire générale et philosophique reste représentée dignement par les orléanistes, nobles libéraux ou grands bourgeois, écartés du pouvoir par l'Empire, et qui cherchent dans les études historiques un alibi à leur inactivité. Thiers jusqu'à l'Empire libéral, Guizot, en sont d'illustres exemples. Pareillement les descendants de Mme Staël, les Broglie, l'œuvre historique abondante et correcte du prince puis duc Albert, et les d'Haussonville, avec l'*Église Romaine et le Premier Empire* et l'*Histoire de la Réunion de la Lorraine à la France,* du premier, en attendant le grand ouvrage du second sur la *Duchesse de Bourgogne.* Tous de l'Académie Française, bien entendu. Le duc d'Aumale lui-même, commence en 1869 l'*Histoire des Princes de Condé.* Cette classe moyenne de l'histoire a de la tenue et de la probité. On ne saurait en dire autant de l'aventure historique où se compromet la maison d'en face : l'*Histoire de César,* de Napoléon III.

Mais l'histoire progresse souvent au sein d'une profession plus modeste que celle de prince ou d'homme d'État en disponibilité, à savoir celle de professeur. Vers 1830, l'histoire avait avancé par les professeurs : Guizot, Michelet. Il en ira de même à partir de 1850.

Les Professeurs. Il y a deux genres d'histoires de professeurs : l'histoire générale et oratoire, fille des chaires de la Restauration, et l'histoire de détail, fille des cabinets de travail de la rue Monsieur-le-Prince ou de la rue Cujas. À partir de 1855 cette dernière reçoit les encouragements de la Sorbonne. Le doyen de la Faculté des lettres, J. V. Le Clerc, déconseille péremptoirement aux candidats au doctorat les thèses de considérations générales et philosophiques et les dirige vers les sujets particuliers et l'érudition. Les indications officielles contribuent à orienter les recherches historiques vers des précisions, des soins techniques et critiques, lesquels étaient moins familiers à l'époque précédente et à l'école académique.

L'intérêt de ces recherches limitées, c'est qu'elles permettent de reviser sur les textes les lieux communs de l'histoire. L'histoire générale et philosophique est mal défendue contre les lieux communs, qu'elle n'a pas le temps de contrôler et qu'elle utilise tels quels dans sa bâtisse. À droite et à gauche, du côté Guizot comme du côté Michelet, elle est nourrie de ce que Flaubert appelle des idées reçues. La génération de 1850 a mis à l'ordre du jour historique l'étude des parties ingrates ou obscures de l'histoire, qui sont souvent les plus importantes, et le contrôle des idées reçues.

Chéruel avait été l'élève de Michelet, le professeur de Flaubert au collège de Rouen. Il met, par ses travaux considérables sur la première moitié du XVIIe siècle, le contre-poids du savant compétent dans une balance, à l'autre plateau de laquelle Victor Cousin s'agite avec légèreté, pétulance, et comique. Un professeur d'histoire remarquable, Camille Rousset, ouvrit les cartons d'une administration, celle de la guerre sous Louis XIV et en tira la grande *Histoire de Louvois,* qu'une nouvelle déclasserait sans peine, et qui pratique candidement la méthode hagiographique habituelle à ces monographies, mais qui nous fournit un type solide des travaux de détail en faveur dans la nouvelle école universitaire. Le même Rousset a donné le modèle d'une revision éclatante d'idées reçues dans son livre sur les *Volontaires de 1791-1794.* Le gouvernement le rendit un peu ridicule en ressuscitant pour lui la charge d'historiographe de France, qu'il conserva de 1864 à 1877 : des livres sur les guerres d'Algérie et de Crimée en sont le fruit. On ne rangera pas parmi les reviseurs autorisés d'idées reçues Lanfrey, l'auteur d'une *Histoire de Napoléon Ier* (1867-1874), pamphlet lourd et haineux digne de son *Histoire politique des Papes* (1860).

Fustel de Coulanges. Le maître de l'histoire pure pendant cette génération est Fustel de Coulanges, condisciple de Taine à l'École Normale, et dont la vie tient toute dans son enseignement et dans ses livres, deux registres qui ne se confondaient pas. La maxime où il proclamait le devoir historique « d'une vie d'analyse pour une heure de synthèse » ne se comprendrait pas si on la bornait à son œuvre écrite. L'analyse, c'était le labeur continu de l'érudit qui dépouillait les textes et du professeur qui apprenait à ses élèves à les dépouiller. La synthèse, c'était ou ce devait être quelques livres où il exposerait sans références, comme dans un rapport d'expert qui ne relève que de sa conscience, les résultats généraux de son travail.

Ses premières années d'enseignement à Strasbourg produisirent en 1864, un de ces livres, la *Cité antique,* livre d'un successeur de Montesquieu, qui reste un des chefs-d'œuvre de la littérature historique française.

De la littérature historique, car l'histoire tout court a pu lui adresser de graves critiques. Les cités antiques, grecques et romaines, y sont ramenées à cette abstraction qu'est la Cité. L'historien vérifie cette Cité, soit, essentiellement, la religion des dieux de la cité, superposée à une religion plus ancienne des ancêtres dans les familles. Ces deux croyances sont harmonisées et s'étayent réciproquement en une croyance qui forme la religion de l'État, et qui fournit ses cadres à la société antique. Quand ces croyances évoluent, les révolutions se produisent. Quand ces croyances disparaissent, la cité disparaît.

Synthèse d'une pureté et d'une intelligibilité admirable, qui se cristallise toute autour des textes historiques grecs et latins. Trop pure seulement et trop intelligible. D'abord, la réflexion nous suggère que les habitudes de la durée historique s'opposent à ce que ces successions d'événements se passent avec cette logique. Bien que Fustel ait eu la philosophie en complet dédain, il se comporte ici en idéologue à la manière de son contemporain Taine. Seulement chez lui ce ne sont pas les « petits faits » qui marchent à l'ordonnance, ce sont les textes. Et l'expérience des historiens leur a montré : d'abord que le sens philologique des textes laisse à désirer chez Fustel, ensuite qu'il manque de défiance devant ces textes et leurs auteurs, qu'il met sur le même pied l'autorité d'un texte de Thucydide et celui d'un compilateur de basse époque, ou d'une légende épique utilisée par Tite-Live, Pausanias ou Apollodore. On ne s'étonnera pas que la *Cité antique* n'ait plus d'autorité historique : mais l'*Histoire romaine* de Mommsen elle-même a-t-elle gardé la sienne ? La *Cité* reste au niveau littéraire des *Considérations* de Montesquieu et de l'*Ancien Régime* de Tocqueville : c'est encore bien beau.

Fustel avait l'intention d'écrire en quatre volumes une histoire des institutions françaises jusqu'à la Révolution, qui eût été pareillement l'œuvre de synthèse de son enseignement d'histoire moderne. Il en donna en 1875 le premier volume, qui allait de la Gaule romaine à la chute des Mérovingiens. Il y réduisait au minimum, contrairement à l'opinion acceptée depuis Boulainvilliers et fortifiée par la science allemande, le rôle de l'élément germanique. D'où, en ces années soixante-dix qui sentaient encore la poudre de la guerre, une levée de framées de l'érudition d'outre-Rhin, qui émut violemment Fustel, le conduisit à une méthode historique différente, soit à transporter devant le public lui-même la présentation et la discussion des textes, lui fit refondre tout ce volume de synthèse en volumes d'analyse, dont les derniers furent publiés après sa mort par Jullian, et qui, admirés par les historiens comme des chefs-d'œuvre de méthode et de laboratoire, le furent de confiance par le grand public, pour qui ils sont cependant à peu près illisibles, et qui n'en connaît que les résultats.

L'importance de Fustel tient d'abord à son mérite de professeur et à son rôle d'initiateur historique entre 1870 et 1885. Ensuite à la réforme qu'il a apportée au style de l'exposition historique et qui lui mérite une place éminente dans une histoire de la littérature. Le sien a une netteté et une précision de médaille, il est nettoyé de ces épithètes et de ces abstractions, de ce moralisme oratoire, dont les Régents de 1820 avaient propagé la mauvaise herbe. La langue écrite commune devient sous sa plume, une lumière commune de la raison. Il est, dans les deux sens du mot, le type de l'historien *intelligible.* Les *Quelques Leçons à l'Impératrice* sur l'histoire de France, qu'il écrivit pour la souveraine et ses dames d'honneur, et qu'interrompit la guerre de 1870, sont probablement, dans la langue française, le chef-d'œuvre de la « conférence » mondaine, qu'une femme du monde ou un enfant comprend, et où les spécialistes reconnaissent leur maître. Enfin l'œuvre historique de Fustel a été dirigée, victorieusement en somme, contre deux *idées reçues* du XVIIIe siècle : la *Cité antique,* contre cette idée reçue de la Révolution, qu'on peut comparer la cité antique à l'État d'aujourd'hui, utiliser Sparte à Paris et Plutarque dans les assemblées délibérantes ; les *Institutions* contre cette autre idée reçue, de la conquête germanique, mère du monde moderne. Les théories de Fustel n'ont pas évité le sort de toutes les théories historiques ; l'essentiel est que n'aient pu reparaître les idées reçues, objets de sa critique. La critique seule, en histoire, laisse bénéfice net et résultat définitif.

La *Cité antique* n'est pas sous l'Empire une œuvre isolée. L'attention se porte sur l'histoire ancienne plus qu'à l'époque précédente. L'*Histoire des Romains* de Victor Duruy, moins géniale évidemment que celle de Mommsen, reste une œuvre pleine de raison, un monument doctement bâti. Gaston Boissier a popularisé l'intelligence de l'histoire de Rome dans des livres judicieux, malicieux et vivants. *Cicéron et ses amis* a passé longtemps pour un modèle d'exposition, un classique de bachelier au même titre que *La Fontaine et ses Fables,* la *Cité antique,* les *Moralistes français.* Il n'est pas défendu de déclasser ces livres ; il serait moins défendu encore de les remplacer. Et on ne les a pas remplacés.

Après 1870. Les études historiques, en liaison avec l'enseignement de l'histoire, acceptent volontiers un patron officiel, comme Guizot l'avait été sous la Monarchie de Juillet. Ce rôle est tenu sous l'Empire par Duruy qui n'est pas un spécialiste du détail, mais qui encourage les ateliers de spécialistes. La création de l'École des Hautes Études met à la disposition des jeunes historiens un « séminaire ». Contemporaine de l'enseignement de Fustel, elle institue une école de précision dans l'étude des textes. Les historiens universitaires de la Troisième République doivent beaucoup à ces influences.

Littérairement, le plus remarquable d'entre eux est Ernest Lavisse, secrétaire de Duruy, précepteur du prince impérial. Lavisse continua sous la Troisième République, un *cursus honorum* qui rappelle celui des grands professeurs de la Monarchie de Juillet. Mais c'était en effet un grand professeur. Il y a chez lui une aptitude aux vues d'ensemble, un art de l'idéologie historique, qui rappellent Tocqueville. Pendant dix ans après la guerre de 1870, ses ouvrages concernèrent l'histoire d'Allemagne et celle de Prusse. Une grande histoire française de Frédéric II, placée au centre de l'histoire de l'Europe et du XVIIIe siècle, eût été un de ces magnifiques sujets à la manière du *Port-Royal* de Sainte-Beuve, par lesquels un historien ajoute à la civilisation qu'il raconte. Lavisse écrivit deux volumes séduisants sur Frédéric avant son avènement, mise au point à la Duclos d'excellents travaux allemands, et ne persévéra pas ; les manuels à rédiger, les collections à diriger, l'empêchèrent de laisser son monument, dont fit tant bien que mal office son *Louis XIV,* soit sa contribution à l'*Histoire de France* collective qu'il contrôlait. Ce *Louis XIV* éclate d'intelligence : intelligence de l'histoire plus qu'intelligence des hommes ; nous sommes tout de même loin de Michelet.

Lavisse avait vingt-huit ans en 1870, et il survécut plusieurs années à la grande guerre. Albert Sorel, qui était né la même année 1842, mourut en 1906. Ils forment un grand couple robuste, équilibré, contrasté, de l'histoire française d'entre les deux guerres.

D'un certain point de vue, cette histoire est un dialogue franco-allemand. L'Allemagne avant 1870 avait été conduite à la conscience nationale en partie par de grands historiens, Ranke, Mommsen, Treitschke. D'autre part son outillage de travail historique, dans les Universités, était hors de pair. L'œuvre de reconstruction et de réforme ne pouvait guère aller en France sans une attention analogue donnée à l'histoire, sans un bastion d'histoire française, sans des laboratoires d'histoire française, capables d'équilibrer bastions et laboratoires allemands ; un maximum de bonne foi et d'esprit critique était par ailleurs recherché. L'École des Hautes Études, la *Revue Critique,* la *Revue Historique* servirent de laboratoires, Lavisse et Sorel en furent des chefs de file.

Au contraire de Lavisse, et comme Taine après 1871, Sorel fut l'homme d'un seul monument, qui, sous le titre l'*Europe et la Révolution Française* est une histoire diplomatique de l'Europe de 1789 à 1815. Comme Lavisse avec son projet de *Frédéric II*, Sorel s'installait à un carrefour des chemins de l'Europe. Il s'agissait de former une jeunesse qui comprît l'Europe, et Sorel, lui aussi grand professeur, s'efforça de la former, il occupa à l'École Libre des Sciences Politiques, alors fondée pour créer des esprits politiques et un état d'esprit politique, la chaire bientôt la plus brillante. Il y professa avant de les écrire tous les chapitres de ces huit volumes, qui sont des volumes de synthèse, ou plutôt des thèses : continuité de la politique nationale et internationale entre tous les régimes et dans tous les

États, — justification de Napoléon qui avait reçu de la Révolution une France trop grande, et que cet héritage força au blocus continental et à sa conséquence, les guerres lointaines d'Espagne et de Russie. L'ouvrage est écrit avec beaucoup d'art et d'ingéniosité. L'influence de Sorel a été considérable sur toute la génération de diplomates entrés dans la carrière de 1885 à la grande guerre. Le style, séduisant, mêle aux formules de Tocqueville les élégances sévères des historiens doctrinaires. Des portraits factices et démodés alourdissent les premiers volumes. Dans l'ensemble c'est peut-être le chef-d'œuvre de la grande histoire académique et diplomatique. On le lit avec respect comme on parcourt, entre des Gobelins, une suite de salons d'ambassade.

Mais ce grand livre sur l'Europe n'a pas été tout à fait un grand livre européen. Les thèses systématiques de Sorel n'ont pas été suivies du tout en Angleterre et en Allemagne. L'histoire de la Sorbonne les a combattues, en des ouvrages peu lus, dépourvus de l'éclat littéraire et académique, mais peut-être plus solides. Les disciples ordinaires de Sorel ont été des historiens diplomates, imbus de la tradition du Quai, comme Albert Vandal, ou des techniciens de la tradition, comme Jacques Bainville. Il a vieilli sans être remplacé.

La même génération d'historiens académiques a donné deux œuvres sérieuses de grande histoire pour grand public : l'*Histoire de la Monarchie de Juillet,* de Thureau-Dangin, qui parut de 1884 à 1892, et l'*Histoire du Second Empire* très fortement écrite par Pierre de La Gorce. On trouvait à la même époque une information abondante, mais peu contrôlée, dans le *Napoléon et sa famille,* colonne Vendôme hagiographique de Frédéric Masson, et des travaux plus sûrs, mais animés du même feu bonapartiste, dans le *1814* et le *1815,* d'Henry Houssaye.

III

LES TÉTRARQUES

Les Quatre Maîtres du Parnasse. Le terme de Parnassiens ayant été trouvé en 1860 par des poètes qui n'ont pas trente ans en 1870, ayant servi de drapeau à une école qui a fleuri dans les vingt premières années de la Troisième République, risque de nous tromper. Ces jeunes poètes étaient en réalité les Épigones des quatre maîtres qu'ils appelaient les Tétrarques : Gautier, Leconte de Lisle, Banville et Baudelaire, dont les trois derniers avaient environ trente ans en 1850. Or le mouvement, l'invention, le génie poétique appartiennent aux Tétrarques. La *Turba magna* des Épigones fait la suite. C'est donc à la génération de 1850 qu'est incorporé réellement ce massif poétique dit du Parnasse, qui n'a été reconnu et nommé que tardivement, et qui prend place entre le romantisme de 1820 et le symbolisme de 1885.

Émaux et Camées. À vrai dire, des Tétrarques il y en a un, Gautier, qui entre en 1850 dans sa quarantième année, qui a abandonné à peu près la poésie pour les travaux du journalisme, et qui a figuré dans l'état-major du romantisme. On ne saurait guère voir dans le Gautier de 1830, d'*Albertus* et de la *Comédie de la Mort,* un précurseur de Leconte de Lisle, ni même de Baudelaire. Mais précisément, en 1852, il publie *Émaux et Camées,* simple plaquette qu'il allait un peu gonfler par la suite. Le titre autant et plus que le contenu sert d'enseigne parlante à une poésie objective et décorative. Le quatrain d'octosyllabes nerveux, cambré, pittoresquement rimé est alors une trouvaille, qui influe sur Baudelaire, sur le Hugo des *Chansons des Rues et des Bois,* sur le Parnasse. Par sa conversation colorée, ses paradoxes de technique, Gautier reste le seul romantique qu'on écoute ; enfin lui qui avait été seul à représenter dans le romantisme la liaison de la poésie avec la peinture, à déshabiller la Muse en modèle d'atelier, débouchait en 1852 dans une génération où ce paradoxe d'antan devenait pratique courante. De là l'importance de ce petit livre de vers qui valut sans doute à Gautier la dédicace des *Fleurs du Mal.* Nous conviendrons que, leur rôle d'agent de liaison terminé, ces *Émaux et Camées* ont singulièrement pâli.

Parmi les Tétrarques, Gautier figure un hôte d'honneur et un ancêtre. Les trois grands poètes de la génération de 1850 sont les trois autres Tétrarques, auxquels il faudra joindre les noms de Louis Ménard et de Louis Bouilhet, nés tous deux en 1822. Les cinq noms épuisent la liste des poètes marquants de cette génération, équipe intelligible et homogène, d'où se détache et fuse plus haut le génie de Baudelaire.

Contre la Littérature personnelle. Homogène par le même refus, le même *Non !* contre ce qu'avait déployé sur toute sa ligne la grande poésie romantique, à savoir l'exploitation lyrique et l'état des sentiments naturels et de la vie privée. Les foyers, les amours, les infidélités conjugales, unilatérales ou réciproques, des poètes romantiques ont nourri leur poésie et, imposés par eux, appartiennent à l'histoire littéraire. C'est ainsi que sous Louis XIV et sous Louis XV la vie sentimentale du prince, et son lever et son coucher, tiennent leur place dans la vie de la cour et dans l'intérêt public. Et d'ailleurs il s'agit encore du prince, puisque les plus illustres de ces poètes ont entendu plus ou moins gouverner leur pays. Est-ce qu'en 1849, à peine descendu du pouvoir, Lamartine ne publiait pas ces tomes de *Confidences,* sur lesquels se jetèrent les lectrices de province, mais que Paris n'accueillit pas sans étonnement ni ironie. La génération poétique de 1850 coupe court en effet à ces étalages ou ne les pratique que selon l'ancien usage, avec une discrétion extrême, et sous le coup d'une émotion rare : l'exception apparente de Baudelaire confirmera la règle.

La Poésie en 1850. C'est une génération sinon de poètes érudits, tout au moins de poètes instruits et techniciens. Les romantiques, venus d'abord dans l'âge moderne, après la coupure de la Révolution, avaient participé à ce bonheur des premiers arrivés, qui était, selon La Bruyère, celui des anciens, et qui fut au XVIIe siècle celui des écrivains qui suivirent immédiatement la fixation de la langue. Ils avaient, à fleur de terre, pris possession puissamment des sentiments communs, et pour l'amour, la mort, la pitié, la famille, la patrie, ils avaient tenu d'abord la place neuve du poète écho. Il fallait maintenant aller sous terre, exploiter le filon poétique en creusant avec l'outil, raffiner donc sur la technique, passer des sentiments généraux à des sentiments plus particuliers et rares, à ce que Sainte-Beuve, devant Baudelaire, appela avec une inquiétude soupçonneuse, le Kamtchatka.

Cette génération poétique se ferma ainsi, en partie, le grand public. L'époque impériale se désintéresse de la poésie, mais surtout la poésie se désintéresse de l'époque : l'œuf ou la poule, qui a commencé ? Ces poètes mettront vingt ans à sortir, à trouver l'audience, la gloire : le contraire du débouché dans la lumière, avant trente ans, qu'avaient connu les romantiques. Le contact entre la grande poésie et le grand public contemporain est coupé.

Ces poètes n'eurent pas de chefs, ne formèrent pas d'école, se fréquentèrent peu. Au contraire des romantiques, des Parnassiens épigones et des symbolistes, chacun à peu près joue sa partie malchanceuse en ordre dispersé. Cependant, à distance, et grâce au rayonnement de ses dernières années, Leconte de Lisle nous apparaît avec la taille et les grandes manières d'un général en disponibilité.

Leconte de Lisle. C'est un républicain de 1848 qui, après l'échec de son idéal, s'est réfugié dans la poésie, dans l'antiquité et dans les souvenirs.

L'écrasement de la liberté qui jette Hugo dans le messianisme, enfonce Leconte de Lisle dans un pessimisme absolu. À trente ans il a tiré de la vie cette expérience, qu'il est horrible d'être homme, honteux de penser et de vivre. Pas d'autre philosophie en lui qu'un désespoir, moins nuancé et moins humain que celui de Vigny, et qui a pour ancres l'orgueil, la misanthropie, la haine : « Je hais mon temps. »

En dehors de cette haine, du besoin d'émigration qu'elle implique, il n'a pas de raison majeure d'être poète, au sens lyrique où de son temps on comprend ce mot, quand on « chante ». Mais le monde des vers est pour lui un monde admirable, animé de sa vie propre. L'instrument qu'il tient est sûr, fort et fin. Il ne s'en servira pas pour animer de grandes causes ou déclarer de grandes passions, mais pour exposer de grands sujets.

Ces grands sujets sont ceux des religions antiques. Leconte de Lisle n'est pas du tout un poète religieux, mais au contraire furieusement antireligieux, le seul grand poète français, peut-être, qui ait haï le christianisme. Mais il est le poète des religions, le gardien puissant et proclamateur de leurs monuments vides, le conservateur d'un musée Guimet poétique. Il connaissait admirablement les grands poètes grecs et de la plupart il a donné de belles traductions en prose que leurs noms propres barbarisés font méconnaître aujourd'hui. (Moréas l'accusait de jouer de l'Homère sur le bobre madécasse, et il y avait de cela.) Mais surtout il les a utilisés dans les mythes helléniques et les paraphrases des *Poèmes antiques* qui relèvent plus de la cithare que du bobre. Ajoutons que le Second Empire est l'époque où l'on se met à traduire les épopées dites primitives, hindoues, scandinaves, finnoises. L'auteur des *Poèmes barbares* y découpe de larges pans de narration épique, où il remet autant de barbarie qu'en peut comporter l'alexandrin français, c'est-à-dire peu. Il n'a touché l'Asie que du dehors, en bibliothécaire. Sa Grèce de marbres blancs, de ciel bleu, de raison, de vérité, de noms propres, nous paraît aujourd'hui scolaire. Et il est remarquable que ce poète des mythes n'ait créé aucun mythe vivant, n'ait eu ni son *Centaure* ni son *Satyre.*

Venu de l'île Bourbon à vingt ans, après un voyage dans les îles de la Sonde, il en garda sinon la nostalgie, tout au moins les souvenirs d'enfance, qui lui inspirèrent d'admirables poèmes personnels, les seuls paysages tropicaux qu'il y ait dans la poésie française, et des évocations de la faune indienne qui font de lui un animalier extraordinaire, notre Barye littéraire.

Ménard et Bouilhet. Louis Ménard a peu écrit en vers, et cent beaux vers des *Rêveries d'un Païen mystique* ne suffisent pas pour faire sortir de l'ombre de Leconte de Lisle cet Alexandrin original et ingénieux. Mais il ne faut pas oublier parmi ces Parnassiens de la grande époque un poète provincial probe, bien doué et bien en place, Louis Bouilhet. Sainte-Beuve voyait en lui un disciple de Musset : à tort, bien qu'il y ait quelque liaison entre la strophe épique de *Melaenis* et celle de *Namouna.* La vraie liaison (sans imitation) est d'un côté avec Leconte de Lisle, puisque *Melaenis* est un grand poème archéologique d'une forme robuste, et que Bouilhet dans les *Fossiles* se fit l'animalier parfois heureux de la faune antédiluvienne et le peintre des paysages de l'époque secondaire ; d'un autre côté avec Flaubert, dont il était le compatriote, l'ami et le conseiller, et dont la prose archéologique équilibre la poésie archéologique du Parnasse ; par là ce groupe d'art érudit, décoratif et solide fait bloc.

Théodore de Banville. N'en croyons pas tellement éloigné le génie aimable, éclatant et heureux de Théodore de Banville. Certes, si la littérature de l'Empire montre d'un côté un visage pessimiste, de l'autre un visage frivole, on peut tenir, dans une certaine mesure, Banville pour son délégué à quelque frivolité. Son clair optimisme forme un contraste parfait avec le pessimisme radical de Leconte de Lisle. Et, au contraire encore de celui-ci, le zèle pour la forme est associé chez lui à une facilité ovidienne. Né cinq ans après Leconte de Lisle, il débute dix ans avant lui en 1842, avec les *Cariatides,* un titre déjà parnassien. Il invente avec les *Odes funambulesques* un esprit du lyrisme gratuit, de la rime en calembour, de l'allusion contemporaine qui fait de lui l'Offenbach de la poésie, et qui ne s'est éventé qu'après avoir engendré pendant deux générations toute une école.

Et lui aussi fait, comme un bon Tétrarque, ses fouilles dans le passé. Les *Exilés* sont des fragments épiques de grande allure, le *Forgeron* peut passer pour le seul mythe grec vivant, créé et créateur, qu'ait laissé le Parnasse, et par les *Trente-six Ballades joyeuses à la manière de François Villon,* et les *Rondels composés à la manière de Charles d'Orléans,* il ramène dans la poésie le rondeau et la ballade, comme Sainte-Beuve y avait ramené le sonnet. On l'imagine d'ailleurs au xve siècle, grand rhétoriqueur, poète de cour attaché aux maîtres de la Toison d'Or, aux seigneurs des meilleurs vins de la chrétienté.

Les fouilles de Banville dans le passé sont divertissement, et non, comme celles de Leconte de Lisle, émigration. Leconte de Lisle hait son temps, Banville en le moquant l'adore. Il fallait qu'en outre cette génération eût son très grand poète, celui qui vécut et sentit et rendit puissamment, tragiquement, son temps. Il ne lui manqua pas : ce fut Baudelaire.

IV

BAUDELAIRE

Poésie héroïque et poésie intérieure. La poésie romantique est une poésie héroïque et le poète romantique cultive les attitudes héroïques, le décor héroïque. Il vit sinon dans un perpétuel contentement et une perpétuelle présentation noble de lui-même, du moins dans les conditions, les responsabilités et les exigences de sa gloire. Lamartine et Victor Hugo prennent assez ordinairement l'attitude d'un monument à sculpter sur leur tombeau, et ce sont, comme leur père Chateaubriand, des artistes en destinée, en leur propre destinée. Il en va de même, au fond, d'Alfred de Vigny et d'Alfred de Musset, qui ont besoin d'amours illustres, expriment leurs peines et leurs dégoûts par des proclamations oratoires comme *Rolla* et *Chatterton*. Leurs misères sont misères sinon de rois dépossédés, du moins d'orateurs réduits au silence. Quand Chateaubriand déclarait qu'il était las de tout et qu'il ne demandait qu'une cellule pour y finir sa vie, un ami murmura : « Oui, une cellule sur un théâtre. » C'est assez le caractère de la cellule romantique, s'appelât-elle la *Maison du Berger*.

Mais à ce déversement du poète vers l'extérieur s'opposera, chez d'autres natures poétiques, une conversion du poète vers l'intérieur ; à ce sentiment de la grandeur une conscience de la misère ; à cet illusionnisme de magnificence, un réalisme du vice et du péché ; à l'instrument éclatant sur lequel une peau sonore est tendue, ce cœur ténébreux de l'homme, qui, selon l'expression de Pascal, est creux et plein d'ordure ; à la cellule sur un théâtre un confessionnal dans les ténèbres. C'est à peu près à cette fonction que le génie des balancements et des contrastes inhérent à une littérature saine délègue en 1829 les *Poésies de Joseph Delorme* de Sainte-Beuve, en 1857 *Les Fleurs du Mal* de Baudelaire.

Sainte-Beuve précurseur. Quand parurent *Les Fleurs du Mal,* Sainte-Beuve dit : « *Joseph Delorme,* c'est *Les Fleurs du Mal* de la veille. » À quoi un fleuriste, qui vend les fleurs de la veille à moitié prix des fleurs du jour, répondrait que Sainte-Beuve se rend justice. Mais celui-ci entendait bien ne mettre l'accent que sur son rôle de précurseur et par là, lui aussi, en somme, il se rendait justice.

Son originalité, en 1829, était aussi incontestable que méconnue. C'était un poète clairvoyant et triste, qui ne trouvait sa poésie que dans cette clairvoyance et cette tristesse, ne la projetait pas autour de lui en illusions ornées. Lui-même opposait avec une mélancolie qui tournera vite en aigreur sa place de poète sacrifié, inquiet, peu aimé, au rayonnement olympien de Victor Hugo, son habitude des ténèbres à cette familiarité de la lumière. Baudelaire admirera très fort, et avec raison, la pièce de la *Veillée* écrite le 22 octobre 1828 et dédiée à Victor Hugo où s'éclaire le contraste saisissant des deux destinées.

Mais s'il serait tout à fait injuste de dire que ce poète triste est un triste poète, tout au moins pourra-t-on avouer que ce poète clairvoyant n'est pas un très grand poète. C'est ainsi que cette pièce de la *Veillée* commence par trente-quatre vers qui sont beaux, qui en paraissent le versant ensoleillé, échauffé d'ailleurs par le rayonnement hugolien, tandis que les dix-huit derniers, un nord froid et bas, l'achèvent dans une platitude désespérante. Et c'est cette platitude qui, si fréquente dans Sainte-Beuve, a rebuté tant de lecteurs, a dès les *Pensées d'Août* découragé et fait disparaître dans l'indifférence publique cette originale poésie, l'a rejetée en effet à l'état de fleur de la veille.

La Poésie de Baudelaire. La fleur du jour, c'est la fleur de la veille plus la floraison. La poésie de Baudelaire, c'est la poésie de Sainte-Beuve plus la poésie. Je veux dire la matière de cette poésie plus le rayon et le génie de la poésie pure, aliment de lumière, réservé aux dieux, et auquel Sainte-Beuve n'a pas goûté. On distinguera dans les *Fleurs du Mal* cette matière et ce rayon.

La matière commune à la poésie de Sainte-Beuve et de Baudelaire est faite de quatre éléments : un christianisme intérieur, une intelligence critique, la vie secrète d'une grande capitale, Paris, enfin une alliance avec la prose.

1. Un christianisme intérieur, contraire au christianisme transmis aux poètes romantiques par Chateaubriand et par l'esprit du *Génie* de 1802. Contraire en ceci, que le christianisme des romantiques est un christianisme sans la conscience du péché originel, c'est-à-dire un christianisme évidé de sa substance et réduit à l'écorce. Or le péché originel, ce mal de la volonté, Sainte-Beuve en ébauche le poème dans *Joseph Delorme,* il en écrit le roman d'analyse dans *Volupté,* et ce n'est pas tout. Comme il est avec cela un grand critique, un grand historien de l'histoire naturelle des esprits, il va avec *Port-Royal* chercher le péché originel dans cette doctrine et ce personnel janséniste qui en ont été en France comme la maison mère ou le laboratoire. On remarquera d'ailleurs que le port-royalisme de Sainte-Beuve ne survit guère à sa poésie morte jeune et qu'après le deuxième volume de *Port-Royal* l'esprit du XVIIIe siècle dont Baudelaire aura toujours horreur gagne de plus en plus chez le critique. Mais chez Baudelaire le sentiment de l'homme pécheur, originellement, naturellement et affreusement pécheur, « le spectacle ennuyeux de l'immortel péché » demeurent immuables. Le péché a marqué la nature : Baudelaire déteste la nature. « La nature ne peut conseiller que le crime. » L'homme naturellement bon est un rêve insensé du XVIIe siècle, aggravé par les Hugo et les Sand. « La femme est naturelle, c'est-à-dire abominable. » Toute civilisation vraie est une réaction contre la nature, une atténuation au péché originel. Et « toutes les hérésies actuelles ne sont que la conséquence de la grande hérésie moderne : la suppression de l'idée du péché originel ». Pour la première fois depuis Racine revient authentiquement et pleinement une poésie du pécheur et du péché.

2. Une intelligence critique. Nous avons deux volumes d'essais critiques de Baudelaire. Tout le monde convient que sa critique est avec celle de Sainte-Beuve une des plus intelligentes et des plus pénétrantes du XIXe siècle, aussi aiguë, aussi en avance quand il s'agit

de juger *Madame Bovary* que lorsqu'il s'agit de présenter Wagner ou Delacroix. Mais cette intelligence critique, comme poète il l'applique surtout à lui-même. *Un Voyage à Cythère* demeure le poème type d'une clairvoyance atroce. *L'Examen de Minuit* est l'examen de conscience même de la vie de Paris. Baudelaire a prononcé le mot de « confessionnal du cœur » et ce mot correspond bien pour lui à une réalité. Sa lucidité sur l'homme est de la famille de la lucidité de Pascal, qui aurait vu dans le poète le plus intelligent des réprouvés. Rien en tout cas n'est plus éloigné du puissant illusionnisme et de la noce d'or romantiques.

3. Un sentiment aigu de Paris. Si Victor Hugo a été le poète du décor de Paris, de ses commémorations, des grands courants qui ont traversé ses citoyens et brassé son histoire, si Sainte-Beuve a découvert les paysages des banlieues pauvres et du Paris populaire, Baudelaire en a extrait l'âme, une âme raffinée et perverse, l'âme de ses nuits, l'âme de son spleen. *Le Spleen de Paris* n'a-t-il pas été le titre primitif des *Poèmes en Prose* ? Paris a fait la gloire de Baudelaire lentement, en l'espace d'un demi-siècle par des découvertes successives, par la conscience que prenait la grande ville de son secret, de son poison, de son poète.

4. Une alliance enfin avec la prose, alliance qui est quelque chose d'original et qu'il ne faut pas prendre pour une déchéance. L'échec poétique de Sainte-Beuve, à l'époque même où le vers français contint son maximum de musique et de ciel, ne vint-il pas surtout du prosaïsme, ou plutôt des prosaïsmes qu'il y mêlait, que nous avons appris à goûter d'une certaine façon, mais qui blessaient les oreilles des contemporains par leurs rugosités, offensaient les amis, alors comblés, de la poésie forte et pure ? Il y a pareillement un prosaïsme de Baudelaire, ou plutôt il y a le problème du prosaïsme de Baudelaire, ce que les uns appellent dans ses vers, platitudes ou incorrections, est tenu par les autres pour une nudité volontaire destinée à produire un effet comme ces parties non taillées que Rodin laisse dans ses marbres. Voyez par exemple les prosaïsmes dont est semé l'admirable poème du *Cygne.* Les uns sont scandalisés de le voir se terminer par cette platitude :

Ainsi dans la forêt où mon esprit s'exile
Un vieux Souvenir sonne à plein souffle du cor !
Je pense aux matelots oubliés dans une île,
Aux captifs, aux vaincus !... à bien d'autres encor.

D'autres admirent précisément que le poème ne s'achève pas, que ses derniers vers ne soient que des rêves ébauchés, dans un langage et des images eux-mêmes ébauchés et le dernier vers leur paraît d'une musique immense. Ils pensent que des Parnassiens auraient placé, conformément à leurs recettes et à leurs habitudes d'école, cette strophe opulente à la fin :

Andromaque, des bras d'un grand époux tombée
Vil bétail, sous la main du superbe Pyrrhus
Auprès d'un tombeau vide en extase courbée,
Veuve d'Hector, hélas ! et femme d'Hélénus !

Et ils estiment que d'avoir passé dans la poésie et la sonorité pour s'abattre dans la prose et dans le balbutiement d'une voix mélancolique qui s'éteint, le poème est plus consubstantiel au tableau ou au mythe du cygne égaré sur le pavé sec et dans la poussière de Paris. Tous les prosaïsmes de Baudelaire donneraient lieu à de pareilles discussions.

La vérité est qu'il y a un rapport baudelairien d'une prose nue et d'une poésie pure incorporées également au vers, — que l'une et l'autre ont longtemps inquiété et blessé des oreilles conformistes, accoutumées à des consonances traditionnelles, — que, comme c'est ordinaire, non seulement on s'est habitué à cette dissonance, mais on y a reconnu un art plus subtil, et plus délicat que l'art de la consonance, qui est par exemple celui de Gautier ; que si d'ailleurs une défaillance peut devenir une beauté, que si défaillance et dissonance sont ici indiscernablement mêlées, il n'en reste pas moins que Baudelaire, poète très supérieur à Gautier, ne connaissait pas sa langue et la grammaire de sa langue comme Gautier ; qu'il n'eût pas écrit la dédicace lapidaire des *Fleurs du Mal* à Gautier s'il n'eût été le premier à se rendre compte de cette infériorité.

Les *Limbes*, devenus *Fleurs du Mal*. Il est des baudelairiens fanatiques qui ne veulent pas reconnaître la moindre défaillance dans la beauté de Baudelaire, la moindre paille dans son métal. Mais je crois que même parmi ceux-là nul ne défendra le titre ridicule et rococo des *Fleurs du Mal.* Il paraît qu'il fut conseillé par les libraires comme plus « public ». Il est fâcheux que le poète n'ait pas chassé ces marchands du temple, et qu'il ne s'en soit pas tenu au titre qu'il avait d'abord choisi : les *Limbes,* qui eût beaucoup mieux marqué le caractère catholique du poème.

D'après une tradition théologique qui a déjà fourni à Casimir Delavigne le sujet d'un poème (le seul bon poème qu'il ait écrit) les limbes seraient une sorte de quatrième état de la topographie d'outre-monde, ni le paradis, ni le purgatoire, ni l'enfer, un lieu sans joie ni peine, réservé aux enfants morts sans baptême, aux païens infidèles, aux hérétiques de bonne foi et de bonne vie, tradition que d'ailleurs l'Église catholique n'a nullement consacrée, que le catéchisme ignore, et qui n'a jamais pris une forme précise. Le catholicisme moins religieux que philosophique et littéraire de Baudelaire avait besoin d'un lieu intermédiaire, particulier, original où se loger entre Dieu et le diable. Le titre des *Limbes* marquait cette localisation géographique des poèmes de Baudelaire, permettait de mieux apercevoir l'ordre que Baudelaire a voulu établir entre eux, qui est l'ordre d'un voyage, et précisément d'un quatrième voyage, un quatrième voyage après les trois voyages dantesques de l'*Enfer,* du *Purgatoire* et du *Paradis.* Le poète de Florence continué dans le poète de Paris.

Les *Limbes* (rendons-leur provisoirement ce titre) de 1857, auxquels les éditions suivantes des *Fleurs du Mal* n'ont rien ajouté d'essentiel, sont divisés en six parties où Baudelaire a classé soigneusement les poèmes écrits sans ordre pendant quinze ans, et il a voulu que ces six parties représentent les six moments d'une « alchimie poétique » de la destinée, ou plutôt les six étapes d'un voyage de la vie à la mort, à travers un pays et un paysage catholique, désignés et circonscrits par le poème initial *Au Lecteur.*

La première partie, *Spleen et Idéal,* contient plus de la moitié du recueil. Elle représente en effet la condition réelle, la condition humaine de Baudelaire. Et aussi sa condition professionnelle, celle du poète. La condition du poète ! On sait quelle figure monumentale le romantisme, Lamartine, Hugo, Vigny, Musset, ont par le lyrisme, le théâtre, la politique, conféré à ce problème. Il est naturel et nécessaire que la première pièce de *Spleen et Idéal* soit *Bénédiction,* ce *Chatterton* à la troisième puissance dont l'*Albatros* était une ébauche, placée ici à la suite du tableau. Les quatorze poèmes qui suivent jusqu'à *Châtiment de l'Orgueil* pourraient dès lors s'appeler la *Comédie Poétique,* au sens de la *Divine Comédie.* Puis viennent le poète devant les formes, devant la *Beauté* et, à partir de la *Chevelure,* le poète chez les femmes, le poète devant la femme, soit, pour rappeler des précédents (car Vigny représente une manière d'Ancien Testament de Baudelaire) après *Chatterton* et la *Maison du Berger,* la *Colère de Samson.* Colères, adorations, humiliations, luxures, sensualités des fourrures ou des parfums qui ajoutent leurs harmoniques à la note terrible de la Vénus noire ou de la Vénus publique — puis l'autre, l'ange gardien, la Muse et la madone, la très bonne et la très chère, celle de *Confession,* de *Chant d'Automne,* et de l'*Invitation au Voyage ;* ces vers d'amour qui tiennent presque la moitié de *Spleen et Idéal* se terminent en la saison du *Sonnet d'Automne,* que suit avec *Tristesse de la Lune* le premier poème de *Spleen ;* puis, avec quelques dissonances causées par la nécessité de trouver une place à tous les poèmes écrits depuis quinze ans, les vingt derniers poèmes appartiennent au *Spleen,* pour se terminer par le *Goût du Néant,* l'*Alchimie de la Douleur,* l'*Heautontimorouménos,* l'*Horloge,* ce poème final, qui est le poème du désespoir absolu et qui donne rigoureusement son contrepoids au premier, *Bénédiction.*

Le premier cycle, à lui seul, formerait un tout. Mais un second cercle commence, à la manière des cercles, des *bolge* dantesques. Ce sont les dix-huit poèmes des *Tableaux Parisiens.* Il y a une *Comédie Poétique* pour le poète. Et il y a aussi pour l'homme habitué aux « plis sinueux des vieilles capitales » une comédie parisienne, qu'il ne faut pas prendre davantage au sens comique, mais tragique. La vieille capitale du grand poète de Paris vit pour lui, vit en lui comme une femme, comme ces femmes mûres, lourdes de souvenir, de passé et de péché qu'il a seules aimées. Les *Sept Vieillards,* les *Petites Vieilles,* le *Crépuscule du Matin* sont mal nommés *Tableaux Pari-*

siens : c'est le cœur de Paris, son secret, sa mystique. Baudelaire a haï la nature, mais il recrée ici une capitale comme une nature.

Une capitale, une foule, c'est un motif de fuite, de fuite dans l'anonyme, parmi les hommes et parmi les femmes, ces arbres de la forêt, et où l'on oublie tel homme et telle femme. Mais cette fuite et cette perte, on les trouve aussi bien et mieux hors des hommes, sans les hommes. À Baudelaire poète de Paris, le troisième cycle fait succéder Baudelaire poète des Paradis artificiels, qu'il a, avec l'aide de Thomas de Quincey, longuement décrits ailleurs. Ici il n'en retient qu'un, le seul qui ait des titres de noblesse poétique, le Vin. Des cinq petits poèmes du Vin, Baudelaire a voulu faire un cycle, une section autonome de son livre, au même titre que des cent poèmes de *Spleen et Idéal.*

Le voyage devient de plus en plus périlleux, attire de plus en plus la réprobation, d'ailleurs sollicitée, de l'« hypocrite lecteur, mon semblable, mon frère ». À la vie normale du poète romantique, à la vie secrète de Paris, au péché de l'ivresse, succède, pour former le quatrième cycle, le Mal. Le titre de *Fleurs du Mal* est réservé particulièrement à douze poèmes, les douze apôtres du diable, les plus osés du livre, ceux-là même que les tribunaux ont obligé Baudelaire à supprimer : *Une Martyre, Lesbos, Femmes damnées.* Et le *Voyage à Cythère* qui est le onzième, nous paraît la forme la plus audacieuse et la plus forte qu'un grand poète ait donnée à une confession, à un vêtement de prophète qui se déchire du haut en bas. Après le cercle du vin le cercle du vice, du vice clairvoyant, du vice désespéré, du vice puni.

Puisque le poète refuse l'illusionnisme romantique, la dissimulation lâche, l'ignorance et les masques, tout ce qui est le vice dans le vice, puisqu'il a opté pour la « conscience dans le mal », quel cercle se creusera donc sous le cercle du mal ? Celui de la révolte. Après avoir opté pour le mal, le poète optera pour le chef du mal, pour le diable. Les trois seules pièces de *Révolte,* le *Reniement de saint Pierre, Abel et Caïn,* les *Litanies de Satan,* Baudelaire a voulu qu'elles aussi fissent un cercle, un cycle. Ce sont les frontières des limbes et de l'enfer, à la manière dont les paradis artificiels regardaient vers le paradis. Et il suffit de lire ces trois pièces et de regarder dans les yeux le masque de Baudelaire pour se convaincre que tout cela reste terriblement sincère, et que, lorsque Brunetière appelle Baudelaire un Belzébuth de table d'hôte, c'est Brunetière seul qui est à la table d'hôte, qui y fait le funambulesque major.

Un sixième cycle reste seul possible : la Mort. C'est le titre des six poèmes de la dernière partie. Ils légitiment le titre primitif du recueil. La mort baudelairienne n'est ni un espoir de paradis, ni une épuration par les épreuves, ni une chute dans l'enfer. C'est un passage dans les limbes que méritent les *Amants,* les *Pauvres,* les *Artistes.* C'est la *Fin de la Journée,* c'est le *Rêve d'un Curieux.* C'est enfin le *Voyage.* Cette pièce du *Voyage* met le point final à ces poèmes d'un voyage à travers le monde humain, sur les frontières du monde humain, hors du monde humain. La condition humaine est affreuse, mais elle n'est pas la seule. Sur les débris de la vie et loin de l'humanité, en avant !

Ô Mort, vieux capitaine, il est temps ! Levons l'ancre !
Ce pays nous ennuie, ô Mort ! Appareillons !
Si le ciel et la mer sont noirs comme de l'encre
Nos cœurs que tu connais sont remplis de rayons !

Le *Voyage* par là rejoint la *Bénédiction,* le dernier cercle revient au premier, comme dans le poème de Nerval, la treizième heure revient sous la forme de la première. Le voyage des *Limbes* sur une crête entre l'enfer et le ciel est terminé. Tel était le message confié à Baudelaire. Poète, il n'avait rien d'autre à dire, pas d'autre livre à donner que les *Limbes.* Il eût vécu plus longtemps qu'il eût simplement ajouté d'autres poèmes au livre unique, dont ses papiers, ses journaux intimes, forment le commentaire, et en lequel Paris a reconnu depuis trente ans sa *Divine Comédie.*

V

LES ÉPIGONES

Les Parnassiens. Une vingtaine d'années après les Tétrarques naît la volée de leurs disciples, à la date moyenne de 1840, soit Léon Dierx en 1838, Sully-Prudhomme en 1839, Heredia et Coppée en 1842, Catulle Mendès en 1843, Anatole France en 1844. Ils débutent à la fin de l'Empire. Ce sont les Parnassiens proprement dits.

Ils trouvèrent en effet ce nom, ou plutôt les petits journaux leur trouvèrent ce nom, parce que le recueil collectif de vers que publia en 1866 le libraire Lemerre, qui débutait comme éditeur de jeunes poètes s'appelait le *Parnasse contemporain.* On était parnassien d'ailleurs à très bon compte ; il suffisait de rimer correctement et de se déclarer contre la facilité, la sentimentalité, la banalité. C'est-à-dire contre des substantifs et contre de mauvaises habitudes, mais non contre des personnes. Ces jeunes poètes étaient extrêmement respectueux, de mise et d'habitudes correctes, généralement employés de bureau : ils demandèrent, pour leur premier recueil, des vers à Auguste Barbier lui-même. Vénérant M. de Lamartine, ils en étaient réduits à se chercher des adversaires parmi ses disciples de province et les Muses de département. Des poètes de la génération romantique, les Parnassiens ne déclassent guère que Béranger. Hugo reste le dieu et ce sont les Parnassiens eux-mêmes qui constituent leurs prédécesseurs en tétrarchie pour leur apporter l'hommage.

Ils sont de grands disciples. Ils n'introduisent aucune fulguration, aucun frisson nouveau. Il serait regrettable qu'ils n'eussent pas existé, mais s'ils manquaient il ne manquerait sans doute rien de capital à la poésie française. Il y a parmi eux des élèves de grands ateliers, ceux de Leconte de Lisle, de Banville et de Baudelaire. Beaucoup des poètes parnassiens appartiennent d'ailleurs à deux ou trois de ces ateliers : Coppée et Mendès ont travaillé selon l'occurrence d'après n'importe lequel des Tétrarques.

Ce n'est pas là une critique. D'abord il est nécessaire et sain que de grands poètes fassent école. Ensuite, les Tétrarques, élèves eux-mêmes souvent, de Hugo ou de Sainte-Beuve, avaient inspiré bien d'autres poètes que leurs Épigones. L'influence des *Poèmes antiques* n'est pas étrangère à la *Légende des Siècles,* ni celles des *Émaux et Camées* aux *Chansons des Rues et des Bois.* Enfin les Épigones du Parnasse retenus par la postérité l'ont été en raison de leur originalité, qui est réelle.

Les Décorateurs. On distinguerait aisément dans le Parnasse le courant décorateur, sorti de Leconte de Lisle, le courant fantaisiste, sorti de Banville, le courant intimiste, sorti de Baudelaire.

Contemporains de l'époque où les pièces d'honneur du salon étaient de grandes machines historiques, portant eux-mêmes au théâtre d'autres grandes machines historiques, les Parnassiens ont eu un sens vif du décor archéologique. Coppée et Mendès ont écrit sous forme de récits épiques leur petite *Légende des Siècles.* Une seule forme originale est sortie de là : le sonnet de Hérédia.

Aucun cadre ne favorise mieux que celui du sonnet le poète épris de perfection technique. Aussi le Parnasse a-t-il été un grand atelier de sonnets, dont Hérédia est devenu le patron, à un tel point qu'après lui le sonnet est entré dans le sommeil, qu'il dort encore. Cet ouvrier d'art a compris le sonnet comme une reliure, ou une armure : mais reliure admirable sur un texte banal, armure de rimes, vide comme celles d'Eviradnus, où sous la bourguignote un rat (de bibliothèque) grignote. Les sonnets historiques romains, castillans, japonais, des *Trophées,* ont vécu, ils ont ébloui, dans leur nouveauté, les hommes cultivés, de 1880 à 1900. Ils ont pris ensuite pour les jeunes garçons de province, au temps de Francis Jammes, la figure auguste et creuse des *Envois de l'État* dans le musée de leur ville natale. Quand on voit présenter sur le plat d'un sonnet la rime, qui eût été hugolienne, *d'ombre* ou *sombre* avec *scombre,* on se rend compte des raisons pour lesquelles Hugo méprisa le sonnet. Et l'on voit aussi en lisant Hérédia que le sonnet ne pouvait guère sortir du cercle parfait où l'enferma Ronsard, sous les auspices de qui Sainte-Beuve l'avait ranimé. Les sonnets de Hérédia qui sont restés les plus beaux, les seuls émouvants sous leurs contours parfaits, ce sont les sonnets grecs et les sonnets de la Renaissance, ou les sonnets simplement humains, ceux qui s'élèvent simplement, ainsi qu'un sein respire, en quatre ondulations, et se terminent comme un sourire qui va vers un visage humain, pour ce visage seul, non comme ce sourire au photographe, fléau du sonnet moderne.

Les Fantaisistes. Le Parnasse fantaisiste issu de Banville ne manque pas d'agrément. C'est un don exquis que d'avoir de l'esprit en vers et d'en mettre dans ses rimes. Si Mendès a cherché vainement ce don, il ne manque pas à Coppée. Il fut le principal héritage qu'ait reçu le pauvre Albert Glatigny. Émile Bergerat y participa aussi dans sa *Lyre comique.* Comme Hérédia dans le sonnet et Banville dans la ballade, Léon Valade but dans un petit verre bien à lui, le triolet. Mais les vrais héritiers de Banville sont un peu postérieurs à la génération des Épigones : ce sont le délicieux Gabriel Vicaire (vingt ans en 1868) qu'il ne faut pas enfermer dans les seuls *Émaux Bressans,* et le balladeur patenté Laurent Tailhade (vingt ans en 1874) qui fit couler sur ses contemporains, par des gargouilles archaïques étonnamment sculptées, son flot injurieux.

Les Intimistes. Malgré ses déclarations sur la poésie objective, malgré ses ambitions décoratives utopiques, ses clowns qui veulent percer les cerceaux pour rouler dans les étoiles, c'est dans la poésie de l'intimité et de la confession, sur la trace de Baudelaire, que le Parnasse a trouvé la voie libre.

En 1868, François Coppée intitulait *Intimités* son deuxième recueil poétique. Le meilleur de Coppée est en effet dans une poésie intime, délicate, généralement clairvoyante, pas trop hypocrite, de petit bourgeois, de petit employé, de petit amoureux, de petit poète. Nous avons dit que Béranger fut le seul poète que le Parnasse liquida. Mais il ne le liquida qu'en le remplaçant. La popularité de Coppée, comme celle de Béranger se rattache à la mystique française du *petit,* à l'accent religieux que prend ce mot au titre d'un journal ou dans un discours politique. C'est d'ailleurs au titre du recueil coppéen de 1872, les *Humbles,* que le langage officiel a dû un mot dont il abuse, et auquel Jules Lemaitre trouvait à bon droit quelque chose de cafard. Les innombrables récits de Coppée, genre *Grève des Forgerons,* ont formé une sorte de *romancero* du petit, peu original, car il est tout entier déjà dans Sainte-Beuve, et à l'aide duquel Coppée a reculé certaines bornes de la niaiserie. Mais il reste bon Parnassien, même grand Parnassien, par une forme parfaite, par des ressources toujours renouvelées d'atelier, où l'on sent la main experte de l'ouvrier parisien (il était d'ailleurs d'origine belge). Ce n'est pas dans le même sens que nous appellerons Coppée comme Baudelaire poète de Paris : le nom, tout de même, lui convient exactement.

Sully-Prudhomme reste le poète le plus considérable de ce Parnasse héritier. Nul évidemment n'est moins baudelairien que ce conformiste sage, ce bourgeois renfermé et prudent, ce rationaliste pur. Cependant il a, comme Baudelaire, réagi contre le convenu romantique. Il s'est tourné vers le dedans. Il a été un poète psychologue, une sorte de Jouffroy parnassien : précis, méticuleux, timide, inquiet. Les vers nombreux qu'il a consacrés à un amour méconnu ne nous touchent plus guère, ne lui ont valu qu'une place minime parmi les poètes de l'amour. Mais beaucoup de ses pièces en stances ont donné avec détail, ligne et clarté, le modèle de la pointe sèche psychologique. Le poème de la *Justice* reste un beau dialogue de l'âme avec elle-même, contient des sonnets admirables. On n'en dirait pas autant de son épopée du *Bonheur,* son effort le plus considérable, et son échec le plus complet.

Liaisons romantiques. Il faut compter Anatole France parmi les poètes parnassiens. Les *Poèmes dorés* sont un des bons produits de l'école. Et puis, chez Lemerre où il tint longtemps une place de factotum, c'est lui qui en 1876 s'occupa de choisir les poètes du Troisième et dernier *Parnasse contemporain.* Et enfin la liaison des bibliothécaires et des érudits, des ingénieurs du Parnasse, avec une littérature du roman et de l'histoire plastiques et savants, doit être évoquée particulièrement à l'occasion de France. Entre *Salammbô* sur sa rive droite, *Thaïs* sur sa rive gauche, le fleuve historique du Parnasse coule comme le Rhin entre ses burgs.

Mais *Vater Rhein* se rapporterait plutôt à un autre nom. N'oublions pas que de 1848 à 1885, c'est-à-dire tant que fleurissent ces deux volées des Tétrarques et Épigones, Hugo est là, produit, et surtout publie. La survivance du romantisme accompagne indiscernablement la vie du Parnasse, et dans quelle mesure peut-on dire que tels et tels sont parnassiens ou romantiques ?

On ne songera pas cependant à ranger parmi les Parnassiens Déroulède, Richepin, Clovis Hugues, qui nés de 1846 à 1851 sont des *Vingt ans en 1870* et qui, peut-être sous l'influence de la poésie patriotique d'alors, représenteront sous la Troisième République un idéalisme romantique, proclamateur, oratoire : national avec Déroulède, social avec Clovis Hugues. Quant à Richepin, qui a tenu une place plus importante et qui est presque aussi oublié, il fut surtout un normalien éloquent et instruit, un descendant des rhéteurs latins et des rhétoriqueurs français. Il a vraiment inventé quelque chose avec la *Chanson des Gueux,* où il se saisit de cette part de l'héritage romantique que l'on appelait le truculent ; il a été un poète passable de la vie sensuelle dans les *Caresses,* et il est tombé à plat quand il a voulu vêtir la défroque d'un Lucrèce de foire avec les *Blasphèmes.*

Si de tous ces demi-maîtres ou quarts de maître on voulait passer aux sous-disciples, on n'en finirait pas de nommer des poètes. Les Tétrarques et même les Épigones ont été des pères de familles nombreuses. Par l'attention qu'il a apportée aux questions de métier, par la probité technique, qu'il a mise à l'honneur, le Parnasse a contribué à faire de la poésie, sinon un métier, du moins un exercice, attrayant et en somme facile. Quel écrivain, dans ces trente dernières années de la République, n'a pas débuté par un recueil de vers plus ou moins parnassiens ? Pendant trente ans, les Français ont fait des sonnets avec autant de facilité qu'autrefois les Italiens. Le petit lyrisme, comme au XVIIIe siècle la tragédie d'école, a coulé à pleins bords.

VI

FLAUBERT

L'Héritage de Balzac. Flaubert était à Constantinople quand il apprit la mort de Balzac. Il allait avoir trente ans. Le problème de l'héritage d'Alexandre inquiétait Paris. Flaubert ne pensa pas, ne paraît jamais avoir pensé, que l'héritier pût être lui. Quand lui-même mourut trente ans après, le doute n'était plus permis. Mais l'hégémonie disparut avec lui. Balzac eut un successeur, Flaubert non.

L'œuvre de Flaubert n'est pas un monde, comme celle de Balzac. Elle n'est pas constituée, comme la *Comédie Humaine* par son titre, en corps littéraire, en Cosmos. Elle part en diverses directions, tente diverses expériences. Si l'œuvre flaubertine portait comme celle de Balzac un titre général, ce serait celui de Montaigne : *Essais.* Et les *Essais* de la maison de Croisset ont *institué,* dans la littérature française, comme ceux de la tour périgourdine.

Une fortune et une famille, un héritage et une hérédité, une tranquillité et une indépendance fortement bourgeoises, soustraites aux affaires et au mariage, dans la province à la fois la plus originalement solide et la plus proche de Paris, ont permis à Flaubert d'épouser la littérature, de mener ses *Essais* en toute lenteur et patience. Ces *Essais* se sont complétés d'une façon inattendue après sa mort par deux ailes très importantes : l'œuvre manuscrite de jeunesse, et la correspondance.

Dans l'œuvre de jeunesse importent uniquement les recueils autobiographiques, soit l'autobiographie directe des *Mémoires d'un fou* et de *Novembre,* et l'autobiographie transposée de la première *Édu-*

cation sentimentale. Écrits entre 1840 et 1845, ils font voir Flaubert en possession d'un style aisé, puissant, inspiré du style oratoire romantique ; — d'une singulière aptitude à dramatiser, à poétiser les événements les plus banals de sa vie, d'une vie, — et, dans la première *Éducation,* d'un art et d'un humour du récit qui annoncent le vrai romancier. Nul doute que si Flaubert avait publié cette *Éducation,* et s'il avait fréquenté la Brasserie, la tablée réaliste autour de Courbet ne l'eût adopté et soutenu. Mais ce grand bourgeois, ce vrai bourgeois, eut toujours horreur de la bohême, des coteries ; il ne connaissait à Paris que le Café Anglais, Brébant, Tortoni et similaires ; il fréquenta l'atelier de Pradier, non celui de Courbet.

La Tentation de Saint-Antoine. Son ambition était d'écrire un *Faust,* ou plutôt un *Second Faust.* Comme jadis la *Pharsale* de Brébeuf, les provinces admirèrent longtemps l'*Ahasvérus* de Quinet, qui est de 1833, et qui est une somme de l'histoire, des religions, des philosophies, développée panoramiquement, avec grandiloquence, mythes, personnages animateurs, le Juif-Errant de la légende paraissant désigné par la Providence même comme le compère de cette revue planétaire. En 1845 une *Tentation de Saint-Antoine* de Breughel, au musée de Gênes, suggère à Flaubert que le défilé des tentations du célèbre ermite, nourri par un défilé de lectures, devenu un défilé de visions mythologiques, historiques, philosophiques, pandémoniques, ferait encore meilleur visage. Il produisit avec facilité, en un an de travail, une œuvre énorme et d'une vigueur, d'une imagination, d'une luxuriance, d'un jet de style extraordinaires. Bouilhet, qui était devenu sa conscience artistique, eut sans doute raison de lui en déconseiller la publication, s'il le tourna, par la même occasion, vers le sujet de *Madame Bovary.* Mais l'immense *Saint-Antoine* reste la plus belle flambée de ce qu'on pourrait appeler le romantisme de province, et très supérieur en intérêt à l'extrait amendé qu'en publie beaucoup plus tard Flaubert.

La Province grotesque. Du tremplin attardé et solitaire de la province, Bouilhet le tournait ainsi vers l'observation de la province, et de l'art de province aux mœurs dé province. Bouilhet savait d'ailleurs ce qu'il faisait. Flaubert est encadré par une génération littéraire rouennaise née vers 1820, des camarades de collège avec qui il a un langage commun, et dont le plus important est, après Bouilhet, Alfred Le Poittevin, oncle de Guy de Maupassant, Le Poittevin qu'*Une Promenade de Bélial* accorde si bien aux œuvres de jeunesse de Flaubert. Ces Flaubertins de Rouen, qui nous sont connus par la *Correspondance,* ont eu, à l'hôpital de Rouen, leur théâtre d'enfance dont Gustave était le Shakespeare et où il produisit une forte et mystérieuse création, Le Garçon, précurseur d'Ubu. À cette époque la province est enthousiasmée non seulement par *Ahasvérus,* mais par la *Caricature* et le *Charivari,* nés en même temps qu'Henry Monnier créait cet oncle du Garçon, Joseph Prudhomme. Ces journaux, on les reçoit sinon chez les Flaubert, tout au moins chez leurs amis, où les lit Gustave. Il y cultive un sens aigu du grotesque qu'il applique dans ses propos, et que Bouilhet en 1849 lui conseille d'appliquer, dans un livre, à la vie de province. Mais ce grotesque, chez l'auteur de *Novembre,* est un grotesque triste. Et d'ailleurs tout grotesque est triste.

Madame Bovary. Le triple sens du lyrisme oratoire, de l'observation réaliste et du grotesque triste, — décantés à travers ce grand voyage d'Orient qui renouvelle Flaubert, — à travers des habitudes de travail lent, de contrôle, de ratures, de casuistique du style, qui succèdent brusquement à la puissante facilité de *Saint-Antoine,* voilà ce qui est à l'origine de *Madame Bovary,* que Flaubert mit cinq ans à écrire ; un procès-verbal, un journal, parfois quotidien, d'une partie de ce travail, nous est donné dans les inestimables lettres à Louise Colet.

Madame Bovary fut poursuivie par le Parquet impérial. Mais Dupanloup l'appela un « chef-d'œuvre pour ceux qui ont confessé en province » et elle l'est aussi pour ceux qui n'ont pas confessé, puisqu'on peut la tenir pour le plus célèbre des romans français. Aucun n'a davantage fait date ; cela pour plusieurs raisons.

Le roman, ce sont les femmes ; il est écrit généralement pour elles, souvent sur elles, quelquefois par elles. Elles avaient fait le principal public de Balzac. Flaubert a créé en Emma Bovary la femme française moyenne la plus proche de la lectrice française de romans.

Le roman en France, c'est la province. Ici les mœurs de province. Il n'y a pas seulement en France la Bretagne, la Provence, le Béarn, etc. Il y a une province, une et indivisible, la province française. Flaubert en a constitué dans *Madame Bovary* la figure synthétique.

Tout homme rencontre plusieurs fois dans sa vie Madame Bovary. Toute femme jolie rencontre des Léon et des Rodolphe. Ces personnages sont multipliés par la réalité autour de nous comme par un jeu de glaces, et pourtant c'est bien dans la vie de roman que se tient le personnage dont le roman de la vie semble ne présenter que les reflets. Il y a un plan où le roman domine l'état-civil : le consentement général a reconnu ce plan dans *Madame Bovary.*

La province, c'est la politique. Flaubert est le seul écrivain français qui ait créé avec Homais un type politique, qui l'ait créé avec divination comme Balzac avait peint à l'avance la société du Second Empire. Du pharmacien Homais scientiste, anticlérical, intelligent dans sa pratique, borné dans ses idées, on peut dire : *vires acquirit eundo.* Il est en avant d'une génération : la France de la Troisième République, devenue radicale, a fait de Homais le Type « de gauche » qui, accordé à un chef-d'œuvre littéraire, équilibre les types « de droite » Tartuffe et Basile.

On peut comparer l'importance de *Madame Bovary* à celle du *Cid* et des *Méditations* en ce sens que, de même que Corneille élève au plus haut plan littéraire la tragédie fabriquée par Hardy, Lamartine l'élégie classique qui débordait du XVIIIe siècle, ainsi Flaubert porte sur le plan du *style* ce réalisme que l'école d'Henry Monnier et de Champfleury cultivait non seulement sans style, mais contre le style. D'abord style des personnages : Emma Bovary, c'est la provinciale de Champfleury, plus un style ; Homais c'est le Prudhomme de Monnier, plus un style. Et puis le style écrit. Par le soin que Flaubert apporte à l'image, au nombre, à la phrase, au détail esthétique, il réagit au maximum contre la pente de facilité reproductrice qui fait corps avec le réalisme, qui y conduit des autodidactes et des populaires, il se place au pôle exactement opposé au pôle Restif-Champfleury, et cette opposition fait corps avec la géographie même du roman.

Salammbô. Léonard, Valéry, abandonnent les « débris d'on ne sait quels grands jeux ». Flaubert abandonne les réussites de jeux successifs menés jusqu'au bout, il est l'homme des essais conséquents. À *Madame Bovary* succède un « essai » de décor historique pur, l'évocation carthaginoise de *Salammbô. Salammbô* est une fuite à Carthage ; fuite de Flaubert devant son temps, devant le moderne, devant lui-même ; fuite devant le sujet, et qui le mène à une volonté paradoxale de style pur. Ce style pur a fait école pendant un demi-siècle, il a enthousiasmé les mandarins, il a été leur *Conciones.* Dès le début du XXe siècle il vieillit, sonne le creux, et *Salammbô* est devenue illisible, à tort, pour une partie des générations actuelles. Mais d'abord la place qu'elle occupe doit inspirer le respect. Ensuite elle n'est pas style pur au point de ne pas comporter une forte vision de la femme d'Orient, de la nature africaine, même de Carthage, dont le décor archéologique est fabriqué, mais dont la vie politique est vraisemblablement induite, devinée, présentée.

L'Éducation sentimentale. Le troisième roman de Flaubert, l'*Éducation sentimentale,* échoue complètement devant le public et la critique des derniers mois de l'Empire. Même jusqu'à l'heure présente, la critique universitaire, en bloc, n'en a guère parlé que comme de l'erreur de Flaubert, le paradoxe du réalisme, le tableau de vies manquées dans une œuvre manquée. Au contraire, les romanciers la tinrent bientôt en grande admiration, son influence sur le naturalisme fut profonde, toute une partie de l'opinion littéraire y voit aujourd'hui le chef-d'œuvre de Flaubert, la met au-dessus de *Madame Bovary.* En gros, cette dernière opinion est la vraie.

C'est le livre qui, mieux encore que *Madame Bovary,* exigeait le génie du réalisme. Le principe est celui de Murger et Champfleury : prendre pour sujet l'auteur et ses amis ; ainsi chez Courbet, l'*Atelier du Peintre* vient après cet *Enterrement d'Ornans* qu'était *Madame Bovary* (bravons la grimace que Flaubert aurait faite devant cette comparaison). Mais quelles transformations, quelles stylisations ! D'abord, si Flaubert utilise en Frédéric Moreau sa vie, son expérience personnelle, son amour pour Mme Schlesinger, il se garde de faire de son héros un écrivain comme lui, il le soustrait aux mécanismes littéraires pour le rendre à l'existence humaine pure, ordinaire, moyenne, au *comme tout le monde* sur lequel, si grand qu'il soit, un clairvoyant finit toujours par retomber. Ensuite, du groupe de l'atelier du peintre (tous les personnages de l'*Éducation,* dit Maxime du Camp, ont existé) le peintre fait le groupe de la génération du peintre, celle qui a de vingt à trente ans en 1848, une génération en faillite, croit-elle, dans la révolution et le coup d'État. Le grand roman de Flaubert devient ainsi un document à la Balzac. Enfin le personnage de Marie Arnoux où Flaubert immortalise l'unique passion prolongée de sa vie, passe à bon droit pour une des plus pures et parfaites figures de femmes du roman. Mais autour d'elle, autour de Frédéric, c'est une douzaine au moins de figures qui sont dessinées avec une technique, une sûreté, une réussite insurpassées.

De sorte que l'*Atelier du Peintre* a mérité de devenir l'école du peintre, l'école du secteur le plus important du roman entre 1870 et 1900. Sans doute l'auteur de l'*Éducation* doit-il lui-même quelque chose aux Goncourt qui, à partir de 1860 ont stylisé le roman réaliste. Mais les Goncourt avaient tout ce qu'il fallait pour que leur école fût dangereuse, Flaubert tout ce qu'il fallait pour que son école fût bienfaisante. Le style lui-même descend d'un degré vers la simplicité et la réalité. Il a abandonné à peu près cette musique, ces cadences oratoires, qui ont contribué à vieillir *Madame Bovary* et *Salammbô*. Il réalise un plein équilibre de style tenu et de style courant.

L'insuccès de l'*Éducation* en 1870 ajoute même à sa valeur et à sa portée. Il y avait un roman conformiste, d'ailleurs très distingué, celui de Feuillet et de la *Revue des Deux Mondes,* qui flattait le lecteur, et surtout la lectrice, qui visait à la *consonance* de l'écrivain et du public, du romancier et de l'abonné. Mais l'art ne progresse que par des dissonances. La dernière page de l'*Éducation,* qui a fait crier pendant trente ans, inflige au lecteur un désagrément salubre, maintient dans un non-conformisme l'atmosphère du roman. Et elle est vraie : les désirs sont souvent ce qu'une vie a eu de meilleur. Par la *Correspondance* nous connaissons assez bien Flaubert pour savoir que c'était son cas, qui en vaut bien un autre.

Bouvard et Pécuchet. Le malentendu, non entre la critique et l'auteur, puisqu'il s'agit d'une œuvre posthume, mais entre les lecteurs et les héritiers littéraires de Flaubert, s'accrut avec *Bouvard et Pécuchet.* Comme la *Vie de Rancé,* la *Chute d'un Ange, Dieu, Bouvard* est cette œuvre-limite qu'un auteur est sommé de produire par un destin exigeant, pour lui-même, presque contre le public, et qui, auprès du public, passera longtemps pour une erreur. Flaubert avait toujours pensé qu'il avait pour mission d'écrire le livre de la bêtise humaine. Il avait le sens de la bêtise à un degré exceptionnel, comme on a le sens de la couleur, des vins ou des femmes. Il la reconnaissait partout, l'admirait partout. Il en avait dressé un tableau sommaire dès 1847 dans le *Dictionnaire des Idées Reçues,* sottisier bourgeois dont il disait : « Il faudrait qu'après l'avoir lu personne n'osât parler, de peur de dire quelque chose qui s'y trouve. » *Bouvard et Pécuchet,* c'est le dictionnaire animé, vivant, à l'état de découverte, de la découverte de la science, des arts, de la vie, par deux expéditionnaires retraités. Dictionnaire donc de l'ignorance et de la sottise humaines qui défile devant ces deux compères de revue comme le dictionnaire des religions et des philosophies antiques défile, dans *Saint-Antoine,* devant l'ermite. Le défilé antique est décoratif et magnifique parce qu'il est loin, le défilé moderne est grotesque parce qu'il est vu de près, et que Flaubert se fait gloire de ressembler à Saint-Polycarpe (on lui souhaitait sa fête le jour de ce saint) dont il est écrit qu'il avait coutume de s'enfuir en criant : « Mon Dieu ! dans quel siècle m'avez-vous fait vivre ! »

Son dessein n'est pas parfaitement net, le roman étant d'ailleurs inachevé. En gros, on peut dire qu'il a voulu donner une synthèse et une somme de tout ce qu'il y a d'automatisme et de grotesque dans l'intelligence et la vie du bourgeois moyen, de l'homme dans la rue, du conformiste dans la société. Comme le naturalisme fera consister le roman surtout dans la peinture de la médiocrité caricaturale, on comprend que *Bouvard et Pécuchet* ait servi de bible à un groupe naturaliste, où on le savait par cœur. Il y a là de la charge d'atelier, un retour de Flaubert posthume au théâtre de son enfance, « Je tourne à la bedolle, au scheick » écrit-il souvent : il y a tourné en grand homme de lettres.

Le cas de ce livre n'est pas le même que celui de l'*Éducation.* C'est le droit des honnêtes gens de rester de glace devant *Bouvard,* de ne pas suivre Flaubert dans son ténébreux dessein. Comme roman le livre n'existe pas. Les personnages ont une dimension de moins que ceux de *Madame Bovary :* perte sensible dans un espace euclidien.

Trois Contes. Des *Trois Contes,* deux peuvent passer pour la perfection même. Un *Cœur simple,* histoire d'une vieille bonne, prise à la chronique de la famille Flaubert, et la *Légende de Saint-Julien l'Hospitalier,* écrite d'après un vitrail normand, vitrail elle-même, le point peut-être le plus exquis du style ou plutôt des styles de Flaubert (ce qui est d'autant plus remarquable que les *Trois Contes* ont été écrits facilement et sans les fameuses affres). Il y a plus de bric-à-brac dans *Hérodias,* où Flaubert a pris la mort de Saint-Jean-Baptiste comme prétexte d'un tableau de la Judée au Ier siècle.

La Correspondance. La première *Tentation* et le *Voyage d'Orient* séparent la littérature de Flaubert en deux parties contraires : d'un côté une littérature de jeunesse et de confession personnelle, d'autobiographie romantique et romancée, qui reste dans les cartons de l'auteur. Et puis, au retour d'Orient, une littérature strictement impersonnelle, la rédaction de *Madame Bovary* ayant fait fonction pour Flaubert de cure d'impersonnalisme en même temps que de cure de désintoxication romantique, et de cure contre la facilité d'écrire et l'euphorie de produire. Ce qui ne signifie pas que l'auteur de la seconde *Éducation* soit absent de son œuvre. Mais, en traçant la première ligne de l'histoire de Delamarre, de Charbovary et de sa casquette, il a mis à la porte de Croisset l'auteur qui dit *Je.* Chassé par la porte, le *Je* est rentré, après la mort, par toutes les fenêtres. Et c'est la *Correspondance.*

Elle peut passer pour la plus importante correspondance d'homme de lettres au XIXe siècle. On y trouve tous les dessous de l'œuvre de Flaubert. Et l'on y voit un de ses styles nouveaux, le style à l'état libre, les phrases en récréation qui succèdent brusquement aux phrases en classe, le torrent des idées, des images, des absurdités, des bouffonneries, des obscurités, la sève provinciale, le cru normand. Le roman de Flaubert et des Goncourt, soutenu par ces immenses substructures que sont la *Correspondance* de l'un et le *Journal* des autres, nous expose et nous explique en grande clarté et d'une manière qu'on ne retrouverait pas ailleurs, la liaison du roman et de la vie.

La *Correspondance* une fois publiée a contribué puissamment à maintenir Flaubert au premier rang, à retarder ou à amortir les réactions inévitables qui se sont produites contre son art et son influence. Elle a mis à l'artiste la rallonge de l'homme. André Gide dit qu'elle a été pendant des années son livre de chevet. Elle doit être tenue pour un bréviaire de l'honneur littéraire.

VII

TAINE

Le Cacique. Durant les trente dernières années du XIXe siècle le tétrasyllabe Taine-et-Renan rendait dans la langue des lettres un son indivisible comme Tarn-et-Garonne. C'était le nom des deux maîtres, associés et complémentaires, d'une génération, le nom d'une magistrature collégiale. La fonction qu'avaient occupée dans la génération romantique les grands poètes, celle des Lamartine-Hugo, était tenue par ces deux cerveaux encyclopédiques, critiques, historiens et philosophes, tous deux fruits suprêmes des deux grandes familles cléricales françaises, de la formation ecclésiastique et de la formation universitaire, de Saint-Sulpice et de l'Université. Aussi opposés d'ailleurs que Montaigne et Pascal, que l'élément liquide et l'élément solide, ce que la domination de l'un deux aurait eu d'excessif et de périlleux se trouvait tempéré et mis au point par leur coexistence.

Des deux cerveaux, le plus fin était celui de Renan, le plus solide et le mieux meublé celui de Taine. Vigoureux, organisé, centré, Taine peut passer pour le plus grand *Scholar* du XIXe siècle. Entré premier à l'École Normale — cacique, selon le langage de la maison — il est resté le cacique de la formation universitaire française, à la manière dont Hugo serait le cacique de la poésie et Bossuet celui de l'épiscopat. Avec une facilité et une méthode extraordinaires, il s'initia à l'École Normale à toutes les disciplines, en sortit à vingt-deux ans philosophe, critique, historien en disponibilité. Entre ces disciplines il alla à la tête, voulut être philosophe.

Le philosophe. Il y avait en philosophie une génération à renverser et à remplacer, celle de Cousin. Dès ses années d'École, Taine avait retrouvé et ranimé contre elle l'esprit de Condillac, du XVIIIe siècle, des idéologues, l'esprit de la génération de Stendhal, ce qui lui valut d'échouer à l'agrégation de philosophie, de voir rejeter comme suspect son sujet de thèse sur les *Sensations,* de subir des persécutions universitaires. Les persécuteurs contribuèrent à donner à son premier livre de philosophie, les *Philosophes Français du XIXe siècle,* figure jeune, allègre, et mordante de pamphlet.

C'est un des rares livres littéraires vivants, agréables à relire, de la philosophie française, et où l'on sent le camarade d'About et de Paradol, de Sarcey et de Weiss. Un esprit digne du XVIIIe siècle était employé à rappeler l'attention sur une philosophie du XVIIIe siècle, celle des idéologues. Les *Philosophes* débutent par un portrait charmant de Laromiguière, dont la conclusion contient en germe la théorie de l'*Ancien Régime* sur l'esprit classique. « On a dit que le propre de l'esprit français est d'éclaircir, de développer, de publier les vérités générales... S'il en est ainsi, l'idéologie est notre philosophie classique, elle a la même portée et les mêmes limites que notre talent littéraire ; elle est la théorie dont notre littérature fut la pratique. »

Cette philosophie classique que Taine entend assimiler, c'est l'analyse. Analyse des mots qui consiste (« Tout abstrait est un extrait ») à traduire toujours les mots en choses, pour n'en être pas la dupe, le verbalisme de Cousin faisant ici, pour de jeunes esprits critiques, fonction d'esclave ivre. Analyse des choses, c'est-à-dire transformation des « grosses masses d'objets qu'aperçoit l'expérience vulgaire en un catalogue circonstancié et détaillé des faits chaque jour plus décomposés, plus nombreux ».

Mais en même temps qu'il entend assimiler cette philosophie, il connaît et sent dans le puissant acquis européen du XIXe siècle ce qui lui permettra de la dépasser : dépasser l'esprit d'analyse en le complétant par l'esprit de synthèse (c'est le thème du dernier chapitre, le dialogue de M. Pierre et de M. Paul) — dépasser l'idéologie française par l'associationnisme anglais, celui des Mill et de Bain, ce qui contribue à donner à partir de 1857 à la pensée de Taine sa figure franco-anglaise — dépasser les vues de détail et l'esprit d'exactitude, que l'analyse enseigne, par l'esprit des grandes synthèses hégéliennes, qu'il lit longuement dans leur texte pendant toute une année de solitude en province — dépasser enfin le style limpide et transparent du XVIIIe siècle, la finesse élégante de Laromiguière, par l'élan, l'oratoire et la couleur : *in philosophia orator.*

Comme Cousin, après tout, qu'il retrouve ainsi au bout d'un long tournant, et dont il n'admirait, avec toute sa génération, avec Renan lui-même, que le style. Aujourd'hui, pour nous, de Cousin le styliste a disparu, comme le philosophe avait disparu pour Taine, et il ne reste qu'un extraordinaire et bien vivant personnage de comédie. Mais il est un autre point par lequel Taine formerait presque couple avec Cousin. C'est sa méconnaissance de la vie intérieure comme principe et source de la philosophie. Les *Philosophes* commencent par une exécution de Maine de Biran, traité comme un simple visionnaire. Taine ne s'est pas doute de l'importance du courant biranien dans la philosophie du XIXe siècle. Il n'a jamais donné au mot philosophe son sens le plus profond, qui est biranien. Un de ses disciples, Paul Bourget, écrit, et précisément à propos de Taine : « Les traductions diverses, ou élogieuses ou hostiles, qui ont été données du mot philosophe se ramènent à la suivante : un esprit philosophique est celui qui se forme sur les choses des idées d'ensemble, c'est-à-dire des idées qui représentent non plus tel ou tel fait isolé, mais bien des séries entières de faits, des groupes entiers d'objets. » Définition bien tainienne ! Un philosophe est un homme pour qui le monde intérieur existe, pour qui le monde extérieur ne s'expliquc que comme référence au monde intérieur. La philosophie de Taine s'est affaissée, comme celle de Cousin, par défaut de cet intérieur substantiel. La réaction contre Taine sera une réaction de l'intérieur, une réaction biranienne.

Bien que toute la philosophie de Taine soit déjà reconnaissable dans sa conclusion de ce livre de 1857, les *Philosophes Français* ne forment qu'une introduction polémique au grand ouvrage auquel il travailla dix ans, l'*Intelligence* (1870) et qu'annonçait son étude sur *Stuart Mill, le Positivisme anglais,* dont il relève beaucoup plus que du positivisme français. L'*Intelligence* c'est Mill repensé par un cerveau cartésien. Il s'agit pour Taine de rechercher les éléments de la connaissance, qui sont les signes, soit des extraits, ou des abstraits réels, d'en demander d'une part les conditions physiologiques aux expérimentateurs et aux médecins, d'en suivre d'autre part la recomposition en idées et en lois, jusqu'à ce qu'apparaissent le mécanisme entier de l'intelligence et se formule la loi suprême auxquelles sont suspendues les autres : la conservation de l'énergie, l'identité réelle, l'Axiome éternel.

L'*Intelligence* (à laquelle Taine se proposait de faire succéder la *Volonté* quand la guerre et la Commune le jetèrent du côté de l'histoire) a eu de grandes conséquences. Elle a marqué une révolution non en philosophie, mais en psychologie. Elle a donné à toute une génération le goût de la psychologie expérimentale, entre 1872 et 1900. Cette abondance entraînante du discours, cette lumière constante et facile (trop facile), ces petits faits bien choisis et bien mis en valeur, ces exemples et ces anecdotes sur le monde des rêves et des hallucinations, même l'odeur de soufre autour d'un livre que réprouvait le spiritualisme de la chaire, tout cela séduisit les imaginations des jeunes philosophes, les conduisit aux cliniques et aux laboratoires, leur communiqua l'élan par lequel ils dépassèrent ce livre illustre, aujourd'hui périmé, ce pont qui s'est écroulé une fois la troupe passée.

Le Critique. À quarante-deux ans (1870) Taine n'a pas seulement mis sur pied cette philosophie et cette psychologie. Ce philosophe est devenu un des maîtres de la critique littéraire, désigné par Sainte-Beuve comme son successeur, celui auquel il pense toujours et seulement quand il dit : « la jeune critique. » Les trois volumes d'*Essais* restent pleins de force et de suggestion, et les articles sur Saint-Simon et Balzac ont été des événements. *La Fontaine et ses Fables* peut passer pour l'illustration la plus vivante et la plus colorée du déterminisme philosophique qui régit la critique de Taine. Mais dans la grande *Histoire de la Littérature anglaise,* ce déterminisme et ce mécanisme tournent souvent à vide ; le goût littéraire, difficile à acquérir quand il s'agit d'une littérature étrangère, manque, est remplacé trop souvent par des tirades et surtout des théories : « Mon idée générale, dit-il de ce livre, était celle-ci : écrire des généralités et les particulariser par des grands hommes, laisser le fretin. Le but était d'arriver à une définition générale de l'esprit anglais. »

Nous touchons ici les habitudes et les limites de Taine critique et historien de la littérature. Son directeur d'École Normale, Vacherot, le jugeait ainsi à vingt ans : « Comprend, conçoit, juge et formule trop vite. Aime trop les formules et les définitions auxquelles il sacrifie trop souvent la réalité, sans s'en douter, car il est d'une parfaite sincérité. »

Les formules et les définitions sont à la critique de Taine ce que sont aux robes de son temps les crinolines. Leur artifice s'est vite démodé. Écrire sur Taine critique, ce fut longtemps oublier tout ce qu'il y a de neuf et de puissant dans ses meilleures pages, tout ce qui révèle un extraordinaire génie d'explication, et ne discuter que le cadre de cette explication, ses deux théories, les deux formules qui sont : le déterminisme de la race, du milieu et du moment — la définition d'un écrivain ou d'un artiste par sa faculté maîtresse. La première théorie est une trangression arbitraire et naïve de la philosophie didactique dans l'ordre du sentiment, du goût, de la pluralité et du complexe. Quant au procédé qui consiste à centrer un écrivain ou une œuvre sur une faculté maîtresse, il se réfère au même amour des « définitions », aidé d'ailleurs par le souvenir de Balzac, qui crée volontiers un personnage comme Grandet ou Hulot autour d'une faculté maîtresse ou d'une passion unique.

L'Artiste. Mais depuis le *Voyage aux Pyrénées* un artiste s'était révélé dans Taine. Les sensations, cela n'avait fait jusqu'alors pour lui qu'un sujet de thèse condillacienne. Après la trentaine elles entrent, avec leur éclat et leur fleur, un peu dans sa vie, et beaucoup dans son style, que les images nourrissent avec ampleur et bonheur. L'enfance forestière du jeune Ardennais est rendue au professeur parisien, et à la craie du tableau succède dans sa main une palette de coloriste. En 1862 il écrit : « Quand je me regarde entièrement, il me semble que mon état d'esprit a changé, que j'ai détruit en moi un talent, celui de l'orateur et du rhétoricien. Mes idées ne s'alignent plus par files comme autrefois, j'ai des éclairs, des sensations véhémentes, des élans, des mots, des images, bref mon état d'esprit est bien plutôt celui d'un artiste que celui d'un écrivain. » C'est exact. L'aventure de Taine artiste représente le contraire du poète mort jeune à qui l'homme survit. C'est l'histoire de l'artiste en puissance, recouvert momentanément par l'école, et qui reparaît après l'école, sous l'école.

Cet artiste, on ne le trouve d'ailleurs qu'assez peu (sauf les admirables pages sur Rubens et Rembrandt) dans la *Philosophie de l'Art,* qui est son seul livre de professeur, le texte de quelques leçons faites à l'École des Beaux-Arts où il enseigna l'esthétique et l'histoire de l'art pendant vingt ans. Taine s'y montre un vrai et même un grand professeur. Il fait faire à l'auditoire qui l'écoute le mouvement inverse du sien, inverse du mouvement du normalien. À des artistes qui savent ou qui apprennent à l'atelier ce que c'est que le monde de l'art, il révèle un autre monde, celui des idées générales. Il conduit avec ordre et discipline dans les cadres de ces idées générales les files des petits faits pittoresques. Parlant dans le grand hémicycle, sous la fresque de Paul Delaroche, il en transportait l'ordonnance dans son discours, il faisait de cette chaire un des lieux typiques de l'histoire française. Nulle part d'ailleurs plus que dans cette *Philosophie de l'Art* la théorie de la race, du milieu et du moment ne paraît inopérante et oratoire, simple exercice de l'esprit qui groupe des faits. Ceux qui l'écoutaient et le lisaient prenaient un bain tonique d'idées générales, mais il ne pouvait s'agir pour eux de vivre dans ces eaux, froides.

Le hasard d'une amitié, celle de Planat, le fondateur de la *Vie Parisienne* servit beaucoup mieux l'artiste en lui inspirant ce tableau des mœurs du Second Empire qu'est *Thomas Graindorge.* Évidemment *Graindorge,* par ce qu'il a d'oratoire, a vieilli. Mais comme la société qu'il représente a subi le même vieillissement, comme en outre c'est le livre où Taine, si réservé et si craintif quand il s'agissait de se produire, a mis le plus de lui-même, *Graindorge* garde de l'attrait. Il devient le chef de file du Taine stendhalien, du Taine avec peu ou point de système, celui des petits faits purs, — des *Carnets de Voyage,* des *Notes sur l'Angleterre,* de ces livres bien écrits, au courant de la plume, par un vrai voyageur qui voyage, et très supérieurs au *Voyage en Italie,* qui, lui, est trop bourré, trop voyage professionnel pour remonte d'idées générales. On retrouve tout le Taine artiste dans sa solide, éclatante et précieuse *Correspondance,* bien plus vivante que celle de Renan, et la meilleure correspondance littéraire de son temps avec celle de Flaubert.

L'Historien. Mais la plus grande œuvre d'art de Taine est son œuvre d'histoire. Il a élevé dans les *Origines de la France contemporaine* un des plus grands monuments, à la fois oratoire, évocatoire et dialectique, qu'il y ait dans notre littérature. Monument historique ? C'est une autre affaire.

Quand en 1871 la défaite et la Commune l'amenèrent à tenter un diagnostic historique de la maladie française, qui l'effrayait, Taine n'entrait pas dans un ordre d'études nouvelles, lui qui, depuis vingt ans, et sauf l'*Intelligence,* n'avait guère écrit que des livres d'histoire. L'année avant la guerre, il était même candidat à la chaire d'histoire de l'École Normale, en concurrence avec Fustel de Coulanges. Les cinq volumes des *Origines de la France contemporaine* ne rompent nullement avec ses préoccupations ordinaires et ses études antérieures. Mais il fit usage de documents qu'il n'avait que peu ou point maniés jusqu'alors, ceux des archives ; il donna à son œuvre une portée et un rôle civiques ; il exerça une influence sur des milieux nouveaux.

Son innombrable collection de petits faits, recueillie à l'appui de directives et d'idées générales qui n'étaient pas absolument préconçues, mais qui s'étaient formées très vite dans son esprit, tourna rapidement au dossier constitué en faveur d'une thèse, d'une thèse qui n'est elle-même en faveur de personne, qui est une thèse contre, celle d'un médecin sévère et triste pour qui la santé n'a jamais été sur le visage de la France qu'un état précaire qui ne présageait rien de bon. Aucune des figures de la France qui se disputaient la suprématie en 1875, légitimité, napoléonisme, république, n'échappaient à son diagnostic terrible. Ancien régime, Révolution, Napoléon, devenaient trois artisans de la même décomposition, trois précurseurs de ce que Barrès, disciple de Taine, appellera une France dissociée et décérébrée. Le lecteur finit par se dire que, si tout va mal aujourd'hui, M. Taine nous apporte des motifs de consolation en nous démontrant que tout a toujours été très mal, et qu'on a tout de même vécu, et même bien vécu. Les *Origines* sont le livre d'un grand pessimiste, lequel ressemble à cet historien pour qui la décadence de Rome avait commencé avec l'assassinat de Remus par son frère. Mais elles sont aussi le livre d'un grand bourgeois, d'un grand orateur, et d'un grand classique.

Entré ou rentré dans la vie bourgeoise par son mariage, il avait voué à la bourgeoisie une fidélité, d'ailleurs sombre, de néophyte. Il faut ici le rattacher à Guizot, dont tout le séparait en ce qui concernait le genre de pensée, mais qui fut son maître en ce qui concernait le genre de vie. Il avait appris, dit-il, chez les Guizot ce que c'est qu'une famille, une famille bourgeoise, une famille à l'anglaise. Pour Taine comme pour Guizot, il y a une nature politique, celle même qu'il respirait chez les Guizot, que la France n'a pas réussie, et que l'Angleterre a réussie. Tous les traits propres de la France, qu'ils soient monarchiques, napoléoniens ou républicains, en tant qu'ils se distinguent de ceux de l'île voisine, sont frappés par le même verdict de condamnation, déclassés par le retour monotone et puissant d'un mépris triste.

Ce grand livre de défense bourgeoise est un livre de classe au sens social, mais c'est aussi un livre de classe, de grande classe, au sens littéraire, et bien certainement le chef-d'œuvre littéraire de Taine, probablement l'œuvre historique la plus éloquente de la littérature française, plus généralement le plus grand monument de la continuité oratoire depuis Tive-Live — *motus animi continui.* Ailleurs l'artiste profond qu'est Taine a pu être gêné ou dépaysé par son sujet. Ici il a pleine carrière, comme Michelet.

Et ce livre de grande classe convoque en un feu d'artifice suprême toutes les ressources et toute la force du génie classique. Jamais plus classique que dans cette théorie de l'esprit classique, qui, placée au cœur de l'*Ancien Régime,* est demeurée la plus célèbre, la plus discutée, la plus suggestive des idées de Taine. Il est visible qu'ici il se bat contre lui-même, que l'artiste porte avec mauvaise conscience et contrôle avec défiance sa culture d'école, qu'il ne tombe jamais plus entièrement dans le cercle de l'esprit et de la culture classique, sous leur forme rationnelle, constructive et oratoire, que lorsqu'il s'imagine les fuir. Il a trouvé dans les *Origines* le sujet qui convenait le mieux à un génie d'artiste classique : des portraits à faire ou plutôt à construire. Ses portraits des philosophes du XVIIIe siècle, des hommes de la Révolution et de Napoléon sont d'étonnantes bâtisses, les seules pages sans doute qui nous montrent ce que peut donner Balzac jeté dans le moule classique des Latins et du XVIIIe siècle : des idées à colorer, un discours à développer, et, pour échauffer ce discours, une passion où sont fondues la passion politique du bourgeois et la passion privée du bourgeois, presque du propriétaire : incomparable source de vie !

C'est surtout par l'immense influence des *Origines* que Taine continue sa présence. Il a fourni une conscience, une idéologie, des images à tous les partis de droite. Barrès et Maurras sortent en partie des *Origines de la France contemporaine.* Depuis un demi-siècle, cet ouvrage ne cesse de trouver un public ; il reste le grand livre de la réaction française. Au contraire de l'historien philosophe, le philosophe pur a cessé d'agir, l'historien de la littérature est dépassé, les théories du critique ont vieilli. Mais replacé dans l'histoire des idées Taine tient une place considérable : une place même au sens urbain du mot, carrefour de voies, lieu d'orientation, espaces découverts, portiques d'idées générales, escaliers monumentaux entre les diverses disciplines.

VIII
RENAN

Un carrefour du XIXe siècle. Un des meilleurs critiques de ce temps, Pierre Lasserre, avait décidé de consacrer la dernière partie de sa vie à un *Port-Royal,* c'est-à-dire à une grande œuvre souple, centrale et cyclique comme celle dont Sainte-Beuve fit, si à propos, le massif central de son œuvre. Il avait, à cette fin, entrepris un immense *Renan,* que la mort ne lui permit pas de poursuivre. Il avait raison. À lui tout seul Renan figure, comme Port-Royal, au milieu d'un siècle, un monde complexe où se croisent les routes de ce siècle, où les révolutions de la science, de la morale, de la politique, de la religion contractent une expression, une résonance littéraire, sont rendues sensibles, circulantes, populaires, créent un style. Comme à Port-Royal tout cela se passe dans un monde à la fois clérical et laïque, où se jouent non seulement le drame des idées religieuses, mais celui des conditions religieuses. Comme à Port-Royal les grands intérêts spirituels et littéraires qui sont concernés sont maintenus dans la température humaine par une littérature intime de correspondance, de mémoires, presque de confessions, extrême pointe et reflux du mouvement venu de Saint-Augustin.

Le Clerc breton. À vrai dire, ce *Port-Royal* du XIXe siècle, il faudrait quelque peu l'étendre dans le temps. Au centre de Port-Royal, il y a un massif auvergnat, les deux familles auvergnates, les Arnauld et les Pascal. Pareillement, le massif qui lui correspondrait au XIXe siècle, serait un massif breton : Chateaubriand, Lamennais,

Renan, soit le drame chrétien après la Révolution, comme Port-Royal était le drame chrétien de l'Ancien Régime.

Renan a été formé, presque déposé, naturellement, délicatement, par un des pays religieux les plus purs du monde, le Trégorrois, avec ses chapelles, ses cultes particuliers, ses fontaines sacrées, ses saints bretons, ignorés de Rome, parmi lesquels il y a un Saint-Renan, et cette capitale cléricale qui est Tréguier, peuplée de bons prêtres (« Je n'ai jamais connu que de bons prêtres » a dit Renan avec peut-être un coup d'œil complaisant vers le miroir qui lui en renvoyait un). Un hasard guetté ou provoqué par l'affection attentive de sa sœur Henriette fait passer à quinze ans, en 1838, ce futur prêtre de Tréguier dans le séminaire parisien que dirige le grand animateur Dupanloup, puis à Saint-Sulpice. C'est alors que la philologie et la critique des textes bibliques l'enlèvent à l'Église. De 1845 à 1848, dans le cerveau du jeune Breton jouent trois plaques tournantes, dont les mouvements coïncident avec des mouvements capitaux du siècle.

Le Clerc philologue. D'abord un mouvement en accord avec un mouvement allemand contemporain : la philologie, qui sort du cabinet du spécialiste pour devenir une discipline éducatrice, une mesure du vrai et du faux, une vocation de probité et de conscience intellectuelle, une *critique.* La critique de Sainte-Beuve a été formée par l'humanisme. Celle de Renan qui, dans d'autres domaines moraux, va aussi loin, est formée par la philologie. Taine, de son côté, installe une critique fondée sur la philosophie. Nous sommes ici en pleine révolution non du goût, mais de l'esprit critique.

Le Clerc laïque. Ensuite une transformation, une laïcisation de la Clericature. Renan a appelé son cerveau une cathédrale désaffectée. Des habitudes contractées dans l'Église, la vie pour l'esprit devenue une mission, le service de Dieu élargi, assoupli, mobilisé, comme l'est d'ailleurs chez Renan la conception de Dieu, les mots et les idées d'une religion millénaire, remplissant, rafraîchissant, poétisant une critique moderne, voltairienne, une religion ductile qui devient mythe, comme chez Platon, sous des doigts d'artiste, le christianisme mis en liaison avec la science comme Chateaubriand l'avait mis en liaison avec la poésie, Lamennais avec la Révolution, voilà des changements que Renan a fait passer dans l'atmosphère du XIXe siècle, et qui lui ont valu sous la troisième République toute une postérité.

Le Clerc de la Science. Enfin, il a représenté avec Taine et Berthelot une génération qui a cru à la pleine puissance, à la pleine bienfaisance et au plein avenir de la Science. Sceptique et maître de scepticisme, mais d'un scepticisme plein, c'est-à-dire vivant, comme Montaigne (ses ancêtres maternels étaient Bordelais) il n'en a été que plus fidèlement attaché à la science positive, il a transporté sur elle une partie de la foi absolue des prêtres de Tréguier.

L'expérience d'une vie. Cette importante jeunesse de Renan, ce départ d'un homme et d'une génération, nous les connaissons par toute une expérience qu'il a notée : ses lettres à ses parents, surtout à sa sœur, ses journaux de réflexions et de lectures, ses écrits intimes, parmi lesquels il y a jusqu'à un roman autobiographique, *Patrice,* l'énorme ouvrage dans lequel il jette, en 1848, sa jeune expérience et sa foi nouvelle, l'*Avenir de la Science,* tous restés manuscrits longtemps, et publiés seulement dans ses dernières années et après sa mort. Les *Souvenirs d'enfance et de jeunesse* complétés par les *Feuilles détachées,* ont organisé, sur le tard, en une œuvre littéraire admirable, chef-d'œuvre peut-être de la littérature de mémoires en France, l'image de cette vie dans son paysage général, dans son idée cléricale, dans une satisfaction un peu béate d'elle-même, et dans un *nunc dimittis* qui n'est en somme que celui qui suit une carrière réussie, des vœux modestes, mais comblés, un passage heureux sur la terre entre des êtres dévoués et des relations d'Institut. Cette carrière de chanoine garde toutes les formes extérieures de la vie cléricale. Mais Renan a indiqué expressément que le noyau chrétien avait tout de même bien fondu chez lui quand il a écrit : « Le péché ? Mon Dieu, je crois que je le supprime. »

L'Histoire. Renan, philologue assez sûr, peu aventureux, sans génie, avait une idée saine, délicate, nuancée, de la science, des instruments de précision qu'elle comporte. Or cette idée il l'a singulièrement outrepassée dans ses grandes œuvres historiques, dans cette

Histoire des Origines du Christianisme et cette *Histoire du Peuple d'Israël* qui devaient rester comme ses monuments, et dont la destinée n'a répondu ni à son attente, ni à la haute considération de ses contemporains.

Renan écrivait en 1848 : « Le livre le plus important du XIXe siècle devrait avoir pour titre : *Histoire critique des origines du christianisme.* » Quand il l'a entrepris, il a eu raison de faire disparaître le mot essentiel, qui est « critique » et qui, sur la *Vie de Jésus,* aurait eu l'air d'une antiphrase.

Ce n'est pas une œuvre critique qui aurait trouvé en 1863 le succès foudroyant et mondial de la *Vie de Jésus,* dont il se vendit en six mois plus d'exemplaires à sept francs qu'il ne s'en était vendu, cinq ans avant, de *Madame Bovary* qui n'en coûtait que deux : soixante mille.

Elle a été le plus populaire, le seul populaire des livres de Renan. Dans l'ordre de l'opportunité et du succès, on ne peut la comparer, au XIXe siècle, qu'à l'*Histoire des Ducs de Bourgogne de* M. de Barante, et à l'*Histoire des Girondins.* Elle est extraite des Évangiles par un habile artiste comme la première l'est de Froissart, Chastellain, Monstrelet et Commines. Elle ressemble à la seconde par ses fonds d'or, son azur, son ornementation, sa vocation vers le public féminin (il ne faut pas oublier que les deux seuls auteurs d'imagination qui aient eu de l'influence sur la jeunesse de Renan ont été Lamartine et George Sand). Mais en outre Renan était philologue, hébraïsant, représentait la science de l'Institut et du Collège de France avec la même autorité que MM. Quatremère et Burnouf. Il détenait par ses fonctions les clefs de l'exégèse allemande, dont on parlait alors sans la connaître et dont rien à peu près n'avait encore touché le grand public. Voici que cette célèbre exégèse allemande entrait d'un coup par la baie lumineuse d'un esprit clair, et qui en outre avait été chercher sur les lieux, et en mission officielle, la géographie de l'Évangile, ainsi que M. Taine avait pris le train pour la Champagne et en avait décrit le paysage crayeux afin de comprendre et de faire comprendre le *Meunier, son Fils et l'Ane.* Et puis, il ne s'agissait plus de la critique négative du XVIIIe siècle, mais d'une vie positive de Jésus. Elle exposait la manière dont les choses avaient pu se passer humainement. Elle l'exposait dans un esprit et pour des esprits qui devaient la convertir en manière dont les choses se sont très probablement passées, dont « un professeur du Collège de France a dit » qu'elles s'étaient passées, soit en Évangile rationaliste de membre de l'Institut, qui se substitue, comme il se doit dans le siècle des lumières, aux Évangiles crédules, attribués à des personnalités mythiques. Le christianisme et son fondateur sont laïcisés avec honneur par un grand esprit orléaniste dans une opération analogue à celle de 1830, et la dernière page de la *Vie de Jésus* formule presque le programme d'une quasi-divinité comme il y avait eu la quasi-légitimité. Traduit tout de suite en de nombreuses langues, ce cinquième Évangile pénétra partout à la suite des quatre autres : aucun événement littéraire n'a pris plus soudainement figure d'événement planétaire.

Et cependant, quelle qu'ait été son audience populaire, quelque influence en profondeur qu'ait exercée l'in-18 à 1 fr. 25 tiré à des centaines de milliers d'exemplaires par Lévy, de tous les côtés le public éclairé accueillit avec une réticence étonnée le livre dont tout le monde parlait, et qui multipliait les drames intérieurs ou familiaux, comme au XVIe siècle les premières traductions de la Bible.

Sainte-Beuve, qui le 24 juin 1863, jour où il paraissait, lui consacrait une note enthousiaste, un peu publicitaire, dans le *Constitutionnel,* n'écrit sur lui un *Lundi* que deux mois et demi après, beaucoup plus réservé et d'une prévision singulièrement exacte. Trois amis, soit, comme dira Renan, trois lobes de son cerveau, viennent voir le critique et lui disent leur avis sous prétexte de lui demander le sien. Le premier est un catholique, qui n'est pas trop mécontent, car il constate que ce livre « va avoir pour premier résultat de fortifier et de redoubler la foi chez les croyants ». Le second est un sceptique, qui trouve que ce Jésus, qui n'est plus Dieu et qui est autre chose et plus qu'un homme, n'a rien de commun avec la réalité historique, morale, humaine ; le dernier, simplement, n'aime pas voir remuer ces questions, est sensible seulement à ce que « le temps a assemblé et amassé autour de ces établissements antiques et séculaires » et voit dans le livre un péché contre la durée.

Le livre le plus célèbre de Renan est devenu le plus démodé et le plus illisible. Il n'en est pas de même des volumes des *Origines* qui suivirent la *Vie de Jésus,* où Renan n'était plus en face d'un seul livre à paraphraser et romancer, mais en face du monde romain où se propage le christianisme, qu'il connaît par de longs voyages, et dont il donne, surtout dans *Saint-Paul* et dans *Marc-Aurèle,* un tableau animé et suggestif. Mais sa documentation a trop vieilli pour ne pas nous tromper aujourd'hui, sa psychologie des apôtres, et particulièrement de Saint-Paul nous paraît arbitraire et fragile. Celle, qui fut célèbre, du Néron de l'*Antéchrist,* est devenue pour le lecteur actuel une fantaisie aussi littéraire que le Christ renanien. Son Marc-Aurèle, qui est le Marc-Aurèle traditionnel, reste néanmoins solide et beau, et ce dernier volume des *Origines* paraîtra sans doute longtemps le sommet de l'œuvre historique de Renan.

L'*Histoire du Peuple d'Israël* est moins célèbre et moins lue, peut-être à tort. Renan fut pendant quarante ans au centre fut presque le centre, des études sémitiques en France ; sa connaissance des textes littéraires et épigraphiques était incomparable, son flair très sûr dans la psychologie du Sémite. Il comprit et fit vivre les hommes et les choses de l'Ancien Testament, avec nouveauté et génie, tandis que le Nouveau Testament, l'Évangile, écrasent et dépassent cette intelligence littéraire sans mystique.

Grandeur et défaillance de la Critique. Il semble que chez Renan la critique philologique et l'intelligence, toutes deux fortes et saines, fassent leur partie séparément. La poursuite pénible, l'étude, la connaissance des textes sont chez lui irréprochables. Il réunit et possède tous les matériaux nécessaires pour une histoire critique. Mais cette histoire critique, l'histoire qui concerne la part accessible du réel, il la dépasse sans cesse par une histoire du possible, par un tableau du vraisemblable, par une reconstitution imaginaire. Il s'agit pour lui de dire, selon son aveu : « Voici une ou deux des manières dont on peut concevoir que la chose s'est passée. » Malheureusement les choses ne se sont jamais passées comme on peut concevoir qu'elles aient pu se passer, et entre la première et la deuxième de ces manières c'est généralement une troisième que la réalité a choisie.

Le parti de Montaigne. De l'auteur des *Dialogues philosophiques,* il reste cependant une œuvre et une présence considérables et vivantes. Les parties de l'œuvre de Renan les plus célèbres de son vivant, la *Vie de Jésus* et les deux pages de la *Prière sur l'Acropole,* sont éteintes. Mais elles ne se sont éteintes qu'après un immense éclat. Ce qui subsiste de Renan, ce qui, sans agir très fort, mérite toujours d'être considéré, c'est sa fonction de protagoniste, presque sa fonction socratique, au centre des grands dialogues du XIXe siècle, qui sont encore pour une part des dialogues du XXe : dialogue sur Dieu, dialogue sur la religion, dialogue sur la science, dialogue sur l'avenir de l'humanité, dialogue sur le capital de la culture. Sur tous ces points il s'est comporté et tenu comme un Montaigne moderne, ouvrant des percées, amorçant des problèmes, alimentant de substance grise leur élan impondérable, leur fournissant le véhicule du style le plus léger, le plus diaphane, le plus familier, le plus proche de la pensée mobile qu'on ait écrit en français depuis les *Essais.*

Style littéraire et style de vie. Il est remarquable que ce style justement célèbre de Renan ait été un style tardif, qu'il ne l'ait découvert que vers sa quarantième année, que sa fluidité et sa simplicité ne soient apparues qu'après avoir cheminé longtemps dans des terrains épais et lourds. Il y a trois styles de Renan. D'abord son style de revue savante et d'Institut, qui a été pendant longtemps pesant et terne. Ensuite son style musqué et quartier Saint-Sulpice de la *Vie de Jésus,* écrite d'enthousiasme en Syrie, dans un de ces « bals masqués de l'imagination » dont se méfiait Flaubert, et qu'on ne peut plus supporter. Mais il semble que, comme Flaubert dans la première *Tentation,* le style de Renan ait jeté sa gourme avec la *Vie de Jésus.* Dès les *Apôtres,* apparaît un style historique d'une limpidité incomparable, qui prend toute sa transparence et sa tardive jeunesse dans *Marc-Aurèle.* Les *Dialogues philosophiques* créent un style de la pensée. Les *Souvenirs d'enfance et de jeunesse* un style de récit, qui figureront toujours, le dernier surtout, parmi les trouvailles les plus exquises du parler français.

Deux des *Drames philosophiques, Caliban* et le *Prêtre de Némi,* révèlent en Renan un animateur des idées, un créateur platonicien de mythes. *Caliban,* suite politique de la *Tempête* de Shakespeare comme le *Télémaque* est une suite politique de l'*Odyssée,* reste peut-être le chef-d'œuvre de la littérature « en marge » et le symbole tiré par Renan de la *Tempête :* Caliban le peuple et Prospéro l'aristocratie, est lié à la mythologie de la République comme le *Télémaque* était lié, pendant le XVIIIe siècle, à l'idéologie de la monarchie. Le *Prêtre de Némi* rend avec une grande noblesse les difficultés que rencontre l'avènement de la raison, du bon sens et de l'humanité. On ne portera pas le même jugement favorable sur l'*Eau de Jouvence,* médiocre suite de *Caliban,* ni sur l'*Abbesse de Jouarre,* erreur sénile, aggravée d'une préface qui ne l'est pas moins.

Pourtant, ce terme de sénile, il ne faudrait peut-être pas, quand il s'agit de Renan, le prendre dans un sens beaucoup plus péjoratif que le terme de juvénile. Renan, qui n'a acquis son style littéraire que tard, a presque créé, dans sa vie et dans sa pensée, un style de la vieillesse intellectuelle. Ce buveur de l'eau des fontaines sacrées devient sous la République un Anacréon de l'intelligence. Sa vie est faite, son œuvre s'achève, ses idées sont acquises, après avoir été conquises, mais acquises elles ne sont pas arrêtées, elles gardent une mobilité à la Montaigne, une ondulation de dialogue; la fleur du doute achève ce trophée de certitudes. Paris se reconnaît dans ce vieil homme qui sait causer, et cependant la Bretagne le reconquiert. Il redevient Breton, le Breton du Dîner Celtique, au moment où le plus irrévérencieux de ses disciples, le jeune Barrès, commence à devenir Lorrain. *Huit Jours chez M. Renan* représentent pour tout lettré, fût-il M. de Vogüé, un stade nécessaire. Tout cela dans un style de veille de départ, de veille de réaction, qui se déchaîne dès la mort de Renan, d'olive mûre qui va tomber. Des trois grands Bretons du XIXe siècle, l'un n'a pas su vieillir, est allé en désespéré à la fosse commune. C'est Lamennais. Mais les deux autres, du style de la vieillesse, ont tout pris. Chateaubriand en a pris, avant son tombeau du Grand-Bey, le style sévère, le style dorique; Renan, avant le Panthéon, le style ionique.

IX

LE RÉALISME

La Coupure de 1850. La coupure du roman français, quand on passe de la génération de 1820 à celle de 1850 est une des mieux tranchées qui existe dans l'histoire littéraire. Les romanciers qui avaient grandi avec le siècle, et qui avaient vingt ans en 1820, poètes comme Hugo et Vigny, romanesques comme George Sand, fondateurs de mondes comme Balzac, *minores* comme Gozlan et Charles de Bernard, conteurs comme Dumas, feuilletonistes comme Sue, portent tous dans le roman une force hors pair d'imagination créatrice. Ils ont beau utiliser leurs souvenirs et leur milieu, leur invention n'en devient que plus libre et plus nourrie. Leur mot d'ordre est celui de leur chef, Balzac : la concurrence à l'état civil. Vers 1850 cette concurrence s'apaise. Devant l'état civil, les romanciers passent de la condition de concurrents à la condition d'employés. C'est le réalisme.

Les deux Réalismes. Quand on l'a débarrassé des théories que tentèrent, avec modération d'ailleurs, Champfleury et Duranty d'une part, les Goncourt d'autre part, quand on examine librement les œuvres et les hommes, on constate que le réalisme a consisté surtout : 1. dans un fait, raconter des histoires réelles, c'est-à-dire des histoires qui sont arrivées à l'auteur, aux amis et aux amies de l'auteur ; 2. dans une carence, celle de l'imagination romanesque. L'un n'est d'ailleurs que le revers de l'autre. Le roman du XVIIIe siècle avait déjà passé par là avec l'abbé Prévost, et surtout avec Restif de la Bretonne, qui, par son origine, sa classe, son genre de vie, ses talents et ses œuvres, peut être tenu pour l'ancêtre, d'ailleurs reconnu et considéré, des réalistes de 1850.

Comme le roman imaginatif de la génération précédente n'a eu qu'un prince, Balzac, le roman réaliste de 1850 n'en a qu'un, Flaubert. L'entourage est moins puissant que chez les *Vingt ans en 1820,* mais ces romanciers nous ont communiqué et nous avons gardé, à l'égard des petits réalistes, certains préjugés de classe. D'un côté sont les bohèmes ou anciens bohèmes, enfants du peuple, Murger, Champfleury, Duranty. De l'autre les grands bourgeois, les Goncourt et Flaubert. Les deux classes se dénigraient, se méprisaient, (car Flaubert en était, de sa classe !) Et MM. Huot de Goncourt aussi. On distinguera donc un réalisme populaire premier dans l'ordre du temps, et un réalisme de bourgeois, (*réalisme bourgeois* prêterait à l'équivoque), premier dans l'ordre d'importance.

Le mouvement réaliste, qui a un ancêtre dans la génération précédente avec Henry Monnier, naît après 1845, dans un milieu d'écrivains et d'artistes pauvres (dont Courbet). Ils écrivent dans les petits journaux et vont au café. Le premier caractère rappelle les Jeunes-France de 1830, et le dernier les décadents de 1885.

Murger. Le premier en date des réalistes est Henri Murger qui, précisément, a donné dans les *Scènes de la Vie de Bohème* le tableau le plus célèbre de ce milieu. C'était le fils d'un concierge de Paris. Il avait au collège fait juste assez d'études pour apprendre la syntaxe et pour se sentir une vocation littéraire. Ses romans sentent d'ailleurs une loge de la rue Montmartre, les journaux et lettres des locataires. Mais il aimait causer, écrire ce qu'il avait dit, comme il avait dit, d'ailleurs assez péniblement ; il avait le sens de la reproduction, comme un bon expéditionnaire, et l'humour réaliste de la rue de Paris. Un petit journal pittoresquement écrit et nommé le *Corsaire Satan,* où débutent presque tous les écrivains de cette école, (et même Baudelaire) entre 1847 et 1849, publia d'abord les *Scènes de la Vie de Bohème* et les *Scènes de la Vie de Jeunesse* qui parurent ensuite en volume en 1851. Ce sont des livres réalistes parce que tous les personnages ont réellement vécu. Cependant le fils de concierge reste un sentimental. Il a la religion du pot de réséda, et s'il soustrait le roman au romanesque, c'est pour le pencher du côté de la romance. Le grand succès de la *Vie de Bohème* lui vint d'ailleurs des bourgeois et des bourgeoises, plus que des « bohèmes ». Buloz ne s'y trompa pas et s'empressa d'attacher Murger à la *Revue des deux Mondes,* où parurent désormais ses principaux romans, et à laquelle il fournit cette denrée industrielle qu'on a vu reparaître après 1918 : le bohème en série, la tournée de bohème décente, préparée et parée pour le bourgeois. Sa santé l'ayant obligé à habiter en partie Marlotte, on lui commanda du rustique, qui ne fut pas mauvais du tout; cela nous a valu un roman d'un singulier réalisme paysan, le *Sabot rouge,* peut-être sa meilleure œuvre, et en tout cas la plus vraiment *réaliste* au sens actuel.

Champfleury. Murger est un demi-réaliste à qui un sujet et un succès heureux ont permis de percer malgré lui un premier layon réaliste. Autant comme netteté et originalité de réalisme que comme talent, Champfleury lui paraîtra bien supérieur. On s'en rendra compte en comparant à la *Vie de Bohème* ses *Aventures de Mlle Mariette,* peinture documentaire des mêmes milieux et des mêmes personnages. Fils de petits boutiquiers, il vient aussi du peuple, mais de province comme Restif, dont il a le tempérament et la malice. Les vingt romans qu'il publie en vingt ans (1847-1866) font un tableau des plus solides d'une vie de province par quelqu'un qui la sent, l'a vécue. C'est généralement une chronique de Laon, comme Restif a donné dans *Monsieur Nicolas* une partie de la chronique d'Auxerre. On en retrouvera les personnages authentiques dans l'état-civil, les archives de notaires et les souvenirs des familles laonnaises. On comprend d'ailleurs que le séjour de Laon fût à peu près interdit, sous peine de sévices, à l'auteur des *Bourgeois de Molinchart,* et que le préfet de l'Aisne et la magistrature l'aient admonesté. De ces *Bourgeois,* un des plus importants romans de Champfleury, et qui parut peu avant *Madame Bovary,* la rédaction peut être tenue pour très caractéristique du Champfleurysme. Quand l'auteur était enfant, un chevreuil de la forêt, poursuivi, entra un jour dans la ville et vint se réfugier dans la boutique de jouets que tenait Mme Husson (c'était le vrai nom de Champfleury) sa mère. Voilà un événement dans une vie d'enfant, et plus important que la Révolution de 1830. Le chevreuil entre de même dans les premières pages des *Bourgeois.* Il déclenche une série d'histoires bourgeoises, où sont prises les diverses classes de la société laonnaise, où défilent des originaux bien divertissants, et qui se terminent par une longue aventure d'adultère provincial, dont la concurrence inquiéta un moment Flaubert. Si les *Bourgeois* restent le plus amusant des romans de Champfleury (on y sent l'influence de Paul de Kock, qui fut sa principale lecture de collège) *la Succession Le Camus,* histoire d'un héritage, en est sans doute le mieux mené, le plus fort. Et dans *Monsieur de Boisdhyver,* roman de mœurs cléricales, Champfleury s'est haussé assez bien vers le niveau d'un grand sujet. Sainte-Beuve, qui ne l'a encouragé que discrètement, n'a goûté de lui que des bluettes plus timides : *les Souffrances du Professeur Delteil* et *le Violon de Faïence.* Quand les histoires de bourgeois de province qu'il connaissait furent épuisées, que toute sa famille, toute sa rue, toute sa chronique de Laon eurent été pressées jusqu'à la dernière goutte, Champfleury dut s'arrêter, porter ailleurs ses habitudes documentaires et ses inventaires du réel, occuper ses quinze dernières années à des ouvrages sur la caricature à travers l'histoire, la faïencerie française, et les chats.

Duranty. Murger représente un réalisme sentimental, Champfleury un réalisme documentaire, Duranty un réalisme intelligent et doctrinal d'homme de lettres. Duranty sait écrire, alors que Champfleury a gardé le titre de champion de France pour les fautes de français durant tout le Second Empire. Duranty est doctrinaire, atrabilaire et secret : on le dit fils naturel de Mérimée et il semble en effet qu'il fasse transition entre Mérimée et de petits naturalistes comme Céard. Il ne manqua pas d'envie. Le *Réalisme* dont il avait donné le nom à une revue éphémère qu'il rédigea avec Champfleury, traita, sous la plume de Duranty, le réalisme de Flaubert comme une déformation bourgeoise aussi haïssable que celle que ce même réalisme subissait chez Buloz avec Murger. Inférieur comme conteur à Champfleury, il lui est très supérieur comme psychologue ; le *Malheur d'Henriette Gérard* est un des romans de la vie de province les plus pénétrants, les plus intelligents qu'on ait écrits depuis Balzac, mais dans la note de Stendhal plutôt que dans celle de Balzac, et tout à fait au contraire de la note épique de Flaubert. Mêmes qualités dans le roman rustique de la *Cause du Beau Guillaume,* mais le sujet nous touche moins. Que le nom de Duranty n'ait jamais dépassé un cercle étroit d'amateurs, voilà une des malchances littéraires les plus injustifiées.

Les Goncourt. Mais on eût scandalisé bien fort les frères de Goncourt si devant les éternels éplorés du *Journal,* on eût parlé de leur bonne chance de romanciers. C'est cependant après tout une bonne chance, qui a fait que *Renée Mauperin* est devenu un roman presque célèbre, et qu'*Henriette Gérard,* qui lui est supérieur, reste ignorée. Mais il ne faut pas tenir cette chance pour inexplicable. En littérature il n'y a pas seulement des livres, il y a des ensembles, des carrières, qui font la loi au public et à la critique.

Les Goncourt sont entrés dans le roman par l'histoire, dans le roman anecdotique par l'histoire anecdotique, dans le document contemporain par le document du XVIIIe siècle. Ils avaient derrière eux, quand ils débutèrent comme romanciers, dix ans de bibelotages, de livres d'ailleurs excellents sur l'art du XVIIIe siècle, sur la société et les mœurs du temps de Louis XV et de la Révolution, une connaissance par le menu de soixante ans d'histoire qui leur avait valu la considération de Michelet et de Sainte-Beuve. Le XVIIIe siècle était pour eux non seulement le grand siècle, mais le seul siècle. Cette époque qui n'était nullement à la mode et qu'ils contribuèrent à y conduire, s'était complue à laisser sur elle une abondance de témoignages de détail, d'histoires vraies comme celles de Restif, de chroniques et de commérages comme ceux de Bachaumont ; les Mémoires de Bachaumont firent concevoir aux Goncourt l'ambition de faire pour leur époque ce qu'il avait fait pour la sienne. D'où le *Journal* commencé par les deux frères le 2 décembre 1851.

Or les romans ont poussé sur le *Journal,* les documentaires sur le document, comme des branches sur un tronc. Ces romans sont tous faits, eux aussi, avec des histoires vraies. Comme chez Murger et Champfleury le roman réaliste des Goncourt pourrait aussi bien s'appeler la réalité romancée. On sait d'ailleurs que réalité n'implique pas nécessairement vérité, — et réciproquement.

Charles Demailly, leur premier roman, qui paraît en 1860 sous le titre les *Hommes de Lettres* part du même dessein que la *Vie de Bohème* et *Mlle Mariette.* Il est le tableau de la vie littéraire que les auteurs ont connue depuis 1850, exposée moins sous forme de roman que sous forme de *Scènes :* écrivains, journaux, hommes et femmes, neurasthénie (celle de Jules de Goncourt) propre à l'homme de lettres, rien n'est inventé, et l'on a la clef de tous les noms. *Sœur Philomène* est une histoire de l'hôpital de Rouen racontée aux Goncourt par Louis Bouilhet. *Renée Mauperin,* qui devait s'appeler d'abord *La Jeune Bourgeoisie* est un tableau de la famille des auteurs : la biographie de M. Mauperin père est celle de leur père, Denoisel est Jules, et Renée une de leurs amies d'enfance. *Germinie Lacerteux* est l'histoire de leur vieille bonne, dont ils découvrirent après sa mort la vie en partie double et l'hystérie érotique ; ils ont copié exactement pour *Mlle de Varandeuil* une de leurs cousines. *Manette Salomon* s'appelait d'abord l'*Atelier Langibout;* c'est le pendant au documentaire des *Hommes de Lettres,* le documentaire du monde des artistes. Le *Journal* nous en fournit les clefs, et les conversations, les propos esthétiques de Chassagnol, ont été presque sténographiés dans les ateliers. Enfin *Madame Gervaisais* est l'histoire exacte de la vie, de la conversion et de la mort d'une de leurs tantes.

Ces bibelotiers du document sont aussi des bibelotiers du style. Ils n'ont pas créé le roman écrit documentairement puisqu'il y a Champfleury, mais ils ont créé le roman écrit artistement, soit la célèbre écriture artiste. Ils ont dit avec quelque exagération les tortures endurées à l'établi du style, et l'on ne peut pas contester la somme incomparable de création que représente ce style cherché. Les Goncourt, par leurs romans et par les notations du *Journal* préparatoires aux romans, comptent fort dans l'histoire du style. Du bon style ? C'est une autre affaire.

En tout cas pas, du bon style de roman. Ce style au pinceau, fait de notations qui papillotent et qui jouent leur partie sans plus entrer dans une ligne de phrase que les chapitres ne prétendent entrer dans une ligne de composition et dans un livre construit, a fait de leurs romans, au bout d'un demi-siècle, de singuliers phénomènes. Pour le public d'aujourd'hui, autant qu'un style à comprendre, il y a là une langue à apprendre, le Goncourt, — et la vie est courte. S'il nous fallait désigner deux livres qui méritent d'être sauvés de l'oubli, nous indiquerions *Manette Salomon,* le seul roman considérable que l'on ait écrit sur la vie des peintres, et qui reste plein de vie, — et les *Frères Zemganno,* roman qu'Edmond de Goncourt écrivit seul, en mémoire de la collaboration, et qui transpose l'amour fraternel, le travail commun, dans le monde des acrobates : c'est neuf, ingénieux, et, dans les pages de la fin, d'une émotion puissante.

Les suites. Le réalisme a été dès le début présenté dans une armature de théories. Elles entrèrent en bataille surtout quand il s'agit de défendre Courbet, qui s'était affirmé champion du réalisme et dont l'exposition particulière en 1855 fut un des événements artistiques du siècle. Plutôt que les articles et brochures de Courbet et même que la *Gazette de Champfleury,* qui eut deux numéros, et *Réalisme,* qui en eut bien le triple, on lira dans *Manette Salomon* les propos de Pommageot, copié par les Goncourt sur Champfleury. On donnera une importance à la polémique de *Réalisme* contre *Madame Bovary,* polémique qui oppose le réalisme du naturel et de la nature au romantisme du stylisé et du style : un nombre croissant de lecteurs donnera, aujourd'hui, plus ou moins raison à Duranty.

La coulée à pleins bords du réalisme inquiéta le pouvoir, les procès grêlèrent, celui de Flaubert, où le réalisme était stigmatisé même dans le texte du jugement qui acquittait, n'est que le plus célèbre. L'Académie, les grandes revues, prirent des mesures de défense. Rien n'y fit. Avec le roman réaliste il y eut dans la littérature certains traits permanents de plus.

Toutes les circonstances de la vie, vie de l'auteur, vie de ses contemporains, devinrent des sujets de romans ; le roman, c'est le tableau de la vie humaine, et toute vie est une vie humaine, peut être mise en tableau. Villemessant prétendait que tout le monde a son article dans le ventre, même un ramoneur. Tout le monde a aussi son roman dans le ventre.

Le sujet naturel du roman réaliste sera la réalité populaire ou bourgeoise, qui rendent d'ailleurs plus, tant en émotion qu'en ridicules, que les classes dites dirigeantes. « Les mœurs de la famille, dit Champfleury, les maladies de l'esprit, la peinture du monde, les curiosités de la rue, les scènes de la campagne, l'observation des passions, appartiennent également au réalisme. » Pour Champfleury le livre qui vient du peuple va au peuple, et voilà la littérature. « Le public du livre à vingt sous, c'est le vrai public. » Au contraire, les réalistes qui exigent et poursuivent le style, et qui ont des rentes, en outre, Flaubert et les Goncourt, écriront pour l'élite.

Enfin le roman réaliste, c'est le roman moderne, qui rejette le traditionnel et l'antique, se réclame carrément et exclusivement d'aujourd'hui. Le *moderne* devient un système complet, exclusif, comme la raison chez les classiques, ou le truculent chez les bousingots. Le mot de *modernisme,* créé par les Goncourt, est de grande conséquence. On remarquera cependant que si les Goncourt nomment le modernisme, ces bourgeois cultivés n'en possèdent pas moins une tradition qui les tourne à leurs heures contre le moderne, et qui les constitue à l'état d'émigrés de cette république : les Goncourt dans leur XVIIIe siècle, comme Flaubert à Carthage, ont besoin de leur saison thermale, antimoderne. C'est d'ailleurs par la grande personnalité de Flaubert que se posent tous ces problèmes, avec un retentissement et une ampleur qu'ils ne comportent pas chez ses contemporains.

X

DOCUMENT HUMAIN ET MOUVEMENT NATURALISTE

L'inter-génération de 1860. Ceux qui ont fait la révolution réaliste, et qui sont de la génération de 1848, Champfleury, Flaubert, les Goncourt, ont eu pour successeurs et en partie pour disciples cette demi-génération qui a passé sa jeunesse sous l'Empire, atteint ses vingt ans vers 1860, pour qui la révolution réaliste est une révolution faite, et qui va succéder à Flaubert sous la Troisième République, comme Flaubert, romancier de l'Empire, a succédé au Balzac de la Monarchie de Juillet. Les coupures politiques coïncident assez exactement avec les coupures de l'histoire du roman. Comme les Parnassiens leurs contemporains, cette demi-génération est une génération, d'ailleurs très importante, d'Épigones. Et comme les Parnassiens ils prennent la suite de Tétrarques, qui seraient Champfleury, Flaubert et les deux Goncourt.

Alphonse Daudet. Le cas le plus instructif paraîtra celui d'Alphonse Daudet. Pas plus que les Goncourt il n'a un tempérament de créateur. Il n'a rien inventé. Il a besoin d'être continuellement appuyé sur la réalité, sur ses histoires personnelles, celles de ses amis, de ses parents, et jusque dans *Tartarin* il n'a jamais su que romancer des anecdotes vraies. Mais il est servi par le sentiment de la vie, par la représentation des mœurs, par un don de conteur, et par le style.

Le sentiment de la vie, c'est chez lui la sympathie avec la vie. Il aime les hommes, il éprouve pour leurs destinées une pitié et une tendresse qui peuvent sembler indiscrètes. Personne qui soit plus éloigné que lui de l'objectivité ironique de Flaubert et des naturalistes. *Jack,* qui n'est d'ailleurs pas son meilleur roman, a fait couler autant de larmes que *David Copperfield.* Une destinée souffrante et brisée injustement emplit Daudet de tristesse et d'indignation. Ces mêmes sentiments lui ont dicté l'admirable *Évangéliste* : une vie meurtrie par le fanatisme d'une prédicante, comme la vie de Jack par la légèreté cruelle d'une mère. Le troisième de ses livres est un chef-d'œuvre, supérieur encore à l'*Évangéliste : Sapho,* histoire d'une vie d'artiste gâchée par une liaison, épisode détaché et puissamment traité des *Femmes d'Artistes.* L'importance de *Sapho* vient de l'importance que ce problème, l'*Art et les Femmes,* ou l'*Homme de Lettres et la Femme,* avait prise dans sa vie et dans celle de sa famille, extraordinairement habitée par la littérature, — de l'importance que prend aussi dans cette famille littéraire le problème de la défense bourgeoise, de la défense du genre de vie bourgeois, contre les tentations de tout ce que couvre cette étiquette : la bohème (la dédicace : *À mes fils quand ils auront vingt ans* est une clef) — de la connaissance et du sentiment profond qu'avait Daudet, et par le dehors, et par le dedans, des milieux d'artistes et des conditions de la vie d'artiste. Ce sujet des milieux d'artistes et de la destruction d'un artiste par une femme, par une mauvaise liaison, avait été créé par les Goncourt dans *Manette Salomon,* dont *Sapho* n'est qu'une reprise, mais une reprise très supérieure à l'original. La plupart des romans de Daudet portent pour sous-titre *Mœurs parisiennes,* et à vrai dire ce n'est guère là qu'imitation publicitaire du sous-titre créé par Flaubert pour *Madame Bovary, Mœurs de Province.* Les *Rois en Exil* nous montrent assez que ce n'est pas à Daudet qu'il faut demander une représentation par le dedans du monde parisien. Mais il n'en reste pas moins un admirable peintre de cela même qu'on appelait autrefois, tout simplement, les mœurs, c'est-à-dire l'humanité moyenne, quotidienne, vraie, non la grande comédie humaine, mais la comédie de la petite humanité, le cours limpide de la vie, éclairé d'un rayon de ce que nous appellerions l'humour, en songeant à ce que Daudet doit à Dickens, si le mot de galéjade n'appartenait mieux au terroir de Daudet.

À son terroir provençal. Daudet est nîmois, même félibre, et il apporte dans le roman et surtout dans le conte l'esprit des conteurs provençaux Roumanille, l'*Armana Prouvençau* sont à l'origine de ces *Contes du Lundi* et de ces *Lettres de mon Moulin* qui sont devenus si populaires, qui ont fait autant pour la gloire de Daudet que ses romans, et qui passèrent longtemps pour le fin miel d'une Attique française : nous y voyons aujourd'hui, comme dans l'atticisme de Courier, quelque artifice. Le conteur provençal est devenu le romancier du Midi avec *Tartarin de Tarascon* ou plutôt avec la trilogie que complètent *Tartarin sur les Alpes* et *Port Tarascon.* Ils sont destinés à rester l'œuvre la plus célèbre de Daudet. D'abord il y reste un pur conteur, et ses faiblesses de romancier créateur ne le desservent plus. Ensuite, là seulement il a créé un type, et même des types. Tartarin est devenu le Don Quichotte français. Mais on aurait tort de voir dans cette création personnelle de Daudet une figure et surtout une psychologie du Midi. Dans *Tartarin* aussi bien que dans *Numa Roumestan,* il s'agit d'un Midi que l'auteur a fabriqué pour la caricature et pour l'exportation. En réalité ce contraste, ce dialogue du Nord et du Midi, qui commande la nature et la construction de la France, n'a pas encore trouvé son romancier.

Ni évocateur, ni psychologue du Midi, mais conteur du Midi, Daudet est en outre — et cette fois il l'est bien — un styliste du Midi... L'écriture artiste des Goncourt a compromis gravement la durée de leur prose. Mais quand Daudet a greffé cette écriture artiste sur un français gonflé de sève et de sucs provençaux, la réussite a été parfaite. Le style de Daudet fait voir, fait vivre, fait plaisir. Il scintille, il gesticule, il est physique. Il n'a pas vieilli, ce qui contraste avec le vieillissement de ses romans. Mais s'il subit des influences, celles des Goncourt et de Roumanille, lui n'en a pas exercé; il n'a pas fait école. Et rien, en somme, de Daudet n'a fait école : il reste sur son coteau ensoleillé, sinon en isolé, du moins en indépendant. Il faut bien le faire entrer, bon gré, mal gré, dans un chapitre, mais il porte les termes en isme aussi malaisément que Flaubert. Le réalisme c'était Champfleury et pareillement le naturalisme ce sera Zola.

Les Cinq. Zola. Zola, comme Daudet, passe par la trouée qu'ont faite Flaubert et les Goncourt; mais plus déversé vers Flaubert, tandis que Daudet, c'est vers les Goncourt. Il n'a d'ailleurs que dix ans de moins que Jules de Goncourt, dix-huit de moins qu'Edmond et que Flaubert. Maupassant, de dix ans plus jeune, était le dauphin de l'équipe. Mais c'est bien une équipe homogène, qui installe ses problèmes, son personnel, ses œuvres, en plein milieu du roman français pendant trente ans, de 1857, date de *Madame Bovary* à 1887, date du Manifeste des Cinq, et où Zola tient une grosse place, et pas seulement comme le soulier de l'Auvergnat.

Il faut même, en ce qui concerne Zola, remonter plus loin. Pour lui, le problème de l'héritage de Balzac se pose comme il s'était posé en 1850 pour Champfleury et Flaubert. Les réalistes de 1850 n'étaient que des demi-héritiers de Balzac ; ils n'avaient pas fait de « comédie humaine ». Ils n'avaient pas relevé ce qu'on peut appeler le balzacisme monumental. À ce quêteur de documents et à ce cénobite du style, l'étoffe, la volonté, la santé, le tempérament de Balzac avaient manqué.

Les Rougon-Macquart. Ils ne manquaient pas à Zola. À vingt-huit ans, il décide de faire pour son temps, celui du Second Empire, ce que Balzac avait fait pour le sien : une œuvre cyclique, avec retour des mêmes personnages, qui concernerait tous les étages de la société, comédie humaine de la génération que la mort de Balzac laissait sur les bancs de l'école.

La Comédie Humaine, c'était à cette époque les vingt volumes de l'édition Houssiaux. La Comédie Humaine du Second Empire, prévue pour une dizaine de romans, écrite comme la *Comédie,* finira pareillement par vingt-cinq volumes en une vingtaine d'années. D'autre part, Balzac n'avait trouvé qu'assez tard l'idée cyclique de la Comédie Humaine, et il y avait rattaché, il avait organisé sur le tard en *Comédie* des romans qui avaient été écrits pour eux-mêmes et eux seuls. Zola trace dès le début un plan, qu'il suivra sans y changer beaucoup. Ce plan comportera (ce que ne pouvait comporter la tardive idée de la *Comédie*) un arbre de couche de l'immense machinerie, dit l'arbre généalogique d'une famille dont les personnages fourniront les principaux héros des vingt romans : les *Rougon-Macquart, histoire naturelle et sociale d'une famille sous le Second Empire,* au nombre de trente-deux ; un millier de personnages environ composait, sous cette famille-souche, le peuple des personnages secondaires dans cette roman-cité. Enfin l'œuvre de Balzac était plus intuitive que scientifique. Il se souciait peu d'être accordé à la science de son temps. Or c'est la science qui fournira aux *Rougon-Macquart* leur idée maîtresse, soit Taine l'idée de déterminisme, Claude Bernard celle de la pratique expérimentale (le *Roman expérimental,* ce fut une des affiches voyantes de Zola), Darwin et le docteur Lucas celle de l'hérédité.

Voilà une construction considérable, menée à bout avec une volonté solide et un talent énorme. Mais ce roman du Second Empire fut un peu à la *Comédie Humaine* ce que la monarchie du neveu fut à l'empire de l'oncle.

Le plan des *Rougon-Macquart* était fait, le premier volume écrit (la *Fortune des Rougon*) quand l'empire croula. La *Fortune des Rougon* ne parut qu'en 1871, et la *Famille sous le Second Empire* parut sous la Troisième République. Zola n'avait aucune raison d'abandonner son plan : un romancier n'est pas un chroniqueur, il a besoin, pour bâtir, d'une durée consolidée, et la *Comédie Humaine,* écrite sous la monarchie de Juillet, se passe, pour plus de la moitié, sous la Restauration. Et puis c'était bien, en 1871, la même génération qui continuait, et les *Rougon-Macquart* ne commencèrent que vers 1885 à devenir le roman historique d'une époque révolue. Zola écrit même, dans sa préface de 1871, ces lignes, d'une ingéniosité qui lui est moins habituelle que l'ingénuité : « La chute de Bonaparte, dont j'avais besoin comme artiste, et que toujours je trouvais fatalement au bout de mon drame sans oser l'espérer si prochaine, est venue me donner le dénouement terrible et nécessaire de mon œuvre. »

Ce n'est d'ailleurs pas inexact. Les *Rougon-Macquart* dont l'arbre généalogique monte d'Adélaïde Fouque, morte centenaire et folle en 1873, est le tableau d'une famille, d'une société, d'une humanité qui se défont, se développent, se vicient, s'empoisonnent, le procès-verbal d'une décomposition, et, au contraire de la définition de la vie par Claude Bernard, l'ensemble des forces qui luttent contre la vie. Ils n'avaient presque pas besoin de la guerre de 1870 pour aboutir à *La Débâcle.*

Romancier peuple et idéalisme social. Cette pente descendante, c'est tout le *naturalisme* en tant qu'école. Mais Zola lui, dépasse le naturalisme par son optimisme de travailleur, par sa religion de la science. *La Débâcle* n'est pas le dernier volume des *Rougon-Macquart,* mais l'avant-dernier. Le dernier est *Le Docteur Pascal,* la figure symbolique du romancier créateur de vie, du bon et robuste savant, fantassin de la vérité en marche. La Vérité en marche... De même que le futur auteur de *La Débâcle* avait en besoin, comme artiste, de la chute du Bonaparte, il semble que l'auteur du *Docteur Pascal,* qui est de 1893, ait besoin de ce qui éclatera quatre ans plus tard, l'affaire Dreyfus.

La destinée littéraire de Zola acquiert par là un caractère monumental, incorporé aux trente premières années de la République. Trouverons-nous aux *Rougon-Macquart* la même figure d'ensemble monumental ?

En tant que monument, ils n'ont pas tenu. L'ensemble, qui était arbitraire et naïf, s'est défait. Le roman de la vie de province comme *La Fortune des Rougon* et *La Conquête de Plassans,* tableaux d'Aix au lendemain du coup d'État, n'ont jamais été pris en considération. Zola, qui gagnait alors sa vie par des travaux modestes, n'a pas connu la « société » sous le Second Empire, et ses mécanismes laborieux, probes, producteurs de tout-fait ne pouvaient l'inventer. Il la voit candidement, populairement, ou par le trou de la serrure. Rien de cette expérience vivante que des femmes du monde transvasèrent en Balzac jeune. Le monde de l'État lui reste mystérieux. Pareillement celui des affaires, celui du commerce. Balzac eût transporté tout vifs les couples Boucicaut et Cognacq dans ses romans où ils se fussent trouvés de plain-pied avec les Guillaume de la *Maison du Chat qui Pelote.* Mais qu'est-ce qu'*Au Bonheur des Dames ?* Le magasin et la marchandise, pas le marchand, c'est-à-dire pas l'essentiel. Il est important que le premier succès de Zola ait été l'*Assommoir* (1877), que sa carrière se divise en deux parties : avant l'*Assommoir* et après l'*Assommoir* Qu'est-ce à dire, sinon que Zola est apparu aux esprits et à l'opinion comme romancier du peuple, comme romancier qui ne flattait pas le peuple, puisque l'*Assommoir* est le tableau d'une maladie populaire, l'alcoolisme, et enfin et surtout comme romancier peuple ?

Un romancier peuple. Il faudrait enlever au mot primaire tout ce que les littérateurs qui en usent y mettent de malveillance et de pédantisme, le prendre dans son sens solide et sain, efficient et positif, et l'on pourrait dire alors que Zola fut un très grand primaire. Son matérialisme est celui du sens commun. Il ne faut pas voir dans son pessimisme un pessimisme radical, à la manière de Taine, mais un pessimisme relatif, qui s'achève en idéalisme social et en croyance au progrès. Il se distingue par là et des pseudo-réalistes, descriptifs sans philosophie, et des réalistes à la Flaubert-Goncourt, bourgeois bourgeoisants de bourgeoisie. La philosophie de Zola est extrêmement courte, mais elle est exacte, elle est populaire, elle tient toute dans le mot travail. Zola a eu la religion du travail comme Balzac celle de la volonté. Des *Quatre Évangiles, Fécondité* lui a été suggéré par sa paternité tardive, *Vérité* par l'affaire Dreyfus, mais *Travail* par toute sa nature profonde, toute sa vie, son impossibilité de penser autrement la raison d'être de l'homme. *Justice* enfin n'a pu être écrit, mais la Justice, c'est comme l'a montré Proudhon, l'alpha et l'oméga de toute philosophie qui vient du peuple.

Ce serait de ce point de vue du travail qu'il faudrait classer et comprendre toute l'œuvre de Zola. Jules Lemaitre l'a appelée une épopée pessimiste de la nature humaine. Pessimiste n'est pas inexact, dans le sens où le mot nature amorce en effet, comme disent les philosophes, le donné. Le donné, c'est la société contemporaine de Zola, c'est la société du Second Empire et celle de la Troisième République dans la mesure où elle continue celle du Second Empire. Mais au-dessus de ce donné, Zola a maintenu un idéal, simple, maniable, populaire, celui-là même du Sandoz de *L'Œuvre,* qui est le double de l'auteur, celui que marquent le titre et la dernière page de *Germinal,* la dernière page de la *Débâcle,* celui qui, du *Docteur Pascal* à la place vide (remplie par l'acte final de Zola) de *Justice,* répond à un optimisme social, à ce qui a été, en somme, l'idéal de la Troisième République.

Le naturalisme épique. Épopée peut aussi s'entendre. Il y a eu depuis Champfleury et Flaubert deux sortes de réalismes : un réalisme analytique et un réalisme épique. Les pages épiques abondent dans *Madame Bovary,* et *Salammbô* naît du besoin épique de

Flaubert. Rien d'épique au contraire dans les Goncourt et Daudet. Zola, lui, a créé dans le sillage de Flaubert le naturalisme épique. Son style est naturellement épique, épique par son mouvement oratoire, épique par les lieux communs, les épithètes prévues, la redondance de mots, d'explications, de clartés, épique par la prépondérance des ensembles, des groupes, des êtres collectifs, épique par l'adoption qu'en a faite une certaine partie évoluée du peuple, l'instituteur, l'ouvrier, le lecteur des bibliothèques populaires, par l'absence ou la pauvreté des valeurs de culture délicate, des fleurs rares de la vie bourgeoise.

Les Soirées de Médan. Dès 1875 quelques débutants Guy de Maupassant, Henry Céard, Huysmans, Hennique, Alexis, qui admiraient Zola, prirent l'habitude de se réunir d'abord chez lui, rue Saint-Georges, puis dans des dîners hebdomadaires chez des traiteurs modestes. À la suite d'un dîner au restaurant Trappe, où étaient invités Goncourt et Zola, le 16 avril 1877, l'année de *La Fille Elisa* et de *L'Assommoir,* la presse prit l'habitude de parler d'une « école naturaliste ». En 1879, au cours d'une visite à Médan, où Zola venait d'acheter une maison, Zola, Maupassant, Huysmans, Céard, Hennique, Alexis décident (c'était une idée d'Hennique) de publier un recueil, où chacun donnera une nouvelle, sur la guerre de 1870, et qui s'appellera les *Soirées de Médan.* Ce recueil paraît en 1880.

D'abord cela faisait une manière de manifeste. La nouvelle de Zola, l'*Attaque du Moulin,* est sérieuse et conforme aux lois du conte défense nationale. Mais les cinq autres, celles des jeunes, versent plus ou moins du côté de la parodie (on avait pensé d'abord au titre L'*Invasion comique*) et semblent appartenir déjà à ce qu'on appellera plus tard littérature antipatriotique, puis antimilitariste. Cela fit scandale.

Maupassant. D'autre part, les *Soirées* contenaient *Boule de Suif,* un des chefs-d'œuvre de la nouvelle française. Maupassant l'a écrit avant trente ans, et s'il ne la dépassera pas, c'est qu'on ne dépasse pas la perfection. Pendant dix ans il produira avec une régularité et une puissance qui n'excluent pas plus que chez Zola un travail acharné, deux cent soixante nouvelles et sept grands romans.

Il ne doit rien à Zola, son aîné de dix ans. Mais fils d'une amie d'enfance dé Flaubert, et son compatriote normand, il est le disciple et le fils spirituel du grand Normand, à tel point qu'on ne trouverait peut-être pas d'exemple littéraire d'une filiation de génies aussi pleine, aussi droite, aussi logique, d'une mise au point originale aussi nette à l'intérieur d'un même ordre d'expérience humaine, d'un même plan de nature normande. Seules les écoles de peinture offrent un tel phénomène : Van Dyck et Rubens, Véronèse et Titien.

Tout d'abord il est dans la littérature le maître certain du conte, le classique du conte, supérieur à Mérimée par la solidité et la variété des êtres vivants qu'il pétrit dans une pâte de peintre au lieu d'en évoquer les traits comme le grand dessinateur de la *Partie de Trictrac,* supérieur à Alphonse Daudet non seulement par la richesse de la production, mais par un art plus mâle, plus tonique, plus direct.

Cette supériorité dans la nouvelle ne le suit pas dans le roman. Ses deux chefs-d'œuvre, qui sont *Bel Ami* et *Une Vie,* soit une vie d'homme et une vie de femme, restent d'une admirable solidité, et ils dépassent évidemment le cadre du roman de mœurs parisiennes, mais ils manquent de nécessité — cette indiscutable nécessité dont éclatèrent ceux de Flaubert — et leur figure, leur coupe, leur humanité, datent à la façon dont datent les romans, si différents, des Goncourt. Maupassant reçoit avec une aisance parfaite ses personnages de roman, comme Zola. Il n'en est pas habité, comme Flaubert et Daudet. Il n'est que tangent à la partie divine du roman.

Il a nettement le sens des différences entre les deux genres. Il n'a jamais écrit une nouvelle avec un sujet de roman (ce qui d'ailleurs arrive rarement) jamais écrit un roman avec un sujet de nouvelle (ce qui arrive à la majorité des romanciers).

Autres « Médaniens ». Les médaniens moyens ont sensiblement le même âge en 1880 ; trente ans, soit tous dix ans de moins que Zola. Maupassant, comme Zola lui-même, reste à part, dépasse les formules, et sa filiation de Croisset importe plus que ses promenades à Médan. Au contraire Huysmans, Céard, Hennique et Alexis font une équipe naturaliste fort homogène. Chez eux le naturalisme consiste moins dans l'observation de la peinture de la réalité, que dans la haine de la réalité, — donc dans une vision caricaturale, commandée par un pessimisme radical, — et dans la peinture exclusive de personnages grotesques, minables ou miteux, qui est surtout réussie lorsque les personnages sont des doubles de l'auteur, comme c'est le cas pour Huysmans. Le livre sacré de cette équipe, et qui parut en revue, inachevé, l'année même des *Soirées de Médan,* c'est *Bouvard et Pécuchet.*

Huysmans. Par un côté Huysmans dépasse Médan, ajoute une note singulière. Comme Zola il a un style à lui, très supérieur et même opposé à celui de Zola par sa recherche de l'expression nouvelle, par une horreur des clichés qui fait corps avec l'horreur des naturalistes pour la réalité, par une manière d'élever à un procédé d'humour transcendant ce que les Goncourt appelaient l'écriture artiste, de lui ôter son pédantisme en lui ôtant son sérieux. Les Goncourt ne parodient jamais la réalité qu'ils déforment, Huysmans s'avance dans une parodie continuelle, et d'abord de lui-même.

Sauvé par un style parodique et succulent, Huysmans l'a été en outre, sur terre déjà, par sa conversion. Certes, dans Huysmans chercheur, la sincérité religieuse et la fabrication littéraire sont imbriquées au point que lui-même ne savait certainement pas les distinguer. Mais enfin, pour Huysmans comme pour Zola, le produit net reste un *En Route* (c'est le titre d'un de ses livres). L'*En route* de Huysmans est chrétien, l'*En route* de Zola est démocratique et social. La mystique du Latin et celle du Flamand étaient radicalement opposées, mais chez tous deux le naturalisme, vivant par quelque poésie, n'était utilisé que pour être dépaysé.

Huysmans est-il en outre sauvé par le contenu de ce qu'on appelle ses romans ? Sauf *À rebours* (mais non les *Sœurs Vatard,* roman de ses affaires de famille), sauf dans une certaine mesure *À rebours,* il n'a jamais écrit que la biographie d'un célibataire dyspeptique et maniaque, tantôt en quête d'un restaurant paisible (*A vau l'eau*) tantôt dans les désillusions de vacances pénibles (*En Rade*), tantôt à la recherche du diable (*Là-Bas*), enfin à là recherche de Dieu (*En Route,* la *Cathédrale,* l'*Oblat*). Malheureusement, si on s'intéresse à ce que dit ce personnage, et à la façon dont c'est dit, on s'intéresse peu à ce qu'il est.

À moins qu'on ne soit littérateur. Les Goncourt ont écrit la *Maison d'un Artiste,* et plusieurs de leurs romans pourraient être compris aussi sous ce titre. Huysmans a ouvert et inventorié la maison d'un littérateur. Il n'est sorti un jour de lui-même que pour créer un *robot* de la littérature, le des Esseintes d'*À rebours,* contemporain de cet autre robot qu'est l'Hedely de l'*Ève future.* C'est *À rebours* qui a fait Huysmans célèbre. De 1886 à 1895 il a modelé, ou plutôt il a fabriqué tout un petit peuple littéraire. La mécanique d'*À rebours* a joué chez Huysmans plus longtemps qu'on ne le pense. Remplacez l'amour par la littérature, et reprenez pour Huysmans la métaphore stendhalienne de la cristallisation.

Moyens et petits naturalistes. Hennique et Céard, autres naturalistes moyens, ont peu écrit. *Benjamin Rozes,* histoire d'un ver solitaire, *Francine Cloarec,* histoire d'une bonne (la bonne à tout faire du réalisme depuis *Germinie Lacerteux*), l'*Accident de M. Hébert,* histoire d'un cocuage, qui sont des parodies de la vie bourgeoise, pourraient aussi bien passer pour des parodies du naturalisme. Céard a donné deux romans, *Une Belle Journée* en 1881, histoire d'une journée de pluie vue d'un cabinet particulier par un couple hésitant ; *Terrains à vendre au bord de la mer,* publié un quart de siècle après, en partie autobiographique, est le procès-verbal serré d'une existence.

L'école est régulière et bien fournie : après les moyens naturalistes, les petits naturalistes, dont le type, le brave type, Paul Alexis, aixois qui trouve sa raison d'être moins dans *Madame Meuriot* que dans l'ombre de Zola, et dans les cinq mots de sa dépêche envoyée d'Aix en réponse à l'enquête de Jules Huret : « Naturalisme pas mort. Lettre suit. » Faut-il nommer Paul Bonnetain ? Mettons plutôt pour point final le roman naturaliste pur de Louis Desprez *Autour d'un Clocher,* qui est de 1884. Mais Desprez, mort en 1885 à vingt-cinq ans, c'est déjà la génération suivante du naturalisme, celle du Manifeste des Cinq.

XI

LES RÉACTIONNAIRES

La littérature de l'émigration réagissait contre la Révolution. Rien de plus normal. Mais cette réaction est devenue, dans la suite du XIXᵉ siècle, la Réaction, au sens spirituel, politique, sibyllin de ce mot, qui est entendu dans le dernier village. Sous chacun des régimes successifs la réaction a eu un visage particulier. Elle a évolué, mais le long d'une même réalité, d'une même idée, des mêmes cadres. Une histoire ou un tableau de la réaction en France, ferait un curieux tableau des mœurs et des idées françaises au XIXᵉ siècle. La moindre partie en serait la partie littéraire, qui seule cependant nous concerne ici.

Laissons de côté la littérature réactionnaire d'opinion, celle qui a donné de grands journalistes. Mais au-dessus d'elle il y a les grands écrivains réactionnaires, les Pères de la réaction, et, pour employer un mot qu'a sinon créé, du moins relevé Barbey d'Aurevilly, les *Prophètes du Passé.* C'est à Maistre, Bonald, Chateaubriand et Lamennais que s'applique ce mot dans le livre que Barbey a publié sur eux. Or ces quatre prophètes ont eu, à l'époque qui les a suivis, quatre successeurs en Barbey d'Aurevilly, Gobineau, Villiers de l'Isle-Adam et Léon Bloy.

Barbey d'Aurevilly. Il avait 22 ans en 1830, et peu de styles ont une couleur romantique aussi éclatante que le sien. Pourtant il n'appartient pas au romantisme. Il a passé toute cette époque dans sa province normande, dans un milieu légitimiste, clérical, anachronique et pittoresque à souhait, d'où il a été lancé sur Paris, bizarre aérolithe, en 1851. Il avait beaucoup de lecture, de souvenirs, d'esprit, de style, le tout haussé et campé sur une métaphore militaire perpétuelle, mousquetaire, et même connétable. Cet éclat ne dépassa guère le cercle de ses amis, mais il sut le soutenir par la puissance démesurée de son verbe. Et s'il est aujourd'hui peu lu, on le tient toujours sinon pour un grand homme, du moins pour un grand bonhomme, à cette exception près que personne n'est moins bonhomme que lui. Il l'a dû à ses romans, à sa critique, à ses mots et à son attitude.

Les romans de Barbey restent la meilleure partie de son œuvre. À vrai dire, même quand ils ont deux volumes, ce sont plutôt des contes, des contes de son pays, et du temps de la chouannerie, avec d'extraordinaires et parfois terribles évocations, et surtout un style incomparable de relief, d'images, de plis, de sonorités. *Un Prêtre marié, Le Chevalier des Touches,* les *Diaboliques* éclatent d'étrangeté, de passion, de beautés, mais fort peu d'humanité. Il avait l'étoffe d'un Waltcr Scott normand et breton. Malheureusement le journalisme l'absorba, ou plutôt la critique littéraire, et, malgré les admirateurs de poids que cette critique a conservés, on doit le regretter. Barbey manque, à un degré douloureux, de raison, de jugement, et même de bonne foi. Sa critique est le véhicule de ses mots, abondants, spirituels, dont beaucoup sont restés, et de son attitude : celle du chrétien intransigeant, vengeur, croisé contre le XVIIIe siècle, et qui, selon son expression, voit dans le catholicisme le vieux balcon de fer forgé d'où on peut le mieux cracher sur la foule. À condition de se tenir à une distance respectueuse, c'est un beau spectacle.

Gobineau. Ce n'est pas le catholicisme qui fournit son balcon à Arthur de Gobineau. Ce sont ses ancêtres, non ceux qu'il a eus, et qui étaient d'extraction petite, même bourgeoise, mais ceux qu'il se suppose, conquérants scandinaves et barons féodaux. Barbey avait plus de style que d'idées, Gobineau a plus d'idées que de style. Sa théorie de la vie et de la mort des races exposée dans le *Traité de l'Inégalité des Races humaines,* a fourni à l'Allemagne une des bases de l'idéologie raciste. Mais, comme Barbey, Gobineau avait besoin de la fiction pour donner le meilleur de lui. Le résultat le plus heureux de son racisme aventureux et de son génie réactionnaire de sang bleu, c'est qu'ils lui ont fourni la carcasse idéologique du très beau roman des *Pléiades*. Sa longue expérience diplomatique de la Perse et de la Grèce s'est exprimée dans les *Nouvelles asiatiques* et *Trois ans en Asie,* la vision la plus vraie de l'Orient qu'il y ait peut-être dans notre littérature romanesque.

Villiers de l'Isle-Adam. À ce chef de cabinet de Tocqueville, à ce ministre plénipotentiaire, à ce prophète posthume, on ne comparera pas le bohème malchanceux, mort de misère, que fut Villiers de l'Isle-Adam, qui d'ailleurs descend du Grand-Maître de Malte plus authentiquement que Gobineau ne descend d'Ottar Jarl. Et pourtant l'œuvre de ce Breton halluciné et chimérique nous demeure bien plus précieuse que celle du prophète Gobineau ou du connétable Barbey. C'est un des plus grands poètes en prose de notre littérature. Il a créé un type, ce Homais agrandi au clair de lune qu'est Tribulat Bonhomet. Ses *Contes cruels* restent un des sommets du conte français. L'*Ève future* est un des romans prophétiques de notre civilisation mécaniste et américaniste d'aujourd'hui, la prophétie de Daniel du cinéma. Le drame en quatre actes d'*Axel,* d'une étrange puissance visionnaire, peut passer pour le mythe le plus haut de l'idéalisme poétique.

Léon Bloy. Léon Bloy a vécu dans la même misère que Villiers, pire parce qu'elle était aussi celle des siens. Il a tourné cette misère en haine contre les hommes. Peu d'êtres ont connu un pareil abîme de rage, et ont éprouvé davantage le besoin de croire à l'enfer. Mais au paradis aussi. Catholique authentique, et l'un des plus extraordinaires qu'il y ait eu en France, il a des intuitions sublimes qui atteignent la plus haute théologie. L'audace tranquille et visionnaire avec laquelle il entre dans les desseins de Dieu, paraît bien une démarche du génie. Son style, qui est d'un des plus grands prosateurs de son siècle, suffit à tout. Mais tout au moins du point de vue de la quantité, la carrière préférée de ce style est l'invective. Sa puissance d'outrage est une des forces de la nature ; non seulement les anticléricaux de la République, mais les catholiques tièdes ou académiciens, les bourgeois à l'aise qui ne donnent rien au pauvre écrivain, sont submergés lyriquement sous des tonnes de matière verbale qui valent le déplacement : soit la lecture de *Je m'accuse,* des *Dernières Colonnes de l'Église,* et surtout des volumes du *Journal* de Bloy. Mais cette réaction de l'injure répond chez Bloy à une action de la souffrance. Le *Désespéré* et la *Femme pauvre* témoignent d'épreuves incroyables. Les parties de damné qu'il y a chez Bloy sont compensées, ou cautérisées, par des parties de sainteté. Tout au moins si l'on en juge sur ceci qu'il a produit des conversions, qu'il y a eu dans le monde des écrivains de véritables convertis de Léon Bloy.

La littérature de réaction est surtout une réaction de la littérature : soit d'une personnalité véhémente contre le conformisme, les idées reçues, les « lieux communs » dont Bloy a écrit l'*Exégèse.* Elle fait partie du sel de la vie littéraire. L'*Action française* donnera une doctrine générale de la réaction ; et le style de la réaction, dont on trouverait des exemples dans Léon Daudet, Claudel, Maritain, reste aujourd'hui plus vivant que jamais.

XII

LE THÉÂTRE

Épopée dramatique. Si, dans tous les sens du mot poésie, et d'abord dans son sens étymologique de création, la génération de 1820 a été la plus *poétique* des générations littéraires françaises, celle de 1850 a été, depuis la retraite de Racine, la plus *dramatique,* soit celle qui s'est installée le plus fortement dans le théâtre, qui y a apporté le plus de création originale et durable. Nous ne dirons pas que cette supériorité s'explique par trois raisons, mais nous indiquerons trois conditions qui l'ont favorisée, trois révolutions auxquelles elle est liée.

L'Âge technique. Une révolution dans la littérature. Avec le déclin du romantisme les genres poétiques se sont épuisés. En poésie et dans le roman, c'est l'époque du reflux, des ambitions circonscrites, précises, plus modestes, où la grande inspiration cède la place à la technique. D'où le Parnasse et le réalisme. Le Second Empire a été une époque moins de beauté que de métier. Il a eu le souci de la bonne ordonnance et des bons matériaux. Or il n'y a pas d'art qui soit plus que le théâtre lié à des techniques délicates, où l'auteur doive plus s'oublier lui-même, se soumettre plus complètement à son objet, soit ses personnages, ses acteurs et son public. La littérature du Second Empire produit du bon théâtre, du même fonds dont elle produit les *Fleurs du Mal* et *Madame Bovary.*

La civilisation du plaisir. Une révolution dans les mœurs. C'est un lieu commun que de rapprocher la société du Second

Empire de la société du XVIIIe siècle. Comme celle-ci, elle est répandue vers le dehors. C'est une société aux lumières et aux lustres. Elle recherche avidement et publiquement le plaisir. La civilisation du plaisir, cela devient un état, même un problème de l'époque. Le signe symbolique de cette civilisation du plaisir, c'est l'entrée d'un nouveau personnage dans la vie parisienne, lequel va durer un demi-siècle, disparaître d'un coup aussi vite qu'il est venu : la grande courtisane classée. Or le théâtre sert plus ou moins de centre à toute civilisation du plaisir. Il reste cependant assez de sérieux et de tradition dans cette société pour contrôler, juger cette civilisation du plaisir, pour la *penser* comme une question morale et sociale en même temps qu'on la vit comme une destinée naturelle. Aussi le théâtre ambitionne-t-il de devenir une tribune, la comédie de mœurs de fonctionner comme critique des mœurs. La comédie prétend offrir à une Société plus mêlée et plus étendue, plus superficielle et mondaine, quelque chose de ce qui réunissait les auditoires autour de la chaire chrétienne au XVIIe siècle, de la chaire professorale sous Louis-Philippe. La génération de 1850 est une génération théâtrocratique.

Les nouveaux publics. Une révolution dans le public. Sous le second empire, le public ordinaire des théâtres augmente considérablement. Les chemins de fer font un nouveau Paris, le Paris des voyageurs, pour qui la soirée qu'on ne passe pas au théâtre est une soirée perdue. Au public traditionnel des théâtres, celui des honnêtes gens de Paris, s'ajoutent trois publics : celui des étrangers, celui des provinciaux, celui des nouveaux riches, pour qui la littérature française c'est moins ce qu'on lit que ce qu'on voit (et qu'il « faut avoir vu ») et qu'on entend sur la scène. Ce public fait, comme autrefois les voyageurs à Venise, la fortune des courtisanes du nouveau Paris. Elles tiennent une place extraordinaire dans le théâtre de cette époque (*Dame aux Camélias, Demi-monde, Filles de Marbre, Mariage d'Olympe*). Et comme les Hollandais dans les tableaux de leurs peintres, ce même public se retrouvera, et surtout on le trouvera, volontiers sur la scène : les étrangers avec la *Vie parisienne,* les provinciaux avec la *Cagnotte,* les enrichis avec la *Question d'Argent.* À cet élargissement du public ne correspond pas encore un abaissement de la scène. Le public des aristocraties européennes est familier avec la culture française, le public de province lit, les nouvelles fortunes se consolident et l'ascension sociale reste régulière. Le théâtre se trouve devant un public quadruple en quantité, sans diminution trop notable de qualité.

Sarcey disait qu'il n'avait assisté dans sa longue carrière de spectateur qu'à trois révolutions dramatiques, La *Dame aux Camélias,* le *Chapeau de Paille d'Italie, Orphée aux Enfers.* Et en effet il y a trois créations propres du Second Empire, dans la mesure où on peut parler, au théâtre, de création : la comédie de mœurs, le nouveau vaudeville, l'opérette.

La Comédie de Mœurs : 1° Dumas fils. Que la comédie de mœurs soit sortie de la *Dame aux Camélias,* c'est un des faits les plus curieux de l'histoire du théâtre, et l'un de ceux qui nous montrent le mieux que le théâtre a ses lois et ses habitudes qu'il ne faut pas confondre avec celles de la littérature écrite. Dumas l'avait écrite, en huit jours prétend-il, sous le coup d'une émotion : ses amours sincères avec une courtisane qui se mourait de la poitrine, Marie Duplessis. Il avait déposé de la vie, sa vie, sur le papier, comme Lamartine quand il écrivit le *Lac.* Mais cette vie de l'auteur était celle d'un jeune fils naturel d'Alexandre Dumas, d'un enfant de la balle, habitué dès l'enfance aux mœurs, au langage, aux tours du théâtre, et qui fit du théâtre presque comme M. Jourdain faisait de la prose, ce qui est évidemment la manière la plus rare de faire du théâtre. On lui joua, au bout de trois ans, par complaisance pour le renom de son père, ce monstre d'inexpérience qui ne ressemblait à rien. Mais le public trouva tout de suite que cela ressemblait à la vie, lui fit un succès extraordinaire qui dura jusqu'au début du xxe siècle. Cependant la *Dame* n'a bientôt intéressé qu'un public inférieur. Ce public fut d'abord le même que celui des *Scènes de la Vie de Bohème,* qui en sont contemporaines, sont nées des mêmes confidences et aventures personnelles, font appel à la même sentimentalité, et, comme la *Dame* à l'origine de la comédie de mœurs, sont à l'origine du roman réaliste.

Mais Murger laissa à Champfleury et à Flaubert le soin de créer ce roman, tandis que Dumas fut son propre Champfleury, et même, dans une certaine mesure, son Flaubert.

Dumas n'est pas ici seul en cause. Depuis 1849 et la *Gabrielle* d'Augier il y avait au théâtre moins une réaction contre le romantisme, dont les spectateurs se souciaient bien peu, que cette exigence d'ordre à laquelle l'Empire donna satisfaction. À la *Dame aux Camélias* qui rendait pitoyable la courtisane, la fille de chair, Théodore Barrière avait répondu par les *Filles de Marbre,* tableau sinistre de la courtisane impitoyable, de la fille aride et avide qui dévore un fils de famille le matin et un père de famille le soir : ce fut la pièce la plus jouée, pendant l'Empire, dans les théâtres de province. Les femmes se communiquaient l'une à l'autre qu'il fallait y mener leurs maris et leurs fils pour leur faire haïr la courtisane, comme il fallait les mener à *Trente Ans ou la Vie d'un Joueur* pour leur faire haïr le jeu. Or, probablement en souvenir du Tiberge de *Manon Lescaut,* Barrière avait placé dans les *Filles de Marbre* un raisonneur et un conseiller probe et vertueux du nom de Desgenais. Dumas lui emprunta ce représentant de l'auteur, cet Ariste ou ce Cléante, et en fit le raisonneur de ses pièces, le mondain intelligent, clairvoyant, spirituel, dévoué, héroïque au besoin, qui mène le jeu, abaisse les masques, tire la moralité.

C'était, en 1855, l'Olivier de Jalin du *Demi-monde.* Ce sera en 1864 le de Ryons de *L'Ami des Femmes,* peut-être les pièces les plus brillantes de Dumas, d'un métier excellent, d'un dialogue solide, et, surtout la première, d'une grande conséquence pour la comédie de mœurs. Dans le *Demi-monde* Dumas découvrait, appelait à la lumière de la scène, baptisait d'un nom qui est resté sur un quartier important de la Société parisienne, et qu'il connaissait aussi bien que celui de la *Dame aux Camélias,* puisque c'était le sien, le demi-monde ou la demi-galanterie, intermédiaire entre le monde fermé et la galanterie patentée. Sous des titres différents, il a refait plusieurs fois cette pièce type du contact et du conflit entre deux mondes ou deux fractions de monde : le monde français héréditaire, et le monde du dehors, ou plutôt la femme du dehors, qui l'attaque, le disloque, le désorbite : c'est le sujet de *Diane de Lys,* de la *Femme de Claude,* de l'*Étrangère,* même des *Idées de Madame Aubray.*

Les frontières du monde, les éléments passagers et brillants de la société parisienne ont eu leur peintre en Dumas. Il prétendit qu'ils eussent aussi en lui leur moraliste, leur prédicateur ; avec un mélange de pédantisme rogue, de prophétisme extravagant, de rouerie d'homme d'affaires, il réclama pour l'auteur dramatique la succession du directeur de conscience chez les dévotes du XVIIIe siècle, celle du philosophe domestique chez les patriciens romains. De là sa pièce à thèse, allongée et commentée par les explications et les vaticinations des préfaces. Comme la pièce réelle sinon réaliste qu'est la *Dame aux Camélias,* était née en même temps que le roman réel de Murger, la pièce à thèse de Dumas naît en même temps que le roman à thèse de Feuillet. Il y a entre eux cette différence que les thèses de Feuillet portent sur des questions morales *(Sibylle, Camors)* qui se posent pour les individus dans une société dont la forme et les cadres sont donnés, tandis que les thèses de Dumas concernent des questions familiales et sociales dans une société dont les cadres mal faits sont à élargir ou à consolider, à rectifier ou à refaire : problèmes du mariage (*Denise, Francillon*) problèmes des enfants naturels (*Le Fils naturel*) problèmes de la condition féminine (*Monsieur Alphonse*), problèmes même du lit conjugal (*L'Ami des Femmes*). La pièce à thèse devient naturellement, par ses idées, une pièce dont on parle et qu'on discute à la ville. Elle étend le domaine du théâtre, dans une direction où il a toujours regardé — et après tout *Tartuffe* et les *Femmes Savantes* sont des pièces à thèse. Mais la forme artificielle et artificieuse que la pièce à thèse prend chez Dumas, les changements subis ensuite par les cadres sociaux, ont contribué à démoder la chose et le mot. Le théâtre de Dumas s'en va vers l'oubli.

2° Augier. Plus vite peut-être que celui d'Émile Augier, dont le tempérament est cependant moins curieux et moins créateur. Dumas avait créé la pièce moderne. C'est lui, et non un autre, qui a soustrait la scène à Scribe. Il a su emprunter un ou deux personnages à des contemporains, il ne leur a pas emprunté sa technique, sa science adroite de représenter un milieu, comme Flaubert, un problème dans ce milieu, comme Feuillet. Il excellait même à relever par sa sûre technique la pièce qu'un autre avait manquée ou rêvée (et son

Théâtre des autres n'est pas la partie la moins curieuse de son œuvre). Au contraire, Augier a débuté par la pièce en vers à la manière de Ponsard, et *Gabrielle*, qui ponsardise effrontément, triompha comme une seconde *Lucrèce,* ou comme *L'Honneur et l'Argent,* par les mêmes moyens devant le même public. Successeur désigné de Ponsard, à la manière dont Sardou sera le successeur désigné de Scribe, il sut bientôt reconnaître avec bon sens, le bon sens même de l'« école du bon sens », que le temps de la comédie en vers passait, et, au carrefour où plusieurs plaques lui indiquaient plusieurs sortes d'autres comédies, il a choisi la direction que la *Dame aux Camélias* désignait au théâtre nouveau. *Le Gendre de M. Poirier,* en 1854, a été la seconde pièce moderne.

La Dame aux Camélias révélait un milieu, celui du demi-monde, ou du quart de monde, en contact et en conflit avec un autre monde, le monde bourgeois. Dans ces milieux il y avait des êtres vivants, Marguerite Gautier et les Duval. Cela suffit pour faire une révolution dans un théâtre scribifié. Il y manquait des types, un style, une action, des mots (Dumas devait trouver style, action et mots plus tard). Ce fut *Le Gendre de M. Poirier* qui les apporta. Venant après la *Dame aux Camélias,* venant après le roman de Sandeau dont il a tiré sa pièce, *Sacs et Parchemins,* prenant donc son bien où il le trouvait, Augier eut le bonheur et l'habileté de créer les *Précieuses ridicules* de la pièce moderne.

Un milieu : celui de la bourgeoisie laborieuse qui s'enrichit, en contact et en conflit avec le monde aristocratique, dont elle a besoin pour s'élever, et qui a besoin d'elle pour se maintenir. Des êtres vivants, Poirier et Gaston, qui sont bien Poirier et Gaston, comme Marguerite est Marguerite, non le bourgeois et le marquis du répertoire. De ces êtres vivants l'un, Poirier, a eu le bonheur de rester un type, chance qu'Augier allait trouver une seconde fois dans Giboyer, et qui échappa toujours à Dumas (Chez Dumas, à peine une ombre de type, avec un prénom, celui de *Monsieur Alphonse*). Un style : Augier a le meilleur style courant de théâtre qu'on écrive de son temps ; le contraire d'un poète, mais un écrivain, même dans ses pièces en vers, et une rondeur à la Molière. Une action : le moment de crise, à la manière classique, la crise de ménage et de famille, préparée et commandée par le milieu, par le passé, mais qui éclate rapide, précise, avec le rebondissement à la Scribe exactement placé. Des mots qui restent, et la scène principale, pivot de la pièce, ayant elle-même pour pivot un mot par exemple le *Va te battre* dont l'effet est évidemment épuisé, mais qui, le soir de la première, enleva la salle jusqu'alors résistante, et déclencha le triomphe.

Le *Gendre de M. Poirier* était tiré d'un roman écrit par un contemporain de Balzac. Alors que les pièces de Dumas n'ont plus de rapport avec le roman de Balzac et rentrent dans un système de références Feuillet-Flaubert, Augier, de tempérament dramatique plus traditionnel, s'efforce avec plus ou moins de succès de transporter à la Comédie Française une manière de Comédie Humaine. D'abord en installant en plein son théâtre dans cette question d'argent, sur laquelle Dumas a écrit une pièce remarquablement manquée, dont il ne reste qu'un mot, la définition des « affaires » : l'argent des autres. Augier lui consacre la *Ceinture Dorée, Maître Guérin* et il est peu de ses pièces où le problème de l'argent, des manieurs d'argent, de l'aristocratie d'argent, ne fasse la substance de sa critique sociale, critique d'ailleurs facile et que ce bourgeois bourgeoisant n'exploite pas sans un certain pharisaïsme. Même pharisaïsme dans *Le Mariage d'Olympe* et *Les Lionnes pauvres,* où la courtisane et la femme plus ou moins galante, sont flétries avec des véhémences oratoires et autres, à la manière des *Filles de Marbre.* Il n'en reste rien. Et nulle part n'apparaît mieux le faux bonhomme, le champion mal qualifié de la moralité politique, le « gars Augier » dont Flaubert avait horreur, qui se vantait de n'avoir jamais mis le nez dans ce bouquin : la Bible.

La meilleure part de la comédie d'Augier est sa contribution à la comédie politique, *Les Effrontés* et *Le Fils de Giboyer,* deux pièces dont la première au moins est son chef-d'œuvre, avec *Le Gendre de M. Poirier.* Mais tandis que *Le Gendre de M. Poirier* tient un équilibre entre deux classes sociales, deux genres de vie, intelligemment, fortement, équitablement rendus, les deux pièces politiques sont des pièces de combat contre les adversaires que craignait l'Empire en 1860 : le parti catholique et les journaux. Thalie devient une Muse d'état, du service particulier moins de l'Empereur que du prince Napoléon. Veuillot est attaqué sur la scène au moment où la police supprime l'*Univers*. Augier employé à la Censure était, par là, presque de la police. Cependant la valeur des deux pièces de théâtre ne se sent pas trop d'une telle bassesse. On retient de ces comédies — qui se font suite — les hommes d'affaires, Vernouillet et Charrier, et l'extraordinaire gentilhomme qui mène le jeu, le marquis d'Auberive, une des créations les mieux venues et les plus allantes d'Augier, Giboyer le journaliste de race, de force et de malchance, contraint de vivre et d'écrire pour qui le paye, peut passer avec Maître Guérin, pour le personnage le plus balzacien de ce théâtre et, mieux que le Z. Marcas et le Bixiou de Balzac, il est resté le seul type de journaliste fourni par la littérature. Les deux pièces, comme beaucoup de pièces d'Augier fléchissent et se défont dans leurs personnages fabriqués, leurs utilités conventionnelles, *Giboyer* dans le fils de Giboyer et dans Sergines, *Les Effrontés* dans les personnages vertueux. Les deux pièces sont une date dans l'histoire de la comédie politique : elles ne sont pas une date du théâtre.

Homme de l'Empire, Augier n'a pas réussi à survivre à l'Empire. Les trois pièces qu'il écrivit après 1871, *Jean de Thommeray, Madame Caverlet, Les Fourchambault,* sont des essais manqués pour tenir au courant ou dans le courant un théâtre périmé. Augier finit moins heureusement que Dumas, qui connut sous la République le triomphe de *Francillon.*

La Comédie mineure. Dumas et Augier ont donné à la Comédie du sérieux, du poids, des idées. Comme *Tartuffe* ou *Turcaret* leurs pièces ont un contenu, sont liées aux problèmes de leur époque, au témoignage profond d'une génération. Paul Bourget place Dumas dans le conseil des Dix des *Essais de Psychologie contemporaine,* et Augier n'y serait pas déplacé. Ils sont, de leur temps, les lignes majeures du théâtre. Mais au théâtre comme en musique le mode mineur vaut le mode majeur. Après 1870 les mineurs, Labiche, Sardou, Meilhac et Halévy, se sont mieux défendus qu'Augier et Dumas. En outre, ils ont inventé en technique dramatique, plus encore que les deux grands. L'intérieur de la pièce, le poids des idées n'existaient guère pour eux, les gênaient plutôt. Si Dumas et Augier ont ajouté raisonnablement au sérieux de la comédie, ces trois ou quatre dramaturges ont ajouté immensément à son mouvement. De leur capital de mouvement, le vaudeville, la pièce, le drame, l'opérette ont vécu un demi-siècle.

Labiche. D'abord Labiche. Quand Labiche apporta au théâtre de la Montansier *Un Chapeau de Paille d'Italie,* il était déjà un vaudevilliste à succès. Il était chez lui à Montansier. On ne pouvait lui refuser une pièce. Mais le directeur Dormeuil monta celle-là à son corps défendant et déclara qu'il n'assisterait pas à la première représentation. C'est que rien n'est plus traditionnel qu'un vaudeville, et que, surtout pour un directeur de théâtre, un vaudeville est traditionnel ou n'est pas. *Un Chapeau* le fut à sa façon, soit en créant une nouvelle tradition, qui dura un demi-siècle.

Un Chapeau a substitué au vaudeville de situation, ou plutôt a superposé au vaudeville de situation, le vaudeville de mouvement. Les situations burlesques ne sont plus que des cerceaux de papier à travers lesquels est lancé et promené le cortège qui passe pour le plus comique, celui qui s'aligne à la foire devant les boules : une noce. La noce massacrée devient la noce sacrée, je veux dire la noce du délire sacré de la *pompé* aristophanesque, du mouvement pur et du délire panique. Substituez à la noce une troupe de provinciaux en visite à Paris : vous avez *La Cagnotte. Un Chapeau* et *La Cagnotte* furent longtemps les pièces les plus populaires du théâtre de Labiche. Mais cette comédie du mouvement pur ne fait qu'une partie du théâtre de Labiche, qui a mis sa signature à plus de trois cents pièces, et fut une manière de Molière ou de Dumas père du Vaudeville. On a goûté et l'on goûte encore en lui un moraliste caricaturiste, vrai contemporain de Daumier et de Gavarni, dont le théâtre figure comme un album animé et intarissable de silhouettes bourgeoises.

Le bourgeois de Labiche reste le même que le bourgeois de la *Caricature* et des *Physiologies :* peu brave, égrillard, heureux en affaires, égoïste, Sganarelle réel et don Juan imaginaire, rond comme une pièce de cinq francs qui porte sur la tranche les proverbes de Sancho, il a circulé sous cent noms à travers ce théâtre comme Homais à travers les rues d'Yonville. Mais ce n'est pas Homais qui a fait le succès de *Madame Bovary,* tandis que c'est le bourgeois qui a fait le succès de Labiche en venant reconnaître sur la scène du Palais-Royal ou du Gymnase, le voisin son voisin, le mari sa femme, et la femme son mari.

Jusqu'à la guerre, le Palais-Royal a repris *La Cagnotte* pendant les vacances ; *La Cagnotte,* le musée Grévin et la sole Marguery furent dans la dernière moitié du XIXe siècle, pour la petite province, trois attractions rituelles de Paris. Aujourd'hui Labiche a disparu de la scène. Mais il est le seul auteur dramatique du XIXe siècle dont le succès de lecture ait balancé le succès de scène. Les dix volumes de son théâtre choisi ont fait dans les bibliothèques l'intérim entre Paul de Kock et Courteline comme mine de gaîté française. Il n'y a même aucune raison de les en exiler aujourd'hui : *Célimare le Bien-aimé ; Le Voyage de M. Perrichon, Les Petits Oiseaux, La Grammaire, Le Misanthrope et L'Auvergnat* ont gardé comme lecture du soir leur bienfaisance, entre le repas léger et la tasse de verveine.

Meilhac et Halévy. La troisième révolution dramatique que reconnaissait Sarcey est celle d'*Orphée aux Enfers,* opérette due à la collaboration du normalien Hector Crémieux et du musicien allemand Offenbach, soit un mélange de « canulard » d'École et de bouffonnerie lyrique. Mais Crémieux ne se maintint pas à la hauteur de ce succès et Offenbach devint le musicien attitré de Meilhac et Halévy. Tandis que Dumas avait profité lui-même de la révolution de la *Dame aux Camélias,* Labiche de celle d'*Un Chapeau de paille,* Meilhac et Halévy exploitèrent la révolution faite par Crémieux et comptèrent seuls.

De sorte que cette révolution daterait apparemment de la *Belle Hélène,* qui est de 1864, suivie par *Barbe-Bleue* et *La Vie parisienne* en 1866, *La Grande Duchesse de Gérolstein* en 1867, *La Périchole* en 1868. Ce sont des types extraordinaires de pièces en collaboration, de pièces où, conformément à la saine optique du théâtre, l'homme seul n'existe plus.

Collaboration, bien entendu, de Meilhac et Halévy, qui paraît ici indiscernable et égale, déposée par le dialogue même de deux hommes d'esprit. Plus tard, quand sous la même signature paraîtront des œuvres spirituelles et sentimentales, des comédies pures comme

Froufrou, La Petite Marquise, La Boule, La Cigale, la part de Meilhac sera plutôt celle de l'homme de théâtre, du trouveur de mouvements, de mots, d'émotion, celle d'Halévy la part de l'observateur et du critique, secondaire d'ailleurs ici, puisque les pièces signées par Meilhac seul valent les pièces des deux collaborateurs, et qu'Halévy seul n'a rien tenté sur la scène. On remarquera d'ailleurs que Labiche n'a écrit seul aucune de ses pièces. Un dialogue d'auteurs précède souvent le dialogue d'acteurs.

Collaboration des auteurs et du musicien. À l'ancien vaudeville, et même à celui de Labiche, les couplets sont imposés non seulement par la tradition, mais par le gouvernement, qui jusqu'au Second Empire n'autorise dans les théâtres légers que la pièce parole et chant, et leur interdit d'empiéter sur le privilège des théâtres de parole pure. On comprend que dès lors les couplets et la musique n'y tiennent qu'une place très mince, officielle. Il n'en va pas de même de l'opéra-bouffe ou de l'opérette, où l'orchestre rythme, commande, emporte tout le mouvement de la pièce, et qui avec Crémieux et Offenbach, succédait dans le monde à l'opéra-comique de Scribe.

Collaboration des auteurs, du musicien et des acteurs. Dans l'opéra-comique de Scribe, tout le détail est réglé par le librettiste et le musicien, que les acteurs n'ont qu'à interpréter, aussi rigoureusement qu'ils interprètent une pièce. Mais, même dans la comédie, on avait pu voir un acteur de génie inventer, et même recréer la pièce : c'est l'histoire de Frédérick Lemaître et de l'*Auberge des Adrets.* Dans l'opérette de Meilhac et Halévy, l'action n'est arrêtée que dans ses grandes lignes, et ces grandes lignes réussissent à rester une œuvre littéraire. Entre elles, il y a des intervalles où le premier plan appartient à la musique, et où les acteurs peuvent aussi modifier, improviser, resserrer ou étendre : ce qui, évidemment, n'est possible qu'avec une troupe supérieure et très homogène, comme l'était alors celle des Bouffes-Parisiens. *La Belle Hélène,* très mal accueillie aux premières représentations, fut en partie refaite sur le tas par les acteurs, qui ramenèrent le public, transformèrent une déroute en l'un des plus grands triomphes parisiens et européens de l'époque. Le génie des auteurs n'est pas diminué par là. Bien au contraire ! La pièce élastique, la pièce qui s'offre elle-même à la mise au point, c'est un genre qui a ses difficultés et ses réussites. Le miraculeux c'est qu'elle ait continué, qu'après 1920 on ait pu voir jouer encore triomphalement *La Belle Hélène,* à Paris, à Stockholm, et ailleurs.

Collaboration des auteurs, du musicien, des acteurs et du public. Dans cette manière de *Commedia dell'arte,* tout se passe comme si le public entrait dans la chaîne, prenait parti, et, de public passif, devenait public actif : c'est la révolution de mouvement, comme celle du *Chapeau de paille.* L'opérette littéraire de Meilhac et Halévy ne se comprendrait pas sans le public, les mœurs, les échos, le train de ces dix années de l'Empire libéral qui trouvent leur moment privilégié dans l'Exposition de 1867. *La Grande Duchesse de Gerolstein,* la pièce même de cette année et de cette Exposition, c'est Paris en Allemagne, et la *Vie parisienne* qui préparait, l'année précédente, l'Exposition, c'est l'étranger germanique à Paris. Et même *La Belle Hélène* dans le gâtisme héroïque d'Achille et d'Ajax, ne se faisait pas faute d'évoquer les généraux de l'Empire aux charades de Compiègne. Ainsi *Le Mariage de Figaro,* avant la Révolution.

1870 emporta Offenbach et sa musique. Mais, en 1869, Meilhac et Halévy avaient réussi une comédie gaie, à fin larmoyante, qui connut le succès pendant trente ans, *Froufrou.* Elle fut suivie d'une douzaine d'autres. Ces tableaux animés de la vie parisienne, brillants de mots, légers, adroits valent pour une génération. Meilhac et Halévy fournirent encore un premier plan à l'exposition de 1878, Meilhac seul à celle de 1889. Sa dernière pièce, *Ma Cousine,* triompha en 1890.

Tout cela est d'un métier éblouissant : le « peu de matière et beaucoup d'art » de Racine y triomphe. Mais dans cette génération de techniciens, la réputation du plus grand homme de métier de son temps est allée à Sardou.

Sardou. Elle serait justifiée si en fait de métier Sardou avait inventé. Mais il n'a rien inventé. Il a eu vers 1860 cette idée, juste au fond, que tout le métier du théâtre est dans Scribe. D'autre part, Scribe se trouvait depuis dix ans complètement déclassé. Il pouvait servir de professeur sans devenir un concurrent. Et le public n'a pas de mémoire. Sardou fit ses gammes en lisant deux actes d'une pièce de Scribe, mais non le troisième, qu'il imaginait dans le privé, et qui valait parfois mieux que ceux du maître. Après de petits fours qui l'aguerrirent, il donna en 1860 au Gymnase *Les Pattes de Mouche,* en 1861, au Vaudeville *Nos intimes* : succès miraculeux.

Dans *Les Pattes de Mouche,* une lettre joue le rôle dynamique du chapeau de paille d'Italie dans le vaudeville de Labiche, et on lui court après à l'intérieur d'une comédie de Scribe. Ce n'est pas plus malin, et c'est prodigieusement malin. *Un Chapeau* était le tour de Paris dans Paris. Dans les *Pattes,* cela devient le tour du monde sur un verre d'eau, le *Verre d'eau* de Scribe. La virtuosité de *Nos intimes* n'est pas supérieure, mais presque égale, et Sardou l'applique cette fois à une comédie de mœurs excellente. De sorte que, dès 1861, il avait écrit sa meilleure pièce.

Il put retrouver le même succès en 1865 avec *La Famille Benoîton,* en 1872 avec la comédie politique de *Rabagas,* en 1880 avec *Divorçons.* Il put bâtir des drames historiques comme *Patrie !* (1869) et des comédies historiques comme *Madame Sans-Gêne,* en 1893, son dernier triomphe. La grande génération dramatique du XIXe siècle finissait en fanfare. Tout cela est oublié. Des quatre ou cinq grands noms qui ont rempli le théâtre entre 1860 et 1900, Sardou fut le plus purement viager. Grand constructeur, mais non grand inventeur, l'héritier de Scribe reste un héritier. Et voici la fiche de consolation : un héritier lui-même sans héritier. Il avait succédé à Scribe ; personne n'a succédé à Sardou. Depuis 1893, la situation officielle de prince du métier est vacante.

Barrière. Les noms de Dumas, Augier, Labiche, Meilhac-Halévy et Sardou n'épuisent pas le théâtre de cette époque heureuse. Les succès de Théodore Barrière (dont Lambert Thiboust fut le collaborateur) ont balancé sous le Second Empire ceux de Dumas et d'Augier, quand il a mis sur la scène dans *Les Filles de Marbre,* avec trop de facilité, l'avidité de la courtisane professionnelle, et frigide, — ceux de Labiche avec les *Faux Bonshommes,* tableau clair, dur et fort de trois registres de l'égoïsme bourgeois, pourvus de ces beaux noms des vaudevilles d'alors, Péponet, Bassecourt, Dufouré, et avec les *Jocrisses de l'Amour.* — Cette vigueur de moraliste fait défaut à Pailleron, aimable auteur de comédies à la suite, spécialiste heureux des rôles d'ingénues pour la Comédie-Française (*L'Étincelle, La Souris*) mais qui a écrit *Le Monde où l'on s'ennuie.*

Pailleron. Le cas du *Monde où l'on s'ennuie* est très instructif. Il appartient, depuis sa première triomphale de 1881, à l'affiche ordinaire courante de la Comédie-Française. Par son retour rituel au répertoire d'été, il a rappelé *La Cagnotte* du théâtre voisin. Or la pièce est mince, la facture très adroite mais sans nulle originalité (le chemin des *Pattes de Mouche* vers les marronniers de Figaro), les personnages et les sentiments sans grand rapport avec l'humanité actuelle. D'où vient la fidélité du public ?

De ce que la pièce, comme peinture de milieu, n'a pas été remplacée. Comme *Armance* de Stendhal avait pour sous-titre *Un Salon en 1827, Le Monde où l'on s'ennuie* est *Un Salon en 1881.* Un salon littéraire ; Molière n'avait pas dédaigné d'en mettre deux sur la scène, avec *Le Misanthrope* et *Les Femmes Savantes* (sans compter les *Précieuses*). Pailleron a tiré de Molière ce qu'il fallait et ce qu'il pouvait. Il l'a fait dans la maison de Molière : et la Comédie-Française seule pouvait donner à sa pièce une force d'institution comme elle en donne une à ses actrices en sursis prolongé. Les salons étaient le milieu naturel de Pailleron : trois ans auparavant il avait déjà peint un salon pour le Gymnase, dans *L'Âge ingrat.* Gendre de Buloz il était le beau-frère d'un salon, et un salon hait le salon rival. Pailleron a fait la comédie du salon littéraire, comme de Flers et Caillavet feront dans *L'Habit vert* celle de l'Académie, Bourdet, dans *Vient de paraître,* celle de l'édition. Trois succès dus aux mêmes causes, dans un pays, le seul peut-être, où la littérature existe comme genre de vie, dans une littérature où la comédie a été fondée par *Les Précieuses ridicules.* Il appartenait à cette génération dramatique d'installer la pièce de mœurs littéraire à la Comédie-Française, et Pailleron eut cette chance. Il ne la retrouva pas en 1894 dans *Cabotins. Ma Cousine* et *Mme Sans-Gêne* avaient posé pour cette équipe le point final sur lequel il n'y avait plus à revenir. La parole, la scène, la chance, appartenaient à une autre génération, à un autre arrangement, à un autre coup de dés sur le jeu d'oie éternel.

te, qui est devenue après 1870 une partie intégrante française. Positiviste en principe comme Comte, l'ailleurs l'adversaire, il prend pied comme lui sur culièrement sur la mathématique, tenant pour clef » ; il applique ses réflexions non comme Comte à e, mais à son sujet, c'est-à-dire à la représentation problème de Kant. Mais il modifiait les positions tains points, rejet du noumène, solution des anti-oi du nombre, assouplissement des catégo-miter les espèces métaphysiques pour devenir sim-énérales, ou même des faits généraux de la repré-d'*Essais de Critique générale* convient admirable-ivres fondamentaux sur la logique, la psychologie, la nature et de la religion, l'histoire. Ce sont des ière de Hume : il y a chez Renouvier un Hume, reflux du *dépasser Hume* qui est au prin-*de la Raison pure.* Il applique une méthode cri-tout dans un esprit logique. Et cette critique porte universel, comme celle de Kant. Nul n'a mis plus er la critique, ne l'a employée plus puissamment nts usages, n'en a mieux expliqué les droits, les es. Malheureusement son style abstrait, hérissé, en e, bien plus dur encore que celui de Comte, a muré une propriété dont les philosophes professionnels fs. Si l'on veut se rendre compte de la nature anti-lytechnicien, il faudra observer qu'il a trouvé le roman historique qu'on ait jamais imaginé, et, roman dans *Uchronie,* il a trouvé le moyen de le

71 dans la spéculation politique, Renouvier reprit on du spirituel républicain, tout en continuant de losophie criticiste dans de nombreux ouvrages, quable est l'*Esquisse d'une classification systéma-s philosophiques.* Sa retraite absolue dans sa mai-l'austère obscurité de son style, lui permirent it, en profondeur, sur le monde des professeurs de

XIII

LA PHILOSOPHIE

Elle devient universitaire. De 1850 à 1885 la vie philosophique se partage plus nettement encore que les autres formes de la durée littéraire en deux périodes qui correspondent aux deux régimes politiques.

Un des résultats durables de l'action de Cousin, c'est d'avoir pour longtemps, et en somme jusqu'aujourd'hui, domicilié la philosophie française à l'École Normale. Le cartésianisme, de Descartes à Leibniz, par Spinoza et Malebranche, n'a jamais été une philosophie de professeurs, et pas davantage la doctrine des philosophes du XVIIIe siècle. La philosophie de la chaire paraît, ou plutôt reparaît, en Allemagne avec Wolf, et reçoit un grand éclat du fait que Kant et ses trois célèbres successeurs, Fichte, Schelling et Hegel, sont également professeurs d'Université. La tradition des grands professeurs de philosophie est, pour la première fois depuis le XIIIe siècle, reprise sur la Montagne Sainte-Geneviève par Victor Cousin, qui retrouve le public d'Abélard. Cousin institua la philosophie, en tant que genre de vie universitaire, et en tant qu'histoire des systèmes. Il y manquait tout simplement la philosophie en tant que philosophie. L'Université napoléonienne et le « régiment » de Cousin ne purent fournir qu'une morne caricature de la philosophie allemande de la chaire, même quand celle-ci eut été en 1831 découronnée par la mort de Hegel.

Tant que vécut Cousin, et aussi bien sous le Second Empire où le colonel du régiment philosophique fut mis en retraite, que sous la Monarchie de Juillet, qui fut sa période d'activité, officiellement la philosophie ne fut pas seulement domiciliée à l'École Normale. Elle y fut domestiquée. La réaction du 2 décembre resserra son collier. Au colonel succéda le caporal : l'échec de Taine à l'agrégation de philosophie, le renvoi de Vacherot exclu de l'École Normale après la *Métaphysique et la Science,* la suppression temporaire de la classe et de l'agrégation de philosophie, marquèrent l'enclos où les distributeurs de chaires entendaient parquer la philosophie de la chaire. D'où le discrédit de ce qu'on appela la philosophie officielle.

Sous la Monarchie de Juillet, le gouvernement de Cousin n'avait pas empêché une grande philosophie originale de se constituer : la philosophie positive de Comte. À une philosophie de l'ordre des lettres, le polytechnicien, vrai héritier de Descartes, avait opposé une philosophie de l'ordre des sciences. La même tradition, la même opposition se continuèrent sous le Second Empire, dont la philosophie tient en somme en trois noms : Cournot, Renouvier et Taine, soit deux normaliens et un polytechnicien.

Cournot. Régulièrement, Cournot appartiendrait à la génération précédente : né en 1801, c'est un contemporain de Comte. Mais normalien de la section des sciences, professeur d'analyse, puis versé dans l'administration supérieure de 1836 à 1862, il n'écrivit d'abord que des travaux de mathématiques, et ne livra le résultat de ses méditations philosophiques qu'à partir de 1851, dans ses trois grands ouvrages publiés à dix ans l'un de l'autre : *Essai sur les fondements de nos connaissances et sur les caractères de la critique philosophique, Traité de l'Enchaînement des idées fondamentales dans les sciences et dans l'histoire, Considérations sur la marche des idées et des événements dans les temps modernes.* Ils ne trouvèrent à peu près aucune audience, et, très modeste, Cournot n'en cherchait pas. Presque toute sa gloire de philosophe est posthume.

Peu d'hommes ont, de son temps, remué plus tranquillement plus d'idées, généralement inachevées, auxquelles il se contentait de toucher, pour passer à d'autres. Il n'y en a qu'une seule qu'il ait conduite et creusée jusqu'au bout, et dont il avait bien fait son domaine : c'est l'idée de hasard. De ce terme négatif il a dégagé patiemment le contenu positif qui l'incorpore d'une part à l'ordre et

à la réalité du monde, c
babilité mathématique.
tionnelle de séries ca
Cournot à un pluralism
manière de penser qui c
les systèmes contraires
différente de la pensée
cien. La lecture de Cou
aux philosophes amis d
aiment les bains d'idé
paragraphes numérotés
de notes prises à l'occ
riques, et classées dans
du philosophe, a sa part
peu à peu (contingence
de leurs tournants et de
mellement cherchée, e
nouvelles approximatio
sions d'un invincible pr
qualités de forme qui lu
gibier de philosophe.

Renouvier. On en
hommage aux neiges, é
nous le plaçons dans un
les pays habités, cultivé
et polytechnicien comm
mation à la Monarchie
Leroux s'efforcent de c
rédige, à la demande du
l'homme et du citoyen c
prend place dans la co
rendit à la philosophie a
la poésie. Il publie en di
Critique générale, qui re
œuvre qui fut immense e

de Kant et de Con
de la philosophie
dont il se déclare
la science, et part
la « loi du nombr
l'objet de la scien
et à ses lois, soit a
kantiennes sur ce
nomies par la
ries qui cessent d'
plement des lois g
sentation. Le titre
ment à ces quatre
la philosophie de
essais, à la ma
dessein de retour
cipe de la *Critiqu*
tique, qui examin
sur le général et l
haut que Renouv
à de plus import
devoirs et les limi
tessons de boutei
son influence dan
eurent seuls les c
littéraire de ce p
sujet du plus bea
qu'ayant écrit ce
faire illisible.

Rentré après 1
sa tâche d'institu
développer la ph
dont le plus rema
tique des doctrine
son de Perpignan
d'exercer sans br

philosophie, une influence qui fut immense, qui se retrouve dans les thèses de Sorbonne, dans la place grandissante occupée jusqu'en 1905 environ par le kantisme, dans la formation d'une morale laïque, dans le mouvement dreyfusien.

Pareillement, ce n'est qu'après 1871 que se fait sentir l'influence de Taine chez les philosophes, influence due uniquement à l'*Intelligence.* Ils retinrent de l'*Intelligence* non la partie condillacienne, qui sécha sur pied, non la partie anglaise que Ribot alla chercher sur place, mais la psycho-physiologie, l'étude des cas morbides. En même temps l'influence d'Auguste Comte pointait dans l'Université par la thèse d'Espinas, en 1877, sur les *Sociétés animales.*

Ravaisson. Les premières années de la République marquent dès lors une décompression et un rajeunissement de la philosophie universitaire. Cousin était mort en 1867, bien oublié de son ancien régiment. Un rôle analogue au sien, mais cette fois tout de persuasion et de bonne grâce, fut tenu par un de ses anciens disciples, brouillé de bonne heure avec lui, un contemporain de Renouvier, Félix Ravaisson, qui n'enseigna jamais la philosophie, mais avait de 1836 à 1842, rajeuni l'aristotélisme avec un grand charme de style, une profondeur de pensée inconnue à Cousin. En 1868, il écrivit un *Rapport sur la Philosophie au XIXe siècle,* impartial et pénétrant, que terminait une conclusion dogmatique, trente pages dont Bergson a dit que des générations de philosophes les ont sues par cœur. Mémoire non inutile d'ailleurs, Ravaisson occupant ce poste d'influence, la présidence du jury de l'agrégation de philosophie.

Lachelier, Fouillée, Boutroux. D'autre part, dès 1864, Lacheher enseigne la philosophie à l'École Normale. Il y retrouve par son enseignement la vraie méthode philosophique bousculée par Cousin, celle des Descartes, des Biran, des Ravaisson. Après un bref passage de Fouillée, Boutroux lui succède en 1877. Ces trois philosophes ont entretenu pendant vingt ans dans le monde de la haute philosophie un style de la pensée, dont leurs rares écrits ne donnent qu'une idée imparfaite. Ils ont mis l'accent de l'esprit sur l'immatérialisme, sur le finalisme, et surtout sur la liberté. Une série de thèses célèbres en procèdent, qui commencent en 1872 avec celle de

Fouillée et se terminent en 1889 avec celle de Bergson. Renouvier leur est ici d'une aide efficace. L'élaboration d'une théorie de la liberté psychologique contre le déterminisme de la philosophie scientifique des Anglais et de Taine, a appelé le principal effort de cette génération de philosophes après 1870.

Un syncrétisme en profondeur. Cette philosophie universitaire, où Platon, Aristote, Descartes, Leibniz et surtout Kant, sont admirablement compris, peut passer pour l'été de la Saint-Martin, ou plutôt pour le seul moment efficace de l'éclectisme. Cousin une fois disparu, apparaît ce syncrétisme libre, intérieur et méditatif de la culture que la hâte, le verbalisme et l'impérialisme utilitaire du célèbre colonel avaient en 1830 dévié et stérilisé pour quarante ans. Dans l'*Essai sur la Métaphysique d'Aristote,* Ravaisson avait donné le seul exemple d'un grand système repensé profondément du dedans. Renouvier en avait donné un second exemple avec son étude et sa critique de Kant. Un syncrétisme en profondeur, une société vraie des systèmes de l'esprit était désormais possible. Une cité des esprits philosophiques fleurit dans les trente dernières années du XIXe siècle. Elle est bien encore une philosophie de professeurs, mais avec l'esprit du dialogue libre. Le régiment est démobilisé. La philosophie est rentrée dans la vie civile, se fond dans la fine pointe de la civilisation.

Liaison avec les sciences. Mais ce n'est là qu'une moitié de sa conquête et de sa vie. L'événement capital de cette équipe philosophique, on le verra, l'influence de Comte, de Renouvier et de Taine aidant, consiste dans sa prise de contact résolue et complète avec les sciences. On en revient à l'idée de philosophie telle que l'ont conçue les grands philosophes, qui ont été aussi de grands savants : la réflexion sur les objets et les résultats des sciences, la collaboration de la recherche philosophique et de la recherche scientifique, le dialogue et l'excitation mutuelle de deux disciplines qui n'en font qu'une. Les savants, pareillement, abordent la philosophie de leur science : un Claude Bernard, un Berthelot. Les philosophes se dirigent vers les sciences nouvelles qui se détachent de la philosophie, soit la psychologie et la sociologie. Ici encore apparaît le caractère scientifique de cette génération, la marche à la positivité.

QUATRIÈME PARTIE

LA GÉNÉRATION DE 1885

I

LA GÉNÉRATION DE 1885

La génération de 1850 disparaît à la fin du XIXe siècle, remplacée peu à peu par la génération qu'on dira ici de 1885 à 1895. Il se produit une liquidation et un renouvellement très analogues à ceux de 1850 à 1860, et qui portent précisément sur les valeurs et les acquisitions de 1850 à 1860 soit : la personne des chefs de file, le culte de la science, la poésie formelle et plastique, le réalisme.

La mort des Chefs. Les deux chefs de file, Renan et Taine meurent, Taine en 1892, Renan en 1893. Taine en état de pessimisme stoïcien devant une époque qu'il ne comprend pas, et à qui il prédit le pire destin, Renan dans la fin de vie plus détendue d'une intelligence indulgente. Précisément leur situation éminente de chefs reconnus pose aux yeux de tous le problème de leur héritage, ou plutôt le problème des nouvelles valeurs, anti-renaniennes et anti-tainiennes par position, destinées à leur succéder.

La Critique de la Science. Les valeurs qu'avaient émises et fait recevoir Renan et Taine étaient marquées à l'effigie de la raison et de la science. Or si ces valeurs ne sont pas précaires absolument, puisque leur tour revient toujours, elles sont précaires relativement, puisqu'elles font leur partie dans un éternel dialogue humain, où le scepticisme, l'irrationnel et l'intuitif répondent à la raison, où la religion et la philosophie, ces expériences internes, répondent à la science, système de l'expérience externe. Il arrive ordinairement que, prise en bloc, chaque génération est plus ou moins déléguée à l'une des voix de ce dialogue.

L'histoire de ce dialogue, à partir de 1885, entre pères et enfants, mériterait un livre. La même année 1889, qui est celle de l'une des Expositions Universelles où tous les onze ans, de 1855 à 1900, il semble qu'on ait voulu marquer le pli d'un tiers déjà appréciable de génération, paraissent, coïncidence instructive, *L'Avenir de la Science, pensées de 1848,* de Renan, l'*Essai sur les données immédiates de la conscience* de Bergson, et *Le Disciple* de Paul Bourget.

L'Avenir de la Science n'est un livre nouveau qu'en librairie. Conservé en manuscrit, il avait été écrit par Renan en 1848, à Paris, soit à l'âge même où Bergson à Clermont, en 1887, écrivait la thèse qui fit le chemin qu'on sait : vingt-huit ans. L'intervalle des deux livres, quarante ans, est le même que celui qui sépare les *Philosophes français* de Taine du cours cousinien de 1817. Les dialogues entre générations de philosophes sont articulés dans le temps comme Platon les eût articulés dans l'espace.

Les *Philosophes français* étaient d'ailleurs un livre d'attaque directe et personnelle. Rien de cela dans l'*Essai,* simplement un *non* ferme et discret de la psychologie et de la philosophie au système de valeurs que leur avait appliqué l'*Intelligence* de Taine, soit à l'analyse externe et à la synthèse idéologique ; ce qui n'aurait pour l'historien de la littérature que peu d'importance, si cette réaction de philosophe ne faisait figure de signe ou de symbole sur un mouvement qui se retrouve alors partout. Quelques mois après la mort de Renan, un article de Brunetière, *Après une Visite au Vatican,* déclenche une immense bataille sur la valeur de la science, et l'extrême pauvreté de cet article montre bien que cette agitation n'était due qu'à la maturité, à l'actualité du problème, à l'heure à laquelle on le posait, et nullement à la personnalité si peu compétente qui le posait. Berthelot, manière de co-auteur avec Renan de *L'Avenir de la Science* (puisque ce livre est le procès-verbal de leurs conversations de 1848) descend, vieil athlète, dans l'arène, précisément avec l'esprit et les arguments démodés de la jeunesse de 1848.

Or Brunetière et Bourget avaient été camarades de jeunesse et de pensée comme Renan et Berthelot. Ils approchent de la quarantaine en 1889, et n'appartiennent pas précisément à la génération de 1885. Mais le *Disciple,* ce point d'interrogation de 1889 entre la religion et la science, ce livre inquiet d'un romancier entre deux générations, trop jeune pour être de l'une, trop âgé pour appartenir à l'autre, n'en apparaît que mieux, par son accord avec l'inquiétude du temps et par son succès, comme un livre éclairant, un livre-clef de ce tournant.

Matérialisme et Immatérialisme. Grande génération d'historiens et de philosophes positifs, les *Vingt ans en 1850* avaient porté à la perfection, en poésie et dans le roman, une littérature d'inventaires. Le Parnasse tournait à un inventaire poétique du passé, le réalisme à un inventaire descriptif du présent. Poésie documentaire, roman documentaire. Là encore il s'agit de valeurs plastiques, solides, matérielles. Non un matérialisme philosophique, mais une sorte de matérialisme immanent formait sous cette génération une assise régulière et robuste.

À ce matérialisme immanent succède après 1885 une manière d'immatérialisme immanent. Il ne s'agit pas seulement ni surtout du bergsonisme, qui aboutira dans la *Perception du Changement* à un immatérialisme aussi subtil que celui de Berkeley. Il s'agit de la poésie, de ce qui est monté de la musique pour envelopper, dissoudre, vaporiser la poésie. Réaction contre le Parnasse est, au temps du symbolisme, un mot d'ordre aussi net que réaction contre le romantisme en 1850.

Reconnaîtrait-on dans le roman une direction analogue ? Le roman va rester, pendant cette génération, un genre consolidé. La génération antérieure avait posé le problème de l'héritage de Balzac. Ce problème n'existe que peu ou point pour la génération de 1885. Elle renonce à avoir son Balzac. Elle reconnaît que tout compte fait Zola n'en a pas tenu lieu, que les nouvelles de Maupassant c'est le scrutin d'arrondissement du roman, miroir brisé où il ne reconnaît pas son image. Bourget et France sont des romanciers intelligents et presque toute l'équipe romancière d'après 1885 appartiendra, elle aussi, à la classe des romanciers intelligents (Loti, autobiographe et journalintimiste, ne ferait même pas exception). Mais quand on dit d'un romancier qu'il est intelligent, cela veut dire aussi qu'il est peu créateur. L'immatérialisme immanent à cette génération se traduit, dans le monde du roman, par une déficience, par un manque de cette matérialité brutale, de cette virilité de muletier cérébral qu'eurent en partage Balzac, Flaubert, Zola, Maupassant, et qui semblent plus nécessaires aux natures de romancier qu'aux natures de philosophes et de poètes.

La même déficience relative apparaît dans le théâtre. La matérialité propre au théâtre consiste, non dans cette virilité créatrice, mais dans les techniques d'ouvrier, dont la génération de 1850 avait été remarquablement douée, et qui fléchissent après 1890.

Le Problème des Maîtres. Quels sont les maîtres cette génération de 1885 ? On remarquera d'abord que la réaction contre Renan et Taine n'a pas eu ce caractère de mouvement d'ensemble qu'avait pris, sur tout le front de la génération de 1850, la réaction contre le romantisme. La philosophie de l'Ecclésiaste, celle du vieillard ironique, désabusé et bienveillant, de la balance des contraires, qui avait été la dernière forme du renanisme, ne pouvait guère séduire la jeunesse, à n'importe quelle époque, et l'on comprend que Renan, tenu pour un « négatif », ait été reconduit après 1893 aux frontières de la République des bonnes volontés par les jeunes « positifs » de l'action, du devoir présent, des valeurs d'énergie. Taine, lui, garde longtemps le prestige de son œuvre. Si *Le Disciple* pose devant Taine un point d'interrogation, *L'Étape,* treize ans plus tard lui apportera un point d'adhésion.

Après Taine et Renan, ont fait fonction de maîtres France et Bourget, qui appartiennent à une génération intercalaire, Bergson et Barrès qui sont de la génération en marche. France quand il n'est pas un pur artiste et un pur conteur, met Renan en mythes, Barrès et Bourget y mettent Taine, et il ne faudrait pas faire sortir à l'excès Bergson du domaine philosophique pour le répandre en influences littéraires. Rien de comparable aux grandes figures œcuméniques de la génération de 1850.

L'originalité de la génération de 1885 dans notre géographie littéraire lui a été conférée surtout par son chemin creux, très différent de celui qu'ont rencontré les précédentes. La génération de 1820 avait dû traverser une révolution politique, celle de 1830, la génération de 1850 avait été plus ou moins disloquée par la guerre de 1870 : donc toutes deux par les grands événements ordinaires de la vie du XIXe siècle, révolution et guerre. La génération de 1885 traverse quelque chose de particulier, qui n'est ni révolution ni guerre qui ne ressemble à rien de ce qui a précédé ou suivi : c'est l'affaire Dreyfus.

L'affaire Dreyfus. L'affaire Dreyfus, a été non seulement un événement intellectuel, mais l'événement des intellectuels. Elle a obligé l'intelligence à prendre parti, pour l'une ou l'autre des valeurs dont cette génération était déjà le champ de bataille : ou bien cette vérité pragmatiste d'adhésion, de sensibilité et d'intérêt qui commande les croyances religieuses, nationales et sociales, ou bien la vérité impersonnelle, fondée sur la recherche objective, avec laquelle sont familiers les savants, les professeurs, les magistrats. Une providence artiste a créé l'affaire Dreyfus, pour leur servir de champ clos. De jeunes équipes nouvelles, produit spécial de l'affaire Dreyfus et qui en sont restées marquées, apparurent dans l'un et dans l'autre camp. Nous sommes obligés de faire ici ce que nous n'avons eu à faire ni pour la révolution de 1830, ni pour le coup d'État, ni pour la guerre de 1870, ni pour aucun des événements célèbres auxquels répond une cassure ou une articulation littéraires, et qui sont assez connus pour que nous ayons pu procéder par allusions. Un tableau plus appuyé et plus complet est nécessaire. L'affaire Dreyfus n'a pas été incorporée suffisamment à l'histoire politique, et à la mémoire de la nouvelle génération pour que l'allusion suffise. Nous nous efforcerons d'ailleurs de ne pas sortir du rôle littéraire de cette affaire.

Nous devrons d'abord noter que la génération de 1885 est la première génération littéraire où aient figuré en nombre assez considérable des équipes d'écrivains israélites. À vrai dire la génération précédente avait déjà compté Ludovic Halévy, Hector Crémieux, Catulle Mendès, et l'on avait vu de grandes affaires de journaux et de librairie contrôlées par Mirès, Millaud, Lévy. Dans la génération de 1885, prennent une place remarquable les jeunes israélites du lycée Condorcet, de *La Revue Blanche,* de l'École Normale, dont les familles ont généralement acquis de l'aisance dans le mouvement d'affaires parisiennes du Second Empire, et qui apportent dans les lettres une intelligence précoce, nette, brillante, ardente, — urbaine, c'est-à-dire deux fois parisienne, en ce qu'elle est d'Alexandrie et de Paris.

Avec cette même génération apparaît l'antisémitisme. *La France Juive* de Drumont est de 1886. Ensuite ce pamphlétaire puissant donne à un antisémitisme populaire un journal, un public. C'est cet antisémitisme diffus, qui, en 1894, des fuites ayant été découvertes au ministère de la guerre, fixa les soupçons sur un officier alsacien, le seul israélite du bureau de l'État-Major, d'où les documents communiqués à une puissance étrangère paraissaient sortir, le capitaine Dreyfus, lequel fut condamné malgré ses protestations d'innocence. Trois ans après, la famille et les amis de Dreyfus, faisant état des illégalités du procès, posèrent la question de la révision. Le plus en vue et le plus actif d'entre eux était un parlementaire célèbre, Joseph Reinach.

Joseph Reinach appartenait précisément, avec ses deux frères Salomon et Théodore, à la plus savante et la plus brillante famille d'intellectuels juifs, célèbre par ses succès universitaires entre 1875 et 1880. D'autre part il était le gendre de son oncle, le banquier Jacques de Reinach, de Francfort, flibustier du Panama, le Nucingen de la République opportuniste, suicidé en 1892. Il jouissait d'une impopularité énorme et non toute imméritée. Il n'excita pas seulement les clameurs ordinaires des antisémites, mais les défiances des plus honnêtes gens, qui n'écartèrent point la légende d'après laquelle un Syndicat juif, présidé par Reinach, se serait formé pour la délivrance d'un coreligionnaire condamné en 1894. Le premier appel en faveur de Dreyfus avait d'ailleurs été lancé par un écrivain juif, Bernard Lazare, et flétri, en 1896, par l'unanimité de la Chambre. Un officier, naguère à l'État-Major, le lieutenant-colonel Picquart, avait d'autre part émis des doutes motivés sur la culpabilité du capitaine; deux sénateurs, Scheurer-Kestner et Trarieux, proclamaient l'irrégularité du procès. Mais le pays avait confiance en ses chefs militaires, lesquels garantissaient la justice du verdict de 1894.

Les « Intellectuels ». Dans une lettre au *Temps* du 6 novembre 1897, Gabriel Monod, professeur d'histoire à l'École Normale supérieure, après étude des renseignements apportés par Scheurer-

Kestner et l'avocat Leblois, confident de Picquart, exposa comment il avait été amené à voir dans le verdict une erreur judiciaire. La presse antisémite ayant injurié Monod, les élèves de l'École Normale prirent publiquement la défense de leur professeur. On peut dater de cette lettre la phase intellectuelle et littéraire de l'affaire Dreyfus. Monod est un professionnel de la critique historique, l'École Normale, définie par Nisard l'école de précision de l'esprit français, est au moins une école de critique. Or ses adversaires ne répondront pas à Monod sur le terrain de la critique, mais sur celui des idées oratoires et littéraires. On dira : « Il est protestant comme Scheurer-Kestner. Scheurer et lui ont des « réactions protestantes ». » À ces « réactions protestantes » devront s'opposer, pour affirmer la culpabilité de Dreyfus, et la confiance en les chefs de l'armée, les « réactions » françaises et catholiques. D'autre part, dit-on encore, les normaliens ce sont des livresques — des hommes nouveaux — des boursiers : six mois avant la lettre de Monod, la *Revue de Paris* avait publié les *Déracinés* de Barrès, où la bourse mène au crime.

Barrès et l'Affaire. Barrès écrivait en ce moment l'*Appel au Soldat.* Il dira dans ses Mémoires :

« Je n'ai jamais eu besoin d'autres idées que celles où j'ai baigné de naissance. *Grâce à elles, j'ai toujours su parfaitement quelle était la vérité.* Mon nationalisme n'a été que leur expression, leur clameur et leur frissonnement. Quand vint l'affaire Dreyfus, mon père était mort. Je crois que tout ce que j'ai dit à cette heure était de chez nous. Lavisse ne s'y trompa pas. Le jour où je lui fis ma visite de candidat (à l'École Normale, dont il était alors le directeur) il me dit : « Je reconnais chez vous tout ce que j'ai vu à Nancy, je ne voterai pas pour vous. » Je lui dis combien je pensais qu'il devait souffrir de marcher avec des ennemis de l'armée. Ma mère m'écrivit une lettre inoubliable. Ayant lu mon article de Rennes sur Picquart, elle me dit qu'elle était allée la relire sur la tombe de mon père. » Voilà pourquoi le bordereau était de Dreyfus.

À la fin de 1897, le frère de Dreyfus découvrit et dénonça le véritable auteur de la pièce imputée à Dreyfus, et base principale de sa condamnation : un condottière hongrois du nom d'Esterhazy. Zola, que Scheurer-Kestner avait convaincu de l'innocence de Dreyfus, entra dans la bataille. Le 20 novembre 1897, il écrivit au *Figaro* un article où il demandait, sur un ton d'ailleurs boursouflé et désagréable, la révision du procès de 1894. Il dînait le soir au restaurant Durand avec Bourget et Barrès, et celui-ci note dans ses *Cahiers* : « Un mot me frappait beaucoup dans la bouche de Zola, pendant ce déjeuner... Il disait de sa démonstration : c'est scientifique, c'est scientifique. C'est ces mêmes mots que si souvent, dans le même sens, j'ai entendu employer par des niais, non par des menteurs, mais des illettrés de réunion publique. »

Zola intervient. Zola venait précisément de publier, pendant les trois ans écoulés depuis 1894, *Lourdes* et *Rome,* et de terminer *Paris,* qui avaient fait suite dans le temps au *Docteur Pascal.* C'était un échec littéraire : sa science de la religion y valait sa religion de la science. *Lourdes* était écrit par Homais, *Rome* par Bouvard, et *Paris* par Pécuchet. Il avait exaspéré les catholiques, à qui le règne de l'esprit nouveau avait rendu la confiance et l'allant. Depuis des années ses articles du *Figaro* étaient pris au comique par les échotiers, et toute la jeune littérature le criblait de sarcasmes. Ce combattant attirait les coups.

Il attirait les coups, mais déclenchait par son bruit, et par sa masse, une immense agitation, à laquelle d'autres lames de fond répondirent de l'autre côté. Une guerre de religion, un orage inconnu depuis le jansénisme, éclatèrent. Le journal de Drumont avait depuis plusieurs années remplacé l'*Univers* comme journal du petit clergé, qui retrouvait dans la *Libre Parole* le messianisme du temps d'Henri V et un accueil favorable aux dénonciations contre les évêques. Les Assomptionnistes ressuscitaient dans *La Croix* les passions et les violences de la Ligue. Les Jésuites crurent devoir prendre parti comme eux, et leur présence, réelle ou supposée, dans une affaire, y porte toujours au carré les passions des deux côtés.

Le 4 décembre 1897, Zola et les partisans de la révision étaient flétris par un vote de la Chambre, où les radicaux et les socialistes firent masse contre eux. Le 13 décembre, le *Figaro* fit amende honorable et se sépara de Zola, réduit un moment à publier des brochures, une

Lettre à la Jeunesse, une autre *Lettre à la France.* Verbeuses redites qui ne portaient pas. Cependant un ancien collaborateur de Rochefort, Vaughan avait fondé un journal bientôt acquis à la cause de la révision, *l'Aurore,* qui avait Clemenceau, encore hésitant d'ailleurs, pour *leader* politique, et qui sut crier plus fort que Drumont. C'est là que Zola publia le 13 janvier la lettre *J'accuse,* adressée au Président de la République.

J'accuse nommait huit responsables militaires du supplice infligé à un innocent, parmi lesquels deux ministres de la guerre. Ce fut parce qu'il nomma que cette fois Zola foudroya. Deux cent mille numéros vendus en quelques heures, interpellation à la Chambre, poursuites. *J'accuse* n'a rien d'un monument littéraire. Mais pour la première fois depuis la première *Provinciale,* une feuille volante vendue dans la rue donnait le signal d'une guerre de religion.

Trois semaines après *J'accuse,* la revue officielle des Jésuites, *La Civilità cattolica* écrivait dans son numéro du 5 février : « Les Juifs ont imaginé d'alléguer une erreur judiciaire. Le complot a été noué à Bâle, au congrès sioniste, réuni en apparence pour discuter de la délivrance de Jérusalem. Les protestants ont fait cause commune avec les Juifs pour la constitution d'un Syndicat. L'argent vient d'Allemagne... Les Juifs allèguent une erreur judiciaire. La véritable erreur, c'est celle de l'Assemblée Constituante, qui leur a accordé la nationalité française. Cette loi, il la faut abroger. » D'autre part, dès *J'accuse, L'Univers israélite* avait présenté l'affaire Dreyfus comme le résultat d'une conspiration de l'Église contre l'Esprit, et avait conclu : « À nous donc, juifs, protestants, francs-maçons, et quiconque veut la lumière et la liberté, de nous serrer les coudes et de lutter pour que la France, comme dit une de nos prières, conserve son rang glorieux parmi les nations, car déjà un sombre corbeau a planté ses griffes sur le crâne du coq gaulois et se met en devoir de lui becqueter les yeux. » « Francs-maçons » était une anticipation, car ils combattaient alors la revision. Ainsi parlaient l'organe de l'illustre compagnie de Jésus, et le journal officiel du judaïsme français, dirigé par des israélites éminents et pondérés. Les promesses de cette littérature furent tenues.

Après Gabriel Monod, le directeur de l'Institut Pasteur, Duclaux, avait proclamé la nécessité de la revision. Ce n'était encore que des voix isolées. *J'accuse* déclencha le mouvement des intellectuels revisionnistes ou des « intellectuels » tout court, mot employé d'abord comme une marque de mépris par les journaux anti-révisionnistes. Ce furent, entre autres, le chimiste Grimaud, Anatole France, Séailles, Desjardins, Darlu, Bréal, Louis Havet, Gaston Bonnier.

Les centres d'intellectuels révisionnistes étaient d'abord l'École Normale où l'influence dominante était exercée par le bibliothécaire socialiste Lucien Herr (on lui imputait la conversion de Jaurès au socialisme) aidé de Monod, d'Andler, de Paul Dupuy ; parmi les jeunes normaliens, Péguy d'abord, Langevin, Jean Perrin, Albert Thomas ; parmi leurs aînés : Léon Blum, Victor Bérard. C'est cette équipe universitaire qui de l'affaire Dreyfus et du mouvement « dreyfusard » fit sortir ce qu'elle appela le dreyfusisme. D'autre part deux salons, ceux de Mme Strauss née Halévy, et celui de Mme Arman de Caillavet deviennent les centres d'un dreyfusisme plus mondain que doctrinaire, qui recrute des protestataires parmi les écrivains, et dans ce qu'on appelle la rive droite.

Le 24 février 1898, lendemain du jour où Zola était condamné par la Cour d'Assises de la Seine à un an de prison pour la lettre *J'accuse,* une réunion se tenait chez le sénateur Trarieux où le dreyfusisme se donna un corps par la fondation de la Ligue des Droits de l'Homme et du Citoyen. Le dreyfusisme s'identifiait par là avec les principes de la Révolution française, avec l'éducation civique, avec le spirituel républicain. Le vieux propos « Évangile des Droits de l'Homme » reprenait une nécessité et un sens nouveaux. Les principaux fondateurs furent les savants Duclaux et Grimaud, les professeurs Paul Meyer, Giry, Molinier, Viollet, chartistes, les professeurs Séailles et Georges Lyon, philosophes, Desjardins, Havet, Émile Bourgeois, Lucien Herr, Réville, les médecins Richet et Paul Reclus, Arthur Fontaine, le fils et le gendre de Renan (Berthelot, soucieux de repos, resta à l'écart). Les statuts furent rédigés par un catholique, Paul Viollet, de tradition janséniste, ce qui importe à l'historien des idées françaises (Royer-Collard eût été le roc du dreyfusisme). Viollet et ses fondateurs les plus considérables quitteront d'ailleurs la Ligue quand elle dégénérera en groupe anticlérical.

Formation des Ligues. La Ligue des Droits de l'Homme, alors quartier général des intellectuels militants, ne doit pas être séparée ici des intellectuels « sympathisants » que groupèrent les listes de protestation contre l'envoi de Picquart devant les tribunaux militaires, et où figuraient Sully-Prudhomme, Sardou, Lavisse, Gaston Paris, des centaines de professeurs, de savants, d'hommes de lettres (Prévost, Rostand, Picard, Capus, Porto-Riche).

La fondation de la *Ligue des Droits de l'Homme* est antérieure de six mois à la découverte du faux Henry, qui fut la plaque tournante de l'affaire (plaque qui aurait dû tourner automatiquement pour la révision, et que l'orgueil de Cavaignac fit tourner pour la guerre civile). Quatre mois après le suicide d'Henry les intellectuels anti-dreyfusiens se groupaient dans la *Ligue de la Patrie Française* (décembre 1898). Elle groupa plus de la moitié des membres de l'Académie, soit vingt-deux académiciens, dont Brunetière, Boissier, Bourget, Cherbuliez, le parti des ducs dans son entier, quelques professeurs, Paul Janet, Hermitte, Rambaud, Petit de Julleville, Faguet, presque tous de la génération antérieure. Vaugeois, son vrai fondateur, aidé de Maurras qui y amène Mistral, venait de *l'Union pour l'Action morale,* dreyfusienne de la première heure. Il allait fonder, plus tard, l'*Action Française.*

Les trois chefs de la *Ligue de la Patrie Française,* anti-révisionnistes et traditionalistes, étaient Coppée, qui avait une grosse popularité d'impériale d'omnibus, et dont on pensait qu'il rendrait à l'anti-revision les services rendus par Zola à la revision, Jules Lemaitre, délégué du salon anti-revisionniste de Mme de Loynes, laquelle voulait avoir, comme le salon revisionniste de Mme de Caillavet, son Anatole France (les femmes jouèrent un grand rôle dans l'*affaire*), Barrès, qui, avec Maurras et Vaugeois, donna à la Ligue sa substance spirituelle. Le rôle de la Ligue au moment de l'élection de Loubet, son effondrement électoral de 1902, le scandale Syveton, soutirèrent de la *Patrie Française* toute cette substance spirituelle. Il n'en resta pas même ces cadres de « petits » qui de l'autre côté ont permis à la *Ligue des Droits de l'Homme* de subsister comme organisation politique, annexe de la maçonnerie.

Les deux Ligues furent un moment les quartiers généraux des

idées de cette époque. Leurs listes de noms, très parlantes, servent à classer ces idées, elles forment la carte d'une génération intellectuelle. Voici les traits principaux de cette géographie :

Le rajeunissement du vieux relief des divisions religieuses, rajeunissement lié d'ailleurs : à la vie de la Troisième République, — à l'entrée des Juifs dans la vie intellectuelle française ; — à la politique des catholiques et des partis de droite de 1871 à 1890, qui a posé devant le pays le problème de 1830, celui du « gouvernement des curés » et propagé, surtout sous la robe monacale, l'espèce des curés de gouvernement ; — à la politique inverse des cadres républicains qui, à partir de 1880, confient généralement au protestantisme libéral le spirituel de l'Université et la direction des grandes écoles pédagogiques ; — à l'obligation où se trouvent les familles traditionalistes et catholiques, évincées des situations politiques et administratives, de rester terriennes, mondaines et militaires, et de se faire une conception du monde et de la vérité qui réponde à ce genre de vie ; — à la bonne conscience morale et à l'expression littéraire qui, florissantes dans une élite nombreuse et cultivée, aident à construire des idéologies qui légitiment, éclairent, idéalisent ces conceptions spontanées du monde, de l'esprit, de la France ; — au déclenchement enfin des impulsions religieuses héréditaires, aux morts qui parlent. Les familles, les consciences, les écoles, l'État ont été pendant quatre ans le lieu de tels dialogues, de pareils conflits. Jamais aucune généra-tion n'avait trouvé une occasion aussi magnifique de clarifier et d'opposer les idées de la France.

L'issue de la bataille n'est pas moins instructive que la bataille, — l'issue, ou plutôt les issues. Il n'y a plus d'obscurité dans l'affaire Dreyfus, qui a été résolue et terminée par l'enquête de la Cour de Cassation, le verdict de ce tribunal suprême, la pleine réparation des erreurs judiciaires commises à l'égard de Dreyfus, de Picquart et de Zola. La conclusion politique de l'Affaire n'est pas moins nette : écrasement du parti nationaliste, victoire de la défense républicaine, victoire de l'attaque républicaine avec les lois sur les congrégations et la séparation de l'Église et de l'État.

Mais en 1906, la séparation est faite, le grand journaliste artisan de la révision, Clemenceau, est ministre de l'Intérieur, Dreyfus et

Picquart sont réintégrés dans l'armée, celui-ci sera demain ministre de la guerre, les élections générales, trois mois après l'arrêt de la Cour, élèvent Clemenceau au pouvoir, les partis de droite, comme on dit, se recueillent, ou recueillent leurs morceaux. Comment de son côté réagit l'intelligence ?

Anatole France et l'Affaire. Un seul écrivain gagne à l'affaire Dreyfus une situation de maître, et même de bon maître : c'est Anatole France. Pendant quinze ans sa position en France et en Europe va être considérable. On se presse chez lui, on épingle ses anecdotes, on s'intéresse à son évolution socialiste, à ses messages, on recueille ses entretiens mémorables. Et cependant la place de Taine et de Renan n'est pas remplie.

Elle n'est pas remplie, d'abord parce qu'Anatole France parnassien et styliste, n'appartient pas à la génération de 1885, comme Taine et Renan appartenaient à la génération précédente. Elle n'est pas remplie, parce que l'adhésion tardive de France aux idées et aux doctrines socialistes, qu'il a moins vécues en homme que défendues en citoyen et présentées en artiste n'apporte rien de nouveau dans la vie intellectuelle ; le beau créateur de formules en a trouvé une admirable pour désigner le rôle de Zola en 1898 : « Un moment de la conscience humaine. » Pareillement France serait un moment de la chaîne littéraire, il maintient quelque chose, il apporte peu.

L'affaire Dreyfus, qui a fructifié en victoire pour les partis et les forces de gauche, n'a pas fructifié pareillement pour les idées de gauche, pour la justice sociale, les droits de l'homme, la démocratie, le libre examen. Les espoirs mis en Jaurès, la génération dreyfusienne de la rue d'Ulm, la tentative d'un retour à Michelet et à Quinet, tournent court. Le discours d'Anatole France à Tréguier devant la statue de Renan ne rayonne qu'une lumière froide.

Barrès, Maurras, Péguy. Du côté vaincu, au contraire, le rétablissement est instantané. Barrès demeure un créateur de valeurs : ses plus belles années d'influence vont de 1902 à 1914. Sur les débris de la *Patrie française,* naît l'*Action française,* et l'influence de Maurras équilibre, relaie celle de Barrès. Ce retournement singulier, cette victoire de l'inattendu ne trouvent nulle part d'explication plus nette que dans Péguy, puisqu'aussi bien, de cette génération dreyfusienne de l'École Normale, qui a fourni une si grande part du personnel politique au XXe siècle, il n'est sorti qu'un créateur de mouvement dans l'ordre littéraire et moral, Péguy, et que le péguysme c'est le procès-verbal même de ce tournant du dreyfusisme. Enfin, la conséquence, encore plus inattendue, de la séparation de l'Église et de l'État, du triomphe de la laïcité dans l'État, c'est une renaissance catholique et des conversions littéraires retentissantes, parfois singulières, celle de Brunetière, celle de Péguy, celle du petit-fils de Renan, les diversions catholiques de Barrès, le mouvement thomiste. Le plan de vérité objective sur lequel les intellectuels de 1897 ont triomphé juridiquement, moralement et politiquement, dans l'affaire Dreyfus, est donc pour les idées et l'esprit littéraires un plus mauvais terrain que le plan de vérité organique, héritée, passionnelle, dont Barrès a, depuis *Un Homme Libre* jusqu'aux *Cahiers,* fourni une géographie et une géologie complètes. Le premier plan a beau être plus satisfaisant pour l'intelligence, plus propre à l'usage civil, moral et politique, il ressemble à l'aliment idéal de Berthelot, les vitamines lui manquent, celles dont est chargé un *Cahier* de Barrès, et qu'un Jaurès, si éloquent, ne soupçonne pas. La tentative la plus importante qui ait été faite par la génération dreyfusienne, avant 1914, pour équilibrer par des vitamines à elle les idées littéraires de Barrès, c'est probablement *Jean-Christophe,* et l'on ne verra pas là un succès complet.

Jean-Christophe est un roman. Il servira à nous faire remarquer à quel point la génération dite réaliste, celle de 1850, et ses épigones naturalistes, ont été peu remplacés dans le roman par celle de 1885. Maupassant était mort dès 1893, les années de l'affaire Dreyfus emportèrent les chefs du roman, Goncourt meurt en 1896, Daudet en 1897, Zola en 1902. À voir le vide qu'ils laissent, on dirait que cette génération a consommé son roman en nature, avec l'affaire Dreyfus, comme la génération de 1789 avait consommé le sien, et sa poésie, en action. L'affaire Dreyfus est probablement la seule concurrence victorieuse que l'état civil, à son tour, ait faite à la *Comédie Humaine.* Les deux années qui s'écoulent de *J'accuse* au procès de Rennes sont demeurées célèbres dans l'histoire des crises de la librairie française ;

on n'y vendait plus de livres, plus de romans surtout, le public ne voulait que des journaux : procès Zola, captivité de Picquart, faux Henry, trahison de Chanoine, mort de Félix Faure, journée d'Auteuil, journée de Longchamp, retour de Dreyfus, conseil de guerre de Rennes, dépassaient en force de signification, en « études philosophiques » la *Comédie Humaine,* en intérêt dramatique les *Mystères de Paris* et le *Juif Errant.*

II

LE ROMAN

Le roman après 1885 témoigne d'une décroissance de la création littéraire, ce qu'il exprima d'ailleurs d'une manière très positive, transformant la défaillance du roman en un roman de la défaillance, utilisant ce reflux comme force motrice, s'exprimant sous les formes plus intellectuelles que vitales du roman personnel, du roman d'analyse, du roman-thèse et du roman-mythe qu'ont renouvelés les écrivains et romanciers considérables de ce temps, Loti, Bourget, France, Barrès, Gide.

Le roman personnel, c'est-à-dire l'autobiographie transposée, est, depuis Rousseau, une vieille tradition de notre littérature. Le réalisme de Champfleury et des Goncourt y avait taillé ses larges « tranches de vie ». Le naturalisme lui ouvre une route illimitée, fastidieuse, toujours fréquentée, et en somme il la démocratise : le petit écrivain raconte sa petite vie, celle de son bureau, de son bataillon, de son école, de ses restaurants, de ses maîtresses. Mais il arrive qu'un grand écrivain tout en partant de ce registre, le transcende infiniment, et par son genre de style et par son genre de vie, ce fut le cas de Loti.

Loti. Pierre Loti est un marin protestant, de cette vieille Hollande française que fut le pays de La Rochelle et de Rochefort, et, comme beaucoup de protestants, comme Constant, comme Amiel, il eut de bonne heure la pratique du journal intime. Sa vie de marin, le souci naturel de garder quelque souvenir de tous les points du globe où son métier le menait, confirmèrent, nourrirent, enrichirent ce goût et cette habitude du journal. Il lisait peu et ne subissait aucune influence littéraire. N'ayant écrit d'abord que pour lui, sans souci d'un lecteur, il conserva, quand il eut des lecteurs, toutes les habitudes de style formées dans cette solitude. Il ne cherchait pas des mots, prenait toujours les mêmes, ce qui fait que sa langue est extrêmement pauvre. Mais avec ce peu de mots, il rendait tout ce monde, au fond uniforme et toujours retombant sur les mêmes bases et les mêmes basses, de la mer, de la lumière, des terres, des sens, des émotions ordinaires et simples. Vers sa trentième année il se mit à arranger (plus qu'il ne l'a dit) des cahiers de son journal d'un séjour à Constantinople pour en tirer *Aziyadé,* histoire des amours d'un jeune officier avec une femme turque, que suivirent le *Mariage de Loti,* journal tahitien, et le *Roman d'un Spahi* pris d'un journal sénégalais. Le vieux sujet de *Graziella,* le roman facile des amours faciles, le roman nomade des amours nomades, l'anecdote d'escale et le pittoresque colonial, rigoureusement exempts de l'imagination romantique et de la rhétorique lamartinienne, cette fraîcheur, à cette époque de procédé, cette naïveté qui tranchait sur les artifices de description naturaliste et sur les fadeurs du roman mondain, groupèrent déjà autour de Loti une partie du public qui allait faire à *Pêcheur d'Islande* un des triomphes mémorables du roman français.

Ce n'est pas parce que *Pêcheur d'Islande* est le plus célèbre des livres de Loti qu'on ira soutenir le paradoxe facile qu'il n'est pas son plus beau livre. Mais il se place un peu en marge de son œuvre. Loti a voulu cette fois faire un roman, et il ne s'agit presque plus de pages de journal. Lui qui vivait avec les marins, et les aimait, a écrit le roman d'un marin, les amours bretonnes d'un marin breton. Roman, récit, tableau, imbibés de poésie, la plus simple, la plus discrète, irrésistiblement pénétrante, d'une langue pure et d'une nudité classique, un rythme de chanson populaire ou de ballade. Paraissant l'année qui suit la mort de Victor Hugo et *Germinal,* donc en plein naturalisme, *Pêcheur d'Islande* fut, sensible à tous, une sorte de décompression physique. Il dépasse la personnalité littéraire de Loti pour vibrer avec l'immatérialisme qu'apporte pour message propre cette génération, et que 1889 confirmera en traits plus appuyés par le *Disciple,* en signes intelligibles par l'*Essai* bergsonien. Une fois au moins, Loti a montré aussi qu'il était un compatriote de Fromentin.

Mon Frère Yves, autre portrait de marin, fait un pendant plus détendu, plus négligé, à *Pêcheur d'Islande.* Il eut un succès égal, mais il a moins tenu. *Madame Chrysanthème* et *La Troisième Jeunesse de Madame Prune* ne manquent pas d'agrément, et d'ailleurs presque toutes les pages de description tirées du journal de Loti au Japon sont d'une finesse inégalable de vision et de transposition aisée. Mais il ne faut pas y chercher la moindre humanité japonaise : ce n'est pas le Japon de Loti qui est, comme il l'a vu, petit et caricatural, c'est le Loti du Japon.

À partir de *Matelot,* troisième portrait de marin, qui ne renouvelle rien, les romans ou les demi-romans plus ou moins tirés du journal de Loti deviennent fastidieux. *Ramuntcho* est un pensum basque, les *Désenchantées* auxquelles les lectrices procurèrent le plus fort tirage qu'ait connu Loti, proviennent d'une mystification de deux Françaises qui se déguisèrent en Turques pour le faire marcher, à la manière dont lui-même se déguisait en Arabe pour les photographes. Il faut faire cependant une exception pour un livre turc où Loti a retrouvé toute l'émotion et la poésie de *Pêcheur d'Islande : Fantôme d'Orient,* récit d'un voyage a Constantinople pour chercher les traces d'Aziyadé ; Gérard de Nerval l'eût admiré, et c'est l'œuvre la plus nervalienne qui ait été écrite depuis le drame de la rue de la Vieille-Lanterne.

Mais pas plus qu'il n'a subi d'influences, Loti n'en a exercé, si ce n'est en excitant des vocations littéraires chez les marins. Il reste seul, très simple, accordé par ses chefs-d'œuvre à des forces élémentaires, constantes et classiques de la littérature française. Il ne touche pas à son temps si ce n'est pour montrer qu'il n'y entend rien, et son temps le touche peu. Cependant c'est bien le poids oppressant du naturalisme, c'est le courant d'air idéaliste et symboliste, qui l'aidèrent d'emblée et très fort à conquérir une immense faveur. S'est-elle maintenue ? Il est exact que beaucoup de lecteurs, aujourd'hui en ont vite fait le tour, et que les raffinés affectent de ne retenir dans son œuvre qu'*Au Maroc* et surtout *Vers Ispahan.*

Bourget. La gloire brusque du jeune Loti est exactement contemporaine de celle de Bourget (né deux ans après, en 1852) car c'est aussi de 1885 à 1888 que l'auteur des *Essais de Psychologie contemporaine* publie *Cruelle Énigme, Crime d'Amour* et *Mensonges,* dont tout le monde parla et dont le public mondain et lettré raffola. Ils n'ont plus guère de lecteurs après un demi-siècle, mais jamais l'historien de la littérature ne pourra leur reprocher de n'avoir pas apporté quelque chose de nouveau, de n'avoir pas marqué une date dans ce que Brunetière appelait l'évolution de leur genre. Tout au plus ont-ils le défaut de donner trop consciemment et volontairement à leur temps l'anti-Zola que demandait le public distingué.

Zola, qui était la matière faite homme, avait créé dans les *Rougon-Macquart* le roman physiologique. Bourget lui répond par le roman psychologique, c'est-à-dire le roman qui analyse des états d'âme, des crises de conscience, des délibérations intérieures exigées par des événements dramatiques. Bourget incorpore autant de drame, de technique théâtrale dans ses romans que Zola incorporait aux siens de poésie épique. Mais chez tous deux la machinerie est pesante et tendue. Il y a dans Bourget un matérialisme de la technique plus apparent encore que dans Zola.

Zola est un tempérament sans culture. Il serait excessif de dire que Bourget est une culture sans tempérament, mais enfin c'est un romancier intelligent, qui s'était montré fort habile, dans les *Essais de Psychologie,* au maniement des idées complexes et littéraires. Tous deux disciples de Taine, Zola en a pris ce qu'en prend le vulgaire, Bourget ce qu'en ont pris les lettrés, aucun ce qu'ont pu en prendre les philosophes.

Le public de Zola est un public petit-bourgeois, classes moyennes, « nouvelles couches » comme on disait, démocratique, comme on dit. Il y a des gens très riches dans ses romans, dans la *Curée* et dans l'*Argent,* tous de mauvais et nouveaux riches, dont l'opulence a des sources infâmes. Il n'y a pas de gens nés, pas d'héritiers, ou ils sont des comparses, ont des taches, comme Renée Saccard. Pas de femmes du monde non plus, et très peu parmi ses lectrices. Bourget au contraire fera pour les classes aisées le roman des classes aisées, de leurs complications sentimentales, de leurs « idées », de leur héritage. Certes une part de Bourget se trouve déjà dans Feuillet. Mais il est remarquable que le monde de Bourget n'est plus du tout le monde de Feuillet : c'est bien le monde de la Troisième République, le succès de Bourget fut fait d'ailleurs bien moins par l'aristocratie française que par les salons juifs et cosmopolites de 1888, très ouverts à la littérature. L'adultère n'est plus chez lui exception scandaleuse comme chez Feuillet, mais vraiment l'arbre de couche du roman.

Le roman de Zola est un roman de gauche. « La République sera naturaliste ou ne sera pas. » Le roman de Bourget sera un roman de droite. Par la même pesée invincible, tous deux passent au roman à thèse, thèse religieuse, sociale, politique, Zola à la fin de sa vie et très gauchement, dans les *Quatre Évangiles,* Bourget presque dès le début, et très adroitement, d'abord dans le *Disciple.*

Dans *Le Disciple,* le romancier psychologue écrit le roman d'un psychologue, ou plutôt de deux psychologues, le maître et le disciple. Bourget sait ce que c'est qu'un psychologue, mieux que l'auteur du *Docteur Pascal* ne sait ce que c'est qu'un savant : cependant Taine, qui lui a servi plus ou moins de modèle, a fait à ce sujet, dans une lettre à l'auteur, des réflexions sévères ; le disciple surtout, qui séduit une jeune fille pour les besoins de ses études, pour se documenter comme disaient alors les romanciers, redonde d'invraisemblance. Et *Le Disciple* ne fut point un livre durable. Avec cela son apparition, sa date (1889), son succès, forment un événement littéraire capital. Ils marquent l'entrée des idées et des systèmes dans le roman courant. *Le Disciple* a ajouté, à ce genre littéraire, de la pensée et du poids, il a enrichi son registre et ses moyens.

Cosmopolis (1893), un des meilleurs romans de Bourget, peut passer aussi pour un roman à thèse, une thèse sur la permanence de la race. Mais c'est seulement en 1902, sous l'influence des *Déracinés* (Un *Homme libre,* de 1889, n'avait déjà pas été étranger à la pensée du *Disciple*) et de l'affaire Dreyfus, qu'il tient décidément le roman à thèse pour la pièce maîtresse du genre romanesque, et ses quatre romans les plus solides, *L'Étape, L'Émigré, Un Divorce, le Démon de Midi,* encadrés entre les deux nouvelles de *L'Échéance* et du *Justicier,* forment bien le massif central de sa maturité.

Ils manquent d'air, de points d'interrogation, de disponibilité. Ce sont les romans rigides des thèses conservatrices. La loi et les prophètes sont pour Bourget les *Origines de la France contemporaine,* et tout se passe comme si ses romans à thèse étaient des mythes destinés à animer, à rendre sensibles au cœur et aux sens, la philosophie conservatrice de Bonald et *la Réforme Sociale* de Le Play. Le romancier devient un avocat : avocat des héritages dans *L'Étape,* avocat des hiérarchies dans *L'Émigré,* avocat du mariage chrétien dans *Un Divorce,* avocat de l'ordre social contre les droits de l'individu dans *Le Démon de Midi.* Le romancier est entré dans une époque organique tout à fait contraire à l'époque critique des *Essais de Psychologie,* mais tout aussi bien commandée par son talent.

Un talent qui est aussi d'avocat, puisque c'est le talent oratoire. Deux écrivains de cette époque ont été doués d'un style oratoire, Brunetière et Bourget. Le style de Bourget, souvent lourd et pédant, se sauve toujours grâce à son mouvement massif et continuel, à son enchaînement logique, à sa solidarité avec la parole qui convainc. C'est un style démonstratif, et tout se passe d'ailleurs chez Bourget comme s'il s'imaginait que ce style démonstratif démontre quelque chose, qu'une « démonstration » au sens des militaires peut ressembler à une démonstration géométrique. Mais cela importe peu. Nous ne lui demandons que l'impression littéraire, l'appareil et non l'effet de la conviction. Taine avait mis en épigraphe à son *Tite-Live : In Historia Orator.* Lui-même dans ses *Origines* avait été cet orateur. On appréciera dans les romans à thèse de Bourget, dans son style original de thèse, un *in fabula orator.*

Cette technique oratoire se double d'une technique romancière également remarquable. L'enchaînement des péripéties dans un roman de Bourget est aussi solide que l'enchaînement du style démonstratif. Avec un fond de *scholar* qui le rendait incapable de réussir au théâtre, on peut voir en lui l'écrivain qui a incorporé au roman le plus d'éléments techniques propres au théâtre, et les lui a fait intégralement assimiler. Avec quelque monotonie peut-être. Le centre de ses savantes péripéties est toujours fourni plus ou moins par les marronniers de *Figaro.* Publiés dans la *Revue des Deux Mondes, L'Étape, L'Émigré, Un Divorce,* sont articulés sur la division en six livraisons avec autant d'habileté technique qu'une pièce de Dumas sur la division en actes.

N'oublions pas que Bourget appartient, comme France, à une génération intermédiaire entre celle de l'Empire (1850) et celle de la République (1885), qu'il ne réagit contre le Conseil des Dix de ses *Essais,* soit les dix maîtres de la génération de 1850, qu'en restant leur disciple respectueux, et même leur imitateur. Les noms de Taine et de Dumas ont pour lui un poids qu'ils auraient perdu en partie pour un *Vingt ans en 1885.* De Loti, dont l'âge est le même, cela n'a aucune importance, puisqu'au contraire de Bourget, il arrive dans les lettres tout neuf et sans lectures.

L'heureuse longévité de Bourget, qui avait dix-huit ans en 1870, lui a permis de survivre longtemps à la guerre de 1914. Si ce grand ouvrier de lettres a prolongé jusqu'à la vieillesse une production très régulière, *Le Démon de Midi,* paru en 1914, a mis le point final au meilleur de son œuvre. Sa forme et sa substance romanesques appartiennent au passé. L'immobilité de ses idées, la répétition des mêmes lieux communs, ont nui au critique social, ont communique leur mécanisme au romancier. Mais pendant trente ans, Bourget a été un original témoin du roman français, tel que l'avaient constitué Balzac et George Sand. Il a versé avec une force continue, dans ce cadre plastique, l'éloquence, la pensée, le sens des intérêts sociaux, de la société polie. Son roman bien fait a été contemporain de la pièce bien faite, sa technique appartient au bel âge des bonnes techniques. La perte, plus tard, de ce que cet âge avait su maintenir ne pourra à aucun point de vue passer pour un profit.

Anatole France. Plus âgé de huit ans que Paul Bourget. Anatole France a dépassé la quarantaine en 1885, il appartient avec Coppée, Sully-Prudhomme, Heredia, exactement à la génération des Épigones parnassiens. Il était paresseux, timide, un peu retardataire. Il se sentait une vocation de liseur, d'ami des livres, plutôt que d'auteur. Le *Crime de Sylvestre Bonnard,* qui est de 1881, *Le Livre de mon Ami* qui est de 1885, étaient bien des récits, de délicats récits, mais faits dans l'ombre des livres, demandant au monde des livres leurs personnages, leurs souvenirs, leur langage. Presque tous les Parnassiens ont été des bibliothécaires : mais France, né dans une boutique de libraire, reste plus particulièrement le délégué spirituel de l'école à cette profession. La littérature française est d'ailleurs remplie de ces hommes de goût, de sens, que les livres, empêchent d'entrer au plein des lettres, comme les arbres empêchent de voir la forêt. France avait tout ce qu'il fallait pour rester l'un d'entre eux.

Il échappa à ce péril, d'abord par la conscience qu'il prit de ce genre de vie, l'aveu qu'il en fit et le style qu'il lui donna. Il lui échappa ensuite par la surveillance et le contrôle exigeants de la femme intelligente qui disciplina ce paresseux, lui indiqua des sujets, le fit travailler, en obtint un rendement inespéré. Il lui échappa enfin par la complicité de la dernière époque qui ait encore connu des valeurs traditionnelles, héritées, des portefeuilles, littéraires et autres, de père de famille. Par son style, ses cadences, ses imitations, ses centons, ses parodies, il a posé un curieux point final, provisoirement final, à la littérature classique. Il a su faire de son Paris natal une seconde Alexandrie, grecque et juive, érudite et lettrée, l'Alexandrie qui est en puissance dans le classicisme français, et qui donne sur la branche parnassienne un fruit d'arrière-saison.

La plupart des livres de France sont des fictions et des récits. Est-il un romancier ? La question se posa vers 1892 pour l'Égérie, Mme de Caillavet, qui décida que M. France pouvait produire d'aussi bons romans que M. Bourget. Des femmes du monde ayant fait écrire, d'après elles-mêmes, *Un Cœur de Femme* à Bourget et *Notre Cœur* à Maupassant, *Le Lys rouge* fut une manière de *Cœur* de même couleur, de même style, ou de plus grand style. On ne peut dire que *Le Lys rouge* soit manqué. Mais cette chronique d'un salon parisien en 1892, cet esthétisme oratoire, ce jeu d'échecs de l'adultère parisien joué sur un échiquier ancien — au sens des antiquaires — trouvent moyen de dater beaucoup plus que *Notre Cœur*, qui n'est d'ailleurs pas non plus un chef-d'œuvre éternel.

D'un certain point de vue, France reste bien un contemporain de Bourget, et dans le monde des romans, les thèses de l'un et les mythes de l'autre ne laissent pas de se ressembler. Dans les deux cas, la création est subordonnée à des idées, qu'il s'agit de montrer, de rendre sensibles et de faire agréer par des fictions. Chez Bourget, la thèse est liée à la technique du dialogue. Dans les deux cas, il s'agit d'un reflux du roman, accordé à une époque où sont goûtées les valeurs d'intelligence.

En 1889, Anatole France, alors critique littéraire au *Temps,* rencontrait chez Mme de Caillavet le maître *in partibus* de la maison, le philosophe Victor Brochard, auquel il devait bientôt succéder. Brochard connaissait par le dedans et vivait la philosophie grecque. Il contribua à helléniser Anatole France, à lui faire prendre le pli de la sagesse, ou des sagesses antiques, à l'installer dans un débat modernisé entre épicuriens, sceptiques et chrétiens, et aussi, si l'on veut, entre Renan, dont les *Origines du Christianisme* étaient à cette époque une manière de Somme du dilettantisme érudit, et l'alexandrinisme des salons littéraires juifs de la fin du XIXe siècle. Le style seul peut sauver ces attitudes, et le style éclectique, composite, artificiel, colligé et contaminé d'Anatole France, centon de Chateaubriand, de Flaubert, de Renan, y convenait à souhait. De là, en 1890, *Thaïs,* l'histoire d'une pécheresse sauvée et d'un ermite damné, sorte de camée de salon, ou, déjà, de *Lys rouge* en mosaïque, où tant de collaborations sont magistralement fondues et dont le succès dans le monde lettré fut extraordinaire. Six ans après parut l'*Aphrodite* de Pierre Louÿs : 1890-1896 est exactement l'époque où *Salammbô* et la *Tentation* trouvent enfin leur public et font école.

Cela, *Thaïs* en 1890, *Le Lys rouge* en 1894, tenait d'un Anatole France artiste et fabricant qu'eût fini par démoder déjà la réaction contre le dilettantisme qui suivit la mort de Renan. Heureusement il se trouva que cette sagesse grecque, France sut la revivre mieux que de l'extérieur, et qu'il l'incarna avec une admirable souplesse dans des personnages ou plutôt dans un personnage à plusieurs noms qui allait devenir un type. Dès la fin du XIXe siècle, deux noms deviennent usuels pour désigner Anatole France. On l'appelle le bon Maître, comme on appelait Rousseau le Citoyen. On l'appelle M. Bergeret, comme on appelait Chateaubriand René. Le bon Maître signifie Jérôme Coignard, créé d'abord pour *La Rôtisserie de la Reine Pédauque* et qui fournit ensuite son mannequin à des *Opinions.* Le M. Bergeret de l'*Histoire contemporaine* fit plus d'usage encore. Comme dans *Thaïs* et *Le Lys rouge,* un jardinier expert a pratiqué une greffe, greffe d'une sagesse vécue, sur un personnage complaisant, et la greffe a été si bien faite que le personnage a été accepté comme type, que M. Bergeret promené en province et à Paris, a fait boule de neige insensiblement, est devenu d'abord un bonhomme, puis un homme.

Ni Coignard ni Bergeret n'étaient susceptibles d'une durée indéfinie. Le vrai Coignard se dépayse déjà quand il passe de *La Rôtisserie* où il a son petit peuple autour de lui, dans les *Opinions,* où il n'est plus qu'une patère où M. France accroche ses chapeaux d'idées. Il en va de même quand M. Bergeret passe de la province à Paris, où il disparaît dans l'affaire Dreyfus. Bergeret ne pouvait guère pousser que dans cette terre grasse et lente de la province et des originaux provinciaux, vrai sol du roman, comme les limons sont ceux du blé. Que l'on compare l'*Histoire contemporaine* avec *Le Lys rouge,* le roman francien de la province avec le roman francien de la société parisienne, et l'on sentira à quel point les « mœurs de province » l'emportent ici sur les « mœurs parisiennes ».

S'il y a un point où France ait bien touché au vrai roman c'est dans les trois premiers volumes de l'*Histoire contemporaine.* On peut s'étonner que ce Parisien pur y ait réalisé une province si substantielle. On s'est demandé où il l'avait connue. Mais il faut remarquer que cette province française, c'est d'abord une province française, peuplée par la parenté même de France, d'abord le Bergeret, qu'il voyait chaque matin dans sa glace en se rasant, le personnage dont il riait premièrement chaque jour, — les ecclésiastiques, à qui l'auteur de la *Rôtisserie* prêtait l'attention naturelle d'un vieux renanien et d'un clerc désaffecté, — le bibliothécaire, l'archiviste, le libraire, — et l'histoire de Mme Bergeret n'est autre chose que l'histoire du ménage d'Anatole France et de sa première femme, racontée avec une précision cynique qui a légitimé depuis tous les *Anatole France en pantoufles,* et Mme de Gromance, c'est la femme du *Lys rouge* sur laquelle France prend sournoisement quelques revanches, — et les salons où fréquentait France ne manquaient ni de fonctionnaires ni de généraux. Cela n'empêche pas que sur bien des points la fabrication ne reste visible. Les ducs de Brécé par exemple peuvent fréquenter chez Feuillet ou chez Proust. M. France, lui, n'a été en rapports qu'avec leur maître d'hôtel littéraire, Arthur Meyer. D'ailleurs on peut très bien créer des types avec des personnages parfaitement faux. Tout est factice et faux dans *Crainquebille.* La rue Montmartre y est vue par le même artiste, qui décrit dans *Thaïs* la rue d'Alexandrie. Cependant *Crainquebille* est devenue la seule œuvre très populaire d'Anatole France, et les marchands des quatre-saisons s'appellent Crainquebille comme les gamins s'appellent Gavroche.

Le philosophe, intermédiaire entre la Nouvelle Académie et le Jardin d'Épicure, qui s'est formé dans un salon de Paris comme ceux d'Athènes se formaient dans un gymnase, s'est exprimé par romans ainsi que ceux d'Athènes et d'Alexandrie s'exprimaient volontiers par mythes. Mais précisément, à son époque, et entre les mains d'écrivains intelligents comme lui, d'écrivains qui ont des idées, le roman tourne au mythe, ou au demi-mythe. Une seule fois France a écrit un mythe complet, *La Révolte des Anges.* C'est probablement son chef-d'œuvre, et il a été méconnu. Il se voit que France l'a écrit pour lui, pour se délivrer de ses plus secrètes pensées, pour s'exprimer une bonne fois, à fond, sur la religion, sur l'intelligence, sur la vie, sur Dieu. Il est remonté par les parodies à Milton, et, plus loin peut-être, plus inconsciemment aussi, aux gnostiques et à leurs extraordinaires épopées métaphysiques. *La Révolte* est, comme *Les Dieux ont soif,* le roman d'une vieillesse lucide, la mise au jour d'œuvres longtemps méditées et qu'il fallait enfin écrire. Pareillement le fils du libraire France Thibault, cet auteur du *Catalogue Labédoyère,* spécialisé dans la révolution française, devait écrire un roman sur la Révolution. *Les Dieux ont soif* est un livre d'une maîtrise absolue. C'est par ces deux ouvrages de ses dernières années que la faveur reviendra d'abord un jour à Anatole France.

Son discrédit actuel est un phénomène nécessaire, ordinaire dans la génération qui suit la mort d'un grand écrivain. Il a été légitimé en partie par la place exorbitante que France avait prise dans le premier quart du XXe siècle, non seulement comme chef de file reconnu de la littérature française, mais comme la plus rayonnante des personnalités littéraires de l'Europe. Il le devait d'abord à la valeur de son œuvre : l'origine de cette popularité était saine. Mais il le devait aussi à la place éminente que lui avait donnée dans la République de la raison son rôle dans l'affaire Dreyfus, où il avait recueilli, en somme, après 1902, l'héritage de Zola, comme préposé à la « conscience humaine ». Il le devait aux sympathies que lui valait dans le monde entier son « avant-gardisme » à l'époque où presque toutes les valeurs françaises étaient nationales, et nationalistes. C'est Romain Rolland qui après 1918 a recueilli ici son héritage, il y a une ligne droite Zola-France-Rolland. Mais d'autre part la grande guerre ayant été présentée, par une inévitable propagande, comme la guerre de la civilisation contre la barbarie, il s'est trouvé que, par position, par le poids même et le sens de son œuvre, par le trop-plein de culture que représentait sa synthèse d'Alexandrie et de Paris, France est apparu comme le symbole, le palladium de l'acquis, de la mémoire, de la tradition, de ce qu'on appelle du nom général de civilisation. On l'a vu, ainsi favorisé, défendu, accru, des deux côtés, comme Voltaire en 1820 quand les libéraux l'admiraient pour son antichristianisme et les Jésuites pour sa poésie. Il a fléchi ensuite, a été déclassé des deux côtés, à la fois, encore, comme Voltaire et le XVIIIe siècle entre 1830 et 1850. Il ne semble même pas que le moment soit venu où un retour à France pourrait exciter des imaginations et rendre des services, ce qui arrivera inévitablement à condition que l'avenir laisse subsister le phénomène littérature, ce que ne prévoyait d'ailleurs pas Anatole France. Le bon maître, qui n'était pas si bon, a eu une mort à la Chateaubriand : son communisme consistait surtout, comme le carlisme du Vicomte, dans un « Crève donc, société » où était compris un « Crève donc, littérature ». C'est le côté où l'on ne veut pas mourir seul.

III

LE ROMAN

(suite)

Sans laisser et imposer de présence isolée comme celles de Balzac et de Flaubert, cette génération à mi-côte, et bien exposée, se distingue d'ailleurs par une production abondante et soutenue, des expériences variées, une aptitude à remplir tous les cadres, à adapter la forme romanesque à toutes les natures d'idées, de messages ou d'influences. Renan dans *Patrice,* Taine dans *Étienne Mayran,* s'étaient sentis mal à l'aise et peu originaux dans la fiction, et avaient laissé leur roman autobiographique inachevé. Au contraire leurs successeurs s'y installent avec une souplesse parfaite. Toute source d'idées coule à un moment donné dans le lit facile de la fiction, du mythe. Renan a ses épigones en France ou Lemaitre, Taine en Bourget ou Rod. La littérature va au roman, en entraînant ses produits de démolition, comme le fleuve à la mer. On songe à ce qui, dans l'âge précédent, s'était produit en poésie, quand les épigones parnassiens mettaient n'importe qui à même d'exprimer n'importe quoi en quatrains ou en sonnets.

Le bénéfice a été cependant bien plus grand pour le roman que pour la poésie. Grâce au roman autobiographique (Vallès ou Fromentin) d'une part, au roman naturaliste d'autre part, cette génération paraît être la première qui ait réalisé le caractère universel du roman, et que tout le monde a en lui-même et autour de lui des sujets de roman. Cet état d'esprit est peu favorable évidemment à la naissance d'un Balzac inattendu et créateur. Mais il facilite, évidemment aussi, la vitalité ordinaire et moyenne d'un genre littéraire. On s'en rendra compte par la multiplicité des branches que forme pendant ces trente ans le roman littéraire.

La Tradition naturaliste. Le « Naturalisme pas mort » de Paul Alexis exprimait en 1890, une vérité. Le naturalisme a duré comme système de vision, d'expression de la réalité, doublé d'ailleurs en naturalisme épique et naturalisme documentaire.

Nous entendrons par naturalisme épique non la tradition du style épique qui s'opposait chez Flaubert et Zola à l'écriture artiste des Goncourt, mais le genre d'entreprise cyclique et monumentale qui recueille la tradition des *Rougon-Macquart,* comme Zola recueillit celle de la *Comédie Humaine.* Deux de ces entreprises sont remarquables, celle de Paul Adam et celle de J.-H. Rosny.

La vaste et profonde production qu'entassa Paul Adam est aujourd'hui peu lue, et sa carrière donne l'impression d'un échec. Cependant *Le Temps et la Vie* dont quatre volumes furent écrits, biographie romanesque de la famille d'Adam depuis le Consulat, était un monument original. Et surtout Adam a influencé une partie notable de la littérature d'après-guerre, par son style dynamique, son modernisme, son colonialisme, son anti-humanisme, sa morale sportive. Il était au moins un pas vers un balzacisme nouveau.

Il y eut plus de vie et de présence encore chez J.-H. Rosny, probablement la plus opulente nature romancière de cette époque. Le départ de J.-H. Rosny fut magnifique et l'auteur du *Termite,* de *Daniel Valgraive,* de *Nell Horn,* des *Xipéhuz* et de *Vamireh,* paraissait dans les dernières années du XIXe siècle destiné à occuper triomphalement la place que celui du *Docteur Pascal* et des *Quatre Évangiles* n'arrivait pas à remplir : celle du romancier d'un monde laïque, de raison et de science, raison d'ailleurs, aventureuse et poétique, science subtile, engageante, hardie, fulguration d'hypothèses qui ne sentent pas l'école primaire, et qui sont d'un homme, comme on dit, averti. Ni dans l'ordre du style ni dans l'ordre de l'imagination, aucune des ressources normales du roman ne lui manquait. Ce qui lui manqua, ce fut cette volonté de créer, d'inventer, cette rupture de l'artiste avec son passé, si forte chez un Flaubert et qu'on retrouve chez Daudet, jusqu'à

Sapho. De bonne heure il s'est répété, et à partir de 1912 environ, soit après *La Vague rouge,* sa production s'épanouit surtout en quantité.

Le naturalisme documentaire reste florissant et solide. On ferait du roman documentaire un tableau qui prendrait presque les proportions d'une encyclopédie. Georges Lecomte avec *Les Cartons verts* (administration) et *Les Valets* (parlementaires), Léon Frapié avec ses romans de l'institutrice, en fourniraient des exemples. On en ferait d'ailleurs toute une bibliothèque, et l'on sait comme ils ont continué à donner, comme ils abondent dans le courrier des académiciens Goncourt, qui les avaient d'abord favorisés. C'est d'ailleurs après 1914 que le roman documentaire aura son spécialiste le plus vigoureux, le plus original, le mieux muni d'expérience précise, avec Pierre Hamp et son cycle de *La Peine des Hommes.*

C'est au naturalisme documentaire qu'il faudrait rattacher Gustave Geffroy, l'auteur d'un minutieux roman sur la vie de l'ouvrière parisienne, *L'Apprentie* (1904), et Lucien Descaves, qui fut, au temps du naturalisme, poursuivi pour *Sous-Offs,* et dont *La Colonne* (1902) et *Philémon* (1913), romans d'un vétéran de la Commune, sont d'une riche épaisseur de mémoire parisienne.

On verra l'une des nouveautés curieuses du roman des milieux dans le roman du milieu, entendons le milieu des hors-la-loi et des mauvais garçons, écrit dans un esprit de sympathie, complice et ironique, et dont l'initiateur semble être Jean Lorrain. Charles-Henry Hirsch, avec *Le Tigre et Coquelicot* (1905) et *Eva Tumarches* l'a popularisé. Mais il est surtout représenté par deux poètes : le parfait Charles-Louis Philippe de *Marie Donadieu* (1904), et de *Bubu de Montparnasse* (1901) et après la guerre Francis Carco.

Les hasards de l'évolution littéraire et les idées reçues de l'usager du roman font que le roman n'est plus dit documentaire dès qu'il concerne la bourgeoisie et les classes aisée; il devient alors roman psychologique, ou roman romanesque, ou chronique de la société. On ne voit pas très bien pourquoi le tableau de la bourgeoisie appartient à une autre classe du roman que le tableau du peuple et précisément Zola fit scandale en les traitant de la même façon et en les mettant à la même échelle. On peut admettre cependant que l'aisance, le genre de vie bourgeois, permettent des complications sentimentales et intellectuelles conformes à la tradition de notre littérature d'analyse morale et contribuent à créer pour leurs usagers une catégorie particulière du roman.

Le Roman bourgeois. Le roman de la classe riche a été tenté sans indulgence par Paul Hervieu, dans *Peints par eux-mêmes,* roman par lettres qui se souvient de Laclos, et dans *L'Armature* (1893), roman des drames d'argent dans le monde. Après quoi le théâtre l'a pris tout entier. Il n'en va pas de même d'Abel Hermant et de Marcel Prévost, nés la même année (1862), tous deux romanciers de grande école, d'abord parce que le premier est normalien et le second polytechnicien, à qui des incursions superficielles au théâtre ont laissé une place et une fonction de romanciers considérables.

De l'abondante et inégale production d'Abel Hermant, la moindre partie est restée en vive lumière, et mérite cette considération durable. Ce sont d'abord les romans dialogués de *La Carrière* (1894) et des *Transatlantiques* (1897) dont la verve satirique a fait époque. Ce sont aussi les deux incomparables *Courpière* (1901 et 1905) et *Les Confidences d'une Biche* qui datent du temps de l'affaire Dreyfus, et offrent un dur tableau de la vie mondaine, et aussi demi-mondaine, à cette époque, constituant le romancier dans une fonction de moraliste mondain, où il y a de la complicité et de l'amertume, quelque pédantisme de précepteur normalien à une table noble, la clairvoyance dans l'insolence et un art étonnant du portrait. C'est tel roman d'une force et d'une sobriété classiques comme *La Discorde.* La partie de son œuvre à laquelle Abel Hermant a donné le plus de soin et qu'il préfère, c'est l'autobiographie transposée qu'est en trois parties *La Journée brève,* et qu'il publia après la guerre. Les lecteurs n'ont pas ratifié cette préférence. Mais on peut hésiter. De la passion où fut écrit ce roman d'un double idéal de l'auteur, quelque chose subsiste dans ces trois volumes qui ne sont pas évidemment écrits pour la foule mais qui sont écrits, et sans doute trop écrits. Il y a aujourd'hui dans les lettres des hermantiens, un peu rares, mais dont l'espèce a chance de durer très longtemps. Tous les romans de l'auteur qui comptent comportent plus ou moins des clefs, sont des biographies transposées, comme *La Journée brève* est une autobiographie transposée. Rien qui favorise mieux une chapelle posthume que la recherche des clefs, dont la connaissance conférera des grades en hermantisme comme elle en confère en stendhalisme. Et cette chapelle sera desservie par le clergé des amateurs de style. Celui-ci est d'une élégance un peu pastichée, mais la République traditionnelle des Lettres serait bien malade, s'il ne gardait des amis.

La technique précise et sûre que Hermant met dans son style, son dialogue, ses portraits, Marcel Prévost l'emploie surtout dans la facture de ses romans. Ils lui ont valu un succès solide et durable. Ses lecteurs et surtout ses lectrices se renouvellent sans faiblir depuis plus de quarante ans. On ne consultera pas ses romans comme on consultera ceux d'Hermant, pour y trouver des mémoires qui servent à l'histoire de la société, mais, dans la mesure où la bourgeoisie française comporte une société des femmes, une République des femmes, comme des mémoires bien établis pour servir à l'histoire de cette République. Dans sa trentaine de romans, ce qui ne la concerne pas est factice, ce qui la concerne est vivant. En 1894, les *Demi-Vierges* n'ont pas seulement apporté un mot heureux, comme le *Demi-Monde* de Dumas, elles ont été l'une des découvertes du roman. Avec *Les Vierges fortes* et *Les Anges Gardiens* on en ferait volontiers une trilogie ou plutôt une quadrilogie, car les *Vierges fortes* ont deux parties, où se reconnaîtrait le meilleur de Prévost : caractères intéressants, histoire contée avec une lenteur habile, moralité finalement traditionnelle, que l'auteur prend à tâche d'obtenir par des moyens périlleux qui plaisent au lecteur. Comme l'auteur du *Demi-Monde* à son théâtre, l'auteur des *Demi-Vierges* a annexé à son roman un cabinet de direction de consciences féminines, d'où les *Lettres à Françoise*, c'est-à-dire à la jeune fille bourgeoise française. Elles sont agréables et judicieuses.

Le roman d'Hervieu, d'Hermant et de Prévost est évidemment respectueux de tout ce qui est respectable. Mais tout de même ce sont là, ou ce furent, des écrivains de gauche, d'esprit laïque. Ils militèrent tous trois dans le parti de la révision à l'époque de l'affaire Dreyfus, et leurs romans sont, comme l'on dit, agnostiques. Bien que l'un d'eux au moins, Marcel Prévost, ait été élevé par les Pères, les questions de religion comptent peu ou point pour eux. Nous sommes à l'antipode de Feuillet et de Bourget. C'est d'ailleurs dans la direction catholique de ceux-ci que s'engage la plus grande partie du roman bourgeois ou du roman de bonne compagnie.

René Bazin et Henry Bordeaux ont écrit sur des thèses congénères leurs romans de défense sociale et religieuse. Bazin a eu deux ou trois fois le bonheur et l'intelligence d'écrire des romans dont le sujet était dans l'air politique et social, et de s'en tirer fort bien ; celui de la propriété menacée avec *La Terre qui meurt* (1898), celui de la question alsacienne avec *Les Oberlé* (1901), celui des institutrices laïques et chrétiennes de l'Ouest avec *Davidée Birot* (1912) ; c'est sérieux, élevé, émouvant, avec un sentiment poétique des choses de la terre et des choses de l'âme. Bordeaux a touché à plus de matière romanesque, mais ses meilleurs romans sont ceux où l'homme de loi se manifeste, où il y a une thèse à défendre, sur la famille (*les Roquevillard,* 1906) le souvenir des morts (*le Barrage,* 1927) la religion (*le Chêne et les Roseaux*) et même le rapprochement des races en Syrie dans l'ingénieux et tendancieux roman de l'occupation française qu'est *Yamilé sous les Cèdres.*

Bazin et Bordeaux romanciers sont portés par un fort courant de cette fin du XIXe siècle, celui dont témoignent surtout Brunetière, Bourget, Barrès, et que d'un mot familier à Brunetière on peut appeler le mouvement d'utilisation du catholicisme. Quelles que soient leurs expériences personnelles, ils font sentir et connaître le catholicisme comme système de conformismes et de cadres extérieurs bien plutôt que comme appel au secret de rame. Un contemporain de Bourget, le Vaudois Édouard Rod, a mis au contraire dans ses romans sévères (les deux *Michel Teissier* de 1893 et 1894, *Le Ménage du Pasteur Naudie* de 1898) l'accent sur la tragédie intérieure et l'inquiétude protestante. La place que le calvinisme tiendrait chez Rod, un jansénisme héréditaire semblerait le tenir chez Édouard Estaunié. Mais nous quittons ici le plan proprement religieux. Estaunié est devenu le romancier d'un mystère, d'un secret, d'une angoisse, d'une tragédie intérieure qui ne concernent plus une religion révélée. Le roman devient par lui un mythe au moyen duquel la vérité cachée de l'homme et des choses est opposée à leur apparence, à ce que nous les croyons être, à ce que nous nous croyons être. *L'Ascension de*

M. Baslèvre (1921) et *L'Appel de la Route* (1923) sont excellemment nommés : roman de l'ascension d'un être mécanique et froid, d'un haut fonctionnaire, touché par la présence spirituelle d'une femme, roman d'un appel qui convoque obscurément pour une atroce tragédie une famille sérieuse de province. Il semble que l'effort de ces romans consiste à chercher un équivalent laïque à la grâce. Avec cela l'auteur qui nous apporte une telle impression de vie intérieure ne laisse pas l'impression (exception faite de deux romans plus ou moins autobiographiques de jeunesse, l'*Empreinte et le Ferment*) qu'il écrive des romans personnels.

Le Roman personnel. Cependant le roman personnel a coulé à pleins bords à cette époque. C'est, au moins apparemment, la forme la plus facile du roman, puisqu'il consiste à se créer ou à se fabriquer un double, où il appartient au lecteur de démêler le factice et le vrai. Tout roman personnel occupe entre ce factice et ce vrai le plan qui lui est propre : il a son plan comme il a son style.

Le type de la vocation du roman personnel, on le trouvera par exemple chez Huysmans qui n'a jamais pu que romancer ses expériences en les déléguant à des sosies, Folantin ou Durtal. On trouverait chez Jules Renard un exemple aussi typique de cette vocation. Maintenant que nous possédons l'étonnant *Journal,* nous rattachons les romans de Renard à cette attention perpétuelle et maniaque de l'écrivain à lui-même, aux autres à travers lui-même.

On s'étonne que dans le *Journal,* Jules Renard ne parle jamais de Jules Vallès. Est-il gêné par l'existence de Vallès, que certainement il n'a pas imité, mais avec qui il partage une nature commune d'écrivain et d'homme ? Le cas et le style de *Poil de Carotte* étaient déjà ceux de *L'Enfant.* Enfants de gauche, comme Henri Brulard, et même littérature antisociale, explosif dans les bases, comme dit Flaubert, les racines, comme dit Barrès, les assises de la famille et de la société bourgeoises. Tirer de l'autobiographie vulgaire un Brulard, un Vingtras et un Poil de Carotte, c'est un tour de force d'expérimentation littéraire comme l'expérience qui convertit en liquide l'air que nous respirons. Et la critique, le service des ponts et chaussées de la littérature, admire qu'ils soient trois, entre lesquels une route suit, dans la géographie du XIXe siècle, une pente si naturelle de terrain.

Renard n'a peut-être écrit qu'un seul vrai roman, un chef-d'œuvre ; *L'Écornifleur,* histoire d'un observateur à l'œil clair et dur qui vit en parasite, en exploiteur littéraire et en critique social dans une famille bourgeoise ; l'œuf de l'analyse pondu par le génie immanent des lettres françaises, dans une bonne chenille bourgeoise où il se développe et qui le nourrit sans se sentir détruire. Dans *Ragotte* et *Nos Frères farouches,* ce sont des paysans, domestiques et voisins de Renard, à Chitry, qui tiennent la place des Vernet de *L'Écornifleur* et qui sont pareillement utilisés, exploités, analysés, décomposés, déchiquetés en une dentelle incroyablement dure et sûre, transparente et légère, d'attitudes, de mots, d'idées. Ce vieux mot *écornifleur* n'est guère resté dans notre langue que parce que La Fontaine l'a appliqué précisément au renard, et le malin le savait bien. Les quinze volumes de l'œuvre de Renard resteront l'un des procès-verbaux les plus parfaits d'un des témoins les plus malins dans tous les sens du mot, y compris le Malin, que notre littérature d'analyse ait déchaînés sur les hommes.

Ce cas d'une littérature romanesque qui bourgeonne sur un journal intime, nous l'avons rencontré chez les Goncourt et chez Loti. Il est lié, lui aussi, à notre relief littéraire, En comparant ici Renard aux Goncourt et à Loti, on mesurera ce qui reste chez ceux-ci d'un conformisme de caste qui a disparu dans Renard. Le cas de Barrès se rattache en somme à la même famille monumentale de la littérature. Et à plus forte raison le cas d'André Gide.

André Gide. Toute une partie, et la partie centrale, de l'œuvre d'André Gide, continue ce journal peu ou point romancé qui était le livre de ses vingt ans, *Les Cahiers d'André Walter. L'Immoraliste* et *La Porte étroite,* que Gide a appelés récits, sont des demi-romans où une expérience personnelle est arrangée, ni plus ni moins que dans *L'Écornifleur,* mais ici l'aventure est toute de tragique intérieur. *L'Immoraliste* écrase sous un titre nietzschéen l'analyse d'un cas personnel qui mériterait mieux un nom flottant entre égoïsme et égotisme, l'exigence du bonheur sensuel en conflit chez l'homme avec le bienfait du foyer et le sacrifice d'une femme, cette exigence du bonheur qui triomphe sur la ruine de la tendresse, et l'opposition creusée, portée au double de sa profondeur, par le non-conformisme de l'exigence sensuelle, la tradition et la forme protestantes du foyer. L'*Immoraliste* est la porte large, la porte ouverte sur le monde des *Nourritures terrestres,* El Kantara. *Les Nourritures* deviennent aussi une sorte de carnet ou de journal de *L'Immoraliste,* comme Gide écrira plus tard le *Journal des Faux-Monnayeurs.* Nous voilà au nœud même du roman journal. *L'Immoraliste* était le roman délégué à la porte large des *Nourritures* ; *La Porte étroite* peut passer pour sa contrepartie, son complément ou sa suite idéale. Tout cela a formé un jardin secret, attentivement cultivé, dont nous avons aujourd'hui la clef et qui est devenu un des plus fréquentés, des plus « publics » de la littérature. Mais cette publicité a été tardive. L'œuvre de Gide n'a été connue, jusqu'à la guerre, que des cercles lettrés ; la brusque gloire que rencontrèrent vers 1893 les trois idéologies du *Culte de Moi,* avec leur utilisation du catholicisme, contraste singulièrement avec l'obscurité tenace qui s'est attachée jusqu'après la quarantaine, à l'œuvre d'André Gide, qui nous est d'ailleurs revenu un peu par la Suisse protestante.

Chez Gide comme chez Barrès on trouve un élément littéraire capital qui n'existe pas du tout chez Jules Renard. Ils sont en un sens bien plus littérateurs, bien plus proches d'Anatole France que Jules Renard. En effet, ce qui bourgeonne sur leur exigence de journal intime ou de *Cahiers,* ce ne sont pas seulement des romans aux trois-quarts autobiographiques, ce sont des mythes.

Les *Trois Idéologies* de Barrès ont séduit par leurs mythes. Et la Lorraine elle-même est créée par lui comme un mythe. Gide a écrit des mythes purs, plus subtils et plus sèchement allégoriques dans *Le Voyage d'Urien* et dans le *Prométhée mal enchaîné.* En 1913, il conçoit ses *Caves du Vatican* comme un mythe, un mythe caricatural, un énorme Daumier à la manière de *Bouvard et Pécuchet,* où apparaît à nu la dure clairvoyance à la Renard qu'il avait révélée dans le livret de *Paludes.* Le thème profond des *Caves* semble celui d'un homme mûr qui court après sa jeunesse, comme on dit — et pas seulement après la mienne, a-t-il ajouté — et qui y court en deux temps, d'abord en déclassant et en caricaturant dans les trois-quarts de sa « sotie » tout ce qu'il voit dans le monde d'automatisme et de vieillissement (sauf lui-même, et c'est une faiblesse : Flaubert se voulait concerné par *Bouvard et Pécuchet*)*;* ensuite en convoquant sur le curieux et suggestif portrait de Lafcadio son idée et ses idées et sa mémoire de la jeunesse, ce qu'il réussit au point que Lafcadio devint l'un des héros où se reconnut et où s'aima plus ou moins la jeunesse d'après-guerre. La réussite des *Caves* dans la génération qui eut vingt ans en 1914, l'adoption de Lafcadio par la jeunesse d'après-guerre, fut un des succès décisifs de Gide. En même temps, toute son œuvre antérieure arrivait à une brusque lumière et une influence immense se déclenchait.

Gide consacra plusieurs années aux *Faux-Monnayeurs,* le seul de ses récits qu'il ait consenti à intituler roman. Ce livre singulier et plein étonna, d'un étonnement mêlé de réserves. Gide s'était pris à ce moment d'une passion singulière pour les faits-divers, intérêt qui s'était déjà manifesté dans ses *Souvenirs de la Cour d'Assises* ; il construisit son roman autour de deux faits-divers, qui avaient occupé la chronique vers 1910, une bande de jeunes dévoyés du Quartier Latin qui avait émis de fausses pièces, et un suicide d'élève au Lycée de Clermont, connu d'après des articles de journaux, et même une interpellation de Barrès à la Chambre, qui le racontaient assez inexactement. Et ce ne fut pas une construction réussie. Mais à cette construction centrale s'accolèrent des récits, des figures, des portraits, des événements tirés plus librement d'une réalité et d'une autobiographie transposées, des dialogues, des morceaux de journal, ce qui donna un ensemble singulièrement intelligent, mais presque exclusivement intelligent, ce qui n'est évidemment pas la qualité la plus nécessaire d'un roman. Il ne faudrait pas les séparer des *Thibault* de Roger Martin du Gard, qui furent écrits presque en liaison avec *Les Faux-Monnayeurs,* et qui présentent les qualités et les défauts absolument opposés, ce qui fait un couple contemporain, contrasté et amical des plus curieux dans le paysage du roman.

Les Faux-Monnayeurs trouvèrent d'ailleurs auprès d'une jeunesse « inquiète » (ce fut de 1920 à 1930 une épithète rituelle, homérique) un accès extraordinaire. Ils ont contribué, d'une manière que nous ne jugerons pas ici, à en fixer pour un temps ce que Barrès appelait la sensibilité. Le roman de Gide ne fait que très modérément sa partie dans une histoire du roman français. Mais il la fait très puissamment, comme celui de Barrès de 1890 à 1902, dans une histoire des influences. *Les Faux-Monnayeurs* ont agi en fonction d'idées, comme des mythes : la vocation de faiseur de mythes que Gide avait essayée au temps du *Voyage d'Urien* était bien celle vers laquelle le poussait sa nature, et par laquelle après de singuliers et vivants détours, il a trouvé le meilleur de son influence actuelle.

Le Voyage du Centurion d'Ernest Psichari, autobiographie d'un jeune officier catholique, histoire d'une conversion et d'une campagne en Afrique, reste un livre témoin du mouvement littéraire catholique qui a suivi la séparation de l'Église et de l'État. Le *Jean Perbal* de Louis Bertrand, dont le dernier volume a paru sous le titre discutable de *La Nouvelle Éducation sentimentale* et qui aura sans doute une suite abondante pourrait bien rester comme un des témoins les plus instructifs et les plus intéressants de la vie d'un intellectuel, d'un normalien, d'un écrivain, durant cette génération. Cette autobiographie romancée qui a eu peu de succès reste très supérieure aux autres romans de Bertrand, même à *Mademoiselle de Jessincourt.*

Le Roman artiste. Le roman personnel où l'œil de l'auteur est tourné en principe vers l'intérieur serait toujours, en principe, l'opposé d'un roman où l'auteur, tourné vers l'objet, ne se soucierait que de représenter esthétiquement cet objet, de le transposer délicatement dans sa sensibilité et dans celle des autres, en d'autres termes un roman artiste. Le roman artiste est une tradition solide du roman français, et remonte en somme dans le XIXe siècle à Gautier d'une part, à Mérimée d'autre part. Son problème a été vécu à plein par Flaubert, dont il ne faut pas oublier que l'influence est prépondérante de 1885 à 1914, et bien plus grande que celle de Balzac.

Le roman artiste se marie d'ailleurs fort bien à l'autobiographie ; cet habit peut sembler, sur le corps de l'auteur, aussi transparent qu'un autre. Anatole France en devient et en reste pendant toute cette période le chef et le patron, et quand Barrès se préoccupe de France, ce sont bien deux natures du roman qui s'opposent comme deux natures de la politique. On verrait une antithèse analogue, dès les bancs de l'École Alsacienne, entre André Gide et son camarade de classe — le premier de la classe — Pierre Louÿs.

Il y a en effet un roman artiste, qui est une manière de roman du premier de la classe. *Aphrodite* en fournirait presque le type. Dans une littérature où il y a *Salammbô* et *Thaïs,* soit Corneille et Racine, *Aphrodite* fait figure de tragédie de Voltaire. Il est curieux qu'il ait subsisté, pour un certain public, comme une manière de roman nudiste sous des bijoux, qui se passerait dans un Marseille d'autrefois ; le meilleur roman de Pierre Louys, serait plutôt *La Femme et le Pantin,* d'une belle narration sèche, et pas plus truqué en somme que tous les romans français à l'*Ollé! Ollé!* qui se disent espagnols, et que nous n'avons pas qualité pour démentir.

Louys fut avec Régnier et Maindron un des trois gendres de Hérédia, et la noble maison du conquistador bibliothécaire peut passer, dans cette génération, pour la maison même du roman artiste. *La Double Maîtresse* et *Le Passé Vivant* peuvent valoir pour des chefs-d'œuvre du genre ; et de ce genre le second de ces romans fournirait peut-être la clef psychologique — psychologie du don de vivre en sympathie avec le passé. Les romans de Régnier sont d'ailleurs fort inégaux. On trouvera moins de style et plus de vie dans ceux de sa femme, Marie de Heredia, qui a pris ou repris son nom de Gérard d'Houville à un de ses ancêtres normands : son *Séducteur* est la plus vive et la plus colorée évocation de Cuba, et *Tant pis pour toi* a été trop vite oublié. Les romans historiques de Maurice Maindron, et particulièrement ceux qui se passent au XVIᵉ siècle, *Saint Cendre,* et *Blancador l'Avantageux* mènent le lecteur dans une véritable boutique d'antiquaire érudit.

Les romans rares d'Élémir Bourges sont sortis d'un atelier aussi laborieux, mais plus moderne. *Le Crépuscule des Dieux* transporte curieusement un thème des *Rois en Exil* sur le plan tragique où se croisent des influences livresques et musicales, celles des dramaturges anglais du XVIᵉ siècle et celle de Wagner. Ce grand tableau de musée, de même que son pendant, *les Oiseaux s'envolent et les Fleurs tombent,* a depuis poussé au noir. Mais ce n'est pas cette expression-là qu'on emploierait pour indiquer que René Boylesve n'a pas conservé toute la faveur qui l'accueillit de son vivant. On fera bon marché de ses romans libertins comme *La Leçon d'Amour dans un Parc,* et le titre seul du *Parfum des Iles Borromées* peut enlever à des délicats le goût de l'ouvrir. Mais Boylesve, comme un fruit des longs automnes de sa Touraine, a mûri jusqu'au bout. Les romans de ses dernières années seraient presque ses meilleurs, et sa *Madeleine* est une des femmes les plus délicatement étudiées du roman de ce temps. *L'Enfant à la Balustrade* mérite de rester comme un des récits les plus purement filés de la vie provinciale.

La greffe de la riche province sur la bourgeoisie aisée et sur les agréments mondains du XVIe arrondissement est sensible dans le style et l'art d'un Boylesve. Le roman ou le conte artiste de son contemporain Marcel Schwob formerait avec lui un de ces contrastes qui sont la vie même de Paris. L'érudition de Schwob ressemble bien moins à la riche Armada des Hérédiens qu'au magasin de l'antiquaire dans *La Peau de Chagrin.* Les routes de mer et les routes de terre y ont apporté les pièces rares mises en œuvre dans *Le Roi au Masque d'Or* et *Les Vies Imaginaires ;* c'est d'un style pur et beau, mais ces contes se sont refroidis, presque autant que toute cette joaillerie allégorique que le symbolisme trouve dans l'héritage du Parnasse, et qu'il liquide à perte : *Le Miroir des Légendes* de Bernard Lazare, *Le Conte de l'Or et du Silence* de Gustave Kahn. Trois antiquaires juifs de la rive gauche.

Le Roman de Pays. D'ailleurs le roman artiste est toujours un produit fini à Paris, ou un produit fini de Paris, et la psychologie de l'exception apparente qu'est Flaubert le ferait facilement rentrer dans cette règle. Mais il y a tout un roman qui n'est pas très artiste, heureusement pour lui bien souvent, et qui appartient en propre à la province. C'est le roman de pays qui a fini par prendre les noms disgracieux de régional ou de régionaliste. Il a été tellement florissant depuis le dernier quart du XIXe siècle que rien n'est plus facile que de dresser une carte romanesque de la France, aussi fournie que sa carte gastronomique. Elle ne nous met d'ailleurs pas l'eau à la bouche, et nous nous en abstiendrons. Presque tous ces romans de pays se ressemblent, appartiennent à un gaufrier. Les plus considérables seraient peut-être ceux du romancier périgourdin Eugène le Roy : *Jacquou le Croquant* et *Mademoiselle de la Ralphie.* Les pays qui les auraient fournis en plus grande abondance seraient le Quercy, avec le laborieux et noueux Léon Cladel, le romancier des prêtres de campagne Ferdinand Fabre, et le conteur aimable sans plus, Émile Pouvillon ; la Bretagne avec Charles Le Goffic, la Bourgogne avec le *Nono* de Roupnel, le Bourbonnais avec la *Vie d'un Simple* de Guillaumin. On mettra à part le groupe des conteurs provençaux, qui figure ici une avant-garde et dont les maîtres, Alphonse Daudet et Paul Arène, appartiennent à la génération précédente.

Le Roman du Monde. Il ne faut pas confondre le roman régional avec le roman de province, le roman appuyé sur la province. On peut presque dire qu'en France, depuis Stendhal et Balzac, le roman c'est la province, c'est le romancier venu de province à Paris, comme inversement le théâtre, c'est Paris et presque rien que Paris. Le roman purement parisien, le roman de la vie parisienne, manque souvent d'étoffe et mène à côté du roman nourri par la province une existence diminuée (à une exception près). Le classique du roman mondain, Feuillet, est lui-même un provincial, et les châtelains de sa campagne normande lui ont fourni les dessous de son œuvre. De Feuillet à Proust, les gens du monde ont reproché aux romanciers de les présenter avec une suffisance naïve et peu avertie, et l'on se gardera en effet de prendre à la lettre le titre du roman épistolaire d'Hervieu, *Peints par eux-mêmes.* Cependant quelques gens du monde écrivent eux-mêmes leur roman. D'abord Gyp. Sous ce pseudonyme, la comtesse de Martel a écrit une quarantaine de livres, dialogues et romans, qui eurent grand succès, créèrent un genre, ou le renouvelèrent, mais dont peut-être on serait très embarrassé pour citer un titre qui soit resté : On peut proposer *Leurs Âmes,* mœurs mondaines peu flattées, mais pittoresques, ou *Bijou,* curieux portrait de cruelle jeune fille. Plutôt que la comtesse de Martel, le romancier le plus juste et le plus intéressant de l'aristocratie en ce temps serait le comte de Comminges, qui a écrit sous plusieurs pseudonymes et même sous son nom, et dont l'humour est de fine qualité.

Le Roman de Paris. À vrai dire il s'agit ici d'un roman du monde et des châteaux plutôt que de Paris. On notera que les romanciers strictement parisiens comme Hervieu, Lavedan, Vandérem ont été portés au théâtre par une pente irrésistible, celle qui est naturelle au « paysan de Paris », et que *La Vie parisienne* n'est pas un titre de roman.

Nous avons dit qu'il y avait une exception. Serait-ce Henri Duvernois, le Duvernois de *Faubourg Montmartre,* et d'*Edgar ?* Pas tout à fait : d'abord Duvernois est surtout un conteur, un conteur de la chronique parisienne, mais celle des irréguliers à la manière du Capus d'*Années d'Aventure.* Ensuite, lui aussi a été porté sur la pente dramatique. L'exception, c'est Proust. Avec Proust, pour la première fois Paris a eu son romancier intégral, son Balzac à lui. Mais bien que Proust appartienne en réalité à cette génération, sa présence et son action sont tellement liées à la génération suivante qu'on se sent en conscience obligé de l'enrôler dans celle de 1914.

Il y a d'ailleurs Paris et Paris. Sur la rive gauche commence ou finit la province. On ne confondra pas le roman parisien de rive gauche avec le roman parisien de rive droite. Jean de Tinan, le romancier de *Penses-tu réussir* et d'*Aimienne,* ces reportages autobiographiques délicieux, mourut très jeune ; il était parti pour créer le style d'une bohème lettrée, qui se galvauda et tomba en Willy ; mais l'École Normale de la rue d'Ulm fournit son climat aux principaux crus de cette rive. Depuis la génération de 1830, celle d'About et de Sarcey les romanciers ne lui ont jamais manqué, même et surtout quand ils emportaient sur la rive droite, comme Hermant et Lemaitre, la tradition de la maison. Or au début du XXe siècle, ce milieu produit son roman propre, authentique et autochtone : c'est le *Jean-Christophe,* de Romain Rolland.

Jean-Christophe a inauguré ces romans-cycles du XXe siècle, qui tous ont pour objet d'embrasser en une somme l'expérience d'une vie. À la différence de la plupart des autres, *Jean-Christophe* n'est pas centré sur une autobiographie, mais sur une biographie, ou plutôt sur des morceaux de biographies de musiciens allemands, que Rolland a réunis par une adroite et heureuse soudure autogène. Le musicien Christophe vit, il est ému et il émeut, et ce héros franco-allemand d'avant 1914 eut la chance méritée de susciter dans toute l'Europe d'immenses sympathies. Par ce détour du musicien allemand, Rolland a fait mieux qu'enregistrer ses expériences individuelles. Il a stylisé l'expérience d'un intellectuel — dans le sens spécial que l'affaire Dreyfus avait donné à ce mot : un normalien très cultivé, idéaliste à la manière de Jaurès, un croyant de la civilisation avec ce sentiment du trésor commun de l'humanité, naturel à un humaniste normalien, et qui incarne la belle vocation de la rue d'Ulm : écrire sur les grands hommes. *Jean-Christophe* fait une sorte de suite à cette *Vie des Grands Hommes* (Tolstoï, Beethoven, Michel-Ange) entreprise par Rolland chez Péguy, et son musicien allemand est pris dans cet ordre de la grandeur, repensé du dehors. L'Allemagne de Rolland est une par l'intelligence : une Allemagne de boursier d'études. Et la France aussi. Même les épisodes passionnés (il y a de très belles pages dans *Le Buisson ardent*) sont pris dans un bain d'intelligence. Aucun des dix volumes de Jean-Christophe ne rend mieux ce ton de rive gauche que celui qui s'appelle la Foire *sur la Place :* tableau de l'intrigue parisienne vue de la Montagne Sainte-Geneviève, décrite, jugée et réprouvée du haut d'une chaire, et tableau qui devient très intéressant dès qu'on y voit le signe de la mésentente nécessaire des deux rives : il serait tellement dommage qu'il n'y eût qu'un Paris !

On est devenu assez injuste en France pour *Jean-Christophe,* aujourd'hui délaissé, en partie parce que l'œuvre littéraire considérable qui a suivi *(Colas Breugnon,* l'*Âme enchantée*) a déçu — en partie parce que la signification du nom de Rolland comme « intellectuel » a rejeté dans l'ombre sa signification de romancier, — en partie enfin parce que d'autres romans-cycles l'ont obscurci. Mais enfin il a été le premier, et, qualités, défauts et rive gauche, on retrouvera quelque chose de *Jean-Christophe* dans l'autre cycle qui a pris sa source rue d'Ulm, le fleuve en cours des *Hommes de Bonne Volonté.*

C'est à cette rue de la rive gauche qu'il faut rattacher, au moins par l'un d'entre eux, Jérôme, l'œuvre des Tharaud. À l'opposé du flux oratoire de Rolland, les Tharaud sont des techniciens lucides qui ne laissent rien au hasard, qui manquent d'invention mais organisent admirablement la matière que les inventeurs (ils courent les rues) leur apportent, et pourraient s'appeler les maîtres du produit fini. Et voilà bien un acquis normalien. Leur trilogie juive carpathique, *L'Ombre de la Croix, Un Royaume de Dieu, La Rose de Sâron,* est un chef-d'œuvre d'évocation, de narration et de rendu.

Le roman régional s'est accru naturellement, après 1885, du roman colonial. Ici encore, il y aurait lieu à une carte ou plutôt à un planisphère littéraire où ne seraient point seuls Robert Randau pour l'Afrique du Nord, Marius-Ary Leblond pour l'Océan Indien, Jean Ajalbert pour l'Indo-Chine et, pour tout ce qui dépend du ministère des Colonies, Pierre Mille, père de *Barnavaux*.

IV

LA CRITIQUE

La génération de 1850, avec sa forte volée de normaliens, aurait dû être une grande génération critique, et le chef de file de ces normaliens, Taine, avait été désigné par Sainte-Beuve comme son successeur. Il y eut des déceptions.

Avance et retraite des normaliens. Les grands articles de Taine, qui équilibraient si puissamment les *Lundis,* son *Racine,* son *Saint-Simon,* son *Balzac,* son *Stendhal,* sont des écrits de jeunesse qu'il s'efforça très tôt de dépasser, d'abord par un « Port-Royal » hâtif, l'*Histoire de la Littérature anglaise,* ensuite par sa grande œuvre philosophique et historique. Les deux autres chefs de l'équipe, Paradol et About, avaient des ambitions que ne pouvait satisfaire une besogne de recenseurs de livres. Sarcey, qui fut un grand critique dramatique, échoua remarquablement en critique littéraire.

La monnaie de Sainte-Beuve. À la mort de Sainte-Beuve, et très loin de lui, un critique intelligent et informé méritait de la considération. C'était Émile Montégut, le critique de la *Revue des Deux Mondes,* qui connaissait bien la littérature anglaise, et était aussi, en matière de littérature contemporaine, judicieux, même brillant, et ne manquait pas d'idées personnelles. Au *Temps* où il était passé dans la dernière année de sa vie, Sainte-Beuve avait pour collaborateur et eut pour successeur Edmond Scherer, théologien protestant de nationalité française, mais de sang et d'éducation entièrement étrangers, anglais et surtout germano-suisses. Certains domaines des lettres françaises, comme la poésie, lui demeurent absolument fermés, et il se rend comique dès qu'il y touche. Mais sa critique des idées est pleine d'intérêt, les huit volumes de ses *Études sur la littérature contemporaine* prennent place à la suite de Vinet comme un bon monument de cette critique genevoise, probe, intelligente, limitée, avec laquelle Sainte-Beuve sympathisait, et à laquelle il a donné en 1830, le *dignus intrare* dans la haute critique.

En même temps que Sainte-Beuve dans le *Moniteur* puis dans le *Temps,* que Scherer dans le *Temps,* que Montégut dans la *Revue des Deux Mondes,* les lecteurs des années soixante avaient à leur disposition hebdomadaire la critique de Cuvillier-Fleury dans les *Débats,* d'Armand de Pontmartin dans *La Gazette de France,* de Barbey d'Aurevilly dans *Le Pays.* Il n'y a rien à dire, non plus qu'à lire, de Cuvillier. Pontmartin était un gentilhomme comtadin, légitimiste en critique littéraire comme ailleurs, qui ne manquait pas de verve, encore moins de prétentions, et qui a réuni ses articles dans plus de volumes de *Samedis* que Sainte-Beuve n'en a donné de *Lundis.* On prendra peu au sérieux cette critique de relations et de parti, mais on y trouvera des pages amusantes, pas trop indignes d'un compatriote de Roumanille et il reste au moins de lui un assez succulent tableau des gens et des mœurs de lettres à Paris, vus par un provincial clairvoyant, qui s'appelle les *Jeudis de Madame Charbonneau.* Verve... pas prendre au sérieux... amusant... ces indications doivent être reportées à la troisième puissance sur Barbey d'Aurevilly, dont les recueils d'articles abondants, sous le titre *Les Œuvres et les Hommes* charrient dans un torrent de vie et d'images les magnifiques aperçus, les partis pris, les absurdités. D'un Scherer à un Barbey, l'amateur de critique pouvait évidemment passer par tous les climats, et toutes les flores. Mais enfin tout cela, en 1869, ne pouvait que faire sentir et voir plus vide la place que laissait Sainte-Beuve.

En fait elle n'a jamais été, depuis, bien remplie, et l'héritage critique de Sainte-Beuve ressemble à l'héritage poétique de Victor Hugo, à l'héritage romanesque de Balzac. Cependant parmi les jeunes gens qui allaient débuter après 1870 et prendre rang dans le mouvement de 1885, on trouve une monnaie de Sainte-Beuve qui est fort honorable, un groupe solide de critiques éminents, à la mort desquels se sont posés des questions de succession aussi difficiles qu'à la mort de Sainte-Beuve.

Brunetière. Deux *Vingt ans en 1870,* deux témoins de cette demi-génération intermédiaire, qui seront de jeunes aînés en 1885, ont tenu une place de premier rang dans une renaissance de la critique sérieuse : Brunetière et Bourget.

En maintenant la distance convenable, Brunetière pourrait avoir été le vrai successeur de Sainte-Beuve, avec la souple et vivante carrière de qui sa ligne droite nous offre d'ailleurs un contraste parfait. Au contraire de la plupart des autres critiques, il n'a jamais voulu être que critique — joignant d'ailleurs à la critique des livres, celles des idées, des mœurs et des lois. Il s'est fait de la critique une idée paradoxalement haute : impérialiste. Sainte-Beuve avait donné aux trois professeurs de 1830 le nom de régents. Brunetière est entré d'une manière fanatique dans cette vocation de régent. Il y a porté une volonté et un courage inflexibles. Il n'a jamais eu qu'une tribune, la *Revue des Deux Mondes* où il avait su entrer par la très petite porte, et laissait croire à Buloz qu'il serait un autre Planche : il savait combien il importe à l'autorité d'une critique d'être domiciliée en son hôtel. Comme les Régents, il a été un très grand professeur, ayant réussi à l'École Normale bien mieux que Sainte-Beuve. Comme les Régents il a gouverné plus ou moins l'Académie Française. Comme les Régents il a aspiré à un rôle de politique, même de doctrinaire, qui s'est terminé sur un échec, sur l'éternelle mésentente en France de la « Doctrine » et du pays. Et plus que les Régents, autant que Taine, il a apporté des idées et des forces nouvelles en critique.

D'abord il est le seul critique, après Sainte-Beuve, dont on ait l'impression qu'il connaisse la littérature française par le dedans, ainsi qu'un pays, et comme un bourgeois sa ville, ou, mieux, comme un instituteur secrétaire de mairie sa commune. Il y a ses amis et ses ennemis. Il dit : « Ce coquin de Fénelon ! » et il cherche dans le dossier de Baudelaire si rien ne permettrait de le déclarer interdit de séjour. Mais plus encore que des ennemis il a des idées, et plus encore que des idées, il a une idée. Et même il n'a eu qu'une idée, ce qui est admirable chez un critique. Et encore une vieille idée, celle de Voltaire et de Nisard, soit la primauté du XVIIe siècle, le XVIIe siècle défendu contre le XVIIIe siècle, contre le romantisme, contre ce qui, dans le XVIIe siècle, faisait prévoir la menace du XVIIIe siècle et du romantisme, — le XVIIe siècle retenu et considéré surtout dans ses deux états purs, Boileau et Bossuet, c'est-à-dire le classique et l'oratoire, norme et santé. Par rapport à ces normes sont diagnostiquées les maladies éternelles de la littérature française, le burlesque, le précieux, le romanesque, auxquelles se sont ajoutées, depuis, le romantique et le naturalisme. Il y a dans Brunetière du médecin de Molière. Au grand siècle il s'est peut-être appelé Gui Patin.

De cette idée, la primauté du XVIIe siècle, il était naturel qu'il tirât les idées des raisons de cette primauté, celles-ci : le XVIIe siècle croyait aux genres, pratiquait les genres distincts, tranchés, rationnellement définis ; le XVIIe siècle était chrétien et français.

Brunetière est devenu dès lors le critique des genres. Il a eu une idée puissante et originale des genres, il y a cru comme à des idées platoniciennes de la littérature, mais en critique, c'est-à-dire qu'il ne pensait pas que les intérêts de la littérature fussent liés à leur fixité, il croyait au contraire que l'intérêt de la critique consistait à les voir et à les suivre dans leur évolution. Débarrassée d'un appareil un peu artificiel et des métaphores darwiniennes, l'hypothèse de l'évolution des genres, qu'il développe dans le livre de ce nom, et qu'il appliqua à la critique et à la tragédie, a beaucoup moins échoué qu'on ne l'a dit ; elle reste une hypothèse d'usage et de travail.

Le XVIIe siècle chrétien, la littérature classique établie sur des valeurs catholiques, ce point de vue littéraire a fini par devenir chez Brunetière un point de vue dogmatique. Ce critique littéraire a donné le premier exemple d'une conversion littéraire : converti de Bossuet, comme il y a des convertis de Bloy ou de Claudel. Par lui surtout, le XVIIe siècle, dans les toutes dernières années du XIXe siècle, au moment de l'affaire Dreyfus, a été incorporé comme noyau à une sorte de bloc d'idées de droite, et muni d'un aiguillon militant.

Le XVIIe siècle français c'est la littérature française d'avant les grandes influences étrangères, celles du Nord. Et dans celles que la littérature subit alors, l'italienne et l'espagnole, Brunetière ne voit guère que l'ennemi. Au contraire de Sainte-Beuve, Brunetière fréquentait peu les classiques de l'antiquité. Au contraire de Taine, il n'avait que peu de contact avec les littératures étrangères. Il a donné à la critique un caractère spécifiquement, bourgeoisement français, français avec défiance, dans un esprit agressivement réactionnaire. C'est un type — un personnage du Landerneau littéraire à la manière substantielle dont on est dans Balzac un personnage d'Angoulême, d'Issoudun, ou du Cabinet des Antiques. Il ne faudrait pas cependant que ces récurrences du XVIIe siècle chez Brunetière nous fassent oublier qu'il a été longtemps le critique littéraire courant de la *Revue des Deux Mondes.* Il a dû par conséquent faire œuvre de critique actuel, dire son mot sur la littérature de son temps. Et la critique contemporaine forme bien le tiers de son œuvre. Il est ici très inférieur à Sainte-Beuve lui-même (je ne parle pas de Taine qui n'a jamais osé s'exprimer sur ses contemporains). Il avait plus de raison que de goût, manquait absolument, en esthétique du moins, de sensualité, et bien que la conscience et l'intelligence aient fait de lui un excellent directeur de revue, il semble avoir été fort dépaysé par la littérature qui n'est pas faite, mais se fait. Son *Roman naturaliste* est extrêmement court : on y verra surtout la défense du « roman de la Revue » par le « nouveau Planche ». Sa campagne frénétique contre Baudelaire n'a desservi que Brunetière. Et ses conseils aux créateurs n'ont produit que la « tragédie en prose » dont il avait passé la consigne à Paul Hervieu. Le caractère réactionnaire et sans vues de sa critique contemporaine n'a pas finalement arrangé ses affaires auprès du grand public, encore moins auprès des auteurs.

Il est évidemment moins lu aujourd'hui que Sainte-Beuve. Pour le lire, comme on le doit, avec intérêt et profit, il faut aimer son style, si singulier, si personnel sous ses apparences de pastiche du XVIIe siècle, un style non seulement oratoire, mais parlé, gesticulé, où se gardent toutes vives les passions, les manies de l'auteur, un style dynamique, qui, d'un index lancé en vrille, va toujours à l'assaut de quelque chose ou de quelqu'un, et sur la robe antique duquel on peut lire *Argumentabor.*

Bourget. Paul Bourget, exactement le contemporain et le camarade de Brunetière, a marqué dans la critique de son temps par les importants *Essais et Nouveaux Essais de psychologie contemporaine* qui furent une date. Dix études sur dix écrivains de la génération précédente : Baudelaire, Renan, Taine, Flaubert, Stendhal (en tant que connu en 1880), Tourgueniev, Dumas, les Goncourt, Leconte de Lisle, Amiel, analysés, contrôlés, jugés par un *disciple,* par un successeur, qui établit le bilan de l'héritage intellectuel et moral qu'ils lui transmettent. L'intérêt de ces *Essais* est à peu près épuisé, et le style massif de l'auteur ne contribue pas à les faire relire. Mais ils ont habitué l'opinion littéraire à penser par générations. Avoir vingt ans en 1870, établir vers 1882 un tableau des *Vingt ans en 1850,* intenter, avec respect et admiration d'ailleurs, une manière d'action en responsabilité aux écrivains du Second Empire, ce que Taine avait fait en somme dans les *Philosophes français* pour le secteur philosophique de la génération de 1820, c'était, pour Bourget, donner un exemple important, que la génération suivante devait suivre. C'était fournir à la critique un lieu commun utile. Les deux volumes d'*Essais* (lus dans la première édition) sont d'ailleurs la seule partie qui importe de l'œuvre critique de Bourget : le reste appartient sinon au romancier, du moins au doctrinaire conservateur.

Le retour des normaliens. Le cas de Sainte-Beuve mis à part, la génération de 1885 est peut-être celle qui a été le mieux pourvue de critiques solides et originaux, dans un sain équilibre d'aînés et de jeunes. Des aînés, des *Vingt ans en 1870,* de la volée de Brunetière et de Bourget, on devra distinguer ceux qui, de quinze à vingt ans plus jeunes, ont été formés par les mouvements et les révolutions littéraires postérieures à 1885. Voilà la seule génération normalienne qui ait tenu le sceptre ou la férule de la critique.

Sarcey. La grande volée de 1848-1850, désignée pour faire la relève de Sainte-Beuve, avait été happée par l'appel d'air de plus ambitieuses destinées, qui lui réussirent mal. Elle n'eut qu'un critique pur, Sarcey, et Sarcey ne réussit que dans un coin particulier de la critique, la critique dramatique, et il n'arriva à l'autorité que vers 1880, c'est-à-dire vingt ans après ses débuts dans le feuilleton. Il a été le maître de cette critique, qu'il a fondée sur ces quelques idées simples, courtes, inusables : que le théâtre est le théâtre, que par conséquent ce n'est ni le livre, ni la littérature, ni la poésie, — que quinze cents personnes dans une salle devant une scène forment un être nouveau, dont il appartient au critique de prendre la mesure, de comprendre et de partager les réactions — que c'est en les partageant qu'il les guidera (et le feuilleton de Sarcey est le seul qui ait eu de l'influence sur la recette des théâtres) — qu'il y a non des règles, mais un certain nombre de nécessités empiriques contre lesquelles l'auteur ne peut pas aller sous peine de manquer son but, c'est-à-dire de ne pas plaire, puisque plaire reste, comme au temps de Racine et de Molière, et la loi et les prophètes. Sarcey, lui, plaisait. Il avait la verve et la vie, il était copieusement fourni de ce tremplin indispensable que sont les ennemis — et ce « professeur et journaliste » a laissé une œuvre. Il a renouvelé sur certains points — Corneille, Molière, Regnard — la connaissance du théâtre classique, en ne l'étudiant plus du point de vue littéraire, mais du point de vue de la technique dramatique. D'autre part, représentant de la génération d'Augier et Dumas, il comprit mal la révolution dramatique inévitable qui leur succédait. Il fut, contre le Théâtre Libre, du parti de la résistance. Il resta toujours devant Shakespeare plus réservé que le public, s'obstina à ne rien entendre à Ibsen, justifia parfois la figure de délégué officiel au philistinisme que lui attribuait sa légende.

Weiss. Au *Temps* font pendant les *Débats*. En plus de quarante ans, de 1830 à 1870, Jules Janin, le « prince des critiques » se glorifiait d'y avoir écrit deux mille deux cent quarante feuilletons hebdomadaires. Deux mille deux cent quarante sacs de papier, de vent, de niaiseries, de truquage. La maison où Geoffroy avait fondé la critique dramatique retrouva sa tradition perdue quand un camarade d'école de Sarcey, de Paradol et d'About, désabusé du journalisme politique et des ambitions de haut fonctionnaire, y débuta à soixante ans comme feuilletoniste dramatique. Ce fut J. J. Weiss, dont la brillante campagne dura trois ans, pleine de parti pris, de fantaisies personnelles, avec peu de doctrine, et le pur esprit du Second Empire, mais vivifiée par l'intelligence, la sincérité, le goût du théâtre. Sarcey, c'est la critique dans la salle, qui donne à son lecteur la réaction même de la salle ; Weiss, c'est la critique des coulisses, du fumoir et du foyer, causée par un familier du théâtre, un homme d'esprit plein de souvenirs et de vues. En 1884, Weiss, éloigné du théâtre par la maladie, fut remplacé par son jeune camarade et presque disciple, Jules Lemaitre, qui avait peut-être moins d'originalité et de sève que lui, mais plus de jugement, plus de clairvoyance, un style encore plus limpide et plus séduisant, une confidence plus aimable, et qui allait rester quinze ans au feuilleton des *Débats.*

Lemaitre. Jules Lemaitre n'est probablement pas le meilleur critique de son temps, mais il est resté le plus lu, et en somme à bon droit. Personne peut-être n'a reçu une délégation plus expresse pour représenter le Français moyen, traditionnel, circonscrit et circonspect. Fils d'instituteur, élève du petit séminaire orléanais, puis de l'École Normale Supérieure, professeur et poète, liseur et museur, il ajouta à l'expérience des lettres une expérience de Paris, du monde et de la vie, quand la plus célèbre des demi-mondaines du Second Empire, qui aurait pu être sa mère, et qui fut en tout cas celle de son esprit, l'eut attaché à sa fortune. Toutes les couches de ces destinées superposées se fondent en lui comme pour former un camée. Poète convenable, conteur exquis d'*En marge des Vieux Livres,* auteur d'une douzaine de pièces de théâtre dont certaines méritèrent et connurent de beaux succès, moraliste et même égaré à la tête d'un parti politique, il dépasse de tous côtés l'exercice pur de la critique. Il lui donne du jeu. Mais il demeure essentiellement un critique, et c'est par là seulement qu'il garde sa place dans les bibliothèques. Les deux massifs de cette œuvre sont *Les Contemporains* et les *Impressions de théâtre.*

En principe *Les Contemporains* relèveraient de l'exemple des *Essais de psychologie contemporaine* de Bourget. Lemaitre est un de ces normaliens émancipés, promis de bonne heure à la littérature, dont la solide culture forme un acquis, un passé, qu'ils respectent, mais qui ne les intéresse plus bien profondément, et par dessus lequel ils sont impatients de sauter pour entrer dans le contemporain. De cette littérature contemporaine, Lemaitre sait comprendre, sentir, juger au moins les chefs de file et les arrivés. Il les caractérise avec pondération, finesse, esprit, sans y porter d'ailleurs le long rayon, le rayon jaune, de Sainte-Beuve. Son étiage c'est Sully-Prudhomme et Paul Bourget : rien donc de révolutionnaire, et il n'a jamais découvert personne, ou ses découvertes ont été malheureuses. Mais, même quand il s'agit d'écrivains qu'il ne goûte pas, comme Zola, ses exposés sont intelligents, lumineux, spirituels, et les mots de fin et d'exquis viennent naturellement aux lèvres du lecteur. Tels éreintements de Richepin et d'Ohnet restent des chefs-d'œuvre du pamphlet littéraire, à mettre à côté du *Pontmartin* de Sainte-Beuve. Son *Renan,* qui lorsqu'il parut dans la *Revue Bleue* le rendit célèbre en une journée, montre bien ses limites, et que Renan ou Taine c'était trop fort pour lui. Mais l'essentiel, pour triompher, était de faire « dépasser » Renan par le lecteur et surtout par la lectrice : un Renan pour les dames chez qui Renan dînait.

Des quatre livres que Lemaitre eut à écrire, comme conférencier, à partir de 1907, pour les lire devant un public mondain, trois, le *Rousseau,* le *Chateaubriand,* surtout le *Fénelon,* restent circonscrits dans ce genre de limite. Mais le *Racine* est presque resté un des classiques de la critique française. Il a installé Racine comme Sainte-Beuve avait installé Port-Royal. Il a réussi un composé où collaborent le génie des lettres françaises et le XVIIe siècle, le sens des hommes et des femmes, et celui du théâtre, qui manquait à Sainte-Beuve.

Faguet. Faguet a connu, comme Brunetière, la littérature française par le dedans. Il y a percé moins de grandes routes, mais a battu davantage les petits chemins, faisant lever un vol de petit gibier : idées, suggestions, constructions. Ses livres sur le *XVIIIe* et le *XIXe siècle,* ses *Politiques et Moralistes du XIXe siècle,* ont jeté sur le marché des jugements qui étaient discutables, mais qui savaient — c'était l'essentiel — se faire discuter. Il a écrit sur ces époques quatre ou cinq livres d'une critique qui est toujours vivante, en partie d'ailleurs parce qu'on a vécu contre elle. Lui-même a cru voir sa faculté maîtresse dans l'art des *préparations,* au sens anatomique : soit la présentation, la décomposition d'un auteur pour l'étude. Mais d'un auteur mort. Il faut se défier de la brochette intelligente d'idées en lesquelles il décompose un Calvin, un Rousseau, un Royer-

Collard, un Tocqueville, un Proudhon. On n'imagine rien qui soit plus contraire que ces préparations anatomiques à l'histoire naturelle des esprits, telle que l'entendait Sainte-Beuve. Sa critique des contemporains n'a pas été retenue. Et le bavardage intempérant de ses dernières années, ses cinq cents lignes par jour *de omni re scibili,* ont rendu les lecteurs injustes pour les bons livres de sa belle maturité, ses idées vivantes sur les classiques et son œuvre solide de professeur.

Déclin de la critique universitaire. Après 1914, cette génération normalienne, ou plutôt ces deux générations n'ont pas été remplacées. Faut-il en accuser les réformes de 1902, qui ont changé le caractère de l'École Normale traditionnelle ? Une part utile, même brillante, de la critique, a été faite longtemps par les professeurs de rhétorique de Paris, dont René Doumic est resté un bon témoin. Mais la rhétorique disparaît du vocabulaire scolaire en 1902, et en même temps qu'elle tout un ordre avec lequel elle était en liaison. Surtout, on est entré au XXe siècle dans une crise de l'humanisme. Les valeurs et les habitudes de jugement appuyées sur les disciplines classiques, adossées plus ou moins à la chaire universitaire, éclairées, comme d'une lampe à l'huile, par les douces lumières de la culture et du goût, ont été effarouchées et bousculées de plusieurs côtés : histoire littéraire, critique des essayistes et des moralistes, retour des valeurs religieuses, nécessités et habitudes du journalisme, esprit de révolution.

Histoire littéraire. L'histoire littéraire a toujours eu partie liée avec la critique littéraire, le principal monument de Sainte-Beuve est une œuvre d'histoire littéraire, *Port-Royal.* Et Brunetière a été à l'École Normale ce qu'il était dans sa critique : un excitateur d'idées en matière d'histoire littéraire. Dès la fin du XIXe siècle, le meilleur élève de Brunetière, Lanson, auteur d'une *Histoire de la Littérature française* qui était un répertoire de jugements vigoureux et personnels, dans le strict esprit de l'Université traditionnelle, se mit à dépasser cette œuvre de jeunesse, même à réagir contre elle. Qualifié officiellement après la coupure de 1902 pour *diriger,* occupant dans cette « direction » de l'enseignement de la littérature française, une place à la Cousin, il institua un chantier d'histoire littéraire méthodique, qui a provoqué, d'abord chez lui-même, de considérables travaux, rendu de grands services, renouvelé d'après les textes, sur d'innombrables points, la connaissance de la littérature française. En faveur à l'École Normale et à la Sorbonne, cette histoire littéraire attachée à l'inventaire et à la recherche de détail, a été accusée d'obscurcir les facultés de jugement et de goût chez ces jeunes maîtres de l'Université qui avaient été jusque-là si volontiers de jeunes maîtres de la critique. De cette accusation, nourrie par les controverses religieuses et politiques d'après 1902, est né le terme péjoratif de lansonisme. Entre les nouvelles méthodes d'histoire littéraire et la défaillance de la critique de jugement et de goût chez ses représentants jusqu'alors autorisés, les controversistes ont cru voir un rapport de cause à effet. Une légende d'un Lanson éteignoir et coupeur d'ailes circula. Si Lanson, dont l'œuvre personnelle est considérable et mérite un grand respect, a été, dans l'armée de la critique, une manière de directeur de l'infanterie, la carrière reste ouverte, même dans l'Université, à la critique d'intelligence et de génie, celle qui charge et survole, la cavalerie et l'aviation. Ces armes nobles ont peut-être laissé à désirer au XXe siècle. Qu'elles n'accusent qu'elles-mêmes, et non les fantassins.

Essayisme. Qu'est le sens des lettres sans celui des mœurs, des hommes, de la vie ? À une critique purement littéraire, dans le pays de Sainte-Beuve, il manquera toujours une dimension. Or il y a eu une certaine tradition universitaire, normalienne, de cette critique pure, de cette critique sèche, qu'on aperçoit déjà dans Taine (les Goncourt le comparaient à un chien de chasse parfait, mais qui n'a pas de nez) et qu'on voit à plein chez Brunetière et Lanson. On comprend que la critique, au sens large et vivant où l'entendait Sainte-Beuve, puisse et doive étendre son domaine comme elle l'étendait déjà au XVIe siècle, du côté de chez Montaigne, soit dans le monde des *Essais,* ou de l'Essai. Une critique de moralistes, critique essayiste à laquelle Lemaitre et même Faguet n'étaient pas du tout étrangers, complétera toujours une critique de lettrés, l'a complétée dans la génération de 1885, et voici que dans le premier quart du XXe siècle elle a paru plus ou moins la remplacer.

Rémy de Gourmont en fut pendant vingt ans la personnalité la plus considérable. À vrai dire, ce bibliothécaire libertin appartient à la descendance de Bayle plutôt que de Beyle, et la formule du *Dictionnaire historique et critique* est assurément celle qui eût le mieux convenu à son érudition, à sa fantaisie, à ses chemins tortueux, à ses débouchés imprévus. Comme Bayle, on le voit en liaison avec une époque. Le génie immanent de notre géographie littéraire donne exactement à Gourmont le climat de 1889, l'a bâti logiquement au confluent du naturalisme et du symbolisme, avec l'*À rebours* d'Huysmans pour lieu de culte, le Flaubert de *Saint Antoine* et de *Bouvard* pour ancêtre. Il a un sens très vif de la bêtise, flaire la stupidité, qui l'attire, et il jette sur le convenu, l'officiel, le succès, des rayons de cruelle lumière. Mais précisément le critique en lui intéresse surtout comme destructeur et négatif. À ce fils spirituel du XVIIIe siècle sont remarquablement étrangères la verve et la sympathie créatrices d'un Diderot. Les deux *Livres de Masques,* galerie de portraits du tout-venant symboliste, d'un symbolisme où Philothée O'Neddy prendrait rang sur le même panneau que Victor Hugo et Sainte-Beuve, témoignent de son échec dans la critique des contemporains, qui tourne ici à la critique de clan. Dans le passé non plus il n'a classé ni déclassé personne. Sa littérature de roman et de théâtre ne compte pas, et de *Sixtine, roman de la vie cérébrale,* on peut dire qu'il était qualifié pour écrire ce roman, mais non qu'il l'ait réellement écrit. Il y a un autre côté mort dans ses livres, une érotique sèche, alambiquée, réfrigérée, celle du diable au sabbat. Avec cela, la quinzaine de volumes où sont recueillis ses critiques, ses essais, ses réflexions sur les livres, les hommes, l'époque, ont, comme rayon de bibliothèque, admirablement tenu, tenu selon la manière des *Lundis*. Ils le doivent à la présence presque constante de l'intelligence, à un don de l'analyse et, pour employer son mot, de la dissociation des idées, à un contrôle dur et méprisant des idées reçues, à un sens subtil des dessous, dessous de la langue, de la pensée, de la littérature, des sentiments et des mœurs. Anatole France et lui avaient fini par sympathiser, et leur littérature à tous deux est en effet une littérature de point final, une nourriture d'extraits, une expérience sur des confins. Seulement France participe peu aujourd'hui à notre dialogue, alors que Gourmont en serait encore ; France n'aurait rien à nous dire, tandis que le coin des dissociations gourmontiennes nous reste cher, pour n'avoir pas été remplacé.

Il y eut en particulier, avant la guerre, un dialogue Gourmont-Gide, qui tourna à l'aigre, et qui contenait en puissance une curieuse guerre religieuse entre un huysmansien et un protestant. Gourmont et Gide, contemporains, appartiennent également à la formation symboliste, anti-scolaire, et leur esprit critique à tous deux relève également d'un essayisme libertaire. Les romans de Gide, comme les romans de France, sont des mythes, qui bourgeonnent sur une intelligence, et aussi, comme ceux de Loti des épisodes personnels qui bourgeonnent sur les inquiétudes d'un journal intime. On pourrait les appeler également des expériences, — des expériences, c'est-à-dire, au sens de Montaigne, des essais. Les cinq ou six volumes de critique littéraire de Gide sont pris dans un bloc multiforme et nuancé d'essais. Nul aujourd'hui ne représente mieux que lui ce qu'on pourrait appeler depuis Montaigne le complexe français de l'essai.

C'est précisément ce climat de l'essai qui a modifié les positions de la critique, l'offre et la demande auxquelles elle répond, et qui sont le plus éloignées qu'il est possible, paradoxalement et instructivement éloignées, de celles de Brunetière, et pareillement éloignées aussi de ce que France et Lemaitre appelaient, contre Brunetière, leur critique impressionniste. Il ne s'agit plus d'une critique objective, qui détermine des valeurs en soi et des « importances », mesure ces importances par des critères (influence, nécessité, bienfaisance, fonction sociale, place dans l'évolution d'un genre). Il ne s'agit pas non plus de cette critique impressionniste à la Lemaitre et à la France, qui dit agréablement ce qui plaît ou déplaît au critique, sans plus de raison impersonnelle qu'il n'y en a dans le *J'adore* et le *Je déteste* des femmes. Il ne s'agit pas davantage de la croyance au bon goût, de la recherche de ce bon goût, telles que les pratiquait la critique traditionnelle. Il s'agit de ce que nous nous hasardons à appeler la critique de nourritures.

Critique de *Nourritures*. Les nourritures littéraires, dans le sens où Gide a écrit les *Nourritures terrestres,* qui sont un journal de découvertes sensuelles, un journal de décompression, après une jeunesse puritaine et la maladie. On conçoit pareillement une recherche de ce qui, dans les livres, peut nourrir un esprit. On imagine (et on voit) une critique qui prenne pour valeur suprême la qualité et l'efficace des livres en tant qu'ils commandent une sensibilité, une intelligence, une action, soit quelque chose dans l'homme, et non pas l'évolution d'une littérature, soit quelque chose dans l'abstrait. On verra en Montaigne le fondateur de cette critique. On la retrouverait, longtemps après, prise un peu dans un retour des valeurs du XVIe siècle, chez le Sainte-Beuve senancouriste de *Volupté* et chez celui de *Port-Royal,* abandonnée d'ailleurs à peu près par le Sainte-Beuve des *Lundis,* Lemaitre la prend apparemment pour guide de ses préférences et de ses jugements en matière de *Contemporains :* mais l'homme à nourrir n'est pour lui, n'est en lui, que le lecteur moyen et l'homme dans la rue. Le vrai maître de cette critique pour la génération de 1885, ce serait le Barrès d'*Un Homme libre* avec ses « intercesseurs ». Mais Barrès reste trop près de ses nourritures. Il est construit exactement sur son image familière de l'arbre, avec ses racines qui ne prennent dans la terre que ce qui lui convient pour vivre, grandir, ombrager et bruire. Pour qu'il y ait critique, il faut plus de jeu, de liberté, de disponibilité, de vagabondage, précisément ce que nous trouvons dans Gide, qui reste plus proche de Montaigne à qui Barrès est remarquablement étranger, proche du Sainte-Beuve des *Lundis,* que Barrès a voulu ignorer au profit de Sainte-Beuve jeune. La tentation et le péril de la critique de nourritures c'est un pragmatisme, ou un égotisme, qui finit par faire perdre le sens de l'objectif, de l'universel, de la littérature désintéressée.

Critique pragmatiste. Comme une critique de goût personnel et de nourriture égoïste ne va tout de même pas loin, il était naturel et nécessaire que cette recherche et cette technique de nourritures littéraires dépassât l'individu, dégageât une force d'institution et de discipline. L'originalité de la critique de nourritures après 1896, c'est qu'à la faveur de l'affaire Dreyfus, elle tourne non à un humanisme, mais à un nationalisme, que les nourritures individuelles se consolident en nourritures nationales, le pragmatisme solitaire en un pragmatisme solidaire « Penser solitairement, dit Barrès, conduit à penser solidairement ».

Il ne s'agit plus ici d'André Gide, qui n'a représenté avant la guerre qu'une critique de goût et de nourriture solitaires : d'où peut-être jusqu'en 1914, sa situation mineure, en marge, son public et son influence limités. Le premier plan non dans la critique purement littéraire, mais dans cette critique générale par laquelle le détail de la critique littéraire est renouvelé et commandé, appartient d'un côté à Barrès, à Maurras, d'un autre côté à Péguy, et à leurs groupes.

Barrès tient ici une place de grand chef, distant, à la manière de Chateaubriand. Comme il n'a guère apporté à la critique littéraire que quelques intuitions, il n'y a pas lieu d'en tenir grand compte. Tout autre fut le rôle de Maurras. Il fut pendant dix ans critique littéraire de métier, recenseur de livres et d'idées. L'affaire Dreyfus le tourna de plus en plus du côté de la politique, le mouvement nationaliste de 1900 à 1908 lui donna une influence, une école, et la fondation de l'*Action Française,* quotidienne en 1908, une tribune. Le mouvement d'Action Française eut pour chefs des littérateurs, Maurras, Daudet, Bainville. Dans l'ordre du temps, il est commandé (et recommandé à l'attention des lettres) par une *Littérature d'abord!* Maurras a même été, en matière de critique littéraire, le seul écrivain de son temps qui ait vraiment fonctionné comme chef d'école; la thèse de Pierre Lasserre en Sorbonne sur le *Romantisme français,* la *Revue Critique des Idées et des Livres,* le mouvement néoclassique, les *Jugements* de Massis, en ont témoigné. Mais cette critique est toujours restée en liaison étroite avec un traditionalisme, avec la notion, le sentiment vif et militant d'un *héritage français* à connaître, à délimiter, à maintenir, à défendre, notion qui a joué au début du XXe siècle un rôle analogue à celui de l'*esprit français* dans la critique et dans l'influence de Nisard, mais cette fois avec une dimension politique, le souci de nourrir une doctrine, d'établir des disciplines, d'employer l'intelligence, de contribuer à une restauration.

Du point de vue de la seule critique littéraire, on ne saurait comparer en importance l'influence de Péguy à celle de Maurras. Il n'y a même en somme pas un des *Cahiers de la Quinzaine* en qui l'on puisse reconnaître une œuvre de critique littéraire pure. Et cependant,

Péguy et l'équipe des *Cahiers,* née, comme l'*Action Française,* de l'atmosphère de l'affaire Dreyfus, ont apporté dans l'atmosphère de la critique des éléments importants.

D'abord par ce que l'on pourrait appeler l'entrée de Péguy. Nous nous apercevons à distance qu'il y a eu une entrée de Péguy un peu à la manière dont il y a eu une entrée de Rousseau. Il a été le premier normalien (sinon le seul) qui soit sorti de la rue d'Ulm en gardant une nature populaire intacte, une peau de sanglier imperméable à l'esprit de la maison, un sens terrien hostile à un humanisme traditionnel, un œil rebelle à la lumière d'atelier. On a comparé l'échoppe des *Cahiers* à un brûlot amarré aux flancs du vaisseau de haut bord de la Sorbonne. Le « péguysme » a contribué autant que l'école d'Action Française à forger l'épouvantail du lansonisme et à déclencher une offensive contre les maîtres officiels.

En second lieu par l'équipe, d'ailleurs divergente (en rosace, eût dit Proust) des *Cahiers.* C'est là qu'ont été posées certaines questions dont on a vécu, qu'a été engagé un dialogue qui importe à la critique, que se sont battues des natures et des familles d'esprits — Péguy, Halévy, Sorel, Benda, — que, venus de plus profond encore, de vieux antagonismes français ont été ramenés au jour, comme celui des cornéliens et des raciniens, des rousséliens et des voltairiens, qu'un problème de Michelet, un problème de Hugo, ont pu être posés en termes neufs, dans le sens et dans la mesure où ils intéressent non pas une idée du beau ni même du vrai, mais une idée de la France. Avec Péguy, la critique de nourritures communie avec les substances nourricières physiques produites par le cultivateur de la terre de France, avec le blé de Beauce et le vin de l'Orléanais. « Rien de noble, a dit le bourgeois et l'héritier Barrès dans *Un homme libre,* ne fut pensé en dehors d'un fauteuil. » Il n'y a pas de fauteuil dans une maison de paysan, et il n'y en avait pas aux *Cahiers.* Péguy ne se supportait assis que sur une chaise. Le péguysme donne droit de cité à une critique de la chaise, distincte et même ennemie de la critique de la chaire, professorale, et de la critique du fauteuil, académique. Si la critique professorale et académique, Brunetière, Lemaitre, Faguet et la suite, est florissante jusqu'à Péguy, et en décadence après Péguy, il semble que Péguy y soit tout de même pour quelque chose. Surtout il est pour quelque chose dans les produits, d'ailleurs assez complexes et troubles, qui les ont remplacées.

La critique de nourritures implique une critique de parti, une prise de parti, des choix de partisan, la volonté d'une foi, un « quelque chose » *d'abord,* qui n'est pas la littérature. Elle a pris vers 1910 avec l'école d'Action Française, un parti politique bien éclairé, et la réaction de gauche n'a pas équilibré cette action de droite. Et aussi et surtout elle a pris un parti, des partis religieux.

Critique catholique. En 1894, la *Visite au Vatican* de Brunetière avait brusquement orienté vers l'Église la critique jusque-là rationaliste et même darwinienne du célèbre professeur, et la revue libérale du voltairien Buloz. L'aventure religieuse de ce converti de Bossuet passa d'ailleurs par de singulières étapes, et ne paraît pas avoir concerné en lui cette vie intérieure devant laquelle il fut toujours en état de fuite. Mais l'affaire Dreyfus déclencha sur ces entrefaites une guerre de religion, et le vieux relief religieux de la France fut rajeuni par une poussée en profondeur. La conversion de Péguy dessine assez exactement le sens de cette poussée. D'une manière fort inattendue, la séparation de l'Église et de l'État fut suivie d'une renaissance religieuse qui se répandit sur le front de la littérature, et dans laquelle furent prises des valeurs et des habitudes de la critique. De là en partie la fonction si vivante que remplit dans la critique et dans l'histoire littéraire, pendant les dix ou douze premières années de l'après-guerre, l'abbé Bremond, prêtre sourcier des épaisseurs littéraires. L'*Histoire littéraire du Sentiment religieux* reste au XXe siècle la seule œuvre critique qui appartienne au climat de Sainte-Beuve, qui maintienne à la fois et la tradition monumentale de *Port-Royal* et la fraîcheur intacte de l'humanisme et l'esprit de finesse dans l'érudition, la bibliothèque qui devient ruche et l'abeille parmi ses rayons. Que l'esprit de la critique vivante, la familiarité avec les valeurs littéraires d'autrefois, d'aujourd'hui et même de demain, aient été alors représentés par un prêtre, ce n'est pas un accident, c'est un signe de l'époque. À la critique de la chaire s'oppose, ou plutôt s'ajoute, une critique du confessionnal, celle-là dont Sainte-Beuve avait d'ailleurs plus ou moins la vocation.

Critique journaliste. Toute une partie de la critique littéraire serait aussi bien nommée du nom de chronique, ou si l'on veut, de critique chronique. La critique est celle de l'actualité littéraire et des livres nouveaux. C'est un chapitre du journalisme. Il n'y a pas besoin de beaucoup de réflexion pour reconnaître qu'elle ne saurait jamais constituer le plus haut degré de la critique, qu'entre ce qui est actuel et ce qui dure il y a une opposition et une option nécessaires, — et que si Sainte-Beuve avait consacré ses *Lundis* à la revue des livres nouveaux, s'il n'avait été de ceux que les Goncourt appellent avec exécration des faiseurs d'éloges des morts, les *Lundis* appartiendraient à peu près à la même semaine que les *Samedis* de M. de Pontmartin.

Cela dit, et quelles que soient les nécessités inférieures du journal, la critique des journalistes professionnels, des publicistes, a pris après la guerre une importance qu'elle n'avait pas toujours eue. La retraite de la critique universitaire vers l'histoire littéraire a tourné automatiquement au bénéfice du journalisme de profession. La place que Paul Souday prend donc dans la critique littéraire, tient dès lors à des raisons, à des fonctions, analogues à celles qui ont favorisé son adversaire Bremond. Une lecture abondante, une érudition très suffisamment tenue au courant, un vieil humanisme d'élève des prêtres, et surtout un talent remarquable de journaliste et de polémiste, ont fait de Souday pendant dix ans la figure la plus voyante et même la plus populaire de la critique. Il a donné sa forme, son champ de bataille, son retentissement à l'opposition entre droite et gauche, en littérature et particulièrement en critique. Il a eu la chance d'écrire et de briller juste au moment où il était paradoxal dans les lettres de se comporter en anticlérical, en républicain indéfectiblement laïque. Ses partialités apportaient un contre-poids intéressant au déversement de la République des Lettres vers la droite et vers le catholicisme.

Souday ne représentait pas une critique de durée (ses meilleurs articles n'ont pu tenir le volume), mais par excellence une critique militante. Il entretenait dans la critique un esprit et un ton militants, qui pour diverses raisons sont un peu tombés après lui, et dont Fernand Vandérem qui les représentait avec lui et volontiers contre lui, garde encore la tradition. C'est en grande partie Souday et Vandérem qui permettraient d'écrire une histoire militaire des campagnes critiques depuis la guerre, campagnes de droite et de gauche, campagne de la poésie pure, campagne des manuels, campagne autour de Valéry. Souday avait trouvé pour son confrère le diagnostic de « grabugiste professionnel », dont lui-même pouvait prendre sa part. Le grabuge manque aujourd'hui dans la critique de journal : désintérêt ?

Ou crise d'autonomie dans la République des Lettres ? Les disputes proprement littéraires, les disputes où l'accent était mis sur la littérature sont de plus en plus absorbées par les disputes politiques et sociales, et mangées par elles. Dès qu'elle quitte sa recension des livres nouveaux, la critique journalière ne trouve plus à sa porte la banlieue verte, les promenades d'idées, les jardins d'Académus, les terrains de sport pour les équipes littéraires, mais la banlieue industrielle, la lutte finale, l'atmosphère ligueuse. Il y a eu après la guerre ce qu'on a appelé la crise du concept de littérature. Mais cette crise était encore une crise littéraire. Comme en 1830, en 1850 en 1885, subsistait le vieux concept des révolutions littéraires en *isme.* Il n'y a plus aujourd'hui de révolutionnaires littéraires, il n'y a que des littérateurs révolutionnaires, les uns pour qui la révolution est à droite, les autres pour qui la révolution est à gauche. L'entrée massive du concept de révolution matérielle, politique, sociale, dans la conscience européenne, a déclassé comme un luxe dans la République française des Lettres, le concept de révolution littéraire. La critique littéraire pure manque dès lors de matière actuelle, de grands problèmes et de grands débats.

V

BARRÈS

La Représentation. Barrès a tenu, de son temps, cette situation d'écrivain représentatif, dont la vie intérieure importe aux idées générales et conductrices de l'époque, leur donne corps, chaleur, mouvement et style, se prolonge dans la vie sentimentale, religieuse et politique d'une génération ; se déclare à la tribune ou sur la place publique, crée une action, entre dans l'ordre de l'État, et cela sans déchoir de sa qualité, sans se diminuer littérairement, en animant au contraire d'un courant poétique les attitudes en faveur dans la théâtrocratie française : type d'existence littéraire qui commence déjà avec Rousseau, prend tout son éclat avec Chateaubriand, explique la partie jouée par Lamartine et Victor Hugo, et où en somme Barrès, qui a vingt-trois ans lors des obsèques de Hugo, n'a pas connu de rival pendant un quart de siècle.

L'Arbre. L'œuvre considérable et complexe de Barrès a pour armes parlantes une image, dont il importe peu qu'elle soit banale, vu qu'il l'a complètement renouvelée : celle de la plante qui pousse, et qui trouve sa route et sa lumière au sol où elle est née, — réflexion, patience, logique vivante, liaison par le dedans entre des formes de la vie apparemment divergentes et hostiles. De ces liaisons, de ces synthèses, celle qui commande toutes les autres, et que Barrès trouve dès sa jeunesse et qui est tout entière déjà dans *Un Homme libre,* c'est la découverte de la vie sociale par le chemin de la vie intérieure, une collectivité rencontrée au tournant d'une individualité, un « penser solitairement conduit à penser solidairement » non par le reniement, mais par la confirmation de cette pensée solitaire.

Sous l'Œil des Barbares, livre des vingt ans non seulement de Barrès, mais de la génération qui est sa contemporaine, est l'hyperbole de cette vie solitaire, d'où naît l'orgueil paradoxal d'une adolescence froissée qui se redresse en défi. Dans cette première partie de la trilogie du *Culte du Moi,* où culte n'est pas un vain mot, s'expose et s'exprime un moi ouvert à des cultes et créateur de cultes. Dès *Un Homme libre* et surtout avec *Le Jardin de Bérénice,* ce culte prend forme : culte des valeurs héritées, et, plus précisément, de l'héritage, affecté d'un exposant littéraire et mystique, et qui dégage un rayonnement indéfini.

L'Héritier. De l'héritage personnel, puisque les trois volumes du *Culte du Moi* se définiraient comme l'inventaire des trésors intérieurs d'un jeune bourgeois intelligent. Mais cela n'eût pas été très loin : Barrès en eût mal tiré une grande carrière littéraire, et eût vite pris figure officielle d'ancien jeune homme. Le titre primitif du *Jardin* était *Qualis Artifex pereo !* L'artiste se décide à faire semblant de périr, pour que l'homme qui lui survit entre en communion avec ces foules des vivants et des morts, ce peuple, que symbolise Bérénice.

Car, avec sa poussée de plante et ce matérialisme élémentaire sans lequel il n'y a pas d'*artifex,* Barrès ne consent pas à concevoir cette collectivité, à laquelle il entend se donner, et dont il entend jouir, comme une abstraction de légiste, d'orateur, de sociologue, d'écrivain. Il faut à ce moral un physique, un corps : non seulement Bérénice, mais un homme populaire, un César, qui dans un pays monarchique incarnera la nation. De là le boulangisme de Barrès, la ténacité de son césarisme latent. De là, mieux encore, et avec plus de patience et d'originalité, sa création de la Lorraine.

Thèses lorraines et françaises. L'origine littéraire de la Lorraine barrésienne est tirée du *Tableau de la France* de Michelet et du *La Fontaine* de Taine. Son origine humaine est tirée de la tradition d'une famille de bourgeois patriotes et militaires de la frontière. Barrès a incorporé sa construction de la Lorraine aux idées mères de son temps par *Le Roman de l'Énergie Nationale* dont il publie de

1897 à 1902 les trois parties sous le titre des *Déracinés,* de l'*Appel au Soldat* et de *Leurs Figures,* une forte trilogie, une thèse romancée qui ne manque ni d'artifice ni de mauvaise foi, mais après tout la plus vivante de ses œuvres, et qui a fourni à l'intelligence française des thèmes de discussion pendant trente ans.

Quels thèmes ? Le thème de l'opposition ou du dialogue entre la province et Paris — le thème du conflit, dans la cité, des héritiers et des hommes nouveaux, conflit exprimé par les deux groupes en lesquels se partagent les sept Lorrains déracinés qui « viennent a Paris » ; les aisés, qui ont des vertus héritées, et les pauvres, qui, obligés de faire eux-mêmes leur vie, la font mal, tombent dans l'assassinat, ou dans les vilains métiers, — le thème de l'État, Varennes détournant un Lorrain du roi, le Panama le dégoûtant de la République, l'éducation universitaire le contraignant à regarder vers Paris, à se déraciner, pour servir un État de légistes, et le *Roman de l'Énergie Nationale* finissant par une carence, une angoisse, de vains appels. Ajoutons-y des thèmes de style, le tableau de la classe de philosophie du lycée de Nancy dans les *Déracinés,* la Vallée de la Moselle, dans l'*Appel* et surtout, dans *Leurs Figures,* les tableaux immortels des assemblées politiques au temps de Panama.

C'est l'œuvre centrale de Barrès, écrite d'enthousiasme à trente ans. Avec intelligence et souplesse, ensuite, il développe, il annexe, il aménage une admirable carrière littéraire. Il sait populariser ses idées sans trop les vulgariser (si ce n'est peut-être dans une fabrication comme celle de *Colette Baudoche). Les Amitiés Françaises* n'ont vieilli ni plus ni moins que les Amitiés Chrétiennes de Chateaubriand, car elles prennent place sur le même rayon avec assez de sincérité et de suc pour ne point être vues comme une imitation.

Le Voyageur. Il y eut toujours un Barrès voyageur et paysagiste. Sa Venise coexiste déjà avec sa Lorraine dans *Un Homme libre.* Son Espagne, qui fut neuve, s'est démodée. Sa *Mort de Venise,* feu d'artifice sur la lagune, est retombée en baguettes noircies. Cependant il avait adoré Venise et Tolède. Au contraire *Le Voyage de Sparte,* écrit comme un pensum au retour d'un voyage en Grèce, qui l'avait ennuyé, a été une date. Barrès y a posé en une lumière inattendue, vraiment créée, les problèmes de critique et de bonne foi qui concernent le voyage et la vision de Grèce, le départ entre l'authentique et le sçolaire, entre la réalité et l'antiquité ; le voyageur français qui réfléchit, en Grèce, sur son plaisir, trouve toujours *Le Voyage de Sparte* sur son chemin. Le dialogue d'*Un homme libre* et des *Déracinés* avec ou plutôt contre leurs professeurs et toute l'Université, et qui se poursuit encore sur l'Acropole, c'est une bonne date de la troisième République. Cette bataille sur l'Acropole a remplacé comme thème usuel la *Prière* déclassée de Renan. On trouve beaucoup moins de substance durable dans le voyage d'Orient dont le titre d'*Enquête aux Pays du Levant* dit fort bien le contenu en grande partie officiel.

Le Publiciste. Cependant, et comme Chateaubriand et Lamartine, la grande nature de Barrès a maintenu à sa hauteur à peu près toutes ses besognes. Préoccupé du roman pour le grand public, il en a au moins réussi un, la *Colline inspirée,* où les thèmes lorrains et catholiques sont convoqués avec maîtrise. Les cantilènes monumentales d'*Un Jardin sur l'Oronte* et du *Mystère en pleine lumière,* nous ont émus ; supporteront-elles l'épreuve du temps ?

Leurs Figures furent d'abord le titre d'articles de journaux sur le Panama, que l'on compara à du Saint-Simon, en partie parce que Barrès avait imité Saint-Simon, avec bonheur, le recoupant par Michelet (Chateaubriand pratiquait aussi ces méthodes de style composite) : les reportages si partisans du procès de Rennes en 1898, ceux des séances d'une commission parlementaire, appelé *Dans le Cloaque,* sont des *Choses vues* de grande classe. Mais le labeur courageux et ingrat de Barrès pendant cinq ans dans la *Chronique de la Grande Guerre* a été littéralement dévoré par les événements, il ne laisse aucun solde substantiel : travail pour la victoire, qui arriva, mais la littérature vaincue d'avance.

Il aimait d'ailleurs jouer les parties difficiles. Toujours comme cela arrive à Chateaubriand, la vie politique de Barrès a relié tant bien que mal trois défaites retentissantes, trois engagements sur le mauvais cheval, défaite du boulangisme en 1889, défaite des conservateurs au temps de l'affaire Dreyfus, défaite de l'expansion rhénane et du lotharingisme militant après la guerre. Il semble qu'un bon sens à la Grévy ait manqué à ce poète. Cependant quand les historiens ont suivi de près la vie politique de Chateaubriand, ils n'ont pas eu de peine à y reconnaître la persévérance d'une idée, d'une idée animatrice qui a survécu au vicomte. On écrira un jour la vie politique de Barrès. Il y aura un chapitre sur Barrès socialiste (1892-1897). Et l'on reconnaîtra peut-être que l'idée née avec Barrès sur les marches de Lorraine était une manière de national-socialisme, fort antisémite, où, avec quelque artifice, on discernerait dès la fin du XIXe siècle chez un écrivain français bien des thèmes apparus brusquement en Allemagne après la mort de Barrès. L'auteur des *Bastions de l'Est* a eu sa guerre en 1914. Il a son Allemagne en 1934. C'est d'ailleurs en Allemagne qu'il rencontra toujours, à l'étranger, le plus d'attention et de commentateurs.

Sur le mot barrésien d'idées lorraines, nous contestons très fort encore aujourd'hui. Y a-t-il, comme il le pensait, une vérité française et une vérité allemande, deux idéologies qui, comme les deux prières, ne se mêlent pas ? Ou bien n'y a-t-il, dans l'ordre politique et moral, qu'une vérité ? Barrès n'a jamais employé le terme de pragmatisme. Il n'en reste pas moins un des fondateurs et l'un des plus puissants vulgarisateurs de ce pragmatisme européen, dont les mystiques totalitaires tirent aujourd'hui les plus implacables conséquences. « L'intelligence, quelle petite chose à la surface de nous-mêmes ! » a dit cet homme si intelligent, si peu intellectualiste, si ennemi, en somme, de l'intellectualisme !

Comme Chateaubriand, Barrès a été agrandi immensément par son œuvre posthume. Du doctrinaire de la Terre et des Morts survit une voix d'outre-tombe. Il n'eut pas le temps d'écrire ses *Mémoires,* qu'il commençait l'été d'avant sa mort. Mais leurs matériaux, ses carnets, ses *Cahiers,* publiés plus ou moins complètement, le maintiennent sur l'horizon, comme Victor Hugo après 1885, et l'on se demande si aucun apprêt public à la Rousseau ou à la Chateaubriand aurait jamais valu ces notes au jour le jour, ce journal d'une âme, cet enregistrement d'une vie à laquelle continue de s'enrouler et de répondre la nôtre.

VI

LES DISSIDENTS

En nommant Épigones les poètes qui ont de vingt à trente ans en 1870, nous avons suggéré qu'ils étaient des héritiers, qu'ils n'appartenaient pas à une génération créatrice, mais à la volée qui entretient un feu allumé sur la demi-génération de relais. Le renouvellement poétique de masse ne se produira que trente ans après la génération des Tétrarques. Mais il est annoncé par ceux qu'on peut appeler les dissidents de 1870, soit une demi-génération de mouvement, contemporaine de la demi-génération de relais, celle-là décollant vers un avenir comme celle-ci adhère à un passé, et toutes deux, se croisant dans cette gare poétique du *Parnasse contemporain,* où Mendès, Ricard, les casquettes de sous-chefs, s'affairent.

Les Poètes Maudits. Le premier recueil du Parnasse contenait en effet des vers de Paul Verlaine, né en 1844, et de Stéphane Mallarmé, né en 1842, qui ne ressemblaient pas tout à fait aux autres. Dans la corbeille d'œufs de poule on distingue les deux œufs de cane. Dès l'éclosion, les canetons reçurent d'ailleurs des coups de bec. Verlaine ne collabora plus au *Parnasse,* et Mallarmé en fut expulsé à la suite d'un rapport très méprisant d'Anatole France. Ils disparurent jusqu'en 1885, Verlaine dans le vagabondage, Mallarmé dans d'obscures besognes de maître d'anglais. Un et deux ans après Verlaine naissent Tristan Corbière (1845) et Lautréamont (1846). Rimbaud qui ferme la marche ne naît qu'en 1854, mais son étonnante précocité fait croire que la nature veut rattraper le temps perdu et placer bon gré mal gré ce grand garçon dans cette équipe des vingt-cinq ans en 1870. L'étude célèbre de Verlaine leur a valu à tous le nom de *Poètes Maudits.* En réalité, c'est une avant-garde qui rendra à la génération poétique de 1885 le même service que les Tétrarques au Parnasse. Comme les Tétrarques, et sauf le couple Verlaine-Rimbaud, ils ne sont pas constitués en groupe littéraire. Ils n'existent que chacun à part ; ils représentent une manière de dissidence absolue.

Verlaine. Il a fallu encore bien des années après sa mort (ce fut aussi le cas de Baudelaire) pour que Verlaine fût reconnu l'un des plus grands poètes français. Il n'aurait pu l'être au temps du Parnasse, qui avait imposé à l'oreille et au goût certaines exigences d'ordre oratoire et de lumière d'atelier, et conservait ou ramenait plus ou moins le dogme classique qui veut que les vers soient beaux comme de la belle prose, avec quelque chose en plus. À quoi Verlaine a dit, profondément, non. Il a purifié et dématérialisé la poésie. Si Baudelaire avait mis psychologiquement son cœur a nu, Verlaine l'a mis musicalement à nu. Aucune parole n'est plus que la sienne proche de ce qui ne peut être dit, n'est plus fraîchement prise au griffon du silence et de la plénitude. À travers les gauches imitations d'école inévitables, il est déjà tout entier dans tel sonnet des *Poèmes Saturniens* :

Je fais souvent ce rêve étrange et pénétrant.

Son vers a l'inflexion des voix qui se sont tues ou qui n'ont pas encore parlé. Il ne ressemble, ce vers, à rien de ce qu'on a fait avant lui, à rien de ce qu'on fera après. Tout vers paraît dur à côté de cette moelle de sureau. L'homme sans volonté, le pécheur à vau-l'eau qu'il fut, étaient peut-être nécessaires pour que se formât cette neige et se déposât cette matière poétique allégée.

La musique intérieure le porta comme Nerval vers l'habitude de la poésie populaire. C'est même à cette poésie populaire bien plutôt qu'à un Parnasse historique qu'il faut rattacher les *Fêtes Galantes,* où, comme les jeunes gens de *Sylvie,* il a pris le costume du XVIIIe siècle et de la Comédie Italienne. Ces couleurs, ces taches pourpres et roses, mordorées et rouillées (dans l'inventaire de son mobilier de jeune marié nous trouvons un Monticelli) voilà les vêtements dans l'armoire magique. L'amour s'en habillera l'année d'après avec la *Bonne Chanson.* Reconquête obscure alors ignorée par tous, peut-être même par l'auteur, du cœur poétique de la France ! Mais XVIIIe siècle galant, jeune amour, c'est encore l'appui sur quelque matière, d'où, au cours de l'exode avec Rimbaud, le poète s'évade en 1874 par les *Romances sans Paroles,* point le plus haut de la fusée verlainienne. La poésie se dénude et se dissout dans l'éther. Après les *Romances,* faudra-t-il dire ce que nous dirons après les *Illuminations*, que le jet d'eau qui montait n'est pas redescendu ?

Non. Car voici que Verlaine devient un grand poète catholique. Verlaine est ici à Baudelaire ce que Baudelaire était à Chateaubriand ou à Lamartine. Christianisme décoratif d'artiste chez les romantiques ; christianisme janséniste d'un descendant de Racine chez Baudelaire ; mais, avec Verlaine, c'est le christianisme populaire du païen évangélisé par saint Martin, et que l'apôtre des Gaules a transmis, par les siècles fidèles, au curé de paroisse ou à l'aumônier de prison. La poésie chrétienne de Verlaine, il ne la veut et ne la sent pas seulement chrétienne, mais catholique, française, cléricale, la poésie d'un pauvre diable de baptisé et de converti, poésie que le calvinisme et le jansénisme repousseraient absolument. Un biographe de Verlaine, ayant été se documenter auprès du prêtre qui l'assista à sa mort n'en reçut, avec les banalités de politesse, que cette réponse : « C'était un chrétien, Monsieur. » Sinon avec la même autorité, au moins du même fonds, nous dirons : c'est un poète chrétien.

Poésie pure, poésie populaire, poésie chrétienne : par ces trois pas, faits alors dans une ombre absolue, sans public, Verlaine, parti du Parnasse, s'avance pour ouvrir les écluses de la poésie qui vient, et qui enveloppera le Parnasse, sans d'ailleurs le submerger, lui ajoutant même des sédiments inattendus, que représenterait peut-être la poésie de Mallarmé.

Mallarmé. Verlaine nie l'art du Parnasse, Mallarmé le contourne, le transpose ou le transfigure. Lui aussi marche à la conquête de la poésie pure, mais ne pensons plus ici à la moelle de sureau. Mallarmé la tiendra, cette poésie pure, pour l'inaccessible cime de diamant d'un Parnasse pur. Son glacier rompt par un refus absolu avec tout rappel de coteau modéré. Par delà le Parnasse il se référerait plutôt à Hugo (le seul poète français dont on trouve des fragments erratiques chez Mallarmé). Il fait passer au conscient et au dogmatique cette loi, qui gouvernait l'inconscient poétique de Hugo, et que le libre génie de Banville avait pratiquée avec clairvoyance : céder l'initiative aux mots.

« Céder l'initiative aux mots » la déclaration est de Mallarmé lui-même. L'ancêtre romantique, le tétrarque parnassien, le symboliste hermétique, jouent leurs trois parties sur la même ligne, à travers la durée de trois écoles.

Le théâtre a débuté sur le chariot de Thespis, la machine à vapeur par le couvercle qui remue sur la marmite quand l'eau bout. Pareillement l'initiative cédée aux mots, ce sont d'abord les bouts-rimés, soit les ponts de phrases établis entre des rimes données. Il y a un minimum de bouts-rimés dans toute poésie française. Mais Hugo est venu. Un poète s'est rencontré, qui, comme l'araignée jette de sa substance un fil entre deux points solides proches, a toujours pu lancer un pont d'images et de logique entre deux belles rimes, revêtir d'une cristallisation intelligible les mots que leur poids de musique faisait descendre incessamment sur lui. Les mots chez Hugo sont chez eux comme les abeilles dans la ruche, et ils y bâtissent un miel autonome. Évidemment leur initiative est réduite chez Banville : réduite surtout à la rime. Mais Banville se fait le metteur en place, le théoricien amusé, parfois clownesque, de cette initiative. Mallarmé en devient le mystique.

Dans la poésie pure de Mallarmé, l'initiative est cédée aux mots comme, dans la mystique du pur amour, l'initiative est laissée à Dieu. Au principe d'un poème il y a bien un schème, un ton émotif, un vide réceptif, une disponibilité, comme au principe du pur amour il y a toujours l'individu. Sur ce schème, pour le faire passer à l'être, agissent l'incantation et la magie transfiguratrice des mots, que le poète convoque, et à l'opération de qui il s'abandonne. Mais tandis que les mots débordaient chez Hugo en un fleuve puissant et s'épandaient chez Banville en une rivière facile, ils gouttent chez Mallarmé sous un climat inhumain, forment lentement les stalactites d'une poésie miraculeuse.

Impuissance ? C'est bientôt dit. Tout grand timide est un grand amoureux. Comme Thalès pouvait faire des affaires, Mallarmé pouvait se montrer poète facile : une influence, un changement de vie, des commandes, auraient déclenché en lui un funambule de la rime, un chroniqueur indéfini en vers à la manière de Ponchon. *Vers de Circonstance* nous indique de quoi il était capable. Mais la crainte du verbe, le respect des mots avait un sens pour lui, comme la crainte et le respect de Dieu pour un mystique. Et puis il y avait son horreur maladive du cliché. Il a symbolisé sa poésie dans *Hérodiade,* la vierge qui se retire de la réalité, de l'échange, du convenu et de l'Autre, comme Narcisse. Les mots n'ont plus valu pour lui par leurs liaisons, mais par leurs affinités secrètes, par leurs mouvements allusifs, par leur inaptitude au langage spécial et leur capacité de langage pur. Le sort que l'abbé Bremond a fait à la « fine pointe » de saint François de Sales en matière d'états mystiques, il faut le faire à la fine pointe mallarméenne en matière de poésie pure : les mots, la musique, les rimes sont là pour désigner et affiner, autant qu'une extrême poésie, une poésie extrême, extrémiste, exténuée, après laquelle il n'y a plus rien.

Un poète « chante » quelque chose. Et le poète épique commence toujours par nous dire quoi. À une interrogation sur ce qu'elle chante, la poésie de Mallarmé est aussi interdite et démunie que Cordelia devant Lear. Elle ne chante, ou elle ne dit, qu'elle-même. Elle est, elle tient par la vertu des mots. Flaubert rêvait d'un livre sans sujet qui tînt par la seule vertu d'un style. La dernière partie du XIXe siècle s'est ainsi, par quelques antennes, avancée vers le bord irrespirable de l'atmosphère littéraire.

Et voici que le grêle recueil, les deux mille vers de ce poète « impuissant » rejeté longtemps par la voix publique dans l'« incompréhensible » et l'« obscur » est un de ceux qui ont doublé le plus sûrement le cap des Tempêtes, le cap de la postérité,

jusqu'au
Reflet du pâle Vasco.

Précisément, qu'on mesure la force incantatoire que conservent, que manifestent aujourd'hui ces neuf syllabes portées par le funambulisme de la rime, et qui, ayant percé à travers une durée, sont arrivées à signifier immensément, sont devenues claires et profondes universellement, ont *réussi.* On verra dans ce microcosme, dans cette goutte, dans cette vibration unique, toute la destinée de la poésie mallarméenne, sa fonction unique, le minimum de matière verbale sur laquelle pour s'élancer elle appuyait son pied nu : l'initiative cédée au mot, et, comme dans la mitrailleuse, récupérée des mots, le déclassement d'une poésie, l'aurore d'une autre, la transformation du but, de la substance et du goût poétiques par le levain d'une œuvre légère.

Rimbaud. À une troisième position extrême, sur une limite, s'est porté Rimbaud. L'effort de ces dissidents ayant consisté, autant que le permettent les nécessaires liaisons humaines, à tenter consciemment ou inconsciemment un recommencement absolu de la chose littéraire, il était naturel qu'une place parmi eux fut occupée par l'âge dont la fonction est d'assurer le renouvellement et de couper court et sec aux traditions : l'enfance. L'auteur des *Poètes de sept ans* est un poète enfant ou adolescent dont l'œuvre est terminée quand il a dix-huit ans, et qui paraît à cet âge avoir oublié sa vie poétique comme un somnambule oublie, le jour, sa vie nocturne. Il est remarquable que dans la célèbre *Lettre du Voyant* il assigne précisément au poète cette fonction que la nature destine aux générations nouvelles.

Dans l'œuvre de ce poète adolescent, les vers importent moins que la prose. Les poèmes en vers sont brutaux et grossiers, puissamment colorés, et les souvenirs de Hugo ou d'autres n'y manquent pas. Rimbaud ne les destinait point à l'impression, donnait le manuscrit à n'importe qui sans plus s'en soucier, ce qui nous en reste ayant été conservé par des amis étonnés, dont Verlaine. L'œuvre vraiment géniale de Rimbaud est faite de deux plaquettes de poèmes en prose, *Les Illuminations* et *Une Saison en Enfer,* cette dernière imprimée — la seule de ses œuvres — par les soins de Rimbaud, qui d'ailleurs s'en désintéresse aussitôt et l'abandonne à l'imprimeur pour s'en aller sur la planète. La prose électrique et sèche des *Illuminations* n'a été mise à sa place qu'au bout d'un demi-siècle : visions de route, de campagne, de voyage à pied, d'alcools, qui pourraient passer pour le chef-d'œuvre de la poésie si la poésie se mesurait (comme il n'est pas impossible qu'elle le fasse un jour) à la somme de nouveauté cohérente qu'elle crée. Dans *Une Saison en Enfer,* digne de son titre, Rimbaud a jeté sur le papier en une langue ardente, nue, efficace, la confession désespérée d'un être sans amour et sans joie, dont les furieuses expériences ont échoué : détestation de l'Europe, et de ses lois par le poète qui l'a assez vue, et qui rentre dans l'état de nature, dans la lumière brute. Un pareil testament interdit toute littérature. Rimbaud allait passer plus tard pour avoir posé par les *Illuminations* et la *Saison* les colonnes d'Hercule du monde littéraire. Après tout, cette géographie est vraie.

Corbière. Des vers intercalés dans la *Saison,* et qui sont meilleurs que ceux des *Poésies,* rendent la simplicité des chansons populaires. Rimbaud comme Verlaine est touché par cet appel. Pareillement, le breton Corbière, mort avant la trentaine, laissait les *Amours Jaunes,* les vers disloqués, violents, pleins de *non* ! à toute poésie antérieure, à tout encadrement, sculptés par un couteau de marin, bousculade d'un primitif, qui se fabrique sa langue comme il peut avec des morceaux de celle des civilisés, et retrouve, dans *Le Cantique Spirituel,* tout le rude et le rêche d'une imagerie populaire.

Lautréamont. Verlaine est le faune, Mallarmé le mystique, Rimbaud l'enfant, Corbière le primitif. Il fallait, parmi ces dissidents, un dissident bien authentique de la raison, un fou. Et le génie servant d'exposant à cette folie. Ce fut le cas de Lautréamont. Bien qu'il n'ait jamais écrit un vers, Lautréamont a apporté à la littérature, avec les *Chants de Maldoror,* un insolite paquet de poésie ; monologue frénétique en six chants, mouvement oratoire de houle, proclamation de ce qui fermente de violent et de violeur, de sensuel et de sexuel, de peau-rouge et d'antédiluvien, chez une créature de lettres, jetée du monde austral sur un rivage inattendu de France. Idole précolombienne et serpent de mer, Maldoror a donné à la littérature française ce que l'Angleterre a vainement demandé au Loch Ness, son monstre. Avec lui comme avec les quatre autres une limite de la création littéraire est touchée, — hyperbole !

Hyperbole. Littérature hyperbolique, de ce nom nous aurions pu, aussi bien que par celui de littérature dissidente, désigner ces tentatives de 1870. Exactement le contraire du Parnasse, qui restait dans une position technique, voyait dans la littérature un siège pour son séant, non un marchepied pour son élan, créait un atelier, fournissait des cadres honnêtes de poètes moyens. Ces cinq poètes sous le Parnasse de 1870, c'est Fourier et Cabet sous le Juste-Milieu. C'est une génération de *Vingt ans* pour laquelle les temps ne sont pas venus, qui simplement prend acte, témoigne prophétiquement avant d'être replongée au flux qui l'apporta, et dont le message, alors prématuré, reviendra, d'abord quinze ans plus tard avec le symbolisme, ensuite, et mieux encore, trente ans après ces quinze ans, avec la génération de la guerre.

VII

LE SYMBOLISME

La nouvelle et les anciennes Écoles. Victor Hugo était né l'année du *Génie du Christianisme,* et cet homme est tellement lié à la durée du siècle qu'il semble que pour se déclarer la révolution poétique ait attendu l'année de sa mort. « Je vais désencombrer l'horizon », disait-il.

Il le désencombra surtout au profit de ces poètes nés après 1860 qui ont reçu plus tard le nom de génération symboliste, et en qui il faut se garder de voir trop expressément une réaction contre le Parnasse et contre le naturalisme. Par Verlaine et Mallarmé, leurs maîtres, d'un côté, par Heredia d'autre part, on les trouve en liaison avec les Parnassiens. Et l'une des raisons pour lesquelles cette date de 1885 importe, c'est que, l'année précédente, un naturaliste des *Soirées de Médan,* Huysmans, publiait *À rebours,* livre qui mit le public en état de disponibilité à l'égard de la nouvelle école poétique, et qui joua, dans une certaine mesure, le rôle préparatoire d'un *Génie du Symbolisme.*

Le *Non!* du symbolisme n'a pas été très catégorique, ou bien a été crié confusément. Ce n'est pas par ce qu'il nie qu'il faut le définir, mais par ce qu'il apporte de nouveau. Or il produit trois poussées révolutionnaires, qui ont changé en France les conditions de la vie poétique. Du fait du symbolisme et des cinq dissidents pré-symbolistes, une poésie nouvelle s'est opposée non seulement ni surtout au Parnasse, mais à tout le bloc de la poésie française, de Ronsard à Hugo.

Le Vers libre. Première révolution, et la plus grave : la liberté du vers. La question des origines du vers libre n'est pas compliquée. Il vient de la poésie populaire, qui, immémorialement, ne s'est pas astreinte à la rime, ni au décompte syllabique. Les premiers vers délibérément libres qui aient été imprimés l'ont été en 1873 dans *Une Saison en Enfer,* à l'imitation des chansons populaires. Origine analogue chez Laforgue. Mais, à côté de ce vers libre spontané, devait bientôt prospérer un vers libre réfléchi, avec une technique calculée, une dogmatique souvent arbitraire et absconse : dans cet ordre, l'initiateur serait Gustave Kahn. Quoi qu'il en soit, la révolution du vers libre a changé la nature de l'instrument mis entre les mains de la moitié des poètes français, a fait passer une coupure entre les poètes « réguliers » et les poètes « vers-libristes ».

La Poésie pure. Deuxième révolution : l'avènement d'une poésie pure en contact et en échange avec la musique. Le symbolisme, contemporain du départ de Hugo, l'est aussi de l'arrivée de Wagner, qui conquiert en quelques années le public français, et l'une des jeunes revues du symbolisme, en 1885, s'appela la *Revue wagnérienne.* La principale ambition du symbolisme fut, selon sa consigne donnée par Mallarmé, de « reprendre à la musique son bien ». Et si l'on peut parler justement de réaction contre le Parnasse, c'est surtout en ce sens que l'ennemi poétique du symbolisme a été la précision sous toutes ses formes, entendons, comme en musique, la précision à fournir au lecteur ou l'auditeur, non cette précision technique mise par l'auteur dans son travail, rigoureuse en musique, et que les théoriciens du vers libre ont poussée volontiers au pédantisme. Hérédia, qui essaye de suggérer à travers la précision de ses sonnets est encore goûté des symbolistes tandis que Sully-Prudhomme, dont la poésie a pour fin dernière la précision, et qui s'est efforcé de l'appliquer à la vie intérieure est tenu par le symbolisme pour l'ennemi intégral, au même titre que Coppée.

La Révolution. Troisième révolution : l'idée même de révolution. Les révolutions romantique et parnassienne ont pour fin une conquête et une organisation, un état stable de la poésie, la liberté soit, mais la liberté à l'intérieur de cadres. La belle folie romantique n'a pas duré dix ans, et le Parnasse a toujours été sage. Mais le symbolisme a habitué la littérature à l'idée de révolution indéfinie, à un blanquisme artistique, à un droit et un devoir de la jeunesse qui consistent à bousculer la génération précédente, à courir vers un absolu. Si les poètes se sont divisés en réguliers et en vers-libristes, la littérature s'est divisée en littérature normale et littérature « d'avant-garde ». L'avant-gardisme chronique de la poésie, le « Qu'est-ce qu'il y a de nouveau ? » du public « averti », le rôle officiel des jeunes, la multiplication des écoles et des manifestes par lesquels ces jeunes se hâtaient d'occuper cette extrême pointe, d'atteindre pour une heure cette crête de vague sur la mer mouvante, ce n'est pas seulement un fait nouveau de 1885, c'est un climat nouveau des lettres françaises. La révolution symboliste, la dernière jusqu'ici, aura peut-être été la dernière absolument, parce qu'elle a incorporé le motif de la révolution chronique à l'état normal de la littérature.

Décadence et Symbolistes. Il est possible que dans une vieille littérature ce soit là un signe de décadence. Mais on notera d'abord qu'il s'agit d'un climat poétique, et que la poésie, précisément depuis le symbolisme, reste de moins en moins le principal de la littérature. Et l'on remarquera aussi que le terme et la chose de décadence ont été d'abord inscrits sur un des drapeaux de l'école nouvelle, et qu'une de ses revues s'appela le *Décadent.* C'est même pour écarter ce nom dangereux et le ramener à son état naturel de sobriquet que Jean Moréas trouva le mot de symbolisme.

L'élan symboliste dura une quinzaine d'années, jusqu'en 1902 environ. Il est à son plein de jeunesse créatrice en 1890, quand paraît dans l'*Écho de Paris,* l'*Enquête sur l'Évolution littéraire* de Jules Huret. Après 1902 on se demande ce qui va remplacer le symbolisme. Un de ses représentants éminents, Henri de Régnier, entra bien à l'Académie en 1911. Mais cela ne signifiait point : « Symbolisme pas mort. » Au contraire.

On mettrait quelque ordre dans le tableau touffu des poètes de cette école en distinguant un peu artificiellement, comme il est inévitable, les militants, les alliés, les représentants, les héritiers et les encadrés du symbolisme.

Militants. Les militants sont les symbolistes de la première heure qui ont créé les cadres et posé les problèmes de l'école. Leur activité est liée surtout à celle des « petites revues » si grandes, comme la cassette d'Harpagon, par ce qu'elles contenaient, et qui restent une des trouvailles du symbolisme. Il faut y faire une des premières places aux rédacteurs de *La Vogue* (le premier numéro est d'avril 1886), Jules Laforgue et Gustave Kahn. Laforgue, mort à vingt-sept ans, aurait été probablement un des écrivains les plus neufs et les plus complets de sa génération. Ce qu'il a apporté d'essentiel dans le symbolisme c'est l'alliance entre les habitudes (ou les procédés) de la poésie populaire, et la sensibilité contemporaine la plus ouverte et la plus fine. Joignons-y une influence peu heureuse de ses lectures de Schopenhauer et de Hartmann. Il est démodé, mais a gardé beaucoup de fidèles. Gustave Kahn a été un poète organisateur et technicien. Pareillement l'histoire de la technique symboliste ne doit oublier ni Stuart Merrill, champion excessif de l'allitération, ni Robert de Souza, phonéticien poète. La plus étonnante machine technique de cet âge militant du symbolisme, c'est l'œuvre de René Ghil qui prétendit mettre, ou plutôt instrumenter, en vers libres rocailleusement scolaires, l'évolution du monde et de l'humanité. Tous ces militants ont été extrêmement sérieux et si l'un des honneurs de la poésie consiste en ces tentatives sur une limite dont Mallarmé reste le héros, ils mériteront d'être soustraits à l'oubli.

Alliés. L'influence d'une école se mesure aux alliés ou aux sympathisants, grâce auxquels elle arrive à faire entrer sa couleur dans la teinte générale d'une littérature. Des demi-symbolistes ont flotté entre le symbolisme et le Parnasse, ont fait entrer alors dans le vers régulier la musicalité imprécise propre à l'école nouvelle. Ephraïm Mikhaël, plus purement parnassien, Louis le Cardonnel, païen harmonieux qui s'achève en chrétien, Albert Samain qui est devenu par ses qualités moyennes le poète de sa génération le plus lu du grand public, le vibrant et brûlant Signoret, Quillard, Retté et, moins Parnassiens et plus intérieurs, Georges Rodenbach, poète méticuleux des Flandres, Charles Guérin, un maître de l'élégie, et même de l'épître.

Représentants. Entendons par représentants officiels du symbolisme les poètes, qui, au XXe siècle, après la mort de Verlaine et Mallarmé, ont fait figure de chefs, ont été reconnus, à la manière de Gautier et de Vigny, pour les vétérans de l'école, ou du mouvement.

On couplait volontiers, vers 1900, les noms d'Henri de Régnier et de Viélé-Griffin, qui contribuèrent à populariser le vers libre. Régnier nous paraît la personnalité poétique la plus complète, la plus souple et la plus variée du mouvement symboliste. Avec un vocabulaire pauvre, de la monotonie dans les tours, de la nonchalance, du hasard ou du remplissage dans ses thèmes, il séduit profondément par sa musicalité continue, son don extraordinaire de rendre moelleuse et sensuelle la substance verbale. Un opportunisme intelligent, sans abdication ni concession, lui a permis de passer d'un gracieux vers libéré plutôt que libre aux plus belles et aux plus solides formes du sonnet et de la stance.

Si Régnier a traversé le vers libre en hôte courtois, Viélé-Griffin l'a absolument habité, en a guidé et suivi la fortune. Odelettes, croquis légers du printemps de Touraine, confidences d'amour, récits tendres et tranquilles se développent en nuances gracieuses qui, sous le temps, ont passé.

L'Héritage de Mallarmé. C'est à l'authentique symbolisme qu'il faut rattacher l'œuvre et la carrière extraordinaire de Paul Valéry. Après Mallarmé il a conçu et pratiqué la poésie comme une série de reconnaissances, d'expériences, de jeux à tenter, d'obstacles à tourner. Jeux tentés d'abord sous des influences : Mallarmé, Léonard, puis, après un long silence, à partir de *La Jeune Parque,* d'une manière autonome et inventrice.

En Valéry un homme s'est rencontré, doué d'une double faculté, ou de deux manies, qui jusqu'ici passaient pour des contraires. Deux extrêmes en lui se touchent. D'une part, le don intégral de la poésie pure, qui est, sous plusieurs formes, la grande découverte du symbolisme. D'autre part un sens singulier de la précision, l'habitude de concevoir toute opération de l'esprit comme une conquête du précis sur le vague. On songe au double attelage de la pensée bergsonienne, mais aussi au génie pictural de Léonard, au génie nécessaire de la musique.

Quand le sens de la poésie et le sens de la précision coexistent dans un même esprit, ils tendraient, semble-t-il, à réaliser en commun une même œuvre, une poésie précise. C'est exactement la partie qui fut jouée par l'ingénieux Sully-Prudhomme. Valéry joue la partie contraire. Il n'y a pas de poésie précise, il y a la poésie pure poussée à son hyperbole, et il y a la forme poétique, la rigueur poétique poussée à la même hyperbole. La machine à vapeur est employée à faire de la glace. C'est l'alliance, d'une poésie pure et d'une technique pure. Position apparemment inhumaine, et à laquelle Valéry ne se serait probablement pas risqué s'il n'y avait eu le précédent de Mallarmé.

Dans le cas de Sully-Prudhomme, comme dans celui d'un philosophe ou d'un prosateur, la face de poésie et de mystère était la face interne, tournée vers le poète, possédée secrètement par le poète, la face de précision était la face externe, tournée vers le lecteur, obtenue avec effort pour sa commodité et son plaisir : la poésie était au principe, la précision au but. Dans le cas de Valéry, au contraire, la face de précision est la face secrète, celle qui adhère à l'esprit et à l'opération du poète, et la face de poésie pure, de musique, de disponibilité et de suggestion est la face orientée vers le lecteur, la face que sent et dont jouit le lecteur. La poésie de Sully-Prudhomme ressemble à une machine dont le conducteur humain est invisible. Dans la poésie de Valéry, la machinerie précise est dessous, la beauté humaine dessus : c'est l'Hadaly de *L'Ève future*.

Et l'on songe en effet, devant les vers de Valéry à cette douce, élastique et incorruptible matière du bras nu d'Hadaly. Valéry est de ceux sans lesquels une des cinq ou six pointes extrêmes du vers français n'existerait pas. C'est aussi, mais ce n'est pas seulement à la manière d'un mathématicien qu'il a introduit dans la poésie de nouvelles fonctions. Et les écoles ne sont pas vaines, il fallait tout le laboratoire et tous les sacrifices du symbolisme pour aboutir au *Cimetière marin* et à *La Jeune Parque*.

Un des lieux communs de la critique hostile au symbolisme consistait à lui reprocher d'être une école de poètes étrangers. Il y a là aussi un titre d'honneur. Il faut remarquer que c'est par le symbolisme que la Belgique, qui n'avait pas eu de poètes français depuis le temps des dues de Bourgogne se trouva de nouveau incorporée à la poésie française. Charles Van Lerberghe, Max Elskamp, Albert Mockel ont apporté leur tribut. Les *lieder* nus, mystérieux et musicaux de Maeterlinck ont été célèbres avant son théâtre. Mais c'est bien dans les cadres du symbolisme, et comme un de ses représentants les plus grands, que s'est placé le poète des Flandres, Émile Verhaeren.

Dans les Cadres symbolistes. Il a été avec Viélé-Griffin le maître autorise du vers libre. Les cinq recueils de *Toute la Flandre* ont pour forme favorite la laisse de vers inégaux, oratoire, volontaire, appuyée sur des syllabes fortes, aussi habituellement que la laisse de Viélé-Griffin est allégée par les *e* muets. Symboliste et par son goût du symbole, et par sa pratique du vers libre, lui échappant par son romantisme éloquent, il lui échappe aussi par son développement appuyé et suivi, qui ne se contente jamais de l'allusion et de la suggestion. Ce poète puissant et probe manque de résonance, oppose à la poésie pure une poésie lestée d'alliages lourds, une poésie sociale et civique, aussi, qui ne se désintéresse pas. Il a poussé au noir, comme pâlissait inversement le pastel de Viélé Griffin.

L'ampleur du mouvement symboliste est telle que nous pouvons y comprendre un ultra-parnassien comme Signoret, cigale folle de musique dans les pins d'Aix, et un poète aussi anti-parnassien que Francis Jammes. Le cas de Jammes est ici instructif. Lamartine d'abord, puis le Parnasse ont, en propageant leur manière parmi des milliers de poètes de province créé et perpétué longtemps un style provincial. Or Jammes est un poète de province qui aurait été rendu littéralement impossible par le régime parnassien et ne pouvait naître qu'enveloppé et autorisé par le climat symboliste. Ce poète, moins du vers libre que du vers libéré et assoupli, est sans doute avec Lamartine et Mistral la personnification la plus originale de la province poétique, dont un heureux refus de Paris, une spontanéité d'ailleurs bien gouvernée et finement avisée, une porosité et une fraîcheur d'alcarazas, lui ont fait garder, dans un coin de Béarn, comme Mistral dans son centre de Provence, les pentes, les plis, l'habitude, la familiarité.

VIII

LE THÉÂTRE

Vers 1890 une nouvelle génération dramatique, destinée à remplacer Augier et Dumas, Sardou et Labiche, Meilhac et Halévy, est appelée à la scène, et l'on ne conçoit même pas qu'elle puisse manquer au rendez-vous. Il y a un grand public pour le théâtre, la Comédie-Française et d'autres théâtres abondent en grands acteurs qui ne laissent à envier aucune des époques antérieures. Enfin les écoles littéraires nouvelles de roman et de poésie aspirent à conquérir la scène.

Cette conquête se fait-elle ? Le romantisme avait eu son théâtre, de 1830 à 1840, le réalisme bourgeois de 1850 à 1860. Mais ni le naturalisme ni le symbolisme n'arriveront à prendre pied sur les planches.

Les romanciers réalistes avaient essayé longtemps de retrouver sur la scène leurs succès de librairie, tantôt par des œuvres personnelles, tantôt en faisant adapter leurs romans au théâtre par des tâcherons. Généralement, et malgré quelques succès matériels comme *L'Arlésienne* de Daudet, *L'Assommoir* de Zola, ils n'y réussirent pas.

C'est cependant au mouvement naturaliste qu'avec de la bonne volonté et par déférence pour les synchronismes on peut rattacher d'une part le théâtre d'Henry Becque, d'autre part le Théâtre Libre.

Henry Becque. On ne saurait dire que la pièce initiale d'un nouveau théâtre, *Les Corbeaux*, est l'œuvre de la génération de 1885. Elle fut représentée en 1882, et son auteur Henry Becque, à peine connu par quelques pièces manquées, avait quarante-cinq ans. L'intervention de Dumas et le libéralisme d'Émile Perrin avaient ouvert aux *Corbeaux* la Comédie-Française. Le public de 1882 réagit violemment. Ce tableau sombre d'une famille privée de son chef et en proie aux hommes d'affaires, tombe à peu près, malgré les coupures pratiquées à la première représentation, et malgré la considération que ne lui ménageait pas la critique. Et il est remarquable que *Les Corbeaux* aient toujours rencontré à peu près la même résistance, qu'il ait été impossible de les ramener durablement au répertoire de la Comédie. Mais ce qui paraîtra plus remarquable encore, c'est qu'une pièce si mal supportée par le public ait pu produire une révolution dramatique comme, trente ans auparavant, *La Dame aux Camélias.* Il faut voir ici ce qu'elle emportait plutôt que ce qu'elle apportait. Elle emportait comme un boulet qui fait une première trouée, des conventions sur lesquelles avait vécu jusqu'alors le théâtre, conventions de facture, conventions morales, conventions sociales. Peut-être et même sûrement les remplaçait-elle par d'autres, mais des conventions nouvelles ne sont pas encore des conventions. Quant à ce qu'elle apportait, c'était une œuvre dramatique en accord avec les hommes d'affaires de Balzac, le grotesque triste de Flaubert, la poussée au noir de Zola. C'était aussi un des meilleurs styles de théâtre qu'on eût écrit au XIXe siècle. C'était enfin, après *Turcaret* et *Mercadet,* un troisième volet du triptyque de la comédie des affaires. Et on notera que les deux premiers n'avaient pas plus réussi auprès du public que les *Corbeaux.*

Trois ans après, Becque donna *La Parisienne,* dont le titre parut avec raison de goût douteux, mais qui réussit passablement et même dura. À la différence des *Corbeaux, La Parisienne* n'a rien de révolutionnaire. C'est bien fait, et peut-être faux, comme de l'ancien vaudeville. On a remarqué qu'il y avait chez Becque un vaudevilliste qui s'ignorait. Disons un « labichiste ». Le dernier mot des *Corbeaux,* celui de Tissier : « Depuis la mort de votre père vous êtes entourée de canailles » était déjà le contraire d'un mot d'acteur à la Dumas ou même à l'Augier. C'était un mot spontané à la manière de ceux des égoïstes de Labiche. D'un certain point de vue tout technique, *Les Corbeaux* sont *Les Petits Oiseaux* de Becque, et *La Parisienne* un *Plus Heureux des Trois.* Mais Becque manquait de spontanéité. Après *La Parisienne,* il travailla quatorze ans aux *Polichinelles,* dont il ne laissa que la valeur de deux actes. Comme Lesage, et Balzac encore, il n'a fait qu'une pièce.

Le Théâtre libre. Pas plus que les *Corbeaux,* le Théâtre Libre n'a prétendu fonder un théâtre naturaliste. Simplement il s'est trouvé, par position, en relation avec le naturalisme. Antoine était un jeune Parisien du peuple, employé du Gaz, qui comme des milliers d'autres Parisiens avait dans les doigts, les membres et la langue, la passion du théâtre. Il forma une troupe de bonne volonté. Cette troupe donnait à bureaux fermés, chaque mois, une pièce qui n'avait qu'une représentation, pour des abonnés dont les souscriptions couvraient les frais. Ces représentations, considérées comme des réunions privées, échappaient à la censure. Ce théâtre fut naturellement amené à donner des pièces que la censure aurait interdites sur un théâtre régulier, et aussi des pièces d'essai, même de poésie pure, pour public restreint (l'élite, comme on disait). Le Théâtre Libre prit naturellement le caractère d'un champ d'expériences dramatiques, analogue aux « petites revues » qui commençaient leur âge d'or. C'est alors qu'entrent dans le langage comme dans la réalité les termes de littérature et de théâtre « d'avant-garde ». L'avant-garde qu'était le Théâtre Libre comprit des naturalistes ou des « médanistes », comme Hennique, Céard, Alexis, des fantaisistes comme Émile Bergerat, des romantiques comme Mendès, des félibres comme Paul Arène. Lavedan y débuta; les mêmes acteurs y jouaient *Le Baiser* de Banville et des « tranches de vie » qui se passaient dans des maisons closes. Antoine enfin joua *La Puissance des Ténèbres* de Tolstoï en attendant de donner *Les Revenants* d'Ibsen. Quant au prétendu réalisme de la représentation, qui consistait par exemple à faire parler souvent les acteurs entre eux, le dos au public, il était plus incommode que révolutionnaire. Simplement l'ardeur, la conviction, le désintéressement d'Antoine imposèrent aux acteurs et au public l'idée qu'il fallait *faire quelque chose,* et libérer le théâtre, on ne savait d'ailleurs pas très bien de quoi. L'effort du Théâtre Libre a personnifié plus ou moins l'élan et le dynamisme du théâtre, à une époque où la littérature se renouvelait et où une génération descendante transmettait ses pouvoirs à une génération montante.

À ce moment d'ailleurs, la formule naturaliste s'épuisait, et le théâtre avait le naturalisme derrière lui plutôt que devant lui. Les « tranches de vie » auxquelles Antoine ne tenait pas plus qu'à autre chose, tournèrent à la charge d'atelier. Il fallait du nouveau.

Le Théâtre symboliste. Comme jadis le romantisme, le symbolisme allait-il le donner ? L'étiquette naturaliste ayant été, à tort ou à raison, fixée au dos d'Antoine, il était logique que le succès d'opinion du Théâtre Libre provoquât la naissance d'un Théâtre Libre symboliste. Ce fut, en 1893, l'*Œuvre,* avec Lugné-Poe pour Antoine, qui servit jusqu'à la fin du XIXe siècle de champ d'expériences théâtrales au symbolisme, et aux jeunes groupes du *Mercure* et de la *Revue Blanche.*

La plupart des écrivains dits symbolistes tentèrent le théâtre par des œuvres poétiques qui ne purent du tout s'imposer à la scène. *La Gardienne* d'Henri de Régnier n'est qu'un dialogue lyrique, mais *Phocas le Jardinier* de Viélé-Griffin, *Saül* et le *Roi Candaule* de Gide, *Le Cloître* et *Philippe II* de Verhaeren, peuvent compter parmi les meilleures œuvres de leurs auteurs. Or la rampe les a cruellement desservis. L'effort d'Édouard Dujardin dans *Antonia* n'a pas réussi. En somme l'histoire spirituelle du symbolisme au théâtre tient dans ce qu'on pourrait nommer l'expérience Maeterlinck et l'expérience Claudel.

Notons d'abord que ces expériences partent du livre et non du théâtre. Ce n'est pas un cas isolé. De Rœderer à Vitet et de *Clara Gazul* à *Cromwell,* le théâtre romantique avait débuté par plusieurs années de stage dans le théâtre du livre. Mais il déboucha sur la scène, torrentiellement, avec *Henri III et sa Cour, Hernani* et *La Tour de Nesle.* On ne peut pas dire que le théâtre des deux écrivains symbolistes n'ait pas débouché, presque autant que celui de l'auteur de *Cromwell :* mais ce fut autre chose.

Le Théâtre de Maeterlinck. Il est exagéré de voir dans *Les Flaireurs* de Charles van Lerberghe, un compatriote, l'œuvre initiatrice du théâtre de Maeterlinck. Mais, comme *Les Flaireurs,* les premières œuvres dramatiques de Maeterlinck sont écrites dans un état de vision poétique nullement occupée de la scène et sont prises dans l'allègre mouvement du symbolisme belge ou, plus précisément, flamand : théâtre de la vie intérieure, décor que l'on ne peut rêver autrement que dans les cadres de Memling. Le titre de l'un des premiers morceaux dramatiques de Maeterlinck qui ait été mis sur une scène, *Intérieur*, joué par l'Œuvre en 1894, est aussi symbolique que la pièce même. C'est l'intérieur d'une maison, autour de laquelle prend forme l'annonce d'une catastrophe. Et tout ce théâtre peut s'appeler un théâtre d'intérieur. *La Princesse Maleine,* et ce *Pelléas et Mélisande* qui fut, comme *Carmen* et *Mireille,* popularisé et mangé par la musique, en restent les chefs-d'œuvre.

Seulement ce Flamand idéaliste était aussi un Flamand très positif, très entendu à faire leur part à toutes les justes matérialités, et il sut, à partir de *Monna Vanna,* entrer adroitement dans la matérialité de la scène. Il est avec Bataille un des deux écrivains venus du symbolisme qui aient connu de considérables succès dramatiques, dont les principaux sont *Monna Vanna* et l'*Oiseau Bleu,* sans compter celui dont il est redevable à Debussy. Mais il a rencontré ces succès sur une pente de facilité. *Monna Vanna* est une pièce inférieure, très sûre de ses effets, romantique au fond, d'une dramaturgie saine, mais un peu courte et dont la poésie, expresse et soulignée, manque de musique et de clair-obscur. Et *L'Oiseau Bleu,* la réussite la plus complète de cette période, peut passer pour le chef-d'œuvre du théâtre allégorique. Mais du symbole à l'allégorie, du symbolisme à l'allégorisme, de *La Princesse Maleine* à *L'Oiseau Bleu,* si le critique dramatique estime qu'il y a évolution, le délicat malheureux répondra : « Vous voulez dire déchéance ! »

Depuis *Monna Vanna,* la situation dramatique de Maeterlinck fut plus grande à l'étranger qu'en France, et *L'Oiseau Bleu* connut pendant plusieurs années un succès universel.

Maeterlinck écrivit pendant la guerre une courte pièce, très émouvante, presque un chef-d'œuvre, *Le Bourgmestre de Stilmonde.* Mais au théâtre comme dans le reste de sa littérature, le Maeterlinck qui importe demeure celui de sa jeunesse symboliste.

Claudel. Le théâtre de Claudel est, bien plus encore que le premier théâtre de Maeterlinck, un théâtre écrit, très loin de la scène et loin de la France, par un grand poète lyrique. Deux de ses drames ont seuls affronté le théâtre, qui appartiennent tous deux à sa maturité, soit au lustre qui précéda la guerre, *L'Annonce faite à Marie* et *L'Otage.* Le second seul a tenu à peu près la scène, où le reconnurent et l'admirèrent à nouveau ceux qui l'avaient lu. Le deuxième acte, celui du pape, prend à la représentation une grande puissance, mais le dernier acte reste à peu près inintelligible pour le spectateur non prévenu. En dehors de cet essai, l'œuvre de Claudel doit être traitée comme du dialogue et du lyrisme, à l'exemple de *La Tentation de saint Antoine* et d'*Axel.* Nous ne la rangeons dans le théâtre qu'avec quelque arbitraire.

Elle est prise entre deux chefs-d'œuvre, le premier drame, *Tête d'Or,* que Claudel écrivit à vingt ans, et *Le Soulier de Satin,* écrit de cinquante à soixante ans. Dans *Tête d'Or,* il n'y a guère que le personnage de Tête d'Or et, dans ce personnage, qu'un état de grâce héroïque magnifié par une poésie qu'a frappée le coup de soleil des *Illuminations.* Mais Claudel jetait ce jour-là sur notre pont le plus gros paquet de mer poétique qu'il eût reçu depuis le Hugo de Guernesey. Dès ce début il possédait son instrument, ce verset claudélien qui nous fait penser à une traduction, à la traduction d'un texte trop fort pour les cordes humaines. Quant au *Soulier de Satin,* trente-cinq ans après *Tête d'Or,* c'est une évocation du XVIe siècle en Espagne, en Bohême, en Amérique, et qui forme, comme le *Second Faust* ou la première *Tentation,* une manière de monde, monde catholique, ou plutôt jésuite, ou mieux encore ignacien, planétaire comme l'apostolat des Jésuites ou comme la carrière du poète diplomate. Le matérialisme poétique de ce grand artiste catholique a fait de lui le poète de la matérialité du dogme, des dévotions, des sacrements, des images, de tout ce que la religion, étant humaine, peut ou doit comporter de corporel. La forme dramatique où s'est coulé spontanément son lyrisme le montre appelé par la matérialité de la scène. Sur un autre plan de vie, avec une carrière, en France, d'écrivain français, il eût peut-être mieux coïncidé avec cette matérialité-là, donné vraiment au symbolisme son homme de théâtre.

Regain romantique. Rostand. Le naturalisme et le symbolisme n'ayant installé au théâtre que des expériences, force fut bien de l'accommoder d'expériences plus anciennes. Cette génération procura un regain de vie au romantisme. Il y eut plus qu'un maintien, il y eut une petite renaissance du drame et de la comédie en vers.

Cinq actes en vers : cela garda jusqu'en 1914 un peu du prestige de la séculaire tragédie. Les poètes de la génération précédente, romantiques et parnassiens, eurent encore dans les dernières années du XIXe siècle d'immenses succès de théâtre poétique. Richepin avec *Par le Glaive* et *Le Chemineau*, Coppée avec *Pour la Couronne*. Et Rostand mit à ce théâtre un brillant point final.

Il y a trois points de vue possibles sur le cas Rostand. Celui des contemporains et du public de théâtre, qui lui ont conféré pendant quinze ans la plus vaste gloire de poète qui ait existé en France depuis Victor Hugo. Celui de ce qu'on pourrait appeler la littérature en marche, qui l'a déclassé violemment, en même temps et pour les mêmes raisons qu'Anatole France. Celui de l'histoire littéraire, qui a de quoi le reclasser.

Que Rostand comme France n'apportent rien aujourd'hui aux Français de vingt ans, ni à la femme de trente ans, c'est un fait, et si les enfants gardaient les goûts de leurs grands-pères il n'y aurait pas de littérature. Mais Rostand comme France apportent de l'intelligibilité dans les lettres françaises. Rostand y représente quelque chose. Il a tenu un mandat. Il l'a exercé brillamment, et jusqu'au bout. Le théâtre en vers a eu grâce à lui de grandes funérailles et des jeux funèbres somptueux.

Ses premiers essais sont ceux d'un bon poète de la fin du XIXe siècle, d'un bachelier de théâtre reçu brillamment à la Comédie-Française, sur un thème qui n'a pas besoin d'être neuf, *Les Romanesques*. Puis, par deux fois, la pièce de poésie à quoi rêvent les jeunes gens pour Sarah Bernhardt : *La Princesse lointaine* et *La Samaritaine*. Et enfin *Cyrano*.

Il y a peut-être six pièces du XIXe siècle qui demeurent au répertoire du public avec l'approbation ou le consentement des lettrés, et personne ne doute que *Cyrano* en soit. Il lui suffira longtemps d'un grand acteur (qu'à vrai dire on trouve de plus en plus rarement) pour appeler les foules. *Cyrano* a tenu dans l'avenir mais il tenait tout du passé. Il y a un style Louis XIII, celui des *Grotesques,* que l'auteur de *Marion Delorme* avait d'ailleurs découvert tout seul sans attendre Gautier, et dont *Ruy Blas* et le *Théâtre en Liberté,* demeurent les chefs-d'œuvre jusqu'à *Cyrano,* qui les a assurément dépassés. Par *Cyrano* a passé, a débouché dans la lumière, a triomphé, la scène qui avait été arrêtée, et conduite dans un trou, ou contre un mur, par exemple dans le *Tragaldabas* de Vacquerie. Brunetière voyait dans le burlesque et le précieux des maladies toujours menaçantes de la littérature française, et il les poursuivait d'un doigt comminatoire, comme M. Purgon poursuit, par les tableaux des maladies qui l'attendent, l'indépendance médicale d'Argan. Et ce sont peut-être des défauts, mais *Cyrano* a fait au burlesque et au précieux le sort magnifique que la *Physiologie du Goût* fait à la gourmandise. Le burlesque et le précieux ont été pris dans un mouvement de rythme et de rimes, dans un élan physique, dans une allure dramatique, qui ont ajouté non évidemment à la pensée du théâtre, mais à sa joie, à sa santé, à sa tradition historique. Que maintenant il n'y ait pas plus d'humanité dans *Cyrano* que dans *Les Burgraves* et dans *Le Chapeau de Paille d'Italie,* d'accord. Ces pièces savent s'en passer, voilà tout.

De l'humanité, de l'histoire, cela même qui fait la solidité de la tragédie classique, Rostand essaie d'en trouver avec *L'Aiglon :* une erreur complète, qui a pesé plus que tout sur sa mémoire. On n'en dira pas autant de *Chantecler,* une des tentatives les plus courageuses du théâtre poétique français. Il n'y avait qu'un héros possible pour Rostand : lui-même, ou plutôt le Poète. Un grand poète incarné dans un grand acteur, et la nature animale fournissant au poète le secours et le détour qu'elle avait fourni aux clercs rusés qui ont fait tourner autour de Renard, c'est-à-dire de leur double, la société féodale, l'entreprise était hardie et belle. Poétiquement elle a réussi, et *Chantecler* est bien la seule œuvre vraiment grande qu'ait écrite Rostand. Dramatiquement il en alla autrement. Coquelin mourut avant d'incarner Chantecler. Rostand fut roulé à son corps défendant dans le pire torrent publicitaire qui ait submergé un poète. Les énormes maladresses de la pièce rappelèrent celles des *Burgraves.* Si *L'Aiglon,* c'était trop fort pour Rostand, *Chantecler* ce fut trop fort pour les planches. Mais Mallarme eût admiré cette expérience sur les limites du théâtre. Parfaitement !

Dernières Comédies en vers. Les triomphes de Rostand ont naturellement rajeuni devant la mode, de 1910 à 1914, la comédie en vers. Mendès se fit infructueusement son vieux disciple dans *Scarron* et dans *Glatigny. Les Bouffons,* de Zamacoïs, et *Le Bon Roi Dagobert,* de Rivoire, profitèrent de cet été de la Saint-Martin. Le théâtre en vers alexandrins est un des nombreux héritages qui ont disparu dans le gouffre de la guerre.

Influence d'Ibsen. Le théâtre d'idées. Le vrai monument dramatique de la nouvelle génération n'était pas solidaire du mouvement poétique, et ne se déclencha qu'une dizaine d'années après lui, à la fin du XIXe siècle, au moment même où disparurent ces deux piliers de l'ancien théâtre qu'étaient Alexandre Dumas à la scène, Sarcey dans la critique.

Les auteurs et les amateurs de l'*Œuvre* entendaient substituer à ce qu'ils appelaient le théâtre naturaliste, et qui était plutôt une velléité de théâtre naturaliste, moins un théâtre symboliste qu'un théâtre idéaliste. *L'Image,* de Maurice Beaubourg, la première pièce française moderne qui ait eu à l'*Œuvre* un succès significatif, fut publiée avec une préface qui se terminait ainsi : « Par moi ou par d'autres, le théâtre idéaliste sera fondé. » En réalité la grande influence fut ici celle d'Ibsen. Antoine n'avait donné d'Ibsen que *Les Revenants,* soit la pièce de l'hérédité, celle qui s'accordait le mieux avec le pli du naturalisme, et particulièrement avec la lecture de Zola. Mais l'*Œuvre* devint le théâtre attitré d'Ibsen, surtout de ses pièces nouvelles, jouées à Paris presque en même temps qu'en Scandinavie et en Allemagne. L'évolution naturelle qui ouvrait la succession du théâtre Augier-Dumas, l'échec de l'expérience naturaliste, l'appel d'air du symbolisme, renforcèrent l'influence d'Ibsen, non sur le public, qui lui resta toujours rebelle, mais sur les auteurs, qui ambitionnèrent la fonction d'Ibsen français. De là non un théâtre idéaliste (la formule resta mort-née) mais un théâtre d'idées.

La pièce d'idées succédait ainsi à la pièce à thèse de la génération précédente et, tout au moins quand elle réussit devant le public, elle en garda beaucoup de traits, et même de procédés. D'ailleurs, le chœur que l'auteur déléguait sur la scène de l'ancienne comédie attique pour exprimer son opinion personnelle, les Cléante et les Ariste de Molière, avaient donné depuis longtemps à la comédie son noyau d'idées. La pièce d'idées de la génération nouvelle a pris plus souvent, et avec plus de succès, cette forme précise, classique et didactique, que les formes spontanées, poétiques, shakespeariennes en somme, d'Ibsen et de Shaw, plus tard de Pirandello.

Curel. Le maître de la pièce d'idées a été François de Curel, un de ceux pour qui était fait le Théâtre Libre. Il y débuta. Évidemment les pièces de Curel ne sont pas des pièces à thèse, puisque Curel y met généralement une question en débat, sans conclure. Mais il ne faut pas trop prendre à la lettre ses protestations quand il se défend d'avoir mis des « idées » dans ses pièces, et veut qu'elles soient tenues simplement pour du théâtre de la vie, — une annexe au plein air d'un gentilhomme chasseur. Ibsen a élevé, au sujet de ses pièces, contre la critique les mêmes réclamations, et nous savons ce que parler veut dire. Curel avait, dans une de ses forêts, une petite maison de chasse dont le rayonnage portait la collection complète de la *Revue philosophique.* On peut la considérer comme le laboratoire symbolique de ses pièces.

On ne voit pas trop quelles qualités de l'homme de théâtre manquent à Curel. Ses pièces sont solides, parfois puissantes ; *Les Fossiles* et *Terre inhumaine,* l'une au début, l'autre à la fin de sa carrière peuvent passer pour des chefs-d'œuvre de facture. Il écrit un bon style de théâtre, franc, aéré, solide. Il a créé dans *L'Envers d'une Sainte* et dans *L'Âme en Folie* des figures de femmes bien originales, aussi vivantes que celles d'aucun dramaturge de son temps. Il a acquis progressivement son succès sur les résistances du public, sans lui faire de concessions trop sensibles, et en l'élevant à lui presque à la force du poignet. Et cependant il a vite daté ; l'entrée au répertoire ne l'a pas défendu. Il a gardé beaucoup plus de prestige parmi les gens qui lisent les pièces, et à l'étranger, que parmi les familiers de la scène. Il a pris figure d'un Sully-Prudhomme de théâtre. Cette destinée tient à la partie dangereuse qu'il a jouée : celle du théâtre d'idées. Les idées se remplacent automatiquement, tandis que les sentiments sont éternels. Les idées ont leurs spécialistes, les hommes de leur foyer. Elles ne passent guère chez les hommes de théâtre que comme leurs maîtresses d'un soir. Et *Le Repas du Lion, La Nouvelle Idole, La Comédie du Génie* font vraiment ressembler la scène à l'école du soir. Qui dira de Curel : « C'est un primaire ! » parlera injustement, mais enfin sera compris, posera une base de discussion qui concernera Curel, et le théâtre d'idées...

Hervieu. Une discussion qui finira sans doute par respecter Curel, mais qui trouvera sa victime en Paul Hervieu. Hervieu a connu de nombreux succès, et a presque remplacé Dumas fils pour le public mondain et grand-bourgeois de 1895 à 1910. Il a mis très adroitement à la scène tous les problèmes qui concernent le genre de vie conjugale et familiale de la bourgeoisie aisée : le mariage (*Les Tenailles*), la famille (*Le Dédale*), les pères et les enfants (*La Course du Flambeau*), l'adultère, (*L'Énigme*). C'est donc une littérature de classe, au sens social. Hervieu a voulu que ce théâtre de classe eût de la classe, en outre. Il a demandé cette classe d'abord à la rhétorique, soit à un style littéraire, dont la fabrication pénible fait regretter Scribe, ensuite à la rhétorique supérieure, soit à une conception qui lui avait été suggérée par Brunetière. Le célèbre critique avait déclaré à Hervieu que les lois de l'évolution des genres devaient mettre en premier la tragédie en prose. En 1843 c'était la tragédie en vers. Hervieu fit de la tragédie en prose avec un succès moindre que celui de Ponsard, mais suffisant, et qui devait avoir le même lendemain.

Brieux. L'amateur à qui le style des personnages d'Hervieu eût fait regretter Scribe trouvait satisfaction chez Brieux, dont le style était dépourvu de toute prétention. Brieux mena une carrière de fort honnête auteur dramatique, lui qui comme dit Diderot, prêcha la population, et toutes les classes de la population, sur les problèmes du jour et parfois de toujours, l'instruction laïque et obligatoire (*Blanchette*) les maladies fâcheuses (*Les Avariés*), la maternité (*Les Remplaçantes*), la charité officielle (*Les Bienfaiteurs*), la magistrature (*La Robe Rouge*), l'éducation des filles (*Les Trois Filles de*

M. Dupont), ce que doit être la femme de France *(La Française),* théâtre qui a trop fait de bien pour qu'on en pense du mal, et dont il ne reste rien dont on puisse penser quoi que ce soit.

Théâtre de combat. Mirbeau. Il serait peut-être expédient de distinguer dans le théâtre d'idées le théâtre de combat. Le théâtre de Curel et d'Hervieu, qui met les questions sur la table, sur la scène, sans vouloir les résoudre plus que ne les résout la vie, pencherait vers le dialogue, d'où peut-être quelque froideur. La pièce à thèse appartient au théâtre de combat, et le *Tue-la!* qui est à l'origine de *La Femme de Claude* marque avec évidence un point plutôt vif de l'esprit de combat. La plupart des pièces de Brieux tournent à la pièce de combat.

La dramaturgie de dialogue et la dramaturgie de combat purent être comparées quand la même saison vit sur deux théâtres, en 1897-98, *Le Repas du Lion* de Curel, et *Les Mauvais Bergers,* pièce d'ailleurs remarquablement manquée, de Mirbeau, sur le même sujet : une grève. Mais c'est surtout dans *Les Affaires sont les Affaires* (1903) et dans *Le Foyer* (1908) que Mirbeau déchaîne sur les planches sa combativité de publiciste anarchique, incohérent et violent. *Les Affaires sont les Affaires,* où Mirbeau a créé avec Isidore Lechat une vivante et violente figure d'homme d'argent déchaîné sur la scène exactement comme il est déchaîné dans la société, ont mérité de rester à la Comédie-Française une des grandes pièces du répertoire, une des rares qui aient tenu depuis trente ans.

Théâtre d'Amour. C'est le titre sous lequel Porto-Riche a réuni ses pièces en volume, et ce titre est évidemment appelé par leur sujet. Non plus que Becque, Porto-Riche n'appartient exactement à cette génération, étant né en 1849 ; il travailla d'abord dans le genre romantique avec de mauvaises pièces en vers, se fit remarquer par un excellent acte en prose, *La Chance de Françoise,* et triompha en 1891, d'un triomphe partagé avec son interprète Réjane, en donnant *Amoureuse* à l'Odéon. L'*Amoureuse* de 1891 a la même importance dans l'histoire du théâtre que *Les Corbeaux* de 1882. Elle a fondé une comédie : la comédie du couple. À la vérité, ici encore, Becque était venu avant Porto-Riche, et *La Parisienne* ouvrait les voies à

Amoureuse. Mais dans *La Parisienne* Becque fait la comédie d'un ménage, ce qui n'est pas tout à fait la même chose, et du ménage à trois. Et l'inévitable amant figure aussi dans *Amoureuse,* mais enfin Porto-Riche, le premier, pense que la vie d'un couple marié, et particulièrement la vie du lit, peut fournir toute la matière d'une pièce. Le public l'accepta, lui fit un triomphe que partagea son admirable interprète, et la pièce du couple fut fondée.

Le Passé en 1897, et *Le Vieil Homme* en 1911 ne forment trilogie avec *Amoureuse* que si l'on prend pour fil conducteur une certaine autobiographie transposée de l'auteur (*Un Homme léger* était le titre primitif du *Vieil Homme*), les mémoires d'un cœur et d'un passage parmi les femmes. La Dominique du *Passé* est peut-être le chef-d'œuvre de ce qu'on pourrait appeler le portrait dramatique, c'est-à-dire d'un caractère complexe, présenté avec toutes les demi-teintes psychologiques du roman d'analyse, et qui prend vie par les meilleurs moyens dramatiques : situations signifiantes, action réelle, mots justes ou profonds, style littéraire, et parfois d'ailleurs plus littéraire que naturel. Les deux aînés de cette génération dramatique, Becque et Porto-Riche, non seulement en sont les maîtres, mais ils sont des maîtres.

Un livre de combat contre Porto-Riche a pour titre *Le Racine juif.* Ce titre n'est pas inexact. Porto-Riche, comme Mendès, était un de ces Juifs portugais de Bordeaux, délégués volontiers à une sensualité fiévreuse. Et l'on peut dire qu'*Amoureuse* a fondé un certain théâtre juif, qui trouva vite ses affinités et son terrain propre dans le groupe des Juifs du lycée Condorcet qui fondèrent la *Revue Blanche.* Ce théâtre sympathisa avec une théorie de l'amour nomade, polygamique et polyandrique, que Léon Blum, critique dramatique du groupe, exprima dans son livre *Du Mariage,* et que Tristan Bernard, humoriste du même groupe, illustra dans le roman d'*Un Mari pacifique.* Romain Coolus en fut pendant une dizaine d'années le dramaturge, de *L'Enfant malade* à *L'Enfant chérie.* Parmi ceux qui eurent vingt ans dans les toutes dernières années du XIXe siècle, ce théâtre à la fois très parisien et très juif, né fort naturellement sur la décomposition superficielle d'une grande capitale, accrut ses effectifs avec Francis de Croisset, autour de l'aimable *Le Bonheur, Mesdames*

(1905), Nozière, plus scolaire, qui se spécialisa dans le libertinage genre XVIIIe siècle, André Picard, dont *Jeunesse* (1905) fut remarquée, Edmond Sée dont *La Brebis* (1896) est une des bonnes pièces de cette fin de siècle.

Bataille. Bernstein. Comme la France est un pays où tout le théâtre est de Paris, où ne peuvent par conséquent fonctionner sur le registre dramatique aucune de ces substantielles références et oppositions qui relient si visiblement les romanciers aux divers génies provinciaux, force nous est bien de chercher à distinguer les natures dramatiques, quand nous le pouvons, selon les oppositions purement parisiennes. Or la différence entre auteurs juifs et auteurs chrétiens est une de celles dont, à partir de 1890, la critique peut user pour établir ses catégories. On fera bien cependant d'y mettre de la discrétion et des nuances. C'est ainsi qu'à partir de 1900 deux auteurs exactement contemporains occupent le premier rang du jeune théâtre : Bataille et Bernstein. Or Bataille, d'origine symboliste, poète raffiné de *La Chambre blanche,* représenterait fort bien la tradition de la *Revue* de même nuance, du théâtre juif, de sensualité âcre. On a pu appeler son théâtre le théâtre de la femme. Or des deux, le Juif c'est Bernstein qui est à la scène un auteur parfaitement sain, si ses personnages ne le sont pas, et dont le théâtre plus qu'un théâtre de passion, pourrait s'appeler un théâtre d'action.

Bataille a débuté au théâtre par les pires fadaises symbolistes, avec *La Belle au Bois Dormant,* et pour telles dernières pièces d'avant-guerre comme *Le Phalène,* il a suscité de la critique l'étiquette de « théâtre faisandé ». Entre les deux, il a écrit trois pièces originales, dont la seconde au moins mérite de rester, *Maman Colibri, La Marche nuptiale, La Vierge folle.* Comme Porto-Riche, il a créé des figures de femmes qu'on n'a pas oubliées, et sa Grâce de Plessans est d'autant plus vraie qu'elle est faite de contradictions, que ne comporte pas la logique, mais que supporte admirablement la vie. Il lui manque à vrai dire des dons de théâtre importants : celui du dialogue et celui de l'équilibre et de la progression des scènes. Personne mieux que lui n'illustre les périls où courait une génération qui ne partit pour le théâtre qu'après avoir jeté des coups de pied dans la vieille technique, et bousculé quatre S dont il n'était pas sûr qu'ils n'eussent du bon : Scribe, Sardou, Sarcey et la scène à faire. La poésie artificielle de Bataille n'apportait pas de compensation suffisante à cette faiblesse technique, et les pièces où il a visé le plus haut, comme *Les Flambeaux*, comédie de l'homme de génie, sont naturellement les plus manquées. Ses pièces sociales de l'avant-guerre sont artificielles et comptent peu.

Bernstein peut passer au contraire pour un maître dans l'art de la « pièce », extrêmement habile à repérer chaque saison le sujet de la pièce à faire, technicien très sûr de théâtre, bien placé au contact de la scène et de la vie. Ses personnages principaux ont été longtemps des êtres tarés, violents et déchaînés. Le lieu commun qui faisait du théâtre de Bataille le théâtre faisandé était équilibré par le lieu commun qui faisait du théâtre de Bernstein le théâtre brutal. La place d'œuvre typique et de chef-d'œuvre occupée dans le théâtre de Bataille par *La Marche nuptiale* serait tenue dans celui de Bernstein par *Le Secret,* où un portrait aussi original de femme est donné non plus du tout par des moyens littéraires, mais par des moyens de pure technique dramatique. Dans *Samson,* pièce de la Bourse, dans *Israël,* pièce du sang juif et du problème de race dans la société parisienne, dans *Judith,* pièce biblique dont la première moitié s'élève aussi haut, ou plus haut que *Le Secret,* Bernstein a mis sur la scène, seul peut-être parmi ses nombreux coreligionnaires du théâtre, les souvenirs et les problèmes des enfants d'Abraham. Et ces sujets l'ont remarquablement inspiré. Depuis trente ans, avec sa pièce annuelle, il a connu peu d'échecs, et il a été très attentif à se maintenir dans le courant, dans les conditions du succès. Il ne s'est vraiment renouvelé depuis la guerre qu'avec *Judith.* Mais il s'y est essayé avec adresse et succès dans une série de pièces récentes, dont aucune ne ressemble à l'autre, ni à plus forte raison ne ressemble au légendaire théâtre brutal du Bernstein d'avant-guerre : *La Galerie des Glaces, Mélo, Félix, Espoir.* Le public les a fort bien accueillies, même et surtout la dernière, qui est du Brieux supérieur : elles occupent une place honorable; si elles sont les bienvenues à une époque de théâtre pauvre, elles ne s'imposent pas avec le même allant neuf que *Le Secret, La Rafale* ou *Samson.*

La Vie parisienne. La tradition du théâtre français exige un enregistrement perpétuel de la vie parisienne. Le public de Paris vient en partie dans la salle pour se reconnaître sur la scène. Depuis le Second Empire, le nom officiel de *Vie parisienne* appartenait à une pièce de théâtre, écrite par Meilhac et Halévy pour l'Exposition de 1867, et à la gazette fondée par Marcelin, laquelle eut jusqu'en 1914 une existence littéraire. (N'oublions pas qu'elle avait été inaugurée par le *Graindorge* de Taine.) Dans les quinze dernières années du XIXe siècle, elle était devenue très brillante, surtout dans un genre de dialogues mondains, observateurs et ironiques, dont Gyp fut l'initiatrice, et qui assembla bientôt, sous des pseudonymes, Lavedan, Donnay, Hermant, Veber. Ces dialogues, qui au fil d'un lien assez lâche et d'un thème à tiroirs se suivaient pendant une douzaine de numéros, furent ensuite demandés aux mêmes auteurs pour des quotidiens à grand tirage comme le *Journal.* C'était une manière de théâtre écrit comme celui de 1820. Ce théâtre écrit coule vers la scène d'un mouvement naturel. En un tournemain *Les Transatlantiques* ou *Le Nouveau Jeu* ont pu être transformés en pièces, et retrouver devant les spectateurs tout le succès que leur avaient fait les lecteurs. De là ce qu'on pourrait appeler une école de la *Vie parisienne,* un théâtre où il y a plus de dialogue que d'action, de caricature que d'observation, et d'où l'auteur, quand il est doué, s'évade à un moment donné vers la comédie de mœurs.

La comédie de Meilhac-Halévy, la revue de Marcelin tiennent comme leur principal champ d'observation le monde du plaisir : sinon « s'en mettre jusque-là », comme le baron de Gondremark, du moins s'y mettre, y circuler, informer le spectateur ; même, pour qu'il ait tout vu, le moraliser.

Le théâtre de Lavedan figure dans cette famille dramatique une sorte d'aîné. Aucun n'a trouvé en son temps plus de faveur dans le public parisien, pour son dialogue, ses mots, son sens du spectateur moyen, et aussi, et surtout pour son artificieux bilatéralisme. Lavedan a fourni au répertoire des *Variétés* quelques-uns de leurs grands succès, ses dialogues, mis en comédie, du *Nouveau Jeu* (1898) et du *Vieux Marcheur* (1899), portraits brillants et pétillants, l'un du jeune fêtard riche, l'autre du vieux sénateur libertin, plus riche encore.

Mais au Théâtre-Français il donnait des pièces sociétaires où la morale tombait de haut, *Le Prince d'Aurec, Le Marquis de Priola, Le Duel, Servir, Catherine,* d'ailleurs bien faites et installées solidement au répertoire de la Maison. Ce théâtre en partie double, conformiste à un bout de la rue de Richelieu, et libertin à l'autre bout, entre la chaire de Dumas fils et la « folie » de Regnard, paraîtra à l'historien aussi exactement bourgeoisie républicaine de 1900 que celui de Meilhac et Halévy était bourgeoisie impériale de 1867. Le monde est petit.

Même pli en somme dans le théâtre de Donnay qui eut *Lysistrata* (1892) et *Éducation de Prince* (1900) mais dont l'effort vers un théâtre élevé bifurque dans la direction du théâtre d'amour plutôt que dans celle du théâtre moral. Malgré une production abondante et brillante, Donnay est resté l'auteur d'*Amants* (1896) comme Porto-Riche était resté l'auteur d'*Amoureuse*. Comme Hervieu, il y a pris le parti de la femme, de la passion et du cœur. Comme Hervieu et Bataille, il a tenté sinon le théâtre d'idées, du moins la difficile « pièce de l'intellectuel » dans *Le Torrent.* Son association avec Descaves a été en ce point assez heureuse dans la pièce sociale de *La Clairière* et dans la meilleure pièce franco-russe qu'on ait écrite, *Oiseaux de passage.*

Lavedan et Donnay seuls ont donné à la *Vie parisienne* une situation dramatique autonome, et qui compte dans l'histoire, la technique, la fonction normale du théâtre. Abel Hermant trouve au théâtre un grand succès avec *Les Transatlantiques. Les Transatlantiques,* d'abord sujet de dialogues dans *La Vie parisienne,* marquent une date dans la Cosmopolis parisienne, au même titre que l'autre *Vie parisienne* celle de Meilhac, Halévy et Offenbach, et le meilleur du dialogue s'est retrouvé, même accru, dans la pièce. Mais l'observation critique et caricaturale d'Hermant a eu beau faire au théâtre cette belle entrée, ce ne fut qu'une entrée de visite. Il ne put jamais s'installer sur la scène comme chez lui. On n'en dira pas autant d'un autre auteur de la *Vie parisienne,* Pierre Veber, humoriste très fin, même créateur, mais qui préféra chercher au théâtre les succès faciles du vieux vaudeville, et les obtint.

Alfred Capus, journaliste, humoriste, et dialoguiste, n'est pas à proprement parler un auteur de la *Vie parisienne.* En partie parce qu'il la dépasse, mais non malheureusement comme homme de théâtre. Il eut plus d'esprit que personne en son temps, et nullement, comme Scholl, de l'esprit parce qu'il n'était pas intelligent, mais de l'esprit parce qu'il était intelligent et que son parisianisme était enté sur le porte-greffe provincial; le vrai Capus est d'abord l'homme d'esprit. C'est ensuite le romancier original d'*Années d'aventure* et des *Scènes de la Vie difficile.* Il avait moins le goût et le sens du théâtre que l'intelligence du théâtre, et il y revint brillamment, la moitié du temps. Il obtint, comme Sacha Guitry, la cote de sympathie personnelle. Il la dut à une philosophie originale, spontanée, déposée en lui, fort naturellement, par sa vie et par celle des siens, une vie extraordinaire, qui mériterait un narrateur plus qu'aucune des vies parisiennes littéraires de son temps. D'où une électricité suffisante pour animer ses pièces une saison, leur faire retrouver le succès heureux, et en somme la veine de son premier succès dramatique, *La Veine* (1901), mais insuffisante à les garder plus longtemps pour d'autres que pour ceux qui les relisent parce qu'ils aimaient Capus.

L'école de la *Vie parisienne,* et Capus, nous ont fait voir entre le livre et le théâtre une liaison plus étroite qu'aux époques précédentes, si ce n'est au temps du théâtre écrit de 1820. Cette remarque s'applique mieux encore à la carrière de trois auteurs qui ont donné des pièces célèbres sans vocation exclusive pour le théâtre, Georges Courteline, Jules Renard et Tristan Bernard.

Courteline. Renard. Tristan Bernard. Courteline n'a jamais écrit une comédie, pas plus que même dans le *Train de 8 h 47,* il n'a écrit de roman. Une seule de ses pièces a plus d'un acte, c'est *Boubouroche,* qui en a deux. Il lui a suffi de *Boubouroche* et de quelques pièces en un acte pour occuper le théâtre en maître, un maître du rire plus grand que Labiche, par son dialogue, son style et son mouvement. Comme celui de Labiche, son comique est lié à l'existence, au genre de vie de la bourgeoisie, du bourgeois moyen, mais non plus, comme chez Labiche, du bourgeois moyen vu de chez lui. Courteline le voit, l'observe, l'exprime, du point de vue même du lieu où il le rencontre, et qui est le café. Comme Rabelais, Courteline est un grand écrivain français sans les femmes. Il n'y en a qu'une dans son théâtre : l'Adèle de *Boubouroche,* comme la caissière, dans le café de quartier où Courteline et les Courtelins ont élu le domicile de leur soirée, suffit à représenter son sexe. À *L'Ami des Femmes,* Courteline oppose l'*Ami des Lois,* La Brige, ce célibataire anticlérical, et grand comme le monde. Les deux lieux d'élection les plus célèbres du comique courtelinesque, avec le café, sont encore deux milieux sans femmes : la caserne et les bureaux, la caserne d'avant la guerre et les bureaux d'avant la dactylo. Si la guerre, la dactylo, la ruine du café de quartier, n'ont pas déclassé le comique de Courteline, c'est que Courteline l'avait, comme Rabelais et Molière, bâti sur le roc. Il a des ennemis, mais ce sont des ennemis du rire, des jeunes gens qui, comme le vieux Fontenelle, n'ont jamais admis qu'on pût faire *Ha ! Ha !*

Jules Renard est un des plus grands écrivains de son temps, et, comme Courteline, un des rares dont les œuvres complètes tiendront peut-être en bloc. Il a écrit dans son *Journal* le plus étonnant et le plus passionnant procès-verbal de la vie d'un littérateur qui existe, avec le *Journal des Goncourt.* Ses œuvres d'apparente fiction sont tirées plus ou moins de ce Journal, ou tout au moins de son histoire authentique. Et de ces fictions il a extrait encore, sans les diminuer et en y ajoutant la dimension du théâtre, des œuvres dramatiques qui n'ont pas bougé : *Monsieur Vernet* (1903), venu de *L'Écornifleur,* et *Poil de Carotte* (1900). Mais en 1897 il avait écrit pour le théâtre *Le Plaisir de rompre* chef-d'œuvre d'esprit pincé, sec et désabusé.

Tristan Bernard, au contraire de ses deux contemporains, a gardé la cloison étanche entre ses célèbres romans et un théâtre, abondant en quantité, en succès, en collaborateurs aussi, où se sont mises hors de pair *Triplepatte,* comédie de l'irrésolu, et *Le Petit Café,* une pièce pour le Palais-Royal, qui a presque renouvelé le comique de situation.

CINQUIÈME PARTIE

LA GÉNÉRATION DE 1914

I

LA GÉNÉRATION DE 1914

La génération mutilée. Même si la guerre de 1914 n'avait pas eu lieu, cette année aurait marqué la date d'une génération neuve, et *Vingt ans en 1914* aurait dans l'histoire littéraire un sens, comme *Vingt ans en 1820.* D'ailleurs, plutôt que : « Même si » il nous faudrait dire : « Encore mieux si ». La guerre a pu donner aux *Vingt ans en 1914* des traits positifs importants. Mais surtout hélas, elle leur a retiré de l'être, leur a substitué une place vide La génération de 1914 est, dans une large proportion, la génération absente, mutilée, bien plus encore que celle des *Vingt ans en 1870.* Son grand homme, son tombeau sous l'Arc, est le grand écrivain inconnu.

Si elle avait pu jouer, à cadres pleins, son rôle normal, il y avait des chances pour qu'elle formât une très belle équipe, comparable à celle de 1820. *Vingt ans en 1914,* cela répondait à un tournant.

Synchronismes historiques. On notera d'abord que les toutes premières années du XXe siècle correspondent à une triple évolution politique : l'affaire Dreyfus, qui n'a pas laissé la France comme elle l'a trouvée — l'affermissement de la République, après un troisième assaut qui a échoué — la formation définitive, après l'accord de 1904, des blocs d'alliances d'où la guerre européenne est sortie. De 1898 à 1905 on a doublé le cap d'un monde politique nouveau.

Mais nous ne le noterons que pour mémoire et à titre de synchronismes. En matière littéraire, ces faits d'ordre politique fonctionnent et influent impondérablement. D'autres événements intéressent plus directement notre lecteur.

Le nouveau régime scolaire. D'abord la révolution scolaire de 1902. Avoir vingt ans en 1914, c'est avoir fait ses études, avoir passé son temps de formation, dans les premières années du XXe siècle. Les neuf dixièmes des écrivains appartiennent à la bourgeoisie, et, boursiers ou non, reçoivent l'enseignement secondaire. Or, en 1902, l'enseignement secondaire, tel qu'il s'était transmis des Jésuites à l'Université du XVIIIe siècle et de celle-ci à l'Université du XIXe siècle, change de caractère. Le latin et surtout le grec sont plus ou moins déclassés, et les langues anciennes, la formation humaniste ne constituent plus la marque nécessaire et éminente de la culture. La démocratie coule à pleins bords dans les cadres pédagogiques. L'expression d'humanités modernes entre en faveur. Le terme de modernisme, introduit par les Goncourt pour exprimer une forme d'art littéraire, employé par les théologiens pour désigner une façon plus souple de comprendre l'évolution des dogmes, servirait ici à exprimer ce qui s'insinue d'anti-ancien, d'anti-classique, d'anti-traditionnel dans l'éducation des générations nouvelles. Les langues modernes prennent une partie de la place occupée jusqu'alors par les langues anciennes. La jeunesse voyage, le normalien moyen part en tournée autour du monde, les enfants s'échangent entre les pays et les langues. Les influences étrangères de toutes sortes trouvent un accès plus facile, des terrains plus perméables.

Cette jeune génération aventureuse qui parle les langues, qui est devenue sportive, qui est partie pour le goût et pour la conquête de la planète dans les dernières années de l'avant-guerre, brusquement est bloquée par la guerre. Quand on ramène les poissons des grands fonds, ils arrivent à la surface avec des organes que la décompression a fait éclater. C'est en cet état de révolution intérieure que cette génération est entrée dans ses vingt ans. La première génération dont l'adolescence ait échappé à l'humanisme traditionnel a échappé en outre par sa jeunesse à l'humanité traditionnelle.

Décompression. Elle a porté et portera jusqu'au bout les marque de cette décompression. Ces révolutions du moi, qui paraissent autour de 1920, sont l'état d'un moi éclaté comme la vessie de ces poissons. Gide, ou le moi subtil qui s'oppose aux mois crustacés, avec ce Lafcadio qui se trouvait prêt dès 1914 pour que la jeunesse de 1921 s'y reconnût, c'est encore une transaction demi-humaniste. Mais voici Proust, et le moi changeant et mobile ; et voici surtout l'entrée torrentielle de Freud, jusque-là complètement ignoré du public français, avec le moi subconscient, et même celle de Pirandello avec le moi acrobatique. Voici surtout ce que cette génération tire d'elle-même : une inquiétude qui lui est propre, une recherche, une mobilité dont on attend tout, et qui n'aboutissent pas. Le roman de la vessie natatoire, organe d'équilibre, éclatée, c'est *La Valise vide* de Drieu la Rochelle.

La conscience de l'éclatement s'exprime naturellement, en littérature, par des mots en *isme*. Ce fut le dadaïsme, ce fut le surréalisme, soit une conscience de fin absolue, de commencement absolu, de désordre absolu et de libération absolue. L'important, ici, c'est qu'il s'agit bien, surtout pour le surréalisme, de mouvements littéraires, qui s'expriment par une littérature, où il y a comme dans toute littérature du bon et de l'exécrable, de la trouvaille et de l'attitude, où l'avortement et la quasi-réussite ne se trouvent ni plus ni moins que dans l'académisme ou la littérature pour Français moyen ; l'important, parce que, dans cet ordre (ou ce désordre) des effondrements et des commencements absolus qui suit la guerre européenne, l'essai totalitaire, qui en d'autres pays trouve sa voie dans des révolutions politiques, s'exprime en France sous des formes littéraires. La France est le pays où non seulement un état littéraire, mais l'État littéraire, la République des Lettres, existe, où la littérature joue volontiers en matière de révolution (ce fut le cas sous Louis-Philippe) un rôle d'abcès de fixation.

Cette génération française n'a pas eu en Europe la grande influence littéraire et intellectuelle qu'avaient exercée les deux dernières, celle de 1850 et celle de 1885. Elle a subi sans contrepartie française suffisante l'action des nouvelles mystiques créées par les générations ses contemporaines d'Italie et de Russie.

Les Territoriaux en ligne. Heureusement, en littérature comme en agriculture, la France peut vivre à l'état d'économie quasi-fermée, réparer partiellement avec ses stocks la déficience d'une récolte. Dès les années de guerre, il semble que la nature (dans la mesure où une littérature est une nature) l'ait orientée vers une réparation de ce genre. Un des phénomènes littéraires les plus remarquables de la guerre fut en effet la brusque arrivée en lumière et en action d'une équipe de quadragénaires stockés dans ce qu'on appelait alors les Chapelles, et qui parurent en première ligne, partagèrent l'heure et le destin de l'active littéraire, comme faisaient d'autre part sur le front les territoriaux de leur âge. Gide, Proust, Claudel et Valéry fournirent inopinément des maîtres, dont l'influence allait durer quinze ans. Joignons-y Péguy, tellement plus suivi après sa mort que pendant sa vie, et aujourd'hui encore si actuel — Barrès qui est à l'origine des nationalismes nouveaux — Maurras et Georges Sorel qui furent des manières de pères spirituels des mouvements totalitaires — Benda qui avait passé la cinquantaine quand sa position originale du problème des clercs le sortit de l'obscurité. C'est en grand, en très grand, ce qui s'était produit sur un point bien plus minime quand *Obermann* trouva un public et une influence trente ans après son apparition, et qu'il en sortit *Volupté*.

Techniques. La révélation, et la révolution, propres à cette génération sont surtout d'ordre technique : elles n'ont pas eu encore toutes les conséquences littéraires qu'elles comportaient, ce qui est d'ailleurs conforme aux précédents.

Quand nous songeons aux grandes inventions qui ont marqué le XIXe siècle, créé le genre de vie du capitalisme et de la grande industrie, nous remarquons que, si largement qu'elles aient étendu le domaine de l'homme, elles n'ont pas ajouté sensiblement à la portée et à l'exercice communs de ses sens. Nous disons communs, car l'usage des instruments de laboratoire et d'observatoire, qui modifient et allongent infiniment la portée des sens, est spécialisé dans des professions. Au milieu du torrent d'inventions qui transformaient l'humanité, les écrivains avaient continué à étudier et à expliquer L'homme, traditionnellement. Il est remarquable qu'aucune des grandes inventions du XIXe siècle n'ait marqué sur une œuvre littéraire à la manière dont ont marqué, par exemple, sur la *Comédie Humaine* la révolution économique de la vente des biens nationaux, sur George Sand les théories socialistes, sur Lamartine et Hugo les révolutions de la rue, sur Flaubert l'évolution de la bourgeoisie, sur Zola la physiologie de manuel, sur les Parnassiens et France les bibliothèques, sur le symbolisme la musique. Mais quand Balzac se préoccupe des chemins de fer, c'est pour écrire avant qu'il soit trop tard le roman des diligences (voir le commencement d'*Un Début dans la Vie*). Flaubert avait vingt-cinq ans lorsque le chemin de fer de Rouen à Paris changea la vie des Rouennais, à commencer par la sienne, or le chemin de fer est absent de ses romans, où l'on ne voyage qu'en diligence et en bateau. Et, après tout, pour l'usager, le chemin de fer n'est qu'une file de grandes et rapides diligences. Quoi qu'il en soit, la littérature est passée à travers les révolutions techniques, sans guère se soucier d'autres techniques que des siennes propres.

Les inventions du XXe siècle sont différentes de celles du XIXe siècle. Les premières donnaient à l'homme des moyens mécaniques nouveaux, les secondes lui donnent des moyens sensoriels nouveaux. Les premières ont transformé la planète, la société, la production, la consommation. Les secondes ont transformé les pouvoirs du corps humain.

Il y a entre les techniques du XIXe siècle et celles du XXe siècle les mêmes différences qu'entre le chemin de fer et l'automobile, ou plutôt entre les deux systèmes de force motrice qui sont à la source de l'un et de l'autre : la machine à vapeur et le moteur à explosion. Si le chemin de fer a donné à l'esprit de l'homme de nouvelles habitudes, l'automobile, entrée dans les mœurs les plus communes avec la génération de 1914, a donné au corps humain des réflexes nouveaux. Le chemin de fer appartient à l'ordre de la machine, mais l'automobile succède à la bicyclette dans l'ordre des outils. Le chemin de fer est un moyen de transport, l'automobile est ou devient un instrument de sport. Et l'automobile ne fonctionne ici que comme un point de départ et presque un symbole élémentaire bien dépassé. L'aviation donne mieux encore un nouveau pouvoir au corps humain, le cinéma à l'œil, la radiophonie à l'oreille.

Et il va de soi que ces modifications physiques concernent surtout les individus jeunes, c'est-à-dire ceux qui n'ont rien à désapprendre, se trouvent de plain-pied avec les moyens nouveaux, naissent à même les outils que leurs pères ont dû inventer.

Cette révolution de l'outillage, impliquant une modification et une extension des pouvoirs du corps, a posé deux questions : celle de la littérature sportive, et celle des rapports entre la littérature et le cinéma.

Littérature et Sport. Comme la génération de 1850 était la génération de l'appel à la science, celle de 1914 a été par certains côtés la génération de l'appel au corps. Il y a eu, vers 1924, toute une jeunesse (Montherlant, Prévost, Braga) pour tenter d'incorporer le sport à la littérature, et de créer une manière de lyrisme des jeux et des mouvements du corps. Assez vite cela a tourné court. Mais il faut regarder plus loin, considérer l'atmosphère littéraire plutôt que la réalisation littéraire. Or, c'est un fait que le corps a tenu une plus grande place dans la littérature de la génération de 1914 que dans la littérature des générations du XIXᵉ siècle, qu'il a, dans une certaine mesure, évincé les complications sentimentales. Si le comble de l'art consiste, comme le disait Cellini, à faire un homme et une femme nus, cette génération a couru agilement sur ce comble. D'autre part la familiarité de l'homme et des mécanismes, la rapidité de la vie moderne, ou plutôt ses rapidités de tout genre, se sont introduites dans le style. Ce n'est pas à dire qu'ils aient déclassé leurs contraires, puisque les méticuleuses introspections de Proust ont trouvé le public de 1924 aussi attentif que le tenaient les mécanismes elliptiques usinés par Morand, et puisque le cheminement du roman-fleuve ressemble plus à celui d'une péniche qu'à celui d'un hydravion. La littérature est faite de ces coexistences entre un hier, un aujourd'hui, un demain : n'oublions pas d'ailleurs que le roman de Proust fait partie des réserves de la génération antérieure, que son bonheur est d'avoir été écrit par un homme confiné dans une chambre, et que l'expérience du roman-fleuve donne des mécomptes.

Littérature et Cinéma. Quant à la question des rapports de la littérature avec le cinéma, il va de soi que cette génération est la première qui se la soit posée ; mais elle ne l'a pas résolue. L'influence du cinéma, de son mouvement d'images, sur les romanciers et sur les journalistes est évidente. Pareillement l'influence sur le théâtre. Mallarmé en allant au concert voulait reprendre à la musique le bien du poète. C'est ainsi que l'on voit le théâtre chercher lui aussi à reprendre son bien chez son dangereux et puissant rival, en incorporer les rythmes, compter sur la promptitude de réaction que son public a acquise au cinéma. Mais à cette utilisation indirecte ne correspond en aucune façon une utilisation directe, soit une incorporation du cinéma à la littérature. Le cinéma parlant lui reste aussi étranger, plus étranger même, que ne l'était le cinéma muet. Et la radiophonie pareillement.

La crise de la Durée. Inégaux en importance, le déclin de l'humanisme, le massacre des jeunes élites, la nécessité de vivre sur des stocks, les révolutions de l'outillage et des sens humains, ont collaboré avec un sentiment général et profond d'instabilité pour ôter à cette génération les moyens normaux de durer. Ils ont pour elle déséquilibré le temps. Comme le traité de Versailles a posé le problème des peuples sans espace, voici posé le problème des générations sans durée, ou, moins brutalement, des générations qui connaissent une crise de la durée.

La durée sociale est une mémoire et une habitude. Toutes les mémoires et les habitudes ont été bousculées. D'une part la rupture avec l'avant-guerre, d'autre part l'incertitude absolue des lendemains, semblent donner la vie, comme on disait dans le droit ancien, en précaire, et singulièrement la vie littéraire.

Les trois Moments d'après 1914. Nous avons remarqué qu'après quinze ans en moyenne toutes les générations littéraires depuis 1789 ont passé par un tournant, une crise, qui les diviserait plus ou moins en deux demi-générations. Mais ces coupures n'ont jamais été plus profondes que depuis 1914 ; la date médiane de 1930 garde bien, comme 1902-1870-1843-1802 pour les générations précédentes, une importance capitale. Pour le moment, en tenant compte de la carrière qui reste à courir aux vingt ans en 1914, et obligés que nous sommes d'arrêter leur compte en 1935, nous pouvons dire que ces vingt premières années se sont divisées en trois parties : la guerre et l'après-guerre immédiate, jusqu'en 1923 environ — l'inflation littéraire jusqu'en 1930, — la déflation littéraire depuis 1930 ; soit la défense, l'expansion, la crise de la République des Lettres.

Dans la première période, la République des Lettres, comme l'autre, et dans tous les sens du mot, se défend. Elle se défend en ce sens qu'elle surmonte la crise, et même qu'elle prospère, mais comme nous l'avons dit, en vivant sur ses réserves. On lit ce qui est déjà produit plus encore que ce qui se produit. Des écrivains de la génération précédente bénéficient de ce changement d'optique. La littérature de guerre, improvisée par les combattants, et surtout par les autres, donne des mécomptes. On cherche bientôt à s'évader de la guerre, et, comme disent les philosophes, à la transcender. Mais un travail intense se fait dans les esprits, le soc de Bellone ouvre profondément les sillons pour des semences dont on espère tant. À tort peut-être : en effet, la sélection littéraire ne sera pas une sélection de qualité, une sélection entre les esprits, due à ce que les meilleurs écrivains rejettent dans l'ombre les écrivains médiocres, mais une sélection mécanique dans la quantité, une sélection entre les corps, due au hasard des combats, des réformes, des embuscades.

Bientôt s'ouvre la période de l'inflation. Comme le reste du monde, comme les autres Républiques, la République des Lettres vit sur les réserves des générations précédentes, les valeurs-papier, la publicité, la convention, la facilité et la croyance que la facilité durera. Quand il sera temps de les écrire, les mémoires sur cette époque pourront s'appeler *Scènes de la Vie facile*. Les années vingt du XXe siècle auront été un été de la Saint-Martin de la société capitaliste d'Occident. À l'exemple de la crise du franc arrêtée par Poincaré, les crises dénoncées çà et là n'éclatent que pour être surmontées. Dans toute cette littérature fragile, qui a pullulé, puis a été résorbée et oubliée en si peu de temps, on fera plus tard, peut-être, des fouilles fructueuses. Les années vingt auront peut-être leurs amoureux, et pas seulement parmi ceux qui regretteront en elles leurs trente ans. On les a comparées au Directoire. Mais le Directoire avec une littérature.

Leur fortune dans l'histoire littéraire dépendra de ce qui les aura suivies. Or ce Directoire n'a malheureusement pas été suivi d'un

Consulat. Dès 1930 la déflation littéraire suit les autres déflations, et comme les autres elle signifie restriction. Les pessimistes parlent de grande pénitence littéraire. Durera-t-elle ?

La littérature peut fort bien être prise dans le cycle d'années creuses où nous sommes entrés, ou plutôt rentrés. L'appel aux réserves, si fructueux hier, rencontrera de moins en moins d'écho. Ici encore une nécessité démographique intervient. La génération qui remplacera celle-ci est celle des adolescents que les vingt ans en 1914, leurs pères, envoient aujourd'hui à l'école et au collège, celle dont une partie a été supprimée il y a vingt ans, avant sa naissance, avec ses pères éventuels. Les bureaux de recrutement littéraire peuvent se préoccuper de cette situation au même titre que les bureaux de recrutement militaire.

De quelque côté que nous abordions la situation littéraire de la génération qui n'a pas fini son bail, nous retrouvons devant nous, sous une forme ou sous une autre, la crise de la durée. De la durée qui était liée à un minimum d'humanisme, soit de langage commun et d'étoffe traditionnelle. De la durée qui conserve à la manière d'une conscience, et qui sert d'amortisseur aux commencements absolus. De la durée vivante qui est solidarité avec le passé et confiance dans l'avenir. De la durée avec laquelle plus radicalement encore que nous, les jeunesses d'autres grandes nations ont rompu le pacte. Le journal et le cinéma, qui tendent à évincer la littérature proprement dite, c'est-à-dire le livre, impliquent des puissances d'oubli précisément autant que la littérature classique impliquait des puissances de mémoire. Mais par un point au moins, par un point toujours, par un point qui ménage l'espérance et l'avenir, la littérature conserve une attache avec la durée vivante, ordinaire, consciente, humaine, éternelle : celui-ci, qu'elle est imprévisible.

II

LES IDÉES

En quête d'idées-mères. La production des idées-mères, sous forme éloquente et littéraire, est la fonction centrale de la littérature française depuis Descartes et Port-Royal. Elle lui donne ses cadres, dessine son relief, s'offre d'abord pour en rendre témoignage. C'est surtout dans cette production des idées-mères que la génération en cours de maturité, celle qui est née entre 1885 et 1905 a plus ou moins fait défaut.

La génération précédente avait fourni à la France et à l'Europe, avec Bergson, l'idée-mère d'une philosophie dynamique, avec Barrès et Maurras l'idée-mère du nationalisme. Ces idées-mères avaient eu moins d'éclat littéraire, mais plus de rayonnement extérieur qu'au cours de la génération précédente celles qu'on a incarnées dans les noms de Taine et de Renan. Après la guerre, une réaction, inévitable à toutes ces époques-charnières, s'est produite contre elles. C'est ainsi qu'on a affecté de voir dans Bergson le philosophe de l'intuition pure, en partie pour rendre plus facile et plus nécessaire le tableau qui appelait le jeu antagoniste : celui d'une réaction intellectualiste. Quelle plus belle cause à épouser que celle de l'intelligence ! L'Église, avec de forts appuis laïques, favorisait alors une renaissance du thomisme. Il y avait une succession à prendre, comme celle du scientisme après Taine et Berthelot. Les découvertes et les hypothèses scientifiques nouvelles étaient à point pour provoquer l'apparition de cette philosophie également nouvelle qui depuis Descartes n'avait jamais manqué en pareil cas. Enfin on ne s'était jamais tourné avec plus de déférence et d'espoir vers les intellectuels, les grands professeurs, pour en obtenir direction et lumière. Or les idées-mères espérées ne sont pas venues.

Dans le monde de l'intelligence, l'après-guerre fit, comme il était naturel, une poussée de réaction contre les nationalismes. Négative : les nationalismes, qui avaient produit la guerre, devaient être, pensait-on, abattus pour la cause de la paix. Positive : il y avait une Europe à construire, une culture internationale à fonder, coche qui ne manqua pas de mouches, mais bien de cocher, et resta dans les fondrières ; jusqu'en 1936 les idées-mères, en Europe, sont des idées nationalistes, ou des idées de classe. Elles ont trouvé en Italie, en Allemagne, en Russie, leur expression politique. Elles n'y ont pas trouvé d'expression philosophique et littéraire. La carence de la grande littérature d'idées est aujourd'hui un fait européen.

Carences. Au cours d'une génération, la littérature d'idées comporte toujours un retard sur la littérature de poésie et d'imagination. Le penseur entre en action et en influence à un âge plus avancé que le poète et le romancier ; parlons vaguement d'un écart d'une dizaine d'années. Mais ce retard normal ne peut être comparé ici au fort décalage d'une génération à une autre, qui fait que la génération de 1914 n'a pas tiré d'elle-même ses grands producteurs d'idées, qu'elle vit presque entièrement sur des réserves de la génération précédente. La référence à Barrès, à Bergson, à Péguy, même à Georges Sorel, demeure courante. Le seul livre d'idées qui ait depuis la guerre comporté un véhicule littéraire et une influence, c'est *La Trahison des Clercs,* de Benda, qui est un contemporain de Barrès et de Maurras, et qui a ramené exactement, en 1925, les positions du temps de l'affaire Dreyfus. Il est vrai que le problème qui y est traité, celui du pouvoir spirituel, reste, depuis plus de cent ans, le problème central, en France, de la littérature d'idées.

Ce n'est d'ailleurs pas que l'opinion, ni surtout que la génération de 1914 et que la jeunesse angoissée d'après-guerre, se soient désintéressées des idées. Loin de là ! Mais d'abord il faut toujours se souvenir que leur élite, leurs chefs naturels, sont restés sur les champs de bataille, que Charleroi a dû nous coûter son Bergson et Verdun son

Barrès. Ensuite elle s'est trouvée en France devant un choix de faits, d'idées, de problèmes, qui semblent présenter à l'intelligence une réalité impensable, la réalité de l'impensable. La manière dont les régimes totalitaires, nos voisins, ont tranché ces nœuds gordiens, c'est un coup de désespoir, devant lequel la République des Lettres éprouve le même recul que la République tout court. Enfin le problème de l'indépendance de l'écrivain est devenu, depuis la guerre, particulièrement délicat.

La littérature d'idées-mères est le sommet d'un massif sur les pentes duquel, à des niveaux inégaux, on trouve l'histoire, l'essai, la critique, le journalisme.

L'Histoire. En histoire, deux lacunes qui, ici encore, concernent la tête.

D'abord on n'a pas vu reparaître la grande histoire à synthèse et à considérations, qui était l'œuvre d'une vie et qui représente une carrière littéraire et académique, l'histoire des Sorel, des La Gorce, des Jullian. En second lieu, l'histoire universitaire a recruté moins facilement les bataillons de travailleurs et les grands ingénieurs qui assurent son labeur normal et fructueux. Plus que dans des œuvres originales, le meilleur de son effort a passé dans les œuvres collectives, les grands manuels, dont la production après la guerre a connu une grande prospérité. Le travail en équipe, quelquefois avec des directives de propagande, n'est pas toujours favorable à l'originalité et à l'indépendance.

La révolution qui s'est produite dans les mœurs littéraires, la faveur que le public a montrée aux récits historiques, a provoqué une immense demande des libraires, à laquelle les romanciers les plus connus, et surtout les autres, ont intrépidement répondu. Cette marée ne se retire que lentement. Elle est d'ailleurs l'exagération et le déséquilibre d'un mouvement par lui-même intéressant et raisonnable, le goût pour la biographie, qui a porté surtout sur les politiques et écrivains du XIXe siècle. Chateaubriandistes, lamartiniens, hugoliens, balzaciens, beylistes, nervaliens, flaubertistes, galtéristes, huysmansiens, verlainiens, demain sans doute barrésiens, proustiens, gidistes, valériens, forment des groupes sympathiques, qui produisent toute une littérature délicate, suggestive d'éclairage nouveau et d'érudition élégante.

Cette faveur n'ira pas aux biographies de collection, plus ou moins romancées, qui se sont abattues par centaines, ont permis deux ou trois œuvres originales, derrière lesquelles les autres sont passées, et qui sévirent surtout de 1924 à 1930.

On notera que ce mouvement d'histoire, resté malgré tout superficiel, a été animé par les conflits politiques du monde des lettres. La division des historiens, ou plutôt des auteurs qui écrivent des livres d'histoire, en historiens de gauche et historiens de droite, fait un des traits remarquables de la carte littéraire. Le succès des écrivains de droite — Bainville, Gaxotte — a été beaucoup plus grand que celui des écrivains de gauche. Peut-être le hasard a-t-il voulu qu'en effet il y eût plus de talent chez les premiers que chez les seconds. Mais non dans une proportion telle qu'elle explique tout. Bien plutôt on remarquera d'abord qu'au contraire de la République tout court, la République des Lettres est orientée à droite, — ensuite qu'une partie du public a vu dans les livres d'histoire vulgarisatrice de droite, une réaction contre le pli universitaire. Devant le conformisme républicain de l'enseignement, on a senti obscurément le besoin de le contre-butter par un conformisme opposé, et que la République des Lettres produisît de son cru.

La Critique : Essais et Remarques. L'essai a connu depuis la guerre une solide fortune. Il n'y a été favorisé par la singulière mode (chez les éditeurs, plus que dans le public) de collections où les écrivains étaient conviés à composer, comme des lycéens, sur des sujets bizarres, s'en tiraient souvent, délivraient tant bien que mal, comme on dit, leur message.

Il faut mettre à part le curieux homme qu'est Charles Du Bos, qui a donné à ses essais le titre extrêmement juste d'*Approximations,* et qui paraît en effet en perpétuelle approche vers les écrivains qu'il aime et dont il n'achève pas la poursuite. De ces portraits en formation, le principal est naturellement le sien, et les critiques de Du Bos tournent autour d'un énorme journal intime comme des planètes autour d'un soleil.

On verrait des types remarquables de la critique de curiosité dans Henry Bidou et Edmond Jaloux. La curiosité d'Henry Bidou est œcuménique et la critique littéraire n'en forme qu'une province. Non la favorite cependant. C'est un homme qui a lu tous les livres et vu toutes les pièces, et il se reconnaît qu'il ne les découvre point avec la fraîcheur et la ferveur des néophytes. Personne ne sait mieux que lui présenter un livre, en donner sans passion étrangère une idée lucide, et, surtout quand il s'agit d'un roman, une analyse exacte et complète.

Au sens ordinaire du mot, le curieux, le flaireur des livres nouveaux sera Edmond Jaloux. Le livre qu'il a intitulé *Au pays du roman,* concerne le roman anglais. Mais il pourrait aussi servir d'enseigne à sa critique. Comme il a écrit autrefois *L'Ami des Jeunes filles,* il écrira sans doute un jour *L'Ami des Romans.* Il les aime d'une curiosité ingénieuse et inlassée, et découvre à travers eux les pays et les âmes.

L'auteur de ces pages a représenté à la *N. R. F.* une forme de critique qui n'a évidemment ni les qualités ni les défauts de l'impersonnalité, mais qui paraît plus tournée vers les œuvres que vers les personnes et qui tomberait peut-être sous cette remarque que Gide appliquait sans doute à un autre : « X est intelligent, mais il a l'air d'avoir rencontré ses idées plutôt qu'il ne les a extraites de lui. » Mettons qu'il a suivi ces belles personnes dans la rue, ainsi que le dit à peu près Diderot. Le logicien Benda a condamné en lui un debussyste intellectuel. Mais ne jetons plus de pierres dans son jardin, de peur d'en écarter le lecteur qui s'y promène, et qu'on souhaite d'y retenir.

La critique de remarque formerait une variété de la critique d'essai. Appelons remarque ou propos l'essai péremptoire et bref, et ces termes appartiennent à deux critiques des idées et des mœurs plutôt que des lettres : Suarès et Alain. Le premier, en intitulant *Remarques* des cahiers périodiques, le proposier normand en portant des propos comme ses pommiers des pommes, ont trouvé des mots qui conviennent à leur genre. Suarès est un maître original du portrait littéraire qu'il obtient par des touches et des remarques colorées. Alain ne concerne qu'incidemment mais fortement la critique littéraire dans ses propos. Et son « Je remarque que » peut être retenu comme un tic révélateur d'écrivain. La critique de Pierre Lièvre, faite de justes et fines pointes rares, très assurée d'elle-même, rentre sous cette rubrique. Et pareillement celle que Denis Saurat donne dans *Marsyas.*

Les Revues. Les petites revues autonomes sont d'ailleurs pour une critique très indépendante, et toute en remarques, en propos, en coups secs de baguette indicatrice ou flagellante, le milieu privilégié. C'est là, plutôt qu'à la *Revue des Deux-Mondes,* que l'amateur de critique fait ses trouvailles, repère les pistes, le coin où il va aux fraises ou aux escargots.

Nous avons déjà trouvé dans notre chemin la critique de soutien, sans laquelle il n'y a pas d'école : celle que le naturalisme demanda vainement à Taine, et que son petit-fils le populisme a trouvée chez Thérive. Sous le nom de critique des poètes, Duhamel a fait avant la guerre au *Mercure de France* une critique de soutien des poètes unanimistes. L'école fantaisiste en avait trouvé une, qui était aussi précieuse, dans le charmant *Divan.* La critique de soutien des poètes néo-classiques, des écrivains conservateurs et de Pierre Benoit a été menée de main de maître par l'*Action Française* et la *Revue Universelle.*

La *Nouvelle Revue Française* a fourni à la critique des tempéraments très divers. Benjamin Crémieux, dans son *xxe siècle* et ses nombreux articles, pratique une critique objective qui pénètre lucidement les œuvres avec un minimum de parti pris, et discerne judicieusement les courants de la littérature contemporaine. Mais les traits dominants et originaux de ce groupe critique, je crois qu'on en trouverait deux.

D'abord la place singulière qu'y tiennent les critiques philosophes. Il semble que la formation philosophique ait joué ici une partie du rôle que remplissait la formation littéraire dans la critique de 1900. Jacques Rivière était de formation philosophique ; et l'auteur du *Bergsonisme* a introduit en critique des points de vue de son maître. Aujourd'hui, avec des tempéraments divers, Gabriel Marcel, Ramon Fernandez, Jean Prévost, Jean Paulhan représentent dans la critique de la rue de Beaune des formes diverses de la culture philosophique. Ils ont posé du dedans ce conflit de la raison et de l'intuition qui depuis la guerre a débordé de la philosophie sur la critique, comme en a témoigné la bataille de la poésie pure. En second lieu, on est frappé de voir à quel point la critique de la *N. R. F.* est une critique essayiste. On sait d'ailleurs que son chef, André Gide, est de la famille de Montaigne.

Le groupe de la critique d'*Europe* qui, au contraire de la *N. R. F.*, a une position politique très accentuée, est socialiste et internationaliste. Jean-Richard Bloch et Jean Guéhenno se préoccupent de critique sociale plus que de critique littéraire. Mais par là même, l'auteur de *Carnaval est mort* et celui de *Caliban parle* apportent une contribution importante à la critique des idées. Viendrait ensuite le groupe matérialiste marxiste, formé principalement de philosophes (Morhange, Politzer, Guterman, et plus récemment Nizan), qui dans ses deux revues temporaires *Philosophies* et l'*Esprit* avait commencé, dans l'esprit du communisme, une révision des valeurs littéraires bourgeoises, à laquelle le matérialisme historique rendait des services, comme ceux que la philosophie de Taine a rendus aux *Essais de Psychologie contemporaine,* le thomisme à Maritain et à Massis.

Le journalisme. L'essai, qui n'est en somme qu'un article long, a d'ailleurs été vite détourné et capté par le journalisme.

Le journalisme politique ne pourrait être présenté ici que comme une longue brochette de noms éphémères. La critique des mœurs et de l'actualité rentre mieux dans les cadres de la littérature. L'ancienne chronique, mangée par la chronique courte et le reportage, retrouve moins que jamais, malgré toutes les sollicitations, son ancien éclat. Le produit le plus original du journalisme de mœurs reste ce qu'on pourrait appeler l'article-croissant auquel le lecteur est habitué le matin : le croissant Vautel, le petit pain La Fouchardière, la flûte Audiat.

La critique littéraire des journaux nous offre naturellement une prise plus substantielle. Elle fait partie nécessaire du courant de la littérature. Elle en est parfois la conseillère, toujours la secrétaire et l'archiviste.

La période normalienne, inaugurée par la génération de 1850, et qui fut brillante, a pris fin à peu près en 1914. Non que normaliens et professeurs ne figurent pas honorablement dans le journalisme, mais c'est sans y rien représenter de la tradition et de la considération originelles. Ils sont dans le rang avec les autres journalistes. La profession de journaliste, les nécessités du journalisme, donnent seuls son ton et son courant à la critique des journaux.

Elle en subit, sur un point, un dommage. Elle a presque perdu ce qui faisait la fleur de la critique humaniste, la référence aux classiques, la solidarité avec la chaîne littéraire française. Une fonction et une tribune comme celles de Sainte-Beuve, maintenues par Taine, Scherer, Montégut, Brunetière, Lemaitre, Faguet, sont devenues à peu près impossibles, et, s'il faut en croire les directeurs de journaux, ne trouveraient plus qu'un public précaire et décroissant. La critique actuelle a beaucoup mieux maintenu, de l'héritage de Taine, Scherer, Montégut, le contact avec les littératures étrangères, en particulier la littérature anglaise, suivie avec attention et discernement. Contrainte à sacrifier de plus en plus à l'information, à l'actualité, aux comptes rendus, elle y apporte moins des décisions et des jugements que des qualités de moraliste et de psychologue. Ses qualités et ses défauts sont commandés par ce fait, qu'elle est devenue une province du journalisme et plus du tout une dépendance de la chaire.

La critique dramatique, dans une position plus difficile, est logée à la même enseigne. Elle ne peut conserver sa dignité, et compter, que par le feuilleton hebdomadaire, qui permet la réflexion et le choix. Les exigences de l'information journalière ont réduit à trois ou quatre le nombre des critiques dramatiques qui ont à leur disposition ce rez-de-chaussée traditionnel, et à moins encore ceux qui gardent la volonté d'y défendre la littérature.

III

LE ROMAN

Vitalité du Roman. La génération de 1914 s'est trouvée presque automatiquement, et se trouve de plus en plus portée à s'employer dans le roman, à s'exprimer par le roman. Il appartiendra à ses successeurs de reconnaître ce qu'elle y aura apporté de durable. On peut apercevoir dès maintenant ce qu'elle y a ajouté de nouveau.

Notons d'abord qu'elle se trouvait devant le roman moins embarrassée, moins grevée par le passé, que devant la poésie. Dans son massif, dans sa vie collective, la ligne du roman français ne date que de la génération de 1820, tandis que la ligne de poésie date de la génération de 1550. Le roman est un genre encore jeune, et qui se renouvelle sans s'épuiser manifestement.

Ajoutons qu'au contraire de la poésie il est en relation continue et nécessaire avec l'étranger, qu'il y a une internationale du roman, que cette vie dans l'espace, cette présence du roman anglais ou du roman russe, ont été jusqu'ici favorables au roman français, lui ont proposé des suggestions sans lui imposer des imitations, et cela particulièrement à cette génération de 1914, qui voyage davantage et qui est plus occupée des lettres étrangères que ne l'avaient été les autres.

Enfin jamais la littérature n'a été contrainte de déférer autant à la demande du public, de se soumettre autant aux conditions du succès. Or le public demande des romans. On verra plus tard si la génération de 1914 est une génération de prix, mais on sait dès maintenant que c'est la génération des prix. Et l'on n'obtient de prix sérieux qu'en écrivant des romans. Tout le monde, dans la génération de 1914, a été bon pour écrire un roman, de même que tout le monde était bon pour faire un soldat.

Les critiques méfiants n'ont pas manqué de remarquer que, pareillement, tout le monde au XVIIIe siècle était bon pour faire une tragédie, et que cela signifiait précisément la mort de la tragédie. Mais l'analogie ne s'impose pas. La tragédie était un gaufrier, faisait suite aux vers latins, et répondait dans l'ordre scolaire à une rhétorique supérieure : chaque rhétoricien avait sa tragédie dans ses livres de classe. C'est au contraire dans sa vie même que chaque homme d'aujourd'hui est susceptible d'avoir son roman. La transcription d'une expérience vivante en roman peut donner autant de romans vivants qu'il y a d'expériences transcrites. Limite théorique, bien entendu, mais en deçà de laquelle il y a place pour beaucoup d'êtres vivants et vrais, au contraire des ombres cimmériennes de tragédie.

Dans le roman comme dans la poésie de cette génération, il faut distinguer, en même temps que les valeurs qu'elle déclasse, l'apport de ceux de ses aînés que nous avons appelés les territoriaux de 1914, et son apport propre, à elle.

Les Valeurs déclassées. Les Valeurs déclassées sont ces valeurs de liaison et de construction qui jouent dans le roman le rôle que le discours joue dans la poésie. La technique de la construction, de l'affabulation, subissent non seulement des changements, mais des diminutions très sensibles. Les romanciers de la génération précédente s'étaient, en cette matière, mis à l'école de Balzac, de Flaubert, de Maupassant, des bâtisseurs, et ceux qui survivent continuent. Cette tradition, certes, est loin de se perdre. C'est à leur technique irréprochable et intelligente que les Tharaud doivent le meilleur de leur renommée. Une autre technique a valu à l'un des romanciers de la génération de 1914, Pierre Benoit, des débuts étonnants. La manière d'intéresser le lecteur moyen n'a en somme pas beaucoup changé, et dans le roman comme au théâtre une bonne technique traditionnelle est une condition suffisante du succès. Mais elle est de moins en moins une condition nécessaire. Elle répond à un état stabilisé du roman. Ce n'est pas par un progrès de sa technique que le roman a progressé après 1914, mais par un progrès ou un changement de signification, de suggestion, de poésie. Il n'a pas évolué par ses dehors, mais par ses dessous. Ici encore le roman nous apparaît comme le contraire de la tragédie ancienne, enfermée et arrêtée dans un cadre qu'elle ne peut briser sans cesser d'être. Il est le plus plastique des genres, le plus mobile, le plus industrieux, le plus inventif.

Roman et durée : Marcel Proust. Au contraire, toujours, de la tragédie classique et des ses vingt-quatre heures, le roman a le temps. Sa durée est à peu près consubstantielle à celle d'une vie humaine, et Boileau lui-même n'oserait lui reprocher de prendre ses personnages enfants au début, pour les quitter barbons, ou au cercueil. Il se passe, ou peut se passer, dans une durée réelle, vivante, dans la mesure même de la durée d'une vie d'homme. La durée extraordinairement variée, vivace et vigoureuse par laquelle la plante française a passé de 1789 à 1840 se retrouve dans ces romans balzaciens qui ont l'épaisseur, la variété et la signification d'une coupe géologique profonde. Relisez la page de Taine sur la durée anglaise — la matinée d'Oxford — et voyez-y le thème du roman de Thackeray, de Dickens et d'Eliot. Or la génération précédente avait légué à celle de 1914 une philosophie de la durée, la philosophic bergsonienne, dont l'action en profondeur fut considérable, moins encore par elle-même que parce qu'elle se combina avec d'autres actions, d'autres mou-vements, avec un sens pour l'intérieur obscur et dangereux de l'homme, une mobilité, une inquiétude, une révolution, — des révolutions, des écroulements de tout genre. Précipitée dans une durée nouvelle, il était naturel que la génération de 1914 fut précipitée dans un roman nouveau.

Le premier ébranlement, et celui qui jusqu'à présent a eu le plus de conséquences, fut communiqué par le roman de Proust. La *Recherche du Temps perdu* parut d'abord dans la littérature une œuvre inattendue et inclassable, une rupture, une aventure. Ajoutons que cette héroïsation paradoxale du snobisme, cet auteur qui se fait holocauste pour le snobisme, mobilisa immédiatement contre lui le parti du sérieux, la rive gauche, les forces vives de la littérature normale. On reconnut vite que c'était une erreur. L'arrivée en météore de Proust, il faut la tenir pour toute différente, et contraire, de l'arrivée des cinq poètes maudits. Ce que les Cinq apportaient n'était peut-être pas absolument nouveau, parce qu'il n'y a rien d'absolument nouveau en littérature, mais enfin ils le tiraient de ce qui n'avait pas encore paru à la lumière, de ce qui appartenait jusqu'alors, dans la littérature, aux parties honteuses ou cachées. Mais le *Temps perdu* de Proust est un *Temps retrouvé.* Ces fouilles dans la mémoire de l'auteur s'accordent à des fouilles dans la mémoire épaisse de la littérature, dans une tradition qui remonte à Montaigne, qui passe par Saint-Simon, qui n'est pas étrangère au Sainte-Beuve de *Volupté,* et à laquelle, chez les philosophes, Maine de Biran et Amiel d'une part, Bergson de l'autre, ont donné une bonne conscience. Elle consiste chez tous ces auteurs dans la familiarité avec sa propre durée, le don de vivre la durée d'autrui, et dans un style qui est l'homme, un style de durée qui est l'homme de la durée, compréhensif, térébrant, tortueux (exception faite, ici, bien entendu, pour Bergson, normalien chez qui le style n'est qu'un instrument intellectuel d'exposition et de précision, non la matière d'une création). De sorte que dès qu'avec Proust un certain sentiment de familiarité s'est établi, on a reconnu qu'on l'attendait, que le roman français faisait là une de ses remontes naturelles et nécessaires, et que, comme les plus grands, comme Balzac, Flaubert, Maupassant ou Renard, Proust ne le laisserait pas tel qu'il l'avait trouvé.

Comme Balzac... La durée balzacienne est une durée historique, la durée française d'un demi-siècle exprimée et reflétée dans la *Comédie Humaine.* Ce que Balzac a fait pour la durée historique, Proust l'a fait pour la durée psychologique. Mais il est romancier parce qu'il peut sortir de sa durée psychologique, parce qu'il possède le don de coïncider avec la durée d'autrui, d'y voir et d'y exprimer autant et plus de complexes, de ruptures, de variété que dans sa propre durée. Il a été ici très loin. Il y a un monde proustien, original et peuplé, comme il y a un monde balzacien, et beaucoup plus qu'il n'y a un monde flaubertien. Il y a une *Comédie Proustienne* des années 1890 à 1910. Peut-être Proust a-t-il contribué depuis 1920 à nous éclairer et à nous approfondir Balzac ; Charlus n'a comme substance, épaisseur, puissance, radiations terribles, qu'un équivalent dans le roman : Vautrin.

Depuis Stendhal le roman c'était la province, c'était une certaine conquête, une certaine revanche d'un génie de la province sur Paris, telle la politique sous la Troisième République. Même dans le roman mondain de Feuillet dont les originaux sont généralement des châtelains du Cotentin, on peut voir le roman de la société agrarienne. Mais le roman de Proust est peut-être le premier exemple complet d'un roman qui soit purement parisien comme l'est en France le théâtre, et qui exclue rigoureusement la province. Combray et Balbec n'y figurent que comme des lieux de villégiature, de même que les basses classes n'y paraissent que dans la domesticité, que le monde y est celui de la vacance, de la gratuité et de l'argent. Que tant d'inépuisable réalité ait pu être tirée de ce milieu étroit, arbitraire et fragile, c'est ce qu'on a dû mettre quelque temps à comprendre, et ce qui accroît le mérite miraculeux de l'œuvre proustienne.

On n'imagine pas cependant qu'elle eût pu naître avant la génération de Proust, celle de la *Revue Blanche*. C'est la génération où débouchent dans la littérature les équipes israélites, tout urbaines, et dont les manifestations dans le roman (dans le théâtre cela va de soi) seront exclusivement parisiennes. Proust est demi-juif, comme Montaigne et Bergson, avec lesquels il partage cette intuition du mouvant et de la durée, qui paraît correspondre à une greffe du plant juif sur le tronc d'occident. Devant la société aristocratique, il se pose, avec fièvre et trépidation, le problème de l'entrée et de la conquête. Son snobisme ironique est fait moitié de ses réalisations, moitié de ses déceptions. On notera d'ailleurs que les problèmes de la société se posaient avec la même solidité et le même fruit et les mêmes naïvetés saines chez Balzac : la présence, la durée, la mémoire de la société françaises, ce furent d'abord pour le grand plébéien, pour le sang paysan des Balssa, Mmes de Berny, d'Abrantès et de Castries. Ici Villeparisis (justement le pays de Mme de Berny), Verdurin et Guermantes.

Proust appartient aussi à la première génération où, selon un mot de Barrès, on ait fait de la moins bonne rhétorique et de la meilleure philosophie. C'est le cas particulièrement chez les jeunes Juifs de Condorcet. On ne peut guère dire que Proust ait été philosophe. Mais quand on compare sa psychologie à celle de Bourget, et qu'on passe par conséquent d'un monde dans un autre, on est frappé de voir d'abord comme celle de l'auteur du *Disciple* est une psychologie de grand rhétoricien, ensuite comme Proust a incorporé au roman tout un domaine, et même un style, qui n'appartenaient jusqu'alors qu'aux philosophes. Taine comparait Maine de Biran à une cave obscure, et se moquait du Périgourdin qui avait attiré dans ses ténèbres quelques philosophes innocents. Lui qui trouvait déjà Bourget un malade, qu'eût-il dit en voyant, avec Proust, le roman lui-même installé dans la cave biranienne, exerçant de là sur une génération l'influence qu'avaient exercée sur Taine lui-même son cher Balzac et son cher Stendhal ?

Découverte d'un monde, comme cette exploration méthodique des grottes qui date de la fin du XIXe siècle, et pour laquelle il fallut créer le mot de spéléologie. Mais précisément, dans le roman, c'est-à-dire dans la seule direction où elle ait réussi, la génération qui découvrit, ou à laquelle se découvrit Proust, est la génération où tout se passe comme si elle avait pris pour mot d'ordre : la découverte des mondes nouveaux.

De là deux natures de roman qui répondirent à un appel d'air, le roman de l'aventurier et le roman de l'aventure.

Le roman de l'aventurier. Le roman de l'aventurier (qui peut être d'ailleurs, le roman d'un sédentaire, ou de la Maison du baobab à Tarascon) a trouvé sinon ses modèles, tout au moins ses livres de base, dans deux romans qui parurent en 1913 et ne furent accueillis qu'avec des réticences, les *Caves du Vatican,* d'André Gide et le *Grand Meaulnes* d'Alain Fournier.

Le cas du premier roman est très curieux, parce qu'il nous permet de faire le départ entre ses deux éléments, un roman d'aventure, plus ou moins comique, qui n'est pas très réussi, et un roman de l'aventure, ce qui n'est pas la même chose, et de l'aventurier, qui paraît aujourd'hui étonnamment perspicace, parce que Gide y a préfiguré, en père spirituel, dans le personnage de Lafcadio, les traits du jeune homme, et surtout du jeune littérateur, de la génération qui venait. La génération de 1914 a proustisé en ce sens qu'elle s'est mise à l'école de psychologie de Proust, mais nullement en ce sens qu'elle aurait vécu à la manière des personnages de Proust, à commencer par celui qui dit *Je,* lesquels appartiennent bien à la fin du XIXe siècle et à l'époque de la jeunesse de l'auteur. Au contraire, elle a gidisé en ce sens que c'est bien en avant qu'est lancé le personnage de Lafcadio, comme l'étaient d'ailleurs ceux de *L'Immoraliste* et des *Nourritures Terrestres.*

Lafcadio, l'aventurier de l'acte gratuit, est un aventurier bourgeois, cosmopolite, né dans l'argent et pour qui c'est une chance, ou une carrière, d'être enfant naturel. La fraîcheur de *Meaulnes* lui vient au contraire de sa source populaire, de son adhérence au provincial, au primaire, à l'école du village. L'aventure de *Meaulnes* se confond avec la poésie. Les *Caves* ont ajouté au romanesque volontaire d'après 1914, mais *Meaulnes* a ajouté à la poésie de cette génération, d'une génération qui d'ailleurs a dû faire en partie dans le roman ses remontes de poésie.

Le Roman de l'Aventure. Le roman de l'aventure, qui connut tant de faveur dans l'après-guerre, était accordé à l'entrée dans un monde nouveau, à des impatiences de la jeunesse, à cette décompression et à cette bougeotte où devaient se dépenser physiquement les imaginations comprimées par les disciplines du temps de guerre. Pierre Benoît, Mac Orlan, les Chadourne, lui donnèrent une figure conquérante, mais qui a daté beaucoup plus vite que celle que *Meaulnes* avait donnée au roman de l'aventurier. Il est naturel que la psychologie l'emporte sur le physique, et le roman intérieur sur le roman d'événement.

L'aventurier peut tenir tout entier dans le village de La Chapelle d'Angillon. Au contraire, l'aventure a besoin de l'espace, de la planète. Le roman de l'aventure conduisait au roman planétaire.

Le Roman planétaire. Ici encore, il faut tenir compte de la décompression et de la détente d'après-guerre. De la guerre à la crise, l'écrivain qui ne passait pas une partie de l'année sur les routes du monde, en mission, en tournée de conférences ou en reportage, se faisait remarquer. L'auteur itinérant avait d'ailleurs eu des prédécesseurs avant la guerre, et sans parler de Paul Adam, les Tharaud, surtout avec leurs impeccables romans de découverte des juiveries orientales, ont été des précurseurs.

Notons un autre précurseur, de talent très différent, Valery Larbaud, qui, la même année à peu près que *Les Caves du Vatican, Meaulnes* et *Du Côté de chez Swann,* publiait *Barnabooth.* Et que ces quatre romans aient paru en quelques mois, à la veille de 1914, cela fait peut-être le tournant le plus riche qu'il y ait eu depuis 1830 dans l'histoire du roman. *Barnabooth* a créé un style du voyage comme *Meaulnes* un style de l'aventure.

Un peu sous l'influence du mandarin qu'était Philippe Berthelot, et avec l'image lointaine de Claudel qui commençait à succéder à celle de Loti, un secteur du roman s'est amarré à cet embarcadère qu'est le Quai d'Orsay. C'est peut-être cette commune origine qui a fait coupler longtemps par la critique Morand et Giraudoux. Ils ne se ressemblent pas, mais s'ils n'appartiennent pas au même climat littéraire, ils figurent dans la même équipe, portent la même valise, et leurs influences se relayent.

Peu de livres ont été plus appelés, suscités, adoptés par une époque déterminée, en 1925 environ, qu'*Ouvert la Nuit* et *Fermé la Nuit.* Ce n'est pas le roman de l'Europe d'après-guerre, c'est une synthèse, une construction de cette Europe-là, mieux réussie que les synthèses et les constructions que tentait alors la peinture cubiste, mais de même ordre. Les romans de Morand n'atteignirent pas le succès de ses nouvelles, en partie parce qu'ils vinrent après elles. Mais dans le roman comme dans la nouvelle et surtout dans le récit de voyage, il a créé un style. Ce style est accordé à une coupe momentanée sur la civilisation, à des machines, à un état du monde, d'une époque aussi où la mode va vite. Morand a su la suivre ou la guider, comme un constructeur au salon annuel de l'automobile.

L'Aventure intérieure. Nous marquons ici moins les écrivains que les influences. L'influence de Giraudoux a accompagné celle de Morand, par un de ces contrepoids, de ce double tableau, de ce *Rouge et Noir,* qui sont une des caractéristiques du climat littéraire français : elles se croisent. Le sens planétaire de Morand, sa liaison et son survol des pays dans l'espace, ce globe terrestre lumineux, qu'il agite comme un cocktail, cela reste assez étranger à Giraudoux qui, ainsi que le prouvent *Amica America* et *Siegfried et le Limousin,* peut bien porter partout la valise à la main, mais a toujours la terre des plaines centrales de la France à la semelle. À cette liaison planétaire que Morand établit dans l'espace, Giraudoux oppose, ou plutôt associe une liaison française dans la durée. Cela n'a évidemment rien d'extraordinaire, en principe, et voilà bientôt un siècle que la question des renaissances classiques, de l'harmonieuse liaison française, est posée et que ses recommencements, ses redécouvertes, nous encombrent. Mais précisément avec Giraudoux il s'agit d'une liaison française non classique, que nous n'avons guère de mot pour désigner, pas même celui que nous employons ici, moins encore celui de modernisme au sens des Goncourt, mais dont on aura une idée en songeant que les classificateurs voient en Giraudoux un restaurateur de cette préciosité que Brunetière dépistait et déterrait, comme un jardinier le chiendent, dans les plates-bandes de la littérature française. D'autres, plus fins, ont évoqué au sujet de Giraudoux le moyen-âge, un au-delà de la Renaissance. De fait le héros ordinaire, le héros favorisé, le *Seul Qui* ingénu et miraculeux de ses romans nous paraît bien une manière de Lancelot du Lac. On dit Simon le Pathétique comme Perceval le Gallois, et il faut comparer *Bella* aux choses et aux êtres précis qui sont à son origine pour voir à quel point Giraudoux est possédé par le génie du romanesque foisonnant, de la déformation invincible, et de l'irréalisme magique.

L'aventure extérieure va se confondre chez Morand avec la matérialité du voyage, l'aventure intérieure va se confondre chez Giraudoux dans le jeu de l'imagination. Le roman se trouve à un carrefour de ces itinéraires de fuite dans lesquels s'est jetée cette génération du mouvement, et qu'a exprimés à sa manière le terme d'inquiétude.

Pourtant, quand, au départ de la génération de 1914, les devins de la critique ont examiné leurs poulets, c'est bien le contraire de l'inquiétude que leur présageait pour cette jeunesse la volaille sacrée : génération virile et précocement mûrie, génération d'énergie et de décision, qui après la victoire du dehors sur l'ennemi allait remporter, au dedans, la victoire sur les vieilles littératures, sur les byzantinismes tortueux... Que ne se promit-on pas de la littérature de guerre et de la littérature d'après-guerre !

Le Roman de la Guerre. Restons dans le roman. Le roman de guerre a eu trois grands succès, *Le Feu, Les Croix de Bois, Vie des Martyrs.* Ce succès était mérité. Les trois livres ont subsisté et subsisteront. Mais au contraire des romans de l'aventure, ce sont bien moins des créations que des mises au point. Barbusse, dans son roman d'une escouade, a mis au point de 1914 la *Débâcle* de 1870. Il a eu d'ailleurs raison. Les vieilles guerres sont toujours faites et vécues par les mêmes escouades à base paysanne, de même que les diplomaties qui les préparent les sortent des mêmes dossiers sur le bureau de Vergennes. Enfin Zola était venu le premier. Les *Croix de Bois* nous ont donné, écrits par un conteur combattant, ces tableaux de la guerre en ordre dispersé, où les auteurs des *Soirées de Médan* voyaient fort bien la meilleure manière de les présenter. *Vie des Martyrs* était porté par l'immense faveur, alors, de Dostoievsky. La guerre par elle-même n'a renouvelé ni la matière du roman, ni sa forme. Mais l'après-guerre ? Le retour ? l'*Odyssée* après l'*Iliade ?*

Le Roman du Retour. Le roman de l'aventure avait tourné au roman de l'aventurier. Le roman de la guerre tourna vite au roman du combattant, du vainqueur, c'est-à-dire, selon le mot de Dorgelès, de celui qui en était revenu. Avec ces habitudes de bilatéralisme que nous avons déjà rencontrées, on délégua à Montherlant et à Drieu La Rochelle, pour représenter dans le roman et ailleurs le combattant qui revenait, une sorte de fonction collégiale. L'hexasyllabe *Montherlant-et-Drieu* devint usuel comme Giraudoux et Morand, et nous n'aurons garde de le laisser tomber.

Barrès jouait alors un rôle comme patron littéraire des combattants. Il offrait à la génération nouvelle un type sinon à remplacer, du moins à continuer, celui du personnage représentatif, original, attrayant, qui s'est imposé comme délégué à la sensibilité d'une époque, et qui, doué pour raconter, pour toucher le public par ses récits, reste sous des figures diverses le principal personnage de ses romans. Montherlant fut préoccupé de cette destinée. Il appela son Philippe ou son Sturel Alban de Bricoule, celui du *Songe* et des *Bestiaires.* Il donna avec une âpre éloquence l'image impérialiste d'un jeune Français. Barrès venait de l'égotisme, Montherlant y alla.

Avec plus ou moins de succès, Montherlant est un bâtisseur. Dans *Le Songe* et *Les Bestiaires,* il a essayé de se construire, de réaliser un être qui résiste à l'écoulement et à l'écroulement, et pour qui le problème, tout de même un peu court, plus court que les problèmes barrésiens, est de concilier des exigences sensuelles avec ce dessein. Il s'est montré romancier quand il a peint dans *Les Célibataires* la nature contraire, celle qui ne résiste pas à la destruction. Drieu, peut-être plus abondamment doué que Montherlant, et plus capable que lui de s'intéresser aux idées, a pris au contraire dans la jeunesse d'après guerre, le parti et la pente de la réalité qui se dissout. Il a incarné dangereusement la jeunesse qui était au premier plan en 1924. Les titres autobiographiques de ses romans, *L'Homme couvert de Femmes, Le Feu Follet, La Valise vide,* sont caractéristiques et le dernier a presque servi de symbole ou d'enseigne à toute une équipe.

Une équipe, ou plutôt un tourbillon de mouvements, de sensibilités en liberté, comme on parlait ailleurs de mots en liberté, ce qui s'échappe par le *Thomas l'Imposteur* de Cocteau, ou le *Bon Apôtre* de Soupault.

Le Roman de la Jeune Bourgeoisie. Ce sont là des jeunes sur lesquels la guerre a passé, réellement ou métaphoriquement. On trouvera bien entendu plus de résistance chez ceux qui ont passé à travers la guerre, et qui eurent leurs trente ans dès sa seconde année.

Maurois et Mauriac ont, le premier avec une vocation plus générale de littérateur, le second avec une vocation plus particulière de romancier, écrit, pour leur temps, le roman de la grosse bourgeoisie, intermédiaire entre la grande et la petite, et assez provinciale pour appartenir au climat ordinaire du roman : ils ont été, dans cet ordre et par ce public, les romanciers de classe (aux deux sens du mot) les plus lus de ce temps.

L'éducation fait en France de la jeunesse bourgeoise ce que Waldeck-Rousseau appelait les deux jeunesses : laïque et catholique. Maurois, israélite, élève d'Alain, d'esprit analytique, est un laïc pur, et Mauriac est un romancier catholique, le romancier des problèmes chrétiens de l'âme. Il l'est à un degré d'angoisse et de profondeur qui ne se compare pas à la position des romanciers littérairement en règle avec l'Église, et dont le roman porte moins sur sa mystique que sur sa politique et sa morale : Feuillet, Bourget, Bordeaux. S'il reste à l'heure passagère où j'écris ces lignes, le romancier français le plus célèbre, il faut en voir une des raisons dans ce décri littéraire et intellectuel de la laïcité, qui a suivi étrangement son triomphe politique et la séparation de l'Église et de l'État. Ajoutons-y la réaction contre l'oratoire, qui s'est fait sentir dans le roman comme ailleurs : Mauriac est pressant, ému, il refuse l'éloquence et la grande courbe. Sa place, son succès, son influence, montés brusquement en 1924, entrent exactement dans les filières, les voies, les raisons de ce temps.

Le Roman-Cycle. Maurois et Mauriac ont écrit le roman des bonnes familles, sans exploiter un champ considérable, dépassant peu leur expérience par leur romancement, ne sortant guère de leurs Quesnay, Peloueyre et similaires, des secteurs familiaux et familiers qu'ils peuvent exploiter en fondateurs de la chronique discontinue d'un groupe. Les romanciers de l'époque précédente, les Bourget et les Prévost, avaient et ont encore gardé plus de balzacisme, d'invention, de disponibilité, et sont moins accrochés aux petites histoires de leur milieu, en partie parce qu'ils les ont moins vécues. Est-ce pour remédier à ce manque de substance, d'épaisseur et de variété, tout en restant fidèle à l'élan de leur génération romancière, pour imposer au roman une cure de balzacisme qu'un nombre inattendu de romanciers, au tournant de 1930, se sont attachés à cette chronique non plus discontinue, mais continue, et longuement continue, d'un groupe compact : le roman-fleuve ?

Pas précisément. Le roman-fleuve, ou plutôt le roman-cycle, avait donné l'une des œuvres les plus célèbres du début du siècle : *Jean-Christophe.* C'est à lui qu'on peut rattacher aussi la *Recherche du Temps perdu.* Mais les romans de Rolland et de Proust sont des biographies, écrites, plus ou moins, à la mesure d'un individu. Quand la nature a fait, par l'humanité, quelque chose d'analogue au roman-cycle, elle ne s'est pas servie de l'individu, elle s'est servie de la famille, c'est-à-dire de réalisations individuelles ou contradictoires, jaillies d'un même centre et participant d'un même élan. À côté et au-dessus de la famille naturelle la société a créé le groupe, a procédé par groupes. De là, en y joignant le roman de la vie individuelle dans sa multiplicité et ses complications, trois formes de roman-cycle, trois groupes de romans-cycles, tous trois en cours de publication à l'heure où nous écrivons ces lignes, et qui, s'ils sont terminés, figureront à eux tous, par leur ensemble, par leurs contrastes, par leur cyclisme du second degré, le témoin le plus considérable du roman français de cette époque.

1. Individuel. Le roman-cycle, centré sur la vie individuelle (et c'est le cas de Rolland et de Proust) trouve difficilement dans l'individu de quoi se recruter et se nourrir. Aussi Jean-Christophe et Marcel nous intéressent-ils beaucoup moins que les personnages secondaires, dont le passage fait vraiment vivre l'œuvre, et nous voyons même dans *Le Temps perdu* le personnage qui dit *Je* réellement mangé par l'immense Charlus. Des romans-cycles en cours, le seul qui soit centré sur la vie d'un individu est le cycle, très inégal, que René Béhaine a intitulé *Histoire d'une Société,* et, comme les deux précédents, il est concerné par cette remarque.

2. Familial. L'histoire d'une famille dans une durée qui peut aller d'une à trois générations, est évidemment le cadre le plus normal d'un roman-cycle, celui qui est proposé et presque imposé au romancier par les articulations de la nature. Aussi a-t-il fourni l'ordinaire du genre. L'impulsion a été donnée par les *Thibault* de Roger Martin du Gard, dont le début, le *Cahier gris,* a extrêmement impressionné les lecteurs et les confrères de l'auteur, et dont le succès a été pour quelque chose dans la mise en chantier des cycles actuels. La suite, et surtout la longue interruption, ont inquiété, et ce premier exemple a été aussi pour quelque chose dans la réserve relative du public à l'égard de ces entreprises, réserve qui n'a d'ailleurs aucune importance, vu qu'elles ont besoin de temps et de recul pour se classer.

Georges Duhamel peut passer pour une personnalité très représentative du roman-cycle, vu qu'il en a produit deux. Les quatre *Salavin* constituent en effet un cycle du premier genre, soit à la mesure d'un homme individuel, d'une *Vie et Mort de Salavin,* d'une grande monographie par le dessous, celle du petit mystique, comme les naturalistes avaient le petit bourgeois et le petit employé. La *Chronique des Pasquier,* dont un volume paraît régulièrement chaque année en octobre, est l'histoire d'une famille de petits bourgeois et de petits intellectuels, admirablement accordés sur la durée française, et dont le lecteur attend sans impatience qu'elle fournisse son homme de génie.

Une famille analogue exposée au long d'une durée, et d'un art tout différent, par Robert Francis, dans son *Histoire d'une famille sous la Troisième République,* mérite plutôt le nom de roman-fleuve que de roman-cycle ; tout, style, personnages, vie intérieure, s'y mobilise et s'y meut en effet dans une extraordinaire liquidité.

Tiendra-t-on pour un roman-cycle les quatre volumes des *Hauts Ponts,* de Jacques de Lacretelle ? Probablement. Ils se passent dans un secteur limité et précis : trois générations d'une famille plus ou moins en décadence, la première qui est évincée de son domaine, la seconde qui s'efforce de le racheter, la troisième qui le perd définitivement. Le cadre est la Vendée, mais seulement parce qu'il faut qu'il y en ait un : le cycle n'est destiné qu'à mettre à la lumière du roman un cas psychologique qui concerne une famille, comme *Silbermann* et *La Bonifas* exposaient dans le même système de transpositions le cas d'un individu.

La famille naît du couple. Le roman d'une famille dans *Les Destinées Sentimentales* a fait suite de la manière la plus naturelle aux romans antérieurs du romancier particulier du couple, Jacques Chardonne. D'ailleurs cycle assez sobre qui ne comprend que trois volumes, et que la critique classerait peut-être tout aussi bien du côté de Mauriac, comme roman des bonnes familles du Sud-Ouest, et de leurs drames intérieurs.

On imaginerait une carte littéraire de la France où chaque grande région aurait droit à son cycle. Ce serait trop beau. Mais si un psychologue a donné le sien au Sud-Ouest, un conteur le donne à Lyon et à sa région, Henri Béraud avec la *Chronique de Sabolas,* chronique de la vie lyonnaise au XIXe siècle. Les catégories religieuses y font place aux catégories droite et gauche : donc *Chronique* d'un demi-Lyon puisque Lyon, qui aurait bien eu droit à son Mauriac et à son

Chardonne, est d'abord une capitale religieuse. Entre le cycliste lyonnais et le cycliste du Sud-Ouest, on rétablirait volontiers le contraste Maurois-Mauriac, laïcité-religion, un des contrastes vivants de la France d'aujourd'hui.

3. Unanime. Voilà cinq romans-cycles établis sur la vie de famille. Il était naturel et presque nécessaire que le poète théoricien, dramaturge et conteur des groupes, et qui a réalisé dans l'unanimisme l'idée, le sentiment du groupe, l'auteur d'*Un Être en Marche,* écrivît, en s'attaquant au roman-cycle, le roman d'un groupe en marche, les *Hommes de Bonne Volonté.* Ce cycle est accordé sur le pas de l'époque et de la génération de Jules Romains. Un personnage, comme dans tous les cycles précédents, y est plus ou moins le délégué de l'auteur, mais n'y prend pas, non plus qu'aucun autre, une place prépondérante. L'unité, qui n'apparaît pas encore dans l'excessive dispersion des personnages, sera obtenue sans doute au cours du cycle, et formulée comme *Unité trouvée,* à la manière dont la *Recherche du Temps perdu* se termine par le *Temps Retrouvé,* et dont les *Rougon-Macquart* se terminaient par *Le Docteur Pascal.*

Un peu à la manière des *Rougon-Macquart,* qui donnèrent après 1870 le roman d'avant 1870, ces sept romans-cycles sont encore engagés dans une sorte de période historique. Aucun d'eux en effet n'a encore atteint les années de guerre. Les sept auteurs insistent visiblement et s'attardent sur des années qui correspondent à leur jeunesse, et dans cette recherche du temps perdu ils ne paraissent pas pressés d'arriver au temps actuel. Il est à remarquer d'ailleurs qu'en face de l'instabilité de la société, du caractère saisonnier de ses mœurs et de sa situation, les romanciers depuis 1930 hésitent devant ce qui faisait autrefois le pain quotidien du roman : les mœurs contemporaines, la chronique de la Société. La durée romanesque se trouve ainsi comme refoulée vers l'amont. Cela tient toujours au déséquilibre actuel de la durée littéraire. La hâte avec laquelle, la trentaine à peine atteinte, des écrivains qui n'ont d'expérience que de quelque littérature, et non point de la vie, se mettent à publier leurs mémoires, nous divertit et aussi elle nous éclaire. Il ne s'agit pas seulement de la hâte de la production, mais de l'incertitude du lendemain, de l'incohérence de la vie, d'une nécessité croissante de vivre sur les réserves, d'une crise et d'une carence de la création. Malgré ces difficultés, on ne saurait guère douter que le super-cycle de ces sept romans-cycles, le Tour de France des sept romanciers cyclistes, ne reste un trait capital de l'histoire du roman, du paysage du roman, pour cette tranche de siècle, que meublera la génération de 1914.

IV

LA POÉSIE

Le sens du mouvement poétique reste à peu près pour la génération de 1914 le même qu'il avait été pour la génération de 1885 ; séparation de plus en plus radicale, de plus en plus extrémiste, entre le discours et la poésie. Il y a là, pour le demi-siècle qui nous sépare de 1885, une invincible pente, qui oppose cette période de la poésie française à tout son cours antérieur depuis le XVIe siècle.

Poésie et Discours. La poésie alliée au discours appartient ailleurs tellement à la tradition séculaire française, qu'elle peut survivre presque indéfiniment sur une ligne d'évolution parallèle, ou sur une voie de garage. En 1914 précisément tout se passait comme si cette question du discours était encore posée. La poésie éloquente livrait ses derniers combats. Elle avait sa muse, Anna de Noailles, la dernière et même le dernier des romantiques, avec qui s'en sont allés, comme avec Jaurès, dont il lui eût plu qu'on la rapprochât, les grands lieux communs du XIXe siècle. La poésie éloquente arborait par ailleurs des noms d'écoles : humanisme de Fernand Gregh, intégralisme d'Adolphe Lacuzon, paroxysme de Nicolas Beauduin. Et rien ne nous interdirait formellement de réunir sous le nom de méridionalisme la poésie sonore, proclamatoire et oratoire — le Midi est éloquent — de Léo Larguier, Joachim Gasquet, de nombreux Aixois ou Toulousains.

Plus instructif sera le cas de l'unanimisme, c'est-à-dire du groupe des poètes de l'Abbaye qui ont trente ans ou un peu moins en 1914. Romains, Duhamel, Vildrac, Chennevière, Romains et Duhamel sont des esprits déversés vers le dehors, et, comme on l'a vu ensuite au théâtre et dans le roman, de vocation oratoire, d'éducation rhétoricienne. Mais en même temps, intelligents, avisés, aimant leur temps, et qui sont soucieux de s'accorder pleinement avec lui. D'où l'intérêt du contraste entre la première manière poétique de Romains, celle de Sa *Vie Unanime* (1908) et celle qui commence, dès l'année suivante, de lui succéder avec *Prières.* C'est un passage du flux oratoire à la suggestion elliptique et à l'émotion dépouillée. L'œuvre poétique de Romains, dans la mesure même où elle devient très volontaire, où elle s'accroît et se précise par une technique professée, un *Traité de Versification,* nous paraît, autour de 1914, propre à être utilisée comme flèche indicatrice d'un mouvement. Le caractère oratoire subsiste davantage chez Duhamel et Chennevière, tandis qu'il a toujours été assez étranger à Vildrac. Mais enfin nous avons là une occasion de voir comment à l'intérieur d'un groupe qui se construit, qui attache une grande importance poétique à la construction même du groupe (c'est cela l'unanimisme) l'oratoire peut varier, décroître, de même qu'à l'intérieur du symbolisme, et des *Vingt ans en 1885,* on le voyait déjà décroître régulièrement de Verhaeren à Viélé-Griffin.

L'oratoire, le discours lié, font partie de la tradition de la poésie française. Déjà au temps du symbolisme la rupture avec l'oratoire avait été une rupture avec cette tradition. Et la rupture avec la tradition se fait ordinairement au bénéfice de l'aventure. Si le XVIIIe siècle nous fait voir en la poésie la tradition pure, soit l'immobilité, il était réservé au XXe siècle de tenter l'expérience, utile et légitime, de l'aventure pure.

L'Aventure. À la vérité, tel avait bien été déjà le rôle de ceux que nous avons appelé les Cinq de 1870, Verlaine, Rimbaud, Mallarmé, Lautréamont, Corbière. *Romances sans Paroles, Les Illuminations, Un Coup de Dés,* les poèmes marins de Roscoff, *Maldoror,* sont autant de départs pour la mer inconnue, de saluts portés.

Solitude, récif, étoile,
À n'importe ce qui valut
Le blanc souci de notre toile.

Entre les aventuriers qui eurent vingt ans vers 1870 et ceux de l'autre guerre, il y a cependant une différence, à l'avantage des premiers. Comme on plaidait devant Clemenceau la cause d'un homme politique qu'il n'aimait pas, et en faveur de qui on alléguait qu'il ressemblait à Robespierre, le Tigre rétorqua : « Oui, mais Robespierre, lui, ne savait pas qu'il ressemblait à Robespierre ! » Rimbaud ne savait pas qu'il ressemblait à Rimbaud, et d'ailleurs à vingt ans il avait complètement cessé de lui ressembler. Au contraire, les aventuriers de 1914 savaient, savaient trop, qu'ils ressemblaient à Rimbaud, et ils en ont beaucoup parlé. Quand le groupe surréaliste se fit un drapeau, il écrivit un seul mot : *Lautréamont !* C'était déjà de la tradition. La génération de 1914, dans la mesure où elle avait de magnifiques précurseurs, n'a tout de même pas connu l'aventure pure.

Mais elle a obtenu largement, du côté de la quantité et de la publicité, l'équivalent de ce qui lui manquait de pureté. L'aventure est à la source et dans les moelles de cette génération. La guerre a ajouté à son exigence d'aventure, elle ne l'a pas créée. La *Correspondance* de Rivière et d'Alain-Fournier est une coupe géologique dans les terrains d'où a jailli cette source. Et *Le Grand Meaulnes* de Fournier, et l'article de Rivière sur le *Roman d'Aventure,* datent des mois qui ont précédé la guerre. On peut dire que, de la mort d'Apollinaire à l'exposition des Arts Décoratifs, la poésie comme le roman a vécu dans l'atmosphère et dans l'idée vague de l'aventure.

La poésie est prise par l'aventure dès sa racine. Dès 1910, Marinetti, italo-français, comme Apollinaire était franco-italien, avait prophétisé en même temps que lui par la proclamation du futurisme et par le jeu poétique des mots en liberté. Le mot en liberté, c'est par excellence l'aventure poétique, d'ailleurs conséquence de la poésie en liberté des Cinq et du vers en liberté des vers-libristes symbolistes. Dans cette liberté musicale pénétrée d'assonances, de souvenirs de bibliothèque, de refrains de chansons populaires, de tout ce qu'on peut ramasser sur une route d'Europe, et, plus simplement, entre le marbre et le cuir d'un café, Apollinaire mit de l'enchantement, et aussi une magie personnelle. Une telle magie est d'ordinaire pour beaucoup dans le succès inégal de ces aventuriers. Elle avait par exemple fait la gloire fragile de Toulet. Comme la ballade de Banville et le sonnet des Parnassiens, traditionnels chez des traditionnels, des formes aventureuses furent inventées ou réinventées par les aventuriers. Après les *Contre-rimes* de Toulet, les *Calligrammes* d'Apollinaire. On songe aux *sortes experimenti* de Bacon, l'expérience faite à l'aventure, afin de voir si, par hasard, il en sortira quelque chose. Il fallait s'en aviser. Ensuite, cela devient bien facile.

On doit voir cependant quelque chose de plus dans les *Calligrammes,* poèmes en formes de dessins, qui ont pour antécédent la *Bouteille* du cinquième livre de Rabelais : un jeu en accord avec les expériences picturales d'alors, une tentative sur des frontières où il y a de la *Bouteille,* mais aussi du *Coup de Dés.* L'incomparable intérêt de toute une poésie depuis 1885 et même depuis les Cinq, c'est d'avoir ajouté à la poésie continentale française ce qu'à la même époque les conquérants coloniaux ont ajouté au domaine français et aux vieilles colonies : non seulement des vraies colonies, mais des chapelets d'îles inhabitées, des atolls et des déserts, beaucoup de déserts. Tout cela fait une plus grande France et tout ceci fait une plus grande poésie française, tient de la place sur la planète, dans le possible. S'il y a une poésie Sancho,

C'est un très grand honneur de posséder un champ

écrivait M. de Pomairols, il y a aussi une poésie Quichotte :

Fuir, là-bas, fuir je sens que des oiseaux sont ivres...

Seulement Apollinaire était lui aussi, lui surtout, un Quichotte qui se savait Quichotte, se voulait un peu scolairement Quichotte. Nous pourrions, si nous énumérions, citer ici beaucoup de noms de poètes, de participants à ces expériences, à ces aventures coloniales, et par exemple Max Jacob, qui a mieux réussi dans le roman. L'expérimentation aventurière a trouvé peut-être, après Apollinaire, son principal héros dans Jean Cocteau, depuis le *Cap de Bonne Espérance :* plus intelligent, plus souple, plus aimable qu'Apollinaire, moins inventeur, moins génial, moins navigateur au long cours, plutôt caboteur (on a hésité sur la désinence), dépourvu de la forme apollinarienne de mystification, mais non de charmantes impostures, et en somme, dans ces années trente, l'ancien marinier, resté en vue, de cette nef de Pantagruel qui a traversé la poésie des années dix et des années vingt, et pour laquelle nous gardons un faible.

Un faible intelligent, le lecteur n'en doutera pas, puisqu'il s'agit d'obtenir de l'oracle de la Dive le secret des destinées de la poésie. Malheureusement la réponse est ou aurait été peu encourageante. Expériences curieuses, mais infructueuses. Reviendrons-nous dans notre petit Liré planter l'alexandrin, voir fleurir la rime riche, nous enorgueillir de nos plates-bandes de sonnets, faire éclater au bout d'un jardin de curé le parterre flamboyant et bien arrosé d'une ode hugolienne ? Non. Tout de même l'élan d'une poésie est dans l'invention, l'aventure et l'air en mer...

Territoriaux. Valéry. Ici se sont retrouvés heureusement, par cette bonne fortune qui n'abandonne jamais les lettres françaises, des territoriaux de 1914. C'est par des territoriaux que Lyautey garda alors le Maroc. L'équipe quadragénaire qui compensa pendant la guerre l'absence partielle de la génération nouvelle comprenait deux poètes, Valéry et Claudel. Il importait extrêmement que Valéry, en sommeil poétique depuis vingt ans, comme Hindenburg était un général en disgrâce et Pétain un colonel mal noté, prît la tête de l'expédition coloniale et de l'aventure. Il n'était pas libre de ne pas écrire en 1916 *La Jeune Parque.*

La Jeune Parque, publiée en 1917, ne mit que quelques mois à faire son chemin, le temps que mirent trois à quatre cents amateurs de poèmes à la savoir par cœur, comme ils savaient par cœur Racine et Hugo. Ce poème de la vie intérieure entra dans des mémoires, comme dans une invincible place d'armes, et de là rayonna lentement dans la poésie, y plaça l'action inattendue d'un morceau de radium.

On se trouvait ici sur le bord exactement opposé à Apollinaire et à son groupe, à cette facilité et à cette écriture quasi automatique par lesquelles, d'Apollinaire et de Max Jacob aux surréalistes, des poètes ont consciemment et désespérément refusé la durée, refusé la dureté nécessaire et persistante d'une matière. Chaque vers de *La Jeune Parque* était au contraire conquis sur un silence hostile, sur une résistance que l'alchimie poétique incorporait à la réussite du produit. Selon le précepte de Boileau, le vers facile et fluide était fait difficilement, et de la difficulté naissait la solidité de l'œuvre. Puis, à la diffusion et à la confusion où coulaient les poètes de l'aventure, Valéry opposait une manière d'infusion : l'infusion de l'aventure et de l'inattendu dans la vie intérieure. *La Jeune Parque* se trouverait presque à l'interférence poétique des titres de deux ouvrages philosophiques célèbres : le *Mémoire sur les Perceptions obscures* et le *Cheminement de la Pensée,* plénitude d'une conscience nue, comme le fragment du Belvédère est la plénitude d'un torse seul.

Durant cinq ans elle fut suivie des poèmes que recueillirent *Charmes,* les deux courtes périodes de poésie, celle de la jeunesse et celle de la cinquantaine, ressemblent dans la vie de Valéry à ces îles qu'a dites la Jeune Parque :

Rien n'égale dans l'air les fleurs que vous placez.

Mais, du point de vue qui nous occupe ici, l'important, c'est la tradition qu'établit ou rétablit cette poésie, et l'influence qu'elle exerce.

La tradition est la tradition mallarméenne. Qu'il existe de grandes différences entre la poésie de Mallarmé et celle de Valéry, et davantage encore entre les deux esprits, l'un qui croit aux Lettres, l'autre qui croit à la Science, aucun doute. Et cependant, grâce à Valéry, Mallarmé cesse de faire figure d'aérolithe. Ils se partagent un même domaine. Le fait qu'ils soient, comme le serpent de mer dans Kipling, deux, change la situation. Les premiers vers de Valéry, ceux qu'a recueillis *l'Album de Vers Anciens,* ont été à peu près, dans les dernières années du XIXe siècle, les seuls vers français qui aient été écrits directement et certainement sous l'influence de Mallarmé, laquelle ne se faisait techniquement sentir sur aucun autre poète symboliste. Renouvelé par la pensée et la musique de *La Jeune Parque,* le Valéry des années vingt a exercé au contraire une action profonde sur une partie de la poésie française. Lucien Fabre semble avoir été le premier disciple, et depuis, une part de la jeune poésie qui reste fidèle au vers régulier est plus ou moins touchée du rayon valérien. Il est alors arrivé ceci de paradoxal que de Valéry (comme d'Anatole

France, mon Dieu !) on peut dire qu'il a servi à *maintenir.* Il a maintenu, à une époque où ils vacillaient, les cadres techniques, rigoureux de la poésie française. Il a refusé, comme disait Mallarmé, de toucher au vers. Il a donné une bonne conscience à ceux qui le défendaient encore.

On remarquera que les symbolistes proprement dits, ceux qui avaient vingt ans en 1885, les Laforgue, les Regnier, les Viélé, ont eu peu d'influence sur leurs successeurs de 1914, et que tout se passe comme si, dans la mesure où la génération de 1914 eut des maîtres, ces maîtres étaient les Cinq de 1870, Verlaine dans une certaine mesure, Mallarmé par Valéry d'une part, par les tenants du *Coup de Dés* d'autre part, un peu Corbière par son imagerie populaire et maritime, Lautréamont par le surréalisme — enfin la fortune extraordinaire de Rimbaud.

Claudel. Rimbaud pris comme figure de proue d'une nef poétique figurait plus ou moins à l'origine de *Tête d'Or,* le premier drame de Claudel. Or Claudel fut le second des poètes territoriaux de 1914. On ne peut pas dire qu'il était ignoré avant cette époque. Bien au contraire, la correspondance entre Rivière et Claudel servirait presque d'échantillon pour nous faire connaître quel prestige le poète de l'*Otage,* de l'*Annonce,* des *Cinq grandes Odes* avait acquis aux yeux d'une partie de la jeunesse silencieuse. Mais d'abord la guerre le plaça automatiquement parmi les quatre remplaçants. Ensuite le moment vint où il eut non seulement une clientèle spirituelle, mais des disciples poétiques.

Le verset claudélien était en effet une grande trouvaille, non seulement originale, non seulement très féconde entre les mains de Claudel, mais parfaitement viable pour fournir à certains un bon instrument poétique. Par un retour analogue à celui qui a fait de Valéry un « mainteneur » ce verset claudélien s'est trouvé à point entre les mains des jeunes revenants de la guerre. Montherlant et Drieu la Rochelle, qui furent quelque temps les deux Ajax du Nostos, l'ont également employé pour poser poétiquement leurs interrogations et leurs affirmations. D'autre part, l'influence de Claudel s'exerçant fortement sur les catholiques, on ne s'étonnera pas de voir la forme de son verset adoptée par des poètes de sentiment chrétien comme Henriette Charasson.

Il y a cependant une difficulté. Le verset claudélien est une forme très personnelle à son auteur, inventée délibérément par lui, à sa mesure, dans des conditions que lui-même nous a dites. Or si l'imitation et les influences font partie du climat de la poésie, encore est-il nécessaire qu'imitation et influence ne soient pas visibles du dehors et avant même la lecture. La strophe de *Mireille* et de *Calendal* portait tellement la marque de l'invention mistralienne, qu'aucun poète d'oc n'a osé la toucher après Mistral. Il en va un peu de même du verset claudélien avec sa grosse signature. Et pourtant, en soi, cet instrument, susceptible d'être heureusement varié selon les tempéraments, paraît de bon usage. Très neuf quand Claudel le créa il y aura bientôt un demi siècle, son fleuve réaliserait aujourd'hui un bon équilibre entre la très large laisse rythmée de Saint John Perse, en estuaire, et ce ruissellement poétique de filets où la génération de 1914 paraît avoir trouvé son instrument moyen.

Le Vers nouveau. Instrument moyen légué d'ailleurs par la génération précédente, et dont il serait bien difficile de dire quand il commence : peut-être aux *Derniers Vers* de Laforgue. Le groupe de l'Abbaye s'était voué à lui le façon volontaire et concertée, et Romains et Chennevière en ont donné une manière de technique ou de pratique dans leur *Traité de Versification française,* professé d'abord en 1913 au Vieux-Colombier. Nulle part peut-être mieux que dans *Pour la Musique,* de Fargue, on ne le voit exprimer nécessairement et à vif une sensibilité. Comme, dans la génération symboliste, le vers libre dont il est l'héritier, le vers nouveau a bénéficié de l'incertitude même de paternité, et, à la différence du verset claudélien, il ne porte pas la marque authentique de quelqu'un, le chapeau de Guillot, berger du troupeau. Autant que le vers régulier, il laisse jouer l'originalité de chacun, permet à beaucoup de poètes une marque distincte. Jouve n'y ressemble pas à Romains, Salmon à Morand, Éluard à Reverdy, Supervielle à Michaux. Et cependant ce domaine poétique existe, comme le Parnasse ou le symbolisme. Il équilibre le domaine actuel du vers régulier. Si le plan de ce livre le comportait, il serait facile de marquer la douzaine de volumes, ou généralement de plaquettes, qui témoigneront de lui dans l'histoire littéraire. Mieux, on en peut abstraire dès maintenant la ligne qu'il fait sur l'horizon.

Elle n'a à peu près plus rien de commun avec la ligne symboliste, malgré une analogie toute extérieure de l'instrument poétique. Elle est plus vidée encore de substance oratoire et logique. Le poète prend sur les mots, pour son mouvement, un appui très léger, qu'exprimerait le mieux, en lui donnant tout son sens étymologique, le terme d'allusion, Une vieille théorie d'esthétique, qu'exposa Schiller, fait de l'art la forme supérieure du jeu. Et cela ne veut pas du tout dire que l'art, ni les jeux des enfants, ne soient sérieux. Or la poésie très moderne, celle de ce vers amenuisé ou défait, a précisément reculé une des limites ordinaires de la poésie vers le jeu. Elle a apporté non seulement à la parole, mais à l'émotion, plus de gratuité, comme disait Gide au temps des *Caves,* plus de désintéressement, au sens où *La Jeune Parque* « se désintéresse ». *Pour la Musique,* disait Fargue. Mais c'est une musique proprement poétique, qui a rompu avec cette musique musicale, dont le lyrisme est gorgé depuis le romantisme, et que le symbolisme, Mallarmé et Valéry ont poussée à un paroxysme qui ne peut plus être dépassé. Une musique poétique où le décalage entre l'impression et l'expression est réduit à un minimum. Tout cela est viable.

Mais il ne suffit pas d'être viable. Il faut faire quelque chose de cette viabilité. Et la nouvelle poésie, la poésie propre de la génération active de 1914, indépendante de la génération territoriale, a peu fait.

Depuis celle de 1789, qui avait André Chénier, toutes les générations littéraires françaises ont eu leur ou leurs grands poètes. La génération de 1914 est la première qui n'ait pas les siens. Et pourtant, au contraire des générations qui se sont trouvées dans ce cas au XVIIIe siècle, elle n'a pas du tout manqué d'invention poétique : au contraire ! Peut-être l'exploitation du monde poétique comporte-t-elle des limites. Peut-être arrive-t-il un moment, où, comme dans les colonies, toutes les bonnes terres sont occupées, où le dernier venu n'a plus à sa disposition, en effet, que ces déserts dont nous parlions, désert de pierre ou désert de sel, — où le *Tout est dit* de La

Bruyère ressemble au *Complet* opposé par les vieilles puissances coloniales aux nouvelles. Provisoirement, bien entendu, car il y a la guerre, il y a l'aventure...

Poésie et Prose. Et même, dès maintenant, avec des réserves, il ne faut pas être dupe de la typographie. Le Banville de la génération symboliste, Paul Fort, a presque marqué un tournant quand il a donné à son torrent de vers la forme typographique de la prose. La prose d'aujourd'hui, c'est parfois un bal masqué — mal masqué — où la poésie, où toutes les poésies, se sont donné rendez-vous. Déjà parmi les Cinq, ce n'est nullement par ses vers, c'est par les *Illuminations* que Rimbaud est devenu un maître de 1920, et *Maldoror* est en prose, même en prose oratoire. Les livrets en prose de Fargue ont fonctionné dans la vie littéraire de 1930 exactement comme des poésies. La vocation de Cocteau poète s'est pareillement fixée à la fin dans la prose. C'est en prose que coule le surréalisme poétique. Entre la prose et la poésie, se fait une osmose toujours croissante. La poésie a débordé surtout sur le roman. On a souvent remarqué à quel point l'état de Giraudoux est un état poétique. C'étaient bien des écluses de poésie, qui, dès le temps de la guerre, avaient été ouvertes par *Le Grand Meaulnes*. Il serait curieux et fructueux d'établir une carte poétique de l'époque contemporaine, qui mentionnerait les lieux de poésie, les courants de poésie, — et aussi les courants et les lieux d'antipoésie (ils existent); sur cette carte les indications de poésie n'impliqueraient pas du tout, comporteraient moins que jamais, des écritures en vers.

V

LE THÉÂTRE

Le Théâtre de l'arrière. 1914 ne trouvait pas du tout le théâtre en mauvais état. L'initiative de Copeau au Vieux-Colombier, succédant à celle d'Antoine, avait suscité un mouvement analogue à celui du Théâtre Libre. Avec une différence cependant. Le Théâtre Libre, c'était un théâtre, mais c'étaient aussi des auteurs. Or s'il serait injuste de dire que le Vieux-Colombier n'eut pas d'auteurs, c'est un fait qu'il n'en chercha pas : les projets de Copeau ne comportaient encore qu'une cure physique, un nettoyage de l'instrument, une formation de l'acteur et du public. Cependant un mouvement était suscité, qui allait sans doute porter ses fruits. D'autre part l'équipe qui avait débuté au théâtre à la fin du XIXe siècle était en 1914 en pleine production, le théâtre restait fidèle aux habitudes de la comédie de mœurs, et la société restait habituée aux mœurs de la comédie. La guerre bouleversa tout.

On ne pouvait pas mettre les mœurs de la guerre sur le théâtre, et l'on ne pouvait plus y mettre les mœurs de la paix. D'autre part, il fallait faire travailler les théâtres. Un immense public de permissionnaires, d'étrangers, d'enrichis de guerre, d'allocataires ne demandait qu'à y dépenser son papier. L'industrie satisfit à cette demande comme elle le put ou plutôt comme ce public peu lettré le demanda. Les théâtres normaux durent pour subsister se mettre au pas de cette production, subir l'initiative d'industriels, hier marchands de billets, aujourd'hui marchands d'heures de spectacles. Ce fut le théâtre Quinson. L'art dramatique sincère, à l'armistice, s'était réfugié tout entier dans les petites scènes du genre du Vieux-Colombier, qui avaient peu de frais, trouvaient quelques mécènes, cherchaient des jeunes, en trouvaient. Le rétablissement se fit lentement, difficilement, très gêné par le cinéma. Au théâtre, bien plus que dans le roman, et plus même qu'en poésie, la génération de 1914 a été mutilée, étouffée, a dû passer par des défilés périlleux dont elle n'est pas encore sortie.

Une tradition bien naturelle veut que le genre chef, en matière de théâtre, soit le théâtre en vers. Mais depuis la guerre cette rubrique appartient à la nécrologie. Nous n'en dirons rien.

Il a cependant des succédanés en prose. Le public, surtout européen, a pris grand intérêt au théâtre éloquent de Paul Raynal, et *Le Tombeau sous l'Arc de Triomphe* a fait fonction de pièce de guerre pour l'après-guerre. M. Raynal a gardé, seul parmi ses contemporains, les consignes de cette tragédie en prose, dont la génération précédente avait agité le problème.

Comédie de mœurs. La comédie de mœurs a cessé de tenir le premier plan. Le théâtre pourtant ne saurait guère s'en passer, et il faut que les mœurs du jour comparaissent à sa barre, ou à sa rampe. La comédie de mœurs qui, au lendemain de la guerre, s'est jetée sur les nouveaux riches a pâti de l'abondance et de la facilité du sujet. Elle en a pâti en qualité, mais non en succès, comme en témoigna *Mon Curé chez les Riches.* Elle est représentée actuellement par l'intelligence et l'adresse d'Édouard Bourdet, qui a trouvé sa voie en intéressant le grand public aux déformations des mœurs littéraires dans *Vient de Paraître,* des mœurs tout court dans *La Prisonnière* et dans *La Fleur des Pois.* De cette comédie de mœurs, le spectateur des galeries dirait, comme devant le héros de *Monsieur Alphonse,* qu'elle n'a pas volé ce nom.

Comédie de mœurs signifie surtout comédie sociale, soit comédie de la vie privée en tant qu'elle est commandée par les courants, les conformismes, les non-conformismes, les modes du dehors. Le public contemporain s'intéresse davantage à la comédie de la vie privée en tant qu'elle est close, domestique ; soit à la comédie de la famille et à la comédie du couple.

Comédie de la famille et du couple. La comédie de la famille a donné beaucoup plus de signes d'épuisement que la comédie du couple, celle dont autrefois *Amoureuse* avait créé le type. Le fabuleux succès poétique de *Toi et Moi* désignait Paul Géraldy pour la tenter au théâtre. C'est l'intérêt de *Robert et Marianne.* Nous prenons cet exemple à cause d'un titre heureux : deux prénoms. Mais avec d'autres prénoms, et des titres plus compliqués, la comédie du couple, soit du mariage et de la liaison, se retrouve partout. Elle est devenue un des poncifs du théâtre. Tous ces couples — en discorde bien entendu — finissent par se ressembler pour le vieux spectateur, comme tous les mariages se ressemblent pour l'officier de l'état civil, tous les divorces pour le président du tribunal. On en dirait ce que Gautier disait du vaudeville, qu'il ne devrait y en avoir qu'un, et qu'on ferait de temps en temps des changements. Ces pièces se trouvent généralement à pied d'œuvre dans l'expérience de l'auteur, et elles n'ont pas de peine à se loger dans l'expérience du spectateur. On vient d'ailleurs au théâtre par couples, d'où leur succès.

Mais le couple d'après-guerre est un couple encore plus précaire et fragile que le couple de 1900. Il se complique, non seulement en ce qui regarde les situations, mais en ce qui concerne les créatures. La poule d'après 1920 ira un jour rejoindre au musée des antiques la lorette et la lionne. En attendant elle a son théâtre, le théâtre. C'est une femme facile, entendons facile pour l'auteur dramatique, à qui elle permet toutes les combinaisons du couple régulier ou irrégulier. L'*Ève toute nue* de Paul Nivoix (1927) le *Greluchon délicat* de Jacques Natanson (1925) sont des types agréables, pris au hasard, de cette comédie.

Les combinaisons du couple dépassent d'ailleurs de loin la basse-cour. C'est même à l'extrémité opposée que l'on placerait la principale réussite de Stève Passeur, *L'Acheteuse,* impressionnante Lamiel moderne. Quant à l'adultère, il a cessé d'être pris au sérieux sur le théâtre. Crommelynck dans *Le Cocu magnifique* et Mazaud dans *Dardamelle* n'ont pu introduire que sous les espèces de la farce poétique le cocuage, pain rigoureusement quotidien du vaudeville d'il y a soixante ans.

Ne concluons pas trop vite à l'amoralité du théâtre contemporain.

Le public, plus mêlé, plus passif, plus amorphe, accepte aujourd'hui des situations qu'il n'acceptait pas du temps où il y avait une société. Mais il accepte pareillement d'être ému par le moyen des formes et des fibres (sinon des ficelles) éternelles. *La Souriante Madame Beudet* de Denys Amiel et André Obey, le *Michel Auclair* de Charles Vildrac après *Le Paquebot Tenacity*, ont connu après guerre un succès dont aucun élément n'était demandé aux « mœurs » dans le sens cette fois où les mœurs c'est la mode, ni aux figures passagères du couple.

Inquiétude du Théâtre. Ce sont là des formes permanentes de la comédie. À côté d'elles il y a des problèmes dramatiques plus propres à cette génération.

Le théâtre vit de conquêtes. Il est impérialiste ou il n'est pas. Il cherche à prendre leur bien à des genres qui se défendent. Pendant trois générations, du romantisme à la guerre, le théâtre s'était efforcé de reculer sa borne du côté du poète et du côté du moraliste. Le drame romantique avait marqué sa plus grande transgression dans la poésie. La comédie et les préfaces de Dumas fils, sa plus grande transgression dans le domaine des moralistes. Ces deux questions se posaient encore avant la guerre. La transgression poétique avait eu de beaux jours avec Rostand, la tradition moraliste restait assez solidement représentée par Brieux. Avec des réussites inégales tout cela était la vie du théâtre.

Dans la mesure où quelque chose disparaît en littérature, voilà des problèmes disparus. Le théâtre cherche son bien ailleurs. Les problèmes actuels ne concernent plus les rapports du théâtre avec la poésie et avec le moralisme, mais avec la littérature et avec le cinéma.

Plus précisément on distinguerait trois versants du théâtre, selon que l'auteur est animé et inquiété par le théâtre seul, par le théâtre et les lettres, par le théâtre et le cinéma.

Le Théâtre seul. À toutes les époques du XIXe siècle et du XXe siècle, il s'est trouvé un auteur dramatique considérable pour incarner ce qu'on pourrait appeler sinon le théâtre pur, du moins le théâtre-théâtre. Scribe et Sardou ont été les plus célèbres. À vrai dire il leur manquait d'être, en même temps qu'auteurs, acteurs et directeurs comme Picard (n'allons pas plus haut) et de jouer leurs propres pièces. Il leur manquait aussi une certaine communion avec la salle, avec Paris, certaines traces heureuses du déclassement, ou plutôt de l'inclassement où ont vécu jusqu'au XIXe siècle les gens de théâtre. Tous deux par exemple ont été tout naturellement de l'Académie, alors que l'Autre n'en pouvait être et qu'aucun de ses contemporains ne posa même la question qu'il en fût. Mais à l'Autre même, il manquait encore quelque chose, cela qui manquait aussi à Napoléon. L'Autre était le théâtre, mais n'était pas né au théâtre. Il avait été élevé pour devenir tapissier du roi. Il ne possédait pas le théâtre en héritage et dès sa conception. « Si seulement j'étais mon fils... » disait Napoléon. Aucun de ces obstacles qui n'ait été levé pour Sacha Guitry, incarnation pure et exclusive, à la scène et dans la salle, au théâtre et à la ville, en âme et en corps, du théâtre-théâtre 1935. Aussi le choisirons-nous pour exemple, de préférence à tel autre excellent homme de théâtre comme Jean Sarment.

Le nombre de ses pièces dépasse la centaine. La magie personnelle de l'acteur-auteur leur vaut généralement autant de faveur dans leur nouveauté que d'oubli quand elles sont retombées à l'état de texte imprimé. Il ne semble pas à vrai dire qu'il doive en rester une pièce de répertoire. Il en restera peut-être mieux : d'abord une certaine chronique au jour le jour de la sensibilité parisienne pendant une trentaine d'années, ce qu'on trouve par exemple dans les anciennes années de la *Vie parisienne,* et puis l'histoire sentimentale ou plutôt les petites histoires sentimentales de l'auteur-acteur qui naissent, vivent et meurent à l'état théâtral.

Le cas de Marcel Pagnol est très différent, mais ressortit également au théâtre-théâtre. Son don du théâtre semble avoir été restreint (à la manière de celui de Becque) à deux sujets qu'il portait avec lui, comme Piron portait la *Métromanie,* et qu'il avait vécus personnellement : d'abord, la destinée d'un maître d'études qui arrive, d'un *Petit Chose* qui devient un *Monsieur Quelqu'un* : ce fut *Topaze.* Et chez ce Marseillais la pièce de sa ville, Marseille : ce fut *Marius* (dont *Fanny* n'est que la suite, la seconde mouture aussi). Étant passé du théâtre au cinéma, il lui reste à faire sur le cinéma, une troisième et dernière comédie.

Le Théâtre et les Lettres. Tout ce théâtre-théâtre est sans liaison avec la littérature écrite contemporaine. On dira exactement le contraire du théâtre de Lenormand, qui a transporté des idées sur la scène avec une intelligence probe et passionnée, et qui a créé un théâtre à lui, avec *Les Ratés, Le Simoun, Le Temps est un Songe, Un Lâche.* Son découpage par tableaux ressemble plus à celui du roman qu'à celui du théâtre, et ne facilite pas le succès de ses pièces. Il joue hardiment sur la scène une partie de romancier psychologue et psychanalyste, que l'historien de la littérature retiendra peut-être plus que le public courant : Lenormand est probablement celui des auteurs dramatiques contemporains qui servira le plus vite de sujet de thèse.

Le Théâtre et le Cinéma. Le jeune auteur, plus que de la littérature, s'inquiète aujourd'hui du cinéma. Consciemment ou inconsciemment, l'influence de l'art nouveau s'est insinuée dans une partie notable de la littérature dramatique d'après-guerre. D'abord le cinéma, soit l'art du mouvement, a fourni au spectateur moyen un champ d'entraînement, il s'est habitué à des perceptions plus rapides, ce qui a permis à l'art dramatique de déblayer : le théâtre des jeunes auteurs ne vit plus dans la même durée que le théâtre des anciens auteurs, et les dernières traces des longues expositions ont disparu. En second lieu les jeux de physionomie ont remplacé ou éclairé le dialogue. Enfin il y a une certaine recherche de la qualité et de la nouveauté qu'interdisent au cinéma des considérations matérielles, la nécessité de s'adresser à un gros public, et surtout au public de province : c'est au théâtre, infiniment plus souple, plus affranchi des matérialités de machinerie, même d'argent, qu'il appartient de faire fructifier littérairement le capital de vogue du cinéma. On n'imagine pas *Têtes de Rechange,* de Jean-Victor Pellerin, qui fut une des pièces les mieux inventées et les plus neuves de l'après-guerre, né ailleurs que dans l'ombre du cinéma ? On voit pareillement les chemins de traverse entre le cinéma et le théâtre qu'ont pu suivre Marcel Achard et Jean-Jacques Bernard. La manière dont ils ont réussi à mettre un accent et de la vie dans ce qui est entre les paroles témoigne du voisinage et de la camaraderie de leur théâtre avec l'art muet.

Avec ce qui fut l'art muet. Le cinéma muet a pu enrichir de ses suggestions le théâtre et aussi le roman, à la manière dont les littératures anciennes ou étrangères ont aidé la littérature nationale. La nécessité de la transposition et d'une création nouvelle sauve l'originalité. Le cinéma parlant, malgré ses immenses ressources matérielles, ou à cause d'elles, n'a réussi jusqu'ici qu'à dégrader littérairement tout ce qu'il a touché. Il a sans doute un avenir littéraire. Il n'a en 1936 de présent qu'anti-littéraire. Nommer un film dans une histoire de la littérature est encore impossible et même contradictoire. La littérature c'est un ordre de ce qui dure, au moins de ce dont on peut sans absurdité présumer quelque durée. Nous n'avons même pas l'idée de ce que peut être un film qui dure, un film, qui, au bout de quelques mois, soit autre chose qu'un almanach de l'autre année. Et encore y a-t-il de précieux almanachs des autres années, comme l'*Armana Prouvençau!* Quant à la transposition d'une œuvre littéraire, d'un roman, d'un poème, et même d'une pièce de théâtre, au cinéma parlant, elle n'a jusqu'ici d'importance, comme la *Bibliothèque Bleue,* que comme dégradation de la littérature, au sens où les physiciens s'intéressent à la dégradation de l'énergie.

FIN

INDEX DES NOMS CITÉS

TABLE DES MATIÈRES

Troisième Partie
LA GÉNÉRATION DE 1850

Quatrième Partie
LA GÉNÉRATION DE 1885

Cinquième Partie
LA GÉNÉRATION DE 1914

Biblis

Derniers titres parus

125. Olivier Bobineau, *L'empire des papes*
126. Pierre Maraval, *Les fils de Constantin*
127. Jean-Pierre Esquenazi, *Le film noir*
128. Sophie A. de Beaune, *L'Homme et l'outil*
129. Claudine Le Tourneur d'Ison, *Temples perdus. Et Henri Mouhot découvrit Angkor*
130. Pierre Delval, *Le faux. Un marché mondial*
131. Denis Peschanski, *Les Tsiganes en France 1939-1946*
132. Esther Benbassa (dir.), *Les Sépharades*
133. Albert Thibaudet, *Histoire de la littérature française*
134. Paul Dahan (dir.), *Diplomates. Dans le secret de la négociation*
135. Emmanuel de Waresquiel, *Fins de partie*
136. Bernard Guenée, *La folie de Charles VI*
137. Alexandra Novosseloff (dir.), *Le conseil de Sécurité des Nations Unies*
138. Rémy Lestienne, *Les fils du temps. Causalité, entropie, devenir*
139. Pascal Ory, *La belle illusion. Culture et politique sous le Front populaire*
140. Ingrid Galster, *Beauvoir dans tous ses états*
141. Bernard Bruneteau, *Les collabos de l'Europe nouvelle*
142. Patrice Lajoye, *L'arbre du monde. La cosmologie celte*
143. Jean-Pierre Rioux, *Au bonheur la France*
144. Philippe Martin, *Pèlerins. XVe-XXIe s.*
145. Jean-Benoit Guinot, *Dictionnaire Flaubert*
146. Tal Bruttmann et Laurent Joly, *La France antijuive de 1936. L'agression de Léon Blum à la Chambre des députés*
147. Sylvie Sanchez, *Pizza. Cultures et mondialisation*
148. Jean-Robert Pitte (dir.), *L'amour du vin*
149. Maurice Barrès, *Les diverses familles spirituelles de la France*
150. Cynthia Fleury, *Dialoguer avec l'Orient*
151. Jean-Louis Brunaux, *Les religions gauloises*
152. Denis Davidov, *La guerre de partisans*

153. Philippe Martin, *Histoire de la messe* (nouvelle édition)

154. Jean-Christophe Attias, *Moïse fragile*

155. Cyrille P. Coutansais, *Une histoire des empires maritimes*

156. Alain Vaillant, *Qu'est-ce que le romantisme ?*

157. Benoît Yvert, *La Restauration*

158. Julian Fernandez (dir.), *Justice pénale internationale*

159. Yves-Marie Bercé, *Les monarchies dans l'Europe moderne (XVIe-XVIIIe siècle)*

160. François Dufay, *Maximes et autres pensées remarquables des moralistes français*

161. François Georgeon, *Abdülhamid II*

162. Laurent Theis, *Dagobert*

163. Albert Memmi, *Tunisie, An I*

164. Colette Pétonnet, *Ces gens-là*

165. Jacques Frémeaux, *La Question d'Orient*

166. Marshall McLuhan, *La Galaxie Gutenberg. La genèse de l'homme typographique*

167. Marc Joly, *L'Europe de Jean Monnet*

168. Bruno Fuligni, *L'île à éclipses. Apparitions et disparitions d'une terre française*

169. Bertrand Badie, *L'État importé. L'occidentalisation de l'ordre politique*

170. Hervé Robert, *La monarchie de Juillet*

171. Emmanuel de Waresquiel, *Talleyrand*

172. Louis-Jean Calvet, *Les langues : quel avenir ?*

173. Georges Clemenceau, *Clemenceau parle encore*

174. Georges-Arthur Goldschmidt, *À l'insu de Babel*

175. Bruno Fuligni, *La Chambre ardente. Aventuriers, utopistes, excentriques du Palais Bourbon*

176. Éric Baratay, *Bêtes des tranchées*

177. Sophie Cœuré, *La grande lueur à l'Est*

178. Fabrice Monnier, *Atatürk. Naissance de la Turquie moderne*

179. Thomas Boraud, *Matière à décision*

180. Roseline Letteron, *La liberté de la presse écrite au XXIe siècle*

181. Henri Meschonnic, *Spinoza. Poème de la pensée*

182. Renée Poznanski, *Les Juifs en France pendant la Seconde Guerre mondiale*

183. *Le livre des sentences de l'inquisiteur Bernard Gui*, Extraits choisis, traduits et présentés par Julien Théry

184. Fabrice Argounès, *Théories de la puissance*
185. Pierre Mendès France, *Écrits de résistance*
186. Bernard Andrieu et Gilles Boëtsch (dir.), *Dictionnaire du corps*
187. Michel Leymarie, *Albert Thibaudet*
188. Laurent Theis, *Robert le Pieux*
189. François Gipouloux, *La Méditerranée asiatique*
190. François Rouquet, *Une épuration ordinaire (1944-1949)*
191. Marie Buscatto, *Femmes du jazz*
192. Maurice Godelier (dir.), *La mort et ses au-delà*
193. Raphaël Liogier, *La guerre des civilisations n'aura pas lieu*
194. Daniel Kunth et Philippe Zarka, *L'astrologie est-elle une imposture ?*
195. Malek Chebel, *L'inconscient de l'islam*
196. Frédéric Rouvillois, *Les origines de la Ve République*
197. Jean Delumeau, *L'avenir de Dieu*
198. Gaïdz Minassian, *Zones grises*
199. Colette Pétonnet, *Variations sur la ville. Ethnologie urbaine*
200. Guillaume Devin et Michel Hastings (dir.), *10 concepts anthropologiques en science politique*
201. Léon Aufrère, *Boucher de Perthes*
202. Philippe George, Reliques. *Se connecter à l'au-delà*
203. Jean-Noël Jeanneney, *François de Wendel*
204. Pierre Buhler, *La puissance au XXIe siècle*
205. Albert Memmi, *Journal de guerre 1939-1943*
206. Nicolas Haupais (dir.), *La France et l'arme nucléaire*
207. Pierre Singaravélou, *L'École Française d'Extrême-Orient*
208. Claude Baudoin, *À quoi pensent les animaux ?*
209. Henry Laurens, *Orientales*
210. Pierre Montebello, *Nietzsche. Fidélité à la Terre*
211. Jacques Frémeaux, *La conquête de l'Algérie*
212. Muriel Florin, *Questions de sciences*
213. Norbert Elias, *Le déclin de l'art de cour*
214. Jacques Dalarun, *La vie retrouvée de François d'Assise*
215. Bruno Fuligni, *La police des écrivains*
216. Denis Lefebvre, *Les secrets de l'expédition de Suez 1956*

217. Antoine Letessier Selvon, Kosmos. *L'épopée des particules*

218. Souleymane Bachir Diagne, *Bergson postcolonial*

219. Christian Lequesne, *Ethnographie du Quai d'Orsay*

220. Adam Baczko, Gilles Dorronsoro, Arthur Quesnay, *Syrie. Anatomie d'une guerre civile*

221. Louis-Jean Calvet, *La Méditerranée, mer de nos langues*

222. Mohammad Ali Amir-Moezzi, *Le Coran silencieux et le Coran parlant*

223. Loris Chavanette, *Quatre-vingt-quinze. La Terreur en procès*

224. Paul Dahan (dir.), *Prévoir le monde de demain*

225. Fanette Laubenheimer, *Boire en Gaule*

226. Pierre-Marc de Biasi (Textes présentés), *Voyages en Tunisie. Chateaubriand, Dumas, Flaubert, Maupassant*

227. Alain Testart, *Essai d'épistémologie pour les sciences sociales*

228. Roger Heim, *Destruction et protection de la nature*

229. Julian Fernandez (dir.), *Les opérations extérieures de la France*

230. Eric Cline, *Trois pierres, c'est un mur... Une histoire de l'archéologie*

231. Thomas Labbé, *Catastrophes naturelles au Moyen Âge*

232. Mario Livio, *Fabuleuses erreurs*

233. Colas Duflo, *Diderot. Du matérialisme à la politique*

234. Gilles Fumey, *Manger local, manger global*

235. Mathieu Agelou, Gabriel Chardin, Jean Duprat, Alexandre Delaigue, Roland Lehoucq, *Où sont-ils ? Les extraterrestres et le paradoxe de Fermi*

236. Luc Foisneau, *Hobbes et la toute-puissance de Dieu*

237. Nathalie Pigault, *Les faux Napoléon*

238. Bruno Fuligni, *Victor Hugo président !*

239. Patrick Paillet, *Qu'est-ce que l'art préhistorique ?*

240. Gilbert Buti et Philippe Hrodej, *Dictionnaire des corsaires et des pirates*

241. Vincent Berthet, *L'erreur est humaine*

242. Aurélie Jeantet, *Les émotions au travail*

243. Laurent Joly, *Dénoncer les Juifs sous l'Occupation*

244. Sébastien Ledoux, *Le devoir de mémoire*

245. Alain Ferdière, *Le fromage en Gaule*

246. Marc Joly, *La sociologie réflexive de Pierre Bourdieu*

247. Jacques Semelin, *La survie des Juifs en France*

Cet ouvrage a été imprimé en France par
CPI Bussière
à Saint-Amand-Montrond (Cher)
en janvier 2022.
N° d'impression : 2062949.
Dépôt légal : février 2022.